大夏书系·陈桂生教育学文丛

中国革命根据地教育史 中

Chen Guisheng

陈桂生 著

华东师范大学出版社

前　言

　　我们的民族是一个缺乏教育的民族，但抗战已经大大改变了中国人。这是几十年来教育所不能成功的。如果抗战坚持下去，还会造成千百万的新人。相信一定可以看到由这些新人所组织起来的独立、自由和幸福的新中国。

　　　　——毛泽东：《教育与战争——1938 年 4 月 11 日在
　　　　陕甘宁边区国防教育会第一次代表大会上的
　　　　演说》（《新中华报》1938 年 4 月 15 日）

　　土地革命战争时期，各革命根据地红色教育遍地开花，揭开了中国人民教育事业的历史序幕。卢沟桥炮声一响，举国上下，抗日风雷激荡。"把我们的血肉，筑成我们新的长城！"随着人民抗日武装的发展，广泛建立起大片抗日民主根据地，在抗日民主根据地，又用我们的智慧筑成我们另一道长城——抗日民主教育的战线，在中国教育天地大放异彩。

一

　　土地革命战争时期的革命根据地，通称"苏维埃区域"（简称"苏区"）。抗日战争时期的革命根据地，起初称为"抗日根据地"、"抗日民主根据地"，到抗日战争后期，约从 1944 年秋季起，改称"解放区"。
　　抗日根据地分为两大类型：以延安为中心的陕甘宁边区，是抗日民主后方根据地；除此之外，都是在敌人后方开辟的根据地，称为"敌后抗日民主根据地"。各个抗日根据地因形成的条件、尤其是敌我友力量对比关系不同，又有种种区别。大体有四种情况：
　　1. 由苏区转化而成的抗日根据地。如陕甘宁边区。
　　2. 由中国共产党领导的人民武装保卫国土、收复失地而开辟的敌后抗日根据地。多数根据地是这样形成的。
　　3. 在同国民党结成统一战线的地区，在赶走国民党摩擦势力以后建立的抗日民主根据地。如抗战初期陕甘宁边区的绥德分区，晋绥、晋察冀、晋冀鲁豫三大边区，淮北的津浦路东地区以及鄂豫边区的部分地区。这些地区原先利用国民政府旗号开展抗日活动，从1939年底、1940年初开始，在赶走国民党摩擦势力后，正式建立抗日民主政权。

4. 在敌我友力量交叉地带，我方建立"灰色隐蔽"的游击根据地，随着人民抗日民主武装力量的发展，转化为抗日民主根据地。如皖中游击根据地、浙东游击根据地。其中浙东游击区直到1944年1月建立浙东敌后临时行政委员会，才公开亮出中国共产党和新四军的旗帜。

各抗日根据地形成的时间有先后，发展进程也不尽相同。有些根据地在苏区基础上形成，基础相当稳固；多数是在抗日战争时期开辟的。新开辟的敌后抗日根据地中，华北地区先于华中地区。华中地区在抗日战争初期贻误了战机，一般到1940年才广泛建立敌后抗日根据地；华北、华中、华南有相当一部分根据地在抗日战争中期一度变质为游击区与沦陷区；有些抗战初期的根据地后来基本上丧失了，到抗战后期才逐步恢复（如皖南、豫皖苏等根据地）；有些独立根据地在发展进程中联合为大块根据地（以晋冀鲁豫边区最为明显）。此外，还有一些根据地存在归属转变的情况（如鲁西南根据地从山东区划归为晋冀鲁豫边区）。

到1944年6月止，在中国大地上，从北到南，除陕甘宁边区外，共建立14块敌后抗日根据地。即：晋察冀、晋冀鲁豫、晋绥、山东、苏北、苏中、苏南、淮南、淮北、皖中、鄂豫皖、浙东、东江、琼崖。到1945年4月，全国已建立19个抗日根据地，总面积达956 960平方公里，拥有955万人口。据新华社于抗战胜利之初（1945年10月）报道，建立抗日民主政权（其管辖范围有大有小）的省份，包括：辽宁、热河、察哈尔、绥远、陕西、甘肃、宁夏、山西、河北、河南、山东、江苏、浙江、安徽、江西、湖北、湖南、广东、福建，共19省。在这19省中建立了19块抗日根据地。即：

大　　区	抗日根据地	数　　字
西　北	陕甘宁边区	1
华　北	晋绥边区、晋察冀边区、晋冀鲁豫边区、山东区	6
华　东	苏北区、苏中区、浙东区、苏南区、皖江区、淮南区、鄂豫皖边区、淮北区	8
华　中	豫西区、湘鄂赣边区	2
华　南	东江区、琼崖区	2

需要说明的是：

1. 在抗日战争时期，西北抗日根据地只有陕甘宁边区，故一般不用"西北抗日根据地"概念。

2. 华北太行区、太岳区与冀鲁豫区（冀南区并入冀鲁豫区）合为晋冀鲁豫地区。

3. 在抗日战争时期，基本上不用"华东敌后抗日根据地"概念，而用"华中敌后抗日根据地"概念。鄂豫皖（通称鄂豫边区）属于华中敌后抗日根据地，同苏北、苏中等七个区域，合为华中八大战略区；湘鄂赣边区、豫西区是抗战胜利前后才恢复与建立起来的。1944年11月八路军南下支队同鄂豫边区的新四军五师会合，开辟鄂南、湘北、赣北抗日游击区，到1946年5月成立湘鄂赣边区行政公署。同年8月八路军主力北返后，改为鄂南分区；苏浙区包括苏南与浙西两区，浙西也是在抗战后期形成的；皖江区原为皖中区，反攻后恢复皖南区，同皖中合为皖江区。

4. 抗日战争期间，除上述19块抗日根据地以外，在东北广大地区还散布若干小块的抗日民主联军游击活动区域。

有这么多大块抗日民主根据地为依托，于是，从白山黑水的深山密林，到长城内外、大江南北，直到海南岛的山区平原，到处升起抗日民主教育的红旗。

二

抗日根据地的发展可分为三个阶段：第一阶段，从1937年7月到1940年底，是抗日根据地形成与初步发展的阶段。在这个阶段的最后，抗日根据地已拥有1亿人口（包括游击区的人口）。第二阶段，自1941年至1942年底，是为巩固根据地而斗争的阶段。在这个阶段，华北根据地人口缩小到2500万，华中根据地仍保持发展势头，拥有2000万人口。第三阶段，从1943年春开始恢复、1944年局部反攻以后，直到1945年抗日战争最后胜利，各抗日根据地得到长足发展。

抗日战争期间，中共中央不仅制定了一系列教育方针、政策指导各抗日根据地教育建设，而且由中共中央各直属机关、中央军事委员会所属各机关以及各群众团体的中央领导机关，建立了以干部学校为主干的独立教育系统。这些教育机构，实际上成为中共中央教育改革的实验基地。干部教育尤其是这样。

由于各抗日根据地的开辟有先后之分，人们对抗日民主教育的认识不尽一致，因而各抗日根据地的教育部署也有区别。各抗日根据地教育历史分期，宜从当时实际出发。尽管各抗日根据地教育历史分期多少有些差别，但是，各抗日根据地教育改革的实际性内容与步骤又有共同趋向。即：

第一阶段，着重致力于教育性质的转变。即在苏区基础上的抗日根据地（如陕甘宁边区），首先把工农民主教育转变为抗日人民民主教育，其中包括肃清封建教育与奴化教育影响；新开辟的根据地则着重把原有的封建性、买办性的教育转变为抗日民主教育。

这个阶段的教育改革分为两个步骤：1938年中共六届六中全会以前，以抗日为教育改革的主题；中共六届六中全会以后，抗日与民主并重，而到1940年以后，明确根据地教育属于新民主主义教育，统一实行民族的、科学的、大众的新民主主义教育方针。

第二阶段，鉴于各抗日根据地第一阶段教育改革中，或多或少存在着教条主义地搬用外来教育经验的倾向，1942年整风运动中纠正了这种错误倾向，结合整风运动，进一步进行教育改革。

这个阶段的教育改革也分为两个步骤：第一步，改革在职干部教育和干部学校教育，并酝酿整个教育结构的调整；第二步，从1943年以后，各根据地陆续改革中等教育和国民教育或称群众教育（包括小学教育和成人教育）。中心目标是使教育反映战争与生产的需要和根据地的实际情况，并通过这一系列的改革，进一步调动人民群众办学的积极性。

三

抗日根据地的教育是苏区教育的继续和更新，苏区教育改革中已经接触到若干关于中国教育道路有待解决的重大课题。例如：

中国革命根据地教育的性质是什么？适应这种性质的教育方针是什么？能不能确立以"共产主义"为内容的教育方针，能不能把教育局限在反对封建、迷信上面？

在整个革命事业中，应把教育放在什么地位？是不是可以因忙于战争而忽视教育？是不是教育事业的规模越大越好，对教育质量的要求越高越好？

怎样处理儿童教育与成人教育、群众教育与干部教育的关系？

根据地教育事业应向"正规化"方向发展，还是向"游击性"方向发展？能不能笼统地排斥"正规化"或"游击性"？要怎样的"正规化"或"游击性"？

在根据地条件下，是否需要确立义务教育即强迫教育原则？是否有条件实行免费教育？怎样筹集教育经费？

怎样正确对待知识分子，怎样正确对待教师？

怎样学习与运用外国教育经验？怎样正确对待根据地土生土长的经验？

这些都成为抗日根据地教育事业决策中面临的重大课题。

苏区人民曾经为解决这些课题，进行了探索，经验和教训相当丰富。当然，在戎马倥偬之中，没有机会进行总结。从"打土豪、分田地"到"抗日、打鬼子"，客观形势发生根本变化，根据地也经历重大的转移和变迁。从土地革命根据地到抗日民主根据地，历史延续之中又有"断裂"。在抗日民主根据地，苏区教育传统的继承与历史教训的复演往往交替，有些历史上的争议不免又重新展开，历史任务的变化也推出许多新课题。抗日教育的先锋战士直面新的挑战，充分发挥集体智慧，进行艰苦卓绝的奋斗，终于开辟了一条比较符合我国历史特点和农村革命根据地实际情况的教育道路。

各个抗日根据地的教育，除了少数地区如冀中、苏南、苏中以外，大都是在经济文化异常落后的地区几乎白手起家，在文化荒地上和日寇、汪伪和国民党顽固派三股势力的摧毁与压制的缝隙中广布抗日民主的种子。正如林伯渠所说：延安文化（包括教育），不是边区二十多县所能占有的，而是"全中国甚至全世界一朵鲜艳的花，恰长在枯脊荒芜——文化极落后的国土上"①。在中国文化最贫瘠的土壤上何以能够培植出鲜艳的花朵？

这个问题多么耐人寻味、多么发人深思。

抗日战争时期根据地教育改革的历史经验，经过人民解放战争时期的推广与发扬，已经在中国人民心目中生根。中共中央在抗日战争各个转变关头，制定了一系列教育方针与政策，指明了教育建设的方向，中共中央直属机关（包括八路军总部、新四军军部）还建立了以干部学校为主干的独立教育系统。中央直属教育系统和陕甘宁边区教育界的各种教育建树堪称抗日民主教育的模范；各敌后抗日根据地或多或少从当地环境、条件出发进行了许多创造，所有这些，构成一幅绚丽多姿的人民民主教育的历史长卷。

---

① 林伯渠：《边区政府工作报告》，陕西师范大学教育科学研究所编：《陕甘宁边区教育资料（教育方针政策部分）》上册，教育科学出版社 1981 年版，第 178 页。

目　录
Contents

第二卷　抗日根据地教育
［1937—1945］

第三编　华北区敌后抗日根据地教育

第四编　华中区敌后抗日根据地、华南抗日游击区教育

第五编　各抗日根据地教育问题比较与专题研究

=第一编= 中共中央的文化教育理论政策和直属学校教育的改革

1. 中共中央的抗日教育主张和新民主主义文化理论与政策
2. 中共中央的文化界抗日统一战线政策和知识分子政策
3. 中共中央直属干部学校系统
4. 干部学校教育改革
5. 在职干部教育改革
6. 教育结构调整和群众教育改革
7. 别具一格的教育体系

中共中央的抗日教育主张和新民主主义文化理论与政策

抗日战争时期，我国各抗日党派、团体、人士结成抗日民族统一战线，未建立各抗日根据地统一的政权。各抗日根据地的建设事业（包括教育建设事业）由中国共产党中央制定的方针、政策加以指导与调节。此外，中国共产党在各大战略区域的代表机构（各中央局、中央分局）和八路军总部、新四军军部代表中共中央、中央军事委员会在分管范围内实行跨区域指导与调节。各抗日根据地一般实行三三制民主管理政治体制。从 1942 年起陆续实行中国共产党对抗日根据地的"一元化"领导体制以后，原有体制未变。

中国共产党在抗日战争的艰苦岁月中，始终坚持抗日教育；20 世纪 40 年代初期，又在总结我国革命历史经验基础上，创立了民族的科学的大众的文化理论与政策；在抗日战争胜利前夕，进一步提出新民主主义文化纲领，从而为根据地教育改革与建设规定了明确的方向。

一

抗日根据地始终高举抗日救亡的旗帜。尽管根据地的教育口号和政策曾经随着抗日战争形势的变化而变化，但根据地教育一贯坚持为民族自卫战争服务。

陕甘宁边区在 1936 年"西安事变"以后，已经逐步把教育工作纳入抗日救亡的轨道。1937 年七七事变前夕，中共陕甘宁边区在《民主政府施政纲领》中提出"国难教育"的方针和政策。其中规定：实行国难教育，推广免费的义务教育，普遍的设立日校、夜校及补习学校，进行消灭文盲运动，改善教职员待遇。①

---

① 《新中华报》1937 年 7 月 6 日。

七七事变爆发以后，举国震惊。中共中央针对国民政府当局对抗战犹豫、徘徊，于 1937 年 7 月 23 日向全国人民宣言，反对妥协退让的方针，主张坚决实行抗战的方针，反对妥协退让的办法，主张采取坚决抗战的办法，以争取驱逐日本帝国主义，实现中国自由解放的前途。在论及两种办法时，提出抗日救国八大纲领，其中包括实行"国防的教育"，反对"亡国奴的教育"，即"根本改革过去的教育方针和教育制度。不急之需和不合理的办法，一概废弃"①。8 月 25 日，中共中央政治局在洛川开会。同日，公布《抗日救国十大纲领》，其中包括实行"抗日的教育政策"。基本内容是：改变教育的旧制度、旧课程，实行以抗日救国为目标的新制度、新课程；实施普及的义务的免费的教育方案，提高人民民族觉悟的程度；实行全国学生的武装训练。②

1938 年 4 月 11 日，陕甘宁边区国防教育会举行第一次代表大会。毛泽东应邀出席大会，发表题为《教育与战争》的演说。指出：我们的民族是一个缺乏教育的民族，但抗战已大大改变了中国人。这是几十年的教育所不能成功的。如果抗战坚持下去，还会造成千百万的新人。相信一定可以看到由这些新人所组织起来的独立、自由和幸福的新中国之实现。接着提出："抗战时我们既有这样大的帮助，那末我们就应该用全力来应付抗战，用教育来支持抗战。目前的抗战是规定一切的东西。我们的教育也要听抗战的命令，这就叫做抗战教育"。"抗战教育不是强迫的，而是自发的。它依靠着群众或学生的学习热忱和教育干部的积极性，并且需要把教育者和被教育者亲密的联系起来。"③ 关于教育要"听抗战的命令"，一直受到大家重视，唯对于抗战教育不是强迫的，而是自发（即自愿与自动）的这一点，直到 1943 年以后才逐步引起充分注意。

抗战初期，国民政府曾宣告停止内战，一致抗日，采取了一些抗战措施，但拒绝实行各方面的民主改革，束缚人民群众抗日救亡的手脚，对待民众的一套基本上还是十来年的一套。中国共产党于 1938 年 11 月在扩大的六届六中全会通过的《政治决议案》中，针对国民政府片面抗战的方针，提出中华民族当前的紧急任务。其中包括实行"国防教育政策，使教育为民族自卫战争服务"④。

---

① 毛泽东：《反对日本进攻的方针、办法和前提》，《毛泽东选集》第二卷，人民出版社 1991 年版，第 348 页。

② 中共中央：《抗日救国十大纲领》，中国人民解放军政治学院党史教研室：《中共党史参考资料》第 8 册，第 52 页。

③ 《新中华报》1938 年 4 月 16 日。

④ 中共扩大的六届六中全会《政治决议案》，中共中央书记处编：《六大以来》（上），人民出版社 1981 年版，第 1004 页。毛泽东在《论新阶段》中的提法是："实行抗战教育政策，使教育为长期战争服务。"（《毛泽东同志论教育工作》，人民教育出版社 1992 年版，第 48 页）这一提法比中共六届六中全会决议中的提法传播更广、沿用更久。

毛泽东在《论新阶段》报告中，把这个政策具体表述为：

1. 改订学制，废除不急需与不必要的课程，改变管理制度，以教授战争所必要之课程及发扬学生的积极性为原则；

2. 创设并扩大、增强各种干部学校，培养大批的抗日干部；

3. 广泛发展民众教育，组织各种补习学校、识字运动、戏剧运动、歌唱运动、体育运动，创办敌前各种地方通俗报纸，提高人民的民族文化与民族觉悟；

4. 办理义务的小学教育，以民族精神教育新后代。①

各个抗日根据地在整个抗日战争时期，始终坚持"实行抗战教育政策，使教育为长期战争服务"的方针。

二

关于教育方针问题，早在中央苏区时期就有争论。当时一度确立"共产主义教育"方针，抗战初期提出"抗战教育政策"或"国防教育政策"。"国防教育"作为"奴化教育"的对立面，有动员抗战的积极意义，但毕竟不能充分表达当时中国教育改革的历史内容，尤其不能充分反映抗日根据教育改革的历史特点。1937—1938年间在执行中存在只讲抗日，忽视人民民主的倾向不无原因。

1940年1月9日，毛泽东在陕甘宁边区文化界抗日救亡协会第一次代表大会上发表《新民主主义的政治与新民主主义的文化》的报告（在印成单行本时，更名为《新民主主义论》）。明确提出不仅符合抗日战争时期的客观实际，而且适合整个新民主主义革命时期历史特点的教育方针，即新民主主义教育方针。新民主主义教育方针的确立，是抗日战争时期教育思想上的最重要收获之一。

毛泽东在《新民主主义论》中，在考察中国文化革命历史特点基础上，确立了我国新民主主义文化教育的性质和特点。确立：在新民主主义革命阶段，中国新的国民文化的内容，既不是资产阶级的文化专制主义，又不是单纯的无产阶级的社会主义，而是以无产阶级社会主义文化思想为领导的人民大众的反帝反封建的新民主主义。民族的科学的大众的文化，就是人民大众反帝反封建的文化，就是新民主主义的文化，就是中华民族的新文化。②

在毛泽东报告的前几天，洛甫（张闻天）于当月5日，在同一个会上发表《抗战以来中华民族的新文化运动与今后任务》的报告。他指出：新中国，就要有新文化。中华民族的新文化必须是为抗战、建国服务的文化，要完成这个任务，它必须是：民族的，即抗日第一，反帝、反民族压迫。主张民族独立与解

---

① 毛泽东：《论新阶段》，《毛泽东同志论教育工作》，人民教育出版社1992年版，第48页。

② 毛泽东：《新民主主义论》《毛泽东选集》第2卷，人民出版社1991年第2版，第706－707页。

放，提倡民族的自信心，正确把握民族的实际与特点的文化。民主的，即反封建、反专制、反独裁、反压迫人民自由的思想习惯与制度，主张民主自由、民主政治、民主生活与民主作风的文化。科学的，即反对武断、迷信、愚昧、无知，拥护科学真理。把真理当做自己实践的指南，提倡真正能把握真理的科学与科学的思想，养成科学的生活和科学的工作方法的文化。大众的，即反对拥护少数特权者压迫剥削大多数人，愚弄欺骗大多数人，使大多数人永远陷于黑暗与痛苦的贵族的特权者的文化，而主张代表大多数人民利益的、大众的、平民的文化，主张文化为大众所有，主张文化普及于大众而又提高大众。①

1940 年 3 月，中共中央书记处明确提出：应该确立国民教育的基本内容为新民主主义的教育，这即是以马列主义的理论与方法为出发点的关于民族革命的教育与科学的教育。②

1941 年 2 月，中共中央机关刊物《共产党人》杂志第 15 期上发表了《各抗日根据地文化教育政策讨论提纲（草案）》。指出：由于战争环境以及对于文化教育运动的领导和注意不够，个别区域在个别问题上对文化教育政策虽有些规定，但是，"总的来说，统一的文化教育政策是没有的"。认为有必要确立统一的、一般的文化教育政策，提出：今后各根据地文化教育事业一般的方针，应当遵循党中央所提出的"新民主主义文化"。这个方针不仅普遍地适合于各抗日根据地，而且各抗日根据地应当成为新民主主义文化的推动者和模范区域。"新民主主义文化的基本内容就是抗日的、民主的、科学的、大众的，就是发展进步文化的力量，团结一切抗日的、民主的、自由思想的文化力量，反对奴役的黑暗的、复古的、封建的文化努力"。③

中国共产党在民族危亡关头，首先高举抗战与建立抗日民族统一战线的旗帜；在抗日统一战线形成以后，为了巩固与扩大抗日民族统一战线，又高举民主旗帜，把民主与抗战并列为统一战线的基础；1940 年进一步明确提出，顺应时代潮流、适合中国历史特点的民主，不是旧式的资产阶级民主，而是新式的资产阶级民主，是无产阶级领导的人民民主。对斗争性质与任务的认识又深入一步，这才有新民主主义教育方针的提出。新民主主义教育方针不止是抗日战争时期的教育方针，它对整个新民主主义革命时期以至人民共和国继续完成新

---

① 洛甫：《抗战以来中华民族的新文化运动与今后任务》，《延安文艺丛书第一卷·文艺理论卷》，湖南人民出版社 1984 年版，第 112 页。

② 中共中央书记处：《关于开展抗日民主地区国民教育的指标》，陕西师范大学教育科学研究所编：《陕甘宁边区教育资料（教育方针政策部分）》上册，教育科学出版社 1981 年版，第 80 页。

③ 《各抗日根据地文化教育政策讨论提纲（草案）》，《陕甘宁边区教育资料（教育方针政策部分）》上册，第 150 页。

民主主义革命未了任务时都有指导意义。

三

1945 年 4 月中国共产党召开第七次全国代表大会,毛泽东代表中共中央发表《论联合政府》政治报告。

当时,中国和世界正处在一个新的历史转折的关头。在国际上,世界反法西斯战争已经取得了决定性的胜利;在国内,从 1944 年起,各解放区军民先后开始了局部的反攻,并取得了重大胜利,人民力量获得了迅猛发展。毛泽东在政治报告中,分析了国内外形势,总结了中国共产党和国民党在抗日战争中两条道路的斗争,揭露了国民党顽固派在抗日战争中的倒行逆施。指出国民党将把中国人民引入黑暗的前途,同时明确提出中国共产党的一般纲领、具体纲领和在不同地区的任务。

其中提出的新民主主义文化纲领为:

1. 今后人民的政府应有计划地从广大人民中培养各类知识分子干部,并注意团结和教育现有一切有用的知识分子。

2. 从百分之八十的人口中扫除文盲,是新中国的一项重要工作。

3. 一切奴化的、封建主义的和法西斯主义的文化和教育,应当采取适当的坚决的步骤,加以扫除。

4. 应当积极地预防和医治人民的疾病,推广人民的医药卫生事业。

5. 对于旧文化工作者、旧教育工作者和旧医生们的态度,是采取适当的方法教育他们,使他们获得新观点、新方法,为人民服务。

6. 中国国民文化和国民教育的宗旨,应当是新民主主义的;就是说,中国应当建立自己的民族的、科学的、人民大众的新文化和新教育。

7. 对于外国文化,排外主义的方针是错误的,应当尽量吸收进步的外国文化,以为发展中国新文化的借镜;盲目搬用的方针也是错误的,应当以中国人民的实际需要为基础,批判地吸收外国文化。苏联所创造的新文化,应当成为我们建设人民文化的范例。对于中国古代文化,同样,既不是一概排斥,也不是盲目搬用,而是批判地接收它,以利于推进中国的新文化。①

这是抗日战争期间基本文化教育政策的概括,对后来解放区的文化教育建设,也有重要影响。

---

① 毛泽东:《论联合政府》,《毛泽东选集》第 3 卷,人民出版社 1991 年第 2 版,第 1082 - 1083 页。

中共中央的文化界抗日统一战线政策和知识分子政策

抗日教育统一战线，是全民族抗日统一战线的组成部分。通过教育统一战线促进教育事业的普及与提高，是抗日战争时期根据地教育的新特点。

抗日战争时期，在抗日根据地率先建立普选的三三制的抗日民主政权，并在社会各界和思想文化各领域建立抗日统一战线，其中包括教育界抗日统一战线。

一

在教育界建立抗日统一战线，是抗日战争开始时根据地教育工作面临的新课题。它之所以成为当时最有迫切意义的课题之一，是由于当时实现全民族抗日统一战线尚存在种种阻力。外部障碍主要是国民政府试图实行由国民政府"包办抗战"，束缚其余各抗日党派、群众团体与广大人民群众抗战的手脚；内部障碍是从土地革命轨道转向民族统一战线轨道，各种政策的调整需要时间，人们的认识有待逐步适应。此外，由于抗日根据地原有文化基础薄弱，争取和利用一切可利用的文化力量，是发展抗日根据地教育的迫切需要。在抗日战争期间，随着国内形势的发展，统一战线理论和策略的日益完善，对教育界统一战线的认识也不断深化。

当时实行教育界抗日统一战线，一方面表现为争取一切可能争取的文化人参加教育工作；一方面表现为学校教育中体现抗日统一战线政策，即既对学生进行抗日民族统一战线方面的教育，把这种教育渗透在课程与教材中，更重要的是实行教学民主、思想自由。关于这个问题，毛泽东于 1938 年 7 月在中国人民抗日军事政治大学作的《抗大民主问题》报告中谈道：这里有共产党员，有国民党员，有信基督教的，也有信佛教的。这些教（师）可以在我们这里，我们不能硬要非共产党来信仰共产主义。当然共产党员是不信宗教的，并且还要宣传共产党的理论；这里有思想的自由。听说墙报里说的只有一套，以后你们什么都可以写，只要是抗日的。汉奸的说话在这里是没有自由的。① 当时学校中的民主空气相当活跃。

抗战初期提出教育统一战线"不分阶级、不分党派"，旨在争取一切抗日阶级与党派结成统一战线。然而，在统一战线中各阶级、各党派的区别是客观存在的。阶级斗争与党派斗争依然存在，抗日统一战线的核心问题仍然是共产党在其中的领导权问题。不过在抗日战争初期共产党决策人员对这问题的见解并不一致。在教育实践中亦有反映。例如抗战初期，只注重抗日教育，而对于人民的民主要求和边区的经济实际很少注意。当时陕甘宁边区教育厅曾口试鲁迅师范学校的毕业生："顽固分子来了怎么办？"问了几个学生，都答："退让"；又问："他们再进攻又怎么办？"答："还是退让"。这样问到第三次时，他们无法回答了，只有一个长征过来的毕业生挥拳答道："打！"② 1938 年中共六届六中全会确立"统一战线中的独立自主"原则，坚持中国共产党在统一战线中的独立性，既争取抗日战争的胜利，又争取人民民主权利。为抗日与民主两个基本目标的实现，既照顾全局、照顾多数，并和同盟者一道工作，又坚持有利、有理、有节的斗争。此后在抗日统一战线概念中，增加"民主"的含义，称为"抗日民主统一战线"。

二

抗日战争初期虽然吸收大量知识分子和青年学生进入革命根据地，然而共产党内长期存在的忽视甚至排斥知识分子的倾向并未克服，而从外部城市进入根据地的知识分子中，也存在同新环境、新任务不相适应的问题。为此，中共中央于 1939 年 12 月 1 日通过由毛泽东起草的《关于大量吸收知识分子的决定》，其中，肯定知识分子在革命事业中的地位与作用；明确指出殖民地、半殖民地国家的知识分子同资本主义国家知识分子的区别，为地主资产阶级服务的知识分子同为工农阶级服务的知识分子的区别，确定大量吸收知识分子的政策，即一切战区的党和党领导下的军队，均大量吸收知识分子加入军队、学校，加入政府工作，并使他们革命化与群众化。切实鼓励工农干部加紧学习，提高他们的文化水平，使"工农干部的知识分子化"和"知识分子的工农群众化"同时

---

① 毛泽东：《抗大民主问题》，《抗战中的中国文化教育》，中国现代史资料编委员会 1957 年翻印本，第 169 页。
② 《解放日报》1944 年 11 月 5 日。

实现。①

1940 年 3 月，中共中央书记处发布《关于开展抗日民主地区的国民教育的指示》，提出大批地吸收与鼓励青年知识分子或旧知识分子，尤其是过去的小学教员，担任小学教育的工作；"在国民教育工作方面共产党应力求同有正义感的名流学者、公正绅士实行统一战线"。②

1941 年 2 月，中共中央机关刊物《共产党人》杂志发表《各抗日根据地文化教育政策讨论提纲（草案）》，其中进一步提出"在新民主主义文化的总方针之下，我们文化教育政策的基本出发点"。这就是：

1. 新民主主义的文化，就是在服从抗战和统一战线以及适合于各根据地坚持长期斗争的条件下，主张思想自由，主张言论出版自由。在各根据地不仅共产党有权利积极领导发展文化教育事业，而且一切抗日党派、无党无派、各界名流学者都有办文化教育事业的权利。允许他们办刊物、办书店、办学校、办文化教育事业。在文化教育上反对共产党员包办的现象。

2. 新民主主义的文化，就是在抗日和团结的条件之下，主张不分阶级、不分民族、不分党派、不分性别，都有享受教育机会平等的权利和义务。

3. 坚决执行中共中央《关于大量吸收知识分子的决定》，大量吸收知识分子、半知识分子参加军队、政府、经济财政、文化教育、民众运动各项工作。

4. 对旧有学校设法保护并使之继续开学，由当地政府给以监督，逐渐改善其教育计划，允许教会学校、私塾的存在，但须受当地政府监督。旧有教育行政机关如教育局等，如主持人尚在或愿意回来工作时，允许继续存在并与之合作。

5. 主张信仰自由。

6. 在有少数民族的区域，用他们本民族语言办学校、出报、出书，并帮助他们发展文化教育事业。③

1940 年 3 月，中共中央书记处决定在党的宣传部内增设国民教育科；党的文教部门应经过教育行政部门及教育社团去领导国民教育。至于干部学校教育，在抗战初期，中国人民抗日军事政治大学曾自称是"抗日民族统一战线的学

---

① 毛泽东：《大量吸收知识分子》，《毛泽东选集》第 2 卷，人民出版社 1991 年第 2 版，第 619 - 620 页。

② 《中央关于开展抗日民主地区的国民教育的指示》，《六大以来》（下），人民出版社 1981 年版，第 812 - 814 页；另见《陕甘宁边区教育资料（教育方针政策部分）》上册，第 78、81 页。

③ 《各抗日根据地文化教育政策讨论提纲（草案）》，《共产党人》第 15 期。

校",陕北公学也声称"陕公是一个抗日民族统一战线的学校",① 多少反映出办学指导思想不明确。针对这种情况,中共中央军事委员会于1939年7月发布《关于整理抗大问题的指示》,提出抗大以及一切由知识分子所组成的军政学校及教导队之办理方针。认为干部学校中存在资产阶级思想与无产阶级思想的斗争,提出政治教育是中心的一环,课目不宜过多,阶级教育、党的的教育与工作必须大大加强。明确肯定:抗大不是统一战线学校,而是党领导下的八路军干部学校。

三

抗日统一战线的基本要求是反对妥协投降,抗日救亡。为了克服抗日救亡的障碍,势必反对独裁,要求民主。这在知识分子和知识青年人中也不难取得共识。然而集合在统一战线旗帜下的人们"民主"价值追求未必一致。

中国共产党作为马克思主义革命政党,倡导的不限于所谓"旧式的民主",而是称之为"新民主"的"人民民主",尤其是劳动群众的民主。因为"新民主主义"革命以农民群众为主要动力。至于为了反投降、反独裁而投身根据地的知识分子、知识青年(其中包括部分共产党人),原先对"民主"、"自由"各有不同的理解,对"马克思主义"认同与领会的程度不尽相同,对根据地环境和劳动群众的需求都有待适应。由此在统一战线中不免隐含着价值冲突。

---

① 《抗大的教育方法》,《甘宁边区教育资料(高等教育与干部学校部分)》上册,第7页;邵式平:《陕北公学实施国际教育的经验与教训》,《陕甘宁边区教育资料(高等教育与干部学校部分)》上册,第308页。

中共中央直属干部学校系统

抗日战争期间，中共中央各直属机关、中央军事委员会所属各机关以及群众团体的领导机关，建立了以干部学校为主干（包括从幼儿保育院、小学直到大学）的独立教育系统。在干部教育中，除建立干部学校外，更加注重在职干部教育。通过中央直属干部学校与在职干部教育的改革，不仅培养出大批干部，而且推动了各个抗日根据地的教育改革。

一

中共中央和中央红军到达陕北后，即从恢复中共中央党校和红军大学着手，陆续创建各种干部学校以及干部子弟学校。到 1939 年 6 月，中央直属教育系统初具规模。在中央直接指导下建立的学校包括：中国人民抗日军事政治大学、陕北公学、中共中央党校、马列学院、鲁迅艺术学院、青年训练班、中国女子大学、工人学校、卫生学校、通讯学校、组织部训练班、行政人员训练班、陕甘宁边区党校、鲁迅师范学校、陕甘宁边区中学、鲁迅小学、儿童保育院。① 其中陕甘宁边区党校由中共陕甘宁边区委员会领导，鲁迅师范、陕甘宁边区中学由陕甘宁边区政府教育厅领导，不属中央教育系统；鲁迅小学已于 1938 年 8 月并入边区中学小学部，而边区中学小学部又于同年 11 月并入儿童保育院；其余学校分属中央各个部门。这些学校，有的后来同其他有关学校合并而取消建制。此外，后来又增设了不少学校。有些学校后来迁到敌后办学，但"指挥管理仍

---

① 毛泽东：《反投降提纲》，《六大以来》（上），人民出版社 1981 年版，第 1039 页。

属中央"，而由当地中共中央局监督。①

1941 年 2 月，中共中央书记处《关于党中央系统直属各校学生使用原则的决定》中提到的中央直属干校为：马列学院、中央党校、陕北公学、青年干部训练班、鲁迅艺术学院、自然科学学院，共 6 所。然而，正如毛泽东在报告中把由陕甘宁边区政府设立的鲁迅师范、陕甘宁边区中学归入"在中央直接指导下"建立的学校一样，陕甘宁边区政府教育厅于 1941 年 10 月 16 日总结"陕甘宁边区教育工作过去的成绩"时提到，当时在全边区已有 8 所高等学校，即：八路军军事政治学院、中国人民抗日军事政治大学、中国医科大学、陕北公学、行政学院、民族学院、中国女子大学、泽东青年干部学校。② 事实上除行政学院外，均属由中央各机关创办的学校。

1940 年 10 月成立中央文化工作委员会（周扬为主任，艾思奇任秘书长）。按照中共中央 1941 年 12 月 20 日通过的《关于延安干部学校的决定》规定，延安大学、鲁迅艺术学院、自然科学院由中央文化工作委员会管辖；③ 1942 年 11 月 20 日陕甘宁边区政府决定成立延安大学、鲁迅艺术学院、延安自然科学院、行政学院、民族学院、新文字干部学校合并委员会。表明最晚从这时起，这些学校已归陕甘宁边区政府领导。可见中央机关教育系统同陕甘宁边区地方教育行政系统的界限不是绝对的。

二

中央直属教育系统以干部学校为主干。这些干部学校被视为"革命熔炉"。著名的干部学校有中共中央党校、马列学院（后更名马列研究院、中央研究院）。

中共中央党校 中共中央党校的前身，是 1933 年 3 月 13 日在中央苏区建立的马克思共产主义学校。1935 年 11 月中共中央到达陕北瓦窑堡后，立即恢复中央党校，先后担任校长的董必武（1935 年 11 月—1937 年 5 月）、罗迈（即李维汉，1937 年 5 月—1938 年 4 月）、康生（1938 年 4 月—1939 年）、邓发（1942 年 2 月—1943 年 3 月）、毛泽东（1943 年 3 月—?）等。

中央党校从瓦窑堡几经迁徙，于 1937 年 2 月迁入延安。原属中共中央组织部领导。1941 年 12 月 20 日中共中央通过的《关于延安干部学校的决定》，确定中央党校归中央党校管理委员会领导；1942 年 2 月，又决定取消中央党校管理

①　毛泽东：《反投降提纲》，《六大以来》（上），人民出版社 1981 年版，第 1040 页。
②　《陕甘宁边区的教育工作》，《陕甘宁边区教育资料（教育方针政策部分）》上册，第 215 页。
③　《中共中央（关于延安干部学校的决定）》，《解放日报》1941 年 12 月 20 日。

委员会，中央党校隶属中共中央书记处，任命邓发为校长，并把延安军事学院高级干部班并入中央党校。

中央直属机关整风运动结束后，中共中央政治局于1943年3月20日推选毛泽东任中央委员会、中央政治局、中央书记处主席，兼任中央党校校长，彭真、林彪任副校长，安子文任教育长，黄火青任总支书记。

马列学院——马列研究院——中央研究院 马列学院成立于1938年5月5日，1941年7月更名马列研究院，同年12月定名中央研究院，由洛甫（即张闻天）担任院长（1938年5月—1942年1月2日），1942年1月—9月由罗迈主持，1942年9月以后，由凯丰主持。中央研究院属中共中央宣传部管辖。

中央研究院以培养党的理论干部为目标，采取分科设室、专家指导的原则，设9个研究室，即中国政治研究室（主任张如心）、中国经济研究室（王思华）、中国历史研究室（范文澜）、中国文化思想研究室（艾思奇）、中国文艺研究室（欧阳山）、国际问题研究室（柯柏年）、俄语研究室（师哲）、中国教育研究室（罗迈）以及中国新闻研究室（罗迈）。于1943年5月并入中共中央党校，成为中共中央党校第三部。

三

中共中央军事委员会所属军事政治干部及业务干部院校，有中国人民抗日军事政治大学、军事学院、八路军医科大学。

西北抗日红军大学——中国人民抗日军事政治大学 1936年2月中央红军干部团的一部分教职员和陕甘宁红军军事政治学校合并，在瓦窑堡成立红军学校，周子昆任校长；不久，西北革命军事委员会在红军学校基础上筹办西北抗日红军大学，于同年6月1日成立，校长由林彪担任。该校共分三科：第一科以军师级干部为对象，第二科以中级干部为对象，第三科以连排级干部为对象。当月第三科迁至环县，同年7月，第一、二科随中共中央移至保安。同年11月，第三科同红军第二、四方面军两所随营学校合并，组成西北抗日红军大学第一校，校长周子昆。该校以班排干部为对象，1937年1月20日西北抗日红军大学（第一、第二科）迁至延安，更名中国人民抗日军事政治大学（简称"抗大"）。西北抗日红军第二校（设在甘肃庆阳）改为中国人民抗日军事政治大学附属步兵学校，刘伯承任校长。

从西北抗日红军大学到中国人民抗日军事政治大学总校，共办8期，列表①如下：

---

① 《延安抗大》，文物出版社1985年版，附表一。

期 别	始业与结业时间	校 址	学员人数	学员成分	主要领导人	学员编队
第一期	1936年6月—12月	瓦窑堡—保安	1 062	红一方面军及红十五军团干部	校长林彪，教育长罗瑞卿，政治部主任杨尚昆	3个科，9个队
第二期	1937年1月—8月	延安	1 362	红一、二、四方面军及陕北红军干部，知识青年	教育委员会主任毛泽东，校长林彪，副校长刘伯承，正副主任博钟、莫文骅	4个大队，14个队，1个女生区队
第三期	1937年8月—1938年3月	延安	1 272	八路军干部，知识青年，海外华侨	副校长罗瑞卿，教育长许光达，政治部正副主任张际春、胡耀邦	3个大队，9个队
第四期	1938年4月—12月	延安	5 562	知识青年，八路军四军干部，海外华侨	同上	8个大队，43个队
第五期	1939年1月—12月	延安—灵寿陈庄	4 962	陕、晋、冀、鲁、豫五省知识青年，本校干部	同上	5个大队，41个队
第六期	1940年4月—12月	武乡蟠龙—邢台浆水镇	4 900	八路军、新四军及山西决死队干部	副校长滕代远，教育长何长工，政治部主任张际春	3个科
第七期	1941年1月—12月	邢台浆水镇	2 551	八路军、新四军干部，地方干部	同上	3个科9个队及附属陆军中学
第八期	1942年5月—1945年8月	邢台浆水镇—绥德	6 000	八路军、新四军干部，地方干部，知识青年	校长徐向前，副校长何长工，政治部主任徐文烈；秦李并兼，政治部主任徐文烈	46个队

备注：
1. 第二期学员人数中未包括庆阳步兵学校1 400人。
2. 第八期开始时2 156人，15个队，1个陆军中学，后来和二、三、七分校及军事院合并，增至6 000人，46个队。
3. 第八期1942年3月滕代远调离，张际春代理政委，1943年返陕北后徐向前任校长。

中国人民抗日军事政治大学除总校外，还先后在各敌后抗日根据地设立 13 所分校。

八路军军事政治学院——军事学院　中国人民抗日军事政治大学从 1938 年 12 月起改变学校建制。1939 年 7 月总校迁出陕甘宁边区，留在延安的人员组成中国人民抗日军事政治大学第三分校。此后，中共中央和八路总部于 1940 年 8 月又在延安建立八路军军事政治学院，王稼祥任院长。该院为培养高级军事政治干部的学院。1941 年 12 月，中共中央决定将中国人民抗日军事政治大学第三分校与八路军军事政治学院合并，组成军事学院，朱德兼任院长，属中央军事委员会参谋部管辖。1943 年 3 月移驻绥德，重新与中国人民抗日军事政治大学总校、第二分校、第七分校合并。合并后短时间内沿用军事学院名称，不久恢复中国人民抗日军事政治大学总校名称，校长徐向前。

八路军军医学校——八路军医科大学　八路军军医学校的前身，是 1931 年在中央苏区创办的红军卫生学校，随中央红军到达陕北；抗战开始后曾随军转移到华北敌后抗日根据地，改称八路军军医学校；1940 年 3 月迁回延安，同年 9 月，更名八路军医科大学。校长为贺诚。该校于 1945 年 11 月从延安出发向东北解放区转移。

四

在延安，干部培训性质的大学和学院，一度配套较为齐全，不过多有变化。其中有些院校从中共中央管辖转向由陕甘宁边区政府管辖，有些院校陆续转移到华北敌后抗日根据地。

陕北公学、陕北公学分校——华北联合大学、后期陕北公学　西安事变和平解决以后，各地青年学生纷纷涌进陕甘宁边区，几乎每天都有学生进来。边区政府为了满足这批学生的要求，曾在抗日军政大学附设第四大队。第四大队从起初的 200 人迅速增至 600 人。在这种情况下，1937 年 9 月，由林伯渠、吴玉章（当时尚未抵达陕甘宁边区）、董必武、徐特立、成仿吾和张云逸 6 人倡议在延安县创办陕北公学，于同年 11 月 1 日正式举行开学典礼。[①] 成仿吾任校长。1938 年 7 月在陕西省栒邑县创立陕北公学分校，由陕北公学副校长罗迈兼任分校校长。在分校成立时，总校与分校各设 27 个队。

1939 年 1 月，根据中共中央关于在华北敌后抗日根据地设立中国人民抗日军事政治大学分校的决策，从陕北公学及其分校抽调 2 000 余名师生同抗大总校

---

① 成仿吾：《半年来的陕北公学》，《陕甘宁边区教育资料（高等教育与干部学校部分）》上册，第 320 页；《新中华报》1937 年 9 月 9 日。

的部分师生汇合，开赴华北敌人后方。陕北公学总校同分校合并，在分校校址办学。从那时起，只办高级班，陕北公学总校从 1937 年 8 月到 1939 年 7 月共培养干部 6 000 余人。

1939 年 7 月，根据中共中央决定，将陕北公学、延安鲁迅艺术学院、安吴堡战时青年训练班、延安工人学校合并，建立华北联合大学。华北联合大学成立于 1939 年 7 月 7 日，成仿吾任校长。成立后即于 12 日踏上征途，开赴华北敌后抗日根据地办学。

1939 年冬，中共中央又决定复办陕北公学，通称"后期陕北公学"，罗迈任校长，于 1939 年 12 月开始上课。到 1941 年 8 月底，又同其余几所干部学校合并，建立延安大学。①

中国青年干部训练班——泽东青年干部学校　1937 年 10 月开学，由西北青年救国会主办。朱德任名誉主任，冯文彬为主任。起初设在三原斗口镇附近，训练战时青年干部。开办不久即迁至云阳。从 1938 年 1 月（第四期）起又迁至云阳北安吴堡，故通称"安吴青训班"。② 1939 年 7 月，一部分师生并入华北联合大学，自 1937 年 10 月至 1940 年 4 月间，共办 12 期，培养 10 000 余名青年抗日干部。1940 年 5 月迁至延安，改设泽东青年干部学校，陈云任校长。属中共中央青年工作委员会管辖。

该校的教育方针定为：为创立新民主主义的教育制度而斗争。学校以学生为主体，由学生与工作人员共同管理学校。学校制度以学生自治为原则，学生民主选举学生会来进行学生中的各种活动，学生一切活动以学习为主；学校组织机构在原则上是简单精干、建立学生会系统。学校的教育方法：实行理论联系实际、减少正课时间、注重研究、加强个人阅读的辅导，等等。③ 1941 年 9 月，并入延安大学，建制取消。

鲁迅艺术学院　鲁迅艺术学院成立于 1938 年 4 月 11 日，目的在于培养抗战艺术干部，研究正确的艺术理论，整理中国艺术遗产，建立中国新的艺术。④

1937 年至 1938 年初，上海救亡演剧队第五队、第一队，北京学生流动宣传队，上海蚁社流动宣传队部分队员陆续到达延安。为了发展革命文学艺术、培养文学艺术人才，由毛泽东、周恩来、林伯渠、徐特立、成仿吾、艾思奇与周

---

① 李维汉：《回忆与研究》（上），中共党史资料出版社 1986 年版，第 394－397、413－419 页。

② 冯文彬、乔木：《我们怎样创办战时青年训练班的》，《陕甘宁边区教育资料（高等教育与干部学校部分）》下册，教育科学出版社 1981 年版，第 1－6 页。

③ 《泽东青年干部学校正式举行开学典礼》，《新中华报》1940 年 5 月 7 日。

④ 邓友民：《鲁迅艺术学院访问记》、《陕甘宁边区教育资料（高等教育与干部学校部分）》下册，第 72 页。

扬联名发起建立鲁迅艺术学院。他们在《鲁迅艺术学院创立缘起》中提到：我们边区对于抗战教育的实施积极进行，已经建立了许多培养适合于抗战需要的一般政治、军事干部的学校（如中国抗日军政大学、陕北公学等），而专门关于艺术方面的学校尚付阙如，因此我们决定创立这艺术学院，并且以已故的中国最大的文豪鲁迅先生为名。① 鲁迅艺术学院以来自上海、北京等地的演剧队员、流动宣传队员为基础。首任院长为康生，继由吴玉章、周扬任院长，亦说首任院长为毛泽东兼任。②

鲁迅艺术学院的建制经历几次变化。

第一期设戏剧、音乐、美术三系，约有学员 60 人；第二期增设文学系，共有四个系，并建立鲁迅艺术学院剧团，约有学员 100 人。

1939 年 2 月，第一次改制。除设专修部外，增设研究部与普通部。普通部训练音乐、戏剧等各门艺术都能的一般艺术干部。③ 第三期有学员约 400 人。在1939 年 2 月改制后不久，由于敌人加紧围攻晋东南敌后抗日根据地，并逼近陕甘宁边区，该院实行军事编制，把第一期学员编为两个连队。一个连队（大都是普通部学员）约 200 人（于 1939 年 7 月并入华北联合大学），开赴晋东南敌后抗日根据地；另一个连队留在院部。④ 1939 年 4 月 10 日，该院成立一周年之际，罗迈在全院师生员工大会上指出：过去相当长的一个时期中，缺乏明确的教育方针；提出鲁迅艺术学院的教育方针："以马列主义的理论与立场，在中国新文艺运动的历史基础上，建设中华民族新时代的文艺理论与实际，训练适合今天抗战需要的大批艺术干部，团结与培养新时代的艺术人才，使鲁艺成为实现中共文艺政策的堡垒与核心。"⑤

1941 年 6 月，鲁迅艺术学院又进行了一次改制。改制前，4 月 28 日，罗迈在鲁迅艺术学院第二次工作检查总结大会上提到，关于该院的目前任务，赞成周扬的意见，"要专门化"。鲁迅艺术学院承担双重任务：一是提高自己，即培养文艺理论家、作家与艺术教育人才；一是帮助别人，即帮助延安的文艺活动，并以此为团结全国文艺人才的中心。强调"现在我们大家在延安埋头研究，长期打算，一俟将来形势好转，分发出去，这一大批有相当修养的干部将是掌握

① 毛泽东、周恩来等：《鲁迅艺术学院创立缘起》，《延安文艺丛书第一卷·文艺理论卷》，湖南人民出版社 1984 年版，第 781 页。

② 王健英编：《中国共产党组织史资料汇编》，《红旗》出版社 1983 年版，第 329 页。

③ 张颖：《改编后的国艺》、《陕甘宁边区教育资料（高等教育与干部学校部分）》下册，第 79 页。

④ 同上书，第 80 页。

⑤ 罗迈：《鲁迅的教育方针与怎样实施教育方针》，《延安文艺丛书第一卷·文艺理论卷》，第786 页。

全国文艺活动最宝贵的资本"①。可能在这次改制时，或改制前，周扬由陕甘宁边区政府教育厅长调任鲁迅术学院院长。1941年改制旨在确立正规学制的基础。成立戏剧、音乐、文学、美术四个部，原有四个系及五个工作单位分属四个部之下，使各艺术部门自成体系，作为将来分院的基础。② 1943年戏剧、音乐两部合并成为鲁迅艺术学院工作团。

鲁迅艺术学院在整风运动以前，除在延安开展文艺活动外，还曾赴敌后抗日根据地宣传、演出。如1939年4月该院实验剧团（由王震领队）与文艺工作团（由陈荒煤领队）到山西阳城公演，并到八路军总部活动；当年以该院部分师生为骨干组成华北联合大学文艺工作团，与华北联合大学一起，在晋察冀边区开展文化活动；1942年1月，该院实习工作团分赴陕甘宁边区向各分区、县开展文艺活动，并搜集民间艺术资料，等等。③

1943年4月，该院并入延安大学，成为该校的独立学院，更名鲁迅文学艺术学院，设文学、戏剧音乐、美术三系。从鲁迅艺术学院成立到并校前，共办四期，毕业502人。其中分发八路军、新四军工作的146人，参加国民政府统治区工作的55人，转学的28人，留校工作与研究的157人。④ 该院各系修业年限原为2年，从第五期起，改为3年。⑤

自然科学院 成立于1939年5月，原名自然科学研究院，由中共中央财经部管辖。其性质为协助边区经济建设工作的研究机构，由李富春、陈康白任正副院长。1940年1月，改为专门学校性质，先设立中学部，以后成立大学部本科。⑥ 1940年9月正式开学。学生来源：一部分由陕北公学、泽东青年干部学校学生自愿报名，考试录取；一部分是外来青年知识分子，经中央组织部分配入学。1941年1月归属中共中央文化工作委员会领导，由徐特立任院长。该校分大学本科、预科和补习班。大学本科学生约20人，预科班一个班，补习班三四个班。⑦ 1941年春，本科分物理、化学、地矿、生物四个系。业务课程基本上

---

① 罗迈：《在鲁艺第二次工作检查总结大会上的讲话》，《延安文艺丛书第一卷·文艺理论卷》，第812页。
② 《抗日民主根据地文学大事记》，《抗日战争时期延安及各抗日民主根据地文学运动资料》下册，山西人民出版社1983年版，第385页。
③ 《延安大学概况》，《陕甘宁边区教育资料（高等教育与干部学校部分）》下册，第369、371、372、396页。
④ 同上书，第154页。
⑤ 同上书，第363页。
⑥ 同上书，第154页。
⑦ 胡吉全：《回忆延安自然科学院的学习生活》，《抗日战争时期解放区科学技术发展史资料》第1辑，中国学术出版社1983年版，第137页。

仿照国内大学物理系的课程设置，只是把一学年分为三个学期。当时院内曾有办理科还是工科之争。1941 年 8 月陕甘宁边区自然科学研究会（成立于 1940 年 2 月 5 日）举行第一届年会。会上李强、江泽民（与后来任中共中央总书记的江泽民同名）等主张把自然科学院办成工科，引起争论。这对后来的教学计划颇有影响。此后物理系的课程设置大致如下：①

学科学时／年级	微积分	普通物理	普通化学	工程制图	政治	应用力学	微分方程	热机学	机械原理及零件	经验设计	合计
一年级（1941）	6	6	4	4	3						23
二年级（1942）					3	6	2	4	6	2	23

1941 年中共中央《关于延安干部学校的决定》发布以后，自然科学院着手调整行政组织机构与教育制度。据 1942 年 2 月《解放日报》报道：除初中、高中部由正副主任负责管理学生生活与学习外，大学部各系由系主任直接领导；初中部修业时间 1—2 年，毕业后转入高中部（预科），预科修业时间也是 1—2 年。大学四个系修业时间为 3 年。② 1943 年 4 月并入延安大学，成为延安大学中的一个学院。

中国女子大学　成立于 1939 年 7 月，王明任校长。其教育方针是"以养成具有斗争理论的基础、革命工作方法、妇女运动专长和相当职业技能等抗战建国知识的妇女干部为目的"，设普通班、高级班与特别班。1941 年 9 月并入延安大学，建制取消。

民族学院　1941 年 10 月，以陕北公学民族部（成立于 1941 年 6 月）为基础建立，属中共中央西北局管辖。其学员包括蒙、回、藏、苗、彝、汉等族，按民族与文化程度编班。高岗任院长。修业年限 6 年。1942 年 2 月编制调整，确定：设初级、中级与高级班，各级均修业 2 年。初级课程以民族语文及一般常识为主（无文字的民族采用拉丁新文字），中级课程以学习汉文、本民族历史地理及中国问题为主，高级课程为民族问题、世界历史地理、世界政治经济。各

---

①　胡吉全：《回忆延安自然科学院的学习生活》，《抗日战争时期解放区科学技术发展史资料》第 1 辑，中国学术出版社 1983 年版，第 137 页。

②　《自然科学院调整教育制度》，《解放日报》1942 年 2 月 14 日。

级均注重时事教育。此外，还设研究部，培养专门人才，修业期不定。该院于1943年4月曾并入延安大学，成为该校的一个学院。1944年4月又从延安大学中分出，迁至定边，与三边师范合并为三边公学，成为三边公学的民族部，由中央三边地方委员会领导。

延安大学 于1941年9月22日由陕北公学、中国女子大学与泽东青年干部学校合并而成。成立时由吴玉章、赵毅敏任正、副校长。延安大学成立时，设社会科学院、教育学院、法学院及俄文系、英文系。[①] 1943年2月，曾把三院二系紧缩为三个单位，即：法学院与俄文专修科、社会科学院与英文专修科、教育学院。[②] 不久（4月），自然科学院、鲁迅艺术学院、民族学院与新文字干部学校并入延安大学（并校后，校长由周扬担任）。1944年春，延安大学中学部同延安师范合并成立延安中学，延安大学所属民族学院与三边师范合并，成立三边公学。1944年5月，行政学院并入延安大学。[③] 改组后，延安大学属陕甘宁边区政府领导。

除上述著名的干部学校以外，属于中央各机关主持创办的学校和训练班，尚有：

组织部训练班 由中共中央组织部管辖。

工人学校 于1939年5月开学。校长为张浩。培养党的工人骨干、工人运动干部，军队与政府系统的工人干部。不过刚成立不久，当年7月就同其他学校合并组成华北联合大学，开赴华北敌后抗日根据地。

俄文学校 成立于1942年8月，曾涌泉任校长。培养高级翻译干部。

值得一提的是，在陕甘宁边区还设有外国无产阶级革命组织创办的学校，有：

延安日本工农青年学校 成立于1941年5月，由野坂参三领导。

朝鲜青年革命学校 由朝鲜义勇军主办。1944年7月，原设在太行敌后抗日根据地的朝鲜革命军事学校也迁至延安，于1945年2月开学，校长为金白渊。

五

中共中央系统的干部学校，几乎无一例外地都经历过频繁的建制变化，学校时合时分、时立时废，学制、课程也常有调整。

---

① 林迪生：《校史简述——延大》，《陕甘宁边区教育资料（高等教育与干部学校部分）》下册，第210页。

② 《延大各院系紧缩组织》，《解放日报》1943年2月26日。

③ 《延安大学概况》，《陕甘宁边区教育资料（高等教育与干部学校部分）》下册，第153页。

学校的分、合、立、废，单从培养干部的角度来看，有两种情况：

一是聚零为整，集中举办更大规模的、门类齐全的学校。第一次，1939 年 6 月把陕北公学、工人学校、鲁迅艺术学校（一部分）和青年干部训练班合并组成华北联合大学。第二次，1941 年 8 月把陕北公学（后期）、中国女子大学、泽东青年干部学校合并建立延安大学。第三次，1943 年 4 月，把延安自然科学院、鲁迅艺术学院、民族学院及新文字干部学校并入延安大学。

第一次是为了组成门类配套、力量雄厚的大学，开赴华北敌后根据地。第二次是为了继陕北公学之后，在陕甘宁边区保留一所较为正规的大学，以利加强领导，提高教学质量。第三次是为了"精兵简政"，大量削减各校非教学人员，集中力量办好一所重点干部学校。

一是化整为零，采用母鸡下蛋的方法，分散建立更多的学校，以适应大量培养干部的需要。最显著的例子，莫过于中国人民抗日军事政治大学在各个敌后抗日根据地遍设分校。

中国人民抗日军事政治大学除总校外，在各抗日根据地设立的分校，列表①如下：

校名	成立时间	地 点	主要负责人	结束时间	备 注
第一分校	1938 年 12 月	晋东南三路城—山东沂水	校长何长工，副校长周纯全	1946 年初	周纯全接任校长
第二分校	1938 年 12 月	晋察冀边区灵寿县	校长陈伯钧，副校长邵式平	1943 年春	孙毅接任校长
第三分校	1939 年 7 月	延安	校长许光达，副校长陈奇涵	1943 年春	郭化若、黄志勇也担任过领导工作
第四分校	1940 年 3 月	豫皖苏边区涡阳县麻家集	校长彭雪枫，副校长吴芝圃	1945 年 9 月	张震、张爱萍也担任过领导工作
第五分校	1940 年 9 月	苏北盐城	校长兼政委陈毅，副校长赖传珠	1943 年春	冯定、洪学智也担任过领导工作
第六分校	1940 年 11 月	太行武乡	校长刘忠，政委黄欧东	1942 年 6 月	

---

① 《延安抗大》，文物出版社 1985 年版，附表二。原表中未列入皖江区的第十分校。

校名	成立时间	地　点	主要负责人	结束时间	备　注
第七分校	1941 年 7 月	晋西北兴县李家湾	校长周士第，政委徐文烈	1943 年春	
第八分校	1941 年 5 月	淮南天长县	校长张云逸，副校长罗炳辉	1945 年 8 月	
第九分校	1942 年 5 月	苏中南通海复镇		1944 年春	
第十分校	1942 年 2 月	鄂豫皖边区	校长李先念，副校长任质斌	1945 年 2 月	肖永久、张水泉等也担任过领导工作
	1942 年 5 月	皖江区无为县	校长粟裕，副校长刘季平	1945 年 9 月	
太行分校	1945 年春	河南涉县		1945 年冬	
太岳分校	1945 年春	山西沁水县		1945 年冬	

此外，新四军军部还于 1942 年初成立中国人民抗日军事政治大学华中总分校；抗大第一分校于 1939 年 11 月离开晋东南转入山东抗日根据地，于 1940 年 6 月归山东军政委员会领导，由周纯全任校长、李培南任政治委员。第一分校本身又设三所学校，称为一分校第一校、第二校、第三校。

1941 年 12 月中央系统的学校设置如下：

学校名称	隶属部门	培养目标
中央研究院	中共中央宣传部	培养党的理论干部
中共中央党校	中共党校管理委员会	培养地委以上、团委以上具有相当独立工作能力的党的实际工作及军队政治工作干部（高级与中级）
军事学院	中央军事委员会参谋部	培养团级以上具有相当独立能力的军事工作干部（高级与中级）
延安大学 鲁迅艺术学院 自然科学院	中央文化工作委员会	培养党与非党的各级高级与中级的专门的政治、文化、科学与技术人才

在 1943 年 4 月，自然科学院、鲁迅艺术学院以及民族学院并入延安大学（而延安大学划归陕甘宁区政府），同时中央研究院并入中央党校、军事学院并入中国人民抗日军事政治大学，此后，中共中央在延安只剩下中央党校一所直属干部学校了。

由于学校时分时合、时立时废，干部学校数量遂常有变化。

上面提到的著名干部学校独立存在的时间（到抗日战争胜利时止）比较如下：

学校名称	1935年	1936年	1937年	1938年	1939年	1940年	1941年	1942年	1943年	1944年	1945年
中共中央党校	√	√	√	√	√	√	√	√	√	√	√
马列学院—中央研究院				√	√	√	√	√	√		
中国人民抗日军事政治大学		√	√	√	√	√	√	√	√	√	√
八路军军事政治学院—军事学院						√	√	√			
八路军军医学校—八路军医科大学						√	√	√	√	√	√
陕北公学			√	√	√						
中国青年干部训练班—泽东青年干部学校			√	√	√	√	√				
鲁迅艺术学院				√	√	√	√	√	(√)	(√)	(√)
自然科学院						√	√	√	(√)	(√)	(√)
中国女子大学					√	√					
民族学院							√	√			
延安大学							√	√	√	√	√

注：表中加（　）者表示并入其他学校成为独立学院。

从上表可知，中央系统的干部学校，在抗战开始以后逐渐增加，学校门类越来越齐全，在 1941 年 9 月达到最盛时期；1944 年以后显著减少，自始至终存在的只有中共中央党校与中国人民抗日军事政治大学。

学校的变动同培养干部的需要固然有关，同根据地经济情况的变化更有莫大关系。根据地的财政收入，在 1940 年有 74.7% 得自外援（包括海外华侨捐款、国内民主人士与抗日团体捐助，以及国民政府给八路军的军饷），但因有重兵包围陕甘宁边区，为保卫陕甘宁边区，被迫从前线调回大量军队，使陕甘宁边区脱离生产的人员（主要是军队）从 1937 年 9 月时的 14 000 人增加到 49 000人（1939 年）、61 000 人（1940 年），直到 73 000 人（1941 年）。在外援断绝的情况下，不得不实行"精兵简政"。从 1941 年 12 月到 1943 年，共实行三次"精兵简政"。在前两次"精兵简政"中，着重精简陕甘宁边区的政府机构，到 1943年 3 月以后开展的第三次"精兵简政"，中央直属机关带头精简①。这就成为1943 年以后干部学校显著减少的主要背景。

此外，中央机关还设有干部子弟学校和学前教育机构。有：

延安干部子弟小学——鲁迅小学——战时儿童保育院   1937 年 3 月，根据徐特立提议，并经中央苏维埃政府批准，在鲁迅师范学校附设干部子弟小学班；1938 年 1 月成立延安干部子弟小学，鲁迅师范附设干部子弟小学班并入该校；1938 年 4 月陕甘宁边区政府教育厅决定将延安干部子弟小学同延安市完全小学干部子弟班合并，改名鲁迅小学；同年 8 月又将鲁迅小学并入陕甘宁边区中学小学部。

1938 年 10 月，陕甘宁边区战时儿童保育分会（1938 年 7 月成立）以蓝家坪托儿所（成立于 1937 年 8 月）为基础创立陕甘宁边区儿童保育院（亦名战时儿童保育院）。设婴儿班（6 个月—4 岁）、幼儿班（4—6 岁），儿童班（6—15岁）。招收东北流浪孤儿，抗战将士、工作人员子女。1938 年 11 月，将边区中学小学部并入该院，成为保育院小学部；1939 年 2 月，儿童保育院小学部迁至安塞，单独建校，改为陕甘宁边区儿童保育院小学部（简称"保育小学"）。

1945 年 6 月，为解决总反攻出征干部子女抚育问题，在延安成立第二儿童保育院。原儿童保育院通称第一儿童保育院。

八路军干部子弟小学   1941 年 8 月，八路军总后勤部创办八路军干部子弟小学（简称"抗日小学"）。该校于 1946 年 11 月并入陕甘宁边区第一保育小学。

中央托儿所——延安洛杉矶托儿所   1940 年在中共中央领导下成立中央托儿所；1942 年中央托儿所更名延安洛杉矶托儿所。

---

① 李维汉：《陕甘宁边区政府回顾》，《回忆与研究》（下），中共党史资料出版社 1986 年版，第 501 – 509 页。

干部学校教育改革

中央直属干部学校在学制、课程以及教材内容与教学方法上经历过许多变更。最大的变更有两次：一是从非正规化学校向正规化学校转变；一是通过整风运动，克服历史上遗留下来的和学校正规化过程中产生的教条主义倾向，以及其他不正之风。

一

抗日战争初期创办的干部学校，大都具有以抗战与抗日民族统一战线教育为主，带有速成（修业期短）、军事编制（学生以队、分队为单位编制）、联系实际等特点。随着干部学校规模的扩大和数量的增加，除立足于现实需要外，还考虑着眼于长远的需要。这样在 1939 年以后，各个干部学校先后谋求实现从非正规学校向正规学校转变。主要措施是，设专业系科、提高文化课与业务课在教学计划中的比重；延长修业期限；把队的编制改为班级编制；建立较为正规的学校管理制度等，把干部学校变为带干部训练性质的高等学校，或带高等教育性质的干部学校。从前期陕北公学到后期陕北公学，从安吴青年干部训练班到泽东青年干部学校（1941 年 1 月改制），从马列研究院到中央研究院，都有这样的变更。延安自然科学院在 1940 年 9 月以后，鲁迅艺术学院在 1941 年 6 月以后，都走上正规化道路，延安大学本身就是本着正规化的宗旨办起来的——尽管"正规化"的程度非常有限，各校在正规化过程中，也或多或少存在一些理论脱离实际的缺点。

中共中央主要针对历史上遗留下来的"教条主义"学风，以及宗派主义党风、党八股式的文风，于 1942 年发动整风运动（从 4 月起），以干部学校、尤其是中央党校为重点，结合整风，开展干部学校教育与在职干部教育改革。为此于 1941 年 12 月 17 日与 1942 年 2 月 28 日先后发布《关于延安干部学校的决定》与《关于在职干部教育的决定》，作为干部教育改革的纲领。此后各个干部学校陆续开展整风运动与教育改革。

二

1941年5月，毛泽东在延安干部会议上发表《改造我们的学习》的报告，批判党内由来已久的教条主义学风，重申研究现状、研究历史和注重马克思列宁主义的应用，建议在职干部教育与干部学校教育应确立"以研究中国革命实际问题为中心，以马克思列宁主义基本原则为指导的方针"[①]，从根本上改造学习与学习制度，对于正在兴起的学习运动起了振聋发聩的作用。接着中共中央在1941年12月17日与1942年2月28日，先后发布《关于延安干部学校的决定》与《关于在职干部教育的决定》。

中央直属高级干部学校成立以后，培养了大批干部，取得不少成绩，但也存在相当严重的缺点。中共中央在《关于延安干部学校的决定》中明确指出："目前延安干部学校的基本缺点，在于理论与实际、所学与所作的脱节，存在着主观主义与教条主义的严重毛病"，"这种毛病，主要表现在使学生学习一大堆马列主义的抽象原则，而不注意或几乎不注意领会其实质及如何用于具体的中国环境"；《决定》着重提出：为了纠正这种毛病，必须强调，学习马列主义理论的目的是为了使学生能够正确应用这种理论去解决中国革命的实际问题，而不是为了书本上的各项原则的死记与背诵。即：1. 使学生区别马列主义的实质；2. 使学生领会这种实质；3. 使学生善于应用这种实质于中国的具体环境。为此，除正确教授马列主义理论之外，须增加中国历史与中国情况及党的历史、党的政策教育。概言之，就是按照毛泽东在中共六届六中全会上提出的研究历史、研究现状、注重马克思列宁主义的应用的精神改革干部学校教育。

《决定》提出一系列教育改革措施：

1. 明确规定各种干部学校的培养目标；同时为加强干部学校同中央各业务工作部门的联系，明确规定干部学校的隶属关系。

2. 招收学生采取"少而精"的原则。为此，须重新审查学生成分。

3. 提高教员质量：凡地委及团级以上干部的教育，应由中央委员及中央各机关负责人亲自领导；根据新的标准重新审查教员，并改善教员的政治与物质待遇。

4. 按照"理论联系实际"的原则调整教育内容。

关于文化教育：凡文化水平太低而又有需要与可能学习的县级、营级以上

---

① 毛泽东：《改造我们的学习》，《毛泽东选集》第3卷，第802页。

工农出身的老干部，应先补习文化；文化补习除识字外，还包括阅读与写作能力，历史、地理常识，社会常识与自然常识等。

关于业务教育：凡带专门性质的学校应以学习有关该项专门工作的理论与实际的课程为主，一般讲，专门课（即业务课）占 50%（不需补习文化的学校，专门课占 80%），文化课占 30%，政治课占 20%。"坚决纠正过去以政治课压倒其他一切课目的不正常现象"。

关于理论教育：全力注意使学生由领会马列主义的实质到把这种实质具体应用于中国环境的学习。

关于政治教育：充分利用《解放日报》、中央文件及中央各部委出版的材料。

5. 在教育方法中，"应坚决采取启发的、研究的、实验的方式。以发展学生在学习中的主动性与创造性"，取代注入的、强迫的、空洞的方式。

6. 学校行政组织以"短小精干"为原则。

7. 在学校内养成学生自由思想、实事求是、埋头苦干、遵守纪律、自动自治、团结互助的学风。

这个决定中的基本原则适用于各抗日根据地。[①]

在中共中央《关于延安干部学校的决定》发布以后，中央直属干部学校即着手进行教育改革。1942 年 2 月 1 日，毛泽东在中央党校开学典礼上发表《整顿党的作风》的演说，号召"反对主观主义以整顿学风，反对宗教主义以整顿党风，反对党八股以整顿文风"，并提出以"惩前毖后、治病救人"为整风运动的宗旨。同年 4 月，整风运动正式开始。通过整风运动，促进干部教育改革。

三

延安时期的整风运动，从中共中央直属各个干部院校开始。来势凶猛，其中的斗争相当尖锐。

（一）中共中央党校整风

在中央党校，1941 年底，中共中央发布《关于中央党校计划》，旨在改革中央党校的教育工作。中央党校按照中共中央《关于延安干部学校的决定》和《关于中央党校计划》进行改组，主要是：把学习时间延长为 2 年，课程重新编排，招收地委以上、军队团级以上具有相当独立工作能力的党的实际工作干部和军队政治工作干部，并提到教育内容贯彻理论联系实际、所学所用一致的原

---

① 《中共中央〈关于延安干部学校的决定〉》，《解放日报》1941 年 12 月 20 日。

则，于 1942 年 2 月 1 日开学。① 然而党校开学后，全校计划开设西洋史与中国古代史，大家感到这些学科的教学同党的任务与政策很难直接联系，不符合现实需要。

中共中央发觉后，于 2 月 28 日通过《关于党校组织及教育方针的新决定》。依照这个决定，取消中央党校管理委员会，停止执行原有教育计划，对中央党校重新改组。决定中央党校直属中央书记处，任命邓发为校长，由彭真、林彪分管政治教育与军事教育，由毛泽东负责政治上的指导，任弼时负责组织上的指导；重新拟定课程设置，以从辛亥革命到抗日战争时期的中国历史为基础，以马克思列宁主义的思想方法为指导，着重学习中国革命基本问题，包括各时期革命的不同政治环境，党的思想方法，党的政策、组织、军事，党的建设，哲学思想，有机地联系实际。即实行毛泽东倡导的"古今中外法"，由古到今，由中到外。彭真谈到，这样做为的是使党校教育能符合毛泽东提出的整顿"三风"的精神。事实上，是以形成中的毛泽东思想为主要内容。改组后的中央党校于当年 4 月开学。②

1942 年 5 月 1 日，中央党校决定研究整风文件的计划，分四个步骤进行。第一步（第一周），精读和研究中共中央宣传部《关于在延安讨论中央决定及毛泽东同志整顿三风报告的决定》（简称"四三决定"）；第二步（第二周至第三周），正科和预科甲乙各班，把整风文件全部浏览一遍，以概括了解文件大意；第三步（第四周到第十一周），把所有文件分类逐件精读，逐件做笔记，深入地研究、讨论，并联系反省个人的思想与工作；第四步（第十二周至第十六周），检查工作，自我检讨，作出学习总结。

（二）中央研究院整风

中央研究院的整风运动在开始阶段（1942 年 1 月—4 月 3 日），就存在尖锐斗争。在讨论整风检查工作委员会组成时，王实味主张检查工作委员会全部由群众民主选举产生，结果两名领导干部张如心、王思华落选；在议论壁报《矢与的》文章署名问题时，王实味主张壁报文章可以匿名。由于罗迈在历史上犯过错误，而范文澜虽是位著名学者，但对党的民主集中制不是很熟悉，他在《矢与的》发刊词中提出"以民主之矢，射邪风之的"，"谁阻碍民主，谁就会在民主面前碰出血来"。王实味连续发表《政治家、艺术家》、《野百合花》等

---

① 贺晋清：《延安整风运动大事记》，《中共党史资料》第 8 辑，中共党史资料出版社 1983 年版，第 324 页。

② 《解放日报》1942 年 4 月 1 日。

文章，说延安"歌舞升平"、"缺乏同志之爱"，"到处乌鸦一般黑"，而领导人"不仅间接助长黑暗，甚至直接制造黑暗"。毛泽东在一个晚上，就着马灯、火把看了《矢与的》。此后，他认为"思想斗争有了目标了"，接着召集高级干部会议，决定扭转这种倾向。①

中央研究院从 4 月 3 日起，进入深入整风阶段。这一阶段的主要工作是：自我学习，着重精读文件，写学习笔记与对照检查；纠正前阶段出现的"自由主义倾向"，讨论民主集中制问题；斗争与批判王实味。至 1942 年 7 月 26 日，中央研究院整风学习告一段落。11 月 26 日，整顿"三风"学习结束，进入个人总结阶段。

中央研究院一面学习，一面研究，取得一定的研究成果。例如艾思奇领导的中国文化思想研究室，在短短八个月时间内，完成了抗战以后各派哲学思想资料的搜集、整理工作。包括马克思主义哲学思想在中国的应用与发展，蒋介石、陈立夫、阎锡山等人及日本法西斯哲学思想，以及五四运动以来各派哲学思想资料，各有几十万字，发表了《抗战以来几种重要哲学思想的评述》（艾思奇）、《五四文化运动中期的一个重要争论》（艾思奇）、《王充的哲学思想》（陈恒力）、《康有为的大同社会主义》（王匡）、《从〈论持久战〉学习怎样反对主观主义》（陈茂仪）等文章。罗迈领导的中国教育研究室，在 1941 年 9 月—1942 年 3 月间，整理了陶行知生活教育理论资料（张健）、梁漱溟乡村建设资料（华子扬）、杜威教育思想批判资料（陈元晖）、陈立夫教育思想批判资料（陈璧如），还对边区教育进行一些实际调查（王志匀、李冰洁、翟定一）。董纯才发表《论国民教育的改造》、《怎样以反党八股的精神编教材》等文章。

（三）鲁迅艺术学院整风

鲁迅艺术学院（全名"鲁迅艺术文学院"）尽管取得不少成就，但在 1939 年提倡"正规化"以后，存在"关门提高"的倾向。这成为整风运动中的一个重点课题。

1942 年 4 月初，鲁迅艺术学院召开院务扩大会议，布置整顿"三风"与工作检查。周扬在报告中指出，目前鲁艺同志和根据地军民脱节，好像坐在"碉堡"里空想培养；号召大家不要轻视工农群众，虚心向工农群众学习，成为真正的艺术干部。②

---

① 李维汉：《中央研究室的研究工作和整风运动》，《延安中央研究院回忆录》，中国社会科学出版社、湖南人民出版社 1984 年版，第 14－17 页。

② 《抗日民主根据地文学大事记》，《抗日战争时期延安及各抗日民主根据地文学运动资料》，山西人民出版社 1983 年版，第 400 页。

5 月 2 日与 23 日，毛泽东发表《在延安文艺座谈会上的讲话》。当月 30 日，毛泽东到鲁迅艺术学院检查整风学习。当时该院正在辩论教育方针、检查"关门提高"的倾向，毛泽东讲了普及与提高的关系问题，把鲁迅艺术学院比喻为"小鲁艺"，号召大家走进"大鲁艺"，即全心全意到工农兵群众中去，到火热的斗争中去。①

1942 年 8 月，鲁迅艺术学院师生根据整风文件精神，联系教学、创作和教育方针，在学习总结阶段开展辩论。中心议题是："鲁艺的教育方针与实施方案在路线上有错误呢，还是在执行中有错误，或两者都没有错误?"②

同年 9 月，周扬作学风总结报告，从理论上检讨鲁迅艺术学院办学过程中的失误，并作了自我批评。周扬谈道：由于整顿"三风"和文艺座谈会，特别是毛泽东亲临鲁迅艺术学院的讲演，把改造鲁迅艺术学院问题提到议事日程上来。在这以前我们中间的大多数同志都没有十分认识在艺术教育中主观主义、教条主义的严重的毛病，因为这些毛病在艺术学习上所表现的形式，是和一般马列主义理论的学习上所表现的不同的缘故；大家都用这样一个标准来衡量鲁艺：它的教育方针是否"从客观实际出发"，实施中是否做到了理论与实际联系? 通过学习与讨论，程度不同地接近一个共同结论：鲁迅艺术学院的教育和实际脱节的现象是很严重的。这种现象并不是个别的、偶然的，而是贯穿于从教育方针到每一具体实施的全部教学过程中，这是根本方针上的错误。"关着门提高"五个字概括了方针错误的全部内容。③ 我们提倡"专门化"与"正规化"，就是为了执行这个方针。教学制度的"正规化"，结束了早期鲁迅艺术学院教育行政、教学秩序不断被晚会支配的紊乱的状态，但为克服抗战初期延安学校的"游击作风"，不知不觉地反而把那个时期的理论与实际密切结合的精神也给克服掉了。其实那个时期的教育不管有多少"游击作风"，在其基本精神与方法上，是新教育的雏形。"正规化"教育的开端伴随着教育上主观主义、教条主义的兴旺，不是偶然的巧合。我们"正规化"是建立在"学习第一"上面的，而不是建立在理论与实际、所学与所用的联系上的。这就给了资产阶级思想的影响在教育上增长的机会。④

鲁迅艺术学院经过整风学习，重新确定教育方案，基本精神是：研究当前文学艺术运动，其中特别是部队与地方文艺运动的现状、经验与特殊的问题；

---

① 贺晋清：《延安整风运动大事记》，《中共党史资料》第 8 辑，中共党史资料出版社 1983 年版，第 341 页。

② 《解放日报》1943 年 8 月 4 日。

③ 周扬：《艺术教育的改造问题》，《延安文艺丛书第一卷·文艺理论卷》，第 817 页。

④ 同上书，第 824 页。

与延安及各根据地的兄弟艺术团体及个人建立亲密的关系，取得工作上的配合，并进行经验交流；与在延安及各根据地的有关工作部门（如部队政治部、地方文化协会、报社、学校）建立工作上的联系，改变过去互相隔膜的不正常状态；剧团及各研究室仍改为工作性质的团体，并明确规定其工作任务；继续定期外出实习；按照规定的教育目的，毕业生无例外地参加实际工作；承担创作任务的教员、助教与行政负责者适当采用轮流教学、轮流工作制度；理论研究的方法是以研究现状与历史为主，并有一定时间参加实际生活与工作。①

（四）自然科学院整风

自然科学院整风从 1942 年 4 月 2 日开始。徐特立在该院壁报《学风》创刊号上致函党总支委员会，号召大家做"斗争的模范"。此后学习整风文件。② 同年 9 月 30 日。该院开始讨论自然科学教育方针问题，着重讨论立场、理论和实际、目前与未来、需要与可能、建议、今后院教育方针与制度等六个问题。③ 同年 10 月 11 日，该院讨论自然科学如何联系实际问题，其中包括科学院的教学内容是否有教条，我们应当如何与实际部门联系，我们有没有办科学院的条件，我们需要怎样的科学教育等问题。④

1943 年 4 月，自然科学院并入延安大学。合并前尚无毕业生，但已陆续调出师生数十人参加边区各部门经济建设。

整风期间，教学工作基本停顿，直到 1944 年下半年才恢复业务学习。1944年底，又从延安大学分出，迁至小砭沟（后更名文化沟），由李强、恽子强分任正副院长。⑤

（五）延安大学整风

延安大学成立于整风运动的发动时期。吴玉章校长在开学典礼致词中谈到中国历来的教育空虚、不实际，国民党统治区（即所谓"大后方"）的教育至今仍无甚用处，根据地过去因前方需要，往往六个星期就训练完毕，只学会一般革命的基本课程，近两年还是如此，还是很空虚。"我党实行整顿学校，变成正规化"，纠正"不切实"的习惯，"今后要培养能做事的了解中国国情的青年，大家要努力学习科学和外国语"。吴玉章致词后，台下高呼"反对公式"、"反对

① 周扬：《艺术教育的改造问题》，《延安文艺丛书第一卷·文艺理论卷》，第 829－830 页。

② 《自然科学院整顿三风》，《解放日报》1942 年 2 月 3 日。

③ 《解放日报》1942 年 9 月 30 日。

④ 《解放日报》1942 年 10 月 11 日。

⑤ 彭尔宁：《延安自然科学院——我和母校》，《抗日战争时期解放区科学技术发展史资料》第 3 辑，中国学术出版社 1983 年版，第 334 页。

教条"的口号。①

1942 年 4 月 8 日，延安大学整风检查委员会成立，决定从 4 月 20 日到 6 月 30 日为学习文件阶段。4 月 21 日，召开全校整风学习动员大会。②

抗战前期（1937 年 7 月—1939 年上半年），边区干部教育适应战时需要，培养了大批抗战干部。1939 年下半年以后，干部教育"正规化"。在 1942 年 4— 9 月整风学习中，延安大学所属各单位对过去的工作进行了回顾，针对过去存在的倾向，展开了一些争论。

1944 年 5 月，延安大学重新改组后，于 5 月 24 日开学。该校校长周扬在开学典礼上对过去的教育工作作了批评与自我批评，提出延安大学今后在学制、课程各方面都要切实做到为边区人民服务。毛泽东在开学典礼上发表了讲话，他认为边区教育已经开始走上轨道，延安大学是政治、经济、文化的大学，延安大学要学习这一套，要做这一套。具体任务是：在政治上要学习统一战线、三三制、精兵简政的方针，要学习各种政策与方法；在经济上要学习如何发展工业、农业、商业、运输，要帮助 35 万家农民做到耕三余一，要帮助老百姓订一个植树计划，10 年内把历史遗留给我们的秃山都种上树，还要使边区工业做到全面自给，达到每年出产 3 万匹布、470 万斤铁；还要搞好文化建设，要使边区老百姓每一个人至少识 1 000 个字，要提倡卫生，要使边区 1 000 多个乡每乡设立一个小医务所，还要教会老百姓闹秧歌、唱歌，要达到每区有一个秧歌队，家家有新内容的年画、春联。他再三叮咛：要为实际服务，不要闹教条主义。"人总要落一个地点，像飞机早上出去，晚上也得回来。落在一个地点，不能到处飞不落地。"③

1944 年 5 月新学期开始后，延安大学重新拟订了教育方针、学制与课程。其教育方针是：以培养适应抗战与边区建设需要、提高新民主主义即革命的三民主义的政治、经济、文化建设的实际工作干部为目的，进行中国革命历史与现状的教育，以增进学员革命理论的知识与新民主主义即革命的三民主义建设的思想，并进行人生观与思想方法的教育，以培养学员的革命立场与实事求是的工作作风；通过各种方式和边区各实际工作部门及实际活动的结合，以期（把）实际经验提升至理论高度，达到理论与实践的统一、学与用的一致。修业年限为：行政学院 2 年，自然科学院 3 年，鲁迅艺术学院 2 年，医药系 1—2 年。

---

① 《延大举行开学典礼》，《解放日报》1941 年 9 月 23 日。

② 贺晋清：《延安整风运动大事记》，《中共党史资料》第 8 辑，第 331 页。

③ 《延安大学开学——毛泽东同志指示延大应为抗战及边区政治、经济、文化建设服务》，《解放日报》1944 年 5 月 31 日。

在学习期间，校内学习占60%，实习占40%；校内学习时间中，全校共同课占30%，各院系专修课占70%；各院系专修课中，理论政策课占30%，业务知识、技术课占70%。

1945年8月，鲁迅艺术学院、自然科学院全部学生与工作人员调出工作，行政学院的学生也大部分调走，延安大学只剩下行政学院。

在职干部教育改革

中国共产党历来重视干部教育，尤其是在职干部教育。1938 年 11 月，中共
六届六中全会以后，切实开展大规模学习运动，普遍形成学习气氛，盛况空前。
1942 年 2 月 28 日，中共中央发布《关于在职干部教育的决定》，明确提出："在
目前条件下，干部教育工作，在全部教育工作中的比重，应该是第一位的；而
在职干部的教育工作，在全部干部教育工作中的比重，又应该是第一位的。"①
把在职干部教育的地位提到前所未有的高度。

为什么把在职干部教育置于如此重要的地位呢？这是因为一切工作，包括
国民教育工作在内，都须经过干部去做，"在政治方针决定之后，干部就是决定
一切的因素"。如不把干部教育工作看得特别重要，把它放在全部教育工作中的
第一等地位，就会犯"本末倒置"的错误。然而尽管干部学校教育重要，事实
上限于人力、财力，加之工作需要，不可能办很多干部学校。因此，为数最多
的干部（约占干部总数90％），只能在工作中学习，即一面工作，一面学习。②

一

中央直属机关在职干部教育，在 1938 年中共六届六中全会前后，情况不同。
1938 年 11 月，特别是 1939 年 6 月以后，出现"干部教育热"。但在 1942 年整风
运动以前，共产党内长期存在的"教条主义学风"并未根本转变，这种学风甚
至渗透到蓬蓬勃勃的学习运动中，经过整风运动才得到彻底的扭转。这样，在
职干部教育大致可分为三个时期：1937 年 7 月—1938 年 11 月为前期；1938 年
11 月—1942 年 2 月为中期；1942 年 2 月—1945 年 8 月为后期。这里着重研究整

---

① 《关于在职干部教育的决定》，《陕甘宁边区教育资料（在职干部教育部分）》，第 162 页。
② 同上。

风运动前后在职干部教育的实施过程、成就与经验教训。

1938年9—11月间召开的中共扩大的六届六中全会，根据毛泽东《论新阶段》报告中的建议，决定在全党开展学习运动。《中共扩大的六中全会政治决议案》提出：为了保证共产党员能在抗战建国大业中发挥其应有的作用，为了使共产党成为能担当抗战建国大业中的一部分光荣任务的巨大力量，必须大批培养和提拔有胆有识、能作能为的党员干部和非党员干部，并且最适当地使用、教育和爱护这些干部；必须加紧认真地提高全党理论水平，自上而下一致地努力学习马克思、恩格斯、列宁、斯大林的理论，学习把马克思列宁主义及国际经验灵活地应用到中国每个实际斗争中来；研究孙中山先生的三民主义，研究中国历史，提高工农干部和一般党员的文化水平；改进《新华日报》、《解放》、《群众》等的内容，大量设立培养各级干部的学校、训练班等。① 不过事实上在中央六届六中全会决议中，马克思主义中国化与反对教条主义的主题，不如毛泽东在报告中表述的那么明确。

六中全会后，开始在全国许多地方组织学习。由于缺乏计划，各地在职干部学习比较零乱，也不经常。1939年3月，中共中央建立干部教育部（后来并入中共中央宣传部），由洛甫（张闻天）、罗迈（李维汉）分任正副部长。当月中央干部教育部发布《延安在职干部教育暂行计划》，对在职干部教育作了全面部署。因大生产运动大会刚召开不久，忙于生产突击运动，至5月20日，中共中央干部教育部才召开学习动员大会，罗迈、毛泽东、王明、洛甫都在大会上作了学习动员报告。毛泽东提出：要在工作、生产的百忙中以"挤"的办法获得学习时间，以"钻"的方法求得问题的了解与深入。王明强调学习《苏联共产党（布）历史简明教程》的重要意义。② 学习运动实际上从1939年6月开始。

1939年3月—1942年2月期间在职干部教育的基本情况如下。

（一）关于教育对象的分类

《延安在职干部教育暂行计划》把教育对象分为三类：甲类为担任负责工作的老干部；乙类为文化水平较高而党龄较短的新干部；丙类为政治、文化水平较低的干部。在中央书记处《关于在职干部教育的指示》（1940年3月20日）中，把在职干部分为四类，增加了"文化、理论水准都较低的老干部"一类。③ 不过通常仍采取《暂行计划》中的分类。罗迈在1940年6月6日的学习总结报

---

① 《中共扩大的六中全会政治决议案》，中国人民解放军政治学院党史教研室编：《中共党史参考资料》第8册，第176页。

② 《中共中央干部教育部召开学习动员大会》，《新中华报》1939年5月26日。

③ 《关于在职干部教育的指示》，《陕甘宁边区教育资料（在职干部教育部分）》，第34页。

告中谈到，《暂行计划》中的分类是"正确"的。①

（二）在职干部教育的课程依不同教育对象而定

初级课程：中国近代革命史、中国革命与中国共产党、游击战争、社会科学常识。

中级课程：联共（布）党史、马列主义。

高级课程：政治经济学、历史唯物论与辩证唯物论、近代世界革命史。

此外，时事政治课程与中国、日本、国际三个方面经常研究，在军队中加设军事课。实际上后来仍按《暂行计划》规定的课程进行。②

（三）在职干部教育的方法与组织形式

以自习为主，组织小组学习。一般每月集体讨论两次。除此以外，还采取大演讲（1939年3月开始）、上大课（1939年8月开始）和研究会的形式。

学习运动开始时，参加学习的干部为2 120人，自改上大课以后，参加学习的人数逐步增加。至1940年5月，共有甲类干部837人，乙类干部2 250人，丙类干部968人，总共4 055人。③

党的建设、联共（布）党史、马列主义、中国问题四种学科分别采取上大课的方式进行。例如党的建设（分两班上课），其中一班在1939年8月—1940年5月间，先后由负责干部讲了13讲，即：（1）党；（2）党员；（3）支部；（4）组织原则；（5）党纪；（6）党与群众的关系；（7）干部政策；（8）领导方式；（9）宣传教育工作；（10）两条战线斗争；（11）边区党；（12）八路军党；（13）党章与党纲。在此期间，甲类干部联共（布）党史讲了12讲，马列主义4讲；乙类干部中国问题讲了7讲。④

1939年3月开始，大演讲包括16个问题，共讲20次。至1940年5月已就15个问题讲了16次。⑤

由教员和从事教育工作的同志组织的各种研究会，包括：

政治经济学研究会：第一次成立于1939年春，由王学文领导；第二次成立于1940年9月，由王思华领导。

马列主义研究会：成立于1939年4月，由王明、吴亮平分任正副指导员。

---

① 罗迈：《延安在职干部一年来学习经验总结》，《陕甘宁边区教育资料（在职干部教育部分）》，第54页。

② 同上书，第32页。

③ 同上书，第54页。

④ 《延安的在职干部教育》，《陕甘宁边区教育资料（在职干部教育部分）》，第94页。

⑤ 同上书，第95—96页。

参加者23人。

中国问题研究会：成立于1939年春，由洛甫任指导员，杨松任主任，参加者64人。计划研究16个问题，讨论18次。至1940年10月，已讨论过6个问题。

党的建设研究会：第一次成立于1939年，第二次成立于1940年。由洛甫、陈云负责。计划研究12个问题，至1940年10月已讨论7个问题。

哲学研究会：成立于1940年5月，由洛甫、艾思奇领导。参加者从40人发展到80人。至1940年10月共讨论哲学是什么、辩证唯物论（物质、时间、空间等）、辩证法诸法则（四个规律及范畴）、认识过程等4个问题。①

（四）建立每天学习2小时的制度，成立学习小组

1940年6月，罗迈在学习经验总结报告中介绍了陈云领导的学习小组和洛甫领导的学习小组的经验。

陈云领导的学习小组，学习的方式是"就书论书"。每周读一章至三章，要求每句读懂，连续两三遍，做笔记，开讨论会时逐页质疑，质疑后由报告人报告，然后讨论，最后由指导员作结论。他们用这种方法读完《联共（布）党史简明教程》、《哲学选辑》，接着读《唯物史观》。其原则是"少到多，浅到深"。

洛甫领导的学习小组学习方式是：有研究提纲，有指定的参考材料，有报告、结论，有指导员，质疑不以一定形式，报告的方式有一般报告与专题报告之分。这种方法倾向于把研究引向展开与深入。②

此外，有些学习小组还联合召开讨论会。

丙类干部学习的困难较多，思想障碍也不少。当时有些人对丙类干部学习的特点与方法进行过专门探讨。

1942年2月以后，随着整风运动的展开，在职干部教育发生显著变化。

二

1942年2月28日，中共中央发布《关于在职干部教育的决定》，其中提到：在中共六届六中全会以后，在职干部教育已经引起党内相当的注意，但忽视在职干部教育的现象依然存在。在职干部教育的主要缺点是：

1. 没有强调业务教育。

2. 政治教育虽引起注意，但或不得其法，或轻重不分，或缺乏经常性。

---

① 《延安在职干部教育》，《陕甘宁边区教育资料（在职干部教育部分）》，第96 — 101页。
② 同上。

3. 文化教育没有引起充分注意。

4. 理论教育或没有引起注意，或脱离实际，"成了教条主义的东西"。①

《决定》针对上述缺点，对在职干部教育提出如下改革设想：

1. 关于业务教育，实行"做什么，学什么"的原则。强调从事任何工作的干部，都要把学会、精通自己的业务作为"第一个教育任务与学习任务"。其内容包括：关于与各部门业务联系的周围情况的调查研究；关于与各部门业务密切联系的法令、指示、决定的研究；关于各部门业务具体经验的研究；关于各部门业务的历史知识，以及关于各部门业务的科学知识。

2. 关于政治教育，包括时事（形势）教育与政策教育。政治教育的目的在于使干部除精通其专门业务、局部情况与局部政策之外，还能通晓一般情况与一般政策，扩大干部的眼界；尽管每个干部都须兼顾业务学习与政治学习，但其分量、轻重依各部门工作性质而有区别，如医生、技术专家、文学家、艺术家等，政治学习的分量应当减轻。

3. 关于文化教育，对于文化程度不高或太低的干部，学习文化，提高文化水平，"是他们全部的中心一环"。其教育与学习范围包括：国文、历史、地理、算术、自然、社会、政治等课。以文化补习班、文化补习学校，或采取轮训制、小组学习制等方式进行。

4. 关于理论教育，具有一定文化程度与学习兴趣的高级与中级干部，于业务学习与政治学习之外，均需学习理论。其学习范围分为政治科学、思想科学、历史科学等，依次逐步学习。学习方法以"理论联系实际"为原则，自学为主，讨论与指导为辅。

不论业务学习、政治学习、文化学习与理论学习，均得贯彻反对主观主义、宗派主义与党八股的精神。在职干部教育以不妨碍业务与身体健康为宜。把学习时间计入正规工作时间之内，并把干部学习情况作为鉴定干部的标准之一。②

此后，中央直属机关的在职干部教育基本上结合整风运动进行。

1942 年 2 月 5 日，延安《解放日报》发表《加强地方在职干部教育》的社论。社论指出：以往边区各县的地方在职干部学习，一般的是对于延安干部学校教育的机械的抄袭。因此，延安干部教育中的缺点也就表现在地方在职干部教育中。具体表现在：把学习和工作变成两个对立的概念，学习不仅不曾帮助工作情绪的提高，反而削弱了从事实际工作的勇气；另一方面，造成恶劣的学

---

① 罗迈：《延安在职干部一年来学习经验总结》，《陕甘宁边区教育资料（在职干部教育部分）》，第 63 - 64 页。

② 《关于在职干部教育的决定》，《陕甘宁边区教育资料（在职干部教育部分）》，第 162 - 163 页。

风。有人认为学习就是背诵教条、死搬教条，有的人把学习当成装饰。例如1941年中共中央曾发布《关于增强党性的决定》与《关于调查研究的决定》，指出许多县一直沿袭老一套的办法，继续读《中国近代革命运动史》、《党的建设》、《联共（布）党史简明教程》，而不是根据党中央的指示，把提高文化水平、掌握本职工作、研究政策法令、改进工作方式作为在职干部教育的重要内容。总之，"检查起来，我们很难讲三年后的今天，比三年前在具体知识获得上，在学习态度培养上，我们的同志究竟是否有了进步"①。这个批评相当尖锐。

中央直属干部学校教育和在职干部教育改革的基本精神和主要经验是：

1. 正确处理理论教育、政治教育、业务教育与文化教育之间的关系，提高业务教育与文化教育的地位。不过，在长达两年的整风运动中重点还是进行理论教育与政治教育。整风运动结束后，抗战形势有了很大的发展，业务教育与文化教育难以从容地进行。当然，整风运动本身的理论与政治教育对于提高干部的理论与政策水平具有深远的影响。

2. 干部学校改革的中心课题是解决理论联系实际、学用一致以及知识分子同工农群众相结合的问题。在理论教育中，一面强调分清字句与实质，理论学习的重点在于掌握其实质，即马克思列宁主义的立场、观点与方法；一面更强调学习理论的目的在于应用，政治教育、业务教育与文化教育也重在运用，从而克服传统的"死读书、读死书、读书死"的弊端，把传统的"封闭型"学校，改造成"开放型"的面向社会、面向群众的学校。

3. 干部学校改革中所实行的理论联系实际的原则，其"实际"主要指本地区的现状与历史，尤其重在解决现实问题，从而把着眼于长远未来的"正规化"的学校改造成面对现实的学校。

就后两点经验来说，它是改革后的干部学校的优点，但也有其局限性。在当时当地较为合理，到另时另地未必全都适用。

---

① 《加强地方在职干部教育》，《解放日报》1942年2月5日。

教育结构调整和群众教育改革

根据地的学校，在习惯上仍称为小学、中学和大学。在教育事业正规化时期，中小学的课程与教学，其性质基本上仍属于普通教育。问题在于根据地经济文化相当落后，又处在严重的民族自卫战争中，既迫切需要培养大批干部，又需迅速普及群众教育，不得不对整个教育结构重新调整，相应地调整教育投入的重点。为此，继 1942—1943 年干部教育改革之后，在 1944—1945 年进行群众教育改革。

经过系列的教育改革，把整个教育分为"干部教育"和"群众教育"两大部类。高级小学以上的学校教育归入"干部教育"；所谓"群众教育"包括初级小学和成年群众教育。

延安《解放日报》先后于 1944 年 4 月 7 日、5 月 27 日发表由胡乔木起草的两篇社论《根据地普通教育的改革问题》和《论普通教育中的学制与课程》，对当时教育结构的调整和群众教育的改革进行了论证。

一

陕甘宁边区在 1938—1941 年间，一面大力促进小学教育、社会教育的普及，尽量增设中等学校；一面试图把教育工作纳入"正规"，谋求教育质量的提高。二者并举，遂导致学校数量与质量的矛盾。这些尝试，或者是执行中共中央的指示，或者得到中共中央的肯定，或者是陕甘宁边区政府教育厅独立作出的抉择。限于条件，提高教育质量的效果并不尽如人意；1942 年以合并学校的办法谋求教育工作"正规化"，削足适履，导致学校大量减少，更引起群众不满。

通过整风，人们眼睛向下，正视根据地的现实需要与客观条件，逐步找到问题的症结。

在中共中央确立干部教育在整个教育中占第一位、在职干部教育在整个干部教育中占第一位的决策以后，中共中央西北局召开的陕甘宁边区高级干部会议（1942年10月19日—1943年1月4日）指出，边区建设工作中存在"百端待举"、"样样是中心"的倾向，应把生产与教育作为边区建设的两大中心；同时纠正教育工作本身的"百端待举"、"样样是中心"的倾向，又确定干部教育第一、国民教育第二的方针。① 通过总结陕甘宁边区教育的历史经验，人们对原有的一套发生怀疑，这就是：国民教育（儿童教育、成人社会教育）中存在的数量与质量的矛盾。根本问题不在它本身，而在于处在当时那种战争环境中。在陕甘宁边区那种条件下。究竟应当把国民教育放在什么地位？中学与小学教育"正规化"的时机是否成熟，当时谋求的"正规化"是否合乎斗争的需要与农村根据地的实际？于是，从1943年开始，广泛而深入地开展教育调查，总结经验，在此基础上各地涌现出许多教育改革的先进典型。1944年大规模的教育改革运动蓬勃展开。

二

陕甘宁边区教育改革是在中共中央直接指导与鼓励下进行的。中共中央着眼于通过陕甘宁边区教育改革的试验，推动所有抗日根据地教育事业的改革。

1944年3月19日，正当陕甘宁边区普通改革方兴未艾之际，徐特立和边区教育厅长柳湜联名发起召集国民教育座谈会。边区与直属市、各分区主要负责人和延安文化教育界著名人士聚集一堂，交流各地教育改革经验，探讨教育改革的方向、道路。会议在学校与劳动、社会、政府、家庭结合以及民办学校问题上统一了思想。②

1944年3月21日，延安·《解放日报》发表《延县柳林区锁家崖自办小学》、《甘泉学生踊跃入学，群众对教学方针甚为满意》、《学校和实际密切结合——延市完小面貌一新》等报道。据报道，延安县柳林区政府于当月11日召开乡指导员联席会议，决定该区在原有两所民办小学外，在锁家崖自然村增设一所民办小学。教员请工人家属担任，实行三学期制，教员生活费、课本用具由该村居民解决，学生回家吃饭。学校教育情况亦为家长了解。毛泽东看到这些报道后，次日在陕甘宁边区文化教育工作座谈会上谈到：过去有的小学办得不好，群众不欢迎，我们硬要办，这是命令主义；边区过去搞过识字组，但是失败了，我想实际上是没有做。当时正在酝酿小学与社会教育尽可能实行民办，毛泽东很

① 陕甘宁边区教育厅：《一九四三年教育工作中的几个问题》，《陕甘宁边区教育资料（教育方针政策部分）》下册，第356页。

② 《纪念生活教育运动第十七周年》，《解放日报》1944年3月24日。

支持。胡乔木提议学校实行村办才好，他也表示赞成。他进一步提出：现在情况不同了，群众有了这个要求，我们来一个号召，就可以逐步推广。他设想：陕北35万户，140万人，十年之内消灭全部文盲。一天识一个字，一年365天，识365个字，十年识3 650个字。十年又可以分作两个五年计划，一个五年计划识两千字左右。如果能识两千字，就接近消灭文盲。十年之内使老百姓人人都可以看《群众报》，有三分之一的人能看《解放日报》。① 在此期间，他还提出"民教民"的口号。②

同年4月29日延安《解放日报》发表题为《根据地普通教育的改革》的社论。指出从1942年4月开始的整风运动已经开了教育改革的端绪，但这个改革主要是从党内教育、政治教育方面发动的，在普通教育、文化教育方面，毛泽东和中共中央已经规定了根本原则。但各根据地的党组织与政府的宣传教育部门在这方面的觉悟还不足，旧的一套至今还没有普遍打破，新的一套还没有建立好；社论对旧教育制度的社会背景以及新旧教育制度的区别也作了一些分析。

当月15日，中共中央西北局召开地委书记会议，决定各地均须试办小学，并研究民办小学的经验；18日陕甘宁边区政府发布《关于提倡研究范例、试办民办小学的指示》。

5月17日，中共中央西北局、陕甘宁边区政府教育厅、边区文化界抗敌救亡协会联合发出《关于召开文化教育会议的决定》；6月17日成立陕甘宁边区文化教育大会筹备委员会，由中共中央宣传部副部长李维汉任筹备委员会主任，徐特立、胡乔木、周扬等为筹备委员。胡乔木主持大会决议起草工作。

三

1944年7月17日，《解放日报》发表社论《论普遍教育中的学制与课程》，对趋于成熟的新型教育体系有了全面的、系统的分析。社论指出新学制有如下特点：

1. 干部教育重于群众教育。普通高级小学以上的教育，划入干部教育范畴。这意味着对一般儿童与成人只普及初级小学教育，还不可能普及完全小学教育；高级小学以上学校的毕业生，尽可能分配工作。这些学校应以培养干部为目标；政府的工作重点放在干部教育上面，群众教育以群众自办为主，政府则给予指

① 毛泽东：《报纸是指导工作教育群众的武器》，《毛泽东新闻工作文选》，新华出版社1983年版，第115－117页。
② 《教育提案十条》，《陕甘宁边区教育资料（教育方针政策部分）》上册，第275、276页。按：这些当系1944年12月边区二届参议会第二次大会的提案，该书误作为1941年11月第二届参议会第一次大会提案。

导与协助。

2. 在干部教育中，现在干部（在职干部）的提高重于未来干部的培养。这意味着高级小学以上的学校，不是以低一级学校毕业生为主要对象，而以在职干部为主要对象，普校教育中的学生与教职员同在职干部互相学习。

3. 在群众教育中，成人教育重于儿童教育。

4. 无论在职干部教育或群众教育，战争与生产所直接需要的知识与技能教育重于一般文化教育。这意味着战争与生产直接需要的知识与技能，不但在政治课与政治学校中，而且在文化课和文化学校中都应"首先被看中"。①

1944 年 10 月，陕甘宁边区文化教育大会隆重召开，会议回顾了边区教育的历史，研究了边区教育现状，检阅了边区教育改革的成就，并在一系列决议中确立了根据地群众教育（儿童教育、成人教育）的格局。当月 30 日，李维汉在会上发表《七八年来边区教育工作的总结发言》，毛泽东发表《文化工作中的统一战线》的演说。毛泽东提出文化工作中的统一战线。在教育方面，不但要有集中的比较正规的中、小学，而且要有分散的、不正规的村学、读报组和识字组；不但要有新式学校，而且要利用旧的村塾加以改造；为了正确实行文化教育统一战线，统一战线的两原则在此完全适用，即：第一是团结，第二是批评、教育和改造。②

1944 年底，毛泽东在部署 1945 年工作时，首先强调的是知识分子问题。指出：为着战胜日本侵略者，于充分注重军事、政治、经济之外，还要注意文教工作。我们解放区的知识分子，绝大多数是好人。他们的缺点甚至错误，可以在工作中改造，他们是人民事业的可贵资本，他们应该被重视。他们中有许多人从事军事、政治、经济工作，另有许多人从事文化、教育、艺术、卫生工作。所有这些人员，都应该被重视。在谈到文化教育工作时指出：1944 年陕甘宁边区文教工作会议所指出的方向，各地都可以适用。专制主义者利于人民愚昧，我们则利于人民聪明，我们要使人民都能逐步地离开愚昧状态与不卫生的状态；最后要求各地政府与党组织，均应将报纸、学校、艺术、卫生四项文教工作，放在自己的日程里面。③

---

① 《解放日报》社论：《论普通教育中的学制与课程》，《陕甘宁边区教育资料（教育方针政策部分）》下册，第 410－412 页。

② 毛泽东：《文化工作中的统一战线》，《毛泽东选集》第 3 卷，第 1011－1012 页。

③ 毛泽东：《一九四五年的任务》，《毛泽东同志论教育工作》，人民教育出版社 1992 年版，第 199 页。

别具一格的教育体系

一般教育体系以学校教育为核心，而学校系统由各级各类学校构成。根据地大体上也如此。然而根据地教育体系同传统教育体系又有显著区别。我国从1927年创立农村革命根据地与工农民主教育开始，经过多年探索，到1943年才突破传统教育框架，形成比较适合中国农村环境、符合当时人民斗争需要的教育新格局。

一

传统教育体系的特点是：重学校教育，轻校外教育；重儿童教育，轻成人教育；各级学校之间的衔接紧密；各类学校之间的分工刻板。

固然，儿童教育是整个教育的基础，学校教育是教育体系的支柱，但由于儿童不是现实任务的主要承担者，学校能提供的教育机会有限。如果偏重学校教育，尤其是儿童教育，同时又忽视正在工作着的成年人的教育、忽视失学者的教育，势必同现实需要脱节。传统教育体系像是面向未来，由于它同现实需要脱节，实际上面向过去，是一种倾向保守的教育体系；传统学校体系重视系统内学校之间的分工与联系。当着每一级占主导地位的学校成为高一级学校的预备教育机构时，就倾向割裂学校同现实社会的外向联系。这种学校系统便可能成为封闭的系统。

尽管传统教育体系在一定国家、一定历史阶段有其立足的根据，事实上它特别不适合中国农村革命根据地。在农村革命根据地，传统教育体系的改革势在必行。

二

　　土地革命战争时期根据地在建立工农政权、改革土地制度以后，农民在政治上与经济上初步翻了身，人民自己的政府不能不满足人民群众文化翻身的需要。所以，从根据地开辟时期起，一般都很重视工农子女教育。然而根据地毕竟不同于国民政府统治区，严重的斗争任务迫在眉睫，需要由成年人，尤其是干部负荷。工农群众与工农干部文化基础甚差，故根据地从一开始，也很注重群众教育与干部教育。由于根据地环境艰苦，斗争紧张而尖锐，干部教育大都采取短期、速成训练班的形式，群众教育形式灵活多样，儿童教育设施也比较简单。可见，冲破传统教育体系的新因素早就存在。不过从苏区教育建设开始，经过多年探索与争论人们对这个问题的认识才取得共识。

　　中共苏区各地从一开始大抵都提出每乡至少办一所初级小学的目标，同时夜校、识字班（组）、俱乐部在各乡遍地开花，各种干部训练班也定期或不定期举办。而教育行政部门的工作事实上以儿童教育为重点。1932 年 5 月，江西省第一次工农兵代表大会明确提出"群众教育不独与儿童教育并重，（就）目前革命需要发展斗争的形势而论，应视为首务"。① 同年 11 月，临时中央政府也指出，在临时中央政府成立一年来，尽管在教育工作上取得不少成就，但是"对于成年教育和识字运动，还未集中大的力量来进行，还未普遍的发展起来，这是一个很大的缺点"②，表明对于成人教育的优先地位已有一定认识。然而在1933 年初中共临时中央从白区迁入苏区以后，一再指责对教育工作的忽视。本来，在 1933 年以前，苏区儿童教育已初具规模。据 1932 年 5 月统计，江西省 13个县 1 065 个乡，已有列宁小学 1 660 所，平均每乡 1.5 所。③ 文化落后的地区，在短短的几年中间，于戎马倥偬之中取得如此成就，已属不易。可是，在第五次反"围剿"斗争前后，在中共临时中央反复督促下，还要以相当快的速度使儿童教育、社会教育、干部教育齐头并进。不仅如此，还要使儿童教育与干部教育"正规化"。当着他们的主观主义计划行不通时，就以势压人。例如江西省曾有计划在 1933 年 10 月以后，增加小学 1 028 所，实际上在 1933 年 11 月—1934 年 2 月间，增加 255 所，只完成计划数的 1/4。有人便指责教育工作中存在

---

①　《江西省第一次工农兵代表大会文化教育工作决议》，《老解放区教育资料》（一），教育科学出版社 1981 年版，第 79 页。

②　《中华苏维埃临时中央政府一周年纪念向全体选民工作报告书》，《中央革命根据地史料选编》下册，江西人民出版社 1983 年版，第 226 页。

③　《江西中共省委工作总结报告》，《中央革命根据地史料选编》上册，江西人民出版社 1981年版，第 454 页。

"机会主义"、"消极怠工"、"官僚主义"，"（省）教育部自己始终没有走在正确斗争的道路"。① 表明关于儿童教育与成人教育关系的问题，在1933年以前已经有清楚的认识，到1933年以后反而又模糊起来。

苏区教育经验没有及时总结，1933年以后的情况，于1937—1942年间，又在陕甘宁边区重演。

抗日战争前夕，中央工农政府驻西北办事处文化教育建设委员会对陕甘宁边区客观情况和任务的分析还比较清醒。当时指出：目前的中心任务，是争取全国一致的抗日战争和在全国实现民主政治，首先在陕甘宁边区建立抗日民主模范根据地。其主要工作之一，是把广大群众从文盲中解放出来，实行普及教育，使边区每个人都有受教育的机会。然而陕甘宁边区人口的密度只占江苏省5%以下，山地面积占本地区总面积80%—90%，因此村庄规模小、布局分散，不易集中学习。农业差不多完全是粗放农业，工业主要是家庭工业，影响到劳动力的过度消（浪）费，成年人要整天参加生产，而牛羊的放牧主要由正需要学习的儿童担任，群众缺乏学习时间。可见，"我们的工作方式必须从这些自然条件来决定"，"应该选择合适这些条件轻而易行的"工作方式，"骤然提出过高的口号，就要妨碍初步的工作"。②

全民抗战开始以后，无论是儿童教育、社会教育还是干部教育，发展都很快。不过，从1937年到1942年春，五年间，小学生从5 600人增加到40 845人，即增加7倍多；而在1937—1941年间，冬学人数从10 337人增加到20 919人，即只增加1倍。③ 可见，当时把工作重点放在儿童教育上。

与此同时，一味强调提高学生文化水平，而脱离边区实际生活。这样，既不适合地广人稀、居民分散的农村实际，又不能满足农民子弟就地入学、学与农村生活有用东西的愿望，尤其不适应全民抗战对于成人教育，特别是训练干部的需求。直到1942年教育结构和工作重点才有所调整。

三

从1943年起，陕甘宁边区教育工作发生了根本变化。

在1943年2月召开的专员、县长联席会议上，教育行政当局意识到边区处

---

① 《江西省第一次教育会议的决议案》，《老解放区教育资料》（一），教育科学出版社1981年版，第81页。

② 中央政府西北办事处文化教育建设委员会：《关于群众的文化教育建设草案》，《新中华报》1937年4月29日。

③ 《陕甘宁边区五年来教育工作概述》，《陕甘宁边区教育资料（教育方针政策部分）》下册，第340、342页。

在战时环境中，老百姓生活还不宽裕，教育行政干部人数甚少，质量不高，一般干部文化水平更低，政府财力也不充裕。在这种情况下，不宜用平均主义的方针发展边区教育，而要根据客观需要与实际可能，区分轻重缓急。基于这种认识，确立"边区教育总的实施方针"是：第一在职干部教育，第二学校干部教育，第三社会教育，第四国民教育。① 这一方针的确立，成为改革传统教育体系的突破口。

由于教育工作重点的转移，使得政府有可能把有限的人力、物力和财力集中投入最迫切需要的干部教育与社会教育上面。问题是在教育工作重心转移以后，怎样解决发展小学教育，满足工农子女入学要求？起初采取的措施是"精简小学"。精简的办法是：国民教育的中心力量在于完全小学及中心小学，这两类学校着重提高质量；加强完全小学与普通小学的教育干部配备；完全小学以加强为原则，并适当合并；普通小学（主要指初级小学）能否继续维持，依教员称职与否和学生人数而定，如无适当教员或学生人数过少可予合并；动员入学的办法从强迫入学转为劝学；教育干部以继续从事教育工作为原则；加强主要课程（学科），修订教材，增加农业常识。② 这套办法实际上是以收缩儿童教育，保证成人教育；以控制儿童教育数量，提高儿童教育质量。然而这套办法不能解决多数儿童入学问题。实际上仍未跳出"正规化"教育窠臼。

1943 年以后，民办学校陆续出现，经过政府的提倡，逐步增多，从而开辟了一条在农村根据地普及教育的新路。

1942 年 4 月以后，根据地的教育改革逐渐成群众运动。这次改革，主要是从党内教育、政治教育方面发动的。起初普通教育、文化教育方面的改革还未跟上。旧的一套，还没有普遍打破，新的一套，尚未形成。③ 1943 年的中等教育会议以后，开始对过去脱离实际、脱离群众的教育工作进行认真检讨，各地的中级、初级学校酝酿全盘的改革，多数中学、师范内地方干部训练班的成立，绥德、延安等地小学教育的改造，淳耀、安塞等地的识字组、读报组活动，都引人注目。1944 年 4 月 7 日《解放日报》社论为了提高人们的认识，对国民政府统治地区试行的所谓"新教育"的国际背景进行了分析。社论指出：现在的所谓新教育，第一，它是资本主义高度发展国家的产物，不合于中国的需要。

---

① 陕甘宁边区教育厅：《一九四三年教育工作中的几个问题》，《陕甘宁边区教育资料（教育方针政策部分）》下册，第 356 页。

② 《陕甘宁边区政府批答》附录《关于总结边区教育工作与精简中等教育与国民教育办法的决定》，《陕甘宁边区教育资料（教育方针政策部分）》下册，第 383－384 页。

③ 《解放日报》社论：《根据地普通教育的改革问题》，《陕甘宁边区教育资料（教育方针政策部分）》下册，第 399 页。

第二，它是资产阶级统治者的产物，不合于中国民主革命根据地的需要。第三，它是和平时期的产物，不合于抗日战争的需要。第四，它是大城市的产物，不合于农村的需要。认为在中国、在民主根据地、在战时、在农村，抄袭这套制度、课程、办法是没有出路的。社论提出，根据地的普通教育系统，应该按照现在的群众教育与干部教育的需要进行全面革新与调整。即：既然根据地群众的生活基础是家庭、是农村，我们的群众教育，无论是对儿童、成人、妇女，应该时时刻刻照顾到家庭和农村。家庭生活、农村生活中实际需要的知识，应成为教育的主要内容，适合家庭生活、农村生活情况的学习形式如村学、识字组以至传习生产技术的学徒制等，应部分或全部代替现有小学的地位。① 既然根据地干部的中心任务是战争和生产，我们的干部教育，无论名目过去是叫做中学、师范大学、学院或训练班，都应把指导战争与生产所实际需要的知识列为课程，部分或全部地代替那些为升学、考试而存在的所谓"正规化"而遗留的课程。这样，也许失去通常的小学、中学的内涵，却将有比较适合农村革命根据地需要与实际情况的群众教育与干部教育。②

接着，陕甘宁边区政府指出以往小学教育内容脱离边区人民生活实际，小学体制一个乡甚至一个区以上才有一所学校，多数学生都要离家住校，不参加家庭生产，还要加重家庭经济负担，不适合边区群众需要。主张"来一个大的转变"，把大多数的甚至全部的小学交给地方群众自己管理，政府则在物质上予以补助，在方针上加以指导，叫做"民办公助"。③ 具体办法是：

1. 民办小学的形式与这一方针的执行步骤，一般按各地具体情况而定，不求一律。逐步达到自中心小学以下，均归民办。

2. 民办小学的学制、教育的内容等，尊重群众意见，按群众自己的需要决定。学制年限长短、上课时间（全日制或半日制，或一年上几个月课）均不求一律。课程设置可同意群众要求，废除暂时不急需的学习内容。如群众只要求识字、写字、珠算，不教其他学科，亦可允许；如群众不愿意用新课本，要求教《百家姓》、《杂字》，亦可同他们商量，帮助他们编写旧形式、新内容的课本。

---

① 《解放日报》社论：《根据地普通教育的改革问题》，《陕甘宁边区教育资料（教育方针政策部分）》下册，第 399 页。
② 同上书，第 399 – 403 页。
③ 陕甘宁边区政府：《关于提倡研究范例及试行民办小学的指示》，《陕甘宁边区教育资料（小学教育部分）》上册，第 156 页。

3. "民办"与"公助"结合,加强领导,防止放任自流。①

这样,既保证以成人教育为重点,又放手发展儿童教育,解决了调整教育结构以后产生的新矛盾。

四

陕甘宁边区一方面在教育结构上分清层次,保证重点;另一方面在学校设置上又讲求一校多用。充分发挥学校的办学潜力。表现在:

1. 中央党校兼办高级班与中级班,分别培养高级与中级干部;延安大学除设本科外,兼办附属中学。

2. 中学在前期兼办师资班,后期无论普通中学还是师范学校,都兼办普通班与地方干部班。

3. 小学继前期开始就兼办夜校;后期除此以外,又出现所谓"一揽子学校",即兼办儿童整日班、妇女午校、男子夜校之类的学校。

除此之外,中国人民抗日军政大学在 1938 年底以后,陆续分别在陕甘宁边区和山东、晋察冀、晋冀鲁豫、晋绥、鄂豫皖、淮北、苏中、苏北等地办 11 所分校,这是充分挖掘办学潜力的另一创造。

五

抗日根据地教育改革的结果,创造出一种非制度化教育的类型,它同通常的制度化教育大异其趣,别具风貌:

1. 通常的普通教育以学龄儿童为主要对象;改革后的小学高年级以上的学校,以在职干部为主要对象,使文化水平不高的第一线干部有受教育的机会。

2. 通常教育结构中各级学校的修业年限有严格规定;改革后的学校修业年限依实际情况而定,少则不满一年,多则三年至四年。

3. 普通教育课程,通常以基本文化科学为主,改革后的学校课程依各根据地实际情况、学生成分、学校性质与形式而定,一般以学习生产与战争需要的知识与技能为主。

4. 通常的办学形式,即使不是单一的,也是基本上统一的,改革后的办学形式趋于多样化。如群众教育采取冬学、半日制学校、夜校、星期学校、巡回学校、短期训练班、识字组、小先生制、艺徒制等形式;干部学校的形式有:冬学、半日制学校、夜校、星期学校、轮训制、工作团制、实习制、工作协助

---

① 陕甘宁边区政府:《关于提倡研究范例及试行民办小学的指示》,《陕甘宁边区教育资料(小学教育部分)》上册,第 156 – 157 页。

制（学校协助工作机关研究某一问题或参与某种工作），等等。

5. 通常教育中各级学校之间的差别，依照年龄阶段与文化程度确定，改革后的各级学校教育虽沿用中学、大学名目，实质已有变化。各级学校教育的区别为：群众教育为村镇乡市范围的成人教育和儿童教育；初级干部教育为县或分区范围县科员及区乡级干部的提高与培养；中级干部教育为军区或边区范围边区科员、县区干部及从事农工商医、艺术文化事业干部的提高与培养。以上这些属于新的普通教育范畴。此外，还有高级干部教育，为中央各机关主办的干部教育。

6. 通常学校系统中，各级学校基本上是衔接的，高等学校以下的各级学校，大抵为上一级学校的预备学校，改革后的学校系统，各级学校之间并不都衔接，每一级学校均面向社会，面向实际斗争。

7. 通常学校系统中，各类学校之间的分工异常严格，改革后的学校体统中，普通教育学校同在业教育、在职教育学校之间没有显著的鸿沟。各种高级干部学校之间有明确分工，但为战争与生产服务的共性大于专业分工的特性。

可见，1943 年以后创立的教育体系是一种前所未有的教育体系。教育体系上的这一重大变革，实际上是把适合于少数人的教育转变成为多数人服务的教育；把面向过去的教育转变为面向现实的教育；把封闭型的教育转变为开放型的教育。

六

马克思早就指出：人们自己创造自己的历史，但是他们并不是随心所欲地创造，并不是在他们自己选定的条件下创造，而是在直接碰到的、既定的、从过去承袭下来的条件下创造，唯其如此，"一切已死的先辈们的传统，像梦魇一样纠缠着活人的头脑"，"当人们好像只是在忙于改造自己和周围的事物并创造前所未闻的事物时，恰好在这种革命危机时代，他们战战兢兢地请出亡灵来给他们以帮助，借用他们的名字、战斗口号和衣服，以便穿着这种久受崇敬的服装，用这种借来的语言，演出世界历史的新场面"。[①]

中国从近代"废科举，兴学校"开始，首先战战兢兢地去请西方教育的亡灵。事实证明：植根于西方近代社会文化土壤的那种教育，不管是他们的传统教育还是他们的现代教育，并不都适合中国国情；中国共产党成立后，把视线从西方转向东方，"以俄为师"，在土地革命战争时期与抗日战争时期根据地教

---

① 马克思：《路易·波拿巴的雾月十八日》，《马克思恩格斯论教育》，人民教育出版社 1979 年版，第 92 页。

育建设中，一度为苏联教育经验所左右。这是难免的。我们缺乏教育经验，需要借鉴别国的经验，但借鉴别人的经验是为了丰富自己的经验，开创自己的道路。正如马克思所说："就像一个刚学会外国语的人总是要在心里把外国语言译成本国语言一样；只有当他能够不必在心里把外国语言译成本国语言，当他能忘掉本国语言来运用新语言的时候，他才算领会了新语言的精神，才算是运用自如。"①

中国有识之士经过反复探索，才发现不仅西方教育模式而且苏联教育模式，并不能完全适合中国国情，尤其不适合农村革命根据地的斗争需要与客观条件。反之，在根据地教育建设中逐步积累起来的经验，尽管其内容与形式较为浅显、粗糙并多次被贬之为"游击主义残余"，其实在根据地倒切实可行。在总结正反两方面经验以后，才有新教育体系的创造。从此，在中国教育史上才堪称有了自己的"语言"，摆脱传统梦魇的纠缠，达到"运用自如"。

当然，根据地创建的教育体系是特殊条件的产物。这个问题当时就有清醒估计："在和平的时代，这种情形不是我们的理想（虽然这种情形就是那时也不能完全避免），但在战争时期，这就是合乎理想的。"②

这种清醒估计异常重要。按照马克思的观点，即使是我们自己在一定历史条件下创造的经验，到新的历史阶段成为传统以后，如果把它绝对化，也会陷入盲目性，使它像梦魇一样纠缠人们的头脑。1944年正当普通教育改革高潮时期，徐特立在陕甘宁边区文化教育大会上谆谆告诫："旧的教条固然要不得，新的教条也是要不得的。"③ 朴素的语言中包含深刻的哲理，对于解放战争时期，特别是人民共和国成立以后，在变化了的条件下，重新认识根据地教育的历史经验尤其必要。

---

① 马克思：《路易·波拿巴的雾月十八日》，《马克思恩格斯论教育》，第93页。
② 《解放日报》社论：《论普通教育中的学制与课程》，《陕甘宁边区教育资料（教育方针政策部分）》下册，第413页。
③ 《新文化运动（的）空前壮举》，《解放日报》1944年10月13日。

=第二编= 陕甘宁边区教育

陕甘宁边区教育发展进程

[1937 年 7 月——1940 年 12 月]

抗日战争时期,以延安为中心的陕甘宁边区是抗日民主斗争的后方基地和指导中心。

陕甘宁抗日根据地是在陕甘、陕北苏维埃区域基础上形成的。中共中央和中央红军于 1935 年 10 月经过长征抵达陕北,开创了陕甘宁边区革命的新局面。

1936 年西安事变和平解决以后,国民政府军队停止对陕北根据地的军事进攻。1937 年 3 月,中共中央和中央工农政府为争取与团结全国各阶级各党派一致抗日,把革命根据地的工农民主政权改变为人民民主政权,暂时停止没收、分配地主土地。同年 5 月 25 日,西北办事处提出边区各级议会限期民主选举,建立各级政府,并把西北办事处改为边区政府。经过普选运动,1937 年 9 月 6 日,陕甘宁特区政府宣告成立。从 1938 年 1 月 1 日起,改称陕甘宁边区政府。

陕甘宁边区在抗日战争爆发时,包括陕西、甘肃、宁夏相接的各一部分地区。北起陕西北部的府谷、横山,南达陕西中部的淳化、栒邑,东临黄河,西至甘肃固原、宁夏豫旺堡。从东到西,约八百里,由南至北,约九百里,面积约 12 万平方公里,人口 200 万。原辖 23 县,1939 年 12 月国民政府军队侵占了豫旺全县和 5 个县城及边区边境的 16 个区 48 个乡,边区辖地略有缩小。此后,边区行政区划是:1. 直属县市,包括延安市、延安县、鄜县、甘泉、固临、延川、延长、安定、安塞、志丹、靖边、神府;2. 绥德分区(5 县);3. 关中分区(4 县);4. 三边分区(2 县);5. 陇东分区(6 县),共 29 个县市,266 个区,

1549 个乡，人口约 150 万。

到 1937 年 11 月，边区已完成乡、区、县普选，建立了地方各级人民政权。

陕甘宁边区教育事业的发展经历了三个阶段：第一阶段（1937 年 7 月—1940 年 12 月），把陕甘、陕北苏区工农教育转变成为抗日民主教育，并使各级各类学校得到发展；第二阶段（1941 年—1942 年），在严重困难局势下，坚持教育阵地，并通过整风运动克服干部中的教条主义倾向；第三阶段（1943 年 1 月—1945 年 8 月），全面开展教育改革，建立比较适应农村革命根据需要与实际情况的教育制度。

陕甘宁边区在 1937 年 7 月—1940 年 12 月间，逐步明确了抗日根据地的教育方针，建立教育行政管理系统，形成教育界抗日统一战线，广泛发展各级各类教育，并把教育工作纳入正规体制。在此期间，抗日战争从战略防御阶段进入战略相持阶段初期（大体上 1938 年 10 月为界线）。由于客观情势的变化，在 1938 年 10 月前后，教育工作上发生了一些变化。

一

抗日战争时期，中共中央对教育的社会属性的判断，因斗争形势的变化而有所变化。陕甘宁边区关于教育性质与宗旨表述的变化，正是这种教育价值判断变化的具体体现。

（一）从"国难教育"到"国际教育"

陕甘宁边区在西安事变以后，已经逐步把教育工作纳入抗日救国轨道。在七七事变以前是实行"国难教育"。1937 年七七事变前夕，中共陕甘宁边区委员会在《民主政府施政纲领》中提出"实行国难教育，推广免费的义务教育，普遍的设立日校、夜校及补习学校，进行消灭文盲运动，改善教职员待遇"；① 七七事变以后，一般采用《抗日救国八大纲领》中的"国防教育"提法。1937 年 11 月 24 日，中共陕甘宁特区委员会又在普选运动中提出《陕甘宁特区政府施政纲领》。其中教育纲领："实行国防教育，实施普及的义务的免费的教育，提高人民民族觉悟的程度，实行学生的武装训练，普遍的设立日校、夜校及补习学校，进行消灭文盲运动，改善教职员待遇。"②

1938 年陕甘宁边区政府教育厅依据《陕甘宁特区政府施政纲领》教育条款，拟定了《边区教育宗旨和实施原则（草案）》，确定教育宗旨为："为争取抗战

---

① 《新中华报》1937 年 7 月 6 日。
② 《新中华报》1937 年 11 月 24 日。

胜利，建立独立自由幸福的新中国，培养有民族觉悟有民主思想有现代生活的知识技能，能担负建国之任务的战士和建设者。"① 边区教育的实施原则是：

1. 实行普及的免费的教育：普及"最低限度的"免费教育于七岁以上的学龄儿童和失学男女青年，特别注意过去被排除在学校以外的穷苦儿童和青年。

2. 学制和课程力求经济化：把各级学校修业限制缩短，使一切课程内容及其配备方法都以抗战建国为中心，以求学生能在最短期内学得战时急需要的知识技能。

3. 教育应和实际生活打成一片：读书和工作、学校和社会都应有联系，使学生一切活动都含有教育意义，使一切教育都是领导学生的活动。因此，学生不能脱离政治生活。

4. 实行劳动教育：边区教育应特别注意劳动教育，学生应不只在校内劳动工作，同时还应参加校外的生产劳动工作。

5. 发扬民主的精神。

6. 实行集体的自动学习。

7. 实行军事化的训练：中等以上学校实行军事训练，小学实行半军事化的组织，使学生可以在必要时参加抗战。

8. 推广社会教育。

9. 发展师范教育：用最经济、最有效力的教育方法在短期内培养大批有坚定正确的政治方向和艰苦奋斗的精神的教育干部，藉以推行普及教育。②

1939 年 1 月 17 日—2 月 4 日，陕甘宁边区召开第一届参议会。这届参议会以 1937 年 11 月提出的《陕甘宁特区政府施政纲领》为基础，通过了《陕甘宁边区抗战时期施政纲领》，并选举产生陕甘宁边区政府。《施政纲领》在"民权主义"部分列入："实行普及免费的儿童教育，以民族精神与生活知识教育儿童，造就中华民族的优秀后代"；"发展民众教育，消灭文盲，提高边区成年人民之民族意识与政治文化水平"；"实行干部教育，培养抗战人才"。③

陕甘宁边区教育指导方针除了以边区民意机构通过的施政纲领为准绳外，

---

① 《边区教育宗旨和实施原则（草案）》，《陕甘宁边区教育资料（教育方针政策部分）》上册，第 134 页。此件存陕西省档案馆，无成文年月。该书编著考定为 1940 年的文件。1987 年印的《陕甘宁边区教育大事记》（征求意见稿），亦依此说。实际上在陕甘宁边区教育厅 1938 年 12 月翻印的《一年来边区的国防教育》单行本中，即引用了这一文件（《陕甘宁边区教育资料（小学教育部分）》上册，第 22－26 页），可见这是 1938 年 12 月以前拟定的文件。

② 同上书，第 134－135 页。

③ 《陕甘宁边区抗战时期施政纲领》，《陕甘宁边区教育资料（教育方针政策部分）》上册，第 60 页。

还接受中国共产党的直接指导，其实边区政府施政纲领本身主要由中共中央制定。

（二）从抗日的"国防教育"到"抗日民主教育"

抗日战争初期执行"国防教育"的方针，从小学教育到干部教育均以政治、军事训练为中心，曾提出教材"抗日化"的口号，不但政治课本如此，连常识课本也是这样。社会教育教材中也"三句话不离抗日"。1938年中共中央扩大的六届六中全会（9月29日—11月6日）以后，发现在教育工作中单讲抗日，不着重讲民主，忽视基本文化知识，很不妥当。此后，加强民主教育与基本文化教育。

（三）从一般化的"抗日民主教育"到"新民主主义教育"

1940年3月中共中央书记处提出：应该确定国民教育的基本内容为新民主主义的教育。这即是以马列主义的理论与方法为出发点的关于民族民主革命的教育与科学的教育。[①] 同年，边区教育厅把边区教育的宗旨定为"为争取抗战胜利，建设独立自由幸福的新中国，培养有民族觉悟、有民主思想、有现代生活的知识技能，能担负抗战建国之任务的战士和建设者"，其中未提到"新民主主义教育"的概念。在谈及小学教育实施原则时，仍用"国防教育"口号。如"在国防教育中，使儿童的身体、头脑和个性得到健全的发展"，"在国防教育中，激发儿童的民族觉悟，并养成革命精神"，等等。[②] 1940年10月，教育厅在《今后学校教育总方针》的指示信中，未提及"国防教育"而提及"新民主主义的教育"，但未把它作为教育方针。[③] 这个文件名为"学校教育总方针"，实际上是学校教育工作的具体部署。

二

设在陕甘宁边区的学校，分属中共中央直属系统、军队管理系统、群众组织系统和教育行政管理系统。此外，陕甘宁边区政府其他职能部门也举办一些学校。

陕甘宁边区政府设教育厅。首任厅长是徐特立（1937年9月—11月）；

---

① 中共中央书记处：《关于发展抗日民主地区国民教育的指示》，《陕甘宁边区教育资料（教育方针政策部分）》上册，第80页。

② 《边区教育宗旨和实施原则》、《关于开展抗日民主地区国民教育的指示》，《陕甘宁边区教育资料（教育方针政策部分）》上册，第134、136页。

③ 陕甘宁边区教育厅：《今后学校教育总方针》，见《关于开展抗日民主地区国民教育的指示》，《陕甘宁边区教育资料（教育方针政策部分）》上册，第80页。

1937年11月—1938年1月间，由副厅长陈正人代理；1938年1月起，由周扬任副厅长、代厅长，并于1939年1月起任厅长（约至1941年6月）。

边区在抗战开始时，教育机构人员不多，组织不健全，教育行政管理制度也不够完备。当时基本上采取大规模群众突击运动形式推动国民教育的开展。西北青年救国会在《新中华报》有力配合下，发挥了突击队的作用。

1938年以后，教育行政系统逐步形成。边区教育厅采取一系列措施，发挥教育行政管理的功能，使教育行政管理逐步正规化。

1938年确立的教育行政机构系列是：①

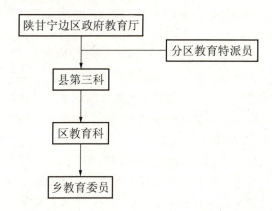

当时一般把政府民政科称为第一科，财政科称为第二科，教育科称为第三科。

由于区教育科长一般由区政府秘书兼任，实际上不起作用，1938年开始，区教育科改由区政府附近称职的小学校长负责，各乡文书由教员兼任。1940年9月，把区教育科长改称为区教育助理员，乡教育委员称为文化主任。

1939年设立最高教育委员会，为边区教育咨询机构。由李卓然、陈伯达、毛齐华、郭青亭、董纯才、林迪生、蔡子伟、李景林、柯仲平、高朗山、曹扶、周扬、高敏珍等13人组成。

边区政府颁发一整套教育法规，包括宣布教育宗旨与实施原则，拟定小学法、小学校规程、中学规程、师范教育规程、普及教育条例、义务教育条例、教师奖励办法，以及各种教育财务条例，等等，使教育行政管理逐步转入正轨。

当时深感教育行政干部缺乏，教育厅为解决这个问题，于1938年4月调集边区教育行政干部集训。由周扬、郭青亭、吕良编拟《边区国防教育的方针与

---

① 周扬、郭青亭、吕良：《边区国防教育的方针与实施办法》，《陕甘宁边区教育资料（教育方针政策部分）》上册，第4页。

实施方法》报告提纲，作为集训教材。

三

陕甘宁边区政府（起初称为特区政府）从成立时起，就力图把陕甘宁边区建成模范的抗日民主根据地。

陕甘宁边区在 1940 年以前，有一部分地区属于统一战线区域。如延安、甘泉、鄜县、庆阳、合水、绥德、米脂等县，存在双重政权，设有国民政府治下的县政府，民主政权的公开名义是"抗敌后援会"或"农会"。1939 年国民政府所属绥德警备区专员制造摩擦，抢走边区若干县城和一大片地区以后，1940 年八路军留守兵团才致电国民政府西安当局要求撤退国民党的若干县党部，并接管绥德分区。1940 年 3 月 6 日，中共中央发出关于建立"三三制"抗日民主政权的指示，边区的政权实际上是中国共产党领导下的统一战线政权。这是边区抗日民主教育的背景。加之，边区文化基础薄弱，发展教育事业又为当务之急，客观上也需要调动一切文化力量参加抗日民主教育建设。不过，教育界抗日统一战线政策有个逐步完善的过程。

1938 年，陕甘宁边区教育厅提出的"国防教育的总方针"是：为争取抗战胜利，建立独立、自由、幸福的新中国，培养有民族意识、有胜利信心、有知识技能的抗日国民和抗日干部；在抗日民族统一战线的原则下，建立教育界的统一战线，动员广大群众，参加抗战建国工作。[①] 教育领域统一战线的工作内容主要是：在教育界建立和巩固统一战线，即尽管从事于教育工作的人员，有各样的政治信仰、有不同的政治派别，在"抗日高于一切，一切服从抗日"的原则下，团结起来，从事各种救亡运动，特别是从事国防教育；国防教育应该担负起宣传抗日民主统一战线的任务，对各阶层民众解说民主统一战线，这是挽救国难的唯一方法。[②]

为了争取、团结和教育知识分子、教师和学生，先后建立了一系列文化教育界群众组织。

1. 陕甘宁边区国防教育会

早在 1937 年 12 月 4 日，陕北公学一部分学生就发起组织国防教育研究会。当时边区各县已经建立教员联合会。边区教育厅决定把这两种组织联合起来，定名为"陕甘宁边区国防教育会"。于 1938 年 4 月 11 日，举行边区国防教育会第一次代表大会，该组织正式成立。

---

① 《边区的文化教育状况》，《陕甘宁边区教育资料（教育方针政策部分）》上册，第 23 页。

② 柯柏年：《国防教育》，《陕甘宁边区教育资料（教育方针政策部分）》上册，第 32 页。

2. 陕甘宁边区各界抗敌后援会

1938年1月，为动员陕甘宁边区各界保卫边区、坚持抗战，成立陕甘宁各界抗敌后援会。中国人民抗日军事政治大学学生会、陕北公学学生会、国防教育会、陕甘宁边区中学学生会、陕甘宁边区战时儿童保育会均为该会团体会员。

3. 陕甘宁边区学生救国联合会

1939年8月召开陕甘宁边区学生救国联合会第一次代表大会。大会决定建立陕甘宁边区学生救国联合会。

陕甘宁边区原先的教师组织并入国防教育会。到1941年8月成立陕甘宁边区教师联合会。

陕甘宁边区比较重视民主人士的安排和使用，例如当时规模最大的几所完全小学如绥德小学、女子小学、米脂东小、延安市完全小学校长，都不是共产党员。影响较大的延安师范、绥德师范校长也由无党派人士担任。[1]

由于实行抗日统一战线政策，根据地成为国内人们向往的抗日民主根据地。陕甘宁边区外的青年知识分子和文化人大批涌入根据地，不过起初根据地教育统一战线政策尚不完备，一方面在抗战开始后的最初两年（1938年中共六届六中全会以前）教育内容着重于抗日，而对于民主要求和边区经济实际情况很少注意[2]；另一方面，为了从根本上改革奴化的封建的旧教育，简单地采取关闭教会小学，淘汰私塾教师的政策，意味着放弃一部分可资利用的文化力量。据教育厅1938年报告，边区原有7所教会小学，在内战时期就停办了。过去还有些私塾老先生充当小学教员，后差不多完全淘汰了。[3]

绥德分区是1940年接管的地区。边区教育厅提出对当地教育界坚持统一战线原则，主要精神是：尊重当地公正士绅；大胆任用原任教员并吸收外来知识分子；给教员以思想信仰之自由，在教学上给以帮助，切实改善他们的生活，保持原来的待遇，提高社会地位；严格地区别被迫做特务工作者和以教员为做特务工作的掩护者；对政治顽固的教员，还是要在密切注意之下采取说服、争取的态度，必要时才予以洗刷；对教学无能力、在群众中无威信的应该洗刷。[4]

由于坚定地执行教育统一战线政策，在陕甘宁边区创造了比较宽松的气氛，

---

① 《陕甘宁边区小学教育概况》，《陕甘宁边区教育资料（小学教育部分）》上册，第161页；《陕甘宁边区的中等教育概况》，《陕甘宁边区教育资料（中等教育部分）》上册，教育科学出版社1981年版，第106页。

② 《今年是发展改造的一年》，《解放日报》1944年11月5日。

③ 《边区的文化教育状况》，《陕甘宁边区教育资料（教育方针政策部分）》上册，第19、21页。

④ 周扬：《边区教育现状与今后工作方针》，《陕甘宁边区教育资料（教育方针政策部分）》上册，第124页。

使一些工作基础薄弱地区认识模糊的教育工作者迅速觉醒。如 1940 年暑期，在新区鄜县教师训练班上，起初大多数教员讨论时不发言，十几天后情形发生变化，有的人开始向训练班主持者吐露：他们以前是怎样受训的，怎样一天上四五个钟头的军事操，见教官行礼，犯规要罚站。后来有人说：自己曾经相信过反对边区、反对八路军的谣言。训练班结束时有一位 45 岁的"老先生"当众宣誓，要办新教育必须做新青年，夜里把嘴上的胡子刮光了。①

四

陕甘宁边区在抗日战争开始时，为普及教育、扫除文盲和培养干部创造条件，一方面在当时实际情况下，依靠群众组织的力量，采取突击运动的形式与步骤，自下而上地普及教育与扫除文盲；同时自上而下地兴办干部学校和带有干部教育性质的中等学校。1938 年以后，逐步建立教育机构，形成教育行政系统，自上而下地有计划地普及教育与扫除文盲，并逐步使教育工作"正规化"。

1937 年 7 月以后，继续采取大规模的突击群众运动，以 1937 年为"普及教育突击年"，为此，又采取了若干新步骤：

1. "儿童教育大检阅"：由西北青年救国会发动与主持，分两次进行。第一次，在 9 月 5 日（青年节），以区为单位进行，以少年和儿童为对象；第二次于 9 月 18 日在延安举行，指定几个县派代表队参加，以儿童为对象。8 月份为"儿童大检阅突击月"，进行准备工作。三天中检阅了四个月以来的普及教育，同时进行了识字、唱歌、游戏、政治、作文等各项比赛。小同志们的精神很好，表现得非常活泼。特别是在政治演讲比赛中，延安市七八岁的儿童能讲出一篇有条有理的打日本、救中国的道理。在作文比赛中，儿童剧团两个十余岁的小女孩写得顶好。②

2. "九月识字运动月"：边区政府教育部把 1937 年 9 月定为"识字运动月"，要求全边区在九月份发展 30 000 个识字组员。即：陕甘宁 6 000 人，陕北东、西地区各 8 500 人，关中 3 000 人，神府 15 00 人，延安 2 500 人。由教育部编发汉字注音识字课本，据《识字突击运动的总结》中报告：经过这次突击运动，大部分地区超过原定计划。安定、延长、安塞、新城和关中几县以及陕甘宁分区，超过原计划 1/3，并且吸收大多数妇女参加识字组，如安塞县 4 655 名组员中，有妇女 1 349 人；各县都建立了识字促进会；组员识字程度，少则四五

① 林伯渠：《陕甘宁边区政府工作报告》，《陕甘宁边区教育资料（教育方针政策部分）》上册，第 196 页。

② 《新中华报》1937 年 8 月 13 日、9 月 29 日。

十个，多则一百多字，最多的识二三百字，如延长县 1 200 余人中，有 50 人识 500 字，50 余人识 200—300 字，100 余人识 80—100 字，100 余人识 30—40 字，其余识 10—20 字。①

3. 冬学运动：1937 年 11 月—1938 年 2 月，又开展冬学运动，称为"进行国防教育的冬学运动"。这次冬学运动中，冬学校数超过原计划 135%，学生数超过原计划 178%。

每个冬学的学生数，原计划规定：关中分区每校至少 20 人，直属县（市）15 人，三边、庆环分区 10 人，都已达到。

这次冬学运动在很短时间内动员万余人参加冬学（经常上课），在边区是空前的，它大大提高了民众对国防教育的认识与热忱。群众对冬学从怀疑到信任，从轻视到支持，表现在冬学经费绝大部分由群众捐助，对冬学教员优待与挽留，加入冬学甚为踊跃，冬学不仅使一般学员能识 200—300 字，少数学员识 300 以上，而且使他们一般能了解抗日统一战线、抗日救国十大纲领、防空防毒等，起到了抗战动员的作用。冬学教员与学员在扩大自卫军与少先队、归队运动、征收救国公粮、募捐运动中相当踊跃。

冬学的意义还不限于其本身。通过这次冬学运动，健全了教育行政系统，并且推动与扩大了小学。如在冬学动员中，把儿童转到小学去，冬学结束后，把冬学变为小学，或把学生转到小学去，大大扩充了小学。冬学经费（粮、办公费、教员津贴）绝大部分由群众提供。600 多所冬学，每月经费只花 800 元，平均每校每月一元三角。这对于解决政府战时财政困难，很有帮助与启发。②

1938 年，八路军三个师开赴华北敌军后方，收复失地，只以留守兵团与自卫军守卫黄河，保卫陕甘宁边区。日军于 1938 年 2 月底乘机进攻陕北根据地，边区局势一度相当紧张。边区政府于 1938 年 3 月 6 日曾发表《告民众书》，号召全边区人民紧急动员起来配合人民军队参加抗战。教育厅于 3 月 6 日发出通告，提出：当此抗战时期，小学校也应该配合抗战动员，适应战时的环境和需要，更具体、更紧张地把应教的课、应做的工作推动起来。这样才能和群众的抗战运动与儿童的战时活动取得密切的联系。为此，实行学校军事化。除加强日常游戏、体操外，实习游击战术，采用陕北游击战争时代的"露天学校"等机动灵活的办学形式，让学生锻炼爬山野战，加强团体纪律，教学劳动化；转移课程重心，首先是统一战线与抗战政治教育，除继续教一般科目外，还须增加防

---

① 《新中华报》1937 年 9 月 9 日、11 月 24 日。
② 《新中华报》1938 年 4 月 15、20、25 日。

空、防毒、反汉奸三类常识；课外活动在抗战紧张时期"更需提到最高度"。①

在 1937 年春，陕甘宁边区唯一的中等学校是鲁迅师范。鲁迅师范学校成立于 1937 年 2 月 2 日，原有学生 23 人。当年六七月间徐特立曾到该校指导与帮助整顿，整顿后学生增加到 360 人。抗战初期的鲁迅师范，从当时实际需要出发，办学形式比较灵活，修业时间半年、一个月、两个月不等，学生随到随考，考取后即编入班级，参加学习，如因工作需要随时都可以参加工作。学校生活军事化，学习内容注重抗日民族统一战线教育与抗战教育，并注重学生的课外活动。

事实上 1938 年春局势的变化是短暂的，随后又稳定下来。教育厅的应变措施实际上是一次战时教育的演习。在局势平静以后，教育厅便着手建立正规教育制度，有计划地开展教育建设。

1938 年 4 月，教育厅召开第一次各县第三科科长联席会议。从此开始，普及教育的步骤和方法发生越来越显著的变化。

1. 如果说在此以前，主要靠群众组织（特别是西北青年救国会）用大规模突击运动推动教育普及，那么在此以后，则主要靠行政机关，建立一整套制度，有计划地开展教育工作。

1938 年 4 月以后，确定学校宗旨、编制、课程、军事训练、教法、训育与学校环境布置；确定社会教育包括补习学校、识字组、俱乐部的组织、课程等。②

2. 如果说，在此以前，主要着眼于教育的普及，那么在第三科科长联席会议上，则提出的"扩大小学、提高小学质量"为中心工作，兼顾普及与提高，而把提高质量放在扩大数量的前面。③ 后来，把这个提法改为"我们今年要特别着重质量的改善，以改善质量为发展小学的中心一环"。④

尽管从 1938 年开始强调提高教学质量，但数量增长的势头未减。1938 年 12 月以后在力求使学校组织适合战争变化的同时，利用各种可能的环境，"使学校建设走上正规化的道路，克服过去残留下来的一切游击主义的作风"。⑤

---

① 陕甘宁边区政府教育厅：《抗战时期小学应该注意的几个工作》，《陕甘宁边区教育资料（小学教育部分）》上册，第 1 - 3 页。

② 《边区国防教育的方针与实施办法》，《陕甘宁边区教育资料（教育方针政策部分）》上册，第 4 - 11 页。

③ 《边区教育厅第三科科长联席会议的工作决议》，《陕甘宁边区教育资料（教育方针政策部分）》上册，第 12 页。

④ 《各县第三科半年工作总结与今后工作方针》，《陕甘宁边区教育资料（小学教育部分）》上册，第 5 页。

⑤ 《边区的文化教育情况》，《陕甘宁边区教育资料（教育方针政策部分）》上册，第 28 页。

陕甘宁边区在1937年7月—1938年10月间教育上取得一定成就的原因是：

1. 边区政府以民主精神为人民办事，能得到人民信任，故在边区办教育"推行无阻"。

2. 边区政府动员学生入学，得到各群众团体尽力支持。群众不但自动送子女入学，有的还自愿帮助学校修理房屋，借用具给学校用，供给教师粮食。

3. 边区教育以广大群众为对象。群众不能脱离生产去受教育，教育部门在群众空闲时，把教育送上门，识字组办在群众家里或附近群众组织中；为不能脱离生产的失学儿童办半日学校；为青年与成人办夜校；在冬季农闲时办冬学。

4. 边区实施的是国防教育。一方面培养有民族意识、有胜利信心、有知识技能的抗日民众与抗日干部，另一方面建立教育界抗日统一战线，动员广大群众参加抗战建国工作。

5. 边区教育是服从抗战的。为了适应战时环境的需要，国防教育的课程、教材和修业期限都有了很大的变化。课程以政治、军事、抗战建国的知识为中心。一切教材的内容都和抗战建国密切联系。修业年限缩短，小学5年，中学2年，师范1年。课外活动也以抗战建国为中心。

6. 边区教育是免费教育。小学免收学费。中等以上学校免收学费、书籍等费用，识字组、夜校、半日校、冬学，一律免费供给书籍。

由于免费教育的实施使贫苦的工农子女有受教育的机会，根本改变了学生的社会成分。

学生成分统计表

家长职业	农					工		商				过去地主	教职员	抗日军人	公务员	其他	总数
	贫农	雇农	佃农	中农	富农	手工业工人	产业工人	小贩	小商人	中等商人	大商人						
人数	6 890	493	4	1 591	328	94	31	67	111	18	4	63	44	229	111	15	10 093
附注	1. 尚有5个学生成分统计未列入。 2. "其他"一项包括店员、医生等职业。																

7. 推行普及教育运动，不是用强迫或拉夫的办法，而是靠宣传说服。

8. 采用民主集中制管理。

9. 教育工作者发扬艰苦奋斗的作风。学校大都在窑洞上课，设备简陋，教员每月只领2元5角粮食费（与别的工作部门一样），1元2角菜金，1元5角津贴费。学校办公费每月3—9角（依人数而定），合计每所小学经费每月只有5元多。①

然而，在这个阶段，对"国防教育"的理解与运用，或多或少存在问题。

五

陕甘宁边区经济、文化基础比江西中央苏区革命前还要落后。由于起点太低，从1937年开始，用不断开展大规模突击运动的方式以很快的速度发展教育事业，其中不免出现有名无实的学校与学生文化水平不高的现象。这就产生扩大数量与提高质量的矛盾。故从1938年4月到1942年底，一直试图解决这个问题。

1938年4月、一面提出以"扩大小学、提高小学质量"为中心工作，下达各分区、县（市）扩大学校的数字，并把学校按学生数分为甲、乙、丙三类，不同分区标准不一样；一面规定课程、师资、教育经费等，以保证必要的教育质量，并提出建立少量示范性的模范小学。1939年春学校数与学生数均比1938年春略有增加。增加的幅度比前一年大为减少，具体情况是：1938年春有小学703所，比1937年春的300所增加1.34%，学生19 799人，比1937年春的5 600人增加253%；1939年春小学890所，比1938年春增加26%，学生20 401人，增加3%。②

1939年8月在第三次第三科科长联席会议上注意到"在巩固的原则下扩大数量"。提出的办法是：在确实有条件的地方才能建立学校，距离相近的学校合并办理。强调"提高质量仍为今后教学工作的中心"。措施是：实行测验编级，平衡学生程度；严格实行课程表，统一课程进度；每校必须具备校牌、黑板、课程表和学生活动场所，以及提高师资质量等。③

尽管在1938年以后对于小学教育从扩大数量逐步向提高教育质量转移，但由于存在发展小学教育的需求，并且在1940年底以前财政困难虽已露头，尚不明显，所以事实上仍是发展数量与提高质量齐头并进。

1939年12月4日，教育厅拟定《普及教育三年计划（草案）》。据当时统计，学龄儿童总数102 338人，入学儿童20 322人，学龄儿童入学率为21%，尚有失学儿童82 016人。按照当时计划，第一年增加学校300所，学生19 000人，

---

① 《边区的文化教育状况》，《陕甘宁边区教育资料（教育方针政策部分）》上册，第22 - 26页。

② 《陕甘宁边区五年来教育工作概述》，《陕甘宁边区教育资料（教育方针政策部分）》下册，第340页。

③ 《一年来教育工作总结和今后任务》，《陕甘宁边区教育资料（教育方针与政策部分）》上册，第70页。

第二年增加学校 600 所，学生 24 000 人，第三年增加学校 1 000 所，学生 40 000 人。① 三年增加学生 83 000 人，是 1939 年小学生数的 4 倍。这个速度大大高于以往发展小学的速度。为了实现普及教育，除计划解决师资、经费和课本方面的问题外，决定实施强迫教育，以解决学生来源问题。为此，又拟定《实施强迫教育暂行条例（草案）》。不过，到 1940 年 12 月，才由陕甘宁边区政府颁布，从 1941 年开始实行。

1940 年 3 月中共中央书记处《关于开展抗日民主地区国民教育的指示》中提出：尽可能的恢复与重建各地小学校，达到每村有一个初级小学校，每乡（或每一个村）有一个中心小学或模范初级小学，每个中心区有一个两级小学或完全小学，以建立广泛的小学网。未提出提高质量的问题。②

然而，边区教育厅 1940 年 8 月 13 日—9 月 2 日召开的第三次第三科科长会议上确立三原则，即：注意质量，不单求数量；集中力量，不平分力量；注重经常性，不要求突击。③ 重点还是放在提高质量上面。中共中央总书记兼中共中央宣传部长洛甫（张闻天）以及刚从国民政府统治区回到陕甘宁边区的徐特立出席了这次会议。在这次第三科科长会议召开期间，中共中央宣传部在同陕甘宁边区中央局宣传部长李卓然和陕甘宁边区教育厅长周扬交换意见基础上，认为小学和师范学校的质量不能令人满意，严重的问题在于师资的数量和质量、教材的数量和质量，都很不够。提出：我们在学制方面还不能依据理想来规定，还只能采取逐渐提高、逐渐正规的实事求是的原则。认为边区政府应当颁布强迫推行义务教育的法令。④ 实际上赞成边区教育厅着重提高小学教育质量的意见。

由此可见，在 1939—1940 年间，主导思想是谋求"正规化"，以提高教育质量，又作出比以往更快的速度发展教育的规划，结果是：1940 年春，小学 1 341 所，比 1939 年春增加 50%，学生 41 458 人，增加 103%。1939 年春，平均每所小学有学生 23 人，经过并校，1940 年春平均每所学校有学生 30 人。1941 年春，有小学 1 198 所，学生 40 366 人。学校数与学生数均比 1940 年春略为减

---

① 《普及教育三年计划（草案）》，《陕甘宁边区教育资料（小学教育部分）》上册，第 76 页附表。

② 中共中央书记处：《关于开展抗日民主地区的国民教育的指示》，《陕甘宁边区教育资料（教育方针政策部分）》上册，第 78 页。

③ 《边区教育现状与今后工作方针》，《陕甘宁边区教育资料（教育方针政策部分）》上册，第 124 页。

④ 中共中央宣传部：《关于提高陕甘宁边区国民教育给边区党委及边区政府的信》，《陕甘宁边区教育资料（教育方针政策部分）》上册，第 101－103 页。

少。① 客观上，1940 年三边区与陇东分区各县发生灾荒，并且国民政府的军队在第一次反共高潮中占领了关中分区，陕甘宁边区人口从 200 万减少到 150 万。所以，实际上教育事业仍有很大的发展。

六

陕甘宁边区后来在整风过程中，提出在职干部教育第一、干部学校教育第二、社会教育第三、小学教育第四的方针，并指责以前（1938—1942 年间）把教育次序倒置。1939—1940 年间，干部教育与社会教育的情况如何呢？

1. 1939 年 5 月 20 日中共中央干部教育部召开干部教育动员大会以后，陕甘宁边区也闻风而动。据 1940 年 10 月统计，边区党校第 1—5 期共训练干部 1 064 人，各分区党的训练班，到 1939 年底训练干部 1 088 人，政府系统在 1939 年设立农业学校、行政人员训练班，1940 年设立边区合作社干部训练班、工程训练班、司法干部训练班、保安干部训练班、外来干部训练班，此外，各群众团体还开办许多训练班。② 1940 年 7 月还成立陕甘宁边区行政学院。

2. 边区在 1939 年只有中等学校 2 所，9 个班级，学生 552 人；1939 年为 2 校、12 班、588 人；1940 年增至 6 校、24 班、994 人。③

3. 陕甘宁边区政府在 1939 年 3 月，响应毛泽东提出的边区"每人要识一千字"的号召，发布《关于消灭文盲及实行办法》的通令，规定当年要消灭 3 万名文盲。可以批评它要求太高，不切合实际，却不能说它对消灭文盲不重视。当时社会教育设施与参加社会教育的人数逐年增长甚快，唯"空架子"不少。当时已觉察到这个问题，故谋求社会教育正规化。

---

① 《陕甘宁边区五年来教育工作概述》，《陕甘宁边区教育资料（教育方针政策部分）》上册，第 340 页。

② 《陕甘宁边区的干部学校和干部训练班》，《陕甘宁边区教育资料（在职干部教育部分）》，教育科学出版社 1981 年版，第 70 - 82 页。

③ 《边区历年来中等学校材料统计》，《陕甘宁边区教育资料（中等教育部分）》上册，第 273 页。

陕甘宁边区教育发展进程

[1941年1月——1942年12月]

一、教育行政系统的调整 [69] —— 二、教育工作正规化的新步骤 [73] —— 三、整风准备 [76]

1941—1942年，各个抗日根据地都处于最困难的阶段。华北、华中各敌后抗日根据地的主要困难来自日军野蛮的"扫荡"，陕甘宁抗日根据地的主要困难则是由国民政府军队封锁造成的财政拮据。根据地克服困难的主要措施，是加强抗日政权，实行"三三制"，扩大抗日统一战线；同时，开展生产运动和整风运动，建立自给经济和统一全党思想。从1941年12月开始，先后三次实行"精兵简政"，节省开支，提高工作效率。这一系列措施对教育工作产生深刻影响。

一

1940年3月6日，中共中央发布关于抗日根据地政权问题的指示，提出在各个抗日根据地建立"三三制"政权。即在人员分配上，共产党占1/3，非党的左派进步分子占1/3，中间派占1/3。陕甘宁边区在1937年就进行过民主选举，1941年进行第二次民主选举。在民主选举基础上，于1941年11月6日—21日，召开第二届参议会第一次全体会议，选举产生边区第二届参议会和边区政府。救国会代表、"非党左派进步人士"身份的柳湜当选为边区政府教育厅长（其实柳湜早就是秘密的共产党员），中间派代表贺连成任副厅长。原正副厅长周文（约1941年6月—1941年11月在任）、丁浩川（1940年6月—1941年11月在任）离任。

在边区参议会选举中，中共陕甘宁中央局于5月1日发布《陕甘宁边区五一施政纲领》。同年5月13日，中共中央决定把中共中央西北工作委员会与陕甘宁中央局合并为中共中央西北局。故一般称为西北局《五一施政纲领》。《五一施政纲领》提出的文化政策是：继续推行消灭文盲政策，推广新文字教育，健全正规学制，普及国民教育，改善小学教员生活，实施成人补习教育，加强干部教育。推广通俗书报，奖励自由研究，尊重知识分子，提倡科学知识与文艺活动，欢迎科学技术人才，保护流亡大学生与失业青年，在校学生享有民主自治权利，实施公务人员的两小时学习制。经第二届参议会第一次全体会议通过，以此纲领为陕甘宁边区施政纲领。此外，陕甘宁边区教育厅在1941年9月30日至10月16日召开的各县第三科科长第四次联席会议，曾向边区第二届参议会提出七件教育提案，由原教育厅正副厅长周文、丁浩川修改补充后，提交大会审议与通过。这些提案包括：

1. 扫除文盲，破除迷信，提倡卫生；教育人民对于革命的民族、民主、民生纲领的认识，为建立科学的、民主的、大众的民族新文化而斗争。

2. 追认新文字的法律地位，并广泛推行新文字。

3. 以县为单位确定地方教育基金，筹措教育经费。

4. 严格整顿小学教育。

5. 保障小学教师生活，提高小学教师地位，奖励有功小学教师。

6. 加强干部教育，明定公务人员学习制度。

7. 加强县、区政府对于教育工作的领导。

8. 建立地方文物保管委员会，编修地方文物志。

9. 帮助少数民族建立民族学校。

1941—1942年间的教育行政系统是：

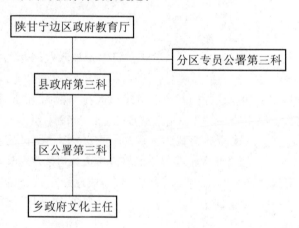

同原有教育厅行政系统（1938年建立）不同之处，在于1938年设立分区教育特派员，1941年改设分区专员公署教育处，1942年改设分区专员公署第三科；1939年曾设最高教育委员会，1941年改设教育厅与群众团体的联席会，并在各县设文化教育委员会，区设群众团体联席会，作为教育咨询机构。1942年3月5

日建立陕甘宁边区文化工作委员会，作为边区政府统一管理文化教育工作的行政机构，由吴玉章任主任。

从 1938 年到 1941 年底，教育行政系统由不健全到健全，意味着教育行政管理正规化的实现。此后在"精兵简政"中又发生重大变化。

陕甘宁边区在 1939 年就出现财政困难的苗头。1941 年—1942 年处在最困难的阶段，而 1942 年遇到的困难更大。这是由于脱离生产的人员越来越多，而财政收入越来越少，人民负担越来越重。

1. 脱离生产人员越来越多

1937 年—1941 年脱产人员统计

年份	脱离生产人员数（人）	备　　注
1937	14 000	陕甘宁边区政府成立于 1937 年 9 月。1940 年与 1941 年国民政府两度重兵包围陕甘宁边区，为保卫边区，从前线调回军队，故脱离生产人员大量增加。
1938	16 000	
1939	49 000	
1940	61 000	
1941	73 000	

2. 财政收入越来越少

陕甘宁边区原先的财政收入，存在一个很大的弱点，即依赖外援，包括海外华侨捐款、国内民主人士与抗日团体捐助，以及国民政府发给八路军的军饷。

外援在陕甘宁边区财政收入中的比重

年份	在财政收入中所占%
1938	51.6%
1939	85.79%
1940	77.44%

从 1940 年 10 月起，国民政府停发军饷，同时实行断邮，以致其他外援也大都断绝。

3. 人民负担越来越重

1937—1941 年征收公粮数额

年份	征收公粮数（石）	公粮占当年粮食 总产量%	备　　注
1937	14 000	1.28%	每石 300 斤。1937 年平均每人负担 1 升，1941 年平均每 人负担 1 斗 4 升。
1938	15 000		
1939	60 000		
1940	100 000		
1941	200 000	13.8%	

陕甘宁边区政府起初主要试图通过开展机关、部队、学校脱离生产人员开展大规模的生产运动克服困难，即主要以开源的办法克服困难，在此同时，仍然不断增设机构，增加人员，包括非军事人员，增办学校和其他各种社会文化设施。到 1941 年 12 月，边区第二届参议会第一次全体会议才决定实行"精兵简政"，即不但开源，而且节流。

陕甘宁边区的"精兵简政"，发端于 1941 年 11 月召开的边区参议会通过的李鼎铭等 11 人提出的《政府应彻底计划经济，实行精兵简政主义，避免入不敷出、经济紊乱之现象案》。边区政府于同年 12 月 4 日就"精兵简政"问题给各县发出专门指示。第一次整编到 1942 年 4 月结束。这次"精兵简政"裁减百余处骈枝机构，对教育行政系统影响不大。

1942 年 6 月—9 月间，实行第二次"精兵简政"。这次整编的原则是"紧缩上级，加强下级，政事分开，合署办公"，即确定工作重点是建立边区政府本身的工作制度，如合署办公制度；政务与事务适当分工，使领导人有可能多抓政务；加强下级，提高县政府职权等。就教育行政系统来说，具体措施是：

1. 边区教育厅同边区政府的秘书处及民政厅、财政厅、建设厅合署办公。即教育厅（和其他各厅一样）的事务工作由总秘书处办理，教育厅的职能不变，编制为 22 人。唯对外行文，由边区政府正副主席签署，教育厅长副署，对下仍单独行文，而下级政府有关教育问题的呈文，直送边区政府主席。

2. 教育厅对各县教育工作的指导，一定要经过各县县长，由县长总其成，并向边区政府教育厅负责，"纠正过去由厅直接到科及某些科倡特殊性、独立性，不经过县长的现象"。①

经过这次整编，教育厅的人员编制减少，相对于其他厅，不意味对教育工作的忽视。其他机构的人员编制为：秘书处52—54人，民政厅23人，财政厅17人，建设厅19—26人。

这样的行政管理制，土地革命战争时期湘鄂西苏区曾试行过，可称之为政府统一领导体制。教育行政系统的独立性受到限制。

二

1940年秋季，国民政府停发陕甘宁边区的军饷，1940年冬季，又对根据地加紧封锁。此后，边区经济困难日益增加。但是人们对财政困难严重程度的认识有个过程。"精兵简政"的实施也从局部到全面，从不彻底到彻底，故先后有三次"精兵简政"，一次比一次彻底。所以尽管在1941—1942年间财政困难已经相当严重，"精兵简政"又在进行中，然而在这个阶段的大部分时间里，依然呈现百废俱兴的态势。教育工作亦是如此。

在1941—1842年间，继续谋求从1938年开始提出、1940年进一步强调的教育工作正规化。

1941年初，边区教育厅对当年工作的部署是：

1. 小学教育的基本方针仍以提高质量为主，并在个别县试行义务教育。即把领导工作从扩大学校与学生数量转移到提高质量上来，并以改进完全小学为提高教育质量的中心任务。同时，办好模范小学，使其成为全区中心小学，并把提高师资水平作为提高教育质量的决定性因素。

2. 社会教育也应正规化，主要是加强民众教育工作，有计划地推行拉丁化的新文字，提前准备冬学教员，切实整顿识字组、半日班等识字组织。

3. 师范学校和中学主要应扩大新生，切实实行1940年颁布的《陕甘宁边区师范学校暂行规程（草案）》中所确定的学校制度，并加强教导工作。

当时采取的新措施包括：

1. 正式实施义务教育。1941年1月1日，陕甘宁边区政府发布正式施行《陕甘宁边区实施义务教育暂行办法》的命令。规定8—14岁儿童为受义务教育的年龄；义务教育年限定为初级小学3年；凡已达到规定入学年龄的儿童，经说明动员而家长仍不送其入学者，按规定给予处罚。边区教育厅首先在延安县和延安市试行。各县依照具体情况自行确定本县境实行义务教育区域。

---

① 《陕甘宁边区政府系统第二次精兵简政方案》、《陕甘宁边区政府第二次精兵简政实施方案纲要》，《陕甘宁边区政府的精兵简政》，求实出版社1982年版，第47、52、55页。

2. 从 1941 年起，各县自筹教育经费。经费来源除向群众劝募外，积极整理教育款产，并开展学校的生产。

3. 正式实行拉丁化新文字，并开展新文字辅助扫除文盲的试验。陕甘宁边区政府于 1940 年 12 月 25 日（农历）公布《关于推行新文字的决定》，确定从 1941 年 1 月 1 日起，拉丁文新文字同汉字有同样法律地位，政府的一切布告、法令，汉字和新文字并用。从 5 月 15 日起，《新文字报》由油印改为铅印。当年 3 月，决定建立新文字干部学校。在当年冬学中各县共办新文字冬学 350 余所。

4. 颁布《小学教育实施纲要》（2 月 1 日）、《小学规程》（2 月 1 日）、《小学教员待遇保障办法》。

5. 由教育厅编审科完成对小学课本的改编。

1941 年 9 月 30 日——10 月 16 日，边区教育厅召开各县第三科科长第四次联席会议。会议全面总结自 1937 年 9 月陕甘宁边区政府成立以来教育工作的成就和存在的问题，在小学教育方面作出一个重要决策，即整顿小学。这是教育工作正规化的新步骤。

陕甘宁边区小学教育从 1937 年春到 1940 年春，逐年直线上升。在此期间，小学校从 320 所增至 1 431 所，增加 3.47 倍，小学生从 5 600 人增至 43 625 人，增加 6.8 倍。成绩不可谓不大，但是，由于往往采取群众运动的方式"突击"发展学校，没有切实解决办学条件问题，只顾增设学校、扩大学生数，普遍建立识字组，以致不能不强拉人为，教员质量大成问题，识字组变成空架子。由于对边区农村实际了解不够，定出来的办法往往跟边区实际不相符合。针对这种情况，决定从 1942 年起整顿小学。整顿的办法是：现任教员审查后按及格教员人数多少，决定全县设立学校的数目；一般小学要具备必要条件，才可设置。其条件是：到校学生在 25 人以上，有单独的教室、宿舍、教员住室、游戏场所，有黑板和足够的课桌、凳，办公费、书报的购置费用要在原来的标准上提高一倍，有伙夫；中心小学配备两个以上好教员，对附近小学起推动作用。不具备上列条件的学校应停办，5 里以内的小学校，尽可能实行合并（教员、学生一齐合并），以提高教育效率。

第四次第三科科长联席会议作出整顿小学决策的时候，边区政府尚未考虑"精兵简政"问题。在 1941 年边区第二届参议会第一次全体会议上作出关于"精兵简政"的决定，于 12 月 4 日发表《为实行"精兵简政"给各县的指示信》，接着拟定了整编方案。

1942 年 1 月 5 日，陕甘宁边区政府第六次政务会议，通过了由教育厅起草的《陕甘宁边区 1942 年教育工作计划大纲》。确定 1942 年的中心工作是：建立正规教育制度，提高各级学校教育质量，继续推行新文字，消灭文盲。具体内容是：

1. 在教育行政管理方面，根据第二届参议会通过的"精兵简政"政策，把教育厅、专署教育处、县第三科、区教育助理员、乡文化主任及各级学校行政组织重新整编，使机构更加合理，干部配备适当，提高工作效率；建立正规工作制度，实行学区管理，把全边区划为六个学区，每个学区配备督学一人，负责视导；直属学校、团体的经费由教育厅统筹统支，各县教育经费以自给自足为原则。

2. 修订《边区师范学校暂行规程（草案）》(1940年制定)，制定中学规程，以建立正规的中等学校制度，提高中等教育质量；切实整顿普通小学，并建立中心小学。整顿小学的标准大体上与1941年10'月的规定相同。

3. 继续推行新文字，消灭文盲。

这些部署实际上是1941年初，尤其是1941年10月部署的继续。

1941年秋，有小学校1195所，1942年春整顿、合并后，剩下723所，减少472所，即比原有学校减少39.5%；原有小学生38 366人，合并后共30 845人，减少7 521人，比原有小学生数减少19%，引起群众不满。

1942年8月，边区教育厅颁布《陕甘宁边区暂行中学规程（草案）》和《陕甘宁边区暂行师范学校规程（草案）》。

陕甘宁边区在1940年有中等学校8所，即：延安师范、关中师范、三边师范、陇东中学、绥德师范、米脂中学、边区农业学校、边区医药学校。

绥德分区原属同国民党建立统一战线的地区，1940年2月国民党专员逃走，民主政府接管政权，并于同年夏季接管该地区的绥德师范、米脂中学，仍属所谓"地方公立学校"性质，1941年2月，由边区教育厅接办，但考虑到当地情况特殊，决定这两所学校仍沿用旧制，暂不改革。

在原有中等学校基础上，1941年3月，增设新文字干部学校，1941年9月增设鄜县简易师范，1942年5月又设边区农业职业学校，同年6月把边区农业学校与工业职业学校合并为陕甘宁边区职业学校。至此，共有10所中等学校。

抗战以后，陕甘宁边区大规模的干部学校日益增多。到1941年9月，已有干部学校11所。1939年以后，这些干部学校日益正规化，成为带有高等教育性质的高等学校。其中属于边区政府直接管辖的，只有陕甘宁边区行政学院。

1941—1942年间有几项重要的教育措施，后来在整风中受到尖锐的批评。这就是：

1. 实施义务教育；

2. 合并普通小学做得过分；

3. 中学规程（草案）与师范学校规程（草案）；

4. 在绥德分区实行"沿用旧制，暂不改革"政策。

三

1942 年 4 月，整风运动正式开始。起初直接参加整风运动的是中共中央、中共中央军事委员会直属机关，中共中央西北局、陕甘宁边区政府机关也参加了整风。

1942 年的整风运动主要在党政军机关进行。在教育方面着重进行干部学校教育和在职干部教育改革，至于中等学校主要是进行正面教育，到 1943 年，整风运动才推向基层。故从中等学校、小学和社会教育方面看来，尽管人们已经开始意识到要联系实际、联系群众、克服教条主义，实际上同 1941 年相比，变化并不显著。

1942 年 10 月，陕甘宁边区政府决定建立整学委员会，以边区政府秘书长罗迈为主任委员。其任务是整理延安大学、鲁迅艺术学院、延安自然科学院、青年剧院、平剧院及陕甘宁边区所属中等以上学校。

当月，陕甘宁边区政府又决定设立边区政府教育委员会。其成员包括柳湜、贺连城、罗迈、徐特立、刘景范。由柳湜任主任委员。同时任命罗迈兼任边区政府政策研究室主任。

这些措施反映出边区政府进一步加强对教育工作领导的意向。

1942 年 10 月 19 日—1943 年 1 月 14 日，中共中央西北局召开历时长达 88 天的高级干部会议，以整风的精神总结陕甘宁边区的历史经验与教训，确定生产与教育工作在陕甘宁边区各项建设中的中心地位，以及干部教育在整个教育工作中的优先地位，使陕甘宁边区教育工作转入新阶段。

陕甘宁边区教育发展进程

[1943 年 1 月——1945 年 8 月]

从 1943 年初开始，华北各敌后抗日根据地转入再扩展的新时期。1942 年的整风运动与大生产运动为陕甘宁边区的巩固奠定基础；1944 年，各根据地军民相继转入局部反攻，直到取得抗日战争的最后胜利。

从 1943 年初到 1945 年 9 月，是陕甘宁边区教育发展的第三个阶段。

陕甘宁边区在 1938 年至 1942 年间，试图把教育工作纳入正规化的轨道，解决扩大学校数量与提高教育质量的矛盾，但其成效并不尽如人意。1943 年以后，随着整风运动步步深入，逐步触及问题的实质，并摸索出一条适应客观需要，符合根据地实际情况的普及教育道路。1944 年 10 月—11 月间，召开陕甘宁边区文化教育工作大会。全面检阅边区文化教育建设成就，总结边区教育工作历史经验与教训。

1943 年，整风运动推向基层，整风与整学结合。中共中央西北局于 1942 年 10 月 19 日召开陕甘宁边区高级干部会议，进行整党、整政、整军、整民（人民群众团体的领导机关）、整关（党政军民之间的关系）、整财、整学，至 1943 年 1 月 14 日结束。会议检查了抗日战争以来的建设工作。指出边区建设工作中存在"百端待举"、"样样是中心"的倾向，提出把生产与教育作为边区建设的两个中心；不过教育工作本身也不能"百端待举"、"样样是中心"，确定干部教育第一，国民教育第二的方针。①

同时，1942 年 12 月陕甘宁边区政府第三次会议通过《陕甘宁边区简政实施纲要》，部署第三次"精兵简政"。西北局高级干部会议又以"精兵简政"为重点。1943 年 3 月 20 日中共中央政治局召开扩大会议，对中央机构和人员也进行精简，为地方"精兵简政"工作作出榜样。这样，陕甘宁边区从 1943 年 3 月开始，全面进行第三次"精兵简政"。整风、生产和"精兵简政"遂成陕甘宁边区1943 年的教育工作的重点。

一

陕甘宁边区 1942 年 9 月实行第二次"精兵简政"的结果，边区政府所属吃公粮的人尚有 11 500 人（其中政府及附属机关人员 8 200 人），第三次整编的目标是把人员减至 7 500 名，即再裁减 35%。教育厅原有 4 个科合并为 2 个科，保留编审、督察二室；第二次整编的重点是加强县政权，第三次则是加强乡政权。各乡普遍增设有一定政治修养和相当文化水平的文书 1 人。精简乡以上政府机构。按照整编方案规定：区公署设助理员 2—3 人，不分工；县县政府减少科的编制；专员公署保留处、科编制。各专署、县原第一科与第三科（教育科）合并为第一科均合署办公。② 1944 年 7 月 13 日，陕甘宁边区政府决定，各分区专署将第一科分为两科，即民政科与教育科。③

在 1943 年—1945 年 8 月间，边区教育厅正副厅长由柳湜、贺连城担任（自1941 年 11 月开始），在 1944 年 12 月召开的陕甘宁边区第二届参议会第二次全体会议期间，又任命强自修为副厅长。

二

1943 年 2 月 15 日，陕甘宁边区教育厅根据专员、县长联席会议讨论的结果，提出当年教育工作着重解决的问题：

1. 明确陕甘宁边区教育总方针，这就是：第一在职干部教育，第二干部学校教育，第三社会教育，第四国民教育。

2. 总结中等学校、国民教育的历史经验。针对过去情况，尖锐地指出："搞了六七年教育，到底搞了些什么，并未全面的总结过"，"总之一句话，我们还

---

① 陕甘宁边区教育厅：《一九四三年教育工作中的几个问题》，《陕甘宁边区教育资料（教育方针政策部分）》下册，第 356 页。

② 《各级政府及参议会整编办法》，《陕甘宁边区的精兵简政》，求实出版社 1982 年版，第126－130 页。

③ 《解放日报》1944 年 7 月 20 日。

未摸清我们的路","虽然总的方向是有了,如何达到这一方向的路还有些糊涂"。① 确定从 1943 年起,广泛开展调查研究,以便总结过去六七年边区的国民教育与中等教育的工作,重新检查国民教育、中学教育、师范教育的方针、内容、原则、课程、教材、训导、行政诸问题。在这一年中,边区教育厅、各分区专署、各县政府分别作出各自范围内的全面总结,各个中等学校都撰写了校史。教育厅本身除整理历年教育档案外,还召开调查会(中等教育调查会,完全小学、中心小学调查会,社会教育调查会),组织调查团(以延安县为调查地点)。

3. 执行中等学校、国民教育精简政策。

4. 教育行政管理实行民主集中制。

概括地说,就是在新的教育工作总方针指导下,一面开展整学,调查研究,总结历史经验;一面在中等教育、国民教育中执行"精兵简政"政策。

三

1943 年 1 月,陕甘宁边区师范学校开始进行全校学生思想检查。每个学生按照学习委员会制定的思想检查提纲,撰写自传。教务处派人到各个班级进行集体指导与个别指导,还评选思想检查模范生。

从 1943 年 1 月 29 日至 5 月 21 日,陕甘宁边区召开长达近半年的中等教育整学会议。会议分四个阶段进行:第一阶段(1 月 29 日—3 月 9 日),由各学校负责人撰写校史材料;第二阶段(3 月 10 日—4 月 10 日),在肯定成绩的同时,着重对教育工作中的教条主义进行反省,开展批评与自我批评;第三阶段(4 月 12—30 日),着重讨论 1942 年重订的《陕甘宁边区暂行师范学校规程(草案)》和《陕甘宁边区暂行中学规程(草案)》,对后一规程的批评尤为尖锐;第四阶段(4 月 30 日—5 月 21 日),从中等教育方针到课程、教材、学校管理制度等进行比较全面的检查、讨论。

当时柳湜曾对边区中等教育的发展过程作了历史的回顾。他把边区中等教育的发展过程分为两个时期:从 1937 年鲁迅师范学校成立到 1941 年 11 月边区第二届参议会召开为第一时期,1941 年 11 月以后(到 1943 年)为第二时期。他肯定鲁迅师范(1937 年 3 月—1939 年 7 月)的方向,认为它是"新教育的雏形","代表了一种正确的方向",认为边区师范(1939 年 7 月由鲁迅师范与边区中学合并)在 1940 年 8 月后有"正规化"的倾向,其标志是边区师范成立时

---

① 陕甘宁边区教育厅:《一九四三年教育工作中的几个问题》,《陕甘宁边区教育资料(教育方针政策部分)》下册,第 356 页。

就提出"正规化"、"地方化"的口号；1940 年 8 月边区教育厅长兼边区师范学校校长周扬提出"学习第一"，把学制改为二二制，严格招生标准，确定教育聘任制，在课程、科目、教材上"有十二门完全是根据外间出版的课本改编的"；还认为 1941 年 2 月，一部分人反对学校搬迁（当时定为"反党事件"），"因为边师教育基本上已走向'正规化'，特务活动从这时起已开始猖狂起来"；还批评丁浩川于 1941 年春提出绥德师范、米脂中学"在原有基础上求学校的巩固与发展，而不是用另外一套去顶替"、"正规化学校与干部教育不同"，同意两校"学习第一，正课第一"，不过是批准两校领导人的正规化思想；他更指责 1942 年重订的中学与师范暂行规程（草案），"肯定了国民党化的错误倾向，并精致的提出了国民党化的中等教育的一全套"，"明确的否定了鲁迅（鲁迅师范）时代的方向"。① 这些基调对后来中等学校的发展影响甚大。

中等学校整学会议后，各中学、师范在 1943 年下半年开展整风，各县小学校长、教师以县为单位集中进行整风。

四

各级学校的精简和整学是同时进行的。1943 年初按照调整后的次序，部署各级各类学校的整顿。即：

1. 切实开展各级在职干部教育，确定：边区及分区两级干部，一般以学习业务与政治为主，高级干部及个别具有学习理论基础的中级干部，以学习理论为主，个别文化程度差的干部以学习文化为主；县级干部以学习文化及业务知识为主；区、乡级干部以学习文化（文化课中包括业务及政府政策、法令等知识）为主。

2. 整顿干部学校教育：改进并归并现有的大学及各种专门学校，并确定以服务边区为基本教育方针；确定行政学院（名称未定）为训练县级干部、区长级各种专门性的中级干部的场所；区、乡级干部实行短期训练，由各专署主持，附设在各分区的中等学校内；整顿中等学校，以培养地方师资及下级地方干部为主。

3. 开展社会教育：充实民众教育馆工作，完全小学、中心小学兼办夜校、识字班等社会教育，配合军队、政府与群众组织开展群众识字运动，广泛进行政治宣传，改进群众文化娱乐。

4. 精简小学教育，提高质量：巩固完全小学，提高中心小学，合并普通小

---

① 柳湜：《边区中等教育发展情况》，《陕甘宁边区教育资料（中等教育部分）》上册，第 40－48 页。

学，奖励私学；逐渐改变中心小学、普通小学由区、乡负责办理；学校招收学生采取劝导方式。①

这一部署执行的结果，未见综合性的分析。大致情况是：

1. 延安大学于 1943 年 2 月，将各院系整风学习单位由 5 个并为 3 个：法学院同俄文专修科合并，社会科学院和英文专修科合并，加上教育学院。合并后将工作人员减少到原有人数的 2/3 到 1/3。同年 4 月，将延安自然科学院、鲁迅艺术文学院、民族学院、新文字干部学校并入延安大学。延安自然科学院、鲁迅艺术文学院、民族学院成为延安大学中的学院。

2. 1942 年在边区教育厅所属 7 所中学、师范中，增加地方干部班。不过在 7 所学校 40 个班级中，只有 1 个地方干部班；1943 年春将鄜县师范同陕甘宁边区师范合并为延安师范，在 6 所中等学校 38 个班级中，有 4 个地方干部班。由于把中等学校列入干部教育范围，故在精简后，中学、师范基本上未减少，其变化主要反映在中等学校中增设地方干部班，同时中等学校普通班向干部训练靠拢。

3. 小学教育不再实行义务教育制度，恢复劝学方式。一面提高完全小学的地位，其次是中心小学，一面合并普通小学。

当时在总结陕甘宁边区小学教育的教训时，大都指责 1942 年春季合并小学。问题在于 1943 年初已经发现合并的结果使小学减少 39.5%，减少幅度最大的县、市如延安县，为 45%，延安市达到 60%，合水县更达到 71%，为什么还要继续合并普通小学呢？当时认为凡正确执行精简政策的，大多收到效果。不过，所举的例子是完全小学、中心小学，而不是普通小学。② 继续合并普通小学的结果，未见精确统计。江隆基后来的总结中提到，学校由 1942 年后的 1 198 所减为 1943 年底的 752 所。③ 据 1943 年的统计，1941 年秋，有小学 1 195 所（含完全小学 67 所），1942 年春合并后，有小学 830 所（含完全小学 63 所），④ 可见江隆基实际上是把 1942 年春合并学校的结果，同 1943 年进一步合并学校的结果混合计算的。1942 年合并后的 830 所（另一统计为 723 所），同 1943 年底的 752 所相差不大。但 1943 年底的 752 所中，包括完全小学、中心小学、普通小学与

---

① 《陕甘宁边区民国三十二年之教育方针、政策、制度和干部配备问题》，《陕甘宁边区教育资料（教育方针政策部分）》下册，第 385 - 386 页。

② 《去年工作总结，今年工作计划大纲》，《陕甘宁边区教育资料（教育方针政策部分）》下册，第 364 页及附表、365 页。

③ 江隆基：《关于民办公助政策的初步总结》，《陕甘宁边区教育资料（小学教育部分）》上册，第 239 页。

④ 同上。

民办小学在内，实际上裁减普通小学为数相当多。另据统计，在1944年10月陕甘宁边区文化教育大会前，有小学1 090所，其中除去民办小学574所，公立小学为516所。① 后来李维汉在回顾第三次"精兵简政"时提到，"精兵简政"有不足，也有过头。过头之处即有过分集中的倾向。如对小学，部分地采取合并的办法，助长了不适合农村环境的"集中办小学"的缺点。②

4. 在精简中，也强调集中办社会教育，有的区一区办一所冬学。此外，1940年—1941年推行新文字，曾热闹一时，1943年3月，决定停止用新文字辅助扫除文盲的试验，《新文字报》随之停刊。

五

整风运动使人们眼光向下，从陕甘宁边区实际需要与条件出发，调整教育内部关系、分清各种教育的轻重缓急。问题在于调整教育内部关系以后，怎样正确对待国民教育（成人教育与小学教育），尤其是儿童教育。

1943年采取加强完全小学、合并初级小学的措施，固然是执行新的教育方针和"精兵简政"政策的结果，是不得已而为之的权宜之计，但它毕竟是消极的办法。

陕甘宁边区山多沟深，平原狭小，交通不便，人口分散，人所共知。问题在于发展国民教育，是不是从这个人所共知的客观情况出发。边区从1938年起就提倡正规化，起初并未强调集中办学，从1942年春开始合并小学以后，学校距离学生家庭过远，儿童入学不便。原以为集中办学，提高教学质量，可以稳定学生，结果适得其反，学校愈集中，学生的流动性愈大。加之学校教学制度与内容脱离农民实际需要。种种原因，引起农民不满，证明教育制度仍不完善。

当1941—1942年边区处在严重困难时期之际，在教育上似乎仍在百废俱兴，1943年进行第三次"精兵简政"，即更彻底的"精兵简政"时，其实经济形势已经趋向好转。

陕甘宁边区从1939年开始开展大生产运动。大生产运动逐年扩大。从1941年起，中共中央在抓机关、部队、学校生产运动的同时，更加强调边区群众的生产运动，并把生产运动的重点转移到群众的生产运动上来，提出实现边区经济自给自足的政策。在农业上开展吴满有运动，在工业上开展赵占魁运动，并

---

① 江隆基：《关于民办公助政策的初步总结》，《陕甘宁边区教育资料（小学教育部分）》上册，第239页。

② 李维汉：《陕甘宁边区政府工作回顾》，《回忆与研究》（下），中共党史资料出版社1986年版，第508页。

发展盐业，优待移民、难民。1943 年陕甘宁边区粮食总产量达到 1 840 000 余石，比 1942 年增产 160 000 石（细粮），全边区年消耗粮食为 1 620 000 石，拥有余粮 220 000 石。① 加上机关、部队、学校生产自给程度提高，通过"精兵简政"，民力动员显著减少，人民负担减轻，为边区国民教育事业的发展创造了有利的条件。在此基础上，1944 年教育改革运动蓬勃展开。

1944 年 1 月 6 日，陕甘宁边区政府主席林伯渠在边区政府委员会第四次会议上，作关于政府一年工作总结报告。其中提到，边区中等教育和国民教育方面过去存在着严重的教条主义与旧型正规化的毛病（按：1943 年称之为"国民党化"，改称"旧型正规化"似从这个报告开始），脱离甚至违反边区人民的需要。1942 年西北局高级干部会议与 1943 年春边区政府委员会第三次会议，确定为抗日战争与边区人民服务，干部教育第一、国民教育第二的方针，1943 年上半年的中等学校整学会议与下半年各中等学校的整风运动，使旧型正规化和教条主义受到批评，是边区教育转变的关键。②

他提出 1944 年教育改革的原则是：

1. 确定各中学、师范学校担负提高现任干部与培养未来干部的双重任务。

2. 各学校学制不必强求一致。

3. 教育内容以文化教育为主；同时，从思想上确定学生的革命观点、劳动观点与群众观点，并进行以边区政治、经济为中心的政治教育与生产教育，辅之以时事教育；对于因一定具体目的而训练的学生，须进行业务教育。

4. 各学校与附近乡、村政府和生产部门建立经常的协作制度。

5. 改革学校作风。

6. 重新调整干部教育。

7. 坚持各学校由分区直接领导的原则。③

小学教育在 1943 年只做了精简与整风两件工作，1944 年要大力检查、总结小学教育经验，作出必要的结论，提出具体改革方案，以便 1945 年普遍施行；社会教育由于延安大学、陕甘宁边区文化协会、部队艺术学校、平剧院等单位开展下乡运动，已经创造出一种新作风。

1944 年 2 月 10 日，陕甘宁边区政府和边区教育厅提出 1944 年上半年对于各校坦白了问题的干部和学生，应进一步分别是非轻重，作出结论；各校在整风

---

① 李维汉：《陕甘宁边区政府工作回顾》，《回忆与研究》（下），第 555 页。

② 林伯渠：《关于边区政府工作一年总结的报告》（"关于改善教育工作"部分），《陕甘宁教育资料（教育方针政策部分）》下册，第 395 页。

③ 同上书，第 395－396 页。

基础上对今后改造工作提出具体意见；以思想教育、政治教育为主。思想教育又应针对各校过去"特务"在学生思想上所散布的毒素进行对症下药的清洗工作。对于快毕业或已毕业尚留校整风的学生，更应加大思想教育、政治教育的比重。此外还提到，定于1944年秋季召开国民教育会议，以及1943年因干部整风停办的小学，一旦干部审查完毕，学校即应恢复，集中好的干部于两个完全小学，或把两个完全小学办成模范小学，取得经验之后，再行推广。①

由此可见，陕甘宁边区从1943年4月开始的审查干部和随后开展的"挽救失足者"运动，也波及中学干部、教师和学生，以及小学教师，并且因整风而造成部分小学停办。1944年初，中等学校的方向已经明确，小学教育如何改革，尚在摸索中。

理论上暂时没有解决的课题，由实践作了回答。

在绥德分区：绥德县政府一科于1944年2月，召开学校教育讨论会，确定在国民教育为工农兵服务的宗旨下，按照学校同劳动、社会、政府、家庭结合的原则，改革国民教育。即，提倡教职员和12岁以上的学生参加生产，各小学订出生产自给计划；提倡小先生制，普遍建立识字班、半日班、大众黑板，在娃娃变工队中学习；把政府的政策法令当作课程来教学；提倡学生放学回家以后，帮助家庭担水、扫地、算账。为了使教育工作同实际结合，对教育工作干部作了调剂，即把一部分地方干部调到学校当教员，把一部分教员调到地方上当干部。② 米脂县高家沟村，在1944年3月3日用变工合作的办法，自己办起了民众学校。

在三边分区：以往群众怕学生入学妨害生产，认为教学内容不适合习惯与要求，不愿让儿童入学。1943年丰收后，学校种地解决学生一部分伙食问题，老百姓要自己办学。③

在陇东分区：自从西北局高级干部会议以后，各县在课程方面增加珠算、应用文及生产知识。此外，曲子县劳动英雄孙万福，自己虽不识字，但因在地方上有威信，熟悉地方上的情况，亦能把学校办好。当时称为"要打山中虎，离不了地上土"。④

以上的经验，一是原有公立小学改革教学内容，使教学同生产劳动与生活实际结合，适合群众需要；一是由群众自己兴学。由于学校改革了教学内容，

---

① 《关于今年上学期中等学校过渡办法及召开国民教育会议的准备工作》，《陕甘宁边区教育资料（中等教育部分）》上册，第94-97页。

② 《解放日报》1944年2月14日、3月11日。

③ 《解放日报》1944年3月24日。

④ 同上。

使教育工作适合群众需要，才使群众对教育工作发生兴趣。

在群众中涌现出一批先进苗子以后，徐特立和柳湜于 1944 年 3 月 19 日，联合召集国民教育座谈会。在会上各分区专员介绍了各地教学改革经验。在这次座谈会上，提出小学实行民办的问题。

在这次座谈会召开以前，延安县柳林区已有 2 所民办小学，3 月 11 日，又决定在锁家岩村增设一所民办小学。3 月 21 日《解放日报》曾予报道。毛泽东看了锁家岩民办小学的报道以后，颇为赞赏。3 月 22 日，在文化教育工作座谈会上，肯定了小学民办、小学村办的方向。① 3 月 23 日，延安市南区合作社创办沟门民办小学。28 日，延安市西区民办裴庄小学和莫家湾小学联合举行开学典礼。4 月 23 日，延安市北区著名的民办北郊乡小学（即杨家湾小学）开学。

其实，陕甘宁边区和其他许多地区一样，民间早就有集资兴学的习惯。因被视为"私学"，才对它有些顾忌。起初实行废止私塾的政策（私塾不等于私立小学），同许多敌后抗日根据地允许私塾存在并逐步把它改造为私立小学不同，后来虽允许私人办学，却并不热心，故私立学校即便有，也是寥寥无几。1942 年 8 月子长县曾有人请求创立私学。边区政府教育厅批复意见是：对于群众要求兴办私学，一方面尊重群众的意见，启发其积极性，使其自动办起；另一方面要善于领导，使之正确地向前进，不后退。即在允许群众办学的前提下，要求私学受县第三科领导，采取教育厅审定的新课本，并规定县立小学的学生（除初级小学年龄小、住址离私学很近者外）不准转学。可以说，民办小学早就在叩领导者的门，却受到冷遇。在调整教育内部结构、转移教育工作重点之后，为了寻求普及小学的道路，才转变对民办小学的态度。这时才意识到在政府指导下，群众集资兴办的学校，实际上是"小公办"，同旧式私立学校有别。

1944 年 4 月 15 日，中共中央西北局召开陕甘宁边区文教建设工作座谈会，出席会议的有五个分区的地委书记和延安市有关方面负责人，讨论贯彻毛泽东关于陕甘宁边区文化教育建设的指示问题。决定：各地均应研究民办小学的经验，尚未实施民办方针的县，应积极试办 1—2 所，以便取得经验。②

同年 4 月 18 日，陕甘宁边区政府发布《关于提倡研究范例试行民办小学的指示信》。其中提到：过去也有个别地方有民办小学，但那里的政府常常给以限制，或者听其自流，不加以指导，"现在我们应该来一个大的转变，把大多数的甚至全部的小学，交给地方群众自己办。政府则在物质上予以补助，在方针上

---

① 毛泽东：《报纸是指导工作教育群众的武器》，《毛泽东新闻工作文选》，新华出版社 1983 年版，第 115 – 117 页。

② 《解放日报》1944 年 4 月 23 日。

加以指导"。在"民办公助"的方针之下，将来应做到每村都有一个民办的村学，在村学的协助下，办冬学、夜学、识字组，以达到消灭全区文盲之目的。具体规定：

1. 民办小学的形式与实行"民办公助"方针的步骤，一般按照各地具体情况决定，不求一律。逐渐达到自中心小学以下均归民办。

2. 民办小学的学制、教学内容等，尊重群众意见，按群众自己的需要，学制（修业时间）的长短、上课时间均不求一律。

3. "民办"与"公助"不能分离，不能听其自流，应加强领导。①

同年5月3日，陕甘宁边区政府教育厅、陕甘宁边区抗联和青救会联合发出关于开展模范教员、学生运动的指示。

在小学教育改革有些眉目以后，继续深化中等学校的改革。

1944年5月8日，陕甘宁边区政府为使各中等学校具体实现"提高现任干部和培养未来干部的双重任务"，决定改变各中等学校招生标准：地方干部重于完全小学毕业生，工农贫苦子弟应多有入学机会，同时照顾其他阶级家庭的子弟，并规定了公费生学额中地方干部与完全小学毕业生分配的比例；② 接着，中共中央西北局宣传部、陕甘宁边区政府教育厅在中共中央宣传部协助下拟定了陕甘宁边区中等学校的新课程。确定各中等学校设陕甘宁边区建设、政治常识、国文、史地、自然、生产知识和医药卫生等课程。认为这种课程设置具有四个特点："实际、精简、集中、联贯"。③

在群众性的初步实践基础上，延安《解放日报》于4月7日、5月27日，先后发表由胡乔木起草的《根据地普通教育的改革问题》（此件经毛泽东审阅并修改）和《论普通教育的学制与课程》两篇社论，历史地分析了教育改革的意义，从理论上概括了教育改革的基本经验和发展方向。

在明确了教育改革的基本方向、各地涌现出一批典型经验以后，为了推动群众性的普及教育和教育改革运动，中共中央西北局宣传部、陕甘宁边区政府教育厅和陕甘宁边区文化协会决定联合召开陕甘宁边区文化教育大会。

六

1944年5月17日，中共中央西北局宣传部、陕甘宁边区教育厅和陕甘宁边

---

① 陕甘宁边区政府：《关于提倡研究范例及试行民办小学的指示》，《陕甘宁边区教育资料（小学教育部分）》上册，第154－157页。

② 《边区政府关于各中等学校今后招生标准的指示信》，《陕甘宁边区教育资料（中等教育部分）》上册，第99－100页。

③ 《解放日报》1944年5月27日。

区文化协会联合决定，在 1944 年 10 月召开文化教育会议，检查与总结陕甘宁边区小学教育、区乡干部文化学习、艺术活动、群众卫生工作、大众报纸等方面的经验，宣传典型范例，奖励模范文教工作者，讨论目前边区文化教育建设的具体方针及确定 1944 年冬季大规模开展全边文化运动的计划。① 6 月 17 日，上述单位又召开联席会议，成立陕甘宁边区文化教育会议筹备委员会，推选罗迈、徐特立、胡乔木、李卓然、柳湜、肖向荣、赵伯平、周扬、蒋南翔等 25 人为筹备委员会成员，罗迈为筹备委员会主任。6 月 28 日，在筹备委员会第二次会议上决定组成五个文教调查组，分别到延安、绥德、关中、陇东、三边五个分区调查研究文化教育工作的典型范例。各组负责人是蒋南翔（陇东组）、柯仲平（关中组）、柳湜（绥德组）、吴文遴（三边组）、赵毅敏（延属组）。② 各分区在边区文教调查组协助下，先后召开了分区文化教育会议，为边区文化教育会议做好准备。

经过筹备，陕甘宁边区文化教育会议于 1944 年 10 月 11 日至 11 月 16 日隆重召开。会议历时 36 天。

大会在陕甘宁边区参议会大礼堂召开。会场门口张贴两幅巨画，左边是："文教工作与生产运动结合起来"；右边是："要战胜日本帝国主义，必须要武装部队与文化部队的结合"。会场左右两壁，张贴毛泽东像与鲁迅像。在两幅像下分别张贴标语："只有代表群众才能教育群众，只有做群众的学生才能作群众的先生"；"鲁迅的方向就是中华民族新文化的方向"。出席大会的有 8 个代表团（五个分区、部队、延安市机关、少数民族）450 余位代表，加上来宾与到会旁听者，共达 1 000 余人，包括帮助陕甘宁边区文化教育建设的国际友人。朱德、吴玉章、徐特立、李鼎铭等出席开幕式并致词。

会议教育组在 10 月 26 日—30 日曾集中检查陕甘宁边区教育的历史。罗迈于 10 月 30 日在会议上发表《七八年来边区教育工作的总结发言》。他对于陕甘宁边区从土地革命战争以来教育的历史作出如下基本估计：

第一个时期（1932—1937 年 7 月）：教育方针正确，把教育权力由人民的敌人转入人民的手中，把受教育的权利由少数人转入多数人手中，把教育的方针由为人民的敌人服务转入为人民服务，教育的内容和当时人民的革命战争与政治上、生活上的需要相结合，得到人民的拥护。缺点是比较粗糙简略，存在所谓"游击作风"，但这是当时客观条件造成的。

第二个时期（1937 年 7 月—1942 年）：抗战以后，边区处于后方环境，又

---

① 《解放日报》1944 年 5 月 27 日。

② 《解放日报》1944 年 7 月 17 日。

来了大批知识分子，教育面貌为之一变。学校、教员和学生的数量多得多了，规模较大，形态比较完备，文化水平也因之比较提高了，但错误却很严重。在政治路线方面，前两年教育内容着重于抗日是必要的，但对人民的民主要求和边区的经济实际很少注意。1939年中国共产党陕甘宁边区第二次代表大会曾特别指出这一点，但在以后的教育领导工作中并没有得到明确的反映。1941—1942年反而发生直接迁就国民党顽固派的影响。绥德分区的教育一度迷失方向。这个时期边区教育工作方法上存在严重的主观主义。一方面对干部教育的重要性认识不足，而以国民教育为首要任务，另一方面在国民教育中不顾具体条件先后提出"普及教育"、"义务教育"与"减少数量，提高质量"的口号，所规定的学校教育的具体内容与组织形式几乎都是从外面搬来的，不顾及边区以农业生产为主，硬要学很多不切实用的东西，不顾及边区多数地方的村庄分散、劳动力缺乏，硬要办集中的学校，行死板的学制。这个时期行政管理上存在官僚主义。由于不顾下情硬要往下办，势必产生强迫命令，发生形式主义，加上某些工作人员架子十足，成了更坏的官僚主义。

第三个时期（从1942年底、1943年初陕甘宁边区高级干部会议开始）：1943年是"开展批评的一年"，1944年是"发展、改造的一年"。这个时期的教育是第一个时期教育联系群众、联系实际的优良作风与第二个时期教育巨大规模结合的产物，也是知识分子与工农群众结合的象征。[1]

同日，毛泽东到会发表题为"文化工作中的统一战线"的演说。此后大会领会毛泽东演说的精神，并研究陕甘宁边区教育工作的现状。据报道，着重提到如下经验与问题，即：民办学校适合农村环境，已经出现的民办学校有几种类型：米脂县高家沟式、延安市杨家湾式、米脂县杨家沟式、新式巡回学校及旧式轮学与以家庭教学为主的家庭学校；陇东分区已有私学150处，在陇东改造私学是一个很重要的问题；中心小学、普通小学还有若干缺点尚待克服，主要是教学内容尚维持老一套等；办好完全小学，完全小学承担培养地方干部的任务；识字运动已经广泛开展，群众教育组织形式多样。有的以生产组织为基础建立起来，有的以小学生为基础建立起来，有的是家庭识字教育，也有专门的妇女识字组，还有实行识字教育与职业教育相结合的职业补习学校。[2]

11月15日，边区教育厅长柳湜在会上作教育工作总结，提出：认真培养边区知识分子，同时提高现任干部的文化水平；开展群众教育要适合农村环境和

---

① 罗迈：《开展大规模的群众文教运动》，《老解放区教育资料选编》，人民教育出版社1959年版，第27－30页；《今年是发展改造的一年》，《解放日报》1944年11月15日（12月19日）。

② 《解放日报》1944年11月14日。

当前群众的迫切需要；加强对民办公助学校的领导。① 在大会上奖励了一批文教英雄。如延安市杨家湾民办小学教员陶端予、吴旗县赵老沟小学教员刘保堂、吴堡县任家沟村一带千余农民的教师任逢华，等等。

在大会闭幕式上，由大会筹备委员会委员胡乔木主持，通过一系列决议，有《关于开展群众卫生、医药工作的决议》、《关于培养知识分子与普及群众教育的决议》、《关于发展群众艺术的决议》、《关于发展群众读报办报与通讯工作的决议》、《关于开展工厂文教工作的决议》、《关于机关学校文教工作中几个问题的决议》、《关于加强荣誉军人教育及娱乐活动的决议》等。这些决议后均在陕甘宁边区第二届参议会第二次会议上通过，展示了根据地文化教育工作的新方向。

罗迈在闭幕式上作了题为《开发大规模的群众文教运动》的大会总结。最后由陕甘宁边区政府主席林伯渠致闭幕词。延安《解放日报》就边区文化教育大会发表由胡乔木起草的题为《此次文教大会的意义何在?》的社论，断言陕甘宁边区文化教育大会"表示了中国新民主主义文化的一个长足的进展，将来修中国文化史的人对此不可不大书一笔"。②

事实上这次大会所揭示的文化教育方向，不仅对于陕甘宁边区，而且对于几乎所有抗日根据地的教育建设都有影响。

七

1944 年 12 月 4 日陕甘宁边区第二届参议会第二次全体会议在延安召开。林伯渠在政府工作报告中，肯定了陕甘宁边区文化教育大会的方向，认为这次大会"在边区、在全国都是空前的一页"。李鼎铭作了《关于文教工作的方向》的报告。他列举了陕甘宁边区文化教育工作的成就：在教育方面已经开始把干部教育放在第一位，1943 年确定 6 所中等学校改为中级干部学校，培养未来干部，同时设立地方干部班，培养地方在职干部。中等学校人数由 1941 年的 1436 人增至 1944 年的 1 772 人，地方干部班的人数由 1943 年上学期的 32 人增至 1944 年下学期的 320 人；据 6 个县的若干完全小学统计，学生毕业后担任工作及升学者占总数 72%，表明完全小学基本是干部教育性质或干部准备性质的学校。进一步确定完全小学主要任务为培养干部；中等学校与完全小学教育内容已有改进，由脱离边区实际到同边区实际结合；绥德分区肃清了反动派的影响，真正走上

---

① 《解放日报》1944 年 11 月 19 日。

② 《解放日报》1944 年 11 月 23 日。参见《胡乔木文集》第 1 卷，人民出版社 1992 年版，第 141 页。

民主的道路，尤其是一件大事。缺点是1944年若干学校过分强调生产，妨碍教学，对在职干部教育仍重视不够。①

群众教育方面，民办村学大量涌现，办学形式开始适应分散的农村环境，开始打破旧的一套学制，教材内容、教学方法、教学时间都有变化；公立中心小学与普通小学中，有一部分学校教学内容已有改进，赤水、固临两县多数公立小学已转为民办小学，旧式私塾也开始改造；全边区参加读报识字组、夜校、半日学校的人数已达34 000余人。②

大会还通过若干教育提案。其中由边区政府教育厅正副厅长柳湜、贺连城联名提交的《今冬广泛开展冬学运动，争取五万群众参加提请公决案》、《坚决执行小学民办公助方针从秋季起广泛推行案》、《为开展边区群众教育拟订全边区普及儿童教育和扫除成人文盲按期实施案》，反映了边区教育行政当局的意向。据提案估计，当时有小学807所，教员1 210人，学生29 519人。计划在1945年达到小学1 254所，学生45 164人。这意味着小学校增加55%，如果达到这个目标，平均每个乡才有1所小学。依照这个计划到1949年能达到平均每个行政村有1所小学（共有小学4544所）。③

另据后来统计：④

数 项 字 目 时 间	学 校 数			学 生 数		
	公立	民办	合计	公立	民办	合计
1944年10月	516	574	1 090			33 686
1944年10月后	451	730	1 181			34 202
1945年上学期	320	1 057	1 377	17 207	16 797	34 004
1946年下学期	309	940	1 249	18 690	15 373	34 063

这项统计表明：

1. 文化教育大会后，小学教育呈现发展趋势，达到提案预定目标（1 254所）。

2. 约在大半年时间内，民办小学增长近1倍，公立小学逐步减少近40%。

---

① 李鼎铭：《关于文教工作的方向》，《陕甘宁边区教育资料（教育方针政策部分）》下册，第508页。

② 同上书，第508–509页。

③ 《教育提案十条》，《陕甘宁边区教育资料（教育方针政策部分）》，第270页。提案人估算的方法是：现有初级小学752所，每一完全小学初级班算初级小学1所，共55所，合计807所。以每所小学7个半教员计，共有小学教员1210人。

④ 江隆基：《关于民办公助政策的初步总结》，《陕甘宁边区教育资料（小学教育部分）》上册，第237页。

3. 民办小学增长很快，但学生数只增长 9%，而且 1945 年上学期学生数反比以前略有减少，距离计划数 45 164 人的目标尚远。

4. 到 1946 年下学期，公立小学继续减少（减少幅度不大），民办小学减少的幅度比公立小学大，公立小学学生数增加，而民办小学学生数减少。

至于社会教育，据 16 个县统计，1944 年 10 月参加读报识字组、夜校、午校、半日校、轮学的人数为 30 113 人，1945 年减少到 10 297 人，减少 65.8%，到 1946 年更减少到 5 480 人，比 1944 年减少 81.8%。①

小学和社会教育设施与人数减少的原因，撇开文化教育大会前后数字中的虚假成分不谈，是由于在文化教育大会前有些地方以突击竞赛形式一哄而上，有些地方是在文教工作组帮助下搞起来的。文教大会后领导放松领导，文教工作组撤走，加上有些地区没有照顾群众生产，更由于 1945 年旱灾。小学学生数下降的幅度没有社会教育大，显然是由于公立小学起到了稳定作用。

在 1943 年柳湜曾把边区中学的"地方化"口号当作错误口号批评。到抗日局部反攻阶段，大批外省籍干部纷纷出征，培养陕甘宁边区本地干部的问题提到了日程上。1944 年边区文化教育大会通过的《关于培养知识分子与普及群众教育的决议》中就提出，"培养大量的边区知识分子，是今天边区的头等任务之一"。1945 年 5 月 2 日边区教育厅专门提出《关于培养边区籍中等学校教员的意见》，提到边区 7 所中学任课教员 120 人，边区籍教员只有五六人，约占中学教员总数的 5%。提出发展边区各方面知识分子的潜力，解决中学教员不足的问题。计划在 1—2 年内，培养 100—120 名边区籍中学教员。②

1945 年 4 月成立子长中学。这样边区共有 7 所中学。1945 年上学期有 55 个班级，学生 2 443 人，其中普通班 39 个，1 889 人，地方干部班增至 16 个，554 人。

---

① 陕甘宁边区教育厅：《三年来边区社教工作总结》，《陕甘宁边区教育资料（社会教育部分）》上册，教育科学出版 1981 年版，第 196 页附表。

② 陕甘宁边区教育厅：《关于培养边区籍中等学校教员的意见》，《陕甘宁边区教育资料（中等教育部分）》上册，第 117－118 页。

干部教育

抗日战争期间陕甘宁边区干部学校林立，在职干部学习更蔚然成风。除了中共中央各部、各委员会以及中共中央军事委员会各直属单位设立的许多干部学校外，陕甘宁边区地方党政机关也设立许多干部学校，并按照中共中央部署开展在职干部教育。

中央直属机关与陕甘宁边区地方干部学校的教育改革，与在职干部教育改革同步进行。干部学校教育与在职干部教育一样，在1942年整风运动前后变化甚大。从1941年开始的干部学校教育改革，曾被称为"培养干部工作中的新纪元"①。

陕甘宁边区的干部教育，因靠近中央，有许多方便条件，不过干部，特别是区级以下的干部文化水平很低，这是干部教育中的主要困难。以安塞县为例：②

安塞县各区干部文盲统计表

人数 职别 区别	区委书记	区长	自卫军营长	妇联会主任	工会主任	保安处助理员	青救会主任
一	1	1		1		1	
二		1	1	1	1		
三		1	1	1		1	
四		1	1	1			

---

① 《教育上的革命》，《解放日报》1942年1月13日。
② 《陕甘宁边区的在职干部教育》，《陕甘宁边区教育资料（在职干部教育部分）》，第120页。

区别 \ 职别 人数	区委书记	区长	自卫军营长	妇联会主任	工会主任	保安处助理员	青救会主任
五			1	1			
六			1	1	1		1
七			1	1	1		1
总计	1	4	6	7	4	2	2

从上表可见，在全县 7 个区 49 个主要区干部中，有文盲 26 人，占 53%，7 个区长有 4 个文盲，7 个妇联会主任全是文盲，每区 7 个主要干部中文盲少则 2 个，多则 5 个。整个边区只有延长、固临、延川等少数县份，区干部中有些人达到中小学毕业程度。这种情况表明，陕甘宁边区在职干部教育至为迫切，在边区实施在职干部教育应从边区实际出发。

一

陕甘宁边区早在土地革命战争时期，就设立党校和军事政治学校以及各种短期训练班，稍微正规一些的干部学校和带有高等教育性质的干部学校，是在抗日战争时期创立的。由于在这个地区中央系统的干部学校比较集中，学校专业门类相当齐全，而由中央系统开办的干部学校能为陕甘宁边区地方建设输送人才，故无必要设立更多的地方干部学校。抗日战争中期以后，中共中央把延安大学（包括鲁迅文学艺术院、延安自然科学院、民族学院等）划归陕甘宁边区管辖，加强了陕甘宁边区干部学校的阵容。到抗日战争转入局部反攻以后，大批干部奔赴各敌后抗日根据地，参加新解放区的开辟，陕甘宁边区更觉有培养本地知识分子干部的必要。

陕甘宁边区著名的干部学校和干部训练班有陕甘宁边区党校、行政学院等。

陕甘宁边区党校——中共中央西北局党校（简称"西北党校"） 早在 1934 年秋季，中共陕北特委就创办了陕北特委训练班。1935 年 1 月，改为中共陕北特委党校；同年 8 月，更名中共陕北省委党校；当年 10 月，中共陕北省委党校并入中共中央党校；1936 年 4 月，中共中央党校随红军主力东征，中共陕北省委党校又恢复建制。从 1934 年秋季到 1937 年 7 月，校址迁移 10 处，校名更换 4 次，共培养干部 1 340 余名。

1937 年冬季，陕甘宁边区各分区普遍开办分区中共地委党校，训练区、乡两级干部。

1938 年 1 月，陕甘宁特区更名陕甘宁边区，中共陕北省委党校遂更名陕甘宁边区党校，先后由中共陕甘宁边区委员会、陕甘宁边区中央局管辖。1941 年 5 月，设立中共中央西北局，1942 年 4 月，陕甘宁边区党校更名中共中央西北局党校；1944 年 2 月，中共中央根据西北局的建设，把西北局党校并入中共中央党校，直到 1945 年 10 月抗日战争胜利之初，才恢复建制。

从 1937 年冬到 1940 年 10 月，边区党校已经开办 5 期，共培养干部 1 064 人，边区党校课程为：党的建设、国文（文化课）、政治常识、中国问题、统一战线、军事常识（或游击战争）、边区问题、时事、科学常识等。原为短期训练，1939 年 12 月中共陕甘宁边区第二次代表大会以后，修业时间定为 1 年，分初、中、高三级；在此期间，各县举办干部训练班，其中仅庆环分区至 1939 年底就办过 7 期训练班，修业时间 7 天、10 天、15 天、1 个月、2 个月不等，训练干部 1 088 人。

行政干部学校与训练班——行政学院　行政人员训练班，1939 年成立，修业时间 3 个月，课程设有：统一战线、经济建设、民政工作、各种法令、国民教育、保安队工作、除奸保卫工作、财政金融、司法工作、民主政治及各县参议会工作、边区行政组织机构及工作方式方法、民众组织与武装、公文程式、党的工作等。修业时间原定 3 个月，后延至 8 个月，其中包括外出参加突击任务 3 个月，实习 2 个月。①

农业学校，1939 年成立，修业时间为 1 年。其课程中，农业行政约占 30%，农村作业约占 30%，科学常识约占 30%，其他 10%。

1940 年陕甘宁边区政府建立行政学院（7 月 1 日上课，8 月 1 日开学）。行政学院分普通科与专修科，专修科设行政、财政经济、法律三系。普通科与专修科修业年限为 1 年，学生毕业后经由组织介绍工作或自找工作听便。由边区政府主席林伯渠兼任院长、李六如为副院长。② 1944 年 5 月，行政学院并入延安大学。

此外，边区还开办合作社干部训练班（属边区政府建设厅）、工程训练班（属边区政府建设厅）、司法训练班（属高等法院）、保安干部训练班（属保安处），以及外来干部训练班。③

群众工作干部训练班　在 1939—1940 年间，工会举办各种训练班 23 次，训练工会干部 338 人；妇联训练妇女干部 142 人，青年救国会也举办许多青年干部

---

①　《陕甘宁边区的干部学校和干部训练班》、《陕甘宁边区教育资料（在职干部教育部分）》，第 77－78 页。

②　《新中华报》1940 年 7 月 23 日。

③　《陕甘宁边区的干部学校和干部训练班》、《陕甘宁边区教育资料（在职干部教育部分）》，第 78－79 页。

训练班。①

1942 年 3 月，陕甘宁边区文化界抗日救亡协会在抗战剧团基础上建立陕甘宁边区艺术学校，柯仲平为校长。该校招收本地文艺干部，训练 2 年。②

二

在 1939 年 5 月 20 日中共中央召开的干部教育动员大会以后，中共中央直属机关率先掀起干部学习的热潮。在职干部教育一般按照中共中央干部教育部于 1939 年 3 月公布的《延安在职干部教育暂行计划》进行。陕甘宁边区地方在职干部也闻风而动。

1939 年 11 月 13 日—12 月 7 日，在安塞召开中共陕甘宁边区第二次代表大会。中共陕甘宁边区委员会书记高岗在其报告《抗战新阶段中陕甘宁边区的任务》中提出：有计划地在短时期内克服区以上干部中的不识字现象，动员支部中所有党员参加当地的识字班与补习学校。会议通过了《关于党内干部教育问题的决议》、《关于发展边区教育提高边区文化的决议》以及其他的决议。《关于党内干部教育问题的决议》规定：凡不识字的党的干部均得参加识字班，或指定专人教学。定于 1940 年内消灭党员干部中的文盲，达到每人至少识 1 000 个字；普遍地、有计划地组织在职干部学习，建立学习制度；经常读报与学习中央文件等。③ 1940 年边区党委补充规定：在 1940 年内组织县委与分委两级干部学习《共产主义与共产党》（下册）、《中国现代革命运动史》（上册），在此以后，学习《联共（布）党史简明教程》，区乡级干部教育课程以党代表大会文件与报刊文章为主。④

到 1940 年 10 月止，神府分委与县委干部大体上按照上述部署学习；三边分委未按照上述计划进行，他们的做法是：根据三边分委具体情况，讨论一些与工作上有密切关系的问题，如甲类干部讨论党代会文件，乙类干部讨论与工作有关的问题，党务工作干部讨论党员修养问题，保安处干部讨论保卫工作，群众团体的干部讨论吸收知识分子问题及《抗日民族统一战线教程》，学校中的干部在分委一级讨论《政治经济学》，没有规定学习进度，"只是发生什么问题，

---

① 《陕甘宁边区的干部学校和干部训练班》，《陕甘宁边区教育资料（在职干部教育部分）》，第 79 – 82 页。

② 《抗日民主根据地文学大事记》，《抗日战争时期延安及各抗日民主根据地文学运动资料》下册，山西人民出版社 1983 年版，第 399 页。

③ 《陕甘宁边区的在职干部教育》，《陕甘宁边区教育资料（在职干部教育部分）》，第 121 – 122 页。

④ 同上书，第 122 页。

就研究什么问题，就研究什么办法"①。

在此期间，干部中的扫除文盲工作，取得显著成效。以延安县为例：②

延安县干部文化水平统计表

识字数 \ 区别（人数）	中区	西区	南区	蟠龙区	东一区	东二区	北一区	北二区	共计
1—100	3	1	2		2	3	1	2	14
101—200		1	1	1		1			4
201—300		1			2	2			5
301—400	1	1			2	1		1	6
401—500	1	3	1	1	1	2	2		11
501—600	2	1	2	1	2			2	10
601—700	1				2		1		4
701—800	1		1	2			1	1	6
801—900	1	2	2		1		1		7
901—1 000	3	1	2	1			3	3	13
1 001—1 500		1		2		1	2	2	8
1 501—2 000				4	1	1			6
合　计	13	12	11	12	13	11	11	11	94

由上表可知，在该县94名区干部中，识500字以内的40名，识500字以上的达到54名。

陕甘宁边区在职干部教育虽不如中央直属机关那么热闹，但他们从实际出发，从扫除文盲做起，倒也实实在在。

三

中共中央于1941年12月17日和1942年2月28日，先后发布《关于延安干部学校的决定》和《关于在职干部教育的决定》，此后中央直属干部学校和中央直属机关在职干部教育的改革雷厉风行地展开。中共中央宣传部发布《关于在延安讨论中央决定及毛泽东同志整顿三风报告的决定》，随后中共中央直属机

---

① 《陕甘宁边区的在职干部教育》，《陕甘宁边区教育资料（在职干部教育部分）》，第123页。
② 同上书，第123页。

关开展了整风运动，并结合整风运动深化干部教育改革。

此后，中共中央西北局和陕甘宁边区政府对于干部教育改革提出了一系列的措施。

（一）按照整风精神展开宣传工作的新阵容

1942 年 2 月 12 日，中共中央西北局发出《关于目前党内宣传教育工作给各级宣传部的指示》，强调贯彻反对主观主义、宗派主义和党八股是宣传工作的中心任务。次日，《解放日报》根据西北局指示的精神发表题为《展开宣传工作上的新阵容》的社论，提出根据反对主观主义、宗派主义和党八股的方针改造宣传教育工作，检查干部学校教育与在职干部教育，检查报纸、刊物。

（二）改革行政学院的教育工作

1942 年 1 月 29 日，中共中央西北局召开常务委员会，讨论由中共中央西北局教育委员会提出的行政学院的教育方针，确立行政学院办学三原则，即：学习课目与政府工作沟通，学习课目与社会现实沟通，学习程序由具体到理论；并把修业时间从 1 年延长为 1 年半。学院经费由政府予以保证。①

（三）制定边区在职干部教育计划

1942 年 3 月 3 日，陕甘宁边区教育厅召开会议，着重讨论执行中共中央《关于在职干部教育的决定》的办法。会议决定：健全教育厅内的干部教育科，拟定县、区、乡干部教育计划，召开有关部门的扩大会议，交换对干部教育的意见。

陕甘宁边区教育厅拟定的《陕甘宁边区在职干部教育实施办法草案》，基本内容是：

1. 对在职干部实施下列训练：提高文化水平，培养科学基础，加深政治认识，充实生活职能，增强工作能力。

2. 在职干部教育分为业务教育、文化教育、政治教育与理论教育，以文化教育为主。

3. 在职干部教育由各级教育行政机构领导，在分区、县（市）、区分别建立在职干部教育指导委员会，在各乡建立指导小组。

4. 通过半日制学校、夜校、补习班或训练班的形式进行。

5. 把教育对象按文化程度分为三类：初级为文盲、半文盲；中级相当于高小毕业；高级指具有初中毕业以上文化程度者。除高级班自修不规定修业期限

---

① 《解放日报》1942 年 3 月 31 日。

外，初级班与中级班以 2 年为期。

6. 业务教育的原则是"做什么，学什么"。

7. 初级班与中级班，除时事政治采用上大课、听报告的形式外，文化学习与业务学习都分班上课。

8. 每日学习 2 小时，每周学习总时数不得超过平均每日学习 2 小时。

此外，对于教员、教材、学期划分等问题也作了一些规定。① 这一文件或多或少反映了中共中央决定的精神，唯当时边区政府教育厅自身的指导思想与工作作风尚未根本转变，这一草案是否真正实施，尚需查考。

（四）设立在职干部学校

1942 年 4 月 3 日，中共中央西北局创办在职干部学校，由西北局宣传部长李卓然兼任校长。设高、中、初三个班，修业 2 年。

1942 年 9 月 1 日，中共中央发布《关于统一抗日根据地党的领导及调整各组织关系的决定》，确定各根据地党组织对于根据地的党、政、军、民组织实行"一元化"领导体制，陕甘宁边区地方党、政、军、民机关由中共中央西北局统一领导。同年 10 月 19 日—1943 年 1 月 14 日，中共中央西北局召开高级干部会议。这次会议本着整风精神，着重检讨了陕甘宁边区党的历史，批判了错误倾向，毛泽东在会上发表《经济问题与财政问题》的报告。会议还打算讨论整学问题，结果未能讨论，但确定召开整学会议，决定以生产和教育为陕甘宁边区建设的中心任务。

中共中央在《关于在职干部教育的决定》中提出，在目前条件下，干部教育工作在全部教育工作中的比重应该是第一位的，而在职干部教育工作在全部干部教育工作中的比重又应该是第一位的，这大大提高了干部教育，尤其是在职干部教育的地位。西北局高级干部会议依照这个精神，确立了"干部教育第一，国民教育第二"的方针。在西北局高级干部会议结束后，陕甘宁边区政府教育厅又于 1943 年 2 月更具体地确定"边区教育总的实施方针"为："第一在职干部教育，第二学校干部教育（应为干部学校教育），第三社会教育，第四国民教育。"② 这一系列决定，使得陕甘宁边区教育工作的重心发生了重大的变化。

在西北局高级干部会议召开的前一天（10 月 18 日），陕甘宁边区建立整学委员会，由边区政府秘书长罗迈任整学委员会主任委员。边区政府秘书处在关

---

① 《陕甘宁边区在职干部教育实施办法（草案）》，《陕甘宁边区教育资料（在职干部教育部分）》，第 168—169 页。

② 陕甘宁边区教育厅：《1943 年教育工作中的几个问题》，《陕甘宁边区教育资料（教育方针政策部分）》下册，第 356 页。

于建立整学委员会的通知中提到，建立整学委员会，是为了整顿延安大学、鲁迅艺术学院、延安自然科学院、青年剧院、延安评剧院及边区所属中等以上学校。11 月 20 日，陕甘宁边区政府又建立延安大学、鲁迅艺术学院、延安自然科学院、行政学院、民族学院、新文字干部学校六校合并委员会，以周扬为主任委员。这意味着按照党的"一元化"领导体制，已把原属中央文化委员会领导的延安大学等校，划归中共中央西北局和陕甘宁边区政府领导。延安大学成立时，下设社会科学院、教育学院、法学院及俄文系、英文系；① 1943 年 2 月，把三院二系缩为三个单位，即：法学院与俄文专修科、社会科学院与英文专修科、教育学院。② 不久（4 月），自然科学院、鲁迅艺术学院、民族学院与新文字干部学校并入延安大学（并校后，校长由周扬担任）。③

四

1944 年各抗日根据地局部反攻已经开始，陕甘宁边区的干部，首先是外地籍的干部陆续向各敌后抗日根据地转移，大量培养陕甘宁边区本地干部的课题提到日程上来。陕甘宁边区一面继续调整学校，集中力量办好延安大学，一面在普通教育（包括中学与小学教育）改革中，赋予高级小学以上的学校以干部教育的职能，以加快培养基层干部的步伐。

（一）进一步调整干部学校

中共中央西北局于 1944 年 4 月 7 日通过关于改进陕甘宁边区专门教育的决定。主要内容是：把延安大学与行政学院合并，作为陕甘宁边区政府设立的大学，"培养为边区服务的人才"，仍命名为延安大学，周扬任校长，由陕甘宁边区政府主席与政府党组直接领导；原延安大学所属民族学院，迁移到三边，由三边地委领导；延安大学中学部与延安师范合并，并将延安师范学校改为延安中学，由中共延属分区地方委员会领导；前方来的朝鲜学生，由延安大学接收；以后各分区干部子女住校问题，由各分区自行设法解决，不送到延安来。④

到这时为止，延安大学的院系设置与学校人员组成为：⑤

① 林迪生：《校史简述——延大》，《陕甘宁边区教育资料（高等教育与干部学校部分）》下册，第 210 页。
② 《延大各院系紧缩组织》，《解放日报》1943 年 2 月 26 日。
③ 《延安大学概况》，《陕甘宁边区教育资料（高等教育与干部学校部分）》下册，第 153 页。
④ 《延安大学学报》，1984 年校史资料特辑。
⑤ 《延安大学概况》，《陕甘宁边区教育资料（高等教育与干部学校部分）》下册，第 158 页。

院与直属系、班	系　别	教员人数	学员人数	职员人数
行政学院	行政系 财政系 教育系	5	783	532
鲁迅艺术学院	司法系 文学系 戏剧音乐系 美术系	30	314	
自然科学院	农业系 机械工程系 化学工程系	8	59	
医学系			72	
短期训练班			74	
合　计		43	1 302	532

（二）改变中等学校和高级小学的职能

中等学校和高级小学原属普通教育。在中共中央西北局发布关于改进陕甘宁边区专门教育的决定的同一天（4月7日），《解放日报》发表题为《根据地普通教育的改革问题》的社论，根据社论的精神，把高级小学以上的学校纳入干部教育范畴。5月8日陕甘宁边区政府确定：各校今后招收学生的标准，地方干部应重于（优先于）完全小学的毕业生。

（三）加强在职区乡干部训练

1944年10月6日，中共中央西北局发布《关于冬季区乡干部训练问题的指示》，规定各分区、各县在当年冬季以训练区、乡级干部为中心工作。在教育中把政策思想的原则教育与检讨工作及计划工作的具体内容结合起来，纠正那种只教书本、缺乏群众观点的教条主义的方法。①

整风运动以及中央直属干部学校的改革对陕甘宁边区干部学校的改革起了很大的推动作用。

1944年11月16日，陕甘宁边区文化教育大会通过《关于培养知识分子与普及群众教育的决议》，其中提到，抗战以来边区的干部教育虽较前有了大的发展，但在领导上曾经有一个时期受过教条主义的严重妨害，直到整风运动以后，

---

① 《解放日报》，1944年10月6日。

领导工作中的这个倾向才被纠正；培养大量的边区知识分子是今天边区的头等任务之一。要完成长期建设边区的任务，没有一万到几万个高小毕业以至中学毕业程度的本地知识分子是不能设想的。为此，须实行提高现任工农干部的文化和培养与工农相结合的新的知识分子两个方法；而各级干部学校应彻底肃清教条主义恶习，其教育内容须从边区实际工作的需要出发。中等以上的学校，既要培养了解政策并具有相当实际技能的人才，同时必须注意提高知识水平，各中学尤应加强和实际结合的文化知识与科学知识教育。①

---

① 《关于培养知识分子与普及群众教育的决议》，《陕甘宁边区教育资料（教育方针政策部分）》下册，第477—478页。

中等学校教育

中学教育通常属于普通教育范畴。陕甘宁边区的中学教育以至整个中等教育别具风貌。

陕甘宁边区中等教育的基本问题，是学校的性质与职能问题，即中等学校着重培养现任干部还是预备干部；中等教育属于干部教育范畴，还是属于普通教育范畴；由此又派生出修业年限着眼于短期训练还是长期培养；课程设置以政治思想、实际工作教育为主，还是以文化科学知识基础教育为主，以及中等教育"地方化"等问题。这些问题经过多年探索才逐步明确起来。

当时中等学校分属三个系统：属于陕甘宁边区教育行政系统的，有各个中学和师范学校，以及新文字干部学校（成立于 1941 年 4 月，1943 年 4 月并入由中央文化委员会领导的延安大学）；属陕甘宁边区政府领导的有行政院校；此外，边区政府有些厅、处也办了一些学校。如建设厅办的边区职业学校、保安处办的警政学校。这里只讨论中学与师范学校问题。

陕甘宁边区中等教育的发展大致分为三个时期：1937 年 7 月—1939 年为前期；1939 年—1943 年为中期；1944 年—1945 年 8 月为后期。

前期新建的学校，基本上是师范学校。中等学校大抵属于以培养小学师资为主的干部预备教育。中期建立带有师范性的陇东中学，又接办旧有的绥德师范与米脂中学，整个中等教育趋向"正规化"，即在一定程度上恢复基础教育，以示同"干部教育"的区别。后期通过教育改革，谋求中等教育"地方化"（本土化），实际上使中等教育成为为地方服务的干部预备教育。

一

土地革命战争时期，中央苏区中等学校甚少，中等教育尚未成为独立部门，陕甘宁边区原有文化基础虽较中央苏区薄弱，中等教育却比中央苏区发达。

陕甘宁边区在土地革命战争前，只有绥德师范与米脂中学两所学校。抗战前夕，成立鲁迅师范，1938 年又成立边区中学，到 1942 年 11 月，陕甘宁边区教育厅系统已有七所中等学校：

1. **边区师范（延安）**　又称一师。1939 年 8 月由鲁迅师范与边区中学合并而成。

2. **关中师范（淳耀）**　又称二师。成立于 1940 年 3 月。

3. **三边师范（定边）**　又称定边师范、三师。成立于 1940 年 3 月。

4. **鄜县师范（鄜县）**　又称四师。成立于 1941 年 9 月。

5. **陇东中学（庆阳）**　成立于 1940 年 4 月。实际上是一所以师范教育为主的中学。

6. **绥德师范（绥德）**　1940 年建立新政权，当年夏季接办。至 1942 年春仍维持所谓"地方公立学校"性质。

7. **米脂中学（米脂）**　于 1940 年夏季接办。至 1942 年春，仍属所谓"地方公立学校"。

以上七校，只有米脂中学有一个高中班，绝大多数为初中班、初师班与预备班。1943 年春，按照每个分区办一所中等学校的原则，把鄜县师范与边区师范合并为延安师范；此后，又陆续进行一些调整，即 1944 年春成立延安中学（由延安师范与延安大学中学部合并而成）；同年，三边师范与延安大学民族学院合并，成立三边公学；1945 年 4 月成立子长中学。①

陕甘宁边区在抗日战争期间，中等教育获得很大发展，如下表所示：

年　度	校　数	班　数	学生人数
1937 年	1	4	250
1938 年	2	9	552
1939 年	2	12	588
1940 年	6	24	994
1941 年	7	32	1 466
1942 年	7	40	1 517

①《陕甘宁边区的中等教育概况》，《陕甘宁边区教育资料（中等教育部分）》上册，第 104 - 105 页；《边区历来中等学校材料统计》，《陕甘宁边区教育资料（中等教育部分）》上册，第 275 - 281 页。

年 度	校 数	班 数	学生人数
1943 年	6	38	1 587
1944 年	6	46	2 098
1945 年上学期	7	55	2 443

可见，抗战结束时，中等学校班级比抗战初期增加 10 倍多，学生数增加近 9 倍。

关于中等学校学生毕业分配情况，据 1942 年调查，结果是：①

校 别	边区师范	第二师范	第三师范	绥德师范	米脂中学	陇东中学	总计
班 级	师范 4 班	师范 1 班	师范 1 班	秋三 1 级	秋三 1 级	师 1 班中 2 班	
全班人数	28	29	19	22	34	52	184
当小学教员	24	19	16	17	0	34	110
升 学	1	0	3	0	30	0	34
行政工作	1	5	0	0	0	7	13
留校工作	2	5	0	1	0	4	12
民众工作	0	0	0	3	0	3	6
居 家	0	0	0	1	0	3	4
病 故	0	0	0	0	0	1	1
不 明	0	0	0	0	4	0	4

这个统计表明，任小学教师者占毕业生总数约 60%，升学者只占 18.5%。

二

陕甘宁边区中等学校修业年限有过一些变化。修业年限的长短决定着边区中等教育属于短期速成还是长期培养性质。

抗战初期的鲁迅师范，从当时实际需要出发，办学形式比较灵活。修业时间有半年的，亦有一两个月的。学生随到随考，考取即编入班级。如因工作需要，随时都可参加工作，入学资格限制不严。1940 年 3 月，中共中央书记处提出中等教育"正规化"口号。同年 8 月，边区师范校长周扬在总结一年工作时，提出"学习第一"的口号，学制改为二二制，并严格规定招生标准，实行教员

---

① 《边区历来中等学校材料统计》，《陕甘宁边区教育资料（中等教育部分）》上册，第 273 页。

聘任制;① 1942 年 9 月，边区政府教育厅发布《陕甘宁边区暂行中学规程（草案)》与《陕甘宁边区暂行师范学校规程（草案)》，统一规定中学与师范学校均实行三二制，即初中（初级师范）3 年，高中（高级师范）2 年，把初中与初师修业时间延长一年。在 1942 年的中学校长座谈会上，有的人认为延长修业年限，是要"赶上与全国各学校程度的一致"，有的校长建议"免除各校的生产任务"。至于刚刚接办不久的米脂中学，其校长主张"把米中办成不白不红的学校"，有的教员提出"学习'南开（中学)'"。② 议论之热烈，足以表明，这一时期中等教育"正规化"之风颇盛。

1943 年中等教育会议批评"正规化"的错误，肯定抗战初期鲁迅师范的办学方向。不过此后中等学校修业年限并无变化。

陕甘宁边区因处在战争年代，学生中途流动情况颇为突出。

边区师范在 1939 年 7 月—1940 年 8 月间，在 307 名学生中，中途转学者 59 人，调出工作者 46 人。两项合计 105 人，占学生总数的 1/3。③

关中师范 1940—1941 年间共有流生 109 人。流动原因分别如下：④

流动原因	派到三科（教育科）任教育工作	派到其他机关部队	逃跑	退学	转学	留校工作	合计
人　数	34	12	26	24	9	4	109

三边师范在 1940 年 8 月—1941 年 1 月间，中途离校者 22 人，占学生总数 1/5。离校的 22 人中，调出工作者 7 人，退学者 4 人，请假未归与逃跑者 11 人。⑤

学生中途参加工作、转学与逃学、退学现象如此突出，固然可视为不"正规"、不正常的表现，其实即使在边区中等教育"正规化"以后，这种现象依然存在。证明边区中等教育修业年限不宜延长。

---

① 《去年工作总结，今年工作计划大纲》，《陕甘宁边区教育资料（教育方针政策部分)》下册，第 366 页。

② 柳湜：《边区中等教育发展情况》，《陕甘宁边区教育资料（中等教育部分)》上册，第 32 页。

③ 《边师第一年情况》，《陕甘宁边区教育资料（中等教育部分)》中册，教育科学出版社 1981 年版，第 188 页。

④ 《第二师范发展简史》，《陕甘宁边区教育资料（中等教育部分)》中册，第 132 页。

⑤ 《第三师范发展简史》，《陕甘宁边区教育资料（中等教育部分)》中册，第 144 页。

三

关于边区中等教育的性质与职能问题，抗日战争初期没有明确规定。1939年曾提到边区中学凡毕业一个班级，应保证学生中有1/2以上能在边区做文化教育工作；① 1940年3月，中共中央书记处主张为了提高各地干部的文化、政治与专业的知识水平，培养中级与高级的知识分子，吸收现在尚散伏在乡村中的游离知识分子与半知识分子，某些县区内公立中等学校的设立，仍然是必要的。② 此后，明确提出中等学校的职能在于培养小学教员（师范）与新知识分子（中学）。但培养新知识分子是为了继续深造，还是参加工作呢？同年8月，中共中央宣传部主张中等教育"以培养边区中等知识分子及其升学基础为目的"③。可见，以深造为主。当时把中等教育纳入"国民教育"范畴，事实上就是把中等教育作为基础教育。同时，从1938年开始，边区政府教育厅反复强调把边区教育纳入"正规化"轨道。不过当时中学与师范学校甚少，"正规化"口号着重是就初等教育讲的。中央书记处在规定中等学校以培养新知识分子为主要职能的同时，强调中等学校的一切设施，应当"正规化"。④ 1941年春，教育厅副厅长丁浩川视察绥德师范、米脂中学时指出，"正规化学校与干部教育不同"⑤。

1942年4月，整风运动正式开始，对干部学校教育与在职干部教育中的教条主义倾向的批判，已形成声势。与此同时，中等教育中脱离边区实际的"正规化"倾向，反而有增无减。1942年6月，陕甘宁边区政府仍把中学作为"继续小学教育，培养边区青年知识分子的中级学校"⑥，当年拟订的《陕甘宁边区暂行中学规程（草案）》规定：中学为依照新民主主义教育方针，继续小学教育，培养健全之青年，以为从事边区各种建设事业及研究高深学术之预备场所。⑦ 该

---

① 《一九三九年边区教育的工作方针与计划》，《陕甘宁边区教育资料（教育方针政策部分）》上册，第53页。

② 中共中央书记处：《关于开展抗日民主地区的国民教育的指示》，《陕甘宁边区教育资料（教育方针政策部分）》上册，第79页。

③ 中共中央宣传部：《关于提高陕甘宁边区国民教育给边区党委及边区政府的信》，《陕甘宁边区教育资料（教育方针政策部分）》上册，第104页。

④ 中共中央书记处：《关于开展抗日民主地区的国民教育的指示》，《陕甘宁边区教育资料（教育方针政策部分）》上册，第79页。

⑤ 柳湜：《边区中等教育发展情况》，《陕甘宁边区教育资料（中等教育部分）》上册，第46页。

⑥ 陕甘宁边区政府：《关于整顿边区各直属学校的决定》，《陕甘宁边区教育资料（中等教育部分）》下册，第317页。

⑦ 《陕甘宁边区暂行中学规程（草案）》，《陕甘宁边区教育资料（中等教育部分）》下册，第18页。

规程（草案）强化了边区中学"正规化"倾向。

　　1943 年，整风运动进入普遍开展的阶段，各中学、师范学校开始整风。在整风运动中，新任教育厅长的柳湜在工作总结中指出：边区中等教育在 1937—1939 年间，方向正确。特别是鲁迅师范与边区中学在学制、课程等方面进行了一些改革，表明他们"有勇气打破旧日学校的常规"，成为"新教育的雏形"。从那时以后，直到 1941 年冬，"正规化"在各校的实际发展，已形成一种普遍的严重倾向（他把这种倾向称为"国民党化倾向"）。1942 年秋，重新修订的中学与师范学校《暂行规程（草案）》，一方面明确否定了鲁迅师范时期的正确方向，并对采取新办法的几个学校中继承鲁迅师范时期的一些优良传统、一些自己的创造以及摸索新的规律的精神加以抑制；另一方面"肯定了国民党化的错误倾向"，并提出了"国民党化的中等教育的一全套"（后来一般称为"旧型正规化"）。①

　　1943 年春，边区政府委员会第三次会议根据西北局高级干部会议的精神，提出"干部教育第一，国民教育第二"的方针。1943 年上半年，边区教育厅召开中等学校整学会议，开始扭转方向，其中一个重要措施，是在师范和中学都开办地方干部班。当年下半年各中学、师范开始整风，进一步揭露前一时期教育工作中的教条主义与"旧型正规化"倾向。1944 年春，边区政府委员会第四次会议确定，"各中学、师范负担提高现任干部与培养未来干部的双重任务"②。也就是在中等学校除继续设普通班（培养未来干部）外，增设地方干部班（培养现任干部），并且地方干部班所占比重越来越大。如下表所示：③

年度 类别 数目		班次		人数		百分比（%）	
		普通班	地干班	普通班	地干班	普通班	地干班
1942 年	上学期	40	1	1 441	32	97.8	2.2
	下学期	30	1	1 478	39	97.5	2.5
1943 年	上学期	33	5	1 268	222	85	15
	下学期	34	4	1 368	219	86	14

---

　　① 柳湜：《边区中等教育发展情况》，《陕甘宁边区教育资料（中等教育部分）》上册，第 40、47 页

　　② 林伯渠：《关于改善教育工作》，《陕甘宁边区教育资料（教育方针政策部分)》下册，第 395 页。按："旧型正规化"的提法似首先出现在一文献中。

　　③《边区历年来中等学校材料统计》，《陕甘宁边区教育资料（中等教育部分)》上册，第 274 页。

数 \ 类 目 \ 别 年度		班次		人数		百分比（%）	
		普通班	地干班	普通班	地干班	普通班	地干班
1944 年	上学期	33	5	1 536	238	86.6	13.4
	下学期	39	7	1 772	320	85	15
1945 年	上学期	39	16	1 889	554	71	29

　　从上表可知，1943 年上学期地方干部班从 1942 年下学期的 2.5% 上升到 15%，在 1943—1944 年间，这个比例变动不大，到 1944 年陕甘宁边区文化教育大会以后，从 15% 激增至 1945 年上学期的 29%。尽管到抗日战争结束时，地方干部班所占比重还不到 1/3，但边区中等教育已经按照干部学校教育办理了。

　　1944 年 7 月 17 日《解放日报》社论指出：过去普通教育系统中，高小以上的学校照例只收低一级学校的毕业生，这些学生在正确的联系实际的教育方针指导下，当然可以学习担任各种适当的工作，但是终究缺乏经验；另一方面对许多已有经验的干部，却忽略了加以教育，不把他们看作高小以上学校中的"主要学生成分"，至多也只由党的系统、军事系统或政府中非教育部门给以简单的训练。这是一种急需纠正的"本末倒置"的现象。社论提出现在干部的提高应"重于未来干部的培养"。① 这比 1944 年春提出的担负"提高现任干部与培养未来干部"的双重任务进了一步。不过，在抗日战争时期，中等教育事实上仍以培养未来干部为重点。直到 1947 年 11 月，中共中央西北局干脆决定把各个中学与师范学校改为分区干部学校，才完成这一改革。② 但因边区缺乏知识分子，外来干部又不调离边区，未来干部的培养依然不容忽视，相比之下，倒是现任干部的提高与未来干部的培养并重更适当一些。

　　学生成分的变化，对于普通班以至整个中等教育的改革，提供了新的条件。普通班学生同地方干部班学生一起，可以互相学习，学校教职员也可以同地方干部互相学习，使学校教育能更切合实际。

四

　　边区中等学校课程设置比学制变动更大。

　　以抗战初期鲁迅师范与边区中学为例。

————————

　　① 《论普通教育中的学制与课程》，《解放日报》1944 年 5 月 27 日。

　　② 中共中央西北局：《关于改变边区各中学、师范为各分区干部学校的决定》，《陕甘宁边区教育资料（在职干部教育部分）》，第 215 页。

鲁迅师范关中时期（1938年4月—1939年7月）师范班的课程设置是：①

学　科	教学时数	基本内容
国　文	6	选富有民族思想的文章
算　术	4	复习高小算术，学习珠算
中国史	3	中国近代史
中国地理	2	抗战地理
社会科学	4	社会发展史，中国革命问题，哲学
政　治	3	《抗日民族统一战线指南》及《论新阶段》、《论持久战》
民众运动	2	《民运工作八个原则》
游击战	2	平原与山地游击战术
军　事	2	军事知识与技术的教练
自然常识	2	防空防毒，日常卫生常识
教　育	2	国防教育，教学法，管理法

每周总学时32（其中民众运动与国防教育两个月学完）。

边区中学的课程设置是：②

学科	一年级教学时数	二年级教学时数	学科	一年级教学时数	二年级教学时数
国语	7	6	数学	5	4
政治	3	3	自然	3	3
军事	3	3	历史	3	3
地理	2	2	新文字	2	2
音乐	2	2	美术	2	2
体育	（课外）	（课外）			

整风运动开展以后，新任教育厅长柳湜对鲁迅师范与边区中学课程设置评价甚高。他指出，学科设置与教材选材，大都适合抗战需要。如政治课采用《抗日民族统一战线指南》、《论新阶段》等为教材；军事课中，有普通军事知识与技术训练，游击战更列为一科，讲了山地、平原游击战术；自然常识课中，

---

① 林迪生：《鲁迅师范关中时期简史》，《陕甘宁边区教育资料（中等教育部分）》中册，第57页。

② 《边区中学的历史叙述》，《陕甘宁边区教育资料（中等教育部分）》上册，第71－72页。

以防空、防毒与日常卫生相结合；并单独设民运课，以洛甫的《民运工作八个原则》为主要教材；国文课中多选富有民族思想的文章；地理课配合抗战、军事发展等。这些学科与教材也许还嫌太一般化，但颇适合抗战时期当时学生的要求，是外间中等学校所不能有的。①

鲁迅师范刚成立时，招收的学生为在长征中负伤的红军战士、红军女家属和当地粗识文字的农民（共23人）。后来学生大量增加，学生文化程度有所提高，但多数学生只有初小与高小毕业程度。因此，这种课程设置既反映当时形势要求，也符合当时学生实际。所以，柳湜把这种课程设置视为"新教育的雏形"。

1940—1941年间中学普通班课程设置以陇东中学为例：②

1940—1941年的课程设置同1938—1939年边区中学相比，每周教学时数从30减为28、23—26，但学科门类稍有增加，每门学科教学时间大抵相对减少，不如原有课程集中；文化课大为加强，取消军事课与民运课，政治课教学时数显著减少。反映了课程设置上"赶上与全国各学校的程度一致"的"正规化"趋向。1942年以后"正规化"的倾向更为明显。

学年 班级 学期 学科	1940年 中一班	1941年					
		第一学期				第二学期	
		中一班		中二班		中一班	中二班
		前半期	后半期	前半期	后半期		
国　文	6	6	5	6	5	6	6
数　学	5	5	5	5	5	6	5
社　会	3	3	3	3	3	3	3
自　然	3	3	3	3	3	3	2
历　史	2	2	2	2	2	2	2
地　理	2	2	2	2	2	2	2
新文字	1	2	2				2
体　育	1	1	1	1	1		
美　术	1	1	1	1	1		
音　乐	1	1	1	1	1	1	1

---

① 柳湜：《边区中等教育发展情况》，《陕甘宁边区教育资料（中等教育部分）》上册，第40-41页。

② 石林、艾提：《陇东中学简史》，《陕甘宁边区教育资料（中等教育部分）》上册，第54页附表。

学年 班级 学期 学科	1940年	1941年						
		第一学期					第二学期	
	中一班	中一班		中二班			中一班	中二班
		前半期	后半期	前半期	后半期			
生理卫生	1	1	1	1	1			
政　治	2							
公　民		1					1	1
周时数	28	28	26	25	23		24	24

不过，尽管当时已提出"正规化"的口号，实际上停课时间较多。规定的教学时间与进度未必都能兑现。例如边区师范在1939年7月—1940年8月间，劳动、社会工作的时间为：①

项　目	工作内容	时间（天数）	队（班级）
劳 动	秋　收	21	第1、2、3、4队
	开　荒	53	第3、4、5队
	锄　草	39	第5、6队
	搬　家	43	第3、4、5队
	建　筑	109	第3、4、5队轮流参加
社会工作	办科学	90	
合　计		355	

实际学习时间如下：②

队（班级）	学习时间
第1、2队	4个月
第3、4队	5个半月
第5、6队	4周（5月11日成立）
社训队	6周（5月11日成立）

---

① 董纯才：《边师第一年情况》，《陕甘宁边区教育资料（中等教育部分）》中册，第188页。
② 同上。

关中师范在 1940 年 9 月—1941 年 9 月间，共停课 52 天。原因如下：①

建筑防卫工事	校址迁移（四次）	生产、劳动、地方工作				总计
		修理校舍	同群众交换劳动	给群众割麦	打柴开荒	
10 天	18 天	7 天	7 天	3 天	7 天	52 天

撇开校址多次迁移的特殊情况，至少表明"正规化"思想的贯彻甚为有限；反之，也证明"正规化"口号不切合当时实际，或者说只能在起码的程度上讲所谓"正规化"问题。

1942 年 9 月陕甘宁边区教育厅拟定的《陕甘宁边区暂行中学规程（草案）》，确定初级中学课程设置如下表：②

学年	学期	公民知识	国文	外国语	数学	历史	地理	自然				生理卫生	美术	音乐	军事训练	每周教学时数	每周自习时数
								动物	植物	物理	化学						
第一学年	第一学期	2	6	4	4	2	2	2	2			1	1	2	2	30	17
	第二学期	2	6	4	4	2	2	2	2			1	1	2	2	30	17
第二学年	第一学期	2	6	4	5	2	2			3		1	1	2	2	30	17
	第二学期	2	6	4	5	2	2			3		1	1	2	2	30	17
第三学年	第一学期	2	6	4	5	2	2				3	1	1	2	2	30	17
	第二学期	2	6	4	5	2	2				3	1	1	2	2	30	17

1943 年整风运动中，把《规程（草案）》课程设置中的"正规化"倾向，称为"国民党化"的倾向。不妨把初级中学课程设置同国民政府教育部 1940 年 2 月 1 日修订公布的《初级中学教学科目及各学期每周教学时间表》加以对照。国民政府教育部明令规定的初级中学课程设置为：③

---

① 《第二师范发展简史》，《陕甘宁边区教育资料（中等教育部分）》中册，第 118 页。

② 《陕甘宁边区暂行中学规程（草案）》，《陕甘宁边区教育资料（中等教育部分）》上册，第 26–27 页。

③ （国民政府）教育部教育年鉴编纂委员会：《第二次中国教育年鉴》，商务印书馆 1948 年 12 月版，第 353 页。

学年 / 学期（学科·学时）	公民	体育	童子军	国文	算学	自然				历史	地理	劳作	图画	音乐	选修时数	每周教学时数
						博物	生理卫生	化学	物理							
第一学年 第一学期	1	2	2	6	3	4				2	2	2	2	2	3	31
第一学年 第二学期	1	2	2	6	3	4				2	2	2	2	2	3	31
第二学年 第一学期	1	2	2	5	4	1		3		2	2	2	2	2	3	31
第二学年 第二学期	1	2	2	5	4	1		3		2	2	2	2	2	3	31
第三学年 第一学期	1	2	2	5	4	1			3	2	2	2	2	2	3	31
第三学年 第二学期	1	2	2	5	4	1			3	2	2	2	2	2	3	31

1. 选修时数各学年均分甲乙二组，每周约各3小时，第一学年，甲组国文（2小时）、历史（1小时），乙组英语（3小时）；第二、三学年，甲组公民（1小时），职业（2小时），乙组英语（3小时）。
2. 生产劳动训练，除劳作及职业科目外，每周须有课外演习3小时。
3. 各年级每周须有2小时为战时后方服务之训练。

两种课程设置比较：

两者都开设11门必修学科，其中公民、国文、数学、博物（动、植物）、物理、化学、生理卫生、历史、地理、美术等10门学科相同，区别在于边区以军事训练代替童子军与体育，边区把外语作为必修学科，国民政府把外语列入选修学科，边区未设选修课。此外，两者周学时相近，单从学科名目与教学时数上看，二者基本相同，它们之间的差别是微不足道的，可见，《规程（草案）》的课程设置确实反映了向国民政府统治区学校看齐的倾向。但由于办学宗旨与教材（特别是公民、语文、历史、地理等教材）悬殊甚大，所以把它说成"国民党化"，也不合适。

1944年中共中央西北局与陕甘宁边区教育厅重新拟定三年制中学课程，设置为：①

---

① 《中共中央西北局宣传部、边区教育厅拟定中等学校新课程》，《陕甘宁边区教育资料（中等教育部分）》上册，第101页。

教学时数 学年\学科		边区建设	政治常识	国文	数学	史地	自然	生产知识	医药知识	周教学时数
第一学年	第一学期	4		5	4	3	3			19
	第二学期	4		5	4	3	3			19
第二学年	第一学期	4		5	4	3	3			19
	第二学期		3	5	4	3	3			18
第三学年	第一学期		3	4	3			3	3	16
	第二学期		3	4	3			3	3	16

各学科的基本内容如下:①

学 科		基 本 内 容
政治	边区建设	边区史地,边区党政军民组织,边区政府政策法令
	政治常识	社会的结构与发展,中国革命问题,工作方法与思想方法
文化	国 文	语文知识,实际应用文,有关学习方法与思想方法的文章,古今中外范文
	数 学	基本四则,分数、比例及其应用,简单代数、几何及其应用
	史 地	中外历史与中外地理
	自 然	理化,生物的生理
技术	生产知识	边区农业与手工业方面实用的生产知识技术,组织劳动力的知识,机关与部队生产经验
	医药知识	边区实用的卫生营养与防疫知识,常见疫病的预防急救、护理、保育知识

音乐、美术、体育、军事等在课外学习。

当时认为这种课程设置有如下优点:

1. 实际:以"边区建设"为首要学科,并有"生产知识"、"医药知识"学科,使学生从入学起就养成为边区人民服务的观点,又以使他们掌握为边区人民服务的技术为落脚点,改变过去学习一二十门学科而无一涉及边区的教条主

---

① 《陕甘宁边区的中等教育概况》、《陕甘宁边区教育资料（中等教育部分）》上册,第109 - 110页。

义作风。

2. 精简：把学科精简为 8 门，1942 年《规程（草案）》中初中各学年周学时均为 30，另加周自习时数 17；精简后学时 16—19，学习时间总量比旧制"减少一半"，使学习摆脱不必要的负担，能有充分时间参加课外研究与课外活动。

3. 集中：通过减少学科门类，并在教学总时数大量压缩的情况下，相对增加每一门课的教学时数，使学生集中注意于所学功课。

4. 连贯：如先学"边区建设"，后学"政治常识"，由具体到抽象，先学一部分自然，一部分数学，后学生产、医药知识，由原理到应用。此外，数学、史地、自然等学科，采用"综合课程"的编制方法，便于使学生获得完整的观念。①

继柳湜以后任陕甘宁边区教育厅长的江隆基，在解放战争时期回顾抗战期间课程演变时，着重从"以政治思想、实际工作为主还是以文化科学基础知识为主"的角度，概括中学课程设置的历史经验。他指出：抗战初期各中等学校模仿高级干部学校，偏重政治教育，忽视文化教育。1940 年以后，提出文化课与政治课并重，但那时候的文化课是照搬国民党学校的一套，不适合边区农村的社会环境与抗战、生产的实际需要，犯了形式主义的毛病，那时的政治课多是名词术语的记忆与抽象原则的背诵，犯了教条主义的毛病。整风以后，强调文化与政治联系、理论与实际结合，这是对的，但执行仍有偏向。如把"边区建设"作为全部课程的灵魂，而在这门课程中，多半讲的是些工作总结与各种条例，只能给学生以片断的经验，不能提高到理论上去教育学生；政治课多半讲的是些文件、社论，只能给学生以零碎的政治常识，缺乏系统化的理论知识；国文课中有的满足于日常应用文，忽视阅读能力与思想方法训练，或强调国文课的思想内容，忽视语文规律的研讨，等等。此外，1944 年重新确定的课程设置周教学时数过少，也是缺点。"总之，反对教条主义之后，许多学校是陷入狭隘的实际圈子，走上了经验主义的偏向。直到 1946 年中等教育会议上才得到了纠正。"② 这种评价颇为中肯。

---

① 《中共中央西北局宣传部、边区教育厅拟定中等学校新课程》，《陕甘宁边区教育资料（中等教育部分）》上册，第 102 页。

② 江隆基：《边区教育的问题与前瞻》、《陕甘宁边区教育资料（教育方针政策部分）》下册，第 563、564 页。

五

陕甘宁边区原有知识分子不多，抗战开始后虽有大批外地籍干部补充，且经过教育与训练，边区籍知识分子也不断增加，但随着抗日战争形势的发展，当地干部与外籍干部不断调出。这样，边区中等学校一面提倡"正规化"，一面提倡"地方化"。

所谓教育"地方化"，大抵包括两层意思：一是多招收边区籍学生，着重培训本地区的知识分子与干部；一是使中等教育的内容与方法，尽可能符合边区建设的实际需要，以便使中等教育在边区土壤扎根。

1939 年 1 月，在陕甘宁边区第一届参议会通过的《发展国防教育，提高大众文化，加强抗战力量案》中，提出动员边区内青年及知识分子入中学与师范，中学与师范中，边区学生应占 1/3。[①] 边区师范从成立时起就提出"争取地方化"的口号，尽量招收本地学生。该校在第一年（1939 年 7 月—1940 年 8 月）中，共有学生 307 人，其中边区学生 176 人，占 57.32%。[②] 在第二年（1940 年 9 月—1941 年 8 月）中，学生籍贯如下：[③]

省别	边区	陕西	山西	河南	河北	四川	湖北	湖南
人数	147	50	15	7	6	6	4	3
百分比（%）	59.5	20.2	6.1	2.8	2.4	2.4	1.6	1.2
省别	山东	辽宁	云南	贵州	江苏	甘肃	（朝鲜）	共计
人数	2	2	1	1	1	1	1	247
百分比（%）	0.8	0.8	0.4	0.4	0.4	0.4	0.4	

注：保留一位小数。

另据关中师范 1941 年 9 月统计，该校 141 名学生中，边区学生 111 人，占 78.7%，陕西籍学生 24 人，占 17%，其他省学生 6 人，占 4.2%。[④]

中等教育"地方化"，不仅谋求多招收本地区的学生（实际上是同中央直属干部学校之间的分工），而且力求使教学内容与方法地方化。1942 年在酝酿制订

[①] 陕甘宁边区第一届参议会：《发展国防教育、提高大众文化、加强抗战力量案》，《陕甘宁边区教育资料（教育方针政策部分）》上册，第 62－63 页。

[②] 《边师第一年情况》，《陕甘宁边区教育资料（中等教育部分）》中册，第 189 页。

[③] 《边师一九四〇年九月至一九四一年八月情况》，《陕甘宁边区教育资料（中等教育部分）》中册，第 170 页。

[④] 《第二师范发展简史》，《陕甘宁边区教育资料（中等教育部分）》中册，第 130 页。

中学与师范学校规程时，有人提议：今后在课程设置方面"应更加地方化"。即自然学科，尽量减轻物理、化学分量，着重生理卫生与农业常识，并根据边区各地不同的产品与副业，略增加职业课（如绥德、米脂的手工纺织业，三边的制毛皮、制盐等）；社会学科主要讲授新鲜活泼的中国问题与世界问题。①

　　边区虽致力于中等教育地方化，实际上培养出来的本地区的学生依然甚少。据1945年统计，当时七所中等学校任课教师共120人左右，边区籍教员仅五六人而已，占总数5%。可见边区教育地方化问题确有迫切意义。②

----

① 余森：《边区中等教育管见》，《陕甘宁边区教育资料（中等教育部分）》上册，第15页。
② 《关于培养边区籍中等学校教员的意见》，《陕甘宁边区教育资料（中等教育部分）》上册，第117页。

社会教育

抗日战争时期陕甘宁边区所用的"社会教育"概念，最初系指14岁以上、40岁以下不脱产的校外青年与成年的教育。一度把不脱产的知识分子在思想政治方面的自我教育纳入社会教育范畴。由于容易同在职干部学习混淆，故后来一般仍以校外青年与成年工农群众为对象。

陕甘宁边区政府教育厅从一开始就意识到传统教育体系的弊端是：过分重视学校教育，忽视广大群众教育；只顾及成人、儿童的普及教育，忽视成人、儿童的继续教育；过分重视文字教育，忽视知识、技能方面的教育。有鉴于此，边区从一开始就提出"学校教育与社会教育并进，"① 固然重视学校教育，尤其注重社会教育。

早在土地革命战争时期，中央苏区就讨论过儿童教育与社会教育的地位与关系问题，对社会教育越来越重视。当时南方各根据地社会教育声势浩大，在社会教育管理方式与组织形式方面有许多建树；陕甘宁边区社会教育运动轰轰烈烈，在社会教育的管理方式与组织形式上有不少创造。1943年以后，这一变化更加显著。

一

在陕甘宁边区，据一般估计，文盲占全人口90%以上。广大的群众经过分配土地、废除苛捐杂税，生活水平有所提高，但还不能都去脱产学习：边区地广人稀，山地面积占80%以上，村庄狭小稀散，不易集中学习；农业、工业生

---

① 吕良：《边区的社会教育》，《陕甘宁边区教育资料（社会教育部分）》上册，第7页。

产技术落后，意味着劳动力过度消费，成人、青年需整天劳动，就是学龄儿童也得参加樵牧什务劳动，使群众缺乏学习时间与机会。到 1944 年，陕甘宁边区 150 万人口中，还有 100 万文盲，2 000 个巫神，迷信思想还在影响广大的群众。毛泽东认为这些都是群众脑子里的敌人，"我们反对群众脑子里的敌人，常常比反对日本帝国主义还要困难些"①。然而，为了争取抗日民族战争的胜利，需要广泛动员群众、组织群众与教育群众，单靠学校教育不足以完成这个艰巨任务，而社会教育被看成是"唯一的救急办法"②。抗战开始时社会教育的大致情况是：

1. 以大规模的"识字运动月"与"冬学运动"开路

抗战爆发后，陕甘宁边区政府教育厅即把 1937 年 9 月定为"识字运动月"，在胜利实现"识字运动月"目标之后，又在 1937 年 11 月至 1938 年 2 月间开展"进行国防教育的冬学运动"。在 21 县、1 市中，共办冬学 619 所，参加学习的人数达 10 337 人。③ 冬学运动结束后，季节性学习转入常年学习，初步奠立了边区社会教育基础。

2. 编印社会教育指导书

边区基层干部一般缺乏社会教育经验，为了提高他们对社会教育的认识、指导社会教育的实施，对社会教育进行经验总结与理论探讨，在 1937—1938 年冬学运动即将结束时，边区教育厅即编印《社会教育工作纲要》，同时教育厅负责人吕良在《战时教育》杂志上发表《边区社会教育》一文，对社会教育问题进行了系统的探讨；同年 6 月间，教育厅以《工作纲要》与吕良的文章为基础，编印《社会教育概论》一书，对社会教育的意义、对象、内容以及实施办法均作详细分析与介绍。

3. 社会教育规章

1939 年，边区教育厅颁发《陕甘宁边区各县社会教育组织暂行条例》，同时公布《陕甘宁边区模范夜校、半日校暂行条例》，年底，又颁布《陕甘宁边区冬学教员奖励暂行办法》。

1938 年在各县设置社会教育指导员。社会教育指导员的职能是指导、督促、检查各区、乡社会教育工作，着重巡回视察与指导，对县第三科承担咨询与督察责任，不代替第三科的工作。1939 年，边区教育厅又组织流动的社会教育指

---

① 毛泽东：《文化工作中的统一战线》，《毛泽东选集》第 3 卷，人民出版社 1991 年第 2 版，第 1011 页。

② 《新中华报》1938 年 4 月 15 日。

③ 《新中华报》1938 年 4 月 15—25 日。

导团。社会教育指导团分组巡回指导边区直属县各区、乡社会教育工作。教育厅发布《社教指导团工作纲要》，规定社会教育指导团的工作职能、原则与方法。

4. 扫除文盲规划

1939年毛泽东提出边区人民每人要认会一千字，边区教育厅响应这个号召，于3月3日发布《关于消灭文盲及实行办法》的通令，提出在1939年内消灭三万个文盲的目标。4月19日，《新中华报》发表《为扫除三万文盲而斗争》的社论。1940年初，边区教育厅还拟定《消灭文盲三年计划（草案）》，估计当时已经消灭文盲占文盲总数的19%，尚有14—40岁的文盲360 000名左右。计划三年内（1940年秋—1943年夏）消灭180 000文盲，约占文盲总数50%。①1940年10月边区教育厅与边区青年救国会联合发布《关于开展边区国民教育工作的共同决定》，动员青年组织与广大青年参加社会教育事业。

二

过去中央苏区社会教育的基本形式，是夜校与补习学校、识字班（组）与俱乐部；社会教育的管理方式起初是乡以下的识字运动委员会，后来仿照苏联办法，建立从中央到基层由教育行政干部与各种社会团体代表参加的扫除文盲协会。

陕甘宁边区社会教育的基本形式有：

1. 识字组：以同居或同一村庄之文盲、半文盲3—5人组成。

2. 识字班：以5—20人组成，每一识字班中分设若干识字组。

3. 夜校：附设于附近小学内。每夜上课1小时半至2小时，每半年为一期，期满举行毕业式。

4. 半日校：附设于附近学校，白天抽一定时间学习。

5. 民众教育馆：设在城镇、集镇。其任务是：经常对民众实施抗战文化教育工作，传播民众抗战知识；宣传政府法令；协助民众办理改造地方一切公共事宜；为民众代办一切文字工作。民众教育馆相当于苏区俱乐部，唯其职责偏重为地方群众服务，内容不如苏区俱乐部列宁室广泛。

6. 冬学：如果说以上各种形式同苏区社会教育形式相近，那么冬学则是抗

---

① 《消灭文盲三年计划（草案）》，《陕甘宁边区教育资料（社会教育部分）》下册，第140、142页。原件存陕西省档案馆，未注成文年月。该书编者推断为"1939年初"，似不确。因文中提到各县在1940年上半年应把"现有"的和"上年冬季（即1939年冬季）"开办的冬学加以统计，而三年计划的实施从1940年秋季开始，故此件当系1940年初或1940年春拟定。

日战争时期社会教育的新创造。

　　陕甘宁边区冬季天寒地冻，无法生产的时间比南方长，群众空闲时间较多；每年冬季，最多在根据地边缘地带有军事摩擦，根据地内部环境稳定。所以边区政府从 1937 年起，每年均不失时机地发动大规模的冬学运动。自山上树叶变黄开始，就进行冬学部署。从县到乡组织冬学委员会，由各级教育行政部门主持，并有地方党政军民代表参加。每年制定计划，进行动员和组织工作，以当年 11 月至次年 1 月为期。冬学期行将结束时，部署把突击学习转入常年学习。这种做法坚持不懈，在整个抗日战争时期从未中断。

　　此外，中央苏区时期，军事上以"围剿"与反"围剿"斗争为主要形式，战争气氛甚浓，群众组织军事化程度很高，每个村庄均设哨布岗。当时利用这个条件，有识字牌（岗）的设置，能够收到效果。陕甘宁边区内部环境相对稳定，未采用识字牌形式。

　　苏区社会教育与扫盲运动中，为解决师资不足的困难，曾采取徐特立的"老公教老婆，儿子教父亲，秘书教主席，识字的教不识字的，识字多的教识字少的"主张；抗战时期仍延续这一主张。抗战时期，陶行知提出的"小先生制"，在陕甘宁边区颇为流行。1938 年初就有"会的去教人，不会的跟人学"的口号，认为"小先生、大先生、流动教学我们都用得着"。[1] 当时在学校中还开展小先生辅导，即每天有一节课，叫作"怎样做小先生"。内容包括：小先生教人报告、互相批评、困难问题的讨论以及备课（预习）。此外当时还提倡"艺友制"。所谓"艺友制"是依照陶行知"教学做合一"原则，即在高级小学吸收有志于当教师并适合于当教师的"艺友"，在工作中训练，[2] 作为师范教育的补充形式。

　　从 1937 年到 1941 年，陕甘宁边区社会教育发展状况如下：[3]

项目	数／年份字	1937 年	1938 年	1939 年	1940 年	1941 年
识字组	组数			3 852	3 580	1 973
	人数			24 107	23 725	12 259
夜校	校数		599	535	545	505
	人数		8 245	8 086	8 706	7 907

---

[1] 吕良：《边区的社会教育》，《陕甘宁边区教育资料（社会教育部分）》上册，第 18 页。
[2] 《社会教育工作纲要》，《陕甘宁边区教育资料（社会教育部分）》上册，第 72 页。
[3] 《陕甘宁边区的社会教育》，《陕甘宁边区教育资料（社会教育部分）》上册，第 144 页。

项目 数字 年份		1937 年	1938 年	1939 年	1940 年	1941 年
半日校	校数		236	202	379	393
	人数		3 991	3 323	5 833	5 990
冬学	校数	382	723	643	965	659
	人数	10 337	12 824	17 750	21 689	20 915

从上述统计可知，在 1939—1941 年间，识字组的组织与人数减少一半左右，夜校略有减少，而半日学校增加 94%，这种类型学校的学生增加 80%。边区教育厅负责人于 1941 年 10 月在各县第三科科长联席会议上谈到：教育工作需要一定条件。首先需要有从事教育工作的人。以往有时凭主观制定计划，只顾增设学校、扩大学生数、普遍建立识字组，以致不能不拉人强为，教员质量大成问题，识字组变成空架子。① 当时已经并继续进行教育整顿，其中包括社会教育的整顿，具体措施是：民众教育馆的整顿，包括登记图书，增添设备，适应当地情况，使活动多样化；把有名无实的识字组一概取消，真能进行工作的向大家介绍；妇女半日校跟妇女纺织小组配合，夜校在人口集中的地方举办，除识字外，教些日常生活需要的知识与技能；在较大城镇成立工人、店员补习学校。②

三

陕甘宁边区社会教育同土地革命战争时期中央苏区相比，还有一个特色，就是通过开展大规模的新文字运动，促进群众性的识字运动。

所谓"新文字"系指拉丁化拼音文字。五四运动以后，钱玄同、赵元任等曾致力新文字的倡导与研究，1928 年瞿秋白、吴玉章等在莫斯科进一步研究新文字，一年后由瞿秋白编成一本小册子《中国拉丁化字母》（包括 26 个子音、36 个母音以及简单的拼音规则）。1931 年 9 月，吴玉章、林伯渠、萧三、王湘宝等在苏联海参崴召集中国新文字第一次代表大会，之后吴玉章等起草新文字方案，拟定《中国汉字拉丁化的原则和规则》，并在侨居苏联远东地区的中国工人中试行。新文字诞生后，受到文化界舆论的支持与赞助，蔡元培等 700 人在赞成新文字的宣言上签名。《宣言》中说道："汉文如独轮车，国语罗马字如汽车，

---

① 《陕甘宁边区的教育工作》，《陕甘宁边区教育资料（教育方针政策部分）》上册，第 217 页。
② 同上书，第 236－237 页。

新文字如飞机。"①

陕甘宁边区在 1936—1937 年间，曾经大力推行过新文字，1938 年以后中断了。1940 年 11 月，由林伯渠、吴玉章、徐特立、董必武等 99 人发起成立陕甘宁边区新文字协会，毛泽东、朱德等 54 人在《成立缘起》上签名赞助。该协会于 1940 年 11 月 7 日宣告成立。

新文字协会于 1940 年秋在延安市与延安县试办新文字冬学。从陕北公学调 70 名学生参知新文字冬学教师训练班，吴玉章执笔编写讲义并授课。1940 年冬季在延安市和延安县试验的结果，上课 40 天，1500 余名冬学学生中半数以上已能读写，500 人已能书面表情达意，运用自如。② 1941 年 1 月 22 日，陕甘宁边区政府发布《关于推行新文字的决定》，规定 1941 年 1 月 1 日起，新文字与汉字有同样法律地位，政府一切布告、法令、汉字与新文字两者并用，各县上报公文，用新文字写的，与汉字一样有效。③ 1941 年把，《SIN WENZ BAO》（《新文字报》）改为铅印出版，并开始编辑新文字丛书，1941 年 4 月还成立新文字干部学校，由吴玉章、王志匀任正副校长（该校于 1943 年 4 月并入延安大学）。

1941 年 5 月 1 日《陕甘宁边区施政纲领》中提出"继续推行扫除文盲的政策，推行新文字"。当月毛泽东为《新文字报》题词："切实推行，愈广愈好"；朱德的题词是："大家适用的新文字努力推行到全国去"。④ 同年年底，边区政府决定在边区各县推广试办新文字冬学，以关中分区为重点，新文字干部学校的学生都到基层进行辅导。

经过 1940—1941 年的试验，考虑到汉字的应用在社会上仍占有绝对优势，应用新文字的困难较大，边区政府认为新文字的推广不宜操之过急，既要让群众学习新文字，还要利用新文字学习汉字。从 1942 年冬开始把新文字冬学的试验收缩到只在延安县进行。1943 年进一步"精兵简政"后，新文字冬学试验中断。

四

陕甘宁边区从一开始就明确，社会教育的内容不限于识字，即扫除文盲。除发展识字组、夜校、半日校、冬学并开展新文字运动以外，还注意开展群众性文化活动。到 1941 年止，建立民众教育馆 25 处，阅报室 4 处，图书馆 5 处，

---

① 吴玉章：《新文字与新文化运动》，《陕甘宁边区教育资料（社会教育部分)》下册，第 42、60 页。

② 《陕甘宁边区第二届参议会教育厅工作概况报告及提案提请大会审核及公决》，《陕甘宁边区教育资料（教育方针政策部分)》上册，第 256 页。

③ 《陕甘宁边区政府关于推行新文字的决定》，《陕甘宁边区教育资料（教育方针政策部分)》上册，第 157 页。

④ 《推行新文字》，《陕甘宁边区教育资料（社会教育部分)》下册，第 2 页。

剧团 10 个。① 据 1940 年 12 月统计，各剧团共演出 27 个节目，12 个儿童剧，18 个活报剧，19 个舞蹈节目，6 个杂技节目，自己创作 11 个剧本，创作与改造无数秧歌小调。仅 1940 年 3 月—7 月间，就在 15 个地方演出 50 天，计演 80 场，观众达 50 000 人，还教唱 120 首歌曲，组织 30 多个歌咏队，在 13 个地方放映电影 24 场，以及组织音乐、美术训练班，举行 1 次美术展览会，出版无数街头画报。②

然而，整个说来，在 1942 年以前，社会教育的重点还是放在扫除文盲上。1942 年力求把各种形式的识字运动扩大为进行一般的社会教育。③

<h2 style="text-align:center">五</h2>

1942 年底至 1943 年初召开中共中央西北局高级干部会议，确立关于调整各部分教育关系的方针，把社会教育放在仅次于在职干部教育、干部学校教育的第三位，高于国民教育（这个"国民教育"已不包括社会教育与高级小学教育，实际上专指初级小学教育）。④ 经过这次调整，对社会教育更加重视。

从前面提到的 1937—1941 年社会教育统计看来，边区在 1943 年以前对社会教育不能说不重视，其成就也不容抹煞，问题在于当时的社会教育往往流于形式。1944 年确立"民教民"的指导思想与"需要"和"自愿"原则，放手发动群众，终于出现许多典型，创造出许多行之有效的社会教育形式，有些原有社会教育形式也找到了可行的途径。

1. 读报识字组

1943 年以后，一般把识字读报结合起来。识字组遂称读报识字组。如淳耀县白原村的读报识字组，在劳动英雄、积极分子推动下，有群众自动组织学习。由村学教员领导，参加者有变工队员、妇女纺织小组组员，干部和识字的农民也参加教学。教材主要是选识与生产变工、纺织、卫生有关的字，以不误生产为原则。随到随教，叫作"长流水"的教法，还实行子教母、夫教妻，进度不求一致。村学教员还会纺织、治病。⑤

2. 夜校

新正县榆树湾在劳动英雄惠海山带动下，于 1944 年 7 月办了一所夜校，有学生 15 人，其中有 6 个成年人，2 个放羊娃，7 个 8 岁以下的儿童。榆树湾包括

---

① 《陕甘宁边区的社会教育》，《陕甘宁边区教育资料（社会教育部分）》上册，第 145 页。

② 《陕甘宁边区政府工作报告》，《陕甘宁边区教育资料（教育方针政策部分）》上册，第 192－193 页。

③ 《陕甘宁边区的社会教育》，《陕甘宁边区教育资料（社会教育部分）》上册，第 145 页。

④ 陕甘宁边区教育厅：《一九四三年教育工作中的几个问题》，《陕甘宁边区教育资料（教育方针政策部分）》下册，第 356 页。

⑤ 《新教育方针收获巨大》，《陕甘宁边区教育资料（教育方针政策部分）》下册，第 474 页。

三个自然村，夜校学生按自然村分成三个组，白天劳动，晚上学习。在惠海山和这所夜校的影响下，全乡共办 7 所夜校。在该县文化教育会议上，曾被授予"能使劳动与文化结合"的锦旗。① 又如华池县城壕村在劳动英雄张振财推动下，把识字组变成夜校，全村 31 人全部参加学习。实行父教子，夫教妻，兄教弟，子教母的小先生制，用开公荒、入合作的办法解决办学经费问题。作家华山称其为"没有课堂的学校"②。

3. 午校、半日校

半日校是原有社会教育形式，为了不误工，1943 年以后，各地又采取午校的形式。

4. 轮学

轮学起源于光绪年间，志丹、定边、吴旗等县过去就有过。1944 年志丹县利用这种民族化的办学形式，恢复轮学。其办法是：集合学生 3—10 余人，共请一教员，轮流教学。先生一家上课十天、半个月，以后又移至另一家。在谁家上课时，教员、全体学生均在该户吃饭。这种办法的特点是师生固定，全日学习，上课地点流动。缺点是学生人数不多、脱离生产，定期搬动比较麻烦，贫寒人家负担不起。③

1944 年 12 月，边区第二届参议会第二次全体会议通过《在人烟稀少、交通不便地区普遍创办"轮学"案》，办法是：开学前由"校董"召集所有"学东"和教员商量"轮学"秩序；教员薪金归"学东"负担；书籍由学生出钱，公家代买；对贫苦农民子弟无力上"轮学"者另设半日学校或夜校。④

靖边县张家畔的妇女轮校创造了另一种轮学形式。这所轮校在劳动英雄折立周带动下创办起来，其形式是：每天分三个时间在三个地点轮流教学，有事的人上早学（在一个地点上课），没事的整个上午继续学习，午学在另一地点，吸收附近的妇女学习，夜学在教员家，由附近的妇女就学。此外，有的妇女每天学一次，时间不定，不能离家的由组长或小先生上门去教，家里有人识字的，由家里人教；一户有二人参加轮校的，轮流上课。这种形式高度灵活，不误农活，负担不重，但教员相当辛苦。⑤

5. 一揽子学校

淳耀县岭底村的一揽子学校，儿童全日学习，妇女进午学，成年男子上夜

---

① 生本：《榆树湾夜校》，《陕甘宁边区教育资料（社会教育部分）》下册，第 200 – 202 页。

② 蒋南翔：《陇东文化运动中的新人物》，《陕甘宁边区教育资料（教育方针政策部分）》上册，第 153 – 156 页；参见华山：《没有课堂的学校》，《陕甘宁边区教育资料（教育方针政策部分）》下册，第 227 页。

③ 《志丹民众办教育的三种形式》，《陕甘宁边区教育资料（社会教育部分）》上册，第 164 页。

④ 《教育提案十条》，《陕甘宁边区教育资料（教育方针政策部分）》上册，第 267 页。

⑤ 《张家畔的妇女轮校》，《陕甘宁边区教育资料（社会教育部分）》上册，第 187 – 189 页。

学；无法上午学、夜学的实行小先生制，或五天教一次。①

此外，在 1943 年以后，黑板报、新秧歌等社会教育形式也相当流行。

1943 年以后群众识字运动的基本经验是：

1. 生产与识字结合的识字组。

2. 学校变成推动社会教育的核心。以小学为基础，建立夜校、识字组，小学生做小先生，差不多有一半学校兼办社会教育。

3. 乡政府兼办社会教育。②

1943 年以后，由于从上到下重视社会教育，特别是由于放手发动群众，采取各种受群众欢迎的灵活多样的形式，在 1944 年掀起社会教育高潮。到 1944 年 11 月文化教育大会召开时，全边区共有读报识字组 3 339 处，夜校、半日校 230 处，参加人数总计为 34 331 人（缺绥德分区六个县夜校、半日校统计）。③

1944 年底，边区教育厅负责人柳湜、贺连城对边区文盲人口作如下推算：

当时边区人口总数为 1 480 000 人，根据抽样检查，50 岁以上、8 岁以下的人占全人口约 1/3。以此推算出 8—50 岁人口为 983 000 人；除去学龄人口 164 440 人，13—50 岁的人口尚有 818 560 人，其中高级小学学生 2 227 人及识字成人为 56 143 人（根据抽样调查，以非文盲占 7% 估计），尚有文盲 760 190 人，占 13—50 岁人口的 93%。④ 1944 年各种社会教育设施吸收学员曾经达到 30 113 人，只占当时文盲人口近 4%，可见在边区扫除文盲的任务何等艰巨。

不过，在 1944 年文化教育大会后，边区社会教育又逐年减少。

数 项 字 年 目 份	读报识字组		夜 校		午校、半日校		轮 学		总 计				备 注
	组数	人数	处数	人数	处数	人数	处数	人数	处数	比 1944 年减少百分比	人数	比 1944 年减少百分比	
1944 年	2 608	26 952	313	2 339	86	822	/	/	3 007	/	301 113	/	表内数字均为每年下半年统计
1945 年	903	7 727	169	2 075	25	315	1	180	1 098	63.48%	10 297	66.1%	

⑤

① 《关中岭底村的一揽子民办学校》，《陕甘宁边区教育资料（社会教育部分）》上册，第 158 页。

② 陕甘宁边区教育厅：《三年来边区社教工作总结》，《陕甘宁边区教育资料（社会教育部分）》上册，第 198 - 205 页。

③ 同上书，第 193 页。

④ 《教育提案十条》，《陕甘宁边区教育资料（教育方针政策部分）》上册，第 268 - 269 页。

⑤ 陕甘宁边区教育厅：《三年来边区社教工作总结》，《陕甘宁边区教育资料（社会教育部分）》上册，第 196 页附表。

把 1944 年的数字同 1941 年比较，读报识字组从 1973 个增加到 2 608 个，夜校从 505 处降为 313 处，午校、半日校从 393 处减少到 86 处。可知 1944 年社会教育的结构发生了变化。读报识字组相对增加，较为定型的夜校、半日校相对减少。

把 1945 年的数字同 1941 年比较，社会教育设施的减少更加显著，尽管 1943 年以前的社会教育设施中具形式的空架子不少，1943 年以后的社教设施更为切实可行，不能单以数量衡量，但数量大减毕竟是个问题。其实 1945 年比 1944 年无论在社会教育设施还是就学人数方面均锐减 60% 以上，反映出 1944 年社会教育高潮中存在很多弱点。主要是：文化教育大会后，领导放松，有些地区把群众需要与自愿原则误解为放任自流。如淳耀县报告中谈到：文化教育大会时，干部一时热情很高，学校、社会教育都搞得轰轰烈烈，把一半时间与精力放在教育工作上。以后干部觉得民办了，公家用不着多管，所以就慢慢垮台了；1944 年有些地方以突击形式开展社会教育，不顾条件，用强迫命令、抄名单的方式搞起来，群众基础甚差，运动一过去，社会教育随之垮台；有些地区是在文化教育工作组的帮助下搞起来的，如著名的华池县城壕村的夜校，在工作组撤走以后，社会教育工作也就放松了；此外，还有一些地方违反不误工的原则，终究难以坚持。①

在 1943—1944 年间，把 1943 年以前的教育工作，称为"旧型正规化"的教育，以后一直视为定论。这一批评有一定道理。但从 1944 年特别是 1945 年教育工作的实际情况来看，有领导、有计划地按正常秩序开展社会教育还是必要的——突击运动形式与"旧型正规化"的形式均有局限性。

陕甘宁边区以及各敌后抗日根据地社会教育的成就，不能单以扫除文盲的数字衡量。重要的是寇深祸亟、民族危亡关头，在战争环境中，使广大人民群众受到抗日与民主的启蒙教育，并以实际行动支持抗日、民主斗争，确实起到了"救急"的作用。

---

① 陕甘宁边区教育厅：《三年来边区社教工作总结》，《陕甘宁边区教育资料（社会教育部分）》上册，第 196 – 198 页。

小学教育

陕甘宁边区的小学教育在抗战前后变化甚大；抗日战争时期，在1944年普通教育改革前后变化也相当显著。

边区小学教育中最突出的问题，首先是小学发展的数量与质量的矛盾。这个问题的解决牵涉到小学校制度改革与课程设置改革，也涉及普及教育中的办学体制等问题。

1944年以前，在这一系列问题上曾经反复进行过多方面的探索，直到1944年以后才摸索出一条符合农村抗日根据地需要与实际的普及教育道路。

一

在抗日风云激荡的岁月里，陕甘宁边区上下一致，同心同德致力于创建"模范的抗日民主根据地"。就教育建制来说，小学教育在一般情况下是整个教育的基础。边区政府教育厅从一开始就雷厉风行地推动小学教育普及，从1938年起又把增加学校、扩大学生数与提高小学质量双管齐下。问题在于陕甘宁边区原有的文化底子太薄，且处在严重的民族战争环境中，人力有限，物力与财力需要集中投入战争与生产。而分配到教育部门的人力、物力与财力资源，在教育部门中又存在合理再分配的问题。小学教育能占有多少人力、物力与财力资源，不能从主观愿望出发，只能从客观需要与可能出发。

抗日战争爆发以后，陕甘宁边区小学教育扶摇直上。在1937年秋至1941年间，小学校增加1倍以上，小学生增加近3倍。从下表可见一斑：①

---

① 《陕甘宁边区的教育工作》，《陕甘宁边区教育资料（教育方针政策部分）》上册，每213页。

年度	1937 年秋	1938 年秋	1939 年秋	1940 年秋	1941 年秋
小学数	545	733	883	1 431	1 148
小学生数	10 396	15 348	23 089	41 458	40 366

陕甘宁边区起初以群众性突击运动的方式推动小学教育的发展，不免有许多新设立的小学成为有名无实的"空架子"，小学的巩固就成为问题。在小学初具规模以后，为了谋求小学教育质量的提高，藉以巩固小学发展的成果，在1938 年—1942 年间，越来越倾向于使小学走上"正规化"的发展道路。

二

陕甘宁边区教育厅为了把小学教育纳入"正轨"，于 1938 年 8 月 15 日公布《陕甘宁边区小学法》；一年后经过修正重新公布；1941 年 2 月 1 日，又发布《陕甘宁边区小学教育实施纲要》。小学法的几度修改，在细节上变化不大，唯对办学宗旨的表述差别明显一些。

1938 年《陕甘宁边区小学法》的表述是："边区小学应依照国防教育方针及实施方法以发展儿童的身心，培养他们的民族意识及抗战建国所必需的基本知识技能。"① 1939 年公布的修正稿，在"民族意识"之后加上"革命精神"，其余措词未变，这唯一的补充，大抵是反映中共六届六中全会议关于"统一战线中的独立自主原则"的精神；② 1941 年 2 月《陕甘宁边区小学教育实施纲要》的表述是："边区小学教育，应依新民主主义教育方针以促进儿童的民族觉悟，养成儿童的民主作风，启发儿童的科学思想，发展儿童的审美观念，提高儿童的劳动兴趣，锻炼儿童的健壮体格，增进儿童生活所需的知识，培养儿童为大众服务的精神。"③ 这一改动意味着教育方针的变化。

边区教育厅还依据历次公布的《小学法》，于 1939 年 8 月 15 日、1941 年 2 月 1 日两度公布《陕甘宁边区小学规程》，具体确定边区小学的学校设置、修业年限、始业时间以及课程设置等。

关于边区学制：抗战前夕由中央苏维埃政府西北办事处文化教育建设委员会起草的《小学教育制度暂行条例（草案）》确定，小学修业年限为 5 年，前期（初级小学）3 年，后期（高级小学）2 年。④ 这一规定是沿袭土地革命战争时

---

① 《陕甘宁边区小学法》，《陕甘宁边区教育资料（小学教育部分）》上册，第 11 页。［按：教育厅为行政机构中的职能部门，无立法权］

② 同上书，第 55 页。

③ 《陕甘宁边区小学教育实施纲要》，《陕甘宁边区教育资料（小学教育部分）》上册，第 97 页。

④ 《小学教育制度暂行条例（草案）》，《新中华报》1937 年 4 月 29 日。

期 1934 年颁布的《中华苏维埃共和国小学制度暂行条例》的。1938、1939、1940 年的《陕甘宁边区小学法》、《陕甘宁边区小学教育实施纲要》在学制上都无变更。

关于学校设置：1939 年《陕甘宁边区小学规程》确定：小学的立立，初级小学须有学生 20 名以上，完全小学 50 名以上；初级小学如有特殊情形，得变通办理，但不得少于 15 人。[①] 1941 年《陕甘宁边区小学教育实施纲要》维持原规定。1941 年秋平均每所小学有学生 32 人，在整顿小学时规定每所小学至少 25 人，否则便合并或取消，导致学校大量削减。减少得最多的是那些地处偏僻、居民点分散的地方。并校后平均每校有学生 43 人。[②]

关于学校隶属关系：《陕甘宁边区小学规程》规定，除教育厅直属小学校与师范学校附属小学外，各县小学由县政府第三科领导。土地革命战争时期，一般实行初级小学以乡办为主，亦有村办小学，高级小学以区办为主。即使在"正规化"时期颁布的《小学校制度暂行条例》中也只规定各乡划分学区，每学区设一所小学。此规定无助于调动基层办学积极性。

关于始业时间：1937 年规定春季始业，1939 年改为秋季始业，1941 年恢复春季始业。

1939 年规定，小学课程"以政治军事为中心"，社会活动、生产劳动列入正式课程。课程设置是：[③]

教学学科	阶段年级课时	初级小学			高级小学	
		一年级	二年级	三年级	四年级	五年级
国语		12	12	12	12	12
算术		3	4	5	5	5
常识	政治	6	6	6	4	4
	自然				2	2
	历史				2	2
	地理				2	2

① 《陕甘宁边区小学规程》，《陕甘宁边区教育资料（小学教育部分）》上册，第 59 页。

② 陕甘宁边区教育厅：《去年工作总结，今年工作计划大纲》，《陕甘宁边区教育资料（教育方针政策部分）》下册，第 364 页。

③ 《陕甘宁边区小学规程》，《陕甘宁边区教育资料（小学教育部分）》上册，第 61 页。

教学课时学科 \ 阶段年级	初级小学			高级小学	
	一年级	二年级	三年级	四年级	五年级
美　术	2	2	2	2	2
劳　作	2	2	2	2	2
音　乐	3	3	3	2	2
体　育	3	3	3	6	6
总　计	31	32	33	39	39

在说明中提到：劳作以劳动为主，体育以军事为主；一节以 30 分钟为原则，必要时可延长到 40 分钟或 50 分钟。由于每节课时间不确定，教字时间、学生学习负担与通常课程设置中教学时间数无法比较。

1941 年的课程设置，把"以政治军事为中心"改为小学进行政治教育、语文教育、科学教育、艺术教育、劳动教育与健康教育，相应设置各类教育的学科：①

教学时间（分钟）学科 \ 阶段年级	初级小学			高级小学	
	一年级	二年级	三年级	四年级	五年级
国　语	390	390	390	390	390
算　术	120	150	180	180	180
常　识	240	240	240		
政　治				120	120
自　然				120	120
卫　生				60	60
历　史				90	90
地　理				90	90
美　术	90	90	90	90	90
音　乐	90	90	90	90	90
体　育	150	150	150	180	180
总　计	1 080	1 110	1 140	1 410	1 410

在说明中提到：各种学科可依其性质并按照总时间分别支配，以 30、40、45、50 或 60 分钟为一节。初级小学教学时间按通常每节课 45 分钟折算，平均

---

① 《陕甘宁边区小学规程》，《陕甘宁边区教育资料（小学教育部分）》上册，第 102－103 页。

每周 24.6 节；高级小学教学时间折算为平均每周 25.3 节。

1941 年只比 1939 年的课程增加一门卫生课，其余变化不大。

陕甘宁边区原有文化基础与办学条件比土地革命战争时期的中央苏区差得多。中央苏区 1934 年统一规定的课程设置是：①

学科 \ 周时数 \ 年级 阶段	初级小学			高级小学	
	一年级	二年级	三年级	四年级	五年级
国　语	6	6	6	6	6
算　术	4	4	4	6	6
社会常识				2	3
自然常识				2	3
游艺游戏	8	8	8	8	8
总　计	18	18	18	24	26

无论从学科门类还是教学时间上看，1939 年、1941 年的课程设置比土地革命战争时期"正规化"课程设置更加"正规化"。判断哪一种课程设置更合理，不仅要看其是否合乎客观需要，还要看其是否切实可行。一定课程的实施取决于种种因素，特别同教师的数量与质量有关。据中央苏区江西省苏维埃政府报告中发表的 1932 年 8—10 月间的教育统计，14 个县中共有列宁小学（初级小学、高级小学均在内）227 所，教师 2535 人（其中 5 个县为 10 月份统计，其余县为 8—9 月合计）。② 平均每所列宁小学只有教师 1.1 人。尚未见陕甘宁边区小学教师数字的较全面统计，按照边区教育厅正副厅长柳湜、贺连城 1944 年 12 月在边区第二届参议会第二次大会上提案所附材料，陕甘宁边区平均每所学校的教师数，不会超过江西苏区。③ 同时边区有 57.8% 的教师只有高小毕业水平，另有 14.7% 的教师还达不到高小毕业水平。两项合计占教师总数 72.5%。④ 可见陕甘宁边区 1941 年的课程设置，反而不如江西苏区教育"正规化"高峰时期的课程切实可行。

---

① 《小学课程教则大纲》，《老解放区教育资料》（一），教育科学出版社 1981 年版，第 313 - 314 页。

② 《江西省苏报告》，《苏区教育资料选编》，江西人民出版社 1981 年版，第 62 页。

③ 柳湜、贺连城：《为开展边区群众教育拟定全边区普及儿童教育和扫除成人文盲计划按期实施案》，《陕甘宁边区教育资料（教育方针政策部分）》上册，第 270 页。

④ 《陕甘宁边区的教育工作》，《陕甘宁边区教育资料（教育方针政策部分）》上册，第 228 页。

三

尽管在 1938—1941 年间制定了一系列旨在使小学教育"正规化"的规章制度,并且从教育数量与质量双管齐下逐步转向控制数量、谋求质量,而实际上小学教育的数量与质量均不尽如人意。

1941 年边区政府教育厅对小学的实际状况进行一系列调查,发现如下问题:

1. 入学儿童占学龄儿童比例为 24.5%(这个数字是以边区总人口 1 066 401 人、学龄儿童占人口总数 1/6,即 177 730 人为基数计算的),据 1944 年底估计,8—13 岁学龄儿童为 16 440 人,以此数计算,入学率还高一些。

2. 在 43 325 名小学生中,初级小学学生与高级小学学生的比例为 1:25,初级小学学生中途退学现象严重。如华池县初级小学 363 名学生中一年级 165 名,退学者占 4%—5%,二年级 125 名中退学者占 4.5%,三年级 73 名中退学者占 20%。庆阳县第一完全小学 100 名初级生,一年级 72 人,二年级 22 人,三年级仅剩 6 人,即在学人数仅占原有学生数的 6%。

3. 设备甚差。据 5 个县 211 所初级小学统计:只有一孔窑洞的占 21.3%,二孔窑洞的占 34%,三孔窑洞的占 20%,有四至八孔窑洞的只有 2.4 所(另有 24 所情况不明);在这 211 所小学中,没有黑板的 69 所(占 31.75%),没有桌子的 16 所,没有凳子的 31 所。

4. 课本缺乏。有些学校四五个学生共读一本书,庆阳小学有 1/3 的学生读旧书。

5. 师资文化水平低。1941 年 7 月小学教师学历统计如下:[1]

学历 \ 项目 数字		人数	分类小计	百分比
第一类	大　学	2	160	12.5%
	师　范	46		
	中　学	87		
	简　师	25		
第二类	鲁迅师范	134	196	15.3%
	边区师范	43		
	边区中学	19		
第三类	高小毕业	740	740	57.6%

---

① 《陕甘宁边区教育工作》,《陕甘宁边区教育资料(教育方针政策部分)》上册,第 244—228 页。

数字 学历	项目	人数	分类小计	百分比
第四类	初小毕业	88	188	14.6%
	读过私塾	93		
	读过冬学	7		
合　计		1 284	1 284	

在这种情况下，"钱花了，人忙了，数字一大堆，效果没多少"，"有政治方向，没有文化程度"。教育厅认为小学教育"不整顿不行"。于是，在 1942 年春采取小学"正规化"过程中最有决定性的步骤即整顿小学。整顿的办法是：各县第三科（教育科）把主要力量放在完全小学上，扩大完全小学的校舍，充实设备，补足经费；选定人口集中、交通方便、基础较好的小学，修理校舍，充实设备，改为中心小学；审查现有教师；不具备条件的学校停办，其条件是：到校学生在 25 人以上，有单独的教室、宿舍、教师住室、游戏场所，有黑板与足够的桌凳，有伙夫；五里以内的小学可能合并。①

1942 年整顿小学教育的工作全面展开。"检定合格的学校，有几处算几处；甄试及格的教师，有多少算多少"，办"重质不重量"的正规教育。结果如下：②

数字 学校与学生	项目	学校数	学生数	平均每校学生数	占全数百分比
原有小学（1941 年秋）		1 195	38 366	32	
合并后小学（1942 年春）		723	30 845	43	
学校减少数		472			39.5%
学生减少数			7 521		19.6%

1942 年在合并公立学校的同时，还采取另外的措施，即奖励并提倡私人兴学、讲学，允许教会、社团设立学校，赞助同族邻里兴办义塾，并确定在不违反抗日救国的最高原则之前提下，对他们的办学宗旨、学制、课程、组织机构

---

① 《陕甘宁边区的教育工作》，《陕甘宁边区教育资料（教育方针政策部分）》上册，第 229－230 页。
② 《去年工作总结，今年工作计划大纲》，《陕甘宁边区教育资料（教育方针政策部分）》下册，第 364 页。

和教学实施，政府决不加法律上的干预。① 不过当时把这方面作为一种辅助手段，工作重点这是放在公立小学，尤其是公立完全小学与中心小学上面。实际上私塾与私立小学数量微不足道，不成气候。

四

从 1943 年开始，陕甘宁边区整个教育结构发生重大变化。即干部教育在整个教育体系中的地位大为提高，儿童教育的地位明显下降。由于把高级小学以上的教育纳入干部教育范畴，高级小学性质发生变化，又使小学教育中初级小学与高级小学的地位与关系发生变化，在初级小学地位下降情况下，小学教育的普及就得另辟蹊径，导致"民办公助"的村学的发展，又引起从办学体制、学校设置到课程设置以至教学组织等发生全面变革。

1. 关于高级小学的性质

陕甘宁边区从 1943 年起把教育工作重点转移到干部教育上面，并把高级小学纳入干部教育范畴。1944 年 7 月 17 日《解放日报》在题为《论普通教育中的学制与课程》的社论中提出：把普通高级小学以上纳入干部教育范围，意味着不把高级小学教育作为所有儿童和成人都须接受的国民教育，其毕业生亦应尽可能都分配一定工作，同时高级小学不仅吸收初级小学毕业生，还得吸收现任干部。为此，高级小学或斟酌情况并入初级干部学校，作为普通中学的预备班，或作为独立训练班。② 事实上完全小学仍独立存在。高级小学教育性质与职能的变化，不仅出于大量培养干部，尤其是在职干部的需要，也反映边区高级小学的实际情况。据 1944 年陕甘宁边区文化教育大会统计，环县、合水、赤水、延长、甘泉、葭县的完全小学历年毕业生担任工作或升学者占 72%，③ 表示高级小学原已带有干部学校或干部预备学校性质。

高级小学承担培养干部职能后，其"正规化"程度至少不低于改革前。1944 年文化教育大会《关于培养知识分子与普及群众教育的决议》关于高级小学有如下规定：课程设置可根据各地需要不同而有伸缩余地，但课程的变动须经上级主管部门同意，每年至少有 9 个月学习时间。学校的生产主要应由学校专门部门安排，学生参加生产劳动与课外活动（如学生会工作、群众识字、卫生教育、戏剧工作等）均不得妨碍学习；高小学生的程度一般仍应同上一级学校衔接，其升学与毕业考试应认真举行；高小毕业生的出路，原则上由学生本

---

① 《提高边区国民教育》，《解放日报》1942 年 1 月 14 日。

② 《论普通教育中的学制与课程》，《解放日报》1944 年 5 月 27 日（7 月 17 日）。

③ 《关于文教工作的方向》，《陕甘宁边区教育资料（教育方针政策部分）》下册，第 508 页。

人或其家长决定，但尽量争取他们在地方服务或升入中学。

此外，还规定：所有小学（包括完全小学）均须按照需要与人力现状设立早班、晚班，并由有能力的学生组织校外识字组，在冬季组织冬学，以便于贫苦儿童与成人学习。①

2. 关于"民办公助"的方针

陕甘宁边区在大生产运动与减租减息以后，人民生活日益向上，文化生活的需要相应提高，加上整风运动后各级政府与干部深感有教育与劳动、社会、政府、家庭结合的必要，教育工作者也更加树立为人民服务的思想。在教育工作重点转移到干部教育上面以后，为解决劳动人民子女入学问题，各方面都在酝酿小学教育的改革。

1944年3月19日，在边区国民教育座谈会上着重讨论普通小学实行"民办"方针问题。会上陇东分区专员谈道：陇东分区在1942年西北局高级干部会议以后，一面把完全小学办好，一面在各个区办一所学校，选地方上有影响的人物负责。"要打山中虎，离不了地上土"，由地方上人办学情况熟悉，经验也多些。延安市市长介绍：原定在孟家湾进行民办学校试点，裴庄群众主动要求办学。柳湜在会议总结中提议：除完全小学仍由政府办以外，普通小学要大力提倡民办。②同年4月18日，陕甘宁边区政府发布《关于提倡研究范例及试行民办小学的指示》，提出：应该来一个大的转变，把大多数甚至全部的小学交给地方群众自己办，政府则在物质上予以补助，在方针上加以指导。③ 这就是"民办公助"的方针。每县至少试办一所民办小学，并将现有公办小学逐渐转变为民办小学，但不强求一律。新办学校，可以是完全民办，也可以公私合办。一般普通小学群众如要求改为民办小学而又确有能力接办时，即改为民办，逐渐达到自中心小学以下均归民办；民办小学修业年限，上课时间（全日制或半日制，或一年学习几个月）均不求一律，课程设置可同意群众要求，废除暂时不急需的学科，如群众只要识字、写字、珠算，不教其他东西亦可同意，教师可由群众聘任，学生名额也不加限制；民办应与公助结合，需要加强领导，防止放任

---

① 《关于培养知识分子与普及群众教育的决议》，《陕甘宁边区教育资料（教育方针政策部分）》下册，第478－479页。

② 《纪念生活教育运动第十七周年》，《陕甘宁边区教育资料（小学教育部分）》上册，第146页、148－149页。

③ 陕甘宁边区政府：《关于提倡研究范例及试行民办小学的指示》，《陕甘宁边区教育资料（小学教育部分）》上册，第156页。

自流。① 此后各地民办学校像雨后春笋，大量涌现。

3. 初级小学的新制度

在高级小学承担干部教育的职能以后，小学教育概念发生了变化。此后的小学教育主要指初级小学。在提倡"民办公助"以后，初级小学共有四种类型，即普通小学、中心小学、完全小学中的初级阶段，以及蓬勃兴起的民办小学。不仅民办小学基本上按照群众的需要与自愿办理，原有公办小学也面貌一新。

1944 年边区文化教育大会通过的《关于边区教育方针的决议（草案）》中，关于小学制度的改革，作了如下规定，即：小学教育的目标是要为边区培养具有下列条件的新民主主义的新公民，这些条件是：学会 1500 字以上，能读《群众报》，学会基本四则运算，具有初步卫生常识与政治常识，养成劳动习惯，在分散的农村环境，小学以自愿的民办村学的主要形式，同时容许其他为群众接受与欢迎的学校形式（中心小学、普通小学）存在；学制不求一致，一般应废止正规的班级制与学期制，凡学完规定的教育内容即可作为毕业，教员须于三年之内保证学生能完成学习计划；在教育方法上须使学生更真切和深刻地理解所学的东西；学校不应关起门来，应组织学生参加校外活动、家庭劳动、社会服务等。除原有学校进行改革外，还须谋求旧式私塾的改造。②

五

陕甘宁边区在 1944 年 11 月文化教育大会前后，通过小学教育的一系列改革，在保证干部教育重点的前提下，促进了初级小学的发展。可见下表：③

数　　　　　项 字　　目 学校与学生	整个初级小学数	民办小学数	民办小学在小学中所占的百分比	初小学生数
1944 年文化教育大会前	1 090	574	52.7%	33 686
1944 年文化教育大会后	1 181	730	61.8%	34 202
1945 年第一学期	1 377	1 057	76.7%	34 004 （民小学生 16 797）

① 陕甘宁边区政府：《关于提倡研究范例及试行民办小学的指示》，《陕甘宁边区教育资料（小学教育部分）》上册，第 156－157 页。

② 《边区文教大会关于边区教育方针的决议草案》，《陕甘宁边区教育资料（教育方针政策部分）》下册，第 442－443 页。

③ 江隆基：《关于民办公助政策的初步总结》，《陕甘宁边区教育资料（小学教育部分）》上册，第 239 页。

从这个统计中可以看出，民办小学在整个初级小学中所占比重逐年上升。到1945年上半年已达76.7%。

1944年文化教育大会后，初级小学比1942年春合并学校后的723所，增加63.3%，接近小学合并前1941年秋的水平，改革后的小学比1941年秋更切合实际。

1944年文化教育大会前后，无论在办学形式、教育内容与方法方面都有一些新的创造。如一揽子学校（包括儿童整日班、妇女午校、男子夜校在内）、轮学（按时轮回）、半年学校（只在冬春两季教学），以及把纺织厂与学校结合起来的职业学校、半纺半读的妇女小学等。但有些地方在改革中领导方法与工作作风上存在强迫命令、形式主义与放任自流的毛病。①

1943年整风运动中，对1943年以前小学教育"正规化"倾向的批评相当尖锐。这一批评虽不无道理，但是，以下几点仍值得考虑：

1. 1942年确定政府把主要力量放在完全小学上，实际上同1944年以后的改革是合拍的。1943年以后由于把高级小学纳入干部教育范畴，对完全小学的重视程度至少不低于1942年。

2. 抗战初期，曾经宣告教会小学没有立足余地，并几乎淘汰所有私塾教师。1942年在把重点放在完全小学的同时，奖励与支持私人兴学、社会团体办学，甚至也允许教会办学，同1943年以后"民办公助"的方针也吻合。

3. 1938年以后对抗战初期教育工作的"游击作风"有所批评，1943—1944年间某些游击作风恢复，在教育工作中，尤其在社会教育工作中导致形式主义严重，证明游击作风有局限；反之，1943—1944年间，放任自流现象的存在，证明像1938—1943年那样有计划、有组织地开展教育工作仍然有必要。

当然，"正规化"时期儿童教育重于社会教育，教育内容与方法脱离实际，在某种程度上政府包办教育等都是缺陷。

---

① 江隆基：《关于民办公助政策的初步总结》，《陕甘宁边区教育资料（小学教育部分）》上册，第248页。

保　育

抗日战争时期，陕甘宁边区既重视小学与中学教育，更重视成人教育；不
仅如此，还相当关注学龄前儿童的保育。陕甘宁边区的民政部门、卫生部门，
尤其是妇女组织和陕甘宁边区战时儿童保育分会的保育工作者，在困难的条件
下，承担起"保育我们民族的后代，培养新中国的幼芽"的使命。

保育工作的有效展开，解决了抗日战士的后顾之忧，培育了革命的幼苗，
并使陕甘宁边区形成从乳儿部、托儿所、幼儿园、小学、中学、大学、研究院
直到成人社会教育机构的教育序列。

陕甘宁边区最初只是为了解除出征干部的后顾之忧，1938 年 7 月成立陕甘
宁边区战时儿童保育分会以后，更加有计划地开展儿童保育工作。1941 年 1 月
以后，自上而下成立儿童保育职能机构，设置专职或兼职人员，形成儿童保育
行政管理系统，儿童保育工作进一步得到组织上的保证；1944 年教育改革促使
办学形式多样化，为培育事业的扩大开辟了新路，使保育对象从以干部子女为
主推及一般劳动群众的子女。

一

抗日战争爆发后，陕甘宁边区大批干部奉命出征，留在边区的干部子女及
烈士子女也需要照顾。1937 年 8 月陕甘宁边区建立蓝家坪托儿所，收托各机关
工作人员子女。起初只有 24 名儿童。1938 年 5 月，机关托儿所制定《托儿所章
程》，由陕甘宁边区民政厅核准公布，规定托儿所以保护边区各机关、学校脱离
生产或尚在学习的女干部的男女小孩为宗旨，对托儿所组织人员的任命、职权、
保育员、医生、入托对象、入托手续、经费等事项均有具体规定。

同时，由于日军的野蛮侵略，沦陷区和国民政府统治区大批难童和孤儿流

离失所，"保育儿童"、"抢救后代"成为刻不容缓的社会问题。1938年3月10日，由宋美龄、李德全等发起，在武汉建立战时儿童保育会，陕甘宁边区在蔡畅、邓颖超、康克清等发起下，于同年7月4日成立陕甘宁边区战时儿童保育会分会。

二

边区儿童保育分会成立以后，在1938年7月—1939年7月一年中做了大量奠基性的工作，包括征收800多名会员，这些会员成为推动边区儿童保育工作的骨干。1938年10月，在蓝家坪托儿所基础上建立儿童保育院，收容来自东北、华北、华中及华南的300余个儿童；开办保姆训练班，训练30余名保姆；建立收容儿童的运输系统，在延安成立儿童运输总站，在新四军，八路军和各群众团体中设立分站；设立保健科和卫生所；开展陕甘宁边区儿童调查；初步改善初生婴儿的处置法及产妇的生活，以及广泛开展儿童保育宣传。①

陕甘宁边区战时儿童保育院由院长负责。在院长之下，设教导（健康教育、文化教育、生产教育）、总务（文书档案、会计、庶务、生活管理）、保育（伙食、卫生、乳母）三股。院内分为四部，即：乳儿部（6个月—1岁）、婴儿部（1—3岁）、幼稚部（3—6岁）、小学部（6—12岁）。小学部儿童约占一半。除保育儿童健康外，对儿童施以适当教育。小学部与幼儿部的教育目标是以适合抗战需要，启发儿童爱国思想与发扬民族精神、养成儿童独立精神为主。按照儿童年龄发育、文化程度，将小学分为四班，幼稚部分为两班。小学部课程设国语、算术、常识、音乐、美术、体育，幼儿部设音乐、故事、儿歌、游戏、谈话（社会和自然）、工作、静息、识字、识数；小学部每日上课5小时，幼稚部3.5小时。婴儿部教他们走路、说话等，特别注意感官训练。乳儿部教育与保健分不开，小学部、幼稚部教育与生活也不可分离；注意环境影响、教师及保姆的态度，并在日常生活中培养儿童很好的卫生习惯、劳动习惯，生产技术等。院内还组织儿童剧团、孩子歌咏队等。②

儿童保育院小学部在1938年11月由边区中学小学部并入，1939年2月单独建校，仍称儿童保育院小学部，但习惯上称为保育小学。此后，儿童保育院成为单纯的学前儿童保育机构。

---

① 陕甘宁边区战时儿童保育分会：《一年来的工作总结和今后工作的方针》，《陕甘宁革命根据地史料选辑》第4辑，甘肃人民出版社1985年版，168－170页。

② 陕甘宁边区战时儿童保育分会：《第一战时保育院概况》，《陕甘宁革命根据地史料选辑》第4辑，第121－125页。

三

1939 年 1 月 17 日—2 月 4 日，召开陕甘宁边区第一届参议会全体会议，通过《陕甘宁边区抗战时期施政纲领》，其中包括"保育儿童，禁止对儿童的虐待"。① 第一届参议会通过的关于政府工作报告的决议，提出"加强保育儿童的工作，注意儿童的健康，使其健全发育"。

同年 6 月 16 日，陕甘宁边区政府发布通知，对边区保育院的收托对象、入托手续、保育院设备等事项，作了具体规定。

1941 年 1 月，陕甘宁边区妇女联合会召开保育工作会议，由王明主持，出席会议的有延安托儿所所长、有关的医务工作者、党政军机关和各学校的财政经济干部。②

当月 21 日，陕甘宁边区政府发布《关于保育儿童的决定》。规定：建立保育行政管理组织，在边区民政厅设保育科，各县、市的第一科（民政科）内设保育科员，区、乡政府内添设保育员 1 人；各级政府的卫生工作应以进行产妇的卫生教育、保护产妇及婴儿健康为中心工作之一；凡生育婴儿，应向乡、市政府登记，满一周岁健康强壮者，每儿发给奖金 2 元；由边区民政厅保育科与卫生厅合办保育人员训练班，在当年 3 月前训练保育员 60 人。当年内达到每乡均有一个以上脱离生产的保育员，负责保育、接生工作。③ 边区民政厅依照这个决定，于当年 4 月发布关于各级政府保育人员配备的训令。主要意思是县级保育科员由各级选人和由县级妇联选人充任，区乡保育员由同级妇联派人兼任。

1941 年 4 月 4 日，毛泽东为儿童节题词："好生保育儿童"；④ 徐特立发表《对于边区儿童的我见》一文，提到：对保育工作和儿童教育工作应该进行科学的研究，并分配有经验、有学识、有能力的干部去领导这一工作，提高保姆和小学教师的学识能力；托幼机构应该有总的领导。⑤

同年 5 月边区民政厅召开保育研究会；⑥ 7 月开办保育人员训练班，8 月又举办修业一年的保育人员训练班。⑦

当年 8 月，边区民政厅召开厅务会议，检查保育工作，决定：制定保育条例

---

① 《陕甘宁边区抗战时期施政纲领》，《陕甘宁边区教育资料（教育方针政策部分）》上册，第 60 页。
② 《新中华报》1941 年 1 月 19 日。
③ 《新华日报》1941 年 5 月 18 日。
④ 《解放日报》1941 年 4 月 13 日。
⑤ 《解放日报》1941 年 4 月 18 日。
⑥ 《解放日报》1941 年 6 月 4 日。
⑦ 《解放日报》1941 年 8 月 27 日。

与保育须知；切实抓紧保育训练班的工作；研究保育工作的方法，保育研究会应该经常召开会议；医训班保育工作组的同志深入农村后应多反映民间保育情况；加强保育宣传工作。①

1942年2月，边区民政厅还颁布《关于保育儿童、保育产妇各项待遇》的指令。

1941—1942年，陕甘宁边区正处在严重困难时期，在那样困难条件下，如此重视儿童保育，反映出边区政府对人民群众切身利益的关怀。边区政府为了渡过难关，在1941年12月—1942年4月、1942年6月—8月、1943年3—6月间，先后进行三次"精兵简政"，大量合并与裁减机构，压缩人员编制。在第一次"精兵简政"时，把民政厅保育科并入边区卫生处。1942年3月，仍规定各县设保育员，并从速建立县、市保育委员会，吸收有关群众团体代表参加，定期研究保育问题，加强宣传教育，使教育工作深入农村，并组织儿童健康比赛。②

1942年8月决定将延安市南郊乡作为保育实验区。卫生处保健人员及医生分组在实验区进行儿童健康调查和保育实验。③

四

1944年12月4日，陕甘宁边区第二届参议会召开第二次全体会议，会上通过了《关于保育儿童健康案》。

在1944年群众教育（包括小学教育与成人社会教育）的改革中，实行"民办公助"的方针，办学形式更加灵活多样，出现小学附设幼儿班的经验，使得农村学龄儿童也有可能受到一定教育。④

在抗日战争转入局部反攻阶段以后，陕甘宁边区越来越多的干部奔赴各个战场，开辟新解放区。同时，敌后战场又不断辗转送入烈士遗孤。为解决这些儿童的抚育问题，遂于1945年6月建立第二儿童保育院。原先的儿童保育院通称第一儿童保育院。

---

① 《解放日报》1941年8月15日。
② 《新华日报》1942年3月10日。
③ 《解放日报》1942年8月9日。
④ 《解放日报》1945年5月28日。

师　资

陕甘宁边区教师在当时中国最贫瘠的文化土壤上，以最菲薄的报酬与简陋的工作条件，开创抗日教育新局面，堪称"人民教师"。1939 年 8 月 29 日，毛泽东在陕甘宁边区小学教员暑期训练班毕业典礼上作《抗战教育与小学教员》的演说，其中谈到我们的小学教员，虽说每月只有一元五毛，但是他们的任务与功劳是很大的。他们教育了边区的儿童，教育了边区的老百姓，发挥了抗战教育，发展了边区的教育事业。谁说是马马虎虎，哪个敢看不起?①

一

边区教育行政当局，在严重缺乏师资情况下，按照统一战线政策，组织教师队伍。

抗战初期采取的办法是：尽量使原有教育干部（包括教师）不脱离教育工作，不让其他机关任意调走；对他们的生活经常关心，生活有困难，设法帮助，如有疾病，予以治疗、调养；适当分配其工作，使工作地点、职务大小，适合其能力与需要；尽量培养新干部，用一切可能方法动员学生入鲁迅师范、边区中学，以创造将来大批的文化教育干部。②

1940 年 10 月，教育行政当局依据扩大与巩固教育统一战线的精神，进一步提出：今年应大胆的、大量的吸收当地和外来的知识分子参加教育工作；不要随便洗刷教员，应以工作优劣为任用标准，不应只着眼于他们的阶级成分，更

---

①　毛泽东：《抗战教育与小学教员》，陕西省教育学会、陕西教育科学研究所编：《陕甘宁边区教育史料》（内刊）增刊。

②　《各县第三科半年工作总结与今年工作方针》，《陕甘宁边区教育资料（小学教育部分）》上册，第 9–10 页。

不应以入党的标准来要求一般教员。① 同时采取一系列措施，提高教师地位：

1. 酌量增加办公费、津贴费。

2. 适当补充医药、被服务用。

3. 教员在群众家里寄食，由区乡政府帮助接洽。

4. 当地教员家无劳力的实行代耕。

5. 免除兵役。

6. 教师应参加当地选举、群众会议及有关教育的行政会议。

7. 奖励优良教员，提拔能力强的小学教员为教育行政干部。

8. 帮助建立小学教师联合会，充实该会的工作，使其成为为教师本身谋利益的组织。②

边区最早创办的中学学校是鲁迅师范。到 1942 年，共有 7 所中等学校，其中师范学校就有 5 所。陇东中学名义上是中学，实际上是师范学校。到 1945 年上半年止，7 所中等学校中有 2 所师范，但边区普通中学一直兼负培养师资的职能。③

边区尤其重视小学教师的在职培养与训练。几乎每个暑假和寒假都组织教员训练班或教育研究班。例如，1937 年 7 月陕甘省组织暑期教员训练班，共有学员 120 人，学习一个月，开设政治、新文字、算术、常识、汉字等课，以政治和新文字为主课，徐特立亲临指导并上课；1937 年寒假，教育厅举办小学教员训练班，共有学员 344 名，学习二至三周，开设国防教育、统一战线、教学法、游击战术、社会教育、小学组织、唱歌和体育等课；1938 年暑假，教育厅举办小学教师国防教育研究班，开设政治常识、民众运动、社会教育、各科教学法等课，同时还举办社会教育训练班；当年 4 月，还举办边区教育干部训练班；1938 年冬学结束后，于 1939 年 3 月举办各县社会教育指导训练班；前面提到，1939 年暑假小学教员训练班结业时，毛泽东还到会演讲。到 1940 年已达到每个分区一所中等学校（主要是师范学校），教员培养正规化，并且在 1941 年暑假五个分区还分别举办小学教员训练班。

经过多年努力，终于形成一数量可观的承担抗日教育历史使命的师资队伍。

---

① 陕甘宁边区教育厅：《今后学校教育总方针》，《陕甘宁边区教育资料（教育方针政策部分）》上册，第 131 页。

② 同上书，第 130 – 131 页。

③ 《边区历年来中等学校材料统计》，《陕甘宁边区教育资料（中等教育部分）》上册，第 277、280 页。

边区在 1937 年春季只有 350 名小学教员，到 1939 年已达 1 000 人以上。①

二

边区师资队伍从小到大，逐步发展，到 1942 年，已有小学教师 1 494 人（其中完全小学教师 459 人），中学教师 78 人，中学职员 130 人，教育行政干部 105 人。②

小学师资队伍的基本状况是：

1. 教师籍贯③

1941 年以前（具体时间不明）在 1262 名教师中调查的结果是：

籍　贯	人　数	百分比%
边区内	979	78
陕西省	201	16
其他各省	82	6
合　计	1 262	100

1941 年 11 月边区教育厅总结报告中所列籍贯统计（只举直属县与文化较发达的绥德分区，其余分区略）为：④

地区	籍贯\项目\学历	大学	专科	外边中学	边区内中学	高级小学	其他	合计	百分比%
直属县	本籍			49	43	292	114	498	84.5
	外籍	2		24	48	13	4	91	15.5
	合计	2		73	91	305	118	589	100
	百分比	0.3		12.4	15.5	51.8	20.0	100	

---

① 《普及教育三年计划（草案）》，《陕甘宁边区教育资料（小学教育部分）》上册，第 71 - 72 页。

② 《去年工作总结，今年计划大纲》，《陕甘宁边区教育资料（教育方针政策部分）》下册，第 371 页。

③ 《陕甘宁边区的教育工作》，《陕甘宁边区教育资料（教育方针政策部分）》上册，第 239 页。

④ 同上书，第 239 - 240 页。

地区	项目 籍贯 学历	大学	专科	外边中学	边区内中学	高级小学	其他	合计	百分比
绥德分区	本籍	2	6	177	3	124	8	320	97
	外籍	1	0	8		1		10	3
	合计	3	6	185	3	125	8	330	100
	百分比	0.9	1.8	56.1	0.9	37.9	2.4	100	

从以上统计可以看出本地教师占绝大多数，1941 年在直属县达 84.5%，在绥德分区达 97%，这是发展地方教育的基础。如果就文化程度分析，中等以上文化程度的（包括边区中等学校毕业者），外籍教师占 45%，本籍教师占 55%。

外籍教师大多是边区中等学校的毕业生，年龄较小，文化程度也不算高，学习要求迫切，工作不太安心。

2. 教师年龄

1941 年以前以 1262 名教师对象，调查结果：①

年龄	人数	百分比%	分类百分比%
16—18 岁	115	9.1	39.6
19—23 岁	385	30.5	
24—28 岁	265	21.0	52.8
29—35 岁	303	24.0	
36—39 岁	99	7.8	
40—44 岁	46	3.7	6.5
45—49 岁	35	2.8	
50— 岁	14	1.1	1.1
合　计	1 262	100	

1941 年报告所列调查结果（只采取直属县与绥德分区部分）：②

---

① 《陕甘宁边区的教育工作》，《陕甘宁边区教育资料（教育方针政策部分）》上册，第238页。
② 同上。

地区＼项目＼学历＼年龄	16—23岁	24—39岁	40—49岁	50岁以上	不明	合计
直属县 人数	183	361	21	1	5	571
直属县 百分比%	32.0	63.2	3.7	0.2	0.9	100
绥德分区 人数	91	200	29	10		330
绥德分区 百分比%	27.6	60.6	8.8	3.0		100

这个统计表明，1941年以前，40岁以下的教师占92.4%，1941年在直属县占95.2%，在绥德分区占88.2%。可见，这是一支相当年轻的队伍。他们工作热情较高，办法少，不大懂世故。50岁以上老先生，大都是当地有威望的人。

3. 小学教师服务年限

据1941对直属县与各分区共16县调查结果：[①]

年限	1年以下	2年	3年	4年	5—10年	10年以上	不明	合计
人数	278	251	172	71	91	19	15	897
百分比%	31.0	28.0	19.2	7.9	10.1	2.1	1.7	100

这项统计表明，工作不满5年，即在边区政府成立后参加教育工作的教师占86%，其中工作不到2年或满2年的教师占58%，意味着在1939年以后吸收与培养的教师占1/2以上。

4. 教师学历与文化程度

先后进行过三次调查。第一次调查，时间在1938年7月，对象在515人左右，结果是：[②]

学历与文化程度	人　数	百分比%	分类百分比%
师范毕业	12	2.33	
师范肄业	11	2.14	15.54
中学毕业	27	5.24	
中学肄业	30	5.83	

---

① 《陕甘宁边区的教育工作》，《陕甘宁边区教育资料（教育方针政策部分）》上册，第241页。
② 《陕甘宁边区政府工作报告》，《陕甘宁边区教育资料（教育方针政策部分）》上册，第184页。

学历与文化程度	人 数	百分比%	分类百分比%
高小毕业	245	47.57	
高小肄业	53	10.29	69.12
初小毕业	26	5.05	
初小肄业	32	6.21	
鲁迅师范毕业	18	3.5	3.5
私塾学生	48	9.32	
秀才	13	2.52	11.84
总计	515	100	100

第二次于 1940 年 8 月，在延安等 10 余县，以 845 名教师为对象进行粗略调查，结果是：师范毕业（绝大部分为鲁迅师范毕业）213 名，占 25%强；高级小学毕业 438 名，占 52%弱，老先生和其他未受过近代教育的 194 名，占 23%弱。[①]

第三次是 1941 年 7 月以 1284 名教师为对象，调查结果是：[②]

学历与文化程度	人 数	分类百分比%
大学	2	
师范	46	
中学	87	12.5
简师	25	
边区创办的师范与中学	196	15.3
高级小学毕业	740	57.6
初级小学毕业	88	
读过私塾	93	14.6
读过冬学	7	
合计	1284	100

上述统计表明：在抗战初期（1938 年），具有中等文化水平的教师只占

---

① 《陕甘宁边区政府工作报告》，《陕甘宁边区教育资料（教育方针政策部分）》上册，第 184 页。
② 同上。

19.03%，在 1941 年 7 月已达 27.8%。教师队伍文化水平的提高，同新办中等学校毕业人数增加有关。新办中等学校毕业生从 1938 年的 3.5%，上升为 1941 年的 15.3%；在 1941 年，高级小学毕业以下文化程度的仍占 72.2%，表明当时师资队伍文化素质不高。

以上是把新办中等学校学生计入中等文化程度，实际上这些学校的毕业生文化水平并不高，但其政治素养很好。

此外，边区内各地区教师文化水平也不平衡。例如绥德分区 70% 以上的小学教师受过中等教育或师资训练。①

完全小学教员（包括校长）的文化程度，1943 年初统计如下：②

文化程度	边区中学学校（毕业或肄业）	旧日师范学校（毕业或肄业）	旧日中学（毕业或肄业）	高级小学以上	大学以上	秀才	不明	共计
人数	147	94	139	46	8	2	3	439

可见高级小学以下文化程度的完全小学教师只占教师总数的 10%。

陕甘宁边区中等学校师资情况未见全面调查材料。

据 1944 年 6 月统计，6 所中等学校有 33 个班级、1 536 名学生，教职员 109 人。③ 但在教职员中职员所占比例远远高于教员。据统计，1945 年上学期延安中学有教员 39 人，职员 54 人。在 93 名教职员中，职员只占 42%。这是因为当时中学承担生产自给任务。该校有 14 个班级，平均每个班级有 2.8 个教师；三边公学有 44 名教职员，其中，教员 21 人，职员 23 人，职员人数略超过教员。该校有 10 个班级，平均每个班级有 2 名教员。④

中学教师学历未见全面统计。中学师资中的突出问题是边区籍教师所占比例极小。据 1945 年 5 月统计，在 7 所中等学校 55 个班级 120 名左右任课教员中，边区籍教师只有五六人，占教师总数不到 5%。⑤ 故到抗日反攻阶段，随着大批外籍教师离开边区，培养当地中学教师，成为一个十分迫切的问题。

---

① 《陕甘宁边区政府工作报告》，《陕甘宁边区教育资料（教育方针政策部分）》上册，第 184 页。

② 《去年工作总结，今年工作计划大纲》，《陕甘宁边区教育资料（教育方针政策部分）》，下册，第 375－376 页。

③ 《陕甘宁边区中等教育概况》，《陕甘宁边区教育资料（中等教育部分）》上册，第 105 页。

④ 《边区历年来中等学校材料统计》，《陕甘宁边区教育资料（中等教育部分）》上册，第 280 页。

⑤ 《关于培养边区籍中等学校教员的意见》，《陕甘宁边区教育资料（中等教育部分）》上册，第 117 页。

三

1941 年陕甘宁边区乡、市选举时，许多小学教师当选议员或乡长。如延川县有 18 名教师当选为乡议员，3 名当选为县参议会候补议员；绥德县有 6 名教师当选为区参议员，38 人当选为保议员，16 人当选为县参议会候补议员。不过，在基层干部中看不起教师的情况依然存在。[①]

小学教师的生活待遇，抗战初期（1938 年）的供给标准是：每人每月粮食费 2.5 元，菜金 1.2 元，津贴费 1.5 元。标准虽低，但同别的工作部门一样。[②] 边区对于工作出色的教师给予奖励。奖励办法包括：登报表扬，颁给奖章奖状，奖赠书籍，发给奖金或用物品代替，给予学习深造的机会。[③] 不过，据 1940 年调查，教师生活中仍存在许多困难。如办公费与津贴不够用，外地教师粮食不够吃，学校无伙夫，教师得动手烧饭，衣服缺乏，没有书报。外地教师的困难比当地教师更甚。[④] 为此，边区教育厅于 1941 年拟定《陕甘宁边区小学教员待遇保障方法》。有如下规定：

1. 社会地位：免除兵役；得兼任当地乡政府文化主任或其他有关文化教育职务；参加当地政府召集的有关文化教育会议；得被推为当地群众团体的顾问。

2. 工作待遇：主管机关不得无故解除小学教师职务；学校经费按时供给，在其他行政经费短绌时，学校经费也应尽先发给，等等。

3. 生活待遇：薪金或津贴、粮食按时发给，即使其他行政工作人员规定缓发或停发时，对小学教师仍应照发；薪金制小学教员，薪金额按当地物价至少保证其最低限度的生活；津贴制的小学教师，其米粮数量按武装部队待遇发给，其制服即使在其他行政工作人员减发时，仍应照发全套，并须补充与补助其被褥、鞋袜；疾病时发给医疗等费用，区、乡政府并应负责看护，以及给教师代耕等。[⑤]

1941 年 12 月边区教育厅拟定的教育开支暂行标准，提高了小学教员的供给

---

① 《陕甘宁边区的教育工作》，《陕甘宁边区教育资料（教育方针政策部分）》上册，第 243 页。
② 《边区的文化教育状况》，《陕甘宁边区教育资料（教育方针政策部分）》上册，第 26 页。
③ 《陕甘宁边区奖励小学教员暂行办法》，《陕甘宁边区教育资料（小学教育部分）》上册，第 67 页。
④ 《边区教育现状与今后工作方针》，《陕甘宁边区教育资料（教育方针政策部分）》上册，第 26 页。
⑤ 《陕甘宁边区小学教员待遇保障办法》，《陕甘宁边区教育资料（小学教育部分）》上册，第 108–110 页。

标准。新标准如下：①

数额 学校 \ 项目	津贴费（以月计）	伙食费（以日计）	制服费（以年计）	粮食费
完全小学	4 元	0.5—0.6 元	棉、单、衬衣各一套	根据家庭情况酌发1—2 人粮食
中心小学	3 元	0.3—0.5 元		
初级小学	3 元	0.3—0.5 元		

同 1939 年比较，津贴费从 1.5 元提高为 3—4 元；伙食费（菜金）从 1.2 元提高到（以每月 30 日计）9 元（中心小学、初级小学）与 15 元（完全小学）。

据 1943 年春调查，基本上按照教育厅上述规定（略有提高）执行的有 13 个县。其他县另有一些做法。②

小学体制改革后，大部分小学改为民办学校，民办学校教师由当地群众自己请，自己解决教师的供给问题。1945 年绥德分区专员公署根据小学改革后的情况，提出：完全小学教师待遇不变；中心小学、普通小学（即初级小学）教员伙食一律增为每月 4 斗；民办学校教员待遇由双方自定，但行政领导应尽量把民办教师待遇搞好，保证教师生活，使其安心工作。③

中学教师的待遇，按照 1941 年 12 月颁布的《陕甘宁边区中等学校教职员暂行待遇条例》规定，分薪制与津贴制两种。薪金制只在绥德、米脂警备区范围内推行。

实行津贴制的学校，教师津贴标准为：专任教师（每周至少任课 12 小时，改作文与批改作业按 1 小时半计算，级任职务作 4 小时计算），每月 6 元，外聘专任教师每上课 1 小时津贴 2 元（不供给膳食）；津贴制教员除领津贴外，供给衣服、粮食、菜金，每月菜金 15 元；教师父母、妻子如住校，供给一般衣服、伙食，但不给津贴；教师编著的讲义，如被采用，按每千字 2 元付给稿费。④

按照 1943 年规定，供给实物。中学教师每人每年发棉衣、单衣、衬衣各 1 套，单鞋 1 双，毛巾 2 条；每月发粮 35 斤 10 两（16 两制），菜 30 斤，肉 4 斤

---

① 《陕甘宁边区各县教育经费开支暂行标准》，《陕甘宁边区教育资料（教育方针政策部分）》上册，第 287－288 页。

② 《去年工作总结，今年计划大纲》，《陕甘宁边区教育资料（教育方针政策部分）》下册，第 369 页。

③ 绥德分区专员公署：《关于开展一九四五年教育工作的指示》，《陕甘宁边区教育资料（教育方针政策部分）》下册，第 518 页。

④ 《陕甘宁边区中等学校教职员暂行待遇条例》，《陕甘宁边区教育资料（中等教育部分）》上册，第 13 页。

半，油盐各 15 两，教课的教员发钟点费，每周上课 1 小时，每月给小米 1 斗，一般教员每月有 1 斗 4 升米的钟点费；医药免费；教职员的妻子不担任工作的，同样供给食物。①

边区教师生活待遇虽然不高，但一则供应比较稳定、有保障；再则，相等甚至略高于一般干部的供给水平。所以一般教师的工作积极性还是比较高的。

四

由于边区教师政治、思想、文化素养颇不一致，据教育厅 1941 年分析，他们的工作大致可分为三种类型：

1. 尚未定型的新式教学：大部分边区新培养的教师，懂得进步口号，缺少教育理论与方法方面的素质，能同学生打成一片，教育效果不一定佳。

2. 比较正规的旧式教学：教师有相当文化程度，受国民党统治区传统教学与训育的影响较大。

3. 私塾式的教学：教学活动主要是教书、念书、背书，管理方法也较落后。②

重要的是各类教师在教育改革过程中都有不同程度的提高。特别是在1943—1944 年普通教育改革中，从教师群体中涌现出许多先进典型。

值得注意的是，边区教师不仅肩负教育新后代的职能，而且一般都承担社会教育的使命，并且除了教学、社会工作以外，还得承担一定生产自给的任务。生产自给的任务有时不重，有时却比较重。1945 年绥德分区调整为：完全小学、公立小学，每人 3 斗，30% 交公，70% 归自己改善生活。③ 这还算是负担轻的。正是在如此困难的条件下，"这一千多从事基层教育的同志，饱满地燃烧着革命热情，举起真理的火把，不怕各种艰难困苦，英勇地踏进每个乡村的角落，长期地、顽强地埋头苦干……"④

---

① 《陕甘宁边区的中等教育概况》，《陕甘宁边区教育资料（中等教育部分）》上册，第 242 页。
② 《陕甘宁边区的教育工作》，《陕甘宁边区教育资料（教育方针政策部分）》上册，第 242 页。
③ 绥德分区专员公署：《关于开展一九四五年教育工作的指示》，《陕甘宁边区教育资料（中等教育部分）》下册，第 517 页。
④ 《慰勉小学教师们》，《解放日报》1941 年 8 月 12 日。

=第三编=　华北区敌后抗日根据地教育

1. 华北敌后抗日根据地教育鸟瞰
2. 晋绥边区
   [1937 年 10 月—1940 年 12 月]
3. 晋绥边区
   [1941 年 1 月—1943 年 12 月]
4. 晋绥边区
   [1944 年 1 月—1945 年 8 月]
5. 晋察冀边区
   [1937 年 10 月—1940 年 12 月]
6. 晋察冀边区
   [1941 年 1 月—1943 年 12 月]
7. 晋察冀边区
   [1944 年 1 月—1945 年 8 月]
8. 晋冀鲁豫边区
   [1937 年 10 月—1940 年 12 月]
9. 晋冀鲁豫边区
   [1941 年 1 月—1943 年 12 月]
10. 晋冀鲁豫边区
    [1944 年 1 月—1945 年 8 月]
11. 山东区
12. 山东区 [续]

华北敌后抗日根据地教育鸟瞰

华北敌后抗日根据地包括河北、察哈尔、绥远、山西、山东五省大部分及
热河、辽宁、江苏三省一小部分，形成晋察冀边区、晋绥边区、晋冀鲁豫边区
和山东区四大块敌后抗日根据地。

华北属于日本侵略者统治的远后方。正是在敌人的卧榻近旁，针对日军奴
化教育，人民掀起了抗日怒潮，开辟了我国民族民主教育的新天地。

一

早在 1935 年，日军魔爪即伸到华北。当年 7 月，国民党政府派何应钦同日
本华北驻屯军司令梅津美治郎签订"何梅协定"。接着，察哈尔政府代理主席秦
德纯又同日本特务机关长土肥原签订"秦土协定"，使中国在河北、察哈尔的主
权大部分丧失。日本又策动汉奸制造所谓"华北五省（冀、察、绥、晋、鲁）
自治运动"；同年 11 月，又指使汉奸成立"冀东防共自治政府"；12 月，国民政
府应日本"华北政权特殊化"的要求，成立"冀察政务委员会"。这一切，统称
"华北事变"。"华北事变"引起举国震动。1935 年 12 月 9 日，爆发了声势浩大
的"一二·九"运动。

1937 年"七七事变"爆发后，国民政府军队纷纷溃退。八路军总部成立
（1937 年 8 月 8 日）后，即开赴华北敌军后方，120 师挺进晋西北，开辟晋绥边
区；115 师开辟晋察冀边区，129 师在八路军总部直接指挥下开进太行、太岳区，
后来又在冀南收复失地，奠定晋冀鲁豫边区的基础；随后，八路军又与山东地
方抗日武装结合，开辟山东敌后抗日根据地。1937 年 11 月 8 日，日军占领太

原。这是敌人占领的华北的最后一个大城市。此后，国民政府军队与行政官吏大多数望风溃逃，而日军在占领太原以后的四五个月内，没有继续向山西南部进攻，八路军抓紧有利时机，采取大刀阔斧的工作方式，自上而下地广泛建立临时政权机构，开展敌后游击战争。

华北敌后抗日根据地的政权与各项建设事业，是在中共中央北方局统一领导下进行的。八路军总部（1937年9月12日改称国民革命军第十八集团军总部）统一领导华北各战略区的军事斗争。

抗战初期，中共中央北方局从华北实际出发，采取两种斗争形式。一是在国民政府军队和政府完全退走的地方，以及从敌人手中收复的地区，建立当地的抗日民主政府和抗日人民武装，独立自主地实行"三民主义"（实际上是新民主主义），进行抗战，然后请国民政府批准。这主要是在河北省采取的斗争形式。一是在同国民政府下属的地方政府达成建立统一战线协议的地区（例如在山西），鉴于地方军阀阎锡山实行"守土抗战"方针，同他合作。早在1936年9月，就成立了戴"山西帽子"，名义上由阎锡山领导，实际由共产党掌握和参与的"山西青年抗敌决死队"。

1937年9月，成立第二战区民族革命战争战地总动员委员会。由共产党、八路军、晋绥察三省政府、各军队、各群众团体代表组成。"山西牺牲救国同盟会"亦以山西群众团体身份参加，实际上是统一战线性质的临时政权机构。在晋西北，有30个县建立战地动员委员会，活动区域合计68县。

在山东，从1937年8月开始，也一度同地方实力派达成统一战线的协议。1938年共产党人还帮助"抗战老人"范筑先开辟30多个县。不过，在山东，起初当旧政权人员逃走、汉奸政权被推翻以后，没有及时独立自主地建立抗日政权，延误了时机。

1938年1月，晋察冀边区率先成立由共产党领导的临时政权，称为"晋察冀边区临时政委员会"。1943年1月，改称"晋察冀边区行政委员会"。

1939年12月，阎锡山企图消灭山西牺牲救国同盟会与山西青年抗战决死队，发动"十二月事变"。此后，山西牺牲救国同盟会完成历史使命，山西青年抗战决死队实际上加入八路军战斗序列。各根据地更放手建立共产党领导的抗日民主政权。1940年1月，晋绥边区成立晋西北行政公署。同年8月，在晋冀鲁豫边区成立冀南、太行、太岳联合行政办事处。次年7月，成立晋冀鲁豫边区政府。山东区在1938年就广泛开展抗日游击战争，到1939年5月以后，正视过去忽视建立抗日根据地的错误，加强基层民主政权建设，1940年8月，成立山东省战时工作推行委员会（1943年8月改称山东省行政委员会）。

华北敌后各抗日根据地未建立华北统一政权，而由中共中央北方局统一领导（在 1939 年底，一度把山东地区划归中共中央中原局领导，不久即重归北方局领导）。

二

中共中央北方局曾发表一系列指示决定指导华北各敌后抗日根据地的教育建设，如 1940 年 4 月 20 日《关于国民教育的指示》，1941 年 4 月《对晋察冀边区目前建设的主张》，1941 年 10 月 1 日中共中央北方局宣传部《关于冬学运动的通知》，1943 年 3 月 25 日《关于国民教育给太行分局的一封信》等。此外，《新华日报》（华北版）社论和报道对各地教育工作也有指导推动作用，例如 1940 年 6 月 23 日社论《创立正规的教育制度》，对华北各敌后抗日根据地教育工作"正规化"有较大影响。

华北各大区教育行政负责人如下：

地区	教育行政负责人
晋绥边区	晋西北行政公署教育处长梁膺庸（1940 年 1 月）、杜心源——晋绥行政公署教育处长杜心源（1942 年 10 月）
晋察冀边区	晋察冀边区临时行政委员会教育处长刘奠基（1933 年 1 月）——晋察冀边区行政委员会教育处长刘皑风（1943 年 1 月）
晋冀鲁豫边区	冀南太行太岳联合办事处教育处长杜润生（1940 年 8 月）——晋冀鲁豫边区政府教育厅长罗青（1941 年 7 月）——晋冀鲁豫边区政府第一厅厅长李一清、副厅长罗青（1943 年 2 月—1946 年 1 月）
山东区	山东省战时工作推行委员会教育组组长杨希文（1940 年 8 月）——山东省战时工作推行委员会教育处长田珮之（1943 年 8 月）——山东省政府教育厅代理厅长杨希文（1945 年 8 月）

三

华北各抗日根据地在 1940 年以前，有相当大的一部分地区主要通过统一战线利用国民政府名义开展抗日教育工作。例如山西牺牲救国同盟会曾开办山西军事政治干部训练班、山西民众干部训练班、村政协助员训练班，还兴办许多"民族革命中学"、"民族革命小学"、"民族革命室"。1940 年以后，在共产党直接领导下，放手开展抗日民主教育，并加强同国民党的妥协、倒退倾向斗争。

1941 年 8 月，中共中央北方局宣传部负责人曾就华北各敌后抗日根据地（以晋察冀、晋冀鲁豫、山东为主）的文化教育事业进行过综述，有助于了解到那时为止几个根据地教育概貌，① 主要内容如下：

在国民教育方面，华北敌后抗日根据地的国民教育为抗战服务，其内容反映抗战建国需要，大学、中学、小学、社会教育逐渐正规化。其突出表现是：实行一般的免费教育，甚至在专科学校里还供给全部衣食，使所有公民都有受教育的机会；广泛开展社会教育，使文化教育深入工厂、农村，普及到广大群众中去；建立在职干部教育制度，使干部有学习机会；在军队中建立干部轮训制度、战士教育制度，在连队设军人俱乐部组织。各级学校统计如下：

地区 \ 数字 \ 学校项目	高级专科以上学校、职业学校		中等学校		小学	
	学校数	学生数	学校数	学生数	学校数	学生数
晋冀豫	9	4 500	6	601	7 207	347 266
晋察冀	6	8 100	9	2 200	7 633	357 785
山 东	3		6		1 107	361 000
合 计	18		21		15 947	1 066 051

社会教育统计如下：

地区 \ 数字 \ 设施项目	冬学		民众学校（识字班）		民族革命室	剧团
	处数	学员数	处数	学员数	（室数）	（团数）
晋冀豫	2 223	151 158	1 809	73 824	519	299
晋察冀	7 182	722 036	5 000		933	1 800
山 东		13 000		40 000	120	
合 计		886 194				

此外，在抗日战争开始时，短期训练班至少每县一个。1940 年春，提出教育"正规化"以后，短期训练班逐渐停办。

当时华北各地有将近 200 万人入学。除参加军队、参加工作以及敌占区、游击区以外，在巩固区受教育的人口约占总人口的 5%，个别地区（冀中）

---

① 赵守攻：《华北抗日根据地的文化建设》，《山西教育史志资料》1985 年第 4 期。关于山东的统计出入甚大。据《大众日报》1941 年 7 月 1 日报道，全省有小学 10 000 所，入学儿童达 400 000 人。

占 10%。①

各种文化组织与活动风起云涌。有文化界救国联合会、文艺作家协会、戏剧协会、音乐协会、美术协会、木刻研究会（以上几种组织各根据地都有）、社会科学研究会（晋察冀）、自然科学研究会（晋察冀、晋冀豫）、新文字研究会（各区都有）、哲学研究会（晋察冀）、教育研究会（晋察冀），以及华北青年社、华北妇女社、日本问题研究会、军事研究会等等，共有 20 余种；理论研究活跃，也有不少科学技术新战果；有铅印、石印大报 15 种，各类杂志晋冀豫 38 种、晋察冀 30 种、山东 6 种、晋西北 2 种；出版书籍近 10 万册。② 由此可见，到 1941 年 8 月，华北文化教育盛极一时，呈现出一派兴旺发达的景象。③

1940 年，八路军在华北战场发动"百团大战"。当年冬季，日军就发动报复性的"扫荡"。1941 年以后华北敌后抗日斗争进入最困难的时期，特别是 1942 年日军对冀中平原空前残酷的"五一大扫荡"，前后几次在华北推行的"强化治安"运动，给根据地建设造成严重困难。根据地范围缩小，游击区与敌占区扩大。根据地人民在严峻的局势下，采取各种机动灵活的形式，坚守文化教育阵地，并把文化教育的触角伸向敌占区，创造一种扎根更深的带有游击色彩的新文化与新教育，表现出非凡的智慧。

1944 年抗日战争进入局部反攻阶段以后，华北各敌后抗日根据地一面致力于教育的恢复，一面开展蓬蓬勃勃的教育改革运动，教育工作的面貌又焕然一新。

四

日军在 1940 年 3—5 月间，曾在华北派遣调查班，刺探八路军与华北敌后抗日根据地情报。第二次世界大战后日本防卫厅战史室从档案中保存的《冀南（按：原文如此）边区抗日赤化工作实质报告书》、《冀中地区共产党的组织及各项工作的状况调查资料》、《冀南行政参议会工作报告书》等材料中摘录如下：

"在察南（按：原文如此）地区，以革命的救国三民主义为基础，教育成年男女提高其政治、文化水平，以发挥其高度的抗战精神和行动能力为指导方针，并以此教育儿童，培养其成为优良的第二代为目的。在社会教育方面，指导一般群众对村政给予影响，另外对日军占领地区的居民则主要针对日方所实施的欺骗教育的阴谋予以彻底的揭露"，"在冀南地区，以灌输抗日革命思想为目的，

---

① 赵守攻：《华北抗日根据地的文化建设》，《山西教育史志资料》1985 年第 4 期。
② 同上。
③ 同上。

由县党委、军政治部等主持，对各村干部进行集中教育，对一般群众的讲演和演剧等形式进行宣传教育"。

侵华日军对华北敌后根据地的学校教育作如下概括：

1. 小学校全都改称抗日小学校，教科书统一以抗战作为内容，儿童的作文、图画、游戏等也都要注意灌输抗日意识。

2. 儿童学生除按军队方式以连为单位进行组织外，并编成宣传队、儿童剧团、慰劳队，使其参加工作，边教育，边努力加强抗战气氛。

3. 在以行政系统划分的小学区内，指定中心小学校，以此作为指导教育的核心，形成对其他小学校进行督促指导的组织。

4. 教育者由受过共产党抗日教育的人员充当，县政府的教育科员（共产党员）经常巡回视察各小学校，担任指导。

5. 扩大设置各种教师进修学校、干部训练班，"努力大量培养抗日工作干部，各教师要同时进行军事训练，以抗战言论集、抗日报纸等为教材，使其受到彻底的抗战教育。

对社会教育的实施情况也有反映。

此外，在日军情报中还提到："第二十一师团的俘虏中发现有妇女军官，忠于共产主义，宁死不屈，拒绝自首"，"共军的民众工作极为彻底，居民对有关八路军的情况，均不轻易出口，各村的'空室清野'，也均严格执行"，"两名特务人员捉到当地居民，令其带路，当接近敌村时，带路的居民突然大声喊叫'来了两个汉奸，大家出来抓啊！'""冈村支队的一个中队，当晚离大队主力分进之际，带路的当地居民将其带进不利的地形，使我军陷于共军的包围之中"，"草野支队两名士兵，由于迷失方向，被村民带到敌军第四团第二营营队所在地。"① 由此可以反证华北敌后根据地抗日教育的成效。

五

华北敌后抗日根据地教育建设的客观环境，同陕甘宁边区及华中敌后抗日根据地不同，同华南敌后抗日根据地区别更大。

1. 幅员广大。陕甘宁边区在抗战开始时，只拥有人口 200 万，从 1940 年开始降为 150 万（1944 年 6 月为 148 万）；陕甘宁边区政府下辖 5 个分区，相当于一个行政公署管辖的范围。在 1944 年 10 月，华北晋察冀边区拥有人口 2 500 万，晋冀鲁豫边区也是 2 500 万，山东区人口为 1 350 万，各为陕甘宁边区的 9—16倍。幅员最小的晋绥边区，在 1944 年 10 月，也有人口 322 万，比陕甘宁边区多

_____

① 日本防卫厅战史室编：《华北治安战》，天津人民出版社 1982 年版，第 164－165 页。

一倍。

2. 相对集中。华北敌后抗日根据地虽然受敌人的包围分割,不如陕甘宁边区集中,但比华中各敌后抗日根据地(尤其是苏皖边区以外的抗日根据地)集中。所以中共中央北方局对教育工作的指导,比中共中央华中局对所属各根据地教育工作的指导更具体些。中共中央在华北地区除设北方局外,在北方局之下,各大区均设有中共中央分局,如中共中央太行分局(1942 年 9 月设立,管辖太行、太岳、冀南等区)、北方分局(亦称晋察冀分局)、晋绥分局(1942 年 9 月成立)、山东分局(1933 年 12 月成立,一度改为鲁豫分局,后又恢复)。这与中华地区不同。

3. 局势动荡。各敌后抗日根据地的环境,都不如抗日后方根据地陕甘宁边区稳定。华北地区属于敌人的远后方,日本侵略军为了巩固后方,经常不断地对根据地发动大规模的"扫荡",几次推行所谓"强化治安运动",使根据地不得安宁;虽然华中敌后根据地也经常遭到日伪的大规模进攻,但在 1941—1942 年,华北敌后抗日根据地的人口减少到 2 500 万之际,华中敌后抗日根据地却仍保持发展的势头,总人口达到 2 000 万。所以,尽管华北根据地在 1941—1942 年间,也试图使教育工作正规化,维持"正规化"的时间只有一年多,但华北敌后根据地在游击教育方面,却创造了奇迹。此外,抗战开始以后(1937 年 7 月—1939 年),国民政府在华北地区的统治比较薄弱,在若干地区能够通过同国民党地方政府建立统一战线,共同开展教育工作。在此期间,华中地区国民政府统治力量较强,地方势力摩擦活动异常猖獗。华中地区起初受右倾指导思想影响,开辟根据地较华北为晚,约在 1941 年挫败国民党摩擦势力,并放手建立根据地以后,华中地区抗日民主教育才兴盛起来。

华北敌后抗日根据地教育正是在这种特殊条件下,形成了自己的特色。

晋绥边区

[1937 年 10 月──1940 年 12 月]

晋绥边区包括山西西北部及绥远东南部。西凭黄河天险，东临汾河，北迄蒙古草原，南抵吕梁山脉；前与晋察冀、晋冀鲁豫边区呼应，后同陕甘宁边区隔河相依，是陕甘宁边区同华北、华中等根据地联系的唯一交通孔道。

晋绥根据地是历尽艰辛创建起来的。1937 年 10 月，八路军一二〇师深入敌后，开辟晋西北抗日根据地。1938 年春，打垮日军对晋西北第一次围攻，奠定晋西北抗日根据地的基础；同年 8 月，一二〇师一个支队驰向大青山，同当地蒙汉骑兵游击队会师，开展绥中、绥西、绥南及察哈尔等地游击战争，初步创立大青山根据地。

晋绥边区在同敌人紧张的斗争中，在 30 余县、几百个区及数千个村，或经临时选举，或经代表会议、联席会议，纷纷建立基层民主政权。1940 年 1 月，首先成立晋西北军政委员会，同时成立中共晋西北委员会（统一领导晋西北、晋西南与绥远地区共产党组织）。1 月 15 日，在兴县举行全晋西北军政民代表大会，建立统一政权晋西北行政公署。

晋西北行政公署成立后，面对日军空前未有的春季、夏季、冬季三次大"扫荡"，部队 1940 年全年都在行军作战。党、政、民众团体和广大人民也都集中力量坚持对敌斗争。政权建设的基本工作是应对战争，克服混乱，以及开展群众工作与统战工作。1942 年 8 月，中共中央决定撤销中共晋西区委员会，建立中共中央晋绥分局，在晋绥边区实行党的一元化领导。1941—1942 年大部分地区开展村政权的民主选举，1942 年又试行区政权民主选举。在此基础上，于同年 10 月 24 日—11 月 1 日召开晋西北临时参议会，选举产生晋绥边区行政公署。

晋绥边区在 1940 年拥有 300 余万人。1941—1943 年间，在日军与伪军疯狂

"扫荡"与"蚕食"下，根据地大大缩小，只占约 100 万人口的地区。到 1944 年，形势好转。据 1944 年 10 月统计，全边区面积为 331 000 平方公里，人口 322 万，遍及 46 县。不过，由人民武装力量控制的县城，只有河曲、保德、偏关、苛岚、临县、兴县。晋绥行政公署下辖 12 个行政区。其中绥远省 3 个行政区，由绥蒙政府领导（绥蒙政府直属晋绥边区行政公署领导），设 9 县；晋西 9 个行政区，设 41 县（其中包括原属陕甘宁边区的神府县）。

晋绥边区教育事业发展过程大致分为三个阶段：从 1937 年 10 月到 1940 年冬，在频繁的战争气氛中奠定抗日民主教育的基础；1941—1943 年在日军疯狂"扫荡"、"蚕食"和"强化治安"的严重局势下，从整顿教育、检定学校、提高教育质量，到在经受严重挫折后恢复教育设施、坚持教育阵地；1944—1945 年 8 月，在越来越有利的形势下，踏上教育改革的征程。

一

晋绥边区地处高原地带，原来也属于中国文化最落后的地区之一，文盲占总人口 90% 以上。如五寨县田家坡全村 203 人中，只有 2 个半人识字。战前大村镇为数不多的学校，又大都毁于日军炮火。① 幸免于难的学校，往往处于停顿状态，几乎无人过问。晋绥边区教育建设几乎是白手起家。

1937 年 10 月到 1940 年底，是晋绥敌后抗日根据地发展的第一阶段。不过，在 1939 年 12 月"晋西事变"以前，蒋介石、阎锡山在晋西北仍有很大势力，根据地处在开辟时期。在山西境内，以同阎锡山代表的国民党山西地区势力建立统一战线的形式，从事教育活动。1939 年 12 月，粉碎蒋、阎发动的"晋西事变"、从晋西北赶走蒋阎势力，并于 1940 年 1 月，成立晋西北行政公署。此后，教育工作的局面才得以打开。就教育工作的进展来说，1940 年 9 月边区第二次行政会议前后，形势有较大的变化。在此以前，是"恢复学校与自流发展的时期"；在此以后，踏上了教育正规化的道路。

晋西北行政公署设教育处，梁膺庸为首任教育处长。各专员公署、县设第三科（教育科），区设教育助理员。1940 年 9 月以后，教育行政机构逐步健全与充实；教育行政系统以外，实行学区管理制度。每个学区建立一所中心小学，辅导本学区各小学业务，并向教育行政部门反映学区情况与意见。教育行政系统与管理制度同陕甘宁边区相近。

晋绥边区教育，分为国民教育、中学教育（包括干部教育）、社会教育几个部分，也与陕甘宁边区大致相同。唯中学教育与干部教育不如陕甘宁边区发达。

---

① 穆欣：《晋绥解放区鸟瞰》，山西人民出版社 1984 年版，第 114 页。

教育行政管理实际上以国民教育（小学教育）与社会教育为主体，而干部教育却发挥了特别重要的作用。

二

1940 年 2 月，晋西北行政公署发布《行政实施大纲》，其中列入"普及全民文化教育"条款。提出：开展文化教育，普及义务教育，健全小学，扩大补习学校，推进社会文化活动。

同年 4 月 3 日，晋西北行政公署召开第一次教育会议。会议历时五天。讨论并制定了晋西北教育方针，确定反对封建迷信、"复古读经"和"一党专政"的教育，使学校教育与社会教育融为一体，使教育工作真正围绕民主运动与经济建设的中心任务进行，同敌人的奴化教育作斗争，使民众成为坚强的抗日战士。会议发表《告全体教育工作者书》，部署恢复抗战前旧有的小学校，并着手建立新的中学。此外，还决定建立晋西北教育工作者协会。

到 1940 年 8 月，据 19 个县统计，晋西北已有完全小学 26 所，高级小学学生 890 人，初级小学 1 397 所，学生 74 069 人。①

在此期间，陆续建立的干部学校与中学有：

晋西北军政干部学校 1940 年 2 月成立，有学员 500 人，分军事、行政、交通、工运、农运、青运、妇运 7 队，为短期干部训练班。修业期为 3 个月。该校后来经过改编多有分化。如改编后，把军事、交通两队划归其他机关办理，在青运队基础上另成立晋西青年干部学校（修业期延长为半年至 1 年），只保留行政、民运（工、农、妇）2 队，更名晋西抗战学院，仍属短期干部训练班性质，有学员 119 人；民运队后来又独立为晋西抗联训练班，内分工运、农运、妇运 3 队，修业期高级班为半年，初级班为 1 年。

晋西北第一中学 1940 年 3 月成立，亦说 10 月成立。原系西北抗日牺牲救国同盟会于 1938 年建立的民族革命中学，"晋西事变"后，接管改组而成。属四专署领导，有学员 380 人，分为 4 个中队。同年 6 月，改为"二二制"中学，实际上仍属短期干部训练班性质。此外，尚有永田中学（成立于 1940 年 5 月），校址在交城，亦属短期干部训练班性质。②

---

① 《晋西北的文化教育建设》（按：系根据晋西北行政公署向临时参议会教育建设的报告整理而成），《老解放区教育资料（二）》上册，教育科学出版社 1986 年版，第 171 页；据徐明道根据《二年半的文化教育建设报告》整理而成的《晋西北地区二年半文化教育概况》一文载，高小生 735 人，初小生 61 203 人。《山西教育史志资料》1985 年第 2 期。

② 《晋西北的文化教育建设》，《老解放区教育资料（二）》上册，教育科学出版社 1986 年版，第 169 页。

1940 年 9 月，晋西北行政公署召开第二次行政大会。在会议通过的十大要案和会议确定的三大中心工作中，均列入教育工作。中共晋西北区委员会书记林枫在会议上发表《对晋西北政权工作的意见》。其中认为，"现在我们还没有资格提'扫除文盲'的口号，但要恢复战前的学校，加紧国民教育的正规化。同时利用农闲时间，进行社会教育"。在他看来，没有正规化的教育，干部问题就没有办法解决，短期训练班只是救急的办法。① 这次会议还发出"大办冬学"的号召。第二次行政大会，确立了晋西北教育工作的新起点。

第二次行政大会后，行署教育处协同各民众团体，组成冬学运动委员会，部署当年冬学运动。

1940 年 12 月 10 日，晋西北行署所属第二行政区，召开新政实施咨询会议，决定成立教育助成筹备委员会，并举办师资训练班。

1940 年 9 月后，继晋西北第一中学、永田中学后，分别在静乐县和河曲县增建两所中学。

总之，1940 年底，晋绥边区共有干部学校 3 所（晋西抗战学院、晋西青年干部学校、晋西抗联训练班），中学 4 所。

三

1940 年冬季，晋西北开展了大规模的冬学运动。这是晋西北行政公署建立以后，第一次有计划、有组织地推行社会教育的尝试。

1940 年 9 月以前，各县社会教育组织大都不能经常活动，社会设施也很有限:②

数字　　设施　县别	民族革命室	夜校	识字班（学员数）	图书馆
神 池	9	44		
宁 武	10	30	35 (1 542)	
偏 关		20	56	
苛 岚	4	89	44 (2 300)	
保 德	35	53	63	

---

① 《晋绥革命根据地教育大事记》，《山西教育史志资料》1986 年第 1 期。

② 庄光:《一九四〇年晋西北地区冬学工作概况》，《山西省教育史志资料》1985 年第 2 期。

社会教育 数字 设施 县别	民族革命室	夜校	识字班 (学员数)	图书馆
五　寨	71	71	75	
河　曲			21	
忻　县		9		
静　乐				1

1940 年冬学运动开始前，建立冬学运动委员会，动员冬学教师，并着重对冬学教师进行政治思想方面的训练。训练课程有：政治常识、群众工作、论持久战、新民主主义论、统一战线、新政权的性质、目前形势和民主村选、送公粮、减租减息、三大中心、八项主要政策，以及冬学实施办法。据 9 县统计，共动员兼任冬学教员 397 人，专任冬学教员 849 人，合计 1 246 人。①

据 19 县统计，共建立冬学 3 116 所，平均每个行政村 2 所，学员 178 182 人。② 其中 8 个县行政村与冬学的比例是：③

县　别		静乐	忻县	偏关	河曲	保德	苛岚	宁武	神池
行政村数		86	121	45	67	40	67	25	54
冬学	兼办	81	78	33	58		68	41	29
	独办	75	65	45	165		146	13	15
	合计	156	143	78	223	40	214	54	44

其中河曲、苛岚每村 3 所，宁武、静乐每村 2 所，仅神池每村不到 1 所。实到人数与应入学人数的比例，据保德县调查的情况是：④

---

① 庄光：《一九四〇年晋西北地区冬学工作概况》，《山西教育史志资料》1985 年第 2 期。
② 《晋西北的文化教育建设》，《老解放区教育资料（二）》上册，第 174 页。
③ 同上。
④ 同上。

项目\数字\性别、年龄阶段	男童	女童	青年男子	青年妇女	壮年男子	壮年妇女	总计
实入学人数	1 523	1 231	1 903	2 134	3 581	3 712	14 084
应入学人数	3 077	2 667	3 282	3 482	6 718	6 325	25 551
实入学与应入学人数百分比	49%	46%	58%	61%	53%	59%	55%
常上学人数	1 212	915	1 409	1 542	2 376	2 272	9 726
常上学与实入学人数百分比	79%	74%	74%	72%	66%	61%	69%

这项统计表明全县从儿童到壮年有一半人参加冬学。其中有69%的学员经常入学。

实际入学的人数与应入学人数比例，按出身成分统计，在偏关县的情况是：[1]

项目\数字\社会成分	富 农	中 农	贫 农	雇 农	工 人
实入学人数	227	1 299	1 651	229	14
应入学人数	282	2 060	3 421	463	119
实入学人数与应入学人数的百分比	80%	63%	48%	49%	12%

这个统计表明，当时执行抗日民族统一战线政策，把富农列入教育对象，从工人、雇农到富农，成分越高，实入学人数所占比例越大。可能由于贫雇农、工人的劳动与社会工作多，或可能因为富农所受压力较大。

冬学课程不统一，大致有识字课、政治课、唱歌、应用文教学。据9个县统计，实际结果如下：[2]

---

① 庄光：《一九四〇年晋西北地区冬学工作概况》，《山西教育史志资料》1985 年第 2 期。
② 同上。

县　别		河曲	静乐	偏关	神池	苛岚	保德	五寨	忻县	宁武
认字	最多者	250	230	80	120	300	150	120	100	
	最少者	30	8		60	15	40	30		
	平　均	50	80	30	70	30			50	
写字	最多者		215		70					
	最少者		5		20					
	平　均		80		50					
政治课	最多者	12	15	17		12				
	最少者	5	5	3		2				
	平　均		8	4		3	6			
唱歌	最多者		15	12	6	10	7			17
	最少者		5	2	3	1	1			9
	平　均		8	5	4	4	4	12		10

当年共油印教材 14 种。包括《国语》（第 1—4 册）、《冬学政治课程提纲》、《冬学课本》、《反投降妥协大纲》、《粉碎"三光"政策》、《新教育建设实施》、《普通教育法》、《儿童管理训导》、《敌区教育》、《冬学讲授大纲》、《政治提纲》等，共印 153 500 册。①

1940 年冬学是在日本军队对晋西北"毁灭性的扫荡"形势下展开的，除河曲、保德成绩很好外，其余各县受战争影响未全按预定计划行事。②

---

① 庄光：《一九四〇年晋西北地区冬学工作概况》，《山西教育史志资料》1985 年第 2 期。
② 《晋西北的文化教育建设》，《老解放区教育资料（二）》上册，第 174 页。

晋绥边区

[1941 年 1 月——1943 年 12 月]

从 1941 年初到 1943 年底,是晋绥边区教育事业发展的第二个阶段。这是敌后斗争处于十分困难的时期。尤其是 1941 年冬至 1942 年底,日军先后发动四次大"扫荡"、无数次小"扫荡"和五次"强化治安运动",根据地缩小,敌占区与游击区扩大。在此期间,根据地一度致力于教育工作"正规化",终因时机不成熟,只得适应敌后环境,坚持抗日教育阵地。

一

晋绥边区在 1940 年奠定了抗日教育的基础。到 1941 年 5 月,不仅增设了许多中学与干部学校,培养大批骨干力量,小学教育也大大超过抗战前的水平。如下表所示:①

时间数字项目县名	1939 年 12 月 ["晋西事变"前]			1941 年 5 月			比 较		
	学 校		学生	学 校		学生	学 校		学生
	高级小学	初级小学		高级小学	初级小学		高级小学	初级小学	
河 曲	5	40	710	3	61	3 862	-2	+21	+3 152
静 乐	4	39	2 250	3	83	2 464	-1	+44	+214

---

① 徐明道:《晋西北地区二年半文化教育建设概况》,《山西教育史志资料》1985 年第 2 期。

时间 数字 项目 县 名	1939 年 12 月 ["晋西事变"前]			1941 年 5 月			比 较		
	学 校		学生	学 校		学生	学 校		学生
	高级小学	初级小学		高级小学	初级小学		高级小学	初级小学	
文 水		124	11 000	2	147	20 611	+2	+23	+9 611
合 计	9	203	13 960	8	291	26 937	-1	+88	+12 977

1941 年 5 月小学校数，意味着平均每个行政村有小学 1.4 所，超过了边区政府早就提出的"一个行政村一所小学"的目标。

在这个基础上，谋求教育工作正规化，兼顾教育的发展和教育质量的提高。

1941 年 5 月 1 日，晋西北行政公署发布《晋西北教育宗旨及实施方针》，同时发布《山西省第二游击区小学法》（按：第二游击区即晋西北）、《山西省第二游击区小学规程》，以及《山西省第二游击区社会教育组织暂行条例》等规章。

晋西北教育宗旨是：以革命的三民主义、抗战建国纲领、晋西北行政公署施政纲领为准则，实行民族的、民主的、科学的、大众的新民主主义教育，以提高晋西北人民的文化、政治水平与生活技能，使教育为抗战建国服务。[①]

晋西北教育的实施方针是：晋西北的一切抗日人民，不分民族、阶级、党派、信仰与性别，受教育的机会一律平等；建立与发展文化教育的统一战线，广泛吸收各地区、各部门的知识分子共同开展文化教育工作，并予以适当待遇；实行免费的义务教育并确定初级小学为国民义务教育，一切学校对于抗属及优秀的贫寒子女，在物质上予以优待；积极开展游击区与敌占区国民教育工作，并欢迎敌占区青年、儿童来根据地学习，以与敌伪的奴化教育作斗争；健全恢复并增设乡村各级小学以发展儿童的身心，培养其民族意识、民族气节及抗战建国的基本知识及技能；发展中等以上教育，以培养长期抗战建国的人才；健全并发展师范教育，以培养新民主主义教育师资及教育行政干部；发展职业教育，以培养大批的各部门工作干部，做到干部的自给自足；以现有的各级学校为基础，逐渐走上正规化的道路，奖励人民私立学校，其成绩优良者，政府则酌量予以帮助；对教会学校允许其信仰自由，但应以新民主主义为教育内容，私塾应逐渐改进其教育内容与方法；以小学校为中心与群众团体密切配合开展

---

① 《晋西北教育宗旨及实施方针》，《山西教育史志资料》1985 年第 2 期。

社会教育，健全并发展读报组、识字组、民众剧团、大众补习学校、冬学、民族革命室与民众教育馆，推广新文字运动，定期扫除文盲，提高大众的文化、政治水平并推广乡村文化娱乐活动，调剂生活，启发大众的抗战热忱和生产热忱；奖励自由研究，提倡科学知识与文艺运动，有计划的加强与发展各种文化团体与文化事业；优待文化教育干部，有计划地提高干部质量。①

二

1941年5月7日，晋西北行政公署召开第二次三科长联席会，通过《关于发展与巩固广泛的文化教育统一战线的决议》与《一九四一年夏地方教育计划大纲》。

在教育工作会议上，着重讨论文化教育统一战线问题，并通过专门决议。这在当时各抗日根据地教育界中较为罕见。不仅如此，这次会议通过的《关于发展与巩固广泛的文化教育统一战线的决议》，尽管是以中共中央于同年2月发布的《各抗日根据地文化教育政策讨论提纲》的精神为指导，但着重对晋西北文化人的特点与在晋西北环境中建立文化教育统一战线的特点进行了细致的分析。

《决议》指出文化人、教育家和小知识分子的特点是：一般具有革命性，但比较脆弱；习惯于单独生活工作，要求生活、思想、工作上的自由，不习惯集体、有纪律的生活；自尊心、自傲心很强，但容易发展为自高自大；工作能力较差，吃苦耐劳精神差。《决议》认为文化教育统一战线的特点在于：它比抗日民族统一战线更广泛；它是思想意识上的统一战线，因此仅对当前某个政治问题或文化问题有共同思想上的一致即可联合起来，在行动上不必有过高要求与限制，在工作上、生活方式上更不必强同，要避免以硬性的条例与规律（规矩）去约束他们；即使在个别问题上、某一点或几点共同基础上也可以，且更容易建立个别部门与问题的统一战线；在物质生活及其他必要条件下积极帮助他们理想与事业顺利地完成，为发展与巩固文化教育统一战线的重要方法；在组织上不应有很严密集中的组织生活，但必须有坚强干部的经常努力；运用民主方法，统一内部意见、争端，反对专断、压制、强人信服。《决议》还根据文化教育统一战线的总的原则，结合晋西北地区特点提出文化教育统一战线的工作方法、方式。②

---

① 《晋西北教育宗旨及实施方针》，《山西教育史资料》1985年第2期。
② 晋西北第二次三科长联席会：《关于发展与巩固广泛的文化教育统一战线的决议》，《老解放区教育资料（二）》上册，第99–103页。

晋绥边区从根据地创建时期开始，就从农村中吸收大量知识分子、半知识分子担任小学教员。小学教员不分性别、阶层和信仰，在政治上和思想上都有充分自由；建立教育工作者协会，开展抗日活动与文化活动；小学教员为村文化委员会的当然委员之一；1942 年晋绥边区临时参议会选举时，有 3 名小学教员当选边区参议员；建立小学教员每天学习 2 小时的制度，有助于他们业务水平的提高。①

教员每月津贴小米 60—85 斤，免除个人公粮负担、抗战勤务，并在公私兼顾原则下，教员通过变工生产和课余劳动可改善其生活。② 当时所有政府工作干部每月只发小米 45 斤（1940 年大部分是黑豆），部队战士"拿着枪杆吃黑豆"每人每天也只供应 7 两黑豆，③ 相比之下，教员待遇较为优厚。

三

晋西北在 1941 年 5 月召开的第二次三科长联席会上通过的《一九四一年度地方教育计划大纲》中，提出晋西北教育总的方针是：在新民主主义方针下，适应更广泛的文化教育统一战线；充实、健全教育行政机构，建立民主、切实、朴素、深入的工作作风；小学逐渐正规化；健全社会教育委员会，健全识字班，开展冬学运动；逐渐开展新文字运动；从点线到面上开展敌占区教育；编印各种教材。

第二次三科长会议在讨论文化教育统一战线之外，着重讨论小学教育正规化问题。1941 年 5 月，晋西北行政公署还召开中等教育会议，着重解决中等教育正规化问题，并根据会议讨论的精神，颁布中等教育法规，当年 11 月，还颁布统一的学校编制方案。

1941—1942 年间，晋绥边区采取了一系列措施，谋求教育工作的正规化：

（一）干部教育与中等教育

在 1940 年 9 月第二次行政大会前，各干部学校与中等学校在行政管理与教学实施上一般偏重政治、忽视文化课，管理上实行军事化，学校内部民主生活不充分，修业期短，学生流动性甚大。1940 年 9 月，特别是 1941 年 5 月中等教育会议以后，颁布了中等教育法规，进一步统一了学校组织与课程，订立了学校制度，确定：中学实行三三制，师范学校实行二年制；各学校设立专任校长；

---

① 《晋绥边区国民教育概况》，《老解放区教育资料（二）》下册，第 27－428 页。
② 同上书，第 428 页。
③ 穆欣：《晋绥解放区鸟瞰》，第 31 页。

校内实行"教导合一"制;增加文化学科在课程中的比重;学校内部建立了会议、检查、测验、总结、升学放假、毕业、留级等制度。① 1941 年 7 月 1 日起,统一了中学名称,把晋西北第一中学、永田中学、静乐中学与河曲中学,分别称为晋西北第一中学、第二中学、第三中学、第四中学。以往招生都需要动员学生入学,学校正规化以后,学生踊跃报考,提高了录取新生的标准。如 1942 年招生考试,第一中学从 170 名报考者中,录取 70 名新生;第三中学从 180 名考生中录取 80 名新生。学生巩固率也有提高,即使在日军"扫荡"时,缺课现象也很少见。②

按照 1941 年 5 月发布的《免费公费生条例》规定,各公立学校一律免收学费、杂费,凡贫寒的阵亡将士子女、家庭无力供应读书的现役军人及区以上干部(包括教师)子女,成绩优良的贫寒儿童及孤儿难童可享受公费生或半公费生待遇。中等以上学校学生,供给粮食、菜金、课本费等及每年一套单衣、两年一套棉衣,半公费生只供给膳食。

1941 年 9 月,除继续办好晋西青年干部学校外,曾将晋西抗战学院改为晋西北师范学校;将晋西抗联训练班改为民运干部学校;又增设行政干部学校与财经干部学校。到当年年底,共有师范学校 1 所,中学 4 所,干部学校 4 所。③

(二)小学教育

晋绥边区在 1940 年 9 月以后,小学校和小学生的数字急剧上升。前面提到在 1941 年 5 月已达到平均每个行政村有 1.4 所小学校的水平,到当年年底,更达到平均每个行政村有 1.8 所小学的水平。同时,积极推行小学正规化措施。

1. 确定正规学制

按照 1941 年 5 月 1 日颁布的《小学法》规定,小学实行四二制,完全小学与模范小学得办民众学校或半日制学校,初级小学得领导两个以上的识字班;同时,颁布的《小学规程》规定,以 7—15 岁儿童为学龄儿童,春季始业;《模范小学暂行条例》规定,模范小学须以其优异质量影响其他小学,树立新民主主义小学的模范。

2. 整顿小学

按照当时的说法,边区小学教育 1940 年 9 月以前是"恢复学校与自然发展的时期";1941 年是"数量质量并重的时期";1942 年是"着重质量提高"的

---

① 《晋西北的文化教育建设》,《老解放区教育资料(二)》上册,第 170-171 页。
② 同上书,第 170-171 页。
③ 同上书,第 170 页。

时期。①

　　边区从提高小学教育质量着眼，从 1941 年冬季开始整顿小学。1941 年底，据 28 县统计，有完全小学 34 所，小学高年级学生 1 174 人，初级小学 2 102 所，学生 861 806 人（原文如此）；经过整顿，到 1943 年初，据 24 县统计，有完全小学 26 所，小学高年级学生 1 044 人，初级小学 1 520 所，学生 62 362 人。② 尽管统计的范围不同，学校与学生数毕竟还是减少了。不过，学校数与学生数减少，或许同根据地变动有一定关系。就兴县、临县、河曲、保德四个完整县而论，这四个县在 1940 年有小学（完全小学与初级小学）243 所，1941 年为 411 所，1942 为 398 所。③ 在整顿中，1942 年只比 1941 年减少 13 所，整顿后仍比 1940 年多 155 所。

　　陕甘宁边区在 1942 年整顿中，小学减少 39.5%，学生数减少 19%。④ 相比之下，晋绥边区学校与学生数减少的幅度很小。1941 年底，平均每个行政村有 1.8 所小学，整顿后仍是这个比数。⑤

　　3. 检定教员

　　晋绥边区在 1941—1942 年间，对小学教员进行三次集训，还把一批一批教员调到抗战学院、干部学校训练。1942 年春，实行检定小学教员的措施。经过检定，撤换不称职的小学教员 167 人，新吸收小学教员 401 人。⑥ 经过检定，小学教员队伍的文化素质提高了。据兴县、偏关等 6 县统计，中学程度以上的小学教员精简前 72 人，精简后增至 121 人，增加 68% 强。高级小学程度以下的小学教员，精简后 203 人，减少 40% 弱。⑦

　　小学教员的精简，提高了教学工作效率，节省了不必要的开支。以岢岚县小学为例，精简前有 62 个教员，学生 974 人，平均每个教员教学生 15 人（强），精简后，52 个教员，教 1774 个学生，平均每个教员所教学生从 15 人增至 28 人。⑧ 这个工作量依然不重。该县精简前平均每个学生每月消耗公费 15 元 2 角，小米（教员米贴）7 斤半，精简后，公费减为 6 元 1 角，小米减为 3 斤半（强）。总之，教员减少 10 人，学生增加 3 500 人，全年可节省公费 1 609 608 元，小米

---

① 徐明道：《晋西北地区二年半文化教育概况》，《山西教育史志资料》1985 年第 2 期。
② 《晋西北的文化教育建设》，《老解放区教育资料（二）》上册，第 171 页。
③ 同上。
④ 陕甘宁边区教育厅：《去年工作总结，今年工作计划大纲》，《陕甘宁边区教育资料（教育方针政策部分）》下册，第 364 页。
⑤ 《晋西北的文化教育建设》，《老解放区教育资料（二）》上册，第 171－172 页。
⑥ 同上书，第 172 页。
⑦ 《晋绥边区国民教育概况》（1944 年），《山西教育史志资料》1985 年第 2 期。
⑧ 同上。

78 490斤。①

4. 充实课程，编印教材

初级小学设：公民、国语、算术（包括珠算）、劳作（生产）、音乐等科目；高级小学设：公民、国语、历史、算术（包括珠算）为主科，地理、劳作（生产）、音乐为副科。②

1940年晋西北行署曾编印初级小学国语、常识课本共4种。1941年以后，一般以陕甘宁边区小学课本为蓝本，加以部分修改。到1942年上半年，印出初级小学《国文》1—5册，初级小学《常识》8册，高级小学的《国语》、《算术》、《历史》、《地理》、《自然》等课本的第一、三册，并从陕甘宁边区购买一批教材。③

5. 建立正规的学校管理制度

完全小学初具规模，划分开年级，统一了课程，建立了会议、汇报、检查、测验、升留级、校规、公约、校风、入学、转学、休学、开除、毕业等制度与常规，改变了不分年级的短训班做法。

通过整顿，小学生与初级小学女生入学人数增加，流生现象减少。1941年5月，山区各县儿童入学率为38%（?），平川（文水县）为62%（?）；1942年山区（保德县）儿童入学率为38%（?），平川（文水县）增至69%；女生入学率1940年为26.5%，1941年为34%，1942年增至36%。反之，1941年流生率为60%，1942年降为39%④

看来晋绥边区小学整顿有一定效果。其消极影响不如陕甘宁边区那么大。

（三）社会教育

晋绥边区社会教育以政治宣传和破除迷信、讲求卫生、反对早婚为主要内容。

1941年5月，颁布《晋西北社会教育组织暂行条例》，确定社会教育的组织形式有识字班、大众补习学校、冬学、民众教育馆、民族革命室、剧团、读报组七种。⑤

---

① 《晋绥边区国民教育概况》，《老解放区教育资料（二）》下册，第423页。
② 同上书，第425页。
③ 徐明道：《晋西北地区二年半文化教育概况》，《山西教育史志资料》1985年第2期。
④ 《晋西北的文化教育建设》，《老解放区教育资料（二）》上册，第173页。［按］徐明道：《晋西北地区二年来文化教育概况》一文载：1941年5月山区儿童入学率为29%，平川为66%，1942年山区入学率为39%，平川为69%。（《山西教育史志资料》1985年第2期），似较准确。
⑤ 《晋西北社会教育组织暂行条例》，《山西教育史志资料》1985年第2期。

晋绥边区由于处在战争状态，农村经济下降、劳动力又相当缺乏，农忙时社会教育活动很难展开。所以，社会教育实际上以冬学为主要形式。1940 年冬学规模最大。当时 19 个县共设冬学 3 116 所，入学人数达 178 182 人；1941 年冬学运动正遇到敌军"扫荡"，采取"少而精"的原则，只以 15—35 岁的青壮年为对象，19 个县共成立冬学 1 667 所，学员 38 636 人。① 比 1940 年规模小得多。常年社会教育设施同华北各敌后抗日根据地相比不算多。据 1942 年上半年统计，有识字班（7 县）206 个，剧团 32 个（7 县），民众教育馆 4 个（4 县）。② 常年社会教育的基本形式为大众补习学校，不过在当时的一些总结中并未提到。

1941 年冬学运动中，还曾进行过拉丁化新文字的试验。当年在师范学校训练 30 多个入学教员，使其掌握拉丁化新文字，在兴县二区试办 17 所新文字冬学。历时 50 天，已有 1/3 学员会认路条和短句。

四

正当晋西北开始从容进行文化教育建设之际，日军从 1941 年冬季开始，进一步发动对根据地的猖狂进攻。晋西北行政公署正副主任和新任教育处长杜心源于同年 12 月 5 日，联名发布《关于战时各级学校工作的指示信》与《关于冬学运动配合反"扫荡"战争的紧急指示信》。其中，提出了一系列应变措施：

在学校教育方面，对将到来的一切困难要有充分估计，纠正麻痹轻敌、惊慌失措的现象，克服过去存在过的那种战争一来工作即行瓦解，以及盲目行动致使无谓损失的表现。对于战争动员、战前准备、战争开始后的对策以及战后的措置，均有具体部署。黄河沿岸的第一、四中学和示范学校转移到黄河西岸；第二、三中实行游击教学，年龄大的学生，可挑出来参加地方群众工作；小学暂时停课，学生分散回家，教员配合当地干部与群众团体，坚持战时工作。过黄河的中学，校具设备，或转移过河，或择地埋藏，储运两个月以上的粮食，并进行军事演习教育；游击的学校，要分散、避敌，战时学习、分组教学或分队均可。中学、干部学校、小学的校具、设备、教具等，尽可能秘密埋藏，一俟战争结束，速返同地恢复上课。③

1941 年冬学同反"扫荡"斗争配合，广泛进行锄奸教育，动员广大群众进行公民誓约运动，号召人民参军。在战争逼近的形势下，尽可能争取冬学开学，

---

① 《晋西北的文化教育建设》，《老解放区教育资料（二）》上册，第 174 页。
② 徐明道：《晋西北地区二年半文化教育概况》，《山西教育史志资料》1985 年第 2 期。
③ 晋西北行政公署：《关于战时各级学校工作的指示信》，《山西教育史志资料》1985 年第 2 期。

在战时尽量坚持教学。①

1941年冬季，把教育工作纳入战时教育轨道，不仅减少在敌人冬季进攻中的损失，而且对于应付1942年敌人多次持续的、更大规模的进攻，不啻是一次组织良好的演习。

1942年春，中共中央晋绥分局提出《晋西北施政纲领》，其中包括："推行国民教育，改善小学教员生活；加强干部教育，实行在职人员的（每天）两小时学习制度；尊重知识分子，保护与优待流亡学生与失学青年。"②

当年10月24日至11月1日，召开晋西北临时参议会，选举产生晋绥边区行政公署。边区参议会通过了《晋绥边区施政纲领》。

1942年是晋绥边区抗日最艰苦的一年。从1941年太平洋战争爆发后，日军全力对晋绥边区及华北各敌后抗日根据地实行"蚕食"政策，反复推行"治安强化"运动，根据地大为缩小。原有约300万人口的根据地被压缩到不到100万人口的沿黄河地区，军队减员，耕地面积下降到战前的84%，劳动力减少1/3，牛羊减少60%，驴骡等大牲畜减少80%，粮食产量下降1/3，棉花产量只及战前30%，军民生活异常困难。军队每人每天只供应7两黑豆，有时连这点供应都无保证。③ 晋绥边区正是在如此困难的条件下坚持教育阵地。

1942年春，实行简政，将游击区的教育科与民政科合并。不久又进一步决定行政公署教育处改为民政处中的教育科，而专员公署、县均不设教育科，在专署、县民政科中只设负责教育工作的干部。④ 这一变动比邻近的晋冀鲁豫边区为早，并且变动比晋冀鲁豫边区要大（晋冀鲁豫边区把各级民政机构与教育机构合并，并未把教育机构置于民政机构之下）。这一变动虽有客观原因，但对教育工作不无消极影响。

1942年依照"精兵简政"与"整顿学风"的原则，实行并校。即：将永田中学并入第一中学，汾源中学并入师范学校，财经干部学校并入行政干部学校，并取消晋西青年干部学校。同年10月，又将行政干部学校、民运干部学校与师范学校合并。⑤ 至此，还剩下中学3所，师范学校1所。

从1942年底开始，实行共产党"一元化"领导，把对敌斗争、精兵简政、经济建设和整顿学风、党风、文风列为四项主要任务。

---

① 晋西北行政公署：《关于冬学运动配合反"扫荡"战争的紧急指示信》，《山西教育史志资料》1985年第2期。

② 《解放日报》1942年10月31日。

③ 穆欣：《晋绥解放区鸟瞰》，第56—57页。

④ 徐明道：《晋西北地区二年半文化教育概况》，《山西省教育史志资料》1985年第2期。

⑤ 《晋西北的文化教育建设》，《老解放区教育资料（二）》上册，第170页。

1943 年 2 月，晋绥边区行政公署民教处决定，在根据地内以提高小学教育质量与开展社会教育运动为主要工作。在社会教育中，抓紧识字教育，群众政治教育也由完全小学、中心小学配合对敌斗争、春耕生产、村政权选举等中心工作进行。

同年 3 月，中共晋绥分局总学习委员会召开高级干部会议，讨论整风学习问题，决定把整风学习时间延长三个月；为配合整风运动，在当年 4—5 月间，大力开展在职干部教育。

当年 9 月，晋绥行署召开第二次中等教育会议，在总结 1940 年 9 月以来三年工作经验基础上，通过《关于晋西北中等教育的决定》，同年 10 月，又发布《关于中等学校的领导问题》和《关于中等学校组织问题的讨论内容》，致力于在新形势下改善中等教育。

1943 年第二次中等教育会议在《关于晋西北中等教育的决定》中确定：中等学校的任务是培养各类工作干部和小学教师；中学修业期从 6 年（三三制）改为 3 年；中学主课为公民、国文、数学，辅课为地理、卫生、博物、理化、英文或新文字、军事常识、工艺、音乐，师范班的主课加教育（教育概论、小学行政、教学法）；此外，各科教学以学以致用、为用而学为主要原则。在培养目标、修业年限等方面，反映出在主导思想上不再像 1941 年 5 月第一次中等教育会议那样强调正规化。中等教育恢复干部教育性质，但修业年限较根据地教育建设初期长，课程也较前充实。

到 1943 年上半年，晋绥边区各中等学校共培养学生 1 604 人，毕业生基本上都参加革命工作。1943 年下学期开学后，仍有 3 所中学，在校学生 798 人。①

---

① 《晋绥革命根据地教育大事记》，《山西教育史志资料》1986 年第 1 期。

晋绥边区

[1944 年 1 月——1945 年 8 月]

从 1944 年初到 1945 年 8 月，是晋绥边区教育发展的第三个阶段。在这个阶段，随着客观情势逐渐好转，以"民办公助"为指导方针的教育改革逐步展开。

一

陕甘宁边区从 1943 年开始批判所谓"旧型正规化"（起初称为"国民党化"）的倾向，广泛开展调查研究，酝酿教育工作的改革，到 1944 年，普通教育改革达到高潮。

陕甘宁边区普通教育改革的风声首先吹进晋绥边区。1944 年，保德、临南、五寨、朔县等县即建立变工互助形式的民办小学。例如保德县柳树沟，为了克服农民子弟入学困难，成立一所小学。从变工队中抽出一个文化程度较高的人担任教员，大家给他耕地，教员负责 20 多个儿童，共同生产的收益，教员也参加分红。① 又如临南刘家凹民办小学，由变工队请本村一位文化水平较高的队员当教员，他的田地由变工队代耕，学校所用的桌子、席子、糊窗纸等由学生凑集，黑板用庙宇匾额改制，师生一道砍柴 800 斤作燃料。该校共有 33 个学生，半年后有 6 个学生会开路条，9 个学生会写收条，5 个学生会写契约，7 个学生学会珠算，18 个学生能认路条，多则识 250 字，少则识 100 字左右。②

除日校外，还建立夜校、半日班、间日班。如离石小学，吸收贫寒儿童入学，半日上课，或间日上课，随教随到，解决了儿童入学与参加生产的矛盾。

---

① 《晋绥边区国民教育概况》，《老解放区教育资料（二）》下册，第 429 页。
② 穆欣：《晋绥解放区鸟瞰》，第 114 – 116 页。

晋绥边区原来实行强迫入学，教育改革后，废除强迫命令，改行个别说服动员。如离石县官庄垣中心小学，在动员一个姓刘的儿童入学时，首先启发他对识字的兴趣，在未入学前即教他识字，帮他送粪，结果小组收他入学，他又动员其弟弟入学。一个月内，增加了16个学生。又如苛岚小学，在春耕时间，组织儿童识字班，或使儿童参加成人读报组，帮助校外儿童学习。同时，对校内儿童放农忙假，使学生不误家庭劳动。

在边区大生产运动的推动下，从1944年春开始，在小学开展生产运动。兴县各小学师生共种二三亩地，收益部分用以补充学校经费，部分作为分红奖励。除农业生产外，还将纺织收益归儿童所有。临县完全小学140个学生中，有120人参加生产（女生纺织），每人可收粮食3斗多，三个月内砍柴52 000余斤，够燃一年。夏收期间，学校与民众变工，学生帮助民众挽麦子358亩，民众帮学校锄地250亩。苛岚全县小学有水旱地284亩。五寨（游击区）高级小学开荒80亩，吃菜完全自给，每天下午劳动1小时。其他初级小学每校种地2垧。①

在小学开展生产运动后，教学内容也发生变化。一般配合生产，进行技术指导，联系实际进行教学。自然学科同生产结合，语文中增加路条、通知、契约、书信、记账等应用文教学，算术中加强了珠算教学。

晋绥边区从1940年到1944年5月，共编印小学课本38种，146 830册。除翻印或编印课本外，还选用《抗战日报》、《大众报》上反映现实斗争的材料。改革后的公民课，采用报纸上所载反映边区斗争生活的材料。

晋绥行政公署在群众试行民办公助基础上，于1944年9月，正式提出"民办公助"的方针。此后，民办小学迅速增加。1944年8月，有小学676所，当年12月增至969所，到1945年7月，又增至1 096所。其中民办小学431所，占小学总数的39.3%。② 可见，小学的增加同实行"民办公助"方针关系甚大。

1945年7月，小学总数还未恢复到1940年9月的水平，但学龄儿童入学率甚高。1944年临县、临南、离石、阳曲四县调查的结果是：③

---

① 《晋绥边区国民教育概况》，《老解放区教育资料（二)》下册，第426－427页。
② 穆欣：《晋绥解放区鸟瞰》，第115页；另据延安《解放日报》1945年7月20日报道，晋绥边区有普通小学860所，民办小学325所，公立完全小学28所。临南等6县有学生14 424人，占学龄儿童总数72.54%。
③ 《晋绥边区国民教育概况》，《老解放区教育资料（二)》下册，第429页。

项目 \ 字别 \ 县别 数字	临县	临南	离石	阳曲	合计
学龄儿童数	4 084	6 776	3 677	1 532	16 069
入学儿童数	2 675	4 738	2 973	1 047	11 433
学龄儿童入学率	65.5%	69.9%	80.8%	68.3%	71.1%

二

晋绥边区 1944 年的冬学，是在抗日战争急剧发展、教育改革方针确定后的形势下展开的。

当年 8 月，晋绥行政公署即作出当年冬学的部署。行署发布《冬学实施纲要》与《冬学工作计划》，确定冬学课程设公民课（占 70%）与文化课（占 30%）。公民课主要教新民主主义的公民常识，并联系边区对敌斗争，减租、生产、防奸自卫三大任务。文化课授以以实用为主的识字教育。冬学以民众自办公助为原则，每个行政村办一所冬学，还有计划地将某些冬学发展为民众学校小学读报组、识字班、秧歌队等经常性的文化娱乐组织中心。冬学以各方面的骨干、积极分子为主要对象。① 据不完全的统计，当年冬学共有 1 810 处，冬学性的学习小组 471 个，合计 2 281 个，参加学习的达 132 820 人。② 在兴县、保德、河曲、苛岚等县，平均每 7 人中有 1 人上冬学。在清源、徐沟等平原地带的游击区，也办冬学 17 所，连距离敌人据点 5 里或 7 里的地方，也有冬学出现。③ 1944 年冬学数字虽比 1941 年少得多，却比 1942 年以后有发展。

1944 年冬学的一个显著特点，是办学形式多样化。如：

1. 一揽子冬学：如保德县劳动英雄袁谦村的一揽子冬学，是生产与学习统一的组织。全村组成掏粪、背柴、合作社、民兵、纺织五个组，通过各种生产组进行教育。除进行一般政治教育外，接不同对象分别进行生产知识、练兵爆破、识字、读报等教育，把全村男女老少都吸收到冬学里来。

2. 轮回冬学：如兴县东坡村，联合相距一里左右的四个村子，成立冬学。冬学设在一个村子里，其余四个村庄的群众分为两个组，每晚来一组轮流学习。另一种形式是保德县有三个村庄群众自动组织冬学性质的识字组，由一名冬学教员每隔三四天巡回教学一次。

---

① 《晋绥行署指示各级政府努力开展今年冬学》，《老解放区教育资料（二）》下册，第 162－163 页。
② 《晋绥边区一九四四年冬学运动总结》，《老解放区教育资料（二）》下册，第 173 页。
③ 穆欣：《晋绥解放区鸟瞰》，第 119 页。

3. 在游击环境中的流动冬学：五塞游击区提出"走到哪里，教到哪里"，汾阳有个村庄平时在村里教学，敌人侵扰时转入地道或荒野由小先生进行分散流动教学。

4. 冬学性质的识字组：如偏关县一区有一个劳动英雄发动群众成立学习组，分男、女、儿童组，学习计工算账，人名、五谷名、农具名等，两天读一次报。

5. 家庭式的冬学。①

1945年2月，在冬学运动即将结束时，《抗战日报》发表《后期冬学的任务》社论，② 提出对1944年冬学进行检查、总结，依据群众自觉自愿，提出冬学转变的步骤，使冬学结束后转变为常年社会教育组织或民办小学。

1944—1945年间，常年社会教育组织也有发展：

1. 识字组：识字组通常按性别、年龄阶段，特别是生产单位（变工队、妇女纺织小组）划分。有的识字组同读报组、通讯组结合，并开展小先生运动，以补救师资不足。据兴县、保德、河曲、苛岚、偏关、临南、神府7县1945年不完全统计，有识字组1 317处，学员22 584人，③ 比1942年上半年7个县统计的206处多十余倍。

2. 民众教育馆：民众教育馆一般同生产结合不密切，有些地方民众教育馆组织不健全。经过整顿，充实了内容。例如兴县民众教育馆建立大众黑板报，领导民众剧团与读报组，免费给群众写信、写契约、呈文等，颇受群众欢迎。

3. 民众剧团：在晋绥行政公署与专区一级，设有七月剧团，战斗剧社，二、三、八专区剧社，各中等学校也有课余剧社，完全小学有学生剧团和化装宣传队。活动范围从基本区推及游击区。

三

晋绥边区干部教育与中等教育在1941年底最为兴盛。当时有中学4所，师范学校1所，干部学校4所。在困难时期，不断合并与转移，到1944—1945年间，还保存中等学校3所，至于干部学校还保存几所，情况不明。

边区初期中等教育带有干部教育性质，只在短期内实行正规化措施，到1943年基本上恢复干部学校性质。

新民主主义实验学校　1944年教育改革中，边区创办了一所新民主主义实验学校。其教育方针是："从工作中学习，向群众学习，从为群众服务实践中取

---

① 《晋绥边区一九四四年冬学运动总结》，《老解放区教育资料（二）》下册，第175－176页。
② 《抗战日报》社论：《后期冬学的任务》，《老解放区教育资料（二）》下册，第181－183页。
③ 穆欣：《晋绥解放区鸟瞰》，第118页。

得经验，加以研究和整理，再去指导和提高群众。"试图把这所学校办成学校、工厂、农场、合作社以至新民主主义社会的综合体。该校设置农艺、工艺、合作社、经济、文化教育等科。起初设在兴县，后搬至苛岚县。在兴县时，晋绥行政公署曾将兴县二区高家村、黑峪口两行政村，划为学校实验区，将行署所属工具厂、农场作为学校实验基地，以兴县第二完全小学作为其实验学校。学生修业年限不定，凡掌握两种以上业务知识技能，并有为群众服务精神者，经教务会议评定合格，即发给毕业文凭。这实际上是一所综合性的中等职业学校。①

中国人民抗日军事政治大学第七分校 1941 年 7 月，以八路军 120 师教导团为基础，在兴县成立中国人民抗日军事政治大学第七分校。该校于 1943 年春迁出晋绥边区，迁至甘肃天水，一部分并入中国人民抗日军事政治大学总校。

1945 年，在贺龙倡议下，以八路军 120 师随营学校为基础，在离石县创办贺龙中学，属培养军事政治干部性质的中等学校。由贺龙兼任校长。

四

衡量敌后抗日根据地教育事业的成就，固然应看各级各类学校数字与学生数的增长，尤其需要考察其性质的变化，考察它在当时实际斗争中所发挥的作用。

根据地把学校从少数有产者垄断的工具，转变为劳动人民政治翻身与文化翻身的机构，首先从学生社会成分上反映出来。据保德县 1942 年统计，该县小学生中，贫农以下家庭出身占 52%，中农占 40%，其他成分占 8%。中学以上的学校，重在培养从事各方面革命工作与建设工作的干部，就是小学教育，也是为了使儿童从小打好政治思想与文化基础，并使他们的身心得到健全发展。至于社会教育，着重提高劳动人民的文化水平与思想政治觉悟。边区无论是中学还是小学都实行民主管理原则与民主自治制度。

边区教育不仅关注受教育者身心健全地发展，尤其着重教育为革命战争与建设事业服务。各地小学平时在教育内容上着重进行民族教育、军事常识教学，并让学生参加站岗放哨、防奸、劳军优抗（慰劳军队，优待抗日军人家属）、帮助退伍残废军人等，战时宣传，向群众揭露敌人残暴，组织空室清野，协助民兵防奸、查路条、送情报，年龄大的儿童还参加战时运输、护送伤兵，以及协助救济工作。交城、五寨、离石、宁武等县的完全小学，在反"扫荡"中实行分散教学，建立了通讯网与联络岗哨，随时注意敌人动向，使学校得以安全地

---

① 穆欣:《晋绥解放区鸟瞰》，第 118 页。

教学。① 在生产运动和其他社会工作中，也发挥了重要作用，中等以上的学校在这些方面更为出色。

当时中国人民同日本帝国主义之间，不仅在军事上、政治上和经济上，而且在思想文化领域与教育领域展开针锋相对的斗争。日军铁蹄所至，一面推行奴化教育，一面对根据地文化教育设施与抗日教育恣意摧残。1942 年在文水、汾阳等县，先后捕杀抗日教员 50 余人；每月在据点中，召集附近小学教员开会一次，强迫小学生学习日语，采用日伪课本，企图消弭中国儿童的民族意识。1943 年初，在忻县、崞县等农村和城镇，捕杀青年知识分子约 400 余人。② 根据地从 1941 年 5 月起，确立对敌教育工作的对策，把公开的撤退变为秘密的进攻，以适应长期积蓄力量、准备反攻的方针，改变以往在敌占区实行根据地方针的做法，允许敌据点学校和游击区学校继续存在，采取秘密通讯网分组教学、游击教学等方式，向敌占区、游击区挺进，使敌伪政权举办的"新民小学"逐渐缩小阵地和影响。有些敌伪小学的教员受我方教育政策的影响，同民主政权秘密发生联系，③ 据两个县的统计，1940 年敌伪小学 176 所（其中高级小学 1 所），学生 2 605 人，教员 180 人，1941 年小学校减至 137 所（高级小学 2 所），学生 2 079 人，教员 144 人，1942 年小学校更降至 127 所（高级小学 2 所），学生 1 648 人，教员 137 人。④

---

① 《晋绥边区国民教育概况》，《老解放区教育资料（二）》下册，第 426 页。
② 《晋西北的文化教育建设》，《老解放区教育资料（二）》上册，第 168 页。
③ 徐明道：《晋西北地区二年半文化教育概况》，《山西教育史志资料》1985 年第 2 期。
④ 《晋西北的文化教育建设》，《老解放区教育资料（二）》上册，第 169 页。

晋察冀边区

[1937 年 10 月——1940 年 12 月]

5

　　抗日战争时期，在同蒲路以东，正太、德石路以北，张家口、多伦、宁城、锦州一线以南，渤海以西，包括山西、河北、察哈尔、热河、辽宁五省各一部分地区，是晋察冀敌后抗日根据地。

　　晋察冀边区下辖北岳、冀中、冀热辽三个行政区。在北岳区，全面抗战爆发不久，八路军 115 师于 1937 年 9 月 25 日在平型关告捷后，其中一部奉命留守，开辟了第一个敌后抗日根据地；在冀中，国民政府军队南撤之际，原东北军的一个团，在团长吕正操（共产党员）率领下，改编为人民自卫军，向敌人后方挺进，一路摧毁敌伪组织，于 1938 年 4 月，成立冀中政治主任公署（后改为行政主任公署）。从此把山地与平原联结起来；在冀热辽，八路军一部从 1938 年 6 月起，挺进平北、冀东。中共冀东地区组织，为策应八路军战斗，于同年 7 月，发动冀东起义，在 17 个县范围内，开展敌后游击战争。1939 年八路军另一部又到平西组织挺进军，奠定冀热辽根据地的基础。

　　晋察冀边区的兴盛时期，面积曾达 80 万平方公里，拥有 2 500 万人口，县治 108 个（1944 年 10 月统计）。

　　在这里，早在 1938 年 1 月，就召开晋察冀边区军政民代表大会，建立临时抗日民主政权——晋察冀边区临时行政委员会。在此前后，陆续建立各级抗日民主政权。1938 年的村政权选举中，选民占人口的 40%—50%。1940 年大选中，选民达 70% 以上。1943 年 1 月召开边区首届参议会，通过选举，产生晋察冀边区行政委员会，完善了边区政权建设。

　　在这里，八路军在人民群众和地方武装配合下，于 1940 年 8 月 20 日到 12 月 5 日间，发动了著名的"百团大战"，使日本侵略军狼狈不堪。然而，晋察冀边区教育发展的道路毕竟不如冀中平原那么平坦，也不像桑干河那样平静。

这是"白毛女"故事的发源地，数不清的"喜儿"从小就被剥夺受教育的权利。旧教育遗产是：在冀西唐县，学龄儿童入学率只有 5.6%。即使在文化较发达的冀中，饶阳、安国、安平等 26 县，学龄儿童入学率也只占 16%—17%，深县为 8.77%。这个数字比红军到达前的陕甘宁边区，算是其高无比了，不过，仅有的这点教育遗产，又几乎被日军铁蹄践踏殆尽。

这里的热河、冀东、冀北，早在抗战全面爆发前，即处在敌伪统治下。近代以来，日本向以注重"教育"著称。日本人在中国的"大东亚共荣圈"内，也大办学校。其中有不少日语学校。这些丧失理智与良心的侵略者，把教科书作为随心所欲地篡改历史的工具，强制实行奴化训练。经过他们的奴化训练，在丰宁、滦平一带，儿童都知道"日满一体"，有些儿童竟不知有自己的祖国，甚至居然认为日本发动的侵华战争是大日本天皇为"正义"打"蒋政权与共产党"。来县有一所完全小学，在 240 个学生中，竟有 230 人加入"忠勇团"。另据涞源城关光复后测验，在 20 名被测验对象中，居然有 3 人自称"日本人"。纯洁的儿童心灵竟被糟蹋得不成样子。这是对中华民族心灵的摧残，也是对人类教育的亵渎。晋察冀人民在着手教育建设之前，面临陕甘宁边区所没有的清理地基、清除污染的艰巨任务。

更重要的是，这里是敌后抗日根据地，虽无国民政府统治的"大后方"那种乌烟瘴气，但也不像抗日总后方陕甘宁边区那样稳定。在这里，碉堡林立，深沟纵横。单是冀中平原就被分割成 2 700 小块。日军接连不断地对根据地发动大规模"清剿"，疯狂地推行"治安强化计划"。铁蹄所至，人民生命财产备受摧残。这些来自"教育之邦"的天皇臣民，对于根据地辛勤创建的学校与文化设施的摧残更不留情。

在这里，创造了堪称模范的敌后抗日民主根据地和骄人的教育业绩。1939年 10 月，民主战士李公朴率领"抗战建国教育团"一行 10 人，在造访延安后，又从延安出发，通过敌人的封锁线，抵达晋察冀边区。在晋察冀边区，他们历时 6 个月，经过 15 个县、500 多个村庄，实地考察的结果，断定在这里创立了"无往而不达的文化教育"。"在晋察冀，教育工作已日见密切的配合了军、政、民运、经济……各部门工作，筑成了一道抗战教育阵线，日渐逼近了敌人，包围了敌人"，成了"争取最后胜利的一环"。[①]

晋察冀边区抗日民主教育的发展过程，大致可分为三个阶段：1937 年 10 月至 1940 年底，随着根据地的创立、巩固和发展，奠定了敌后根据地教育的基础；1941—1943 年间，是根据地斗争最艰苦的时期。在这一阶段，根据地教育适应

---

① 李公朴：《华北敌后——晋察冀》，生活、读书、新知三联书店 1979 年版，第 136、147 页。

敌后游击战争环境、坚持教育阵地，干部、教师和学生顽强而机智的斗争，可歌可泣；1944—1945 年 8 月，是根据地教育恢复、改造与发展的时期。

一

从 1937 年 10 月至 1940 年 12 月，是晋察冀边区教育事业的第一阶段。这个阶段，又可分为两个时期：前期（1937 年 10 月至 1938 年 10 月）处在抗日战争战略防御阶段，是根据地教育的创立时期；后期（1938 年 10 月至 1940 年 12 月）处在抗日战争战略相持阶段初期，是根据地教育事业的巩固与发展时期。到 1940 年底，晋察冀教育事业已经初具规模，呈现一派兴旺景象。

1938 年 1 月，晋察冀边区军政民代表大会通过《文化教育决议案》，确定了边区教育的初步构想，即：文化教育的基本原则是：发挥高度的民族精神，加强抗战力量；培养健全的军事政治干部，领导抗战；造就专门技术人才建立抗战时期各种事业；培养热烈的新青年，扩大民族革命的基础势力；提高一般民众的文化水准，并增进他们的健康。

《决议》把教育分为学校教育与民众教育，把干部教育列入民众教育范围；学校教育限于小学教育；中学以上的教育列为干部教育。

整顿学校教育的任务包括：恢复乡（村）镇的初级小学与高级小学，一律于春季开学；编订各种抗日救亡读物和教材；重新检定小学教师；筹划教育经费，小学完全免费；改变学生生活及课程编制，实行军事化，添授新文字，组织儿童团、歌咏队等，实行小先生制。

在扩大民众教育方面，普遍设立民众教育机关，包括补习学校、识字班、夜校；创立通俗图书馆、出版社、讲演所；组织宣传团、歌剧社，加紧宣传活动；提高民众娱乐及健康；扩大干部教育，以及进行各种技术人才训练。①

晋察冀边区临时行政委员会设教育处，首任教育处长由刘奠基（国民党人）担任。在边区行政委员会教育处之下，县设教育科，区设助理员，乡、镇、村设工作员。起初各助理员与各工作员无具体分工。临时行政委员会根据需要，在适当地区设政治主任公署，1938 年设冀西政治主任公署与冀中政治主任公署。政治主任公署中，设若干秘书干事，各秘书、干事亦无具体分工。政治主任公署之下，又设若干专员公署。政治主任公署与专员公署的设置经常变动。1940 年在行政委员会之下，设北岳区（1941—1944 年 9 月，下设第 1—5 专署，33 县）、冀北办事处（下设第 6、11、14 专署，17 县）、冀中行政公署（下设第 7、

---

① 《晋察冀边区军政民代表大会决议案》，《晋察冀抗日根据地史料选编》上册，河北人民出版社 1983 年版，第 21－23 页。

8、9、10、13 专署，48 县）。

敌后抗日根据地的教育道路，从一开始就崎岖不平。1939 年春，八路军在平汉铁路与津浦铁路展开大规模的破击战，附近几个县的群众踊跃参加，取得平型关战役以后的一大胜利。事后日军调集一万余兵力，分四路进攻边区；同年 9 月，更以五万兵力，分八路围攻五台山地区。围攻与反围攻斗争十分激烈。到同年 10 月，人民政权仍掌握 71 个完整与不完整的县，根据地的教育正是在如此紧张的战时状态下展开的。

尽管在边区军政民代表大会《文化教育决议案》中，把学校教育（小学）放在民众教育（包括干部教育在内）前面，但实际上并非如此。

1939 年 3 月《抗敌报》社论提出，首先要开展群众教育工作，扫除文盲，增设或扩充民众教育馆，推广识字运动，普遍地发展识字班、夜校、救亡室、读报组等，对旧的学校，要缩短修业年限，开设战争所必需的课程，使之适应战争的需要，增设与扩大各种干部训练班，以培养大批的军队、政权、群众工作干部；各种群众团体的干部都应结合本部门的工作，接受适当的教育与训练，以便使工作获得更大的成效；要与实际斗争联系，从实际斗争中去学习；开办技术人员训练学校；加强军事教育。[①] 实际上把群众教育，尤其是干部教育置于优先地位。这一部署比较切合当时实际。

二

在此期间，教育建树甚多。

（一）干部教育

当时干部教育的主要形式是：干部训练班、干部学校（包括军事政治干部学校和技术干部学校）以及带有干部教育性质的中学和大学。除此之外，对在职干部教育也相当重视。主要干部学校是：

晋察冀军区军事政治干部学校 1937 年 12 月 25 日成立。孙毅任校长。训练河北和平津一带青年学生和部队基层干部与优秀战士。结业后分配在部队工作。

抗战建国学院 1938 年 7 月成立，由行政委员会主任宋劭文兼任院长，郭任之任副院长。设合作、税收、区助理员三系（后又增设银行系），招收学员 2 700 人，于 1939 年 2 月结束。

军区卫生学校 1939 年 9 月成立，江一真任校长。设军医、药剂、护士三

---

① 《怎样加强教育训练工作?》，《抗敌报》1939 年 3 月 13 日。

科（教学班），修业一年半、一年、半年不等。附设休养所，为实习基地。1940年2月，更名白求恩卫生学校，招收学员343人。以白求恩名言"让一切理论服从实际的明亮清透的光辉"为办学指导方针。

群众干部学校 1939年10月，由边区工农、妇、青抗敌后援会联席会议决定开设群众干部学校，训练县区级群众工作干部，修业2个月。

在此期间，中国人民抗日军事政治大学第二分校，于1938年12月分别由校长陈伯钧、副校长邵式平率领，开赴晋察冀边区，于1939年6月，在灵寿县开办第一期。1940年3月由孙毅接任校长。

华北联合大学 于1939年7月在延安成立，经过长途行军，迁入晋察冀边区后，属中共中央北方局领导。该校于1939年10月开学，成仿吾任校长。该校为晋察冀边区最高学府，以"背起背包行军，放下背包上课"的精神与办法，坚持敌后教学。

（二）具有干部教育性质的中学

在1938年1月的边区军政民代表大会上原先决定将中学以上的教育作为干部教育，培养军事、政治、群众工作干部。后来决定恢复中学。1938年开办晋察冀边区中学，实际上仍是短期干部训练班。因受日军围攻干扰，只办一期师资训练班就告结束。1939年10月在灵邱县成立晋察冀边区第二中学。在各专区，也设置了许多中学。例如1939年在北岳区的各专区设立中学，冀中也成立一所中学。全边区共有7所中学。1940年又在冀中增设2所。当时国民政府所属第二战区司令长官阎锡山，提出"民族革命中学"计划。为实行抗日统一战线，在山西境内各专区的中学一般以"民族革命中学"名义出现。这种中学，修业期为6个月。1940年3月，边区行政委员会颁布《晋察冀边区中学暂行办法》，规定边区中学属于抗日民族统一战线的中学教育、干部准备教育，修业2年，以6个月为一学段。同年5月，又颁布《边区中学附设短期师范班暂行办法》，修业年限与中学相同。据不完全统计，到1940年8月，有中学8所，学生2 200人。①

（三）短期干部训练班

当时各种短期干部训练班层出不穷。据冀中区统计，在1938—1939年，该区共训练小学教师6 354人（女教师占10%），县区级行政干部444人（女干部23人），税务人员135人，合作社干部1 094人（女干部6人）。此外，送河北抗战学院学习者3 000人，送抗战干部学校学习者472人，送华北联合大学、抗大

---

① 《论晋察冀边区的文化教育运动》，《抗敌报》1940年8月25日。

二分校或抗战建国学院学习者 800 人，总计 12 299 人。

（四）在职干部教育

在 1938 军中共六届六中全会以后，中共中央一直提倡在职干部学习。在中央直属机关和陕甘宁边区，从 1939 年 5 月起，形成大规模的干部学习运动。1940 年 1 月，中共中央书记处发布《关于干部学习的指示》，中共晋察冀边区委员会于 1 月 21 日发布《关于目前各地干部教育的决定》。规定县级课程为《中国近代革命史》、《中国革命与中国共产党》、《游击战争》（略去中央指示中的《社会科学常识》），地委一级课程为《联共党史》、《列宁主义》（中央指示中为马列主义）。每个干部以选修一门为原则，实行平均每人每天学习 2 小时的学习制度。区级干部学习由当地地委决定。① 此后，在职干部学习日益加强。

（五）民众教育

晋察冀边区从 1938 年冬季开始，每年都举行大规模的冬学运动。以 1938 年的冬季运动为例，在冬季即将开始时，由各县县政府下令召集群众团体联席会议，制定当年冬季运动计划，有的地区成立冬学实施委员会或扫除文盲委员会，党内、自卫队内和各群众团体内均召集会议，分别向群众动员。1940 年 8 月，边区行政委员会决定社会教育在组织上保持独立性，由文化界抗敌救国会领导；同年 10 月，文化教育界救国会召开第一次代表大会，提出文化教育界救国会负责社会教育工作，主要是在政治上、学习上、技术上的推动与领导。至于经费、人员等方面问题，仍应由政府及各群众团体负责。由于教育对象以青年为主，更须同青年救国会配合。

1938—1940 年，三次冬学运动，规模一次比一次大。列表如下：②

年份 \ 地区数字	北岳区		冀中区		附 注
	冬学数	学员数	冬学数	学员数	
1938 年	3 966	181 794	2 047	69 826	26 县统计
1939 年	5 379	390 495	5 188	331 621	27 县统计
1940 年	8 373	520 808	1 212	338 004	七分区（冀中第八专署）7 县统计

---

① 《晋察冀边区党委关于目前各地干部教育的决定》，《晋察冀抗日根据地史料选编》上册，河北人民出版社 1983 年版，第 190—191 页。

② 李铁虎：《晋察冀抗日根据地的冬学运动》，《晋察冀边区教育资料简编》（油印本）第 4 册，第 897 页。

据冀西政治主任公署所属三专署（军区所属第四分区）1938 年统计，该专署所属 4 县平均每人识字 200 左右，最多为 500 字左右，最少为 250 字左右。不过，1938 年冬学及以后两年的冬学，均以配合政治动员与中心工作为主，"不是单纯的或孤立的文化运动"。①

在冬学基础上，常年社会教育也逐步发展。据 1939 年春冀中区 27 县统计，有识字班 2 047 处，学院 69 766 人（其中女学员 21 801 人）。同年 4 月，发动"识字运动周"，以便在冬学结束后转入常年学习。

这一时期教材不统一，或用小学课本，或自编，或读报。1940 年，边区委员会编印了初级与高级民校课本，各 3 册，教材趋于统一。

1940 年在晋察冀区（北岳）二专署定北县有 39 个冬学坚持到次年秋季大"扫荡"前夕。望都县有些冬学甚至在反"扫荡"斗争中还坚持上课。

（六）小学教育

抗战初期，日军将各地小学基本上摧残一空。边区行政委员会从恢复原有小学入手，同时增设小学。起初，恢复小学遇到相当大的困难。因为当时政权尚未得到改造，旧干部和许多群众怕麻烦、怕出钱，加上群众觉得兵荒马乱，生命还保不住，还念什么书，"等太平了再说"。又怕学抗日课本，鬼子汉奸来了要受打击。生活又很困难，需要儿童参加家庭生产等。边区行政委员会一面实施免费教育，一面发动干部与群众团体，动员儿童入学。在小学取消或减少不迫切需要的学科，加强抗战教育；同时取缔私塾，在冀中各县，1938 年取缔私塾 800—900 处。此外，抗战前在冀中献县、交河、安同一带，天主教盛行，群众为求避免灾祸，把成百上千的儿童，送到教会学校读书。边区行政委员会既尊重宗教信仰自由，又限制和削弱教会学校的影响。

小学教育的发展同小学教师的吸收与训练关系至为密切。据 1940 年统计，北岳区（缺第二专署）与冀中区（24 县）共训练教师 9 759 人（其中女教师 815 人）。②

在 1938—1939 年间，北岳区与冀中区（两区 54 个县）小学教育发展状况是:③

---

① 《晋察冀边区一九三八年度冬季运动总结》，《晋察冀抗日根据地史料选编》上册，第 88、91 页。

② 《晋察冀边区行政委员会工作报告》，《晋察冀边区教育资料简编》（油印本）第 2 册，第 299 页。

③ 同上书，第 298 页。

时　间	高级小学数	初级小学数	小学生数
1938 年 2 月—1939 年 3 月	91	5 490	239 819
１９３９年底	142	6 921	367 727

1940 年，北岳区有学龄儿童 375 428 人，入学儿童 214 710 人，学龄儿童入学率为 57.19%；1941 年春统计，冀中区学龄儿童入学率为 75%。①

晋察冀边区教育的成就，不仅表现在教育普及程度上，而且其内容发生了深刻的变化。同时，适应敌后游击战争环境，在办学形式与教学方法上有许多创造。针对日军强行对边区师生进行奴化训练，故着重进行民族意识的教育，消除奴化思想的流毒，并把抗日教育转变为对敌斗争的行动。1940 年李公朴曾为一学校成立一周年纪念题词："学校就是战场，战场就是课堂，是抗战的教育，是建国的营房"。② 据他目击：冀中小学教师像游街道士一样，他们经常在肩上背起一个"梢马子"化装成乡农，到处游走，只要村庄上没有敌人，马上把他们的学生集合起来，实行口授。工作好的县份，差不多同冀西一样，每村都有秘密的抗日学校。在游击区定襄县，领取敌人的经费办学。敌人来时，拿出《新民课本》，敌人走后，拿出抗日课本，或《抗敌报》、《救国报》。有的地方采用抗战前的课本，把敌人下令取缔的地方，用淡墨勾划掉，敌人不在时，着重讲被勾画的内容。晋东北许多的地方都采取这类应付敌人的办法③。在根据地的中心区，学习当年苏区教育的经验，到处都设识字岗，称为"岗位教育"。李公朴一行四处考察，不免发生一种感慨：在晋察冀边区，外来的人走路会有不少麻烦。在每个村旁路口，设岗查路条。站岗的以小孩居多，也有小脚妇女、老头或小学教师。查过路条后，还说一句："对不起，耽搁你一会儿功夫，请你背一背《国民公约》。"如果会背，就通行。不会背，就把你带到村公所。大一点的孩子当场教你背。村上还有一块黑板，上面写三个字，如"打日本"。上午、下午换一次。你如不认识，就教会你。如认识，还得问你"为什么要打日本"。所以，李公朴说，一走路，随时随地都受到教育。④

---

① 《晋察冀边区行政委员会工作报告》，《晋察冀边区教育资料简编》（油印本）第 2 册，第 298 页。

② 李公朴：《华北敌后——晋察冀》，三联书店 1979 年版，第 140 页。

③ 同上书，第 145 – 146 页。

④ 《晋察冀边区行政委员会工作报告》，《晋察冀边区教育资料简编》（油印本）第 2 册，第 142 – 143 页。

三

晋察冀边区教育工作从 1940 年下半年起，出现"正规化"的端倪。

1940 年 3 月，中共中央书记处发布《关于开展抗日民主地区的国民教育的指示》，同年 4 月 20 日，中共中央北方分局（即晋察冀分局）相应地发布《关于国民教育的指示》，提出：尽可能恢复与建立各地小学校，以求达到每行政村有一个初级小学，每区至少有一个高级小学（中央书记处指示中的提法是"每乡（或每个村）有一个中心小学，或模范初级小学，每个中心区有一个两级小学，或完全小学，华北根据地无乡政权设置）；运用说服解释方式及政府法令的强制力量，大量动员学龄儿童入学；在某些县区应设立公立中学校，以造就中级的或高级的知识分子；在各村小学内外建立救亡室、俱乐部等文化教育活动中心，等等。① 其精神与中共中央书记处指示一致。虽未采用"正规化"教育的口号，已包含"义务教育"的意思。尤其是改变根据地开辟时期中学的干部教育性质，反映了向"正规化"方向移转的意向。

同年 6 月，《新华日报》（华北版）发表题为《创立正规的教育制度》的社论，主张在各抗日根据地立即建立正规的教育系统与制度。即：小学修业年限为 6 年，中学修业年限为 4 年；在各村建立初级小学，各区设立完全小学，各专区设立中学或师范学校。这种学制应有下列条件：1. 它是抗战的教育；2. 它是适应战争环境的教育；3. 它是免费的义务教育。为了建立这种正规的教育制度需编订或改编各种适合正规教育的教材，改造初等和中等两级学校，提高教员待遇，加强对文化教育的领导，动员大批进步青年从事教育工作。

1940 年 6 月 25 日，晋察冀边区召开文化教育会议。边区新行政委员会主任宋劭文作了《边区文化教育工作应努力的方向及当前的几个具体问题》的报告。边区教育处长刘奠基作《教材与教学法的内容与方法》报告，华北联合大学教务长江隆基，发表《学校教育的理论与实际》报告。会议通过的决定，包括《关于边区教育方针及教育政策的决定》，《关于学校教育之决定》，《关于中学问题之决定》、《关于小学教育经费问题之决定》，《关于改造学校、提高教育效率、根绝失学儿童之决定》、《关于教学方针、教学方式及生活指导方针之决定》，以及《关于敌占区、游击区教育之决定》。

1940 年 8 月 13 日，中共中央北方分局（晋察冀分局）颁布《晋察冀边区目

---

① 《中共中央北方分局关于国民教育的指示》，《晋察冀抗日根据地史料选编》上册，第 247 － 249 页；参见《中央关于开展抗日民主地区的国民教育的指示》，《陕甘宁边区教育资料（教育方针政策部分）》上册，第 78 － 81 页。

前施政纲领》。其中包括："在提高国民文化水准及民族觉悟的目标下，实行普及的义务的免费的教育，建立并健全学校教育，至少每行政村设一小学，每行政区设一完全小学或高小，每专区设一中学，高小及中学应收容半工半读生；建立并改进大学及专门教育，加强自然科学教育；优待科学家及专门〔学〕者；开展民众识字运动和文化娱乐工作，定期逐步扫除文盲"；"保护知识青年，抚〔济〕沦陷区流亡学生，分配一切抗日知识分子以适当工作；提高小学教员的质量，改良小学教员的生活"。[1] 当月 20 日，中共晋察冀区委发布决定，拥护中共中央北方分局颁布的施政纲领。[2]

1940 年 10 月，华北联合大学根据中共中央北方分局的指示，把各部改为学院，各学院之下分设若干系。即：把社会科学部改为社会科学学院，设财经、法政两系及回民大队；文艺部改为文艺学院，设文学、戏剧、音乐、美术四系及校文工团；师范部改为教育学院，设教育系及中学班；工人部改为工学院，设两个班，另设预科队，培养该校干部。

接着冀中区于当年 9 月召开第二次教育科长联席会议，决定健全教育行政机构与教育管理制度；民众学校的发展，建立统一组织，实行统一领导，采用统一教材，定期逐步扫除文盲；小学教育向正规化方向努力，从整顿中谋发展。统一行政组织与学生编制，统一教材与课程进度，严格分班，坚持四二制与发毕业证书制，纠正偏重政治、偏重军训、忽略文化提高的偏向；争取每一专区成立一所中学。

---

① 《中共中央北方分局颁布之晋察冀边区目前施政纲领》，《晋察冀抗日根据地史料选编》上册，第 363 – 364 页。

② 《中共晋察冀区委关于拥护中共中央北方分局关于〈晋察冀边区目前施政纲领〉的决定》，《晋察冀抗日根据地史料选编》上册，第 365 – 366 页。

晋察冀边区

[1941 年 1 月—1943 年 12 月]

从 1941 年初到 1943 年底，是晋察冀边区教育事业的第二个阶段。这是华北各敌后根据地斗争最艰苦的时期。在这个阶段中，以 1942 年空前残酷的日军"五一大扫荡"为界，又可分为前期和后期。前期致力于各级教育的正规化，并谋求根据地教育的新发展；后期，在日军残酷"扫荡"和"强化治安"的暴力统治下，以比第一阶段（1941 年前）更加灵活机动的游击教学的方式，坚持教育阵地，并在敌人"扫荡"高潮过后，不失时机地争取教育的恢复与发展。

一

晋察冀边区的各种教育发展甚快，到 1940 年已初具规模，只是在教育事业发展过程中也存在不少问题。以冀中区为例，存在问题主要是：片面强调政治、忽视文化与业务经验，对干部、教师的任用，只讲求政治质量，对其文化水平与工作经验缺乏足够重视，小学、民众学校教材，政治内容的比重过大，在群众中存在轻视小学教育的倾向；小学教育、民众教育偏重普及，忽视教学质量的提高。初级小学可随时入学，造成学生程度参差不齐，编级紊乱，军事训练与社会活动较多，对课内学习与教学计划的完成未引起足够重视；面向巩固区，忽视游击区，面向进步地区，忽视落后地区，等等。教育正规化问题正是在这个背景上提出来的。除此以外，当时晋察冀边区通过晋绥边区，同中共中央及陕甘宁边区联系的渠道比较畅通。北方各敌后抗日根据地的大批干部来自陕甘宁边区，在教育指导方针与政策上能及时得到指导，这是有利条件。1940 年，陕甘宁边区正处在推行教育正规化的势头上，并开始推行义务教育，晋察冀边区既已发现教育发展中的存在问题，又有陕甘宁边区的经验可资借鉴，确定教育正规化的取向是很自然的。不过，在作出教育正规化的决策前后，正赶上"百团大战"（1940年8月20日—12月5日），干部、群众及广大师生都积极配合这场大规模的战役。所以，正规化措施的落实是从1941年开始的。

1941年1月10日，晋察冀边区行政委员会为纪念边区行政委员会成立三周年发表《告全边区同胞书》。其第六点是："普及教育，肃清文盲，建设边区文化。"提出：要使边区成为新中国的模范，必须有文化教育建设，没有普遍的文化教育建设，各项工作的进展会受限制。在1941年，"要做到每一个行政村有一个小学校，学龄儿童入学率要达到60%；每个区要有一个高小，每一个高小要吸收3个免费生；要逐渐地把初级中学变成四年制，大量地吸收自费生，吸收各阶层人士的子弟入学；要创造两年制的高级中学和正规的大学；要继续扫除文盲，更广泛地开展社会教育。"①

在根据地开辟时期，首先致力于举办各种干部训练班和干部学校；根据地巩固以后，对于小学教育、中学教育日益重视。在谋求教育正规化时，除了属于中共中央北方局领导的华北联合大学率先改革外，边区教育行政部门则先抓小学教育正规化措施的落实，以后推及中学，连民众学校，也向正规化方向转化。

（一）小学教育

1941年1月18日，晋察冀边区行政委员会发布《关于普及国民教育的指示》，着重明确动员儿童入学的标准、要求及方式方法问题。确定动员儿童入学的标准和要求是：7—10足岁儿童为学龄儿童；学龄儿童入学率，一般要求为60%，达到此标准的地区须达70—80%，工作基础差的地区为50%；注意巩固儿童入学率；特别注意动员女孩子入学；尽量动员初级小学毕业生升入高级小学。动员入学的方式以深入宣传解释为主，必要时配合政府法令，强迫入学。对于入学困难的儿童在小学内建立"半日随习制度"，高级小学设若干公费名额，为便于儿童就近入学，原则上实行一村一初小，一区一高小，在不能设立小学的村庄，建立巡回小学。②

1941年4月10日，晋察冀边区行政委员会颁布《晋察冀边区小学校暂行办法》。接着，北岳区五专署发布《儿童入学惩奖办法》。规定儿童入学以政治动员为原则，凡学龄儿童家庭经济在统一累进税免税点以上者一律入学，经说服

---

① 《晋察冀边区行政委员会成立三周年告全边区同胞书》，《晋察冀抗日根据地史料选编》下册，河北人民出版社1983年版，第10页。

② 《晋察冀边区行政委员会关于普及国民教育的指示》，《晋察冀抗日根据地史料选编》下册，第16－17页。

动员后仍不入学者，应受一定的惩罚；学龄儿童家庭经济在免税点以下者，应尽量争取入学，成人小学附设之夜学班及其他补习组织。

在冀中区，小学正规化的主要措施是：

1. 普遍进行编级测验：小学实行四二制，秋季始业，高级小学毕业考试由县主持。为了保证一定教学质量，于1941年春对初级小学加以整理，由教育科主持编级测验，不及格者依次退级，一年级不及格者退入预备班，16岁以上的青年程度差、不能经常到校者转入民众学校；1941年冬，进一步实行全冀中区编级测验。整理的重点是高级小学。测验结果，退级生占原有学生总数的20%—30%，经过两次整理，小学学生特别是高小二年级学生由10 000余人降为7 000人。退级学生约占原有学生的40%。

2. 统一学校组织，把高级小学与中心小学合并为中心完全小学，实行教导合一。

3. 检定小学教师；改善小学教师的待遇和社会地位，加强在职教师的训练与进修。

冀中区原有文化教育基础比北岳区雄厚，小学正规化措施比北岳区落实得早。北岳区第五专署步子快一些，其他专署相对落后。边区行政委员会针对这种情况，于1942年4月3日，发布《关于初步整理北岳区小学的决定》。规定高级小学学生由各县主持考试，平均分数在60分以下，依次退级，学生年龄在20岁以上者，一律退学，甄别后不满30人（游击区20人）的学校取消，平均每班以40人为原则，60人以下者只能成立一个班级，高级小学与所在村的初级小学合并为完全小学；初级小学巩固区以每村一所为原则……统一课程与教学进度。① 课程设置如下：②

高级小学课程进度表

科　目	每周节数	教完一课所需时间	每周进度	备　考
国　语	7	2—3节	2课	每周作文一课，需时2节
算　术	6	1—2节	2—3个练习	每周上珠算一课，需时1节
政治常识		2—3节	1—2课	
自　然	2	2—3节	1课	

---

① 《关于初步整理北岳区小学的决定》，《晋察冀边区教育资料简编》（油印本）第2册，第249－250页。

② 同上书，第251页。

科 目	每周节数	教完一课所需时间	每周进度	备 考
历 史	2	2—3 节	1 课	
地 理	2	2—3 节	1 课	
唱 歌	2			
工 艺	2			包括劳作、绘画
军事体育	2			

初小课程进度表

科 目		每周节数	授完一课所需时间	每周进度
国语	读书	7	2—3 节	2—3 课
	作文	1		
	演说	1		
	写字	1		
常识		6	2—3 节	2 课
算术		6		2 课
唱歌		2		
工艺		2		
体育				

1942 年 3 月，边区行政委员会颁布《小学教师检定任用办法》，在北岳区普遍进行一次检定。据该区 14 个县统计，参加者现任教师 2 041 名，非现任教师 271 名，及格者只占 40.5%；边区行政委员会还发布《小学教师服务章程》、《小学教师考核奖惩条例》等，促进教师工作。经检定，1942 年小学教师学历状况为:①

百分比\程度\地区	高中及完全师范	初中及乡村师范	高级小学	其他（私塾等）
冀中区	10%	35%	50%	5%
北岳区		25.11%	50.63%	24%

---

① 刘奠基:《目前边区中学的建设》,《晋察冀边区教育资料前编》（油印本）第 2 册，第 323—324 页。

（二）中等教育

晋察冀边区从 1938 年开办 1 所中学开始，到 1940 年已有 9 所中学。1940 年边区行政委员会之下共设 13 个专区，尚未达到每一专区一所中学的目标。

边区的中学起初带有训练干部的性质，1941 年开始谋求"争取中学正规化"。

1941 年 5 月，边区行政委员会召开中学校长会议，刘奠基在会上作了总结报告。他指出 1940 年已经提出"中学正规化"口号，不过，距离正规化还相当远。他认为边区的创造阶段已经过去了，边区的建设已进入更新的阶段。在创造阶段中应用的教育方式与方法，今天都应当让它过去。今天我们的任务转变了。一切存在于中学的部队化的形式、干部教育的方式方法等应当及时地改变，要就青年的需要，建设适合于青年知识同身体发展的"以青年为本位的"中学教育。这就是"正规化"的中学教育。"正规化的建设是有具体内容的，主要的是建立各种完善的制度，用完善的方法。学校要有制度，课程要有制度，教学要有制度，生活指导要有制度，而执行制度还要有妥善的方法，教学、生活指导都要有方法。这些制度都必须在中学建设的实践当中创立和建设。"

这次会议作了如下规定：

1. 初级中学修业年限延长为 3 年。学生年龄为 13—20 岁，招收高小毕业生或确具同等学力者，入学须经测验，秋季始业。

2. 建立留级、休学、转学及成绩考核、鉴定制度，修业期满，成绩及格，报请边区行政委员会批准，由学校发给毕业证书。

3. 对现有学生严格整理。

4. 健全学校行政管理制度。

5. 确定教员人数标准。

6. 学生仍按队编制。

7. 不仅注意政治课程，提高学生文化水平与自然科学知识技能在今天尤为必要。

8. 争取学生自费。

9. 中学仍可附设干部训练队，每期修业须在一个月以上。

10. 中学学生以学习为主要任务，配合工作宜在课外进行，以不耽误教育计划的实施为原则。[①]

[①] 刘奠基：《目前边区中学的建设》，《晋察冀边区教育资料简编》（油印本）第 2 册，第 324 – 326 页。

随后在《边区教育》杂志上刊登《晋察冀边区中学课程标准》。

在边区中学校长会议召开之前，冀中区即于当年 4 月召开中等教育会议，对中学的组织、管理制度、课程、教师待遇等作了若干规定。

尽管在 1941 年已把初级中学修业年限延长为 3 年，加强了国文、教学、史地等基础学科，边区行政委员会认为还未脱离训练班性质。毕业生中大部分还是行政、民运、自卫队、师范、合作等干部队中的学生，1940 年初级中学学生不到 15%，1941 年只占 1/3。学生程度不齐，初中肄业的只 5%，高小毕业的占 26%，69% 的学生只具初级小学以下程度。于是，在 1942 年进一步"争取中学正规化"。①

1942 年 1 月，北岳区决定整理原有中学，即：重质不重量；充实教育内容，加强基础学科教学；发扬艰苦奋斗的作风；学生一律自费，不吃公粮；把原有 5 所中学合并为 2 所，当年 9 月又合并为 1 所。

整顿中学的措施包括：重新甄别学生，全边区有 21% 学生因程度低而转入高级小学，或其他学校学习；对教员也进行检定和裁减；利用暑假集合教员统一编订教材；在课程中，基础文化学科增加，占 72%，政治课教时减少，占 14%，军事课、文艺课各占 7%，教学方法力求"少而精"。

（三）民众教育

晋察冀边区的民众教育起初由政府领导，1940 年 8 月决定改由文化界抗敌救国会统一领导。因政府配合与照顾不便，于 1941 年起，仍改为由政府统一领导，争取文化界抗敌救国会以及其他群众团体协同办理。

1941 年冬学运动开始时，即面临敌军大规模的疯狂"扫荡"。中共中央北方局在当年 10 月发布的关于冬学运动的公开信中，强调指出：开展冬学运动，不仅是提高广大民众文化水准，而且应注意于长期反"扫荡"战争的动员与配合，使广大民众（从）经过冬学运动动员起来，积极准备与参加反"扫荡"战争。主要内容是进行锄奸教育、开展农民誓约运动与人民参加运动。②

敌军残酷"扫荡"的结果，根据地大为缩小。在游击区，日军先后推行三次"强化治安运动"，几乎闹得群众夜不敢点灯、昼不敢众议的地步。就在如此严峻的局势下，当年的冬学运动仍然轰轰烈烈地展开。在北岳区，共有民众学校 2 894 所，学员 233 592 人。尽管以反"扫荡"的思想政治教育为主，通过冬学，人们的文化程度还是得到一定提高。据北岳区阜平等 9 县统计，共

---

① 《中共中央北方局号召开展冬学运动致各级党委的一封公开信》，《老解放区教育资料（二）》下册，第 187 页。

② 同上书，第 187 页。

有文盲 130 653 人，参加学习者占 86%；另据阜平等 10 县统计，在入学者中：识 1 000 字以上者 569 人，占全体入学者的 0.5%；识 500—900 字者 3 663 人，占 3%；识 100—500 字者 36 300 人，占 33%；识 100 字以下者 69 601 人，占 63%。大约半数学员识 200—300 字。①

1942 年 2 月 25 日，边区行政委员会重新审定《晋察冀边区民众学校暂行规程》，确定：民众学校以扫除文盲、增进人民文化知识、坚定民族意识为目的，民众学校的学生一律不脱离生产，以识字不足一千的 15—45 岁男子和 15—35 岁女子为对象，以识 1 200 字为标准，识字 600 字以上者入高级民众学校，识字 600 以下者入初级民众学校；民众学校以行政村为单位设置，民众学校内设校长与教务会议进行学校管理，校长、教员由村公所聘请，以 40—60 人为一班，班内以 5—7 人为一组；高级民众学校课程为：国语（占 35%）、算术（占 15%）、常识（占 35%）、组织课（占 15%），初级民众学校设识字（占 45%）、珠算（占 10%）、政治常识（占 25%）、组织课（占 20%）；授课时间每次 2 小时，冬季每日一次，其余三季 3 日或 5 日一次，全年授课时数，高级民众学校 360 时，初级民众学校 280 时；民众学校修业 4 年，高、初级各 2 年，每学年分 2 学段，每学段终了测验；课本、文具由学员自备，办学经费由村公所支出；初级小学以上学校毕业生免入民众学校，但须参加公民训练（每 15 日或一月训练一次）。② 这是民众教育正规化的尝试。

当年 4 月，边区行政委员会召开各专署教育科长会议，着重研究扫除文盲问题。会议对《民众学校暂行规程》上的有些规定，作了调整。新的规定是：扫除文盲以识 1 000 字为标准（原规定识 1 200 字），每年识 250 字，四年完成；民众学校分识字班与政治班，识字班以 15—25 岁青年为对象（原规定男子 15—45 岁，女子 15—35 岁），政治班以全体公民为对象；课程设识字、国民常识、珠算；上课时间除麦假、秋假、年假（共 65 天）外，男子间日一次或 3 日一次，女子每日一次或隔日一次；教员津贴 4 元。总的精神是从实际出发，降低了社会教育的要求。

（四）干部教育

前已提及，华北联合大学在 1941 年率先按正规化方向改革。唯自 1941 年 12 月和 1942 年 2 月，中共中央相继发表《关于延安干部学校的决定》与《关于在职干部教育的决定》以后，1942 年 4 月，延安整风与干部教育改革正式开始，华北联合大学等干部学校的改革，实际上按新的部署进行。同年 7 月，华北联合大学建校三周年之际，成仿吾发表《华北联大三年的回顾与展望》，江隆基发表

---

① 《一九四一年的北岳区冬学》，《老解放区教育资料（二）》下册，第 107 – 108 页。
② 《晋察冀边区民众学校暂行规程》，《晋察冀抗日根据地史料选编》下册，第 168 – 170 页。

《反对教条主义，贯彻理论与实际一致的原则》等文章，反映了这种意向。

1942年4月，晋察冀边区行政委员会决定设立干部教育委员会，负责计划和推行干部教育工作；同时在边区行政委员会教育处设立干部教育科。

当年5月24日，《晋察冀日报》发表中共中央北方局宣传部《关于执行中央在职干部教育决定的指示》，指出：今后华北环境将更加困难，党所担负的任务也将更加艰巨。为迎接伟大的新时期的到来，认真地加强干部教育，有效地克服华北多数干部力量低弱而又必须担负重大任务的矛盾现象，就成为一个异常严重的任务。为此，决定：所有党、政、群众团体的在职干部，都须把业务教育放到第一位，业务教育时间的比重应占全部学习时间的十分之四；政治教育应以干部的政治水平与工作岗位等条件来具体规定；文化学习按中共中央规定的程度分组，基本上采取小组学习制，中级组的文化学习占全部学习时间的十分之三，初级组占十分之四；无论在巩固的根据地还是在敌占区与接近敌占区的地区，都须加强对在职干部教育的领导。

二

晋察冀边区在1941—1942年间的"教育正规化"尝试，对于提高教学质量不无裨益。问题在于"教育正规化"的时机并未成熟。

1941年以后，晋察冀敌后抗日根据地即进入战争最剧烈、最复杂、最艰苦的时期。1941年初，华北日军即改变对抗日根据地的策略，变单纯的军事进攻为"三分军事，七分政治"，"军事、政治、经济、文化"几位一体的"总力战"，变短期"鲸吞式扫荡"为堡垒主义，逐步推进"蚕食"政策和长期反复"清剿"。1941年6月，即"蚕食"了冀中第十一专区；同年秋，集中十万余兵力对北岳区（晋东北、冀西）进行"铁壁合围"的"大扫荡"，占领除阜平县以外的所有城镇和交通要道；1942年对冀东平北根据地实行春季"大扫荡"，接着又对冀中区实行惨无人道的"五一大扫荡"。这次"扫荡"持续两个月，根据地群众被抓被杀5万余人，干部损失三分之一，冀东、冀中八路军主力部队和后方机关暂时转入山东，冀东、冀中的平原根据地遂变为游击区和敌占区。1942年夏，北岳区晋东北的一、二专区和冀西平原根据地也大部分变为游击区。晋察冀边区的巩固区大为缩小，游击区占80%以上；1943年秋季，日军又以4万兵力，对北岳区进行长达3个月的空前大"扫荡"。①

敌军在冀中平原"五一大扫荡"以后，即把"扫荡"时的临时据点，改为固定性的据点，并继续修路、挖封锁沟，加固堡垒。堡垒最密处，一村数个，最稀处三村一个，公路密如蛛网。如以线沟与点碉连锁相计，全冀中被分割为

---

① 《晋察冀边区七年来的军事战果》，《晋察冀抗日根据地史料选编》下册，第453－454页；谢忠厚等：《晋察冀抗日民主政权简史》，河北人民出版社1985年版，第59－60页。

2 700小块。

日军疯狂"扫荡"时，实行野蛮的"三光"政策。阜平县原有小学150所，在日军铁蹄蹂躏下幸免于难的只有两三个村庄的小学。有的小学在两三年内，校舍竟被焚毁四次之多。① 根据地变质后，敌军在刺刀下建立法西斯统治。他们对根据地原有政治工作的成效，深感恐惧。在当年5月12日北平广播中提到："此次冀中作战，与从来华北各地之作战不同，因其不仅为摧毁'共匪'实力，且在推进建设之诸般施策，具有重要之意义与特色。因此等地域与其他之'匪区'比较，政治工作已达最高度之阶段。故我亦应在政治、经济、文化、思想诸方面举究其对策。"② 为此，日伪在敌占区加强奴化教育，强迫儿童入学。如博野县有一个村庄，因不给敌人送学生，日军就把各家的饭锅都拔去，扬言"送个学生来，才能把锅领回去"；日本侵略者为巩固伪化小学，有的敌办小学给学生发书包，每天在书包里放糖果，在城里开观摩会时用汽车接送学生，有时还发旅费，诱使学生到平、津参观。

在新的情况下，根据地人民同敌伪展开针锋相对的斗争。

根据地在严重困难形势下，一面动员军民积极投入反"扫荡"、反"蚕食"斗争，一面致力于巩固抗日民主政权，并采取一系列政策，调节阶级关系，增强实力。1940年就进行了县、区两级政权的民主选举，1941年在村政权民主选举中进一步贯彻"三三制"原则，在此基础上于1943年1月召开晋察冀边区第一届参议会，选举产生晋察冀边区行政委员会。边区行政委员会设民政、财政、教育、实业、秘书四处。教育处长改由刘皑风担任；这区在1942年1月至当年秋季，就进行第一、二次简政，1943年1月参议会召开后，又相继进行第三、四次简政，1943年的简政使边区政府系统的脱离生产人员减少47.83%；为了克服敌军封锁与破坏造成的严重困难，加上抗旱（当时北方大旱），边区开展了大生产运动；当年10月，进一步实行减租，调动农民积极性。在此期间，晋察冀党内开始整风（第一期从1942年5月开始，第二期始于1943年7月）。这一切，为根据地教育奠定了新的基础。

1938年边区临时行政委员会成立时，教育行政系统尚不健全。此后逐步充实机构，配备力量。1943年边区参议会召开、边区行政委员会改选后，教育行政系统为：边区行政委员会教育处——行政公署（代行边区行政委员会职务）教育科——专员公署（边区行政委员会辅佐机关）教育科——县教育科——区公所（县政府辅佐机关）助理员——村公所教育委员。此外，在行政上领导不便的地方，设县佐公署，在边区行政委员会或该主管县政府指导之下处理行政

① 刘松涛：《晋察冀的反奴化教育斗争》，《老解放区教育工作经验片断》，上海教育出版社1979年版，第32页。

② 程子华：《敌对冀中扫荡与冀中战局》，《晋察冀抗日根据地史料选编》下册，第209页。

事务。县佐公署也设文教办事员。①

从 1941 年秋季开始，由于根据地巩固区逐步缩小，游击区与敌占区迅速扩大，逐步引起对游击区教育工作的重视，同时加强了瓦解敌伪教育工作。

1943 年元旦，边区行政委员会教育处长刘奠基发表《迎接胜利年写给小学教师》一文，肯定五年来不少小学教师在敌军暴力下遭受屠戮、拷打、摧残、压迫，仍然顽强地站立在自己的岗位上和敌寇搏斗，坚持自己的阵地，在物质条件缺乏与严重灾荒中忍受无限的艰苦，甚至濒于饥饿，仍然忠诚地执行自己神圣的任务，努力不懈；在展开 1943 年工作时，首先强调认清时局的严重性，坚守岗位，在游击区和敌人搏斗；而在巩固区，"要更进一步提高小学教育建设，完成小学教育的正规化"。表明尽管处在严峻局势下，仍不放松小学教育的正规化。在这方面的措施是：动员与巩固儿童入学，保证巩固区儿童入学率达 70%，最低限度使 8—10 岁儿童一律强迫入学；重新恢复春季始业；确定教学进度，有计划地进行教学；改进生活指导；确立测验考核制度；改良学校环境。除此以外，加强学校教育与社会教育的联系。②

同年 3 月 5 日，边区行政委员会发布《一九四三年度文化教育的方针与任务》，明确提出 1943 年度的教育方针是："加紧整顿基本区的教育工作，坚持与开辟游击区、敌占区的教育工作"；当年任务是：调整干部；健全教育行政领导机构；认真贯彻教育政策法令；开办短期师范学校，培养新的小学师资；普遍举办假期师资训练班或讲习会，加强现任教师的业务学习和工作指导；稳定教师工作岗位，提高教师的社会地位，适当改善教师生活；培养儿童的思想能力和工作能力；各级学校加强气节教育、生产教育和卫生防疫教育；邀请学术团体和专家帮助编写中小学和师范的各种教材。这个教育方针反映出在指导思想上已经兼顾游击区与敌占区的教育，规定的工作任务，实际上仍从巩固区的需要出发。

1943 年以巩固区为主，在教育工作实际采取了许多新措施：

1. 配合简政和大生产运动，重新整顿小学

4 月 1 日，晋察冀边区行政委员会发布《关于整理小学加强儿童生产教育的指示》，基本精神是：适当紧缩小学数目，减少教师数目，提高现任教师质量，并争取更多学龄儿童入学；适当降低小学教师待遇，减轻灾区人民对教育经费的负担；改变教学方式，加强生产教育。关于整理小学，规定所有高级小学与附近中心小学合并为完全小学，高级小学学生经常到校人数在 15—25 人的，改为中心小学附设高级组，学生数在 15 人以下者，暂行初级小学四年级合并，进

---

① 《晋察冀边区抗日民主政权组织机构示意图》，谢忠厚等：《晋察冀抗日民主政权简史》，河北人民出版社 1985 年版。

② 刘奠基：《迎接胜利年写给小学教师》，《晋察冀边区教育资料简编》（油印本），第 209－212 页。

行补习教育，高小两年级经常到校人数在 50 人以下者合为一班，进行复式教学，整理后的小学高级班（组）不得在中途招收学生；初级小学学生在 30 人以上者，以全日制教学为主，酌设半日随习班，较大村庄全日学习人数较少、半日学习人数在 40 人以上者改为半日二部制，一般村庄以半日制为主要形式；高级小学或全日制小学以星期六下午为劳动日。①

完全小学半日制日课表②

课程（年级）时间 \ 星期	8：00—8：50	9：00—9：40	9：50—10：10	10：10—10：50	11：00—11：40	11：50—12：30	下午
一	周会（全）	国语（全）	课间操	唱歌	常识（全）	自习	生产活动
二	算术（全）	国语、常识（一、二、三、四）		国语、常识（一、二、三、四）	缀字、写字（一、二、三、四）		
三	算术（全）	国语（全）		常识、国语（一、二、三、四）	工艺（全）、写字、作文（一、二、三、四）		
四	算术（全）	国语、常识（一、二、三、四）		唱歌			
五	算术（全）	国语（全）		唱歌	常识（全）		
六	算术（全）	国语、常识（一、二、三、四）		常识、国语（一、二、三、四）	检讨会（分组）		
日	劳作						

---

① 刘奠基：《迎接胜利年写给小学教师》，《晋察冀边区教育资料简编》（油印本），第 209 - 212 页。

② 晋察冀边区行政委员会：《关于整理小学加强儿童生产教育的指示》，《老解放区教育资料（二）》下册，第 394 页。

隔日巡回日课表①

课程　分　节　钟　年级　星期	1	2	3	午	4	5	6	7	8
	40	40	30		40	40	30	30	
一　　一二三四	周会	国语算术	算术国语	午	算术常识	国语算术	国语	游戏	点名散学
二三四　一二三四	算术国语	国语算术	唱歌	午	常识国语	国语常识	算术	游戏	点名散学
五六　一二三四	国语算术	算术国语	唱歌	饭	算术国语			检讨会	点名散学

1943 年 5 月 6 日，《晋察冀日报》发表题为《实施生产教育的重要意义》的社论。当年 5 月，边区教育处长刘皑风在《加强边区儿童的生产教育》一文中还提到，冀中区在 1939 年大水灾之后，1940 年举行"护麦工作周"，在 13 个县中有 162 130 名小学生参加劳动，他们完成的工作量相当于成年人 3 400 人 10 天的工作量，证明儿童是不可忽视的生产力。他认为实施儿童的生产教育，包括：通过各科教学与课外活动，启发儿童重视生产劳动的思想；儿童参加的生产主要是家庭生产；利用课余时间组织儿童的集体劳动；同时还要利用小学生推动别人参加生产。② 5 月 8 日，边区行政委员会发布命令，决定放麦假，让儿童回家生产，同时利用麦假训练小学教师。

2. 进一步加强对小学教育的领导

4 月 17 日，边区行政委员会发布《关于加强教学领导工作的指示》，5 月 14 日边区行政委员会决定废止以前发布的《小学教师检定任用办法》、《小学教师服务章程》与《小学教师考核奖惩条例》，发布新的《晋察冀边区小学教师服务暂行规程》，6 月 6 日，《晋察冀日报》报道，北岳区根据新的《小学教师服务暂行规程》考核全县小学教师；9 月 10 日，刘皑风著文谈加强小学生生活指导问题。当月 15 日，边区行政委员会又发布《关于改进教学工作，提高教学效果

---

① 晋察冀边区行政委员会：《关于整理小学加强儿童生产教育的指示》，《老解放区教育资料（二）》下册，第 394 页。
② 刘皑风：《加强边区儿童的生产教育》，《老解放区教育资料（二）》下册，第 398 - 400 页。

的指示》。

3. 在 1942—1943 年之后的冬学运动结束后，首次举办春学

1943 年 3 月 5 日，边区行政委员会决定开办春学。春学以每年 3 月 1 日至 5 月底为期，以政治教育与生产教育为主，设常识与识字两类课，识字教育也得包含政治教育与生产教育的内容。

以往冬学虽有不少成绩和进步，但是"就我们所用的人力、物力和群众所消耗的时间讲，教育效果还很低很低"。1943 年决定当年冬学在大部分是游击区的县分，领导重点放在游击区。在《民众学校各项具体问题解决办法》中确定区以上不设领导机关，由各级政府负责行政上的领导责任。民众学校分识字班与宣讲班，用宣讲的方式进行政治教育与生产教育。凡 16 岁以上，45 岁以下的男子和 25 岁以下的女子都得听讲，两种班每十天各上四次课，即每天上课一次。①

然而，在 1941—1943 年间，晋察冀边区最为出色的教育奇迹，还是游击区坚持与扩大教育阵地的斗争。

三

晋察冀边区是举世闻名的"地道战"的发祥地。在这里也创造了教育史上罕见的教育"地道战"。

敌后抗日根据地是在游击战争中发展起来的，但不是简单地沿着敌占区——游击区——巩固区直线发展。在敌伪军不断"扫荡"中，八路军采取灵活机动的战略战术，往往主动从巩固区、游击区转移，这样，又常常出现从巩固地到游击区、从游击区到敌占区的转化。故一直存在三类地区。由于北岳区从 1941 年秋季起、冀中区从 1942 年 5 月起，根据地巩固区大为缩小，游击区、敌占区迅速扩大，游击区、敌占区教育工作的地位日益提高。这样，在游击区就出现三类学校：一类是地下状态的抗日学校，一类是中间状态的两面学校，一类是敌伪学校。这种区别在小学最为显著。

1. 抗日地下小学。又称为"抗日一面小学"。这类学校处于地下状态。无论采取集中上课还是分组教学形式，完全进行抗日民主教育。

抗日战争初期，边区各地学校校舍与教学设备一般比较齐全，在遭到敌伪屡次破坏后，逐渐意识到像过去那样讲求物质设备，只有加重损失。改为因陋就简，在山沟或溪边上课。冀中平原称为"绿色教室"，冀西称为"露天教室"。

---

① 晋察冀边区行政委员会、晋察冀边区抗联会：《加强今年冬学工作的指示》，《老解放区教育资料（二）》下册，第 112 - 117 页。

在敌人侵犯时，把教学设备"坚壁"起来。敌伪虽能摧毁校舍，不能摧毁学校。如1943年5月敌人袭击灵寿县张家庄一带，张家庄小学14间用房除一个门楼外全被毁光，但敌人撤离张家庄的次日，全校54个学生（除2人生病、2人到外地亲戚家暂避外）就到校集中，第三天恢复上课。①

后来边区开展"地下建设运动"，冀中、冀西创造"地下教室"。以著名的定县第二十高级小学为例。定县在敌人"五一大扫荡"以后，群众性的地道斗争尚未普遍展开。第二十高级小学首先提出"一人一堡垒"的口号。起初大家将信将疑，在一次敌人"清剿"时，一个堡垒也未被发现，大家增强了信心，全校共开153个地下堡垒。学生按队编制，集中上课时，设置岗哨，加强警戒。小组教学时，由家长望风。分发教材或在夜间进行，或在白天伪装进行。学生拿到教材，起初随身携带，后改为在小组上课地点附近掩埋。学校处于地下状态，会议与汇报层次比平时还多，以利及时掌握情况，加强领导。该校在这样条件下，从1940年到1945年共输送四届毕业生260人。②

2. "中间两面小学"。这类学校对敌应付，对民主政权也是应付。一般采用抗日战争以前的课本。游击区的私塾，也属这一类型；另有一种情况是，以前的抗日小学由于地区变质、坚持困难、逐渐转化，退为两面小学，但学校始终由民主政权掌握，一直进行抗日教育，称为"抗日两面小学"；还有一种情况是在地区变质后，敌伪建立的伪小学或老敌占区的小学，由于我们逐渐掌握教师，使其转变为"抗日两面小学"。据北岳区完县等11县1943年统计，"抗日两面小学"有154所，冀晋区（1944年9月以原北岳区为基础成立）1944年1058所小学中有"抗日两面小学"168所，行唐一县就有43所。③ 这类学校，迎门张贴伪县公署发下的孔子像，墙上张贴"建设大东亚共荣圈"之类标语，书桌上放伪课本，讲台上放戒尺。除抗日教师外，另由群众推派"应敌教师"（略为识字的老人）。设有岗哨，敌人一到，即由"应敌教师"代替抗日教师，打着伪旗到校门口迎接，乘机掩护女性和年龄较大的男生撤退。

3. 敌伪小学。这类学校有"亲日一面小学"与"亲日两面小学"之分。"亲日"两面小学，同抗日政权维持表面联系，实质上仍为敌伪服务，但属于可争取的对象。

敌伪势力察觉"抗日两面小学"的性质以后，曾下令取消点、碉、沟、墙之

---

① 刘松涛：《晋察冀的反奴化教育斗争》，《老解放区教育工作经验片断》，上海教育出版社1979年版，第35页。

② 张腾霄：《屹立在残酷斗争中的定县第二十高级小学》，《老解放区教育工作经验片断》，第51—62页。

③ 刘松涛：《晋察冀的反奴化教育斗争》，《老解放区教育工作经验片段》，第37页。

间的伪小学，而在据点村或岗楼上设立小学，称为"集中小学"。教师一般换为外籍人，其中有不少特务，或"新民会员"。我们首先采取软磨的办法，拖延送学生入学。也有一些地区敌人突然抓捕少年儿童，这在第十专区、第三专区，时有发生。这时，民主政权转变斗争方式，选择家长可靠、有抗日教育基础、不易受敌人麻痹的学生去应付。① 例如前面提到的定县第二十高级小学，曾选派22名优秀学生，到敌伪安家庄高级小学，这些学生事先进行短期训练，懂得如何应付敌伪教员、团结与争取同学。他们到校后，正值伪青少年团选举，经他们争取，当上了正副队长、正副分队长和9个班长中的7个班长。这些学生除了争取同学外，还主动写信争取到两名伪军带枪反正，甚至还争取了一名叫小山的日本兵。②

晋察冀边区坚持不懈地进行抗日民主教育，造就了大批英勇、机智的儿童，创造不少奇迹：

在冀西、冀中多数县份，建立教育通讯网，由小学生传送书报文件。为了保持通讯网的秘密，创造不少伪装暗号的联系方法。

在交通战中，1939年曲阳县的小学生，共有1 064人破路17次，扰敌50次；定县小学生564人破路34次；1940年武强、献县、饶阳、博野等县小学生31 159人，破坏铁路线389.5里；在敌人"扫荡"、"清剿"时，曲阳贾家口小学发动"劫敌运动"，拉洋马、偷大米。平山县有的小学生偷敌人文件，有的学生偷子弹。③

晋察冀边区在1942年1月，曾广泛开展"军民誓约"运动。参加宣誓的人达80%以上。在儿童中，还开展过"五不运动"。即：不告诉敌人一句实话，不报告干部和八路军的姓名；不报告地洞和粮食；不要敌人东西、不上敌人当；不上敌人学；不参加敌人少年团。冀中武强县小学生温三玉为了掩护钻进地道的区小队，五个手指头被敌人一个一个地割下来，鲜血淋漓，仍守口如瓶；雁北繁峙县的小学生三保子，在学校讲过"五不运动"后，家里刚送走八路军，敌人逼他交代，他拒不回答，被敌人扔下一丈多深的崖下。④

更令人惊叹的是：完县、唐县、曲阳等县的小学生，在抗战前五年中，共抓获汉奸90人，汉奸嫌疑者432人；定县第二十高级小学学生，在敌人"扫荡"最残酷的两年中，采用各种机智的斗争方式，营救被捕（或被怀疑）的区、县、分区以上干部，达240人之多。⑤

---

① 刘松涛：《晋察冀的反奴化教育斗争》，《老解放区教育工作经验片段》，第45－48页。
② 同上书，第37页。
③ 同上书，第48－49页。
④ 同上书，第37页。
⑤ 刘松涛：《晋察冀的反奴化教育斗争》，《老解放区教育工作经验片段》，第37页。

四

晋察冀边区处在那样严重的困难局势下，教育事业仍然保持一定规模。

北岳区在 1940 年有学龄儿童 375 428 人，小学生 214 710 人，学龄儿童入学率达 57.19%。据 1943 年初统计，在 1941 年日军对北岳区秋季大"扫荡"以后，其中的 9 个县，小学生减少 1 232 人，减少的幅度不大。如果考虑到根据地缩小、并校和检定学生诸因素，可以说，基本上守住了学校阵地；1941 年秋季日军大"扫荡"以后，北岳区冬学仍达 2 894 所，学员 233 592 人。阜平等 9 县文盲入学率高达 82%。1943 年秋季日伪军又对北岳区实行长达三个月的大"扫荡"。据该区不完全统计，在当年仍有完全小学 46 所，高级组 2 处，学生 2 749 人，初级小学 2 655 所，学生 73 837 人。①

在 1943 年 9 月，北岳区阜平县第八区，有 80% 以上儿童入学，完县有一个村（南峪村）儿童入学率达 96%，井陉县有 73% 儿童入学，平定县共有 101 所小学，儿童入学率达到 80% 的村有 29 个。②

冀中区尽管在 1942 年"五一大扫荡"以后斗争空前残酷，到 1943 年初，学生数仍达 45 000 人之多。③

从 1943 年 2 月到 1944 年 1 月，一年中抗日隐蔽小学、抗日两面小学与敌伪小学的比例关系发生了显著变化（据冀中区十专区 8 个县统计）：④

学校数 校别 年月	抗日隐蔽小学	抗日两面小学	敌伪小学
1943 年 2 月	132	220	3 355
1943 年 9 月	251	368	2 371
1944 年 1 月	422	482	90

根据这项统计，三类学校比例的变化是：

1943 年 2 月，抗日隐蔽小学占三类学校总数的 3.5%，抗日两面小学占 6.0%，而敌伪小学占 90.5%；1944 年 1 月，抗日隐蔽小学占 42.45%，抗日两面小学占 48.48%，而敌伪小学只占 9.07%。

---

① 《晋察冀日报》1944 年 4 月 26 日。
② 《解放日报》1943 年 9 月 14 日。
③ 《晋察冀日报》1943 年 1 月 23 日。
④ 刘皑风：《坚持唯物史观，让边区教育永放光芒》，《晋察冀边区教育座谈会会刊》，晋察冀边区教育史编写委员会 1985 年 12 月印。

晋察冀边区

[1944 年 1 月——1945 年 8 月]

7

从 1944 年初到 1945 年 8 月抗日战争胜利,是晋察冀边区教育事业的第三个阶段。

1942 年"五一大扫荡"及此后一段时期,日本侵略者军事进攻和暴力统治达到疯狂的地步。1943 年秋季又发动对北岳区的长时间"扫荡",然而总的说来,自 1943 年以后,敌人进攻的势头逐步减弱,人民斗争的力量逐步增长。1942 年日伪碉堡多达 3 980 座,1943 年减至 3 594 座,到 1944 年 5 月更减至 1 984 座。人民武装在 1943 年 6 月至 1944 年 5 月一年间,攻克或逼退敌人点碉 1 930 座,填平封锁沟 6 712 华里,毁掉封锁墙 1 039 华里。[①] 到 1944 年 12 月,大体上恢复到 1940 年的局面。从 1944 年 12 月 27 日开始,晋察冀边区军民开始局部反攻。1945 年先后发动春季攻势和夏季攻势,到 1945 年抗战最后胜利时,晋察冀边区幅员包括察哈尔、热河两省,河北大部,山西东北部,绥远省东部和辽宁省西部。辖冀晋、冀察、冀中、冀热辽 4 个行署、一个边区直辖市(张家口)、18 个专区和 136 个县。解放区人口达 3 000 余万人。

在此背景之下,这个阶段的教育工作以局部反攻前夕 1944 年 9 月召开的教育工作会议为标志,分为两个时期:在此以前,以强化时事教育为主题,并加强对游击区教育工作领导,同时积极争取敌占区学校和教师、学生;在此以后,根据陕甘宁边区 1944 年教育改革的精神,在边区全面开展教育改革。其中冀热边区(局部反攻后发展为冀热辽边区),教育工作起步较晚,也有一定进展。

---

① 《晋察冀边区七年来的军事战果》,《晋察冀抗日根据地史料选编》下册,第 456 页。

一

进入 1944 年，抗日战争胜利的曙光在望，不过困难时期尚未完全渡过。新春开始，中共中央北方局确定 1944 年的工作方针是"团结全华北人民的力量，克服一切困难，坚持华北抗战，坚持抗日根据地，积蓄力量，准备反攻，迎接胜利"。中共中央晋察冀分局根据北方局确定的工作方针，提出一面坚持巩固区，一面积极向敌后的游击区、敌占区伸展。即采取积极防御的方针，中心任务为"强化对敌斗争，开展全年大生产运动，贯彻完成整风，强化时事教育"。①

晋察冀边区行政委员会于 2 月 3 日决定加强游击区小学的领导，打击与争取敌伪小学。边区在 1941—1943 年间，尤其是 1943 年"面向游击区，开展游击区教育工作"以后，不仅利用分组教学等方式，坚持第一线的工作，而且恢复了游击区的抗日小学，争取与掌握了许多敌伪小学和教师，打击和削弱了敌伪奴化教育，不过在这方面仍存在不少问题。主要是：忽视或轻视游击区教育工作的思想，在个别地区还没有完全转变过来，以致有些抗日两面政权的村庄，小学却是中间性质的，有的小学敌人不管，抗日政权也不管，有的学校敌人抓得紧，而抗日政权却很少注意；对游击区小学的性质，认识模糊，界限不清，对游击区教师的领导、教育和对敌伪教师的争取、掌握还很不够；游击区小学的教材没有及时得到适当解决。边区行政委员会针对上述情况，加强宣教助理员和游击区中心小学校长（或教员）的工作；明确划分抗日一面小学、中间两面小学、敌伪小学的界限；根据不同地区实际情况提出不同要求。②

1944 年 2 月 10 日，边区行政委员会提出冬学结束时，正值大生产运动开始。为了提高广大群众对大生产运动的认识和热忱，在冬学运动基础上，巩固区须有重点地争取民众学校工作的经常化。同时在游击区开展宣传教育活动。根据 1943 年的经验，在游击区开展民众教育不仅有必要，亦有可能；民众教育的内容以生产教育与反法西斯教育为主，识字教育仍继续进行。③

1944 年 3 月 9 日，边区行政委员会就小学教育与大生产运动结合问题发出专门指示，着重提出：指导儿童参加生产，以帮助家庭生产为主；组织儿童校

---

① 《中共中央晋察冀分局关于一九四四年工作方针及任务的指示》，《晋察冀抗日根据地史料选编》下册，第 401 – 402 页。

② 晋察冀边区行政委员会：《关于加强游击区的领导，打击与争取敌伪小学的指示》，《老解放区教育资料（二）》下册，第 401 – 405 页。

③ 晋察冀边区行政委员会：《在冬（学）运（动）的基础上建立民校进行民众教育》，《老解放区教育资料（二）》下册，第 120 – 122 页。

内集体生产，谋求教学与生产劳动的结合；防止只教儿童读书，忽视生产教育与过分强调生产、忽视课堂教学，以及单纯营利等偏向。

当年4月1—12日，边区行政委员会召开各专区、各县教育科长、督学、中学校长会议。采取整风的方式，以教育行政领导和教育为政治服务为中心课题，对晋察冀边区以往教育工作中的倾向性问题作了历史的回顾与总结。边区行政委员、教育处长刘皑风在会议行将结束时，作了题为《统一认识，改进领导，进一步为群众服务，为政治服务》的总结报告。其中提出1944年教育工作主要是加强生产教育，把国民教育和大生产运动结合起来，同时深入开展反法西斯教育和民主教育，开展和建设游击区教育工作，加强对敌政治攻势。

此后，晋察冀边区涌现出阜平县模范女教员李翠珍，涞源县二区碾盘村小学教育和生产劳动结合的先进典型。

李翠珍是阜平县朱家营小学的女教师。在她的领导下，朱家营小学在全村首先订生产计划，首先组织"拨工组"，发动儿童拾粪，完成送肥任务，组织副业生产，支持农村妇女做军鞋。由于教育有方，入学儿童经常达到80%以上。实行半工半读，结合生产任务，讲授生产知识。在大忙时，白天劳动，晚上教学，主村由她亲自上课，其余各村由她培养的小先生去教，在两个半月中，该校学生打柴87 600斤（17人），拾粪1 050斤（19人），送粪87 820斤（64人），拨工40个，修梯田644分（24人），开荒7亩（21人），种北瓜260窠……①

涞源县碾盘村在1943年反"扫荡"中受到很大破坏。当年冬季，碾盘村小学恢复后，经多方动员，入学人数仍然不齐，1944年春开展大生产运动以后，家庭劳动忙碌了，儿童走不开，缺课现象增加。该校教师索健发现儿童在家里只干一些零碎活儿，便组织儿童集体打柴。三次打柴得到235元，作为基金开办合作社，分红时有的儿童能得到15元，引起家长兴趣，入学人数增加。他还在儿童中组织纺线组、捻线组，集体开滩地种大麻籽。一面上课，一面生产，使全村80%的儿童都能入学。②

这些典型经验的出现和边区行政委员会对这些经验的宣传，反映出晋察冀边区摆脱"旧型正规化"框框、向教育改革的方向迈进。

---

① 《晋察冀日报》1944年5月23日。

② 涞源县政府：《碾盘村小学生产与教育结合的介绍》，《老解放区教育工作经验片段》，136-138页。

二

1944 年 9 月，晋察冀边区行政委员会召开教育会议，讨论教育改革问题。

如上所述，晋察冀边区教育正规化的尝试在 1940 年下半年已露端倪，1941—1942 年步伐逐步加快，到 1943 年在那样严重困难条件下，依然未完全放弃巩固区提高教学质量的努力。1941—1943 年在该地区出现的形势表明，在敌后抗日根据地校区规化教育比在环境稳定的抗日后方根据地陕甘宁边区更不相宜。敌人的进攻促使晋察冀教育当局纠正不切实际的想法。然而，晋察冀边区，尤其是冀中区，原有文化基础比陕甘宁边区发达得多，在着手进行教育正规化尝试时，北岳区和冀中区学龄儿童入学率已分别达到 57.19% 与 75%，而陕甘宁边区在 1941 年 11 月，学龄儿童入学率还只占 25% 左右，文盲仍占 93—95%。①从这方面看，晋察冀边区又比陕甘宁边区更有条件搞教育正规化。况且，晋察冀边区在教育正规化过程中采取过一些灵活措施，如 1941 年 2 月规定各地学校可以收容半工半读学生，同时为了方便儿童入学，可在小学中建立半日随学制度，不能设学校的小村庄可建立巡回小学，即正规制度中有不正规的形式伴随，加上晋察冀边区初级小学一般在行政村设置，本来就方便儿童就近入学，唯其如此，北岳区在 1941 年秋季反"扫荡"斗争前、冀中区在 1942 年 5 月反"扫荡"斗争前，学校与学生数并未因实行教育正规化而减少，所以，在 1944 年改革时，人们对教育正规化的非难不如陕甘宁边区那么强烈。

晋察冀边区在 1944 年 9 月教育工作会议上讨论了延安《解放日报》发表的《关于根据地普通教育的改革问题》社论和延安西区小学教育改革的经验，此后参照陕甘宁边区经验，进行如下改革：

1. 逐步试验和推广小学"民办公助"

边区行政委员会教育研究组协助阜平县史家寨小学试行"民办公助"。

1944 年 10 月 2 日，边区行政委员会发布《关于研究与试行"民办公助"小学的指示》。其中提到：边区小学教育虽已做过许多工作，有过不少成绩，但由于小学是官办的，领导上缺乏群众观点，凡事多从主观出发，不知走群众路线，所以不论教育内容、教育方式或教学时间，往往不照顾与不适合群众需要。为了普及教育，便采用强迫、评议、处罚等方法，为了旧型"正规化"与单纯的财政观点，便大量合并与取消"不像样"的小学；民办小学的方针是走群众路线，把小学交给群众自己去办，但民办与公助不能分离，而公助又不是官办。民办公助小学应该从发动群众检查、批评旧的学校，诱导每个家长、每个学生

---

① 林伯渠：《边区政府工作报告》，《陕甘宁边区教育资料（教育方针政策部分）》上册，第 246 页。

提出对学校教育的要求，然后组织讨论，集中大家的意见，解决困难问题，一点一滴地逐步做起。《指示》从把小学由官办改为民办，是一个长期改造和建设的过程这一估计出发，认为不应该轻率从事和急于求成，"突击民办"，"强迫民办"，实际违背民办方针，决定除以阜平县为试行中心区外，各县都选两个村庄和小学试行，不求一下子普遍推广。①

此后，晋察冀边区介绍了冀察区龙华县古县村桑文义所办的民办小学的经验。桑文义是个不脱离生产的农民，读过五年私塾、两年初级小学，算盘打得很好，兼教民办小学。这所民办小学有 40 个全天读书的学生，还兼收 40 多个校外儿童。他根据群众实际需要教学，如教儿童从学会写自己名字、家长姓名、干部姓名、全村人姓名开始，还学习粮食、家具、牲口等名称，使全体学生都学会开路条。校内 40 个儿童，大多数能识 500 字，校外 44 名儿童大多数能识 300 字。他在儿童中组织生产小组、拨工小组，翻 4 亩 4 分熟荒地、3 亩生荒地。儿童拨工组帮助家庭生产，家庭劳动多的儿童，他让他们早晨参加劳动，早饭后照常上学。他还积极发动学生参加村里的对敌斗争教育，并开展宣传活动，动员群众响应政府号召。②

在试行民办公助过程中，产生不少思想问题。有的人不赞成小学民办，也有些人认为公办小学不可能走群众路线，主张不要民办小学。冀察区一专署针对上述思想情况，于 1945 年 2 月召开教育会议。通过经验交流与讨论，澄清思想，掀起竞争热潮。

当月阜平县召开民众学校助理员会议，加强对民办学校的指导。

2. 大办冬学

边区教育会议结束之际，一年一度的冬学运动即将开始。考虑到历年冬学运动把重点放在政治教育上，忽视群众的文化要求，边区行政委员会确定当年冬学运动"以提高群众文化为中心，着重开展识字运动，而以政治教育、生产教育为辅"；在冬学运动中试行"民办公助"方针与自愿原则。③

这次冬学运动在基本地区（冀晋区的三、四专署与二、五专署的大部分地区及平西部分地区较为深入），在新解放区与游击区（平北、察南，属冀察区第十二、十三专署）还赶不上形势需要。在这次冬学运动中以"民办公助"方针与自愿原则为指导，创造了一些新的冬学组织形式。一是在旧民校基础上发展

———————————

① 晋察冀边区行政委员会：《关于研究和试行"民办公助"小学的指示》，《老解放区教育资料（二）》，下册，第 405－406 页。

② 刘松涛：《桑文义和他的学校》，《老解放区教育工作经验片段》，第 63－68 页。

③ 晋察冀边区行政委员会：《关于开展冬学运动的指示》，《老解放区教育资料（二）》下册，第 117－118 页。

起来的新民校，在村干部、英雄模范人物带动下，群众自选民众学校校长与民众学校委员会，学什么讲什么，编班、教室、经费、纪律由群众讨论决定；二是民办公助的民众学校，其中还包括若干一揽子巡回学校，三是与生产、战斗、文化工作结合的学习组织。这次冬学运动在识字与珠算方面的成绩相当显著。①

3. 干部学校以培养现任（在职）干部为主

1944 年 12 月，边区行政委员会作出《关于华北联合教育学院的决定》，确定该校属于干部学校性质，负责培养初级与中级党政军民干部与技术干部，以提高现任干部为主。设师范班（修业 1 年半）、中学班（修业 2 年）、班治班（不定期）、短期训练班（不定期）。中学班与师范班设三类基本课程：边区建设、政治思想教育、文化教育（包括国语、数学、史地、自然常识、生产知识、医学知识、军事知识等）。师范班另设教育课。②

1945 年 3 月，冀晋区曲阳县成立干部学校，设干部班、师资班与文化班，培养在职区级干部、初级小学教员等。

在冀晋区开办冀晋中学（于 5 月 4 日开学）。该校学生来自华北联合大学附属中学与师范班，约 100 人。优待家在敌占区生活困难者（贫苦抗日烈属、干属子女，现任脱产干部等）。当月，中共冀晋区党委决定：在冀晋中学除办师范班、中学班外，增设干部班；同时提出在各大县试行在完全小学内附设干部班。

在冀中区开办辛集中学（1945 年 8 月），设中学队、会计队、师范队、干部队。

此外，在此阶段，相当重视做沦陷区教师与学生的工作。如 1945 年 4 月，边区行政委员会发出布告，号召敌占区城市同胞来边区就业就学。5 月 6 日，召开沦陷区学生代表大会，成立沦陷区同学会。

三

晋察冀边区所属冀热边区，是该地区基础较为薄弱、抗日教育起步较晚的地区。

早在 1935 年，汉奸殷汝耕就在冀东成立伪"冀东防共自治政府"，使冀东赌博公开、狼犬满街、民不聊生。1938 年 6 月爆发了十几万人的冀东抗日大暴动。从 1939 年以后，在共产党领导下，开展抗日斗争。1939 年在边区行政委员

---

① 晋察冀边区行政委员会教育处：《一九四四年冬学运动简要总结》，《老解放区教育资料（二）》，下册，第 125 页。

② 晋察冀边区行政委员会：《关于华北联大教育学院的决定》，《老解放区教育资料（二）》上册，第 420 – 423 页。

会下设冀东办事处，其下只设 1 县。1940 年，下设十三专属边区行政委员会。1941 年 10 月冀东八路军组织"长城工作团"，北跨长城，进入伪"满洲国"境内，开辟热南游击根据地。1943—1945 年抗日战争胜利前，设冀热边区行政公署。

冀热边区长期处于游击状态，不可能，也没有必要像北岳区、冀中区那样开展教育工作。1944 年夏季，随着形势日益好转，教育建树日渐增多。

1944 年夏季，中共冀东地委在路南举办政治学校，揽收小学教员与农村知识分子，学习《社会发展史》、《新民主主义论》和时事政策。

同年 8 月，在乐亭县（游击区）开办乐亭县抗日中学。该校适应游击战争环境，校址分为四处。按照敌情变化，时分时合。到 1945 年 8 月，培养学生 600 多人。

同年 10 月，在冀东路南丰深联合县，成立丰深联合县第二中学。次年春开学时更名路南民族革命中学。

1944 年冬，冀东昌乐联合县，召开从沦陷区回乡度假的大学、中专学校学生座谈会，参加者约 200 余人。在会上作了形势报告，并组织与会者学习。

在冀热边区也开办了一些小学。

四

1944—1945 年 8 月间，晋察冀边区的形势虽然日益好转，斗争依然相当紧张，恢复与改革教育的任务甚重。在此情况下，教育事业恢复与改革的成绩仍相当可观。

（一）民众教育（包括小学）

据 1946 年 3—4 月间统计，全边区共有小学 23 300 所，学生 1 464 700 多人。老解放区绝大多数村庄都设有小学，曲阳、定北、完县、龙华等县，村村有学校。各县学龄儿童入学率平均达到 70% 以上，有的县已达 90% 以上；新解放区小学也在迅速发展。如察哈尔地区，在反攻前有小学 1 500 所，到 1945 年 4 月间已达 6 000 余所。[①]

另据统计，1945 年晋察冀边区民办小学达 7 000 余所。[②]

社会教育的恢复与发展也较快。据《解放日报》1945 年 3 月报道：1944—

---

① 吴云田：《晋察冀边区小学教育剪影》，华北人民政府科教书编审委员会编：《小学教育典型经验介绍》，新华书店 1949 年 11 月出版，第 59 页。原文未注明写作时间，估计写于 1946 年。

② 刘松涛：《办小学的两条路线》，《老解放区教育工作经验片段》，第 187 页。

1945 年之交的冬学比以往任何一年都普遍。巩固区每村都建立冬学。部分青壮年已完成识 200—300 字的计划。在冀晋区第四专署的游击区，建屏县有 77 个村建立冬学，学生 5 065 人，进行抗日民主教育的小学 68 所；正定县有 86 个村，建立冬学，学生 4 692 人，进行抗日民主教育的小学 120 所。①

晋察冀边区在抗日战争八年间，经常在小学、民众学校学习的有 140 余万儿童与将近 100 万成人。②

（二）干部学校（包括军内干部学校）

晋察冀边区也是干部学校汇集的地方，设有抗战建国学院、华北联合大学、中国人民抗日军事政治大学第二分校、白求恩卫生学校等。

抗战建国学院 建立于 1939 年 9 月。一度是晋察冀边区的最高学府。

华北联合大学 1939 年 7 月 7 日延安成立。由陕北公学、鲁迅艺术学院、延安工人学校和安吴堡战时青年训练班联合组成，校长为成仿吾。设社会科学部、文艺部、工人部、青年部，共有师生员工 1 500 余人。成立后即向敌后挺进，突破重重封锁线，历时三个月到达晋察冀首府阜平。到晋察冀边区后，增设师范部。1940 年 10 月开始向"正规化"教育倾斜。将各部改为院。社会科学院设财政、法政两系；文艺学院设文学、音乐、美术、戏剧四系；教育学院设教育系。修业时间延长为 1—3 年。1941 年 3 月，边区抗战建国学院与群众干部学院并入华北联合大学。除教育学院、文艺学院外，社会科学院与抗战建国学院合编为法政学院，另设群众工作部与中学部。到 1941 年夏季，教职学员已达4 000余人。1941 年秋季反"扫荡"后，边区斗争更为尖锐、复杂。为了适应新的环境，华北联合大学重新作了调整。大部分学员分配工作，只保留教育学院、文艺学院、法政学院，全校教职学员为 1 000 余人。1941 年 10 月以后，更结束法政学院与文艺学院，两院学员全部分配工作，只保留教育学院。1942 年整风运动，对办校过程中的教条主义作了清算。1944 年把教育学院定为干部学校性质，除师范班培养师资外，设政治班吸收与训练来自平津敌占城市的学生。③

中国人民抗日军事政治大学第二分校 原设在延安的中国人民抗日军事政治大学，于 1938 年 12 月决定以第五、六大队为基础，组成第一分校；以第七大队为基础，组成第二分校。于当月 21 日从延安出发，分别向晋东南和晋察冀根据地挺进。

---

① 《解放日报》1945 年 3 月 16 日。
② 刘松涛：《华北抗日根据地怎样用革命办法办学的》，《老解放区教育工作经验片段》，第 202 页。
③ 《在战斗中成长的华北联合大学》，《老解放区教育工作经验片断》，第 7 - 10 页。

1939 年 9 月，抗大总校一度也迁入晋察冀边区。不久，再迁至冀东南。

此外，1940 年 1 月，抗大总校一度派第三团，在冀中平原成立分校。1943 年初，再次在冀中成立抗大第六分校。成立后大部分学员即返回陕甘宁边区绥德，同延安军事学院合并并入总校。同年 3 月，二分校返回绥德并入总校。

晋察冀军区白求恩卫生学校 白求恩卫生学校于 1939 年 9 月 18 日成立于唐县，是在国际友人白求恩大夫赞助下成立的部队卫生学校。初成立时由江一真任校长。教员 4 人，招收学生 131 人，晋察冀边区在抗日战争期间，共培养、训练 80 000 多名干部。①

---

① 刘松涛：《华北抗日根据地怎样用革命办学办学》，《老解放区教育工作经验片断》，第 202 页。

晋冀鲁豫边区

[1937 年 10 月——1940 年 12 月]

晋冀鲁豫敌后抗日根据地，北起德石、正太铁路，西邻同蒲铁路，南临黄河及陇海铁路，东至津浦铁路，在若干抗日根据地独立发展基础上，逐步联成包括晋冀豫和冀鲁豫两大战略区的基本统一的敌后抗日根据地。

晋冀鲁豫边区以太行山脉为界，分为东西两大部分：西部山岳地带，包括晋东南、冀西南及豫北一小部分，为晋冀豫战略区。其中又分为太行区与太岳区；东部平原包括冀南、鲁西、豫北及江苏陇海路以北一小部，为冀鲁豫战略区。

晋冀豫区的形成：1937 年 7 月抗日战争全面爆发。八路军总部成立后，在 120 师挺进晋西北，开辟晋绥边区，115 师开辟晋察冀边区的同时，129 师于当年 9 月，在八路军总部直接指挥下，出兵晋东南太行山区，迭获胜利，奠定太行、太岳根据地的基础，形成晋冀豫战略区；1938 年初，八路军与地方武装结合，在冀南收复失地，开辟了冀南敌后抗日根据地。在太行、太岳、冀南地方抗日民主政权纷纷出现的基础上，于 1940 年 8 月，成立冀南、太行、太岳行政联合办事处。为该地区统一的临时行政机构。

冀鲁豫区的形成：在 1938—1939 年间，八路军 115 师、129 师与地方武装创建了鲁西、冀鲁豫（含冀南、豫北、鲁西南一部）、湖西（含徐州西北、鲁西南一带）根据地。1941 年 7 月，将鲁西与冀鲁豫合并为统一的冀鲁豫边区（1942 年 10 月，又将湖西并入）。

1941 年 8 月，通过民主选举，产生晋冀鲁豫边区临时参议会，成立晋冀鲁豫边区政府。1944 年 6 月，冀鲁豫边区与冀南合并，成为在晋冀鲁豫边区政府与军区统一领导与指挥下的晋冀豫战略区并立的冀鲁豫战略区。

到 1944 年 10 月止，晋冀豫边区面积为 294 000 平方里，人口达 700 余万，计有59县（新设的21个县治未计入），占领榆社、涉县、黎城、林县、沁水、平顺6座县城；冀鲁豫边区，面积315 000平方里，人口达1 800余万，包括118县范围，占领范县、观城、朝城、濮县、清丰、内黄、邱县、莘县8座县城。

晋冀鲁豫边区，西接晋绥边区，同陕甘宁抗日根据地沟通；东连山东、苏皖，成为南北抗日根据地的联合点；北面同晋察冀边区互为表里。它是中共中央北方局与八路军总部所在地，是华北敌后抗日游击战争与民主政权建设的心脏与神经中枢。

晋冀鲁豫边区的形势同晋察冀边区相近。根据地创立后，不断遭到日军的疯狂"扫荡"，国民政府军队又不时"摩擦"。1940年8月20日—12月5日间，爆发了威震敌胆的"百团大战"；1941年2月后进入抗日战争最艰苦的阶段；1944年2月以后，开始局部反攻，根据地得到恢复与发展。

晋冀鲁豫边区教育事业的发展进程，也可分为三个阶段：1937年10月—1940年12月为第一阶段；1941年—1943年为第二阶段；1944年—1945年8月为第三阶段。在八年艰苦斗争的岁月里，晋冀鲁豫教育战线的游击战争环境中创造了非凡的业绩。

一

从1937年10月到1940年底，是晋冀鲁豫边区教育事业的创立、巩固与发展阶段。在此期间，1938年10月整个抗日战争转入战略相持阶段前后，情况又不相同。

晋察冀边区早在1938年1月就建立边区行政委员会，统一领导边区范围内的各项建设事业，而晋冀鲁豫边区到1940年8月，才建立冀南、太行、太岳统一行政机构，1941年7月才建立全边区政府。不过，境内各块根据地都具有相当大的规模，以致在根据地教育建设初期，各大块根据地之间步调不一致，同教育事业的发展关系不大。

根据地开辟之初，恢复教育和开展抗日宣传、培养抗日干部的教育，一般采用两种方式：在八路军收复的失地和游击战争区域，由共产党、八路军和外来知识分子"从外到内、从上到下"开展工作。在1937年10月到1939年间，文化教育工作异常活跃。当时举办各种干部训练班、干部学校，恢复原有小学、中学，并在群众中开展宣传活动，曾经"热闹一时"，鼓舞了群众的抗日情绪。①

另一种方式是，在山西境内（晋东南）阎锡山统治区，利用阎锡山维持地

---

① 张磐石：《在模范文教工作者会议上的总结报告》，《山西教育史志资料》1985年第4期。

方势力"守土抗战"的意向，以实际上由共产党人掌握的"山西牺牲救国同盟会"名义，开展抗日宣传与教育，开办干部短期训练班，兴办"民族革命小学"、"民族革命中学"和"民族革命室"等。直到 1939 年，阎锡山发动反共的"十二月事变"后，才逐步甩掉阎锡山的"山西帽子"，更放手地开展抗日教育。这种情况与晋西北、晋察冀边区大致相同。

二

从 1937 年 10 月到 1940 年 12 月，晋冀豫区各方面教育得到了初步恢复，奠定了抗日教育的基础。

（一）干部教育（包括带干部教育性质的中学教育）

早在 1938 年 2 月，在晋东南辽县曾创办国难教育联合学校。由该县县长欧阳景兼任校长。在校学生 100 余名，分设师范、高中、高小三部，同年 5 月结束。

抗日战争初期，教育方面最为活跃的办学形式是短期干部训练班。开设有华北军事政治干部训练所、八路军晋南干部学校，各行政区、各县也都有训练班。仅就晋东南三个行政区统计，在日军九路围攻到 1938 年底的几个月内，共培养了 9 600 余名干部。①

民族革命中学 从 1939 年元旦开始，训练班较为正规。干部教育逐步走向统一，建立了大规模的学校。1938 年秋，以国民政府所属"山西省第三行政区"名义，开办"民族革命中学"。校长由阎锡山挂名，薄一波任副校长。第一、二期学员均编为五个中队。中队长全由阎部旧军官担任，中队指导员除一人外，均为共产党员。该校设大众哲学、社会科学概论、日本侵华史、民主工作等学科。校内有共产党地下组织与秘密活动。1939 年 7 月，日军第一次"扫荡"后奉命南移，不久把教员编入"决死队"，② 大部分学员也自愿加入"决死队"，开往沁源，"民族革命中学"遂告结束。该校第一期训练学员 600 余人，第二期训练 700 余人。③

在此期间，还成立民族革命艺术学校，以及民众运动工作训练班、文化工

---

① 《抗战三年来的晋东南文化运动》，《抗日战争时期延安及各抗日民主根据地文学运动资料》（中），山西人民出版社 1983 年版，第 274 页。

② 指山西青年抗战决死队。这是中国共产党抗战初期在山西组织的人民抗日武装，在其建立初期曾得到山西地方势力头子阎锡山支持。1939 年 12 月阎锡山发动"十二月事变"妄图消灭决死队，未遂。

③ 《山西省第三行政区民族革命中学》，《山西教育史志资料》1986 年第 4 期。

作训练班、小学教师训练班、新闻记者训练班等。

抗日政治学校 1938年8月，中央晋冀豫区委员会以"抗日政治学校"名义，开办党校，分设高、中、初三个班次，附有政治工作、交通、木刻、绘画等班次。

到1939年2月，在晋东南受过训练的干部，即达15 400人之多。①

此外，中国人民抗日军政大学分校第一期即培养学员达5 000余人。

冀南抗战学院 在冀南区，1939年8月，建立冀南抗战学院。由杨科峰任院长，并执教辩证唯物论课程。每期修业3个月，共办2期。训练学员达2 700余人。

1940年以后，短期训练班逐渐减少，各地注重培养与训练师资，太北区（太行区邯郸—长治公路以北地区）成立太北中学，太南区（太行区邯郸—长治公路以南地区）成立太南干部学校，太岳区成立太岳干部学校。1940年8月改为太岳中学，裴丽生任校长。

此外，八路军总部成立鲁迅艺术学校。

抗战建国学院 1940年6月23日，太行区建立抗战建国学院。

（二）小学教育

抗战初期，日军大举侵入华北，八路军致力于收复失地。起初，学校教育处于停顿状态，由军队及民众运动工作干部附带进行部分社会教育，直到敌人九路围攻以后，学校才开始恢复。② 在阎锡山统治区，由山西省牺牲救国同盟会出面，以统一战线形式恢复学校。在根据地也积极恢复学校。起初学校教育配合社会教育"以游击姿态出现"。

当时情况较为复杂。如太岳区灵石县城于1938年2月被日军侵占，该县同时存在三种政权（日伪政府、阎锡山统治下的政府与抗日民主政府）四类地区，即沦陷区、阎锡山统治区、游击区和根据地。在沦陷区，日伪政权在1939年春就办"新民小学校"25所，在阎锡山统治区，有山西抗日牺牲同盟会参加的灵石县政府所办的3所"民族革命小学"。至于抗日根据地，更积极恢复小学。在1938年，各村小学即由20余所增到70余所；③ 太岳区沁源县，在共产党员领导下，在三个区内办了3所高级小学，均称"民族革命小学"，另有"民族革命初

---

① 《新华日报》（华北版）1939年2月11日。

② 《抗战三年来的晋东南文化运动》，《抗日战争时期延安及各抗日民主根据地文学运动资料》（中），第272页。

③ 《抗日战争和解放战争时期灵石县的学校教育概况》，《山西教育史志资料》1986年第4期。

级小学"120 余所;①邻近的介休县县城于 1938 年初陷落。当年春，中共介休县委员会在所辖四个区内，设文教助理员和联合校长，就近指导教育工作。1939 年 1 月，创办"民族革命学校"，招收 12—15 岁少年入学。

全区在 1939 年元旦以后，各专署、各县陆续恢复文教科，开始有组织地恢复学校教育，学校教育恢复很快。

1939 年 2 月，晋东南抗日根据地已有两级小学（完全小学）51 所，学生近 4 000 人，初级小学 2 795 所，学生 2 400 余名。（原统计如此）②

同年 3 月，中共晋冀豫委员会在沁县开办文教训练班，培养青年知识分子与青年学生，作为晋东南地区文化教育工作骨干。

冀南、太行、太岳联合办事处成立之初，于 1940 年 9 月，召开晋东南第二次文化界代表大会。当时晋东南小学教育的状况是：

1. 晋东南全区 32 县中，有小学 3770 所，其中晋东辽县、黎城、榆社等 6 县已恢复到战前水平的 81% 以上，太南区（太行区邯郸—长治公路以南地区），其中有三县已恢复到战前的 93%。晋东南全区小学生已达 136 121 人，学龄儿童入学率达 60%。其中晋东达 68%。当时学龄儿童入学踊跃，同三项措施有关，即：优待贫寒抗日军人干部子女，废除打骂制度，以及实行普遍动员。③

另据《新华日报》（华北版）1940 年 7 月报道，太北地区辽县、武乡、和顺、昔阳、黎城、榆社六县，在战前有初级小学（包括尚为敌占区的小学）1 234 所，到 1940 年 7 月已恢复 1039 所，如不计敌占区小学，则已恢复到战前水平；辽县、武乡、和顺、昔阳、黎城、榆社、襄垣、平西、偏城九县共有学龄儿童 56 612 人，入学儿童已达 42 451 人，学龄儿童入学率平均 76.75%。在辽县等八县中，有 1 575 名小学教师，分别受过 1—3 次训练。在武乡等九县中，设有 1 359 个民族革命室，广泛开展了冬学运动。辽县入识字班的人数，占全县文盲总数的 60% 以上，武乡县有识字班 242 个，妇女识字班 262 个，该县共有文盲 45 664 人，入识字班者为 20 750 人，占文盲总数的 45%。在上述七县中还有农村剧团 61 个。文化教育事业确已初具规模。④

2. 当时，内容充实、组织健全的小学，尚有少数，多数小学没有固定的课程、教材与教学时间，没有健全的班级教学制度。然而，它们与社会实践密切结合，学生关心，并实际参加抗战活动，学校给予学生抗战活动以指导与帮助，

---

① 《沁源县抗日战争和解放战争时期的教育》，《山西教育史志资料》1986 年第 4 期。

② 《新华日报》（华北版）1939 年 2 月 11 日。

③ 《抗战三年来的晋东南文化运动》，《抗日战争时期延安及各抗日民主根据地文学运动资料》（中），272 – 273 页。

④ 杜润生：《一年来太北区的教育工作》，《新华日报》（华北版）1940 年 7 月 17 日。

同时，学校经营生产，有组织地赞助春耕、秋收。1940 年春耕中，学生拾了几十万斤粪，开了不少荒地。

3. 教师文化程度较低。据 22 县统计，达到高级小学文化程度的教师，占教师总数的 70% 以上，达到中级学校程度的占 18%，达到专门学校程度的占 2%。然而这些教师大都了解自己职责，能为革命事业努力，有积极负责、艰苦奋斗的精神，能和群众与学生打成一片，在政治和文化上不断进步。

起初，曾解雇原有教师，训练和利用年轻有为的新教师。后因新教师年纪太轻、文化水平太低，也就调整了对小学教师的政策。①

（三）社会教育

社会教育的基本形式，有民族革命室、识字班及冬学等。

民族革命室，是群众性的文化机构。在抗日战争开始不久，即出现这种社会教育形式。到 1940 年 9 月，晋东南 42 个县，共有民族革命室 2 566 个。其中，内容充实的有 846 个，占总数的 32%；识字班在 1943 年冬才开始有计划地推行。②

晋冀豫区 1940 年 10 月至 1941 年 1 月间，开展了大规模的冬学运动，冬学运动开始时，各地纷纷建立冬学运动委员会，一般在 10—11 月，以训练师资为主。

当年冬学共有教员 2 939 人，受过训练的 2 223 人，占师资总数的 75%，该地区原有文盲约占人口总数的 95%—97%，冀西、漳北、太南、晋上、漳西地区（缺太岳统计）共有文盲 470 676 人，当年共办冬学 1801 所（包括太岳）、入学人数 73 824 人（缺太岳统计），入学人数约占文盲总数的 15.6%。冬学期间，大部分学完《民众千字课》、笔算加减法、珠算小九九，授完政治补充教材。冬学结束时，临城县抽调测验的结果是：识 300 字的，521 人，识 50—300 字者，931 人，识 50 字者 480 人；内邱县抽查测验结果是，632 人的识字平均分数为 53 分，431 人政治平均分数为 54.8 分，珠算平均分数为 48.4 分。太岳区因受日本侵略军"扫荡"影响，冬学期较短，测验结果识字最多者为 200 字，最少为 65 字。③

晋东南以至晋冀鲁区社会教育，同群众性政治斗争联系密切，发展迅速，在短短三年中，社会教育成就超过抗日战争前几十年。不过发展不平衡，在抗

---

① 《抗战三年来的晋东南文化运动》，《抗日战争时期延安及各抗日民主根据地文学运动资料》（中），第 273 页。

② 同上。

③ 石可巷：《晋冀豫区一九四〇年的冬学运动》，《老解放区教育资料（二）》下册，第 184 - 186 页。

日民主中心区比较发达，在阎锡山统治区与沦陷区并不发达，且偏重政治教育，文化、科学教育进步不大。

晋冀豫区在1940年开始酝酿从游击式教育到正规化教育的转变，1940年6月《新华日报》（华北版）发表题为《创立正规的教育制度》的社论，提出在华北各敌后抗日根据地建立正规教育系统，健全教育制度。确立小学修业年限为6年，中学修业4年；在各村建立初级小学，各区设立完全小学，各专区设立中学或师范学校。① 这是整个华北敌后根据地教育正规化的信号。同日，《新华日报》（华北版）还报道太岳区三专署拟定三个月教育工作计划（1940年6月—8月），旨在促进教育正规化，并加强社会教育。这个计划包括，在实验县，整顿、合并、增设小学校，划分村庄与教员等次，确定教育预算，撰写工作计划；委任强有力的中心小学校长；增聘与培养小学教员，补足空额，创造3—5个模范小学，一个模范高级小学；初步执行保障抗属及贫寒子弟就学条例。在各基点村，建立村教育委员会，争取每个村青年妇女与壮丁认得30个字，学龄儿童入学率达80%，民族革命室确保有人负责，组织报纸读者会、农村剧团或娱乐小组等。②

根据1940年4月全区高级军事政治干部会议决定，同年8月冀南、太行、太岳行政联合办事处成立后，进一步促使教育工作正规化。

① 《新华日报》（华北版）1940年6月23日。
② 同上。

晋冀鲁豫边区

[1941 年 1 月——1943 年 12 月]

从 1941 年初到 1943 年底，是晋冀鲁豫边区教育事业发展的第二个阶段。在这个阶段，人民抗日民主力量同日伪政权及国民党顽固派进行了严重较量。在敌强我弱的形势下，根据地大大缩小，相当大的一部分根据地变质为游击区，根据地各项建设处在十分困难的境地。这个阶段又可分为两个时期：1941—1942年间，教育事业从发展到下降、又从下降逐步恢复，而根据地教育当局的主导思想却谋求教育事业的正规化；1943 年开始，放弃教育正规化的尝试，根据新的需要，恢复初期某些教育传统，一面克服敌伪军新进攻造成的困难，一面在日趋好转的形势下，谋求教育事业的恢复和切合时宜的改革。

一

晋冀豫区于 1940 年 8 月冀南、太行、太岳行政联合办事处成立后，三个根据地在行政联合办事处统一领导下逐步协调发展。

1941 年 4 月 5 日，中共中央北方局在《对晋冀豫区目前建设的主张》中，提出实施普及免税（费）义务教育，建立与健全正规学制，大规模地兴办各种学校；开展群众性的社会教育，扫除文盲，特别是加强男女青年的教育；欢迎一切文化工作者、专家、科学家、学者来根据地，共同建立抗战文化教育，并予以优待；提高小学教员质量，并改善其生活待遇；建立各种印刷机关、发行与出版各种抗战的书报、杂志，特别要出版大量的通俗读物。①

在北方局发表关于建设晋冀豫抗日根据地的主张的当日，成立晋冀豫边区临时参议会筹备委员会。1941年7月7日，晋冀豫边区临时参议会开幕。这时将晋冀豫边区与冀鲁豫边区联在一起，随后又把鲁西根据地并入冀鲁豫边区，成为晋冀鲁豫边区。其幅员之大，人口之多，在华北各抗日根据地中，堪称数一数二。晋冀鲁豫边区临时参议会选举产生晋冀鲁豫边区政府。边区政府设有教育厅，罗青任教育厅长。边区政府下属行政公署设教育处，专员公署设教育科，县设教育科，区设民众教育书记，村设教育委员会，构成自上而下的教育行政系统。其中行政公署、专员公署为边区政府的代表机构，区公所为县政府的代表机构。

1943年2月，在第三次简政中，晋冀鲁豫边区政府教育厅与民政厅合并，称为第一厅，亦称民政厅。由李一清、罗青任正副厅长；在此前后，行政公署、专员公署、县政府处、科也相应地与民政处、科合并，称为第一处、科，区公所设民政助理员，村公所仍设教育委员会。到1945年2月，边区政府决定，如系县选举产生的教育科，可与民政科分开。

边区政府成立时，原冀南、太行、太岳行政联合办事处主任杨秀峰在向边区临时参议会报告工作中，概述了晋冀豫区行政联合办事处成立后文化教育工作的成就：由于采取了民主的自由的文化教育政策，根据地的文化事业一年来大有进步。在正规化方针下，进一步整顿与发展学校教育，进一步发展文化事业，深入大众，提倡新文字，团结和大量动员知识分子与文化人士参加此项工作，积极开展对敌文化斗争，反对敌人的奴化文化，提高民族的自信心与自尊心等。②

晋冀鲁豫边区临时参议会，以中共中央北方局发布的《对晋冀豫边区目前建设的主张》为基础，组织边区政府施政纲领起草委员会。正式公布的《晋冀鲁豫边区政府施政纲领》文化教育建设部分，在北方局有关文化教育建设的主张中增加两条：一是加强干部教育，实行公务人员两小时学习制度；一是帮助建立与健全文化团体，奖励私人创办各种文化事业。③

1941年8月11日，晋冀鲁豫边区临时参议会通过《关于文化教育方针的决定》，提出：发展文化教育事业，优待文化人，建立各级正规学制，普及初小、

---

① 《中国共产党中央委员会北方局对晋冀豫边区目前建设的主张》，《晋冀鲁豫边区史料选编》第1辑，山西大学晋冀鲁豫边区史研究组编印本，第70页；参见《中国共产党中央北方局对于建设晋冀豫抗日根据地的救国主张》，《老解放区教育资料（二）》，上册，第49页。

② 《冀太联办主任杨秀峰向晋冀鲁豫参会报告工作》，《解放日报》1941年7月26—27日。

③ 《晋冀鲁豫边区政府施政纲领》，《晋冀鲁豫边区史料选编》第1辑，第427页。

高小，增设中学，开办高中，建设大学，发展社会教育，扫除文盲，建立优待教育人员制度，奖励私人团体兴办学校，发展教育建设事业。

同年 9 月 26 日—10 月 3 日，晋冀鲁豫边区政府召开第一次全边区教育会议。会议讨论了当年冬学运动，研究边区教育三年建设计划，以及提高小学教员待遇等问题，决定在全边区掀起教育建设的高潮。

1942 年初，太岳行署教育处根据边区政府总的部署，确定当年工作计划。提出"全年的总方针"为：严格执行修正后的小学暂行规程，一点一滴地建立与坚持正规制度，并以此规程统一冀南、冀鲁豫与太岳各区的小学教育行政制度；严格执行强迫入学办学，以充实现有农村初级小学的学额，提高义务教育的实施效果；建立学校教育的督学制度，保证各级督学经常进行教育视察指导工作，严格执行督学工作简则与行署督学工作简则；颁布小学教师工作服务条例，建立小学教员的奖励、进修、休息与加俸制度，并认真组织与督促小学教师的学习，充实暑期训练的内容；普及小学教材，统一全边区的中小学课程标准与教材；根据修正后的中学暂行办法与师范学校暂行办法，建立对中学与师范学校的系统的管理制度与视察指导制度；保证各级学校在战争扰乱下，坚持完成既定教学计划。①

可见当时总的意向是一面更广泛地发展各级各类学校，一面谋求教育正规化。

二

从 1941 年开始，晋冀鲁豫边区进入严重的困难时期。边区教育当局在严重困难的局面下，致力于正规化的教育建设，采取一系列措施，发展各级各类学校。

（一）小学教育

1. 实施义务教育

1941 年 1 月，边区政府颁布《晋冀鲁豫边区强迫儿童入学暂行办法》。规定：小学前四年为义务教育实施期，8—14 岁儿童，除特许情况外，一概强迫入学；四年制义务教育分六年完成；14 岁以上的失学儿童，亦应继续强迫入学；动员入学的程序及强迫入学的办法是：村长劝告，村长劝告无效则由区长或联合校长劝告，劝告仍无效时，课以 3—5 元罚金，执行以上处罚仍无效时加重处

---

① 太岳行署教育处：《学校教育民国三十一年工作计划》，《山西教育史志资料》1986 年第 4 期。

罚；小学可实行二部制，并附设半日或全日制（班级）或午校、夜校，便于儿童入学。① 1942 年 1 月 12 日，在原《暂行办法》基础上稍加修改，重新发布。修改之处是：原规定 14 岁以上失学儿童亦应强迫入学，改为 13—15 岁儿童亦应强迫入学，把区长或联合校长劝告，改为区长或督学劝告。② 同陕甘宁边区 1940 年 12 月颁布的《陕甘宁边区实施义务教育暂行办法》相比，义务教育年龄期限与实行期限相同，义务教育年限增加 1 年（陕甘宁边区为 3 年），罚金不像陕甘宁边区那样按家庭富裕程度规定，数额比陕甘宁边区少得多，并有半日制班级、午校、夜校、二部制之设，办学形式比陕甘宁边区灵活。③

2. 加强村立与私立小学管理

依据 1942 年 3 月发布的《晋冀鲁豫边区村立与私立小学暂行办法》规定，村立与私立小学均得组织校董会，管理筹措经费、招聘人员之类事宜；校董会须在县政府备案，并接受县政府监督与指导；村立与私立小学得按《小学暂行规程》中规定的课程与教学时数上课，采用经政府审定的教材；政府对这两类小学的教师有调训之权。在谋求教育正规化过程中，允许村立与私立小学存在，并加以适当管理，是一种切合时宜的灵活措施。

3. 确立小学校设置、编制及学校制度

晋冀鲁豫边区最初的《小学暂行规程》何时颁布，情况不明。在 1942 年 10 月 1 日公布的《晋冀鲁豫边区小学暂行规程》发布以前，强迫入学暂行办法、村立与私立小学暂行办法等文件都已提到《小学暂行规程》。按照 1942 年 10 月的《小学暂行规程》规定：小学以促进儿童民族觉悟、养成儿童民主作风、适应儿童身心的发展、培养儿童生活必需的知识与为大众服务的精神为目标；小学实行四二制，以收满 8—14 岁的学龄儿童为主；不收学费，一般贫苦儿童及敌占区流亡学生可得物质上的优待；小学由政府设立，但允许私人办学；初级小学实行联合校长制，每五所学校设联合校长一人；小学经费由县地方经费内统筹，非县立者由该主管部门负责。

小学、学级编制，高级班以每级学生 30 人为标准，初级小学以每级 60 人为标准，初高级小学每级学生人数不得少于 25 人；初级小学分为甲、乙、丙三等，经常入学人数在 60 人以上者为甲等，40 人以上者为乙等，25 人以上者为丙等，不足 25 人者为"代用小学"。"代用小学"可实行巡回制；初级小学得设二部制

① 《晋冀鲁豫边区强迫儿童入学暂行办法》，《老解放区教育资料（二）》下册，第 431－432 页。
② 同上。
③ 《陕甘宁边区实施义务教育暂行办法》，《陕甘宁边区教育资料（小学教育部分）》上册，第 81－83 页。

（分间日制及半日制），亦可采用复式教学；小学设校长，主持校务，校长兼课不得少于任课教师教学时数的三分之一。

小学儿童入学年龄一般为 8 岁，但可灵活执行；允许招收插班生，允许在特殊情况下中途休学，允许沦陷区儿童借读，秋季始业，亦可春季始业；每学年上课时间须满 40 周；实行寒假制。

小学教员按工作考核成绩与检定测验成绩平均分数，分为甲、乙、丙三等及代用教员。

小学以联合学区为单位建立研究小组，以进行小学教育的研究、辅导。①

4. 小学课程设置与儿童生活指导

按照 1942 年的《小学暂行规程》，课程设置为：

分钟数\科目\年级		国语	常识			算术	游唱		劳作		各年级时数
			社会	自然	卫生(公民)		唱歌	体育	美术	劳作	
低年级	一年级	300	200			100	150		150		900
	二年级					150					950
中年级	三年级	350	250			200	150		50	100	1 100
	四年级					250					1 150
高年级	五年级	300	300	150	100	250	50	100	50	100	1 400
	六年级										
各类学科总时数		1 900	2 000			1 200	900		900		6 900

儿童生活指导的原则是：注重说明方式，以养成儿童自觉的遵守纪律的习惯；培养儿童的自尊心理，采取积极的鼓励，并适当的表扬；制定儿童公约，养成儿童集体精神；坚决废止体罚及一切有碍儿童身心发育的惩罚；养成儿童眼睛向下、实事求是、从小注意周围环境乡土事物的习惯，以（及）启发其科学精神、爱国思想（的习惯）。

为了养成儿童集体的民主生活习惯，指导儿童组织儿童团，高年级学生建立学生会，参加校内外各种社会活动。此时，还在小学建立小先生制，由学生以小先生的身份参与扫除文盲等社会活动。②

---

① 《晋冀鲁豫边区小学暂行规程》（1942 年 10 月 1 日），《老解放区教育资料（二）》下册，第 435 – 436 页。

② 《晋冀鲁豫边区小学暂行规程》，《老解放区教育资料（二）》下册，第 437 页。

5. 制定小学教员服务条例

1942 年 10 月 5 日，颁布《晋冀鲁豫边区小学教员服务暂行条例》，规定小学教员的任务除负责学校行政、教育儿童外，还得推行社会教育，并协助村教育委员会推动其他有关文化教育方面的工作，但教员参加社会工作，不得妨碍在职岗位工作。此外关于教员资格、任免、待遇、年功加俸、考核等方面均有明确规定。教员待遇无论采取薪给制或供给制，原则上以能维持两个人的生活为标准。①

6. 建立教育视察制度

1942 年 9 月，颁布《晋冀鲁豫边区国民教育视察员暂行通则》，规定各级政府可聘任教育视察员。其职责是：检查督促小学教员的教学、宣传、学习、生活；对小学、冬学、民众学校的学生抽查考试；参加各级政府有关教育问题的会议以及各级学校的会议；反映有关边区教育行政及教育建设的材料和问题。

1942 年 8 月，太岳行署教育处举办高级小学教师训练班，讨论什么是新正规学制、什么是高级小学最低标准等问题。在此以前，还召开高级小学校长会议。通过高级小学校长会议与教师集训，明确：劳动生产是新型正规学校的特点之一，新型正规教育要向"教学做合一"的道路前进。不仅要让学生从事生产劳动，而且要建立学生的劳动观念，把劳动生产技术作为科学研究，须一面向农民学习，吸收农民的丰富经验，一面试验新理论、新方法，研究新技术、新理论，总结新经验，并把所得经验介绍给群众，把改造技术作为学校与农民群众联系的关键。

（二）干部教育及中学教育

晋冀鲁豫边区在抗日战争开始后，短期干部训练班每县至少一个。自从 1940 年提出学校正规化的口号以后，"临时性的训练班已逐渐停止"。这是华北敌后抗日根据地（包括晋察冀、晋冀鲁豫与山东）的共同趋向。②

在干部教育正规化的意向下，陆续建立带正规性的干部学校。

太行抗战建国学院（边区师范） 1941 年 9 月成立。杨秀峰兼任院长。

边区行政干部学院 1941 年 10 月成立。杨秀峰兼任校长。

泰山公学 1942 年冬冀鲁豫区成立泰山公学。校长张海萍。

此外，中共中央北方局设有党校。党校第六期于 1942 年 4 月开学。

---

① 《晋冀鲁豫边区小学教员服务暂行条例》，《老解放区教育资料（二）》下册，第 442 - 448 页。

② 赵守攻：《华北抗日根据地的文化建设》，《新华日报》（华北版）1941 年 8 月 27 日。

1942 年 4 月，整风运动首先在中共中央直属机关和陕甘宁边区蓬勃展开。太岳行署于当年 4 月发布《各级政权干部教育的决定》，要求各级政府在职干部每天学习二小时，学习政治、文化等，由行署教育署负责督促检查。同年 5 月，中共中央北方局宣传部发布《关于执行中央在职干部教育的指示》，参照中央决定的精神，提出：把业务教育放在在职干部教育的第一位，占全部学习时间的十分之四；政治教育依干部的政治水平与工作岗位的条件具体规定；公开工作的党员干部与党外干部共同进行业务、文化及政治理论学习。①

由于处在敌后斗争的环境中，而当时斗争又空前紧张，中共中央北方局于 1942 年 6 月 22 日在关于冀南工作的指示中指出：当年冀南干部减员是最痛心的损失。在严峻的局势下，"保存干部有着重大的战略意义"。基于这种考虑，决定此后应着重实际工作的教育。"党校干校须改变方式，转入地下，力求精悍，但不可取消"。② 意味着放弃干部教育正规化的尝试。

在晋冀鲁豫边区政府成立时，晋冀豫区有高级专科以上学校及各种职业学校 9 所，中等学校 6 所。③ 在 1940 年以前，中学带有干部训练班的性质，修业期缩短；1940 年 6 月《新华日报》（华北版）发表《创立正规的教育制度》的社论，提出把中学修业年限延长为 4 年。

（三）民众教育

1940—1941 年间的冬学运动结束后，冀南、太行、太岳行政联合办事处决定使民众教育走上正规，除每年冬季继续开展冬学运动外，举办常年学习的民众学校，动员群众参加民众学校，训练合乎水准的义务教员，采用统一教材，有适当的教学法及一般学校最低限度的设施。

1941 年 10 月，中共中央北方局发出开展当年冬学运动的号召。由于当时日伪军"扫荡"空前残酷，对太岳区的新"扫荡"业已开始，决定当年冬学与长期反"扫荡"战争动员配合，着重围绕锄奸教育、农民誓约运动、人民参军运动开展冬学。由于当年中心运动很多，合理负担、屯粮、公债、参军、战争动员等都需在冬季完成，干部反映"被战争弄昏了头脑"，遂顾不上抓冬学，教育当局也有"令人难以下手之感"。但就是在这种情况之下，当年冬学运动仍蓬勃展开。

1942 年 4 月，晋冀鲁豫边区政府教育厅召开教育会议。会议根据边区政府

---

① 中共中央北方局宣传部：《关于执行中央在职干部教育决定的指示》，《晋察冀边区教育资料选编（干部教育分册）》上册，河北教育出版社 1990 年版，第 37－40 页。

② 《中共中央北方局对目前冀南工作的指示》，《晋冀鲁豫边区史料选编》第 2 辑，第 31 页。

③ 赵守攻：《华北抗日根据地的文化建设》，《新华日报》（华北版）1941 年 8 月 27 日。

整顿政风的决定，检查全边区教育工作，关于扫盲工作，决定：每个公民须识1 000字，每年识250字，4年完成；民众学校分识字班与政治班，识字班以15—25岁青年为主要对象，政治班以全体公民为对象；民众学校设识字、国民常识、珠算三科目；除年假（20日）、麦假（半月）、秋假（1个月）外，男子隔日或三日上课一次，女子每日或隔日上课一次，等等。

三

晋冀鲁豫边区在1941—1942年间，教育正规化的进程显著加快。值得注意的是，该区在教育正规化的总的思想指导下，实行公立学校与私立学校、官办学校与民办学校并举，而以公立（即官办学校）为主；全日制班级与半日制、隔日制班级并举，整日教学与二部制教学、固定教学与巡回教学并举，而以全日制学校与班级为主；把学校分为若干级别，但允许代用学校存在，把教师分为若干级别，也允许代用教师存在；秋季始业为主，亦容许春季始业；有正规学校制度，容许中途休学、插班与借读；干部学校在实行正规化建设不久，即根据形势变化转入地下，讲求精悍；民众教育与中心任务配合；特别重视教育与生产劳动结合。

晋冀鲁豫边区太岳行署教育处在1942年就提出"新型正规教育"的价值观念，研究过新型正规教育的特点，也许是各抗日根据地中最早提出"新型正规化"口号的地区，[1] 尽管未必如1944年教育改革后那么自觉。当时认为新型正规化教育的主要标志是同生产劳动结合，而未把当时正在实施的适合敌后游击战争环境和群众需要的灵活的教育制度，视为新型正规化教育的特色。这个问题还可追溯到1940年6月《新华日报》（华北版）发表的《创立正规的教育制度》的社论。社论中提出正规学制应有三个条件，即：它是抗战的教育，它是适应战争环境的教育，它是免费的义务教育。[2] 至于是一种怎样的适应抗战的正规学制，这个问题尚有待实践回答。

四

晋冀鲁豫边区力图从容进行教育建设时期，正是整个抗战时期华北敌后战场斗争最艰苦的阶段。陕甘宁边区环境尚属稳定，即使在那里，"正规化"教育

---

① 在陕甘宁边区教育文献中，迄今只见到约在1941年9月形成的《延大教育方案》（初稿）中有"实施新型正规化的新民主主义教育"的提法（《陕甘宁边区教育资料》（高等教育与干部学校部分）下册，教育科学出版社1981年版，第128页），不过这一提法并不流行。

② 《新华日报》（华北版）1940年6月23日。

与"义务教育"的实施，步履也很艰难，后来受到批评。在斗争最紧张的华北敌后根据地，更难行得通。在晋冀鲁豫边区，日伪军在1941—1942年间，共发动500次"扫荡"。其中大规模的"扫荡"，如1941年对太行区、太岳区的"毁灭扫荡"，1941年6—8月对泰西的"扫荡"，11月对鲁西、冀南的长期"扫荡"，1942年"四·二九"与"六·一二"对冀南"铁壁合围"与5—6月间对太行区的"铁壁合围"、"抉剔清剿"等。在这种情势下，不仅需要集中全力进行反"扫荡"斗争，即使艰难创建的文化教育设施也难以保全。日军铁蹄所至，人民生命财产损失不计其数，学校也难幸免。据1946年1月调查，几年间，日本侵略者在晋冀鲁豫地区毁坏的文化教育设施如下：[1]

教育设施	被摧毁设施数（座）
初级小学	46 567
高级小学	1 000
县立中学	
民众教育馆	400
省立中学	50
合　　计	48 017

五

大岳区曾于1942年对小学教育工作作了全面、系统的调查，[2] 似能反映当时小学教育全貌。

1. 全区（包括岳北、岳南、中条3大区，缺岳南3县、中条4县材料）有学龄儿童120 353人，初级小学2 397所，中心小学314个，入学儿童73 327人，学龄儿童入学率为60.9%，失学儿童47 026人，占学龄儿童总数39.1%。

据当时估计，经常到校的儿童以60%计，则有29 330名儿童为半失学者。

2 397所初级小学，加上314所中心小学，合计2 711所。有教员2 628人，平均每所小学有教员0.96人。

初小教员的学历分布是：初小及私塾占总数的14.8%，高级小学占65.3%，简师和师范占12.3%，中学占5.8%，大学与专科学校占1.5%。可见初级小学

---

① 《晋冀鲁豫边区八年抗日战争中人民遭受损失调查统计表（1946年1月）》，《晋冀鲁豫边区史料选编》第2辑，第286页。

② 《太岳区民国三十一年学校教育工作总结》，《山西教育史志资料》1985年第3期。

教员中只具小学程度的占 80.1%。

另有私塾（岳南 4 县、岳北 5 县统计）77 所。

2. 高级小学共 45 所，教员 173 人，学生 3 023 人。

平均每所小学有学生 67 人，约 2 个班级；平均每所小学有教师 3.8 人；高小与初小的比例为 1：53。

因高级小学属专署领导，鞭长莫及，有的高级小学几个月领不到经费，有些问题长期不能解决，县政府对高级小学漠不关心。

在政治上和军事上进步力量占第一位，在教育上反动的复古教育与奴化教育虽日趋瓦解，却有深厚的社会历史根源，国民党在岳南、中条地区潜在力量仍相当大，在岳北地区仍有驻军。在教育上进步力量占第三位。在岳北根据地进步教育占第一位，落后教育占第二位，反动教育占第三位。

教员的政治倾向差别甚大，真正进步与真正反动的教员都占少数。

3. 课本供应情况：岳北地区沁源县完全用课本的学校 64 所，占 80%，有 31.3% 的学校部分有课本，安泽县发课本 2 436 册，平均每个小学生有课本 2 册，全用新课本的学校 35 所，占该县学校总数的 6.6%。

边缘地区大都废除读经，仍存在新旧课本混用或用旧课本现象。

4. 按课程表上课情况，以沁源等县为例：

县别	按课程表上课的学校	占该县小学的比例（%）
沁源	45	58.2
安泽	18	33.5
沁县	59	30.3
棉上	89	68.7
赵城	95	95.9

5. 一年内上课日数：1942 年日伪军两次"扫荡"，在此情况下各县上课日数为：沁源一般为 190 日（最多者 220 日，最少者 150 日），安泽一般为 127 日（最多者 189 日），棉上 50% 学生上课 165 日，20% 学生上课 120 日，边缘地区上课一般为 9—10 个月。

6. 初级小学中有了三、四年级学生。据棉上、沁源两县统计如下：

数字 比较项 年级	棉上县		沁源县	
	学生数	百分比	学生数	百分比
一年级	1 708	43.7%	1 443	52.1%
二年级	1 152	29.4%	816	29.5%
三年级	675	17.3%	347	12.5%
四年级	375	9.6%	163	5.9%
合 计	3 910	100%	2 769	100%

7. 学校配合中心工作和学校的社会活动：全区教育会议和七专署教育训练班讨论过学校配合中心工作问题，并提出实施办法，岳北地区一般开展了社会活动，岳南地区一般高级小学和部分初级小学也开展了社会活动，中条地区的阳城县学校社会活动相当活跃。然而整个来说，岳南、中条地区的主要倾向，是学校社会活动尚不够开展，对中心工作配合不力，多数教育干部主要倾向则是经常从事突击工作，而放松教育工作。

8. 学校的生产劳动：1940 年敌人大烧以前，学生的劳动主要是卫生值日等；1940 年大烧后，房屋、用具烧光，从 1941 年起，共同劳动，重建学校；1942 年强调学生参加生产劳动，是新型学校的特点之一，新型教育应向"教学做合一"道路前进。

9. 适应战争环境，开展对敌斗争；由于敌人"扫荡"频繁，1941 年决定把中学和高级小学分散到游击区办学。敌来分散，敌去集中；白天集中，夜间分散，或分组转移，隐蔽上课。在战争开始前善于坚持，如（1941 年）5 月战争准备时，沁源县马泉、白孤密一带，棉上县杭树一带，学校始终坚持上课。战争过后有的地方四五天，有的地方十天，即恢复上课。10 月"扫荡"时，棉上县柏子陶敌据点未撤前，棉上有 3/4 学校即恢复上课，并开办 3 002 处冬学。

上述情况表明：

1. 尽管敌伪军频繁"扫荡"，并实行野蛮的"三光政策"，根据地教育事业仍保持相当大的规模，使学龄儿童入学率平均达到 60%，具有相当大比例的学校，坚持按照课程表上课，证明根据地学校坚守了教育阵地。

2. 根据地学校能够坚守教育阵地，同在战争环境中采取各种机动灵活的措施，实行游击教学分不开。

3. 平均每所初级小学只有 0.96 名教师，80% 初小教师只具有小学水平，且小学课本供应不足，上课时间常受战争干扰，即表明教育工作不正规，在战争间隙，需提高教师水平并使教育工作尽可能正常进行，需要有一定程度的正规化，只是要求不宜过高，步骤不宜过急。

事实上，1941—1942 年间有些教育正规化的措置不合时宜，故只是昙花一现。进入 1943 年以后，边区政府在教育工作方面作出了一系列新的决策。

六

1942 年 12 月 23 日，中共中央北方局在《关于华北敌后抗日根据地一九四三年工作方针的指示》中提出：认真加强民众教育工作，教育方针以抗日必胜的民族教育、民主教育与启发劳动人民的阶段教育联系起来；改进各地学校教育工作与切实建立各地通俗的民众教育工作；根据各地具体情形在可能范围内酌量增加教育经费，适当改善教员待遇，小学教员每年除吃饭外，以五石小米为最高标准；各地党的组织必须动员一批知识分子党员去从事教育工作，并纠正各地文化团体、文化机关中的宗派主义倾向，改善出版工作，以团结党内外知识分子参加教育工作。①

晋冀鲁豫边区政府据此确定 1943 年教育工作的方针是：加强教育工作，主要是开展大众教育与团结知识分子；学校教育则应调整、充实。②

当年 3 月 25 日，中共中央北方局就国民教育问题致函中共中央太行分局，提出：认真地加强国民教育，是贯彻 1943 年"进一步巩固敌后抗日根据地，坚持敌后群众性的游击战争，克服困难，积蓄力量，替反攻及战后做准备"的基本任务重要环节之一。认为加强国民教育才能使群众在减租减息之后继续提高政治觉悟，不致沉湎于经济利益。措施是：积极推行小学教育，争取达到每个编村有一所小学，并在中心点建立与增设中心小学，争取达到每 1 500 人口的地区，设一所中心小学，同时在适当时期增设中学；加强对公共财产（亩产）管理，以筹措教育经费，在文化与经济较发达的地区和市镇，提倡自筹经费、自立学校；积极开办教员训练班与师范学校，解决师资问题（当时尚有不少地区的小学教员掌握在国民党手里，放松争取与培养教师，等于在这些地区，把儿童与青年文化和政治思想的启蒙的钥匙交给国民党；在实行"民教合一"（民政机构与教育机构合一）的情况下，存在"民而不教"的倾向。为此，须抽调得力干部管理国民教育）；小学改行三二制，中学改行三年制，小学与中学中都可开办半年或一年的补习班；加强社会教育。③ 这封信同时转发中共中央山东分局

---

① 《中共中央北方局关于华北敌后抗日根据地一九四三年工作方针的指示》，《晋冀鲁豫边区史料选编》第 2 辑，第 43－44 页。

② 《一年来的太行工作》，《老解放区教育资料（二）》上册，第 175 页。

③ 中共中央北方局：《关于国民教育给太行分局的一封信》，《山西教育史志资料》1985 年第 4 期。

与冀鲁豫区党委，带有普遍意义。

上述决策表明当时适应形势的变化，不再强调教育的正规化，而把民众教育放在更重要地位。同时尽管困难时期尚未度过，反"扫荡"、反"强化治安"斗争已经取得一定成就。国内外反法西斯斗争形势的发展，已经把为反攻和战后做准备提到日程上来，故即使在困难条件下，仍不放松恢复与发展教育的努力。

晋冀鲁豫边区在 1942 年就进行两次精简机构的工作。1943 年 1 月，又实行第三次精简机构，三次精简机构的结果，边区政府工作人员从原来的 548 人，减至 100 余人。同年 2 月把教育厅与民政厅合并，称为第一厅，在此前后，行政公署、专员公署、县级教育处、科也相应地同民政处、科合并，结果在一些地区产生"民而不教"的现象。边区政府在实行"民教合一"后，实行联合校长制和聘任国民教育视察员，加强对教育工作的领导与督促。"如果说一年来教育工作有某些开展，则执行联合校长制，不能不是其中最重要的一个原因。"①

晋冀鲁豫地区在 1942 年 9 月，即部署学校"精兵简政"，不过并不很落实。1943 年第三次"精兵简政"中，冀鲁豫行政公署发布《关于各级学校的编制和公费生问题》的指示信（2 月 15 日），确立初级小学由区民众教育助理员直接领导，取消中心校长制；各级学校开设班级的最低人数是：初级小学 30 人，高级小学 25 人，中学 30 人。不足此数者，不得开班，而实行合并班级，或合并学校；在小学停止粮食优待办法，中学以自费为原则。② 2 月 26 日，又重新规定各级学校教职员待遇标准与学校经费开支的若干问题，规定小学薪给粮（粮食、菜金、被服、医药、鞋袜等）初小教员每月小米 80 斤，高小教员 85 斤，高小校长兼课者 90 斤；中学教员改为供给制，薪给粮供应标准与政府工作干部相同，津贴专任教员每人每月小米 20 斤，学校职员、干部均按政府干部待遇发给津贴费。③

1943 年，晋冀鲁豫边区在教育方面的建树是：

（一）民众教育

冬学运动有显著进步。1943 年 3 月以后，冬学转为民众学校。在太行区原计划建立 600 个充实的民众学校，实际上民众学校的数量超过计划要求甚远。④

---

① 《一年来太行区的教育工作》，《老解放区教育资料（二）》上册，第 175 页。

② 冀鲁豫行署：《关于各级学校的编制和公费生问题》，《山东老解放区教育资料汇编》第 5 辑，第 51 – 55 页。

③ 冀鲁豫行署：《重新规定各级学校教职员待遇标准及学校经费开支中几个问题》，《山东老解放区教育资料汇编》第 5 辑，第 56 – 58 页。

④ 《一年来太行区的教育工作》，《老解放区教育资料（二)》上册，第 175 页。

1943 年 4 月，颁布《晋冀鲁豫边区民众学校暂行规程》，规定：

1. 民众学校根据边区教育的总方针和目标，以提高人民政治觉悟与文化水平，培养民主科学思想，从长期着眼来扫除文盲；民众学校的学生，一律不脱离生产，凡年在 15 岁以上识字不满 1 000 的男女，皆可入学；识字满 1 000 的男女，必须动员上政治课；民众学校以识字 1 200 为标准。

2. 民众学校以村庄为单位设置。设校长 1 人，教员若干人组织校务会议，计划领导全校教导事宜；学生按性别、年龄、识字程度编班，每班 40—60 人。班以下以 5—7 人为一组；民众学校由联合校长与村级教育委员会领导，各群众团体协助。

3. 民众学校政治与识字配合上课，占教学时数的 75%，常识占 15%，算术占 10%；每日授课 2 小时，冬季每日一次，其余三季多上夜班，平均每周不得少于 2 次，全年授课 360 时。

4. 民众学校修业 4 年，高、初级各 2 年。①

边区政府还制定《民众学校课程纲要》，作为课程标准。

边区政府除了统一编发政治与识字课本外，在 1943 年 4—8 月，还先后编印反汪伪内容的政治补充教材、制止内战危机的政治补充教材与民众学校常识课本。各地区也编印了若干补充教材。

同时还争取在设有民众学校的村庄，建立不脱离生产的小型农村剧团。

在太岳区，1943 年冬学不再采用边区政府编印的统一教材，而由太岳《新华日报》拟制宣传教育参考提纲及各种通俗读物；同时鉴于以往冬学中常有反动分子混入冬学教员队伍，提出既防止坏人，又不应随便怀疑人。②

当年冬学根据晋冀鲁豫边区政府与太行军区司令部协议，联队驻军在驻地三天以上就应帮助驻村冬学工作，部队的各级政治机关定期抽调各连队负责帮助冬学的干部进行成绩考核。③

（二）小学教育

边区小学教育在 1941 年—1942 年间，由于日伪军"扫荡"的摧残和根据地的缩小，受到严重挫折。然而小学恢复的进度甚快。如太行区的一、二专区在 1942 年上半年连简政（精简机构与人员）分配的数字也不能维持，二专区学校甚至完全停顿，可是经过一年的恢复、整顿工作，一专区由 119 所增至 135 所，

---

① 《晋冀鲁豫边区民众学校暂行规程》，《老解放区教育资料（二）》下册，第 190 – 192 页。

② 《中共太岳区党委关于冬学运动的通知》，《山西教育史资料》1986 年第 4 期。

③ 晋冀鲁豫边区政府、太行军区司令部：《开展冬学运动》，《老解放区教育资料（二）》，下册，教育科学出版社 1986 年版，第 193 – 194 页。

二专区恢复到 39 所。四专区的壶关县在 1942 年 5 月"扫荡"前有小学 20 所，10 月以后即恢复到 28 所，1943 年 4 月以后增至 48 所，其他如潞城县及五专区的林北县，小学也有增加；太行区初级小学教员在简政后为 1 400 人，高级小学教员 298 人，到 1943 年 9 月，共有小学教员 1 718 人（以上均为 1943 年 9 月统计数字）。①

1943 年后，根据中共中央北方局的意见，小学从四二制改为三二制。

1943 年 9 月，晋冀鲁豫边区政府颁布《关于加强学校教育的决定》，坚持争取每个行政村办一所初级小学的目标，并逐步争取达到每 40—50 户的村庄，办一所初级小学。为避免已往不讲条件、盲目发展的偏向，着重提出：首先注意师资人选，遴选合格的小学教师；首先在过去设立过学校并有公产学田的村庄以及群众提出设立小学要求的村庄办学，灾荒严重的地区以保持现状、充实巩固现有小学为原则；高级小学以每两区合设一所为原则。②

（三）中等教育

太行区原有太行第一中学（晋中中学）、第二中学（冀晋中学）、第三中学（豫北中学）及边区师范 4 所中等学校，1942 年 5 月反"扫荡"斗争后及年底，为适应新的战争形势与工作需要，将初中三年级与高师（中师）学生共 5 个班提前毕业，另外又动员一批年岁、能力相当的学生参加工作，总共 294 人，投入行政、工商、教育等部门，以增强战斗力量。

在 1943 年 1 月第三次简政开始时，边区政府教育厅 1 月 17 日召开中等以上学校联席会议，决定把抗战建国学院（边区师范）、太行一中、二中、三中合并成立太行联合中学（王振华任校长）。该校在校部之下共分三个队，分设在不同地点；以培训基层行政、经济建设及教育工作干部为目标；把四年制改为三年制；开设国语、数学（含算术、代数、几何、珠算）、实用自然科学（含生理、卫生、动植物、物理、化学）、历史、地理、政治常识、军事等学科，时事教育、音乐、美术在课外进行，另设三门业务课（专业课），即：民政常识、财政经济常识与教育常识，除第三队专进行师范教育外，其余两队每人任选一门业务课。太行联合中学共有学生 316 人（女生约占 1/5），公费生名额 149 人。各队干部与学生均就近参加所在地群众工作。1943 年 7 月，为制止内战危机，太行联合中学各队分赴武乡、襄垣、黎城、陟县、平北、磁武、偏城、左权等县

---

① 《一年来太行区的教育工作》，《老解放区教育资料（二）》上册，第 178 – 179 页。
② 《晋冀鲁豫边区政府颁布加强学校教育决定》，《老解放区教育资料（二）》下册，第 449 页。

深入宣传。①

边区教育建设的初期，中等学校带有干部教育性质，1941—1942 年正规化措施实行一阵以后，重新向干部教育转化。中等教育"向职业教育与干部教育的方向前进着"；② 同样，在 1942—1943 年初三次简政过程中，中学趋于合并，从多到少，半年以后，又从少到多。1943 年 9 月边区政府《关于加强学校教育的决定》中提出：争取每一专区建立中等学校一所，并以中学、师范合设为原则（1942 年边区共有 21 个专区建制），决定当年先在太南、冀西、武榆成立太行联合中学各一队，以后逐步增设。③ 当年 9 月，太行区另成立豫北联合中学。

1943 年另一重要决策，是以中学各队为核心，建立学区。由中学各队在业务上分别指导所在地区（若干县）的小学、民众学校、民众教育馆。

不过，太岳区文教工作负责人于 1943 年 7 月给边区民教厅正副厅长的信中，反映的情况却很严重。他指出：1943 年已经到 7 月底（21 日）了，"已经以事实证明是虚度的一年"。"民教合一大大削弱了工作，不但直到现在我们还没有做什么，而且仅有的几位锻炼成能够领导此项工作的干部，也调的（得）七零八落，诚堪可叹也"。他认为虽然太岳区每年工作都有成绩，然而这是"追逐现象"的领导，"基本上是失败的"。表现为教育阵地并不为进步势力所把握，而为反动分子所把握，为落后分子所充斥。教育处于 1942 年 10 月在岳北、岳南、中条各地"看得非常清楚"，"在文化上，我们已造成文化的中断"。"我们的中学到 1943 年止，只培养出不到 50 个学生，1942 年全区高级小学毕业生只有 54人"。虽然太岳区从 1939 年"十二月事变"、1940 年日伪军大烧杀事件到 1941年太平洋战争，这期间发生由高到低、由低到高的起伏，虽然由战争带来的财政困难，虽然教材不能好好解决，"造成正规化成为空话"，然而主观原因是主要的，无论总的领导和各方面领导都忽视教育工作。1943 年以来虽然口头上不再忽视教育，却是实际上的忽视。其次是力量不足与组织不当，"只要看一看我区（教育）主观力量三年来的情形，再加上别人的不帮助还要削弱，就可以看到我们究竟有几个人，又有多少时间做这一工作"。1943 年春把教育列为三大中心工作之一，但在进一步精简机构以后，人调走了，编制压缩了，却又增加许多职员、校长，"总的数量增加了，却没人领导了，这真是用意不明的"。虽然此间对"民教合一"有许多人反对，最终边区政府仍作这一决定。事实上有的干部调做别的工作，不会做这项工作的干部又来领导这项工作，于是"七个月没有工作"。削弱还是加强，"实在是不需要讨论的"。他建议：1. 组织中心力量。做其他工作的干部无法突击教育工作，教育工作也不是突击工作，政治工

---

① 《一年来太行区的教育工作》，《老解放区教育资料（二）》上册，第 184 – 185 页。

② 同上书，第 177 页。

③ 《晋冀鲁豫边府颁布加强学校教育决定》，《老解放区教育资料（二）》下册，第 449 页。

作的基层组织是村公所，可调动各方面力量突击中心工作，教育部门的基层组织是小学，"中心不起来"，应集中二三十个称职的干部形成集中领导；2. 实行学区制度。每学区成立中学或师范一所，各县将高级小学在组织上联合起来，领导之以联合校长，学校与行政（教育行政）合一。这样，领导者再不是讲空话的皮毛的不切实际的领导了；3. 发展中学、师范，并掌握高级小学（高级小学大部分尚为非进步力量掌握）；4. 把教育工作重心放在边沿地区，分散进行，以解决经费不足的困难，等等。①

七

晋冀鲁豫边区 1941—1943 年间在空前残酷的战争条件下坚持教育阵地。

1941 年 8 月边区政府成立之际，各级各类学校及群众文化设施已有相当大的规模。

晋冀豫区各种文化教育设施统计如下：②

文化教育设施	所、处数	人数
高级专科以上学校	9	4 500
中等学校	6	601
小　　学	7 207	347 266
冬　　学	2 223	151 158
民众学校	1 809	73 824
民族革命室	1 519	
农村剧团	299	

冀鲁豫区（1941 年前）的统计，不如晋冀豫区详细。大致情况如下：③

文化教育设施	数　　目
中　　学	3（所）
小　　学	1 882（所）
冬学（10 县统计）	881（处）

---

① 刘武：《关于近年来国民教育工作的报告》，《山西教育史志资料》1985 年第 3 期。
② 赵守攻：《华北抗日根据地的文化建设》，《山西教育史志资料》1985 年第 4 期。
③ 冷冰：《介绍晋冀鲁豫边区》，《晋冀鲁豫边区史料选编》第 1 辑，第 316 – 317 页。

1942 年 3 月晋冀豫区（缺冀南统计）的情况是：①

文化教育设施	数目	人数
中学、师范	7	
财政学校、职业学校	2	1 200
抗战建国学院	1	
小　学	3 754	148 445
民众学校	1 356	151 251
民族革命室	1 502	

　　这是太行、太岳的合计，另据统计，1942 年太岳区有初级小学 2 393 所，入学儿童 73 327 人，高级小学 45 所，学生 3 023 人。还有一项统计表明，1942 年太行区有小学 1 237 所，入学儿童 52 885 人（22 县统计）。② 这两项不同时间的不完全统计，合计有小学（不分高、初小）3 675 所，学生 129 225 人。同上述统计相差不大。

　　1942 年的统计，因缺冀南区材料，无法同 1941 年晋冀豫区的数字比较。姑且以冀南区 1940 年的统计作参考，当时该区情况如下：③

学校级别	学校数	学生数
中　学	2	
高级小学	90	399 800
初级小学	8 100	

　　可见 1940 年冀南区中小学生数值甚至超过 1941 年 8 月晋冀豫区（包括太行、太岳和冀南）中小学学生总数。

　　在 1941 年以后，由于日伪军疯狂"扫荡"，根据地大为缩小。冀南区在 1942 年根据地变质为游击根据地，90% 以上地区直接遭受敌人榨取与摧残；太行区 1940 年面积为 100 662 平方公里，1942 年 5 月降为 81 290 平方公里；太岳区在形势严重时，全区无一完整县，所有 12 个县政府都聚集在沁源县，而沁源县的县城也为敌人占领。④ 因此，根据地的学校数与学生数在 1940—1941、

---

　　① 冷冰：《介绍晋冀鲁豫边区》，《晋冀鲁豫边区史料选编》第一辑，第 316 – 317 页。
　　② 齐武编著：《一个革命根据地的成长》，人民出版社 1957 年版，第 221 页。
　　③ 冷冰：《介绍晋冀鲁豫边区》，《晋冀鲁豫边区史料选编》第 1 辑，第 317 页。
　　④ 齐武编著：《一个革命根据地的成长》，第 71、74 页。

1941—1942 年间逐年显著下降。以大为缩小了的根据地同尚坚持的教育阵地相比，不难看出当时教育事业的成就确实可观。

"如果说三十—三十一年度（1941—42 年度）教育工作是萎缩状态的话，则三十一——三十二年度（1942—1943 年度）是呈现起色了。"①

1942 年太行区（22 县统计）有学校 1 237 所，学生 52 885 人，到 1943 年（22 县统计）学校增至 1 718 所，增加 39%，学生 68 189 人，增加 29%。②

---

① 《一年来太行区的教育工作》，《老解放区教育资料（二）》上册，第 176 页。
② 刘武编者：《一个革命根据地的成长》，第 22 页。

晋冀鲁豫边区

[1944 年 1 月——1945 年 8 月]

10

从 1944 年初到 1945 年 8 月抗日战争胜利，晋冀鲁豫边区教育事业的发展进入第三个阶段。在这个阶段，随着抗日战争局部反攻的进展，根据地迅速恢复与发展，教育事业欣欣向荣。

1944 年 10 月，中共中央冀鲁豫分局《关于普通教育改革的指示》和 1945 年 4 月晋冀鲁豫边区模范文化教育工作者会议，把边区教育改革推向高潮。

一

1944 年，国民政府军在正面战场到处被动挨打，八路军、新四军敌后战场则主动向日军进攻。在晋冀豫与冀鲁豫两大战略区，几乎每个月都收复一些县城和大片农村失地。晋冀豫区仅在当年 6—9 月间，即攻克据点 36 处，光复国土 9 000 余平方里；冀鲁豫区全年攻克据点 1 000 余处，收复县城 7 个，解放国土 200 000 余平方里，控制 11 个县城；鲁西南与鲁西根据地连成一片。[1] 到 1945 年战果更加扩大。在教育改革浪潮中，根据地教育事业凯歌行进。

1944 年元旦，中共中央北方局发布《关于一九四四年的方针的指示》，提出强化对敌斗争、开展大生产运动、完成整风和强化时事教育四项任务。[2]

1944 年上半年，在一些地区教育事业恢复较快。以太行二专区（晋中区）小学教育为例，该地区在 1942 年上半年学校几乎全部停顿，1943 年 9 月，学校达到 39 所，到 1944 年 6 月，已达 137 所。1943 年已有统计数字的 26 个小学，

---

① 《敌后战场伟大胜利的一年》，《解放日报》1944 年 12 月 31 日。

② 中共中央北方局：《关于一九四四年的方针的指示》，《晋冀鲁豫边区史料选编》第 2 辑，第 67 - 69 页。

入学儿童只有450人，平均每校只有17个学生，到1944年6月，据81所小学统计，入学儿童4 890人，平均每校有学生60多人。①

晋西的辽西县在1943年冬季，根据山区条件，开办冬春小学，亦称百日小学。这类学校全县共有118处，入学儿童364人，学龄儿童入学率达83%，这是一种带季节性质的民办小学，适合群众习惯与要求，学校教育同儿童家庭结合，小学校与村政府建立经常性的协作制度，故收效较大。②

从1944年夏季开始，各地涌现出一批实行群众办学、教育同生产劳动结合的典型。在陕甘宁边区教育改革的推动下，中共冀鲁豫分局于1944年10月发布《关于普通教育改革的指示》。在《指示》中，首先检讨过去普通教育中存在的问题，批判教育工作正规化的倾向，以及由来已久、尚未克服的许多传统影响。确定普通教育的方针是"做什么，学什么"，即教育与生产、社会、家庭相结合，学校教育与社会教育结合，适合抗日战争需要，以成人教育、干部教育为主，培养大批干部。在非灾区、群众已初步发动的地区，要求每个行政村设立一所初级小学，每个区设立一所高级小学，一般根据地在基点村设一所初级小学，每县设一所高级小学；强调教的东西就是生产所需要的东西，教的时间与生产时间一致，实行半日学习、半日生产，学校为社会服务，特别是适应战争需要，培养大批干部，提高群众认识，提倡民办公助。

关于学制与课程，规定：

1. 冬学与民众学校：以成年男女为主要对象，在冬学基础上设立民众学校，并逐步把冬学、民众学校改为小学成人班。

2. 初级小学：不仅以儿童为对象，而且以青年、成人为对象，16岁以上的青年、成年单独编班，小学课程分必修课与辅助课。辅助课讲解时事，必须课中国文占35%，算术占15%，家事、劳动占50%。

3. 高级小学：培养区级干部。国文（以应用文为主）占25%，社会常识（政府法令、工作常识、战争常识）占20%，算术占15%，生产常识占10%，劳动或社会活动占30%，辅助课时间不定。

初小与高小毕业以修完课业为准，不以年限为准。

4. 中学、师范：培养区级干部及师资。修业2年，边区建设占20%，政治常识占20%，国文占10%，算术占10%，史、地占5%，自然占5%，生产常识占5%，医药常识占5%，劳动及社会活动占20%，每学期以上5门课为限，辅助课时间不定。

---

① 丁三：《晋中区的国民教育工作》，《老解放区教育资料（二）》，下册，第450－451页。
② 同上书，第451页。

5. 边区抗战学院：训练县级干部及现有专门性质的干部。

各中学划归专署领导。①

关于教育经费、师资及实施办法，规定：

1. 为逐渐达到民办的目的，冬学、民众学校经费由村款开支；初级小学由地方款开支，文具费由村开支；高级小学、中学、师范由地方款和生产解决。学校生产除开荒种地外，从初级小学起，每个学生均得学会一种手工技艺；政府设奖学金，资助家境贫寒的学生，每所初级小学名额 20 人，高级小学 5—10 人。

2. 师资不以资格限制。师资条件：有生产知识、能与群众联系，具有文化水平（政治水平较前要求高，文化水平较前要求低），各级地方政府的主要干部到学校兼课，兼课者付一定的报酬。

3. 在半年内分期分批实现每行政村设一所初级小学的计划。②

这个教育改革方案在教育与生产劳动、社会实践结合方面，把所有学校（从初级小学到中学）都改为半工半读，大大削弱文化基础知识，增加生产劳动与社会活动时间，比陕甘宁边区激进；在推行"民办公助"方面，比陕甘宁边区稳健。

1944 年 12 月 1 日，冀鲁豫行署与冀南行署（从 6 月起合署办事）联合发出《关于教育改革中几个问题的具体指示》，提出冬学、民众学校办公费由政府开支，初级小学与高级小学教员和校长仍实行薪俸制，并适当提高待遇。③

同年 10 月 7 日，《新华日报》（太行版）发表题为《关于冬学运动的准备问题》的社论，确定当年冬学为准备迎接 1945 年更大规模的生产运动与反攻，以进行时事教育为中心。④ 在太行区当年冬学运动实施方案中提出当年冬学"在做法上必须来个全盘的革命"，即从挑选师资、训练师资的方法到冬学的具体实施，均得采取群众路线。⑤ 太岳区冬学运动部署中也强调时事教育、生产教育和贯彻群众路线。⑥ 当年冬学运动搞得轰轰烈烈。据太行区 10 个县的不完全统计，共有冬学 2069 所，学员 154 622 人，较 1943 年增加 1 倍，较 1942 年增加 2 倍。⑦

---

① 《中共冀鲁豫分局关于普通教育改革的指示》，《老解放区教育资料（二）》上册，第 103 – 107 页。

② 同上书，第 107 – 109 页。

③ 《关于教育改革几个问题的具体提示》，《山东老解放区教育资料汇编》第 5 辑，第 60 – 61 页。

④ 《新华日报》（太行版）1944 年 10 月 7 日。

⑤ 《太行区一九四四年度冬学运动实施方案》，《老解放区教育资料（二）》下册，第 194 页。

⑥ 《太岳行署关于冬学运动的提示》，《老解放区教育资料（二）》下册，第 203 – 205 页。

⑦ 《李一清在文教大会上的开幕词》，《山西教育史志资料》1985 年第 4 期。

不过，在某些地区存在强迫命令现象。例如，太岳区有个张马村，冬学运动委员会规定：学员一天不来，罚煤一担；一连两天不来，罚戴高帽子、扮花脸，自己敲锣游街；一连三天不到，罚戴高帽子、扮花脸、打扫街道。结果只有三五天人到齐了，以后许多人连着两晚不到，第三晚自动戴高帽子、扮花脸到冬学来，大家嬉笑一场，被罚的人多，谁也不觉得丢人。这属个别现象。①

太行区为推进教育改革，于1945年4月召开模范文教工作者大会，并举办文教展览会，交流1944年夏季以来教育改革的经验，检阅教育改革的成绩，表彰模范文教工作者。

太行区在推进"民办公助"方面，比冀鲁豫边区积极。"民办公助"学校分为四种类型：

1. 从读报到冬学、到民众学校、到转为民办小学，自发形成。

2. 工作基础较好的村庄，在延安"民办公助"学校经验启发下，自觉摸索"民办公助"的道路，由公办转为民办。

3. 公立小学教员帮助附近村庄办民办小学。

4. 在敌后格子网和敌占优势区存在的天然的民办公助小学。②

在模范文教工作者大会上，回顾了晋冀鲁豫边区抗战开始以后教育工作发展的历程，批判了教育正规化的倾向。会议总结报告在教育工作方面发表的见解是：

1. 据太行区7个专区（八专区除外）40个县统计，已有初级小学2 722所，其中民办小学833所，约占小学总数的31%；另据6个专区（二、八专区除外）统计，有小学2 250所，学龄儿童179 235人中，入学儿童125 878人，占学龄儿童70%，平均每所小学有学生55人。先进的武乡县有144个行政村，311所小学，平均每个行政村有2所小学，不过该县有754个自然村，平均每个自然村不到半个小学。当地儿童"夏天怕河，冬天怕狼"，因此仍须发展小学，并提倡民办公助，巡回教学。

2. 过去的工作有毛病，但不宜否定一切，课本中存在不适合需要之处，需要修改补充，课程也可适当变动，但绝不能漫无标准地蛮干；"民办公助"不是怕麻烦、图省钱而"官逼民办"，更不是在经费上"入了股"就乱加干涉。

3. 1944年冬学走了群众路线，是一个很好的转变。不过，有些地方"根据群众意见进行处罚"也不对。

4. 会议上展开了小学以儿童为主还是以成人为主的讨论。小学仍应以儿童

---

① 文烈等：《去年冬学中的一点经验》，《老解放区教育资料（二）》下册，第208页。
② 张磐石：《在文教大会上的总结报告》，《山西教育史志资料》1985年第4期。

为主，在每个专区设一所中学，主要培养干部。此外，太行区共有248个行政区（县以下的区），只有165所高级小学，通过高级小学，即可培养干部。在165所高级小学中，只有2所民办高级小学，可试行在大村镇办民办高级小学，高级小学可设立干部班与补习班。①

把太行区教育改革的步骤，同冀鲁豫区比较，大致可以看出前者在"民办公助"问题上比后者放手；后者在学制、课程改革方面比前者放手。

太岳区在1945年3月召开的参议会上，太岳行政公署主任牛佩琮在会上作了政府工作报告。据称到那时为止，太岳区有中学4所，学生404人，教员22人，高级小学48所，学生4 472人，初级小学2351所，学生92 098人。全区学龄儿童约200 000人，学龄儿童入学率约为46%。自1945年提倡"民办公助"以来，三、四专区的沁源、沁县、安泽三县约有民办小学100所，学生1 899人。1944年冬学运动中，共办冬学3 131所，学员100 964人。在试行"民办公助"过程中，个别地区存在强迫民办的现象。报告中还介绍了若干试行"民办公助"的成功典型。②

1944年6月8—22日，太岳区召开"六·六"教师节座谈会，出席会议的代表共76人，包括中学4人，高级小学15人，初级小学44人，分8个组讨论。会议着重讨论教育改革问题，确定如下意向：

1. 小学向民办的方向发展，高级小学培养初级干部及一部分初小毕业生与农村知识分子，高级小学可以向完全小学的方向发展。每年须上8个月课。

2. 提高教员地位，取消"自由职业者"的称号。

3. 提高教员待遇。③

出席这次座谈会的15所高级小学的代表提供的经验与意见，大抵是：打开学校围墙，与广大群众接触，与实际工作接触；贯彻民主精神，发扬学生自动自治；实行教育和生产劳动结合；适应战争，服务于战争。会议反映部分学校因过多参加生产，一年上课4个月，削弱了文化学习，此外大部分学校单纯组织学生参加生产，忽视劳动观念及生产技术教育，也有的学校强调学校生产，妨碍家庭生产，公私分红中，公家太多，私人太少。

中共太岳区委员会负责人在教育座谈会上发言时提出：太岳区已有近3 000所小学，现在行政村2 300多个，达到每个行政村有小学一所以上。"从太岳区的小学教育基础及条件来看，实行民办方针的主要方向，就应当是把现在近

---

① 张磐石：《在文教大会上的总结报告》，《山西省教育史志资料》1985年第4期。
② 牛佩琮：《在太岳区参议会上的政府工作报告》，《山西省教育史志资料》1986年第4期。
③ 刘武：《高小教育之改造》，《山西省教育史志资料》1986年第4期。

3 000个公办小学转为民办，这是与教育基础薄弱、小学太稀少的地区所不同的。"① 这是在民办问题上一条相当激进的方针。太岳行政公署副主任裴丽生谈道：民办的精神和实质是群众办理自己的学校，教育自己，教育自己的儿童，不是形式的转变。目前由公办小学逐渐转为民办，彻底使其成为真正需要与自愿的学校，最适当的形式是家长会议，学生家长便是学校的主人，应倾听他们的意见。高级小学也应这样改造：除公办小学转为民办以外，提倡群众自己办学校，自己办、自己管、自己教。此外，把旧的私立国民小学改造为新的民办小学。初级小学课程为国语（与常识混合）、算术；高级小学课程为：国语、算术（包括珠算）、解放区建设、时事（读报）、常识。②

1945年7月，太岳区行政公署召开中学校长联席会议，并发布《关于中学教育的决定》。会议肯定太岳区中学在敌后残酷战争环境中没有受到什么损失，学会在战争环境中坚持教育与学习；同时指出过去中学教育未能打开四堵墙，同社会结合，存在学用脱节的缺点。会议上发扬了沁县民办公助的耕读中学的经验，对中学教育改革提出如下意见：

1. 贯彻新的教育方针，即：中学培养解放区所需要的县区初级干部，学生毕业后，不再经过训练，即可参加实际工作；务使学生学会一套实实在在的为人民服务的真本领，并懂得为谁做工作；中学以高小毕业生、需要提高文化水平的区村在职干部、工人、在职知识分子与敌占区知识分子为对象。

2. 课程设：时事、解放区建设、生产、对敌斗争、国语、实用数学、史地和音乐卫生（把音乐、卫生合为一科，令人费解）。

3. 中学修业2年，授课时间不作统一规定。

4. 实行理论和实际结合，在第二学年开始实行分组教学，把学生分为行政组、教育组、财政经济组、民运组，学习实际业务，并请有实际工作经验的同志上课。

5. 提倡学生自治。

6. 中学由专署领导。③

二

1944年日军发动的千人以上的"扫荡"，多达160余次，使用兵力在40万以上，"扫荡"的次数比以往任何一年都多。1945年又是战争最频繁的一年。由

---

① 赵守攻：《新教育方针的实践与提高》，《山西教育史志资料》1985年第3期。
② 裴丽生：《国民教育任务与方针》，《山西教育史志资料》1985年第3期。
③ 《太岳行署关于中学教育的决定》，《山西教育史志资料》1986年第4期。

于敌我力量对比已经发生一定变化，抗日战争形势急剧好转，根据地内部经过减租减息、简政、大生产运动，教育建设的条件日趋有利，更加上教育本身的改革，使教育事业得到迅速的恢复与一定的发展。

（一）小学教育

太行区 1943—1945 年间小学发展状况①

年份	小学校数（所）	环比	小学生人数	环比	备注
1943	1 718		68 168		22 县统计
1944	2 530	+147%	125 556	+184%	
1945	3 281				24 县统计

太岳区 1945 年 3—8 月间小学发展状况②

月份	初级小学		高级小学	
	学校数（所）	学生数（人）	学校数（所）	学生数（人）
3 月	2 351	92 098	48	4 472
8 月	3 000	/	80	5 000

小学恢复很快，同执行"民办公助"的方针有关。太行区在 1945 年 3 月，40 个县 2 722 所小学中，有民办小学 833 所，接近小学总数的 1/3，到同年 8 月，据 20 个县统计，在 1 759 所小学中，有民办小学 834 所，接近小学总数的 1/2。③前面提到太岳区在 1945 年 3 月三、四专区和一专区的 3 个县有民办小学 100 所，随后，仅一专区民办小学即达到 400 所。④

前面提到中共冀鲁豫委员会对民办小学问题持慎重态度，但有统计表明在 1945 年冀南区有民办小学 3 000 所。⑤ 民办学校的数字，甚至比太行区多得多。

太行区四专区平顺县在 1945 年 3 月，只有 3—4 所民办小学，当年夏季增至 56 所，当年 12 月更增至 87 所。⑥ 这里也存在民办小学增长是否过快的问题。

（二）民众教育

晋冀鲁豫边区在 1942 年以后，冬学运动的规模逐年扩大，民众学校也逐步

---

① 牛佩琮：《在太岳区参议会上的政府工作报告》，《山西教育史志资料》1986 年第 4 期。
② 齐武编著：《一个革命根据地的成长》，第 222 页。
③ 同上书，第 225 页。
④ 刘松涛：《办小学的两条路线》，《老解放区教育工作经验片断》，第 187 页。
⑤ 同上。
⑥ 齐武编著：《一个革命根据地的成长》，第 225 页。

恢复与发展。据 1945 年 3 月统计，太行 33 个县有冬学 5 441 所，其中 30 个县入学文盲 412 673 人。一专区 5 个县入学文盲占文盲总数的 90%，六专区 5 个县占88%，七专区 4 个县占 45%。①

太岳区第一至四专区 1944 年冬学运动中共设冬学 3 131 所，入学人数为100 746 人。连一分区在内，入学人数约为 200 000 人。②

根据地群众入学，固然有不少实际问题与思想问题。经过几年工作，在群众中，尤其在先进分子中，群众性的学习已蔚然成风。在太行区，青年妇女回娘家往往要带转学证。否则一走进家内，爹娘就问："转学证带来了没有？"运输队出门，在毛驴屁股上挂个识字牌，边走边认。有一家办喜事，新郎新娘叽叽咕咕说个不停，原来小两口子互相测验《庄稼杂字》。③

根据地农村文化娱乐活动也相当活跃。1945 年春节，单太行区四专区涉县，参加拥军娱乐活动的就有 4 358 人。1945 年太行区三专区左权县，参加演剧活动的，多达 9 000 人次，超过全县人口的 1/10。④

（三）干部教育（包括中等教育）

晋冀鲁豫边区一直以每一专区设一所中学为目标。由于根据地时有变迁，中学有发展，有合并，有恢复，前后变化甚大。

太行区在 1940 年开办太行中学，不久又开办晋中中学、冀晋中学与豫北中学，亦称太行第一中学、第二中学、第三中学。1943 年年初又把三所中学与太行抗战建国学院合并为太行联合中学，在三个不同地点，分设三个队；1944 年形势好转时，又增设若干队。到 1945 年 3 月，全区文化教育大会召开后，建立 9 所干部学校。1945 年 8 月日本投降前，又新建漳滨中学、第八中学，同时在新区又接受五所中等学校。当时太行有 8 个专区，达到每个专区一所中学的目标。⑤

太岳区在 1945 年 3 月，有中学 4 所，学生 404 人。⑥ 当时该区有 4 个专区，也达到每个专区一所中学的目标。

根据地除在推行教育正规化时期一度确定中学的普通教育性质以外，在大部分时间内，中学带有干部教育性质，甚至中等教育实际上就是干部教育；1945 年教育改革后，连高级小学也带有干部性质。如太行区 25 个县 54 所高级

---

① 《太行区教育建设的新发展》，《山西教育史志资料》，1985 年第 4 期。
② 《太岳区文教卫生总结》，《山西教育史志资料》1985 年第 3 期。
③ 巩廓如：《太行根据地的文教工作》，《山西教育史志资料》1985 年第 4 期。
④ 同上。
⑤ 同上。
⑥ 牛佩琮：《在太岳区参议会上的政府工作报告》，《山西教育史志资料》1986 年第 4 期。

小学，4 346 个学生中，16—25 岁青年 2476 人，占 57%，25 岁以上的成年人 44 人，占 1% 强。① 至于中学的干部教育性质，更加不用说了。

除了以中学为名义的干部学校外，还有各种职业学校、师范学校与干部学校。最著名的干部学校有：

晋冀鲁豫边区行政干部学校 于 1941 年 10 月成立，由边区政府主席杨秀峰任校长。1945 年 4 月更名太行行政干部学校。

冀南抗战学院 成立于 1939 年 8 月，由当时的冀南行署主任杨秀峰兼任校长。只办两期，即告结束。

太行抗战建国学院 成立于 1940 年，为当时晋冀豫区较大的学府，于 1943 年 1 月并入太行联合中学。

在鲁西，1940 年创办**筑先学院** 1942 年鲁西地区划归冀鲁豫边区，该校与冀鲁豫边区的抗日联合中学合并，更名筑先师范学校。

泰山公学（冀鲁豫区） 1942 年冬成立，1944 年秋季改称冀鲁豫区第四中学。

除了晋冀鲁豫边区所属干部学校外，中共中央北方局、八路军总部还在该区设有若干著名的干部学校。有：

中共中央北方局党校 为华北地区干部培养、训练中心。

八路军晋南干部学校 1938 年成立，校长为朱瑞。

鲁迅艺术学校 1941 年 1 月成立于晋东南，校长为李伯钊。

三

敌后抗日根据地教育事业的成就，不能单以学校与学生数量衡量。重要的是看学校性质的变化和教育事业在抗日民主斗争中的作用。

边区教育打破了有产者子女垄断学校的不合理现象，教育对象以工农群众与干部及其子女为主体。在执行抗日民族统一战线的条件下，也不排斥地主、富农子女入学。1945 年太行区 25 县 54 所高级小学，4 346 名学生家庭成分是：

学生家庭成分	人　　数	百分比
地　　主	230	5.2%
富　　农	819	18.8%
中　　农	2 477	57.0%

---

①　齐武编著：《一个革命根据地的成长》，第 223 - 224 页。

学生家庭成分	人　数	百分比
贫　农	693	16.0%
其　他	127	3.0%

中农与贫农家庭出身的学生占高级小学学生总数的73%。[1]

更重要的是，当时的教育是抗日、民主的教育，是同生产劳动结合的教育，因而这种教育在推动抗日战争、民主政权建设与大生产运动方面，发挥了重要作用。

晋冀鲁豫边区教育事业取得的成就，从根本上来说，有深刻的社会原因。根据地建立了人民当家做主的政权。正如1945年列席太行区二届参议会的一位老先生所说："我看过许多闲书，上自三皇、五帝、夏、商、周，下至唐、宋、元、明、清，从来没有见过现在毛主席的政治。"[2] 处在寇深祸亟、民族危亡关头，人民抗日热情高涨；实行减租减息以后，人民生活水平比原有水平提高；认真执行教育界抗日民主统一战线政策，调动知识分子参加教育工作，等等。除此以外，晋冀鲁豫边区实行许多切合时宜的教育措置，也有助于教育事业的恢复与发展。

晋冀鲁豫边区处在严重的敌后斗争环境中，战事十分频繁。为了使教育不致为战争所阻碍，边区教育当局能针对不同地区、不同情况，采取各种灵活机动的措施，坚持与扩大教育阵地：

在游击区和接敌区，设立"游击学校"，敌人来时分散隐蔽或集体转移；敌人撤退时照常上课。

在敌占区或敌占据点，开辟"地下学校"，即抗日两面小学。

在山高路远、人口稀少的山地，成立"联合小学"、"流动小学"、"巡回小学"。

晋冀鲁豫边区即使在推行教育正规化时，也保留各种非正规的、灵活的办学形式与教学制度。1942年太行区在推行正规化势头上，还开展了学校村、私立运动。单在三专区就建立村立、私立小学145所，连同壶关、林北、和东、偏城4县统计，共有171所，约占太行公立小学的14%，而条件较好的县如武乡县，有公立学校102所，私立与村立学校75所，占公立学校的74%。[3] 客观上为后来的教育改革准备了条件。

---

① 齐武编著：《一个革命根据地的成长》，第222－223页。
② 《太行区二届参议会开幕》，《解放日报》1945年3月17日。
③ 《一年来太行区的教育工作》，《老解放区教育资料（二）》上册，第178页。

山 东 区

山东敌后抗日根据地，包括津浦铁路以东的山东大部、河北与江苏两省各
一部。东濒黄海、渤海，西依津浦铁路，与晋冀鲁豫边区毗连；北迄天津，与
冀中、冀东抗日根据地相接；南至陇海铁路，同华中敌后抗日根据地的苏北地
区连接。

抗日战争爆发后，在日军大举进攻下，山东国民政府驻军望风溃逃。早在
抗战前夕，山东地区共产党人就筹划开展抗日游击战争。卢沟桥炮声一响，山
东各地农民纷纷起来反抗，到1938年秋季，在胶东的蓬莱、黄县、掖县，建立
抗日的机构，此当为抗日政权的雏形；同时，共产党人在鲁西帮助"抗战老人"
范筑先开辟30多个县，一面同日军频繁作战，一面不断同国民政府军队的摩擦
斗争，在夹击中奋战。

抗日战争期间，山东敌后抗日根据地属于华北敌后抗日根据地的组成部分。
中共山东地方组织，由中共中央北方局领导。在抗日风暴乍起之际，中共中央
于1938年5月曾决定将原中共山东省委员会扩大为中共苏鲁豫皖省委员会。同
年12月，将苏鲁豫皖省委改为中共中央山东分局。随后建立八路军山东纵队。
1939年3月，八路军115师一部进入鲁西，山东敌后抗日斗争形势大为好转。

山东抗日斗争起步不算太晚，抗日斗争的群众基础也相当好。不过，起初
在群众的抗日风潮兴起之际，忽视抗日政权的建立。1939年5月，中共中央山
东分局正视过去忽视建立抗日根据地与抗日政权的失误。此后，各地纷纷建立
基层抗日民主政权。1939年7月，把山东敌后抗日根据地划为三个区域，即：
第一区，包括胶济路南、津浦路东、陇海路北地区；第二区，包括津浦路西的
鲁西、鲁西北地区；第三区，包括胶东地区；另设湖西、清河特区。

1940年3月，已建立民主政权（雏形）40多个（年底增至70多个）。当年

10月，根据地已占山东土地的60%，人口的50%。在此基础上，于同年7月，召开山东省国民大会代表复选大会，及省总动员大会、省参议会、省工农青妇文化各界救国联合总会成立大会。于8月1日选举产生山东抗日民主政权——战时工作推行委员会。1943年8月，省首届临时参议会第一次全体会议，决定把省临时政权，改称为山东省行政委员会。

山东敌后抗日根据地的行政区划，几经变迁。1941年，山东省战时工作推行委员会曾将所辖区域，划为胶东、冀鲁边、清河、鲁中、鲁南、鲁西六个行政区，各设行政主任公署；同年10月，将鲁西区，并入冀鲁豫区，1942年，又将湖西区并入冀鲁豫区，成为晋冀鲁豫边区的组成部分；1942年又开辟滨海地区。这样，从1943年9月开始，山东省战时行政委员会下辖胶东、鲁中、鲁南、清河、冀鲁边5个行政主任公署，及滨海直属专员公署，共辖18个专员公署，92个县级单位。其中包括旧制河北省的庆云、盐山、东光、沧县等县（属渤海区）和江苏的东海、赣榆（属滨海区）、邳县（属鲁南区）等县。1943年底，将各行政主任公署，改为行政公署；1944年初将冀鲁边区与清河区合并，成立渤海区行政公署。1945年8月13日，成立山东省政府。下辖胶东、鲁中、鲁南、渤海、滨海5个行政公署，21个专员公署，120个县级单位。[①]

山东自古是所谓"圣人之邦"，有深厚的封建影响，原有文化基础薄弱，抗战后成千上万学生又被地方学阀带到大后方去，知识分子减少，加之在抗战初期一度忽视根据地政权建设，致使山东抗日教育的开展较之华北晋察冀、晋冀鲁豫、晋绥敌后抗日根据地落后一年半至两年。[②] 在山东，由于敌后抗日游击战争的需要，1938—1939年间就有抗日、民主教育的发动；1940年春群众性的文化教育运动兴起。1941年以后，日军不断对山东敌后抗日根据地发动大规模的"扫荡"，根据地形势逆转，基本区大为缩小，群众组织备受摧残。在1941—1943年间，根据地教育工作从挫折到恢复，从徘徊到摸索。1943年秋季以后，八路军开始掌握战争主动权。到1944年秋季，抗日根据地已经恢复到1940年的状况。大反攻以后，大量收复失地，山东敌后抗日根据地迅速扩大，根据地教育重新恢复，并参照陕甘宁边区经验，进入教育改革的新时期。

抗日战争期间，山东根据地教育行政负责人是：山东省战时工作推行委员会教育组组长杨希文（1940年8月），——山东省战时工作推行委员会教育处处长杨希文（1941年3月），——山东省战时行政委员会教育处处长田珮之（1943

---

① 郑新道：《民国时期山东行政区划变迁述略》，《山东史志资料》1984年第2辑，第163 – 170页。

② 李竹如：《展开新民主主义文化运动》，《大众日报》1941年5月10日。

年8月），——山东省政府教育厅代理厅长杨希文（1945年8月）。

抗日战争后期，山东省各行政公署教育处长分别是：

行政区域	教育处长
胶东区	李芸生（1944年4月）
鲁中区	孙陶林（1945年8月）
鲁南区	不详
渤海区	于勋忱（1944年1月）
滨海区	刘震（1945年4月）

一

在1938—1939年间，山东敌后抗日根据地的教育带有根据地开辟时期教育工作的一般特点，即：最初由许多进步的知识分子参加抗日运动，围绕武装斗争的发动，开展抗日宣传；抗日武装形成以后，首先开展军内教育，并根据需要组织短期训练班，如鲁南干部学校，进行军事政治训练，逐步推动社会人士，办一些普通教育学校。

处在敌后游击战争环境中，为了粉碎敌人"扫荡"，扩大游击区，迫切需要动员广大群众参加抗战。为此，鲁南地区在1939年冬，推行冬防教育。利用冬闲时间，恢复抗日小学，创办民众夜校、半日学校、识字班，重新编定适合抗战需要的各种小学及民众学校的课本，征集教员，举办短期师资训练班。当时一面发挥行政力量，一面在各级群众团体（包括农民抗日救国会、职工抗日救国会、妇女抗日救国会、青年抗日救国会、儿童团、自卫队）配合下，自下而上地发动群众，开展群众性的社会教育，并把冬防教育作为动员民众、组织民众的工作来做。①

1940年春，山东抗日根据地已有相当基础。根据地政府不失时机地提出"恢复与发展山东小学教育"的任务。开展小学教育，固然出于根据地建设的需要，也由于日伪政权每占领一个地区，到处设立小学，实行奴化教育，企图使儿童从小就忘掉祖国。当时除在课程中纳入抗战建国的内容外，还适应游击战争环境，"力求简单化、战斗化"。表现在把过去的六年制改为三年制，每学年划为三个学期，除放寒暑假以外，增放农忙假；学校管理活泼、机动，用"突飞猛进的跑步的速度"发展小学教育。小学教育的实施，不单靠政府，还争取

———————

① 《加紧推行冬防教育》，《大众日报》1939年12月26日。

各抗日群众团体的配合。①

此后，1940年6月16日，由山东文化界救亡协会主持召开战地国民教育座谈会。同年7月各界联合大会选举产生山东战时工作推行委员会，并在各界联合大会上制定《山东省战时国民教育实施方案》（年底经山东省参议会通过）。1941年2月，省战时工作推行委员会又发布1941年度文教宣传工作计划大纲，直到1941年4—6月间召开全省文化教育财政经济联合大会。这一系列实际步骤，使山东教育工作发生重大变化。主要是：使教育工作由忽视到逐渐被重视，由自发式的零星片段地开展到有计划地发展，特别是使人们认识到新教育不是旧教育的恢复，而是新民主主义政治反映的一部分，明确抗日根据地教育的性质属于新民主主义教育，即：大众的、民主的、科学的、民族的教育。② 具体表现在如下几个方面。

（一）初步建立教育行政管理体制

1940年6月，战地国民教育座谈会关于教育行政管理体制建议，设立各级教育委员会，由教育行政负责人、各党派与各群众团体宣传教育工作负责人、军队代表、教育专家、教育工作者代表组成。教育委员会负责确定教育原则与方针，讨论教育计划及检查督促教育，以各级教育行政部门为执行机构。

教育行政系统是：省战时工作推行委员会教育处——行政主任公署教育处——专署教育处——县文教科——区教育助理员——乡教育副乡长——村政委员会的文教委员。

在各级教育行政机构建立之初，各级教育委员会虽然大半组织起来，尚未充分发挥应有作用；各地陆续颁发不少单行教育规章，尚不够系统，以致实施办法不全一致；教育经费虽在积极筹措，尚未得到经常性供给的保证。

（二）恢复和发展小学教育

从1940年春季开始，把小学从六年制改为三年制，每学年划为三个学期。由于当时环境刚开始稳定，故"力求简单化、战斗化"，战地国民教育座谈会决定维持原规定。《山东省战时国民教育实施方案》确定的实施国民教育的原则中，包括"改订学制，提高入学年龄，缩短学习年限，加强（提高）教育效能"原则，不过，在具体实施意见中，把三年制（二一制）改为原则上实行四二制，

---

① 《恢复与开展山东小学教育》，《大众日报》1940年4月10日。

② 杨希文：《展开中的山东新教育运动》，《山东老解放区教育资料汇编》第2辑，山东老解放区教育史编写组1985年编印本，第4-7页。

战时暂定为二二二制。每年仍分三学期，每学期上课 12—15 周，每日上课 4 学时。① 不过在 1940 年，各地区学制并不统一。如鲁西地区实行三一制，胶东、清河地区实行四二制。

省战时工作推行委员会颁布了小学课程标准总纲（草案），并积极拟定分科课程标准、各科教材大纲，力求课程、教材标准化。

在教师质量较为薄弱的情况下，谋求教育方法的改进。吸取导生制的优点，利用小先生制、介绍信制、识字牌等办法，辅助学校教学和推行社会教育。

据 1940 年底统计，鲁南、鲁中、清河、胶东、鲁西五个地区已有小学 9 410 所，学生 428 676 人。按照根据地包括全省人口 1/3（1 300 万人），能接受抗日民主教育的学龄儿童占人口 1/10 估计，就学儿童占学龄儿童总数的 30%—40%，个别地区学龄儿童入学率高达 85%。② 据鲁南、鲁中、鲁西、清河、胶东五个地区统计，有小学教师 12 781 人。在泰山、沂蒙、胶东、清河、鲁西等地区，通过师资训练班培训的教师达 5 462 人。③

（三）建立中等教育的基础

《山东省战时国民教育实施方案》把中学、师范与公学教育统称为"继续教育"。规定继续教育暂定为三年制；每日上课 4 小时，每周上课不得超过 30 小时；为适应战时环境，学生按"战斗化、军事化、组织化"原则，编成大队、中队、小队。各中学尽可能配备枪支，以备自卫。计划每个专区，设中等学校 1 所，每个行政区，设公学 1 所。公学内分设普通、师范、职业三科。④ 到 1941 年 6 月左右，设有学院 1 所，公学 2 所，中学 5 所。学院与公学属中等教育性质，共有学生 1 000 人。中等教育原则实行三三制，尽量使其带有弹性，每学年自成一段落，以适应社会环境的需求。⑤ 当时在鲁南、鲁中、清河、胶东四个地区，共有中学教师 26 人。

（四）积极开展社会教育

在《山东省战时国民教育实施方案》中，曾有民众学校与社会教育之分，民众学校为实施成年基础教育的机构，社会教育系指校外教育。后来按照各根据地惯例，统称为社会教育。《方案》规定：凡年龄在 16 岁以上、50 岁以下而

---

① 《山东省战时国民教育实施方案》，《大众日报》1940 年 12 月 22、25 日。
② 杨希文：《展开中的山东新教育运动》，《山东老解放区教育资料汇编》第 2 辑，第 8 页。
③ 同上书，第 9 页。
④ 《山东省战时国民教育实施方案》，《大众日报》1940 年 12 月 22 日、25 日。
⑤ 杨希文：《展开中的山东新教育运动》，《山东老解放区教育资料汇编》第 2 辑，第 8 页。

未受小学教育的成年人，不分男女，均须受成年基础教育，入民众学校学习，规划每村设民众学校1所，每乡建立中心民众学校1所。民众学校可附设于小学之内。民众学校修业1年，分2学期，每学期为半年。16—35岁的青年须修完2学期，35—50岁的成年人，至少须修完1期。不以时间而以修完课程为准。修完课程经考试及格者，发给证书；在社会教育方面，由各县设立民众教育馆，各区、乡设立民众俱乐部；各机关、学校建立学习委员会，组织自我教育。①

实际上以民众学校识字班（多半以妇女为对象），作为实施成人基础教育、失业民众补习教育的机构。1940年冬学运动中，鲁中、清河、胶东三地区共设民众学校7 804所，学员166 523人，识字班2 486处，学员38 807人，总计有学员205 330左右；泰山、胶东、滨海、清河四地区，共设民众教育馆14处，泰山、清河、胶东三地区，建立巡回教育团12个，泰山、滨海、沂蒙、胶东四地区设中心俱乐部338个，泰山、滨海、沂蒙、鲁南、胶东、清河、鲁西七地区，设有农村俱乐部4 055个。此外，各地区还建立地方剧团与农村剧团119个（缺鲁西统计）。整个说来，社会教育工作仍较薄弱。②

当时毕竟处在战争环境中，为了在战斗的环境中坚持教育工作，各个教育机构已逐渐战斗化。如各地小学经常处于反"扫荡"的戒备状态，许多中学实行群众化，有些民众学校轮班放哨与上课。除此以外，还采取各种方式深入敌伪顽统治地区，开展抗日民主教育，个别地区颁布敌占区学生来根据地就学的优待办法，以争取敌占区学生。

二

山东敌后抗日根据地在1941—1943年间，同华北、华中等敌后抗日根据地一样，处在严重的困难时期。不过，在1941年11月反"扫荡"斗争遭受严重挫折以前，在领导思想上对根据地面临的严峻局势似还缺乏深刻认识，1942年以后正视现实，重新调整了工作部署，相应地调整了教育部署。

1940年，尽管日伪军进攻、国民政府军队摩擦甚为频繁，同1941年以后相比，山东抗日根据地的发展还属顺利。1941年的教育工作基本上是按照《山东省战时国民教育实施方案》（1940年7月制定、年底由参议会通过）、《民国三十年度（1941年度）文教宣传工作计划大纲》及财政经济文化教育代表大会（1941年4—6月）决定的精神实施的。不过，从《战时民国教育实施方案》到财政经济文化教育代表大会的文件拟定，反映出当时教育指导思想已经发生

---

① 《山东省战时国民教育实施方案》，《大众日报》1940年12月22、25日。
② 杨希文：《展开中的山东新教育运动》，《山东老解放区教育资料汇编》第2辑，第9页。

变化。

《战时民国教育实施方案》确定实施民国教育的原则是：扬弃抗战前的旧教育，建立革命的三民主义的新教育；以工农大众为主要对象，实施免费的普及教育；改善教育内容，加强政治教育，实施教育与实际生活统一的教育；注重基础教育，学校教育与社会教育并重；改定学制，提高入学年龄，缩短学习年限，加强教育效能；学校组织与设备，在不妨碍教育进行的原则下，务求简单化，军事化，以求适合战争环境；实现知识大众化、社会教育化、文化组织化的原则，定期消灭文盲。《方案》确定的国民教育实施原则和关于学制、课程、学籍编制、普及教育部署等方面的具体规定，反映了从不正规教育向半正规教育过渡的意向。即在教育工作基础初奠以后，力求建立教育行政管理和各类教育制度，但制度比较灵活，有关普及教育和提高教学质量方面的工作从起码要求做起。[①]

1940 年年底，省战时工作推行委员会在 1941 年度文化教育宣传工作计划大纲中，正式提出"逐渐走上正规化"的口号。大纲规定：一般的方针应该是"大量地发展"，在发展中求得充实、健全与深入、统一，"逐渐走上正规化"。落后区域猛烈地大量发展；已有基础的地区，要普遍平衡地发展；先进地区亦要求深入、统一，要求"正规化"。具体要求是：

1. 基础教育：小学一般要求达到战前水平，先进地区达到每 500 户居民设小学一所，学龄儿童入学率达 40%，较有基础的地区，每 1 000 户居民设小学一所，学龄儿童入学率达 30%。统一学制（二二二制），统一教材，完全小学实行导生制；民众学校，凡有小学的地方，均设民众学校一所。每校平均至少有学生 30 人。民众学校也得统一学制、教材与行政管理。

2. 继续教育：每个行政区设一所公学，并要充实、健全、正规化；每个专区设中学一所，其中要有师范科，学生须达到 300 人以上；统一学制、教材与行政管理。

此外，对社会教育、教育行政、干部训练以及各项文化设施，均有规定。[②]

既要"逐渐走上正规化"，同时又要"大量地发展"，其发展规模作为年度计划，未免要求过高。

山东省战时工作推行委员会于 1941 年 4—6 月间，召开全省文化教育财政经

---

① 《山东省战时国民教育实施方案》，《大众日报》1940 年 12 月 22、25 日。
② 山东省战时工作推行委员会：《民国三十年度（1941 年度）文教计划大纲》，《大众日报》1941 年 2 月 10 日。

济联合大会。在敌人游击战争环境中，召开这样的大会，实不容易。战时工作推行委员会于1941年1月即发出会议通知，各地代表于2月初就纷纷启程，到4月下旬才陆续到齐。会议从4月28日开始到6月18日才闭幕，历时50天左右。

在战时状态下，一般忙于战斗与支前，容易忽视文化教育工作。通过这次会议，提高了对文化教育的认识，文化教育工作者也增加了信心。由于根据地的各个地区交通不便，又受到包围与分割，会议既沟通上下级之间的联系，又给各地区文教干部提供交流经验的机会，使得全省教育工作趋于完整与统一。会议确定山东教育工作的总方向是："普遍平衡的大量发展，有计划的向正规化迈进。"这次会议被称为"山东抗战史的新创举"。从会议的部署看来，同《战时国民教育实施方案》及1941年度文教宣传工作计划大纲相比，在"正规化"与普及化道路上又跨进一步。

会议确定的教育工作任务是：

1. 提高对新教育的研究，促进教育建设，加紧新教育的宣传，开展新教育运动。

2. 充实教育行政机构的干部，健全教育行政机构，加强教育行政领导，使教育行政机构确能成为新教育事业发展的中心。

3. 一年以内（到1942年7月7日止）全省小学初级与中级学生，达到600 000名，高级小学学生50 000名；初小（一、二年级）学生毕业100 000人，小学中级毕业生须有20%（即20 000人）升入高级小学；高级小学毕业生须有20%（即2 000人）升入中学。

据估计，当时民主政权可能领导的民众，约20 000 000人。其中比较能在计划之下受教育的，至少约有12 000 000人。以学龄儿童占人口的1/10计算，学龄儿童总数约1 200 000人，使小学初级与中级学生达到600 000人，学龄儿童入学率将达到50%。要达到此要求，一年内小学初级与中级须设班级20 000个（以每班30人计）。小学初级与中级教师以每班1人计算，须有小学教师20 000人，小学高级教师以每2班3人计算，约需3 000人。每一中心小学，增加高级小学教师1人，共需3 301人，总共需高级小学教师6 301人。争取全省小学教师有半数受半个月到一个月训练，共需训练小学教师13 150人（其中高小教师3 150人）。

4. 一年内中学生增至5 000人（包括中等师范与职业班学生）。在中学生中普通生、师范生、职业生各占1/3。中学增至125个班级（以每班45人计）。达到此要求，需中学教职员500名（以每班4人计算）。

5. 一年内要求16—45岁民众（至少1 000 000人）入民众学校，受系统的成人失学补习教育,完成初级(修业半年)民众教育;每个行政主任公署所辖区域,建立直属民众教育馆(馆员 10 人),每个专员公署所辖地区各设专属民众教育馆 1 所(馆员 30 人),每县设县办民众教育馆 1 所(馆员以 20 人为原则),每区各建民众教育分馆 1 所,每乡或中心村各建立中心俱乐部 1 处。总计需建立农村俱乐部 20 000 个,中心俱乐部 4 000 个,民众教育分馆 300 个,县办民众教育馆 60 个。一年内训练社会教育干部 1 200 人。①

会议结束时,《大众日报》在社论中,论及当时"工作的精神"(指导原则)是:1. 战斗的,即积极、主动粉碎敌人的经济、文化阴谋,各种工作适应战斗环境;2. 建设的,"一切从长远打算作起",不是抓一把应付眼前,而是蓄精集力的艰苦建树;3. 是群众的,把文化、经济事业真正变成群众的生活。②这次会议的部署,正是在这种思想指导下作出的。

1941 年"七七"纪念前夕,中共山东分局号召猛烈地开展山东抗日根据地的建设工作,号称"山东十项建设运动"。其中包括文化教育建设运动。③

问题在于从 1941 年起,山东抗日根据地的局面比以往更加艰难。国民政府军队公开投敌的事件日益增多,日军增加三个独立旅团,配合十二万伪军,"扫荡"空前频繁与残酷。特别是从 1941 年 11 月开始,采取"铁壁合围"战略,对沂蒙山区进行历时七个星期的大"扫荡"。接着又在 1942 年春,对各地延续几个月轮番"扫荡"。山东抗日根据地形势逆转,根据地基本区缩小,敌人占领成千个村庄,战略区被分割成几块。1942 年以后,山东敌伪据点增至 2 500 个以上,封锁墙沟达 8 400 多里,公路 13 000 多里。日军抽出一万以上兵力经常机动地使用,炮火增强,兵种加多。在 1942 年大"扫荡"19 次,小"扫荡"79 次。在此期间,军队和干部受到相当严重的损失,许多群众组织备受摧残。

这种客观情况表明,当时作出教育部署时对可能发生的严峻局势估计不足,而这又同当时关于山东敌后根据地建设的整个指导思想不成熟和官僚主义作风有关。1940 年 7 月各界代表联合大会召开之后,从省战时工作推行委员会、参议会到各级政权机构相继成立,各种群众组织也纷纷建立,但行政机构庞大臃肿,一般停留于法令、条例、指示等一般化的领导方式,缺乏深入、细致、扎实的工作作风。上层积压干部很多,下层领导力量薄弱,形成头重脚轻的现象。群众工作表面上轰轰烈烈,实际上组织脆弱。在教育工作中也或多或少有所表

① 杨希文:《展开中的山东新教育运动》,《山东老解放区教育资料汇编》第 2 辑,第 15 – 22 页。
② 《庆祝财经文教代表大会》,《大众日报》1941 年 6 月 19 日。
③ 《中共中央山东分局号召猛烈开展山东抗日根据地的建设工作》,《大众日报》1941 年 7 月 4 日。

现。1941 年 11 月，鲁中反"扫荡"斗争中，某些部队直属机关、后方机关遭受较严重的损失，群众组织大批解体。这才引起人们的反思。

三

1942 年春季，日军进一步对山东敌后抗日根据地实行轮番"扫荡"。山东根据地的基本区大为缩小。其中鲁南根据地有"东西一线连，南北一枪穿"之说，基本上转为游击区。整个山东地区的人民抗日力量处于劣势，即使同国民政府，武装力量相比也不占优势。中共中央山东分局从 1941 年 11 月鲁中反"扫荡"斗争教训中意识到"充实部队、缩减机关，力求地方化"的必要，于同年 12 月 31 日根据中共中央于 17 日发布的关于"精兵简政"的指示，正式提出"精兵简政"的任务。

山东地区的"精兵简政"分为两个阶段，第一阶段（1942 年 1—8 月），以紧缩编制为中心；第二阶段（1942 年 9—12 月）在整风运动（1942 年 8 月开始）推动下，不仅进一步裁减与合并机构，精简人员，而且着重深入群众，提高工作效率，端正工作作风，克服官僚主义、教条主义与形式主义。在整风运动进入整顿党风（从 11 月开始）以后，曾派出 1 000 名干部深入基层，帮助农民救国会开展减租减息、增加工资运动。

"精兵简政"对教育工作的直接影响，首先是教育行政机构的精简。中共中央确定的精简标准是党政军民机关脱离生产人员不得超过根据地人口的 3%。山东根据地精简的结果是，全根据地精简人员占原脱离生产人员的 27%。精简后脱离生产人员占根据地基本区人口的 2.4%，低于中共中央规定的标准。经过"精兵简政"，行政机构改为省战时工作推行委员会、行政主任公署（或直属专员公署）、县政府、行政村公所四级，专员公署与区公所属督察机关，且专署兼一县政府，区公所财政、经济建设、教育等工作并入县政府。有些地区取消乡公所，乡干部大半回村，不脱离生产。加上各级行政机关人员都大量削减，以致原先本不健全的教育行政机构更不健全。

精简中也合并了一些干部学校与中等学校，似未直接提出精简小学与社会教育设施的任务，但在 1942 年中，小学与社会教育设施均显著减少。客观上由于根据地缩小，随着基本区转为游击区，甚至蜕化为敌占区，小学与社会教育设施大量垮台，这同检定教师也不无关系。陕甘宁边区等抗日根据地检定小学与教师，同"精兵简政"及谋求教育工作正规化，着重提高教育质量的指导思想有关，山东在 1940—1941 年教育工作正规化的重点在于教育行政管理的正规化、学校工作制度化，同时要求大量地发展教育，"提高教育质量"的呼声似不如陕甘宁边区那么高。1942年尽管整个工作的指导思想发生变化，但并未放弃教育工作"正规化"口号，只是"正规化"的程度也不如1941年那么高。

1942年2月28日，山东省战时工作推行委员会发布《山东省检定小学教员暂行办法》。规定凡小学教员，不论其学历如何、任职久暂、成绩优劣，一律应受检定。其未受检定的教员，一律作为临时教员；检定分为无试验（考查）检定与检定试验两种，至少具有师范简易科二年以上毕业者可属无试验检定范围；试验（考查）分笔试、口试、工作表现三种。初级小学教师笔试科目为国语、算术、政治常识、社会常识、自然常识、教育理论、教学论、小学行政、唱游等。高级小学专科教员外加体育、音乐、图画、工艺等；经检定，小学教员分为初级、高级、正副教员及高级专科教员。检定小学教员重在提高小学教员质量，严格小学教员标准，以整顿与改进小学教育。①

滨海区1942年检定小学教员的结果是：

这项统计数字不完全正确。就初小教员来说，422人中合格者384人，占91%，不及格者38人，占9%；另外未参加检定的人数（150人）占教员总数624人（474＋150）的24%。总计大约有30%教师不合格。不过不及格的教师作为临时教师处理，并未规定解除教师职务，故不致引起小学的减少。②

参加检定人数	高级小学教员		初级小学教员		免试者	受高级检定者	受初级检定者	受专科检定者	检定等级									未参加检定人数
									高级				初级					
	男	女	男	女					校长	正教员	副教员	不及格	校长	正教员	副教员	不及格	专科教员	
474	57	1	408	8	37	61	415	1	15	18	19		66	116	198	38	1	150

1942年8月16日，省战时工作推行委员会规定小学修业6年，仍分初级、中级与高级，每学年分为三学期，每学期12—15教学周，每周教学时数为：初级18—20，中级20—24，高级24—28。课程表为：

---

① 《山东省检定小学教员暂行办法》，《山东老解放区教育资料汇编》第4辑，第123－125页。
② 《滨海区1942年各县检定小学教员工作总结》，《山东老解放区教育资料汇编》第4辑，第128－129页。

分科目 年级 钟	初年级		中年级		高年级	
	一年级	二年级	三年级	四年级	五年级	六年级
国 语	720		540		800	
政 治					150	
常识 自 然			270		150	
史 地					200	
算 术	180		225		250	
工 作					100	
音 乐 体育（唱游）	180		180		90	
					90	
总 计	1 080		1 215		1 830	

其中初、中级授课时间每天最多 7 节，每节 30 分钟；高级最多 5 节，每节 50 分。[1]

1942 年清河地区小学教育和社会教育的数字显著下降。列表如下：[2]

数 字 教育设施 年月	小学教育				社会教育	
	高级小学		初级小学		（民众学校或冬学）	
	校数	学生数	校数	学生数	校数	学员数
1941. 12	18	850	1 061	35 115	1 231	32 733
1942. 8	11	524	939	25 585	715	22 496
1942. 12	14	619	592	17 920	457	15 700

1942 年 12 月同 1941 年 12 月相比，高级小学减少 4 所，学生减少 231 人，即减少 36.7％；初级小学减少 469 所，减少 44％；民众学校（包括冬学）减少 774 所，减少 62％，学员减少 17 083 人，减少 52％。教育发展遭受挫折的客观原因是由于日伪军蚕食破坏，根据地缩小，所有转化区文教工作横遭摧残，加上年景不好，群众情绪低落；主观原因是教育设施属于“官办”的“八路学

① 《山东省战时小学课程标准总纲（草案）》，《山东老解放区教育资料汇编》第 4 辑，第 132 - 133 页。
② 《清河区各县文教科长联席会议总结》，《山东老解放区教育资料汇编》第 3 辑，第 46 - 47 页。

校"，教材中生硬的政治内容不适合儿童心理，有些老百姓对"八路书"不感兴趣，普及教育中采取强迫命令的办法，有的妇女不上识字班，罚款15元，罚她丈夫挖沟站岗，令儿童呼口号："不上学就是汉奸"。①

滨海区小学校数增加，但学生数也有所下降。该区营南、营中、日照、临东、临沭、赣榆6县统计如下：②

年份 \ 数字项目	学校数		学生数
	高小	初中	
1941	16	265	16 512
1942	21	381	15 091

1942年学生数比1941年减少1 421人，即只减少8％。

胶东区1942年不仅原有中等学校规模扩大，而且学校数也有所增加。

1942年原有中学同1941年比较：③

年份 \ 数字项目 \ 学校		胶东公学（女子中学并入）	东海中学	滨中	荣成中学	文登师范	海远师范	招远师范	南海师范	总计
1941	教员	20	9	7	5	6	6	6	4	63
	学生	465	320	115	110	120	110	80	20	1 320
1942	教员	20	17	6	12	9	7	4	／	75
	学生	520	322	187	242	233	168	40	／	1 712
增加	教员		8		7	3	1			19
	学生	55	2	72	132	113	58			432
减少	教员			1				2	4	7
	学生							40	20	60

---

① 《清河区各县文教科长联席会议总结》，《山东老解放区教育资料汇编》第3辑，第47－48页。
② 《滨海区1940—1945年群众教育工作总结》，《山东老解放区教育资料汇编》，第3辑，第149页。
③ 《胶东行政主任公署1942年工作总结》，《山东老解放区教育资料汇编》第3辑，第14页。

该区 1942 年又新建 4 所中等学校，大致情况是：①

项目＼数字＼学校	建国学校	蚕丝学校	西海中学	北海中学	总　计
教员	11	4	4	10	29
职员	49			6	55
学生	460	35	65	205	765

该区在 1942 年 9 月实行精简中学，到当年年底，精简的数字是：②

项目＼人员数字＼学校	胶东公学	东海中学	北海中学	荣成中学	文登中学	海师	滨中	西海中学	建国学校	蚕丝学校	招远师范	总计
干部	37	2	/	/						/		39
学员	53	19	55	/	20		22		75	15		259
勤杂人员	8			/						/		8

（空格系无报告者）

从上表可见，精简的人数相当有限。

胶东 1942 年中学课程设置如下：③

年级	学时＼学科	国语	数学	历史	地理	物理	化学	生物	生理	军事	美术	音乐	新文字	外国语	总计
一年级	第一学期	4	5	2					2	2	1	2	1		19
	第二学期	4	5	2					2	2	1	2	1		19
二年级	第一学期	3	5	2		2		2	1	1	1			2	19
	第二学期	3	5	2		2		2	1	1	1			2	19
三年级	第一学期	3	5		2		2	2	1		1			3	19
	第二学期	3	5		2		2	2	1		1			3	19

---

① 《胶东区行政主任公署 1942 年工作总结》，《山东老解放区教育资料汇编》第 3 辑，第 13 页。

② 同上书，第 15 页。

③ 同上书，第 17 页。

另设政治课，政治学科设置是：①

学科\学时\学年级		社会科学	抗战理论	政治报告	总　　计
一年级	第一学期		3	2	5
	第二学期		3	2	5
二年级	第一学期	3		2	5
	第二学期	3		2	5
三年级	第一学期	3		2	5
	第二学期	3		2	5

政治课与文化课的比例，前者约占 20%，后者约占 80%。

山东根据地即使在最严重的困难条件下，仍坚持一年一度的冬学运动。1942 年冬学运动，抓住工作重心，不平均使用力量。工作步骤是从民主区到游击区，从中心区到边缘区，从有组织群众到无组织群众，从男子到妇女，从青年到成年。② 在冬学进行中，一度出现几种倾向，如：动员不深入，布置不普遍，存在强迫命令的倾向（有的地方规定"学生不到罚半斤油"）；机械地理解"以政治教育为主"，形成空洞、呆板的党八股式的说教。此外，有的地方把冬学孤立起来，没有把它作为开展各种工作的武器。这些偏向及时得到提醒与纠正。③

①　《胶东区行政主任公署 1942 年工作总结》，《山东老解放区教育资料汇编》第 3 辑，第 18 页。

②　山东省战时工作推行委员会：《一九四二年山东全省冬学运动方案》，《大众日报》1942 年 11 月 7 日。

③　《纠正冬学运动中的偏向》，《大众日报》1942 年 12 月 23 日。

山东区（续）

　　1943 年山东敌后抗日根据地战斗依然频繁，1942 年同国民政府军队之间的
摩擦较少。从 1943 年初开始，国民政府军队李仙洲部陆续进驻山东（鲁南等地
区），接替于学忠部。此后摩擦显著增加，根据地军民在年初即在滨海区郯城取
得新年大捷，后来又在反"蚕食"、反摩擦中取得许多成就，并于同年 7 月利用
国民政府军队内部矛盾，占领于学忠部放弃的部分阵地，向滨海、鲁中广大地
区挺进，力求打通胶东与滨海、滨海与鲁中、鲁中与清河之间的联系。整个抗
日斗争形势趋向好转。

五

　　1943 年 3 月，实行共产党对根据地"一元化"领导。同年 8 月，召开山东
省临时参议会第二届全体会议。大会决定将山东省战时工作推行委员会更名为
山东省行政委员会，下辖胶东、鲁中、鲁南、清河、冀鲁边 5 个行政主任公署，
及滨海直属专员公署。

　　在新形势下，《大众日报》于年初发表题为《文化运动必须重整旗鼓》的社
论。社论指出，经过 1942 年的工作与斗争，山东省的群众工作已经有了带原则
性的转变，大部分地区已经形成普遍的运动；群众要求已由改善生活、武装保
卫家乡发展到进行民主的、文化的活动。过去虽然做过不少工作，但未真正形
成群众性的文化活动，一方面由于对知识分子、文化人存在宗派主义思想；另
一方面各级文化组织从上到下都存在形式主义毛病，有形式，无内容，有空架，
没有实际工作。主张重整旗鼓，使群众性的文化运动真正开展起来。①

　　1943 年 1 月 30 日，山东省文化界抗敌协会召开第二次执行委员会，决定以

---

　　①　《文化运动必须重整旗鼓》，《大众日报》1943 年 1 月 13 日。

国民教育为中心，以滨海地区为重点开展工作，积累经验，推动其他地区工作。为了大张旗鼓地开展文化运动，省文化界抗敌协会同省战时工作推行委员会教育处于3月10日联合发布《关于开展文化运动的通知》，要求各地迅速建立和充实各级文化协会，建立与健全各级小学教师联合会，广泛建立农村俱乐部。

3月13—17日，在省战时工作推行委员会教育处领导下，滨海区召开小学教育会议。会议结束时，省战时工作推行委员会发布《关于加强国民教育工作的指示》。在滨海区小学教育会议上，对过去教育工作有所检讨。省教育处长杨希文在会议上谈到国民教育的改进问题，其中有些看法，反映人们在整风后教育观念开始发生变化。他指出过去的国民教育同群众生活脱节，要改变这种状况，须依据三条原则：1.根据当前群众生活斗争内容与任务组织教育内容。在敌后斗争空前尖锐与艰苦的情况下，群众生活斗争的总体任务，是坚持山东抗战阵地，准备反攻，同时，为迎接胜利后的新中国，当前斗争也须照顾将来，为新中国奠定基石。因此，动员备战，加强民兵、发展手工业生产、提高农业生产、开展民主运动，以及消除敌人奴化、伪化流毒等，须在国民教育中有所反映。2.国民教育不但要反映群众生活斗争需要，而且要根据当前生活方式与生活水平改造教育。群众终日在劳动、斗争中生活，他们的生活相当贫困，所以教育要劳动化、战斗化，提倡节约，同群众实际生活一致。3.无论教材组织、教学方法，还是训导方法，除了反映社会需要外，还需符合儿童特点，不过也不能把儿童生活与成人生活对立起来。因为在现实条件下，儿童生活与成人生活既有区别，也有相通之处。依照上述三条原则，具体解决教材问题、教法问题、教育时间问题、战争环境中的教育问题，以及国民教育与统一战线的关系问题。在论及战争环境中的教育问题时，除敌占区外，我占区也是经常处在反"扫荡"、反"蚕食"战斗情况下，所以不管根据地，还是边缘区，都需随时做战斗准备，注意隐藏，边缘区更要注意学校活动的隐蔽。①

山东省战时工作推行委员会《关于加强国民教育工作的指示》指出：山东的国民教育虽然有了比较普遍的发展，成绩还不很大。不仅如此，甚至还存在停滞和部分开始下降的现象。据称造成这种现象的原因固然很多，各级政府没有足够重视国民教育是主要原因。表现在领导推动上和干部配备上没有足够的注意，甚至有把文教部门裁撤或者合并到其他部门去，或把文教部门的干部派做其他工作的现象。村、区两级政府教育工作，既无专人负责，其他干部又很少关心，致使小学教员孤军奋斗，许多困难和问题得不到应有的解决。针对这些情况提出加强教育行政对国民教育的领导，希望各级政府采取措施，调整、

---

① 杨希文：《当前国民教育的改进问题》，《大众日报》1943年3月11日。

健全各级政府的文教部门，配备坚强干部；建立与健全小学教师救国会；筹设实验学校或实验区；组织巡回辅导团；调整并健全中心小学学区制；有计划地训练小学教员；充实教育经费等。①

除了加强教育行政管理以外，突出地提出改善小学教员待遇问题。

根据地小学教员的待遇，按照1940年底通过的《山东省战时国民教育实施方案》规定，取消教师薪俸制，实行最低生活费制。供给标准不分中学与小学、校长与教员，统一规定为：粮食、菜金由公家按月发给，其数量与一般政府工作人员相同；服装（单衣2套，衬衣1套，棉衣1套，大衣1件）由公家发给便衣费；每人每月发给固定津贴费3—5元；体弱患病者，每月发保健费1—3元。② 1941年6月，全省财政经济文化教育联合大会决定，教员待遇按照中学与小学、初级小学与高级小学加以区别。各级教员供给标准如下：③

供给标准 项目 职别	教员生活费 （菜金、服装、津贴）（月）	给养（粮食）（日）
初级小学教员	10元	2斤4两
高级小学教员	40元	同上
中学教员	20—40元	同上
中学职员	10—20元	同上

1942年2月检定小学教员以后，小学教师定级，1943年3月，按照教师级别确定供给标准如下：④

级别	职称	全年供给标准（高粱）
第1级	高级正教员兼校长	400—450斤
第2级	高级正教员或初级正教员兼校长	350—400斤
第3级	高级副教员或初级正教员	300—350斤
第4级	初级副教员	250—300斤

除此之外，对敌占区或外地籍教员，适当提高待遇。

同年8月1日，在省临时参议会第二次全体会议召开前夕，中共中央山东分

---

① 山东省战时工作推行委员会：《关于加强国民教育工作的指示》，《大众日报》1943年3月17日。
② 《山东省战时国民教育实施方案》，《大众日报》1940年12月25日。
③ 杨希文：《展开中的山东新教育运动》，《山东老解放区教育资料汇编》第2辑，第23页。
④ 山东省战时工作推行委员会：《关于加强国民教育工作的指示》，《大众日报》1943年3月17日。

局发布《山东省战时施政纲领》，其中"发展新民主主义文化教育事业"条款包括：广泛开展群众性的文化教育运动，深入民主教育，启发民主思想，反对法西斯主义及一切反民主的思想，改善原有学校，普及教育，减少文盲，奖励私人捐款兴学，免费帮助抗属、抗工属及贫儿童入学；适应敌后环境、根据地需要与可能设立中等学校及各种专门学校，提倡组建文化学术团体，奖励创造与各种专门研究；发展社会教育，广设民校、识字班、冬学、农村俱乐部，提高人民文化知识及政治觉悟；整理教育款产，增加教育经费；改善小学教师的物质生活，提高其社会地位，并着重培养其政治认识及工作能力；树立正确的干部政策；加强在职干部教育，学习业务，研究政策，培养民主思想、民主作风，反对官僚主义；编订教材，出版教师、学生及群众之各种读物，发展印刷、出版等社会文化事业。①

1943 年山东抗日根据地的教育得到一定的恢复，在形势好的地区还有一定发展。

滨海区营南、营中、日照、临东、临沭、临泷、赣榆 7 县在 1942 年共有高级小学 21 所，中级与初级小学 349 所，学生 16 512 人；1943 年共有高级小学 31 所（其中临东县为 1942 年数字），比 1942 年增加 42.2%，中级与初级小学 686 所，比 1942 年增加 96%，学生 28 583 人（其中临东县为 1942 年数字），比 1942 年增加 71%。②

该区营中、营南、赣榆、日照、沭水、临沭、海陵 7 县在 1942—1943 年间小学教员的状况是：③

年份＼项目 数字	小学教员总数	年 龄					文 化 程 度				
		20 以下	20—30	30—40	40—50	50—60	大学、专科、高中	初中、师范、师资讲习班	高小、滨海师范	初小	私塾
1942 年	420	20	189	95	63	53	7	152	119	25	117
1943 年	1 267										210

教师年龄结构与文化结构，因 1943 年统计的分类与 1942 年有别，故无法比较。然而从上述统计可以看出，1943 年教师总数比 1942 年增加 2 倍，1942 年出

---

① 《山东省战时施政纲领》，《大众日报》1943 年 8 月 11 日。
② 《滨海区 1940—1945 年群众教育工作总结》，《山东老解放区教育资料汇编》第 3 辑，第 150 页。
③ 同上书，第 151 – 152 页。

身私塾教师者占教师总数 27.9%，1943 年下降为 16.6%。

该区 6 县 1942 年与 1943 年冬学比较如下：①

年份	项目	营南	营中	日照	赣榆	临沭	海陵	合计
1942 年	冬学、识字班数	150	287	868	54	93	67	1519
	学员数	5 432			1 519	59	847	
1943 年	冬学、识字班数	210	139	267	370	386	160	1 532
	学员数	24 006	4 936	7 376	2 855	12 508	6 592	58 273

上述 6 县 1943 年冬学、识字班总数同 1942 年相近，但学员数大幅度增加。

鲁中区所属沂蒙、泰山、泰南 3 专区，1943 年冬学同 1942 年比较如下：②

年份	项目	沂蒙区	泰山区	泰南区	合　计
1942	冬学数	1 818	5 03	79	2 400
	学员	49 158	14 132	1 409	64 699
1942	冬学数	1 670	746	110	2 526
	学员	50 899	22 353	1 609	74 861

上述三个专区 1943 年冬学数与学员数都比 1942 年增长。

这三个专区冬学转民众学校的情况，1943 年比 1942 年更好。1942 年有民众学校 455 所，学员 10 975 人，1943 年民众学校增加到 978 所，比 1942 年增加 115%，学员 27 075 人，比 1942 年增加 146%。③

---

① 《滨海区 1940—1945 年群众教育工作总结》，《山东老解放区教育资料汇编》第 3 辑，第 153 页。

② 马馥塘：《东鲁中区第一届参议会上的施政报告》，《山东老解放区教育资料汇编》第 3 辑，第 158－159 页。

③ 同上书，158－159 页。

六

在 1944 年 1 月—1945 年 8 月间，山东根据地教育建设进入新的发展阶段。

1943 年秋季以后，八路军在山东掌握了战争主动权。各战略分区有组织、有计划地对敌伪展开攻势。在鲁中歼灭伪军主力大部，控制了沂蒙山区，鲁中根据地连成一片；在鲁南抗日根据地中心区，完全赶走伪军，收复一些失地；在滨海、胶东、渤海等地区也均有进展。至 1944 年 10 月，山东八路军与地方抗日武装，共攻克据点 800 余处，解放村庄 8 000 多个，解放人民 250 余万，收复土地 30 000 平方里以上。抗日根据地恢复到 1940 年规模。在军事上与行政上分为 5 个独立区域：鲁中、滨海、鲁南、胶东、渤海（1944 年初由冀鲁边区与清河区合并而成）。各战略区由行政主任公署改设行政公署。其中滨海区在 1945 年 4 月由直属专员公署改为行政公署。在新形势下，人们对"正规化"教育的路子也开始怀疑，群众中又出现诸如"回忆对比"之类的经验，并涌现出创办"庄户学"闻名于山东的张健华式的教育模范，特别是从延安传来《根据地普通教育的改革问题》与《论普通教育中的学制与课程》等社论，以及陕甘宁边区文化教育大会的消息，对山东教育改革产生很大影响。

1944 年 1 月—10 月，属于教育改革的酝酿阶段，当年 11 月山东省行政工作会议上决定了教育改革的基本方针，此后掀起群众性教育改革高潮。1944 年上半年采取的主要措施是：广泛开展民众教育，在尚未恢复小学教育的地区，继续恢复与发展小学教育；开展学校生产运动，促进教育和生产劳动结合；在教员中开展整风运动，进一步奠定教育改革的思想基础。

1. 关于民众教育

1944 年 2 月，山东省行政委员会发布《关于开展今后民校工作的指示》。其中提到，冬学在过去群众教育中是成绩最好、规模最大的教育形式，但冬学有季节性质，冬季过去，群众教育就难以保持类似的规模。如果说过去存在主客观条件的限制，那么现在已有可能有计划地把冬学转变为经常性的民众学校。问题在于解决教育方式与生活方式的矛盾，即使教育同群众的生产劳动、对敌斗争结合起来，一面使教育实际化，一面使生活科学化。首先把搭犋队、开荒队、代耕队、合作社、运输队、纺织小组、民兵、游击小组等有组织的群众作为教育对象，再通过有组织的群众，推及尚未组织起来的劳动群众。①

鲁南区行政公署在《1944 年的工作方案》中确定当年教育工作方针是开展国民教育，大量设学，发动新启蒙运动，扫除文盲，培养公民。中心任务是：

---

① 山东省行政委员会：《关于开展今后民校工作的指示》，《大众日报》1944 年 2 月 28 日。

发展与巩固学校教育；发展社会教育；展开对敌文化斗争（调查敌区文化教育，打入敌人政治组织，掌握敌方文教动态，团结敌方教员，普遍散布文化食粮）。①基本上按照山东省战时工作委员会于 1943 年 3 月发布的《关于加强国民教育工作的指示》行事，重点在恢复根据地基本区学校教育（恢复小学，并筹办鲁南中学）。

2. 开展学校中的生产运动

1944 年 1 月，山东省行政委员会发出开展大生产运动的布告，同年 2 月，又发布关于在中小学开展生产运动的指示。提出：由各校校长、教员、学生代表组成生产指导委员会，领导生产工作；劳动教学须使用当时当地活教材，教员在亲自劳动中进行教学，生产内容以群众实际生活所需者为限；当年生产最低要求为中学生平均生产 10—15 元，小学生平均生产 3—5 元；生产收益分配，用于教学设备者占 30%，用于学生劳动奖金、游艺会等活动费用占 50%，用于教员生活改善者占 20%；在农忙及假期中继续照顾学校生产，并订出在家生产计划，但反对把生产劳动当作"标本"点缀，或"游戏消遣"，也反对单纯经济观点。②

同年 5 月，渤海区行政公署规定学生劳动收益分配的比例是：用于学校设备者占 30%，用于师生集体福利者占 50%，归学生个人者占 20%。③

3. 开展教员整风运动

1944 年 5 月 25 日，山东省行政委员会决定在教员中开展整风运动。规定根据各地区具体情况，针对当地教员缺点进行整风。如在鲁南区针对不安心工作，雇佣观点，正统观念，男女关系不正常，缺乏群众观念与劳动观念等，如有可能，亦可要教员反省全部历史，但切忌要求过高。整风从文教干部开始，即从干部到教员，在整风时宣传政府宽大政策，对过去错误不予追究。④

1944 年 6 月 5 日，中共滨海区委员会召开教育改革座谈会。会议检讨了过去普通教育的基本缺点，这就是：教育的目的与对象不明确，把重心放在培养小资产阶级青年，对基本群众照顾很差，教育为了将来，而忘记现在；不是大众所需要的教育，特别是基本群众所需要的教育，所学非所用，脱离实际，脱离生产；脱离战争，对敌后环境认识不够，课程、制度都是和平环境的一套。

① 鲁南区行政专员公署：《1944 年的工作方案》，《山东老解放区教育资料汇编》第 3 辑，第 119 页。

② 《山东省行政委员会指示中小学开展生产运动》，《大众日报》1944 年 2 月 17 日。

③ 渤海区行政公署：《关于开展学校生产、加强劳动教育的指示》，转引自《山东教育史志资料》1984 年第 2 期，第 54 页。

④ 山东省行政委员会：《关于开展教员整风运动的批示信》，《大众日报》1944 年 6 月 1 日。

会议强调：一切教育应与群众、劳动、政府、家庭、战争相结合。社会教育以民众学校为主导形式，基础教育适合家长和农村的需要；在普通教育方面，确定：滨海中学以培训干部为主，小学应向"庄户学"方向发展，社会教育以民众教育为主，提倡个人兴学，民办公助，加强政治领导，组织秧歌队、农村剧团，由群众团体负责，不脱离生产。教育内容包括生产常识（在滨海中学结合物理、化学课进行）、政治常识、史地（由近及远，结合政府法令）、体育与艺术（要与生产结合）、算术（增加珠算、统计、记账等）。①

在此前后，陆续发表了各地教育改革的经验，特别是张健华的"庄户学"经验。

张健华是滨海区滨海中学师范部毕业生。当时该校师范部 20 余毕业生被分配在营南县洙边区一些农村办学。起初，他们按照正规抗日小学的办法，办起 5 所小学。张健华在刘家莲子坡村办学，经过动员，开学时到校学生 30 多人，过了一段时间学生越来越少。他通过家庭访问，了解到学生减少的原因是大部分要回家劳动，或带弟妹。于是，他把学生分成小组上课，平时在地头、坡前上课，雨天回教室上课，做到"田野、山岭都是课堂"。还成立家长委员会，实行群众办学，每过三五个月召开家长会，当着家长的面测验学生。许多家长见到学生不仅识了字，有的还能写信、记账，在政治教育、生产劳动和群众斗争方面也有成绩，表示满意。该校学生增加到 50 余人。接着在该村又陆续建立成人班、妇女班、民兵班以及村干部班，被群众称为"庄户学"。以后附近不少村庄也办起"庄户学"。滨海专员公署为总结与推广"庄户学"经验，在洙边区东部建立教育实验区。② 1944 年 5 月 27 日《大众日报》报道了张健华的"庄户学"经验以后，"庄户学"的影响更大。

1944 年陕甘宁边区文化教育大会的精神传达到山东以后，山东省行政委员会主任委员黎玉于当年 11 月 17 日，在全省行政工作会议上对山东抗日民主教育作了历史的回顾，指出过去教育工作的主要成绩是建立了不少的中学、师范、小学，培养了一些干部和工作人员，参加抗战民主文化建设事业，进行了一些抗战民主教育宣传工作；创办了多种形式的群众教育，如冬学、夜校、妇女识字班、青年识字班、读报小组、识字牌、小黑板、大众黑板、农村剧团、俱乐部，提高了一部分群众的政治文化水平，并且配合了一些政治任务，削弱甚至打破了一些封建习惯的束缚；培养、争取、改造了一些中小学教师（当时共有 16 000 人），尤其是 1944 年的教师集训，在思想上进行了初步的改造；教育改革

---

① 《山东教育史志资料》1984 年第 2 期，第 56 - 57 页。
② 《山东教育史志资料》1984 年第 2 期，第 49 - 50 页。

方面有一些进展，"更值得大书而特书的是滨海区庄户学的创办。它给我们的群众教育指出了新的方向"。过去的教育工作虽然有一些成绩，但收获是"平淡的、部分的、非根本的"，而缺点、错误很多，且是基本的。"在新教育事业中，为战争与群众服务的群众路线还不占优势，教育设施与政治、经济发展的要求不相适应，掉队落伍，甚至为旧型与新型的教育教条、宗派主义、形式主义所束缚、所障碍。"①

全省行政会议正式提出教育改革问题。会议认定"一定要走新道路"，一定要推翻与打破旧教育的束缚，创造与建立一套新形式。改革的方针取自陕甘宁边区，即：干部教育重于群众教育，在职干部的提高重于未来干部的培养，成人教育重于儿童教育，战争与生产的知识、技能的教育重于一般文化教育。具体部署是：

1. 改变中学的性质、组织形式与学生成分。中学以训练在职干部为主，有条件地吸收青年（非在职干部）入学，但不得超过40%；普通中学仍可以办，修业期为1年，学生自费。

2. 高级小学分公办与民办两种，公办高级小学以轮训村干部为主，有条件地吸收抗属子女与优秀青年；民办高级小学以联防区为单位试办。

3. 群众教育以村学为统一组织，采取多种办学形式，以有组织的群众为主要教育对象。教育内容服从群众需要，编组同生产组织结合。贯彻群众自觉自愿原则，实行民办。

4. 现任教员兼负责群众工作。

5. 以群众运动的方式推动教育工作。

6. 推广教育英雄张健华的"庄户学"经验。②

教育改革从当年冬学入手。1944年冬学受到空前重视。党、政、军、民齐动手，各地都把它作为中心工作。有的地方提出"一切通过冬学"的口号。结果这次冬学规模空前宏大。如鲁中地区四个专署1943年冬学人数为84 000人，1944年则达到458 000多人。滨海地区的营南县共有250 000人口，入学者就达140 000人，有的村有80%人口入学。鲁中地区还出现许多"五全"冬学，即工、农、青、妇女和民兵都入冬学。③ 冬学中以"谁养活谁"、"靠谁反攻"以及拥军参军为思想政治教育的中心内容。通过冬学教育推行中心工作，并使冬

---

① 黎玉：《彻底实行教育改革，开展大规模的群众文化教育运动》，《山东老解放区教育资料汇编》第1辑，第99-100页。

② 杨希文：《论山东教育改革运动》，《山东老解放区教育资料选辑》，第306-307页。

③ 同上书，第308页。

学得到巩固。一时冬学成为群众集体生活的形式，成为村中的议事场所。甚至把吵嘴打架之类民事纠纷，提到冬学处理。

1945 年上半年，教育改革全面推开。实施的情况大致是：

1. 在中学方面，紧缩普通中学，大部分力量从事在职干部教育；在省、行署、专署新设或加强干部学校，轮训在职干部；开办县学，即县办高级小学，有些地方试办民办高级小学；在各干部学校开设普通班或文化班、或知识分子训练班；安置原普通中学毕业生。如胶东地区 6 000 多名中学生大部分都参加工作，只有 300 人回家，另有 300 人转到其他中等学校学习。

2. 群众教育方面，以办"庄户学"为方向。各地纷纷派代表团到莒南县莲子坡参观张健华的"庄户学"。不过，也出现机械照抄张健华经验和一窝蜂全靠"庄户学"的偏向，造成许多损失。渤海地区未全面推行教育改革。胶东地区慎重行事，受损失较少；鲁中、滨海以至鲁南，行动坚决，造成大起大落现象。如鲁中地区在 1945 年 1 月，有小学 3 220 所，到了当年 6 月，降为 1 975 所；儿童识字班从 995 处增加到 1 199 处，另增加 417 处"庄户学"形式的识字班。新增与减少相抵，减少小学 624 所。同时在鲁中、滨海、鲁南一时纷纷取消公立高级小学，也造成损失。

3. 成人教育发展很快。如鲁中地区，1945 年比 1944 年识字班增加 1 004 处，学员增加 17 812 人，夜校增加 1 145 处，学员增加 31 241 人，交工学习组增加 2 925 组，组员增加 20 710 人。

4. 教员数量，以鲁中为例，该地区 1944 年 12 月，有教员 1 897 人，到 1945 年 9 月为 1 682 人，减少 215 名脱离生产的教员。另有村学教员 3 495 人，小先生 2 456 人。①

新的经验受到重视，新发生的问题也及时引起注意。在抗日战争临近胜利之际，《大众日报》发表社论，肯定实行教育改革以后，打破了旧型教育的形式主义与教条主义，出现新气象；同时指出改革中存在一些偏向，主要是：

1. 从抽象的"群众观念"出发，而未从当地具体情况出发，尤其是未从当地教育实际出发。没有研究旧教育的基础，过去起了什么作用，有哪些为群众欢迎，什么形式已经为群众喜爱？应该改造和提倡什么？从哪里下手？小学教师的水平和能力如何？领导干部能力如何？群众的需要与自觉程度又如何？离开具体分析，光拿抽象的方针，就想把旧的一切一下子全部打倒，犯了主观主义与急性病。

2. 思想上的主观主义与急性病，导致工作方法简单化、一般化。有的县下

---

① 杨希文：《论山东教育改革运动》，《山东老解放区教育资料选辑》，第 310 – 312 页。

令"小学一律改为庄户学",又不了解"庄户学"的实质,把它简单地理解为不要上课、不要桌子板凳、一天只上2小时课。基于这种肤浅的认识,凡是从长远打算出发比较正规的措置就加以取消,造成碰到什么讲什么,今日不知明日讲什么,把文化与政治的结合,搞成同字句、口号的结合,没头没脑、无边无际,无系统要求,教学方法如复习、填字、应用也不用了。产生形式主义偏向,把反对"旧型正规化"变为反对"一切正规化"。

3. 不考虑小学教师的水平与能力,硬要那些适合做儿童教育与文化教育工作的人,去做成人教育与政治教育工作。有的地方在过去宗派成见基础上,借实行新教育方针的机会,排斥小学教师,对留在岗位上的小学教师,抱轻视与冷淡态度,使小学教师感到苦闷。

社论针对教育改革中出现的新问题,及时提出许多新见解与调整措施:

1. 实践证明"庄户学"可以推广,但其性质属于不正规的群众性村学,以政治教育为主,结合中心工作进行教育,但不能跟在它的后面。应区分农忙与农闲不同情况,在群众自愿原则下,订出学制与课程,农忙以分散为主,农闲以集中为主。

2. 妇女识字班与青年识字组可比"庄户学"正规些,订出学制与课程,政治教育与文化教育并重。

3. 儿童教育不论正规的小学,还是非正规的儿童识字班,学习时间都可长一些,订立学制,编印课本。在有条件的地方成立中心小学。

4. 高级小学可为半干部性质学校,培养区、村会计、文书、小先生及技术干部。

5. 学校虽以训练干部为主,然而学校与训练班又有区别,有分工。训练班主要轮流在职干部,学校则是比较正规的专门提高不在职干部的场所。把一切学校简单化为整风训练班是不适当的。学校应有学制、课程,以至分别专科有计划地培养人才。

6. 在民主运动中,认真执行团结知识分子的政策,以区或县召开教师座谈会,征求教师意见,做好教师的工作。①

七

山东敌后抗日根据地的干部教育,同其他根据地一样,在根据地开辟时期,以军事政治干部教育为主。随着根据地各项建设事业的展开,除了军事政治干部教育以外,陆续兴办包括多种业务职能训练的行政干部学校与各种职业学校。

———————————

① 《在民主运动中继续贯彻教育大改革的方针》,《大众日报》1945年7月13日。

职业学校中以师范教育最为突出。1944 年教育改革以后，中学甚至小学高年级，都带着实施干部教育的性质，有时甚至干脆把多数中学与师范改为干部学校。

干部学校依照管辖关系可分为省级（党政军民）干部学校、行政主任公署（或行政公署）级干部学校（一般采取"公学"形式）、专员公署级以及县级干部学校等层次。

（一）省级干部学校

山东抗日军事政治干部学校——八路军第一纵队随营学校 1938 年 6 月下旬成立。原设在沂水岸堤一带，故通称"岸堤干部学校"。原由中共苏鲁豫皖边区委员会领导，后归山东纵队领导。校长孙陶林。该校在 1938 年 6 月—1939 年 11 月间，先后开办 5 期，共训练学员 2 300 余人。1939 年 11 月，并入八路军第一纵队随营学校。1940 年 3 月，又并入中国人民抗日军事政治大学第一分校。

中国人民抗日军事政治大学第一分校 中国人民抗日军事政治大学第一分校，于 1939 年 2 月初在晋东南成立。对外称"第十八集团军（八路军）随营学校"。1939 年 9 月 9 日，中共中央电示第十八集团军（八路军）总部，同意将中国人民抗日军事政治大学第一分校由晋东南迁至山东敌后抗日根据地。抗日第一分校（第二期）师生经过长途跋涉，于 1940 年 1 月抵达山东，同年 3 月开学。校长周纯全。设 4 个大队，72 个中队，共有学员 2 676 人。其中第五大队（无第四大队）与胶东抗日军事政治干部学校合并，组成抗大第一分校胶东分校。校长刘汉。分校到 1942 年 10 月，共办 5 期。

1940 年 6 月，中共山东分局决定把抗大一分校，归属山东军政委员会领导。仍由周纯全任校长，并设三所分校：抗大一分校第一校，由八路军 115 师教导大队组成（1942 年后改为一分校第一大队）；第二校由鲁西抗日军事政治干部学校改组而成（不久划归八路军 129 师管辖，不属于抗大一分校建制）；第三校由一分校胶东分校改组而成。

此后抗大一分校归属关系和内部机构又有变更。如从第 4 期（1942 年 2 月）起，归属八路军 129 师领导。从第 5 期（1942 年 10 月）开始实行"精兵简政"，改称教导二团，1943 年 3 月进一步缩编，改称教导一团。1945 年 8 月止，先后共办 6 期，培养军事政治干部 14 000 余人。1945 年 8 月第 7 期开学不久，抗日战争胜利，同年 10 月，奉华东军区命令挺进东北。于 1946 年 2 月同挺进东北的中国人民抗日军事政治大学总校汇合，改名为东北军事政治大学。

山东公学——鲁中公学 1940 年 10 月由山东省战时工作推行委员会教育组决定创办。于 1941 年 4 月开学。校长田珮之。设中学班、师范班。起初有学员 50 余人，后增加至 80 余人，1942 年底达 200 余人。1944 年划归鲁中区管辖，

1945 年 1 月，改为鲁中公学。

山东省财政经济学校　1941 年 8 月 1 日开学。由八路军 115 师师长陈光兼任校长。设财政经济、银行、经济建设、税收 4 个队。1942 年 7 月，并入山东省抗战建国学校。

山东鲁迅艺术学校　1939 年 3 月成立。校长王绍洛。设戏剧、绘画、音乐 3 系。

泽东青年学校山东分校　1942 年 5 月 4 日成立。校长肖华。

山东省抗战建国学校　1942 年 7 月，由抗大一分校建国大队与省财政经济学校合并而成。属省战时工作推行委员会领导。由黎玉兼任校长。设财政经济、政权两个队。

（二）由行政主任公署、直属专员公署设立的干部学校

1. 鲁西区

鲁西军事政治干部学校　1938 年 7 月成立。属鲁西北抗日游击总司令部政治部管辖，原为统一战线性质的学校。由范筑先担任校长。1940 年 6 月改为抗大一分校第二校。

筑先学院　1940 年下半年成立。属鲁西行政公署管辖。院长为董君毅。1942 年以后鲁西地区划归冀鲁豫边区管辖，该院遂同冀鲁豫边区抗日联合中学合并，更名筑先师范学校。

2. 胶东区

胶东公学——胶东抗日军事政治干部学校　胶东公学成立于 1938 年 8 月，属中共胶东特别委员会领导。校长曹漫之。同年 12 月，并入胶东抗日军事政治干部学校，属胶东军区司令部政治部领导。先后担任校长的有林一山、刘汉。1940 年春以该校为基础，建立抗大一分校胶东分校。

胶东建国学校　1942 年 10 月成立。校长葛平。设政权、司法、财政经济、民众运动 4 个队。

3. 鲁南区

鲁南区抗日干部学校　1940 年秋成立。属鲁南专员公署领导。校长鲁化琪。1941 年冬结束。

4. 渤海区

鲁北干部学校　1940 年成立。

耀南公学　1945 年由建国学校、耀南中学改组而成。属渤海区行政公署领导。

5. 滨海区

滨海建国学院 1944年冬由滨海中学改组而成。属滨海行政公署领导。设行政、民众运动、教育、工矿、会计、交通、医务、合作8个队。学员450人。刘导生任院长。

（三）干部教育性质的中等学校

山东原有中等学校甚多，在1944年教育改革中大都合并改组为干部学校。如胶东区在1944年10月，把6所普通中学（胶东公学、文牟联中、文荣威联中、北海联中、西海联中、南海联中）和14所县立师范（东栖师范、栖霞师范、蓬福师范、招黄师范、招莱联合师范、文登师范、文西师范、牟平师范、牟海师范、荣城师范、海阳师范、两掖师范、威海师范、两平师范）取消，成立3所干部教育性质的海区中学，即西南海中学、东海中学和北海中学。为争取烟台、威海敌占区学生及莱西一带散在乡间的第十一联合中学学生，才成立莱阳中学与威海中学。后来的实践证明，把这么多中学简单地合并改组为干部学校并不妥当。

=第四编= 华中区敌后抗日根据地、华南抗
日游击区教育

华中敌后抗日根据地教育鸟瞰

华中敌后抗日根据地位于长江、淮河、黄河、汉水之间。东临大海，西屏武当山，南迄浙赣线，北至陇海线，包括江苏绝大部分，安徽、湖北大部分，河南、浙江一部分，湖南一小部分。基本上是新四军活动区域（其中一部分由八路军南下部队改编而成）。抗日战争时期在远离抗日民主根据地中心的大江南北，开创了抗日民主教育的新天地。

华中敌后抗日根据地同西北及华北、华南各敌后抗日根据地既有相同之处，又有所不同。

一

新四军于1937年10月，以土地革命战争后期分布在南方各省的游击队为基础组成。军部于1938年1月在南昌成立。江南与江北各省游击队分别集中改编后，建立以陈毅为首的苏南指挥部、以张云逸为首的江北指挥部，开展抗日游击战争。1940年6月，江南指挥部主力渡江北上。同年10月，取得黄桥战役的胜利，并与八路军南下部队在苏北会师。从此在苏北站稳脚跟。

抗日战争初期，华中地区工作原由中共中央长江局领导（1937年12月成立，书记王明）。1938年1月，成立中共中央东南分局（书记项英），设在新四军军部。当时日军向华中地区大举进攻，前线国民政府军队节节后退，人民抗日情绪高涨，是开展敌后游击战争、创造敌后抗日根据地的有利时机。不过长江局延误了战机。1938年11月中共六届六中全会后，撤销长江局，改设中共中央东南局（由分局改成）与中原局（1939年1月成立，书记刘少奇）。这时国民政府目睹华北敌后抗日根据地的发展，在武汉失陷（1938年10月）以后，改变了敌后斗争的观念，从逃离敌后转变为向敌后伸展势力，恢复其在华中敌后的统治，并在敌后制造磨擦。这样，共产党在华中不独是在同敌伪不断战斗中，也是在同国民党磨擦势力的不断自卫斗争中，即在三角斗争中，建立起敌后抗日根据地。这是和华北不同的道路。在中共中央中原局领导下，成功地挫败了国民党磨擦势力，使华中敌后抗日游击战争与抗日根据地得到迅速发展。

华中各大战略区比较分散，发展不平衡。各战略区在抗日游击战争与反磨擦斗争中，开辟根据地，建立抗日民主政权。在此基础上，1940年10月曾建立苏北临时行政委员会。不久，按照刘少奇的建议，不实行大省制，改行小省制，撤销苏北临时行政委员会，将华中敌后抗日根据地划分为苏中、苏北（盐阜）、淮南、淮北、淮海、鄂豫皖、苏南、鄂皖赣8个行政区。其中所谓鄂皖赣边区，后来通称皖中游击根据地。

1941年1月7日皖南事变后，中共中央于1月20日宣布重建新四军军部。同年5月，中共中央中原局与东南局合并为中共中央华中局。在八大行政区、战略区，分设八个中共行政区级委员会。新四军军部与华中局均设在盐城，盐城遂成华中敌后抗日根据地的政治、军事指导中心。盐城和盐阜区也是华中文化荟萃之区。根据1941年向人民政府交纳各种税款与公粮的人数计算，根据地约有人口1 500万，占该地区敌后人口的1/3。比较巩固的根据地，约有人口800—1 000万。

上述八个行政区中，盐阜区和淮海区于1942年11月由中共苏北区委员会统一领导。1945年7月，两行政区正式合并为苏北行政区；鄂豫皖边区通称鄂豫边区；皖中区在1944年向皖南发展，遂改称皖江区。此外，新四军重建军部后，派新四军一部开辟浙东游击根据地。这样，到抗日战争后期，华中敌后抗日根据地包括如下八大战略区与行政区：

1. 苏中行政区：新四军第一师活动区域（自宝应、东台至长江边）。1941年3月成立行政公署，下辖4个分区（各设专员公署）和兴（化）东（台）泰（兴）特区。1944年调整为3个分区，下辖14个县。

2. 苏北行政区：新四军第三师活动区域。包括盐阜区与淮海区。盐阜区于1941年9月成立行政公署；淮海区于1940年9月成立专员公署，1942年3月改设行政公署，下辖9个县与涟（水）灌（云）阜（宁）边区办事处。1942年11月成立中共苏北区党委，盐阜区与淮海区分别成立中共地委，但两地区行政公署不变；1945年7月，两行政区合并为苏北行政区，行政机关称为苏北行政委员会，下辖盐阜、淮海两专员公署。

3. 淮南行政区：新四军第二师活动区域。以津浦铁路为界，分为津浦路东、路西两个区域。路东在1940年4月建立津浦路东联防委员会（亦称办事处）；路西在同年8月建立津浦路西各县联防委员会。1942年2月，路东联防委员会改为苏皖边区淮南行政公署（不含路西）。1943年2月路东、路西行政机构合并为淮南行政公署。

4. 淮北行政区：新四军第四师活动区域。亦以津浦铁路为界，分为津浦路东和路西两个区域。路东在1940年2月成子瑾逃跑后，由共产党人接管政权。到1941年8月止，一直沿用原名称"安徽第六行政区督察专员公署"。1941年8月，成立淮北苏皖边区行政公署，下辖8县、1个直属区。1944年12月下辖3个专署，共25县；路西在1939年11月—1941年5月间，建立豫皖苏边联防委员会，直到1941年5月东撤时止，豫皖苏边联防委员会下辖淮上行署（包括淮远、蒙城、宿县、凤台，4县），以及萧县、永城、涡阳、亳县、宿西、夏邑等县。

5. 鄂豫边区：新四军第五师活动区域，1941年4月成立鄂豫边区行政公署。在其全盛时期，下属7个专员公署及29个县政权。

6. 苏南行政区：新四军第六师活动区域。在1940年新四军主力部队转移到苏北后，江南抗日武装仍坚持斗争。到1942年底，辖18个中共县委（包括国民政府统治区地下县委）、11个县政府和1个行政办事处。1943年3月成立苏南行政公署。

7. 皖江行政区：新四军第七师活动区域。1942年7月成立皖中行政公署。1944年向皖南发展，1945年3月成立皖南行政公署，于是在1945年初改称皖江抗日根据地。

8. 浙东行政区：为新四军浙东纵队活动区域。系实行"灰色掩蔽"的游击根据地。1944年12月成立苏（苏南）浙军区，1945年1月，成立浙东行政公署委员会。

华中八大战略区、行政区情况有别：鄂豫边区同华中局与新四军军部的联系不时中断，成为华中抗日游击战争中的一块"飞地"。在其全盛时期，下辖7个专区，堪称八大战略区中幅员最大的区域；苏南地处国民政府和日伪政权统治的中心区域，日伪"扫荡"兵力调动方便；皖中区与浙东区属于游击根据地。起初实行掩蔽发展的方针；浙东区不但是敌后抗日根据地，而且接近国民党的大后方，更易受日、伪、顽势力的夹击；苏中、苏北、淮南、淮北均有大片巩固的根据地，并且这四个战略区基本上连成一片，是华中敌后抗日根据地的中心区域。

二

华中敌后根据地未建立统一的华中抗日民主政权，由中共中央华中局实行统一领导。中共中央华中局设文化教育委员会，其成员有彭康、宋亮（孙冶方）、薛暮桥、钱俊瑞、白桃（戴白韬）等①。华中局宣传部设国民教育科，科长为白桃。

1941年春，刘少奇曾向华中局宣传部长彭康建议，召开华中地区教育工作会议。根据他的建议，于同年6月27日由华中文化事业委员会与苏北行政委员会联合发出《召集苏北教育会议的通知》，确定会议讨论教育方针与原则、课程、教学方法、教师待遇、学生生产等问题。②反映出对华中地区教育工作实行统一领导的意向。由于日伪军发动夏季攻势，这次会议未能开成，以后也没有机会召开这样的会议。

1941年3月，陈毅、刘少奇联名致函苏中军区党政军负责人，提到为了发扬人民中深厚的抗日爱国热情，单是一般的肤浅的鼓动还不够，必须在人民中进行广泛而深入的民族教育。要求一切政府机关部队党员、民众团体及一切文化教育机关，一切工作人员、教职员，一切爱国志士对苏北的广大民众来实行一个广泛、深入的民族教育。要在一切学校、民众夜校，一切团体、一切的人民中，用文字的、口头的、图画、话剧、歌曲、上课、开会等等办法去实行这种教育。在部队还必须着重进行共产主义的教育。③

1942年3月，刘少奇在赴延安前夕，曾主持召开华中局第一次扩大会议，他提出：要发动根据地内的文化教育，办理各种学校，训练人民成为新的公民。各乡学校及民众学校应即办起来，各县中学亦须从速办理。各根据地之高中及专门班应加扩大。教育经费，各级政府应予保障。教员的训练，应加紧进行，教员的待遇应加以确定。课本的编审与印刷须从速进行。对于民众教育则须在群众运动发展的基础上去广泛的大规模的进行。

同年7月，刘少奇在去延安途中致陈毅一信。其中谈到"在党内外以及人民中进行关于民主的教育"，建议：各级宣传部教育科，应在关于民主的研究及宣传教育工作中进行必要的努力，多写文章、小册子，多到各种会议上去作报告；各地党政负责同志必须亲自去检查各种学校（小学、中学、夜校等）的教育内容，考察教员，掌握教育方针与政策，并经常亲自去向学生讲话。他说："你们要知道，即使是希特勒、日本帝国主义及国民党的特务，如果他们对青年、儿童进行深入的'教育'，他们都能驱使成千上万的青年为其拼命，难道我们有真理并有平等待人的民主精神，不能在深入的教育中团结数百万青年和我

---

① 戴白韬：《回忆少奇同志在苏北时对宣教工作的关怀》，《盐阜区教育资料选编（回忆录部分（一））》，盐城市教育学会编印本，第2－3页。

② 同上书，第5页。

③ 陈毅、刘少奇：《给苏中军区党政军负责同志的信》，《华中苏皖边区教育资料选编（一）》，江苏省教育科学研究所编印本，第19、22页。

们一道为新中国奋斗吗？"为此，大批的共产党员应到教育机关去服务，应学习如何去教育群众与青年，应经常总结经验；应首先训练大批的教员，党政群众工作的干部也去兼任教员。①

1943年11月25日，中共中央华中局发布关于当年冬学运动的指示，把冬学作为当年冬季四件大事之一。提出当年冬学以干部教育为中心，纠正过去过分强调国民教育而放松干部教育的偏向，同时，不放弃国民教育；冬学以政治教育为中心内容，纠正过去某些地方过分强调群众识字教育而忽视政治教育的偏向，同时，不放弃群众识字教育。②

由于华中各大行政区地域分散，有些行政区情况特殊，教育工作一般由各大行政区独立进行。各行政区文教处长是：

苏中区	刘季平
苏北区	盐阜区白桃（戴白韬），淮海区赵克，苏北区行政委员会第一厅厅长白桃
淮南区	郭兆元
淮北区	江陵
鄂豫边区	贺建华——李实（1942年春就任）
苏南区	欧阳惠林
皖江区	（待查，疑为吕惠生兼管）
浙东区	黄源

华中区在抗日战争初期未及时放手建立敌后抗日根据地，故根据地教育建设一般从1940年才开始。比华北敌后抗日根据地起步晚1—2年，但根据地教育事业的恢复较快；1940年全国抗日根据地曾拥有1亿人口，1941—1942年是整个抗日根据地的困难时期，华北敌后抗日根据地缩小到25 000人口的地区，而华中区在此期间，尽管也遇到严重困难，仍保持发展势头，拥有2 000万人口地区。特别难得的是在严重困难形势下，像苏北盐阜区、苏中区等地的教育，基本呈直线上升的趋势。新四军军长陈毅在1941年8月载文谈到：华中各根据地有专门培养文化干部的鲁迅艺术学院华中分院，抗日军事政治大学分校三所，东南最高抗战学府江淮大学正在筹办；在文化运动上，内容确定为民族性、科

---

① 刘少奇：《克服困难，准备反攻，为战后建立新中国创造条件》，《刘少奇选集》上卷，人民出版社1981年版，第226-227、229-230页。
② 《华中局关于今年冬学运动指示》，《新四军和华中抗日根据地史料选》第6辑，上海人民出版社1986年版，第391页。

学性和适合大众要求，中小学计有 4 200 余所，共有学生 200 000 余人。均在新四军掩护之下，照常授课，不受敌情影响，小学教员的待遇业已改良。

三

中共中央华中局除指导各战略区的教育工作外，还举办了几所著名的干部学校。主要有：

华中党校 1941 年初在盐城创办。刘少奇兼任校长（同年 11 月后由饶漱石继任），彭康为副校长，温仰春为教育长（后来任副校长）。柳岗（吕振羽）、宋亮（孙冶方）等任教师。分两队，第一队训练团以上干部，第二队主要以青年知识分子为对象。第一期共有学员 200 人左右。同年 7 月，迁到阜宁，办第二期。

鲁迅艺术学院华中分院 早在 1941 年皖南事变前，就在刘少奇、陈毅主持下着手筹备。刘少奇曾主持召开筹备会议，陈毅曾分别写信给许广平、王任叔和李平心，邀请他们执教，并请许广平任院长，他们未能分身就职。1941 年春，在盐城成立。刘少奇兼任院长，教导主任由邱东平担任。设文学、戏剧、音乐、美术四系。另有普通班、少年队、实验剧团。1941 年 4 月以后转移。

华东建设大学 1945 年 3 月在淮北盱眙成立。由彭康、张劲夫任正副校长。同年 10 月，转移到苏皖边区首府清江市，改名为华中建设大学。

四

新四军在创建时期，在 1938 年初就建立教导营，下分 3 个连队。1939 年春，教导营扩建为教导总队。由周子昆（新四军副参谋长）兼任教导总队队长，袁国平（政治部主任）兼任政治委员。总队下设政治部、训练部、后勤部等机构。教员与学员达 1 200 人。编为三个大队：一大队为军事大队，二大队为政治大队，三大队由学生队、女生队和高级干部组成。一、二大队共有学员 800 多人，是由大江南北新四军各支队选送的营、连、排干部。高级干部为团长以上干部，学生队与女生队大都是来自地方的知识青年。整个教导总队成员平均年龄约在 25 岁左右。教导总队设在皖南泾县中村。一、二大队政治课程同军事训练课程的比例为 3∶7。军事训练又注重战术训练。教导总队一直坚持到 1941年 1 月皖南事变爆发时止。[①]

在新四军活动的华中抗日根据地，还先后建立中国人民抗日军事政治大学第四、五、八、九、十分校。

---

① 程业棠：《忆新四军教导总队》，《新四军在安徽》，安徽人民出版社 1982 年版，第 9、11 页。

抗大第四分校　于 1940 年 3 月成立于淮北涡阳，其前身是新四军六支队随营学校（成立于 1939 年）。同年 6 月，抗大总校派华北大队加强第四分校。

抗大第五分校　于 1940 年 11 月由新四军一支队抗日军政学校（成立于 1940年）与八路军第五纵队教导队合并而成。设在苏北盐城，陈毅兼任校长。1941年 7—9 月间转移数地。同年 9 月随新四军军部，设在苏北阜宁。

抗大第八分校　1941 年 5 月以新四军江北干部学校之一部为基础，在淮南天长成立。1943 年改为新四军二师教导团。

抗大第九分校　1942 年 5 月以抗大苏中大队（原为抗大五分校中的一大队）为基础，在苏中南通成立。1944 年改为苏中公学。

抗大第十分校　1942 年 2 月由新四军五师随营学校（成立于 1940 年）改编而成。设在鄂豫边区。1945 年 2 月停办。原第十分校派出干部与教员到离师部较远地区，分别办 4 个教导团。1945 年 5 月，新四军第七师在皖江抗日根据地另办中国人民抗日军事政治大学第十分校。至同年 9 月随军北撤。

1942 年初，成立**抗大华中总分校**，直属新四军军部。抗大第五分校则改属新四军三师，于 1943 年迁到淮南。

1942 年，陈毅在中共中央华中局扩大会议上提出，加强抗大工作，建立抗大的教育系统，"以抗大为训练军政干部、创造军政干部的中心"。抗大各分校以训练连排干部为中心任务；（新四军）军属抗大总分校以训练团、营干部为中心任务；各旅团教导队以训练班排干部为中心任务，形成军队干部教育系列。抗大总分校与各分校建立工作指导系统，每年召集一次会议，总结经验，确定方针，改进教育。抗大的性质从政治上说是党领导的学校，以锻炼党性、整顿党风为其根本任务；从业务上说是军事学校，培养军政指挥干部，是"建军的推动机"，把过去短期训练性质的抗大，提高到建立正规军队干部大学的新阶段，使华中各地抗大来一个"彻底的转变"。

敌后抗日根据地的环境条件，同抗日后方根据地陕甘宁边区不同，华中敌后抗日根据地的环境、条件与华北、华南敌后抗日根据地也有区别；就是华中八大战略区之间，差别也不小。各个抗日根据地从当地实际需要与实际条件出发，所提供的各具特色的教育经验，丰富了整个革命根据地教育建设的思想宝藏。

苏北区

抗日战争时期的苏北战略区，包括盐阜区与淮海区。

盐阜区与淮海区在 1942 年 11 月以前，原是两个独立的行政区域与作战区域。

1940 年 6 月，新四军主力从长江以南转移到长江以北。同年 10 月，新四军苏北部队与八路军南下支队合击国民政府磨擦部队，取得黄桥战役胜利，奠定苏北敌后抗日根据地基础；1941 年皖南事变后，新四军在盐城重建军部，苏北战略区为新四军三师活动区域。同年 5 月，成立中共中央华中局。华中局也设在盐城。盐城和盐阜区遂成为华中敌后抗日根据地的政治、军事、文化指导中心。

盐阜区早在 1939 年 10 月就建立中共盐阜地委。1941 年 2 月，建立中共盐阜区委员会。同年 9 月，成立盐阜区行政公署。辖盐城、盐东、建阳（三县均由原盐城县分出）、阜中、阜东（由原阜宁县划出）、淮安、涟东 7 县，后又增设射阳、滨海 2 县。

淮海区于 1940 年 9 月建立专员公署。1942 年 3 月改设行政公署。辖 9 个县与涟（水）灌（云）阜（宁）边区办事处。

1942 年 11 月，成立中共苏北区委员会，统一领导盐阜区与淮海区的斗争。在盐阜区与淮海区分设中共地区委员会，两行政公署未变。1945 年 7 月，两行政区合并为苏北行政区，行政机关称苏北行政委员会，盐阜、淮海行政公署改为专员公署。

依照苏北战略区行政区划变动情况和当时教育工作发展的实际情况，苏北教育事业大致可分为三个阶段：1940 年 10 月—1942 年 11 月，为第一阶段；1942 年 11 月—1943 年底为第二阶段；1944 年—1945 年 8 月为第三阶段。

一

盐阜区在 1940 年新四军入境以前，原有小学 500 余所，中学 14 所，中学生 1 200 余人。[1] 表明盐阜区原有教育基础不薄。不过，境内各县教育发展不平衡。如阜东县，原为土匪根据地，地瘠人稀，一片荒凉，原先小学只有 30 余所。灌（云）涟（水）阜（宁）交界的地区，向为土匪横行地带，仅有初级小学 5 所，完全小学 2 所[2]。

1940 年 10 月，新四军进驻盐城时，盐阜区分为根据地、游击区与敌占区，整个地区被划成许多小块，加上土匪扰乱，社会秩序颇不安宁。新四军和中原局（后改为华中局）进驻盐阜区以后，随着抗日民主局面的打开，由中共中央华中局和新四军兴办的各种干部学校纷纷建立，县级文教科及文化教育界的各种抗日群众团体陆续成立。1941 年 5 月，闻名全国的新安旅行团返回苏北，中学与小学开始恢复，并进行初步改造，盐阜区文化教育面貌焕然一新。

1. 干部学校有：**华中党校** 1941 年初成立。**中国人民抗日军事政治大学第五分校** 1941 年 1 月成立。**鲁迅艺术学院华中分校** 1941 年 3 月成立。**华中卫生学校** 1941 年 5 月成立。

2. 教育行政机构逐步健全：早在 1940 年 10 月，新四军初至盐阜区时，盐城、阜宁、淮安、涟东四县即设立文教行政机构，或称文教科，或称三科，或称教育科。1941 年 9 月，盐阜区行政公署成立，行政公署设文教处，首任文教处长白桃（戴伯韬）。

3. 建立文教界抗日统一战线：盐城县先后在 1941 年 2 月、4 月与 5 月，成立小学教师抗日救国会、中学教师抗日救国会与学生抗日救国会；同年 4 月，成立苏北文化协会；同年 7 月，成立苏北文化协会教育研究会。

1941 年秋，刘少奇约见白桃，对他说：这个地区知识分子很多，青少年也很多，但学校已经零散。为了避免这些人流散到敌伪区去，我们应该开办学校，使他们有书可读，有地方读书。建议办一所联合中学。要从初一一直办到高中，然后在每个县里办一所初中。[3] 不久就在阜宁县创办盐阜区联立中学，由盐阜区行政公署主任宋乃德兼任校长。同时，在附近创办盐阜区实验小学，由陆维特任校长。

---

① 《盐阜区学校教育发展概况》，《盐阜区教育资料选编（政策法令部分）》，盐城市教育学会编印本，第 254 页。

② 同上书，第 253 页。

③ 戴白韬：《回忆少奇同志在苏北时对宣教工作的关怀》，《盐阜区教育资料选编（回忆录部分（一））》，第 6 页。

盐阜区行政公署成立后，于 1941 年秋季发布《中学教育实施大纲》。

《中学教育实施大纲》规定：中学的宗旨是：根据抗战建国的需要，以启发青年民族意识、民主精神，培养科学知识及生活上之必须技能，养成抗战建国人材为宗旨。中学教育的方针是：以民族解放的政治教育为基础，减少繁杂不必要之功课；生活和教育、社会和学校打成一片；重在培养自觉的集体意识；教学做合一；有原则地去整理和吸收一切于抗战建国有益的文化。其宗旨同其他根据地的教育方针并无二致。其中一个特点是把陶行知"生活教育"口号纳入教育方针，而中共中央提出的新民主主义的教育方针，并未明确地反映出来。① 需要说明的是盐阜区文教处长白桃于同年 6 月就发表《什么是新民主教育》一文，可知当时并非不知道中共中央有"新民主主义教育"一说。

关于中学教育的具体规定：

1. 实行三三制，精简原有不必要的课程与教材，增加反映抗日内容的教材与课外活动；把学生有组织的集体活动作为正式课程。

2. 训练方面，包括智、德、体，或智、仁、勇三方面，养成青年自觉、自尊、自信，"生活即是教育"、"社会即是学校"，提倡自觉的自我教育，实行名副其实的导师制。

3. 在生活管理方面，实行自觉的民主生活。

4. 把教材或书本视为教具之一，不把它视为教育的目的。实行"教学做合一"。

5. 学校机构实行"二九制"，即两大组织（学校行政组织与学生救国会组织）均保持独立性，另组成九种混合委员会或会议。如生活检讨会、娱乐、晚会、经济委员会、膳食管理委员会，等等。②

总之，此《大纲》较充分地反映了"生活教育"的精神与原则。

附带说明，在 1941 年 6 月举行的盐城县第一届参议会第二次全体大会上，大会文教组提出一系列提案。其中包括中等学校从三三制改为二二制。③ 这个提案，未被盐阜行政公署文教处采纳。

盐阜区对于小学教育的恢复也相当重视。早在 1940 年 12 月和 1941 年 1 月，阜宁县与盐城县就分别举办过小学教师训练班。

1941 年 6 月盐城县第一届参议会第二次全体会议文教组还提出"拟请普（遍）设（立）乡村小学，应设校的重要乡村，要分期设校"，"设政府成立的

---

① 《中学教育实施大纲》，《盐阜区教育资料选编（政策法令部分）》，第 94－95 页。

② 同上书，第 95－99 页。

③ 《盐阜区教育大事记》，盐城市教育学会编印本，第 13 页。

中小学教材编审委员会"等提案。

当时私塾甚多。1941年6月《江淮日报》曾载文对私塾问题进行了具体分析。指出私塾是封建社会的产物，它又扩大封建思想影响，但它能够存在并取得社会信任，同它自身有某些优点有关。即：它既注重读书，又注重做人，教学生规规矩矩，适合社会与家长心理；实行个别教学，随到随教；教材听便，包括一些生活上实用的内容，假期甚少；借助孔子的传统影响，以儒教真传自命；可就近入学。由于私塾为数甚多，分布又广，又迎合社会心理，不宜简单取缔，但不改造又不行，故须在教学与管理方面加以指导，使其逐步转变为私立小学。①

1941年6月《江淮日报》发表署名文章《普及大众教育》，提出"目前的中心工作"，毫无疑义地应是普及大众教育。大众教育不拘泥于固定方式，要根据具体情况，深入大众，广泛地采用即知即传的小先生制，把教育送上门去。②当年冬季，盐阜区从上到下组织冬学委员会，开展冬学运动。参加学习的学员达70 000余人。③

值得一提的是，新安旅行团于1941年5月返回苏北，同年6月成立新安旅行团苏北分团。他们有成效的工作，对盐阜区校内外儿童教育以至成人社会教育，均发生较大影响。新安旅行团于1935年10月，在淮安县私立新安小学成立。该团以"开展中国儿童抗日救亡运动"为宗旨，自淮安出发时，有12—17岁少年14人，随身只带50元，在6年中，先后经过江苏、浙江、山东、河北、山西、察哈尔、绥远、甘肃、宁夏、陕西、河南、湖北、湖南、广西14省，行程37 000里，到处宣传抗日救国，受宣传民众达250万人。他们在各地还建立150多个儿童组织，分散在各地的干部达100余人。在1938年10月"保卫大武汉"战斗中，他们开展了战地慰劳、募捐等活动。陶行知赠诗一首："人从武汉散，他从武汉干。一群小好汉，保卫大武汉。"表彰他们不畏艰险、英勇救国的精神。新安旅行团苏北分团成立后，广泛开展抗日救亡宣传。在他们的推动下，短期内盐阜区即有5 000名校外儿童参加儿童团。④

正当盐阜区抗日民主教育方兴未艾之际，日军于1941年7月发动历时一个月左右的第一次大"扫荡"，使根据地教育事业受到严重挫折。1941年原有小学（不包括私立小学）465所，学生21 364人，同新四军进驻盐阜区时的500所相

---

① 《为争取千万塾师而斗争》，《盐阜区教育资料选编（政策法令部分）》，第206 - 211页。

② 丁华：《普及大众教育》，《盐阜区教育资料选编（政策法令部分）》，第203 - 205页。

③ 《盐阜区第二次文教扩大会议圆满结束》，《盐阜区教育资料选编（回忆录部分）》，第180页。

④ 罗列：《苦斗六年的新安旅行团》，《盐阜区教育资料选编（回忆录部分）》，第246 - 252页。

去不远，在第一次大"扫荡"后，小学仅存 200 余所；1940 年原有中学 14 所，大"扫荡"后，仅剩 3 所。①

在日军大"扫荡"时，中共中央华中局、新四军军部一度暂时撤离盐城，华中党校、中国人民抗日军事政治大学第五分校、鲁迅艺术学院华中分校、华中卫生学校等，也易地坚持办学，其中鲁迅艺术学院华中分校师生在突围中牺牲 20 多人，抗大第五分校在转移途中，遭日军袭击，也牺牲学员 10 余人。

在反"扫荡"以后，有些县文教机构作了调整。如盐东县设民教科，即把民政科与教育科合并。建阳县则取消教育科，由民政科兼管教育工作。

1942 年 2 月以后，敌伪军龟缩于据点，土匪也基本肃清，根据地重新趋于稳定。1942 年 1 月，盐阜区行政公署召开第二次行政会议，确定 1942 年的十大任务，同文化教育有关的三项任务是：开展群众教育，加强宣传工作；整理私塾；培养地方干部，加强战时动员工作。2 月初，盐阜区联立中学组织寒假服务团，开展地方宣传工作。

1942 年 8 月 10 日，盐阜区行政公署文教处召开第一次教育行政会议。会议通过一系列文教法规，并对游击区、敌占区、中心区分别提出分散教学、跑反教学、掩蔽教学、集中教学之类办学形式。会后盐阜区行政公署正式颁布《小学暂行法》、《小学暂行规程》、《中学暂行法》、《中学暂行规定》等教育法规。

《小学暂行法》确定小学根据抗战建国需要，遵照抗战建国纲领及新民主主义文教方针，以培养儿童民族意识、民主精神、健康身心及生活习惯所必需之基本技能；实行四二制；小学可由县或乡（镇）设立，亦可由私人设立，惟小学的设立、变更或停办，均须经行政公署主管机关批准。②

《小学暂行规程》依据《小学暂行法》，确定小学培养目标中，包含如下训练，即：提高儿童民族意识，发扬儿童民主精神，培养儿童健康身心，启发儿童科学思想，养成儿童劳动技能及习惯；小学实行四二制，初级小学为国民义务教育；采用传递先生、小先生等办法，设立儿童识字班、儿童识字小组等办法以补救小学之不足；初级小学每级至少 30 人，高级小学每级至少 25 人，不满额者不得设立；小学设备力求简单，以适合战时敌后环境。

① 《盐阜区学校教育发展概况》，《盐阜区教育资料选编（政策法令部分）》，第 254 页。
② 《小学暂行法》，《盐阜区教育资料选编（政策法令部分）》，第 18 页。

小学课程设置如下：

阶段	学习时间(分)/学科/年级	公民训练	国语	社会自然（常识）	算术	劳作艺术（工作）	体育音乐（唱游）	总计	抗战活动
低年级	一年级	60	360	210	90	150	180	1 050	180
	二年级				120			1 080	
中年级	三年级	60	360	240	180	90	90	1 020	210
	四年级					60	120		
高年级	五年级	60	360	210	210	90	90	1 020	270
	六年级			150		60	90	930	

　　小学生活指导的基本精神是：根据民主集中制度，以启发儿童自觉、自动与集体意识；着重实践。

　　小学一般实行两学期制，秋季始业，但在敌后因情况常变，学期亦可以修完规定的课程为准。①

　　《中学暂行法》规定中学应遵照中华民国教育宗旨、抗战建国纲领及根据地实际与情况，继续小学之基础训练，以发展青年身心，培养新民主主义下之健全国民，并为研究高深技术及从事各种职业之基础；中学实行三三制，但可按需要缩短修业年限，亦可在初中阶段修完高中一年级课程；中学由行政区设立，亦可由县设立，也允许私人或私人团体办学。

　　《中学暂行规程》依照《中学暂行法》，确定中学培养目标中，包含如下训练，即：启发民族意识，培养民主精神，培养科学技能，养成劳动习惯，锻炼健全体魄，陶冶艺术兴趣，培养科学的世界观。中学教育方针同1941年颁布的《中学教育实施大纲》基本相同，只作某些局部改动。

　　中学校内行政组织，由"二九制"改为两种委员会（经费稽核委员会与免费奖学金审查委员会）与六种会议（校务会议、生活指导会议、主任级任联席会议、生活指导部部务会议、总务会议、各科教学会议）。②

　　《小学暂行规程》与《中学暂行规程》有一个显著区别，即后者在教育方针

---

① 《小学暂行规程》，《盐阜区教育资料选编（政策法令部分）》，第16－32页。
② 《中学暂行规程》，《盐阜区教育资料选编（政策法令部分）》，第70－94页。

中相当明确地标榜陶行知"生活教育"的提法，前者未出现"生活教育"的口号；《小学暂行法》把"新民主主义文教方针同抗战建国纲领"，同作为立法依据，《中学暂行法》则把"中华民国教育宗旨"和抗战建国纲领，同作为立法依据。

1942年秋颁布的《中学暂行规程》同1941年秋颁布的《中学教育实施大纲》尽管关于教育方针的表述基本相同一，但从课程设置中相当明显地反映出教育"正规化"的意向。1942年秋的课程设置中学学科完备的程度，在各抗日根据地是罕见的，初级中学各年级每周学科门类11—12门，周学时30—31；高级中学各年级每周开设学科12—13门，周学时30—31，学业负担偏重。在此格局下所标榜的"生活即教育"、"社会即学校"、"教学做合一"，似不易落实。

初级中学课程设置如下：

学年	学期	公民	体育、童子军	生理卫生	国文	自然					本国历史	本国地理	外国历史	外国地理	劳作	美术	音乐	选修科目	每周总教学时数
						算术	植物	动物	物理	化学									
第一学年	第一学期	2	3	1	5	5	3				3	3			1	1	1	3	31
	第二学期	2	3	1	5	5		3			3	3			1	1	1	3	31
第二学年	第一学期	2	3		5	5				3	3	3			1	1	1	3	30
	第二学期	2	3		5	5			3	3	3	3			1	1	1	3	33
第三学年	第一学期	2	3		5	5			3				2	2	1	1	1	5	30
	第二学期	2	3		5	5			3				2	2	1	1	1	5	30

高级中学课程设置如下：

学年 \ 学期 \ 学科	社会科学	体育	军训	国文	外国语文	算术	化学	物理	本国历史	外国历史	本国地理	外国地理	哲学概论	美术	音乐	劳作	生物	每周教学总时数
第一学年 第一学期	2	1	2	5	5	4			3					1	1	1	4	29
第一学年 第二学期	2	1	2	5	5	4			3					1	1	1	4	29
第二学年 第一学期	2	1	2	5	5	4	6		3					1	1	1		31
第二学年 第二学期	2	1	2	5	4	4	6			2	3			1	1	1		32
第三学年 第一学期		1	1	4	4	4		6		2	3			1	1	1		28
第三学年 第二学期		1	1	4	4	4		6		2				1				23

事实上 1942 年 9 月，盐阜区行政公署为准备反"扫荡"，把盐阜区联立中学分为三个补习团，在三个地方办学。当年秋还把盐阜区联立中学师范部划出，创建盐阜师范。此外，还在阜宁县增设盐阜职业中学。

当年冬学，根据中共盐阜委员会指示，以民主教育与抗战教育为主，在游击区与近敌区则以反"蚕食"、反"扫荡"，提高民族气节教育、除奸教育为主。行政公署文教处召开全区文教科长会议，决定把开展冬学作为全区文化教育的中心工作，对冬学组织与师资训练等问题进行了讨论。行政区冬学委员会还编写《战时初级民众读本》（印 50 000 本）、《中级民众读本》（印 10 000 本）及《民主政治讲话》作为冬学教材。

盐阜区在 1942 年底，已有初等学校（不包括私立小学）773 所，学生 35 265 人，远远超过 1940 年新四军进驻盐阜区以前的水平；中等学校 9 所，另有补习团 2 所，学生 1 200 余人，接近 1940 年 10 月的水平。① 标志着恢复中小学的目标已经达到。

---

① 《盐阜区学校教育发展概况》，《盐阜区教育资料选编（政策法令部分）》，第 254 页。

二

苏北淮海区在 1940 年 9 月建立专员公署，1942 年 3 月改设行政公署。淮海行政公署文教处长由赵克担任。

淮海区在 1942 年 3 月成立行政公署时，已经建立了根据地的初步基础。不过，它还不是巩固的根据地。中心区不巩固，边缘区域还处在混乱状态，民主政府的工作还不能满足基本群众的要求。客观上由于新四军进驻淮海区时间不长，而这个地区原来是国民党顽固派的模范地区，单淮阴下属的一个区，就有国民党特务工作人员 400 人以上，相当于华北地区一个专员公署所有的特务人数；同时，由于当地经历过土地革命，基本群众留恋"打土豪，分田地"。[①] 加上淮海地区属于苏北文化基础最薄弱的地区，所以教育工作的开展，困难较大。

1940 年 12 月，淮海区专员公署曾召开教育工作会议，对全区教育工作作了部署。到 1941 年秋，全区已有小学 128 所，中学 2 所；1941 年冬季，建立冬学运动委员会，开展了冬学运动；到 1942 年 3 月，中学增至 8 所，同年 6—8 月间，又增加 3 所。

此外，淮海区在 1942 年保卫夏收和减租减息运动中，曾大力加强民兵训练，不断开办许多短期训练班，半月一期，共训练数千名民兵干部。[②]

三

日军从 1942 年 11 月起，集中数万兵力对苏北淮海区、盐阜区和苏中地区进行疯狂的"扫荡"。在盐阜区自 1943 年 3 月 12 日至 4 月 10 日间，是继 1941 年 7、8 月反"扫荡"后的又一次大规模的反"扫荡"斗争；淮海区反"扫荡"斗争最为激烈，也是华中反"扫荡"斗争中成绩最大的区域。到 1943 年 8 月，根据地恢复到 1942 年 11 月反"扫荡"前的范围。

在反"扫荡"斗争即将开始之际，苏北敌后抗日根据地实行领导"一元化"体制。于 1942 年 11 月，成立中共苏北区委员会，由新四军第三师师长黄克诚任书记，统一领导盐阜区和淮海区的党政军民工作，这是使苏北成为华中敌后斗争的八大战略之一。

1943 年 2 月，在反"扫荡"斗争紧张时期，阜东县阜东中学化整为零，改

---

① 黄克诚：《淮海五月来党的工作总结》，《新四军和华中抗日根据地史料选》第 3 辑，上海人民出版社 1986 年版，第 196–198 页。

② 杨迪：《淮海区组织民兵的经验》，《新四军和华中抗日根据地史料选》第 7 辑，上海人民出版社 1984 年，版第 464 页。

成几个补习班，坚持办学①；建阳县南边三个区敌伪据点林立，人民武装力量在每个区只有一个乡甚至半个乡可以活动。学校化整为零，师生配合反"扫荡"斗争，贴标语、散传单、侦察敌情、打击汉奸、动员群众跑反（转移）、拒缴伪费等。建阳第四区铁石乡，有一所完全小学，与敌伪隔河相望，仍然高唱抗日救亡歌曲，进行反"扫荡"宣传。该县第六区在敌伪"扫荡"夹缝中，仍有 16 所初级小学、一所完全小学，白天跑反，夜晚上课。

1943 年 6 月，盐城县举行全县初中与高中应届毕业生会考。考试学科为语文、历史、地理、公民、数学、物理、化学。考试的第三天，忽遇伪军四处抢掠，逼近考区。考生在紧急情况下，分散隐蔽，待敌退后，继续考完。②

1943 年 7 月，盐城县各群众团体纷纷举行乘凉讲座。全县农村每晚锣声四起，男女老少学文化、学唱歌、听讲演、讨论时事政治，甚为热烈。全县举办乘凉讲座的，共有 74 乡、490 村，听众达 19 000 人。③

同年 10 月，盐阜区行政公署文教处出版《盐阜区文教法规汇编》。除由白桃撰写的序言外，共有 25 个教育法规。白桃在序言中提到，新民主主义文化教育的内容，包涵民族的、民主的、科学的、大众的四个原则。

《文教法规》中的第一个文件是《盐阜区文教政策》，其内容包括：1. 普及群众教育，培养新公民；2. 发展与改造国民教育，培植新人材；3. 保障教师生活，提高教师待遇；4. 保证教育经费按时发放；5. 初级小学教育完全免费；高级小学及中学酌收学费；6. 广泛吸收文化人、名流学者、专门家、技术人员及其他一切文化部门人材参加各部门工作，并予以优待；7. 鼓励并保障抗日建国出版、言论、学术研究自由；8. 扶植并保障抗战建国文化团体自由；9. 培养各种干部，并对在职干部加强集体自我教育；10. 开办造纸厂、印刷所、书店等。④

1943 年 11 月 15—18 日，盐阜区召开第二次文化教育扩大会议。会议通过《盐阜行政公署第二次文教扩大会议决议》⑤。会议结束时，白桃在总结中首先讲了敌后文教工作的特点，即：环境艰苦，战斗频繁；敌伪封锁，物质条件差。因此，"教育组织形式设备不得不改变旧观，其次是文教与抗日战争和推行民主不特唇齿相依，而且只有互相结合，才能相得益彰"。据称盐阜区文教工作的过

---

① 《盐阜区教育大事记》，第 40 页。
② 同上书，第 40 - 41 页。
③ 同上书，第 40 页。
④ 白桃：《〈盐阜区文教法规汇编〉序言》，《戴白韬教育文选》，人民教育出版社 1985 年版，第 89 - 90 页。
⑤ 《盐阜区文教政策》，《盐阜区教育资料选编（政策法令部分）》，第 10 - 12 页。

程，可分为三个时期：第一时期为敌伪军第一次大"扫荡"（1941 年 7—8 月）
后盐阜区行政公署成立，首先公布盐阜区文化教育政策，奖励私人试办学校；
第二时期为 1942 年盐阜区临时参议会成立（1942 年 10 月）前后。这时的主要
方针为建立制度，充实内容（第三时期何时开始，因原文缺字，不清楚）。①

　　盐阜区行政公署第二次文教扩大会议确定：文教总方针为"充实学校，学
校开展群众教育"。所谓"充实学校"，就初等教育来说，主要指的是采取措施，
提高小学教育的质量。据称当时小学的数量发展已相当高，而教学质量甚差，
1943 年秋季虽曾加以整理与提高，仍感不足。充实学校的措施，还包括培养师
资，提高教师水平，改善教师生活等，更重要的是继制定中小学暂行法规与中
小学暂行规程之后，着手草拟中小学各科课程纲要与编辑中小学教材（中学指
定联合中学等校负责，小学指定新安小学与盐城县立实验小学负责）；所谓"开
展群众教育"，不是指由学校向群众进行社会教育，而是加强校内思想政治教
育。主要内容是：继续抗日、反奴化教育（民族教育），继续反封建、反法西
斯、反内战教育（民主教育）。在中等学校纠正有些学校着重数理化的倾向，确
定以历史、地理、公民、时事及国文为主要学科。此外，规定中等学校得征收
学费，以小学为义务教育，初级小学一律不得再收学费，并不准教师要学生家
长供膳。同时，对冬学也作了部署。② 这次文教会议在确定实施小学义务教育和
小学以提高教学质量为主方面，反映出教育工作正规化的意向，在中等学校注
重时事政治课程与课外抗战建国活动方面，又不带这种倾向。

　　1943 年 10 月，盐阜区冬学委员会颁布《冬学委员会组织条例》，并部署当
年冬学工作，规定自 1943 年 10 月至 1944 年 3 月 15 日，分为准备时期、工作时
期与总结时期三个阶段。要求在冬学结束时，举行毕业考试与毕业典礼。冬学
委员会还印发冬学运动指导书《冬学手册》和《抗日民主讲话》（冬学政治教
材）。1943 年冬学与往年冬学内容不同之处，在于同冬季其他工作配合，"冬学
不但讲与学，而且要去做，是真正的教学做合一"；冬学学生则着重乡里的干部
及有组织的群众，其次才是一般群众，采取"少而精"的方针。③

　　盐阜区在 1943 年经历了第二次反"扫荡"斗争，到 1943 年底，共有小学
（不含私立小学）950 所，比 1942 年的 773 所，增加 18.6%，学生 44 077 人，比
1942 年的 35 265 人增加 25%；中学 8 所（另有补习团 3 所），同 1942 年的 9 所

---

① 《盐阜区第二次文教扩大会议圆满结束》，《盐阜区教育资料选编（政策法令部分）》，第 179 –
180 页。

② 《盐阜区行政公署第二次文教扩大会议》，《老解放区教育资料（二）》上册，第 121 – 125 页。

③ 《盐阜区第二次文教扩大会议圆满结束》，《盐阜区教育资料选编（政策法令部分）》，第 181 页。

（另有补习团 2 所），大致相当，中学生 1453 人，比 1942 年的 1 200 余人有所增加。①

四

从 1944 年春开始，华中各战略区新四军开展局部反攻。1944 年 3 月，苏中车桥战役揭开局部反攻序幕。当月在淮海与淮北均发动攻势战，4 月的高沟、杨口战役，淮北的连续攻势，5—6 月在盐阜区也发动攻势。当年苏北根据地不仅恢复 1942 年以前被"蚕食"的地区，而且比原有范围扩大 35%。②

1944 年元旦，《盐阜报》发表白桃的《今后文化教育展望》一文。其中在回顾 1943 年文教工作时谈道：在学校教育方面已从六百余所小学发展到将近千所，正规中小学亦已在很短期内恢复到"扫荡"以前状态；在游击区甚至敌据点附近，我教育界人士均抱大无畏精神，百折不挠与敌进行无休止的斗争；"我们的文化堡垒，已愈趋坚固。敌人的炮火既攻不破，'扫荡'也扫不了"；在群众教育和宣传工作方面，1943 年经过夏学、秋学和冬学，获得飞跃发展。他提出 1944 年努力的方向是在数量方面争取做到村村都有学校，村村都有农村俱乐部与剧团，在质量方面，无读书、读死书的现象仍然存在，特别在某些中学里数、理、化的课程仍占时数太多，某些学校仍读死古文，某些学校仍以很多的课程和练习题来压倒学生，使他们无暇从事抗战工作，而且"食而不化"。从 1944 年起，将从坚决反法西斯、反复古奴化的文化教育中发扬壮大起来。③

1944 年 2 月 2 日，盐阜区行政公署发布《为改进本地区中等教育给各校指示信》与《春季的一般教育工作的指示》，分别对中等教育、初等教育与群众教育作出新的部署。

关于中等教育的部署，意味着对 1942 年的《中学暂行规程》作了若干修改与补充：

1. 调整课程与教材，原则上把有关抗战建国的各种集体活动，作为课程的组成部分。包括各种学术研究会、社会活动、竞赛活动、文化娱乐活动、辩论会与展览会、生产劳动、参观、专题报告、生活会议、互助小组等。为了使学生有适当时间参加抗战建国活动，减少代数、几何、化学、物理等旧教材中的重复、繁杂的内容，练习题、作文等均在课内完成，课后复习改成晚上集体复习，如问答等（凡阅读、动笔之事尽量在白天完成，以节省灯油），英文改为选

---

① 《盐阜区学校教育发展概况》，《盐阜区教育资料选编（政策法令部分）》，第 254 页。
② 《华中敌后解放区概况》，《新四军和华中抗日根据地史料选》第 1 辑，第 383 页。
③ 白桃：《今后文化教育展望》，《戴白韬教育文选》，第 100、104 – 105 页。

修，可以不教。

2. 增设"时事研究课"，每周2学时。

3. 教育原则，一是民主自觉，凡学校计划及各科教学计划均在学生中讨论，（如联合中学在国文课中采用鉴赏会，引导学生批评讨论，新安中学把每周计划交给学生讨论）；一是实践，即社会科学教学同抗日民主斗争实际结合，自然科学教学同生产劳动结合（例如联合中学讲有机化学时结合制造肥皂与糖，海南中学师生参加打坝等）。

4. 在中学生训练方面，着重集体自觉。通过学生救国会组织，互相规劝、互相督促，举行检讨会、自我批评会，对特别差的学生或特殊问题，可开大会劝说或解决。①

紧接中学部署以后，对小学教育与群众教育也作了一些新规定。初等教育的基本要求是"充实内容，大踏步向新民主主义教育迈进"。务使"个个小学校都非常活跃，真正成为乡村的文化堡垒"。为了达到这个基本要求，采取的措施为：

1. 组织与健全儿童团，充分发扬民主，让儿童自觉自动地起来干。一切工作、学习、生活，不论计划或行动都要通过儿童。取消级长、儿童自治会之类叠床架屋的组织，加强儿童团，尊重其独立性，教师不得包办代替，建立统一的儿童团组织形式，培养儿童团的骨干，并须充实儿童集体活动的内容。

2. 推进学校新民主主义教育大踏步前进的另一关键在于把课堂和社会打成一片，使学校工作配合抗战建国的中心任务（如动员拥军参军、生产劳动、帮助农村俱乐部与剧团等）。为此，需做好家长工作，并要求教师克服死教书的旧观念。

3. 除了改进已有教育以外，千方百计帮助解决贫苦儿童入学问题，如领导儿童生产自给，照顾与帮助儿童的家庭劳动，放农忙假，组织儿童学习互助小组等。②

关于群众教育，基本要求是"普及与深入和政治任务融合一致的政治教育"，务使每一个中心任务都能有广泛而深入的政治教育配合，同时继续开展农村文化娱乐活动，达到基本区70%的乡有俱乐部或农民剧团。以小学为农村文化堡垒，各校均须开办民众夜校，或识字班、群众报告等。③ 1941年春节前，盐阜区开展拥军优属月，发动学校师生利用寒假开展拥军优属活动。

苏北行政公署（成立于1942年底）于1944年4月，召开苏北教育行政会

---

① 盐阜区行政公署：《为改进本地区中等教育给各校指示信（1944年2月）》，《老解放区教育资料（二）》上册，第453－457页。

② 盐阜区行政公署：《1944年春季的一般教育工作指示》，《老解放区教育资料（二）》下册，第500－501页。

③ 同上书，第283－285页。

议。通过《学校教育的决定》。提出学校"群众化"、"劳动化"、"战斗化"的口号，并要求广泛开展社会教育工作；同时要求中学减少授课时间，每天抽出1/3 时间进行生产及社会活动，小学抽出 10%—20% 时间参加生产劳动与社会活动；中学增设军事课，每周举行户外演习一次；小学四年级以上学生和中小学教师有组织地参加社会教育。①

此后，盐阜区积极进行教育改革的酝酿与试验。如 1944 年 4 月涟东县按照延安八路军子弟学校（程今吾《延安的学校》一书曾介绍其经验）的榜样进行试验。不久，把费营小学改为涟东县实验小学，后又改为费营初级干部学校，除儿童班外，增设在职干部班；同年夏，盐阜师范创办实验小学，兼办幼儿园和成人班（又分为干部补习班、干部班、妇女班、雇工班）。1944 年 6 月，盐城县育才中学办"新华实业社"，利用土产原料大量制造精盐、墨水、墨汁、墨油、肥皂、石碱等；同年 9 月，制定实验中学计划，采用有弹性的学制修业年限，除招收高小毕业生、青年知识分子外，兼收在职干部与青年农民。此外，盐阜区联立第一中学还把所在地空寺乡定为实验乡，按新乡制任职形式在学生中选举行政委员会正副主任、中队长、联救会主任及村级干部 50 余人，在原有干部指导下见习农村工作。这是根据地教育改革中的一个创举。

1944 年 8 月，盐阜行署为促进教育改革，拨款 100 万元，作为学校生产贷金。

盐阜区以及淮海区教育工作，一直朝教育面向社会实际、为群众服务的方向演变。1944 年陕甘宁边区文化教育大会召开以后，教育改革的新精神传到华中。盐阜区于 1945 年 2 月 18 日—3 月 10 日召开第三次文教会议，历时 28 天。会议参照陕甘宁边区文化教育大会和邻近的苏中区召开的苏中教育会议（1944 年 7—8 月间）精神，通过《进一步改革教育的决议》，接着中共盐阜地委发布《关于文教改革的决定》，继苏中区之后，全面改革学制与课程。

盐阜区第三次文教会议确定的学制系统是：

1. 村学：原有初小一律改为民办公助的村学，村学以成人为主，儿童为次。儿童教育修业 4 年，成人教育修业年限不定。

2. 初级干部学校：将原有高级小学改为初级干部学校，以在职干部班为主。在职干部班修业 1 年至 1 年半，少年班修业 2 年。

3. 中级干部学校：将原有初级中学改为中级干部学校，招收村级干部与青少年。修业年限前者 1 年至 1 年半，青年修业 2 年，少年略为延长。

4. 专科学校。废除高级中学制，改设专科学校。

---

① 《苏北教育行政会议通过学校教育的决定》，《老解放区教育资料（二）》上册，第 126 页。

5. 大学。①

不过，从 1944 年冬季开始，日本侵略军鉴于太平洋战争吃紧，为防止英、美同盟军在我国黄海沿岸登陆，遂集中大量兵力，侵扰苏北淮海与盐阜地区，使教育改革受到干扰。

在这个阶段，教育事业发展很快。盐阜区在 1944 年 7 月，有小学 1186 所，比 1943 年的 150 所增加 24.8%；小学生 67 453 人，比 1943 年的 44 077 人增加 53%；小学教师 2 064 人，比 1943 年的 1 466 人增加 40%。中等学校 13 所，中学生 1 878 人，比 1943 年也有增加。②

学制改革前（1945 年 1 月），小学增至 2 200 所，不过学生数只有 60 000 左右。中学仍为 13 所，学生达 3 000 人。学校和学生数比例变化，中学和小学正好相反。表明小学的设置更加分散，以利儿童就近入学，而中学职能多样化，挖掘潜力，大量培养在职干部；小学校的激增，同大量民办学校的涌现关系更为密切。如阜宁县在 1944 年，有村学 35 所，到 1945 年 4 月已达 98 所。

苏北盐阜区在抗日战争期间，干部教育除由中共中央华中局与新四军军部设立的中国人民抗日军事政治大学第五分校、鲁迅艺术学院华中分校、华中党校和华中卫生学校外，盐阜区尚有中共盐阜地区委员会设立的盐阜党校，盐阜区行政公署设立的盐阜行政学院（原为 1941 年 10 月建立的盐阜行政干部学校 1942 年初改组成立）等。

1945 年 2 月又成立苏北公学。该校设在阜宁。同年 4 月开学。王阑西任校长。设行政、民政、财政、教育、文艺、工艺 6 系（6 个队），以培养地方干部为目标，共招收学员 500—600 人。同年 10 月，并入华中建设大学。

此外，经常不断地开办各种短期干部训练班，对在职干部教育相当重视。

---

① 《第三次文教扩大会议对进一步改革教育的决议》，《盐阜区教育资料选编（政策法令部分）》，第 142－145 页。

② 《盐阜区学校教育发展概况》，《盐阜区教育资料选编（政策法令部分）》，第 254 页。

苏中区

苏中敌后抗日根据地位于江苏省中部，自宝应、东台至长江北岸。其中南通一带早在土地革命战争时期就是红军游击根据地。

1938 年 6 月—1940 年 5 月间，新四军在苏南开辟的敌后抗日根据地中，沪宁路以北、以访仙桥为中心的一块根据地，已从苏南镇江一带延伸到苏中（长江以北）的扬州、泰州地区。不过，当时根据地的中心在苏南；1940 年 6 月，苏南新四军主力转移到长江以北（苏北、苏中）以后，冲破日、伪、顽三股势力的夹击。特别是在 1940 年 7 月取得黄桥战斗的胜利，当年 10 月，又在黄桥战役中取得胜利，打开了苏中地区抗日、民主的局面。

1941 年 1 月，皖南事变后，新四军在苏北盐城重建军部。苏中新四军主力部队改编为新四军第一师。同年 3 月，成立苏中区行政公署。下辖 4 个专区和兴（化）东（台）泰（兴）特区。1941—1943 年间，根据地在日军不断"蚕食"中，斗争异常紧张。特别是 1942 年冬至 1943 年秋，日军对苏中三分区（南通一带）进行空前残酷的"扫荡"，形势十分严重。然而苏中军民在反"扫荡"斗争中，取得了继 1940 年黄桥战役以后的辉煌胜利。1944—1945 年 8 月间，形势越来越好，直到取得抗日战争的胜利。

抗日战争时期，华中敌后斗争八大战略区中，中心区域在苏皖边区。包括苏北（盐阜、淮海）、苏中、淮南、淮北。在苏皖边区，苏中原有文化基础比较厚实。当地抗日教育起步虽比北方抗日根据地晚两年左右，但教育事业的恢复与发展较快。1944 年，苏中在苏皖边区率先进行教育改革，教育改革的步骤又比较稳健。此外，苏中第三、第四分区在 1942 年—1943 年反"扫荡"中创造的"游击教学"，很有名气。

一

苏中新四军领导对教育工作非常关注。当 1940 年新四军主力部队刚转移到苏中时，在黄桥战役期间发布的一套口号中，就包括一系列文化教育方面的口号，即：提高小学教师的薪俸及政治地位；乡村城镇的中小学是抗战的文化中心；文化教育以抗战为中心，反对愚民的反动教育政策；中心小学教职员组织抗敌协会，担负抗敌任务，争取本身解放；反对束缚青年思想的党化教育政策；学生、教职员联合起来参加抗战；教学相长，尊师重道，政治地位平等；反对顽固派"管、教、养、卫"的反动教育政策，提倡启发民众自觉的革命教育政策；反对顽固分子担任中小学校教员；青年学生有言论、集会、参加抗日之自由权。[①]

1940 年 10 月黄桥战役给专事磨擦的国民政府军队沉重打击后，苏中局面打开。

1941 年 3 月苏中区行政公署成立，行政公署设立文教处。刘季平任文教处长。按照新四军总部提出的精神，各专署、县设文教科。

苏中行政公署文教处成立后，广泛开展抗日教育，同时致力恢复与发展中小学，并对原有各级学校进行了初步改革。

（一）小学教育

苏中行政公署颁发了《苏中区小学暂行规程》，规定：

1. 小学以提高国民文化水准、激励民族气节、发扬民主精神、培养生活上的基本知识技能为教育宗旨。

2. 小学为普及国民教育的中心场所，负有协助改进私塾教育与推广社会教育的职能。

3. 小学的办学原则为：切合抗日民主需要，切合苏中具体环境需要，切合儿童生活与身心发展。

4. 小学仍以四二制为基础，以初级小学 4 年为义务教育，高级小学 2 年为普通教育，惟为适合苏中敌后抗日民主根据地的实际情况，义务年限可适当缩短。

5. 接近敌人据点的学校采取私塾形式教学，在环境恶劣地区采取分散教学的办法。为适应游击环境，小学设备宜简便、适合教学为宜，不注重形式。

6. 学校受学区主任与学区辅导员指导。

7. 小学内部组织系统为校务会议——校长——总务部、教导部与社教部，

[①]　新四军苏北指挥部政治部：《黄桥战役期间口号标语》，《新四军和华中抗日根据地史料选》第 2 辑，第 274 - 275 页。

以及各种研究会。

8. 征收学费。

9. 教学方法注重启发学生自觉，多予儿童以自由活动机会，做到教、学与做合一，生活与学习一致，培养自我教育并发扬互助精神，各科教学力求联系，尽可能采用大单教学方法；小学训练重在启发学生自动自觉；师生一道做集体生活，养成学生自我检讨的精神，教师更须以身作则，积极运用学生组织。

10. 秋季始业，农村小学春季始业。[①]

苏中区小学课程设置如下：[②]

学时（分） 学科 年级	公民训练	国语	常识		工作		算术	唱游		总计	抗战建国活动
			社会	自然	美术	劳作		音乐	体育		
低年级 一	60	300	180			150	60	180		930	240
低年级 二							120			990	
中年级 三 四	60	300	210		60	90	150	90	120	1 080	300
高年级 五 六	60	300	180	120	60	90	180	90	150	1 230	360

为了发动地方人士参与文化教育事业，县立小学均设校董会。按照校董会暂行组织规程规定，学校董事会由地方教育主管机关遴选当地热心教育人士7—9人，经政府聘任组成。董事会有推荐校长、请政府核准委任，督促校长教员、过问学校重大问题之权，有动员入学、筹措经费、保护校产等义务。

苏中除公立学校外，允许并鼓励私人集资兴学。不过私立小学在学制、课程、教材训导方面，须遵照政府规定的教育宗旨与实施方针。苏中行政公署曾发布《苏中区私立学校暂行规程》，确立私立学校规范。[③]

此外，苏中区私塾甚多。在泰县、姜堰等县小学与私塾之比，高达1∶200。在这种情况下，不得不利用私塾，并加以引导。为此，苏中行政公署曾发布《私塾管理规程》，确定私塾设置、管理、修业年限、课程、教材等，加以改造。

---

① 《苏中区小学暂行规程》，《老解放区教育资料（二）》下册，第504－515页。

② 同上书，第509页。

③ 《苏中区私立学校暂行规程》，《老解放区教育资料（二）》下册，第515－519页。

关于改良私塾在实践中出现过两种偏向：一是强迫封闭、限制发展、强制塾师考试、强迫合并、吞并私塾生等；一是放任自流，或无条件地提倡私塾，致使私塾改造未获应有效果。

（二）社会教育

苏中从 1940 年起逐年开展冬学，1942 年为使民众教育制度化，制定了许多有关冬学的规章。

苏中以短期冬学为实施冬学教育的基本场所。短期冬学由各区、乡冬学运动促进会协助各乡小学教师抗敌协会、民兵乡队部负责筹设。

区冬学运动促进会由区长、学区主任及各群众组织代表、士绅及热心教育人士代表组成理事会。区、乡冬学运动委员会负责训练教师、分配教师、筹集经费等事宜。[①]

公立与私立中学均得组织冬学工作队，参加冬学工作队的中学生至少占学生总数的一半以上；公立与私立小学组织小先生队，每所中小学，或承包服务地区一所或两所以上短期冬学，担任校长或专任教师，或在服务地区筹设宣讲站、俱乐部若干所。

冬学分二期，每期一个月。每天上课至少 2 小时。按照行政公署文教处发布的《短期冬学课程纲要》教学，采用政府翻印的课本。毕业时给考试合格者发毕业证书。[②]

（三）中等教育

苏中区同各个敌后根据地相比，堪称中等教育最为发达的抗日根据地。

苏中行政公署发布的《苏中区中等教育实施大纲》规定：

1. 中等教育的宗旨，在于根据抗战建国需要，激起青年民族意识与民主精神，培养科学知识及生活上必需的技能，养成抗战建国的人才。

2. 根据上述教育宗旨，确定中等教育方针为：一切教育设施以坚持敌后抗战为原则；教育内容特别注重发扬民族气节，培养民主生活习惯，增进科学知识，学习生产技能；教育方法力求理论与实践一致，以求学以致用；学生训练注意体格锻炼与养成集体生活习惯。

3. 中学仍实行三三制，惟根据抗战建国需要保持一定弹性，高中阶段除普通科外，根据需要兼办农科、师范科，修业期为 1—2 年。

---

① 《苏中区各县、区冬学运动促进会组织大纲》，《老解放区教育资料（二）》下册，第 277 - 279 页。

② 《苏中区一九四二年度短期冬学办理须知》，《老解放区教育资料（二）》下册，第 275 - 277 页。

4. 各科教学注重理论联系实际。学生训练重在养成自由思想、实事求是、埋头苦干、遵守纪律、自动自治、团结互助的学风。建立学生自治会。

5. 初中生每学期收学费折合大米 20—30 市斤，高中生 30—40 市斤。①

苏中区初级中学课程设置为：②

学时\学科\年级	公民	国文	史地	数学	生物	化学	物理	英文	劳作	体育	音乐	图画	总学时
一	2	5	4	5	3			3	2	2	2	2	30
二	2	5	4	4		3		3	2	2	2	2	30
三	2	5	4	5			3	3	2	2	2	2	30

苏中区高级中学课程设置为：③

学时\学科\年级	公民	国文	史地	数学	生物	化学	物理	英文	劳作	体育	音乐	图画	周时数
一	2	5	4	5	4			4	2	2	1	1	30
二	2	5	4	5		5		4	2	2	1	1	31
三	2	5	4	5			5	4	2	2	1	1	31
备注			高三历史 高一、二地理		实习1小时	实习2小时	实习2小时						

二

苏中区在 1941—1942 年间的教育部署，反映出使教育工作"正规化"的意向。在此期间，日伪军频繁"清乡"、"扫荡"，阻止了这个进程，表明当时实现教育工作"正规化"的时机还未成熟。

---

① 《苏中区中等学校实施大纲》，《苏中区法令汇编·文教类》，抄件存华东师范大学教育科学资料中心。

② 同上。

③ 同上。

在 1942 年夏季，日伪军就对苏区四分区（南通地区的南通、如皋、海门、启东一带）发动"扫荡"，到当年冬季，又发动对苏中四分区规模更大、历史更久的"清乡"。这次"清乡"的方针是"三分军事，七分政治"，计划分两个时期："低度时期"，以军事为主，期限两月，高度时期"政治清乡"为主，期限四月。敌酋小林扬言六个月"清乡"不成功，则一年；一年不成功则三年。一个师团力量不够，还可以增兵。汪伪特务头子宣传牺牲十万人要"清乡"，牺牲百万人也要"清乡"。"清乡"从 1943 年 2 月开始动作，但由于根据地军民斗争，到当年 4 月才正式开始，并于当年 9 月被粉碎。苏中四分区粉碎敌伪军历时六个月之久的"清乡"，成为 1940 年黄桥战役以后辉煌的胜利。苏中四分区在反"清乡"斗争中创造的"游击教学"，颇为时人称道。

苏中四分区早在 1941 年就经历过四次反"清乡"斗争，且在斗争中率先提供"游击教学"的经验。如南通师范学校在顾怡生带动下，一直坚持在启东海复镇附近"游击教学"；南通县立中学在四安温家桥、明德补习班在启西区，坚持教学从未中断。在四分区东南地区，坚守在教育岗位上的教师共 475 人，培养小学毕业生 1 900 余人。1943 年的反"清乡"斗争中，苏中四分区军民经受了更严重的考验。

1943 年因敌军"清乡"实行"七分政治、三分军事"的方针，反"清乡"斗争不但是一场军事斗争，而且是一场政治斗争与文化教育斗争。日军把这次"清乡"分为三个阶段，即"安民"阶段（军事进攻）、"训民"阶段（建立伪政权）与"新民"阶段（使根据地殖民地化）。一面实行野蛮的"三光"政策，一面实行欺骗政策。在城市接收学校，在农村登记学校，提出"改善教师待遇"，利用私人关系给教师写信，在海门先将教师抓起来，发"派司"威迫教师工作，实际上起了一些作用。在长时间的"清乡"中，有些人难免受其影响，同时长时间反"清乡"斗争人也易疲劳。在这种情势下，更需加强教育工作。在反"清乡"斗争中，苏中四分区仍坚持教育阵地，中小学都分散上课，分组讨论，或由教师领导，一面进行反"清乡"宣传，一面进行教育；或同民兵一起行动，既以民兵掩护教师，又可替民兵上课。

以下是苏中四分区反"清乡"斗争中目击者的见闻:①

"海东区委书记梅永熙说:我们不光有'朝天镇'，还有'游击课堂'哩。……他指着远处一个农妇:那就是我们'游击课堂'的老师。

"我顺着他指的方向看去，只见那妇女穿一身茄花色土布衣裤，头发拢在帽子里；一手提一只篮子，拿一根竹竿，一手拉着个八九岁的女孩。……她挎的

---

① 《苏中四分区反清乡斗争》，江苏人民出版社 1985 年版，第 59－60 页。

篮子里，有课本，有作业本。

"'今天上课？'我认真对她说，'据点里的敌人出动了。''他们出动他们的，我们上我们的课。'她笑着，自豪地回答，然后很熟练地把竹竿插在地上，又往竿梢挂一块红布，远远看去，像是一面红旗。

"果然，不多一会儿，三十多个男孩子、女娃娃，跳跳蹦蹦，从四面八方奔来了。女教员让孩子们围成一圈坐下来，掏出课本温课，响起了一片读书声。"①

延安《解放日报》对苏中第四分区在反"清乡"斗争中坚持"分散教学"，曾有报道。②

1946年3—4月间召开的华中宣传教育工作会议期间，国民教育高级小学组在总结中，把苏中第四分区游击教学的经验，归纳为如下几点：化整为零：把班级化成小组（每组10人左右），学习地点经常转移，平时有学生轮流放哨，各小组之间建立情报网，学校与民兵自卫队之间也有情报联系，教师化装成农民巡回教学；每个小组有正副组长，生活小组长管理生活，学习小组长组织学习，另有小先生参加辅导；教师上午对一个小组直接教学，别的小组的小先生亦可参加，回组后传达，教师下午到各组巡回指导；儿童在生活上自治，学习上以自学为主，并开展互学互助；一定学习阶段结束时，各小组先进行总结，然后全班集中总结，并开展文娱活动。③ 尽管处在游击战争环境下，由于实行分散教学，办学形式灵活，便于农村儿童学习，所以学生人数反而比平时有所增加，并使学生经受平时所难以得到的锻炼。

在此期间，苏中三分区在反"清乡"斗争中也坚持"游击教学"。如泰兴师范，从1943年年初开始，经常分散转移。为此，实行学校生活军事化，师生每天早晨打背包，自备小板凳，随时准备转移。一到驻地，就抓紧时间学习。行军时，把学生分尖兵组（了解敌情，熟悉路线，安置路标）、互帮组（以大帮小，以强帮弱）、收容组（沿途收纳生病或掉队者）、后导组（收取路标，消灭行军痕迹）。地方武装参加护送与接应，形成坚强的战斗集体。更为难得的是，在如此困难条件下，课程并未减少。语文、数学、政治、哲学、历史、地理、物理、化学、生理卫生、音乐、体育、教育学、心理学等学科照常开设，两门主课不及格者，照样留级。1944年春，师生跋涉三四百里转移到宝应县境内学习半年多，终于在当年秋使应届毕业生如期毕业。

---

① 洪泽：《江海怒潮》，《苏中四分区反清乡斗争》，第113页。

② 《解放日报》1944年5月4日。

③ 《国民教育高级小学组总结》，《解放战争初期苏皖边区教育》，人民教育出版社1982年版，第77－78页。

中共苏中区委员会于 1943 年 6 月，在紧张的反"清乡"斗争中，根据该区敌后斗争环境的特点，重新制定了整风学习计划。在严重斗争局势下，坚持干部每日学习二小时制度。

在苏中第三、四分区反"清乡"斗争高潮行将过去、胜利在望之际，中共苏中区委员会于当年 7 月发布《关于继续开展社会教育与健全国民教育的指示》，强调社会教育与国民教育的联系，在继续开展社会教育的同时，健全国民教育，加强对国民教育的领导。提出：在国民教育方面，建立与健全各级教育行政机构，取消学区制，代以督学制。在有 7 所以上学校的区政府，增设文教辅导员一人，共产党宣传部原则上不兼代文教行政职能；抽调一定数量并有一定水平的干部加强文教行政部门。"清乡"或可能"清乡"的区域，文教干部转入学校教育工作部门。青年干部转入中学学习；在学校教育发达地区（第三、四分区），国民教育重在提高质量，而不是增加数量，在学校教育尚不发达地区（第一、二分区），一面发展，一面提高，在发展中多注意建立地方性的私立学校，在提高中多注意建立实验性的中小学；设立师范学校，加强在职干部进修；中学一律归苏中区行政公署文教处管理，公私学校均应扶植。"清乡"区内中学，采取"分散、掩蔽、灰色"等适存办法坚持斗争，没有条件就地坚持的学校，尽可能设法转移；大量争取塾师与改良私塾，在"清乡"区尤应争取；小学教师待遇，以能维持一个半至两个人生活为原则，中学教师待遇以能维持两个半至三个人生活为原则，等等。

在社会教育方面，仍以有组织的基本群众为主要对象；以反"扫荡"、反"清剿"、反"清乡"的实际教育为主要内容；在根据地中心，以设立正规的俱乐部、民众学校、民众教育馆为主，在边缘区域，则以不定期、不定型的流动宣传教育为辅（主）。①

1943 年 9 月，苏中区二专署召开该分区第一次文教工作会议，决定：教育经费独立，小学教师待遇实行实物供给制，各县都筹设简易师范，增设完全小学与初级小学，计划从当年下学期起增设学校 150 所，在各乡设"教（明）理堂"② 一所，为社会教育中心场所。此外，由各学校办理民众识字班，出版简明通俗的老百姓报，办理私塾登记，分期分批办理塾师训练班。③

苏中原先对社会教育与小学教育的发展与改造比较注重，还未来得及抓中

---

① 苏中区党委：《关于继续开展社会教育与健全国民教育的指示》，《新四军和华中抗日根据地史料选》第 6 辑，上海人民出版社 1986 年版，第 215－218 页。

② "明理堂"是根据中共苏中区委员会 1943 年 11 月 12 日《关于今冬明春教育工作具体进行办法的指示》设置的社会教育组织形式。它是旧有的社会教育形式。

③ 《解放日报》1943 年 10 月 1 日。

等教育。苏中三分区、四分区中学很多，私立中学所占比例甚大。通过反"清乡"斗争，发现中学有特务活动存在；同时，在 1941—1942 年间，曾致力于中学"正规化"，1943 年 7 月根据陕甘宁边区干部教育与中等教育改革的精神，着手对中等教育实行进一步改革。1943 年三分区召开中等教育会议，针对苏中三分区中等教育中存在的问题，确立坚持抗战民主立场，贯彻学用一致精神的方针，相应地对中等教育作一系列改革，这就是：在中等教育结构方面，除普通中学与师范学校外，特别注重发展职业教育。在教育行政方面，强调抗日民主政府的切实领导与对抗日民主政令的正确执行，纠正自流现象和阳奉阴违的两面态度。在学校管理方面，建立以校长为首的校务委员会。在课程方面，公民课以时事教育为主、政治教育与思想教育为辅；历史课以"由今及古、由近及远"与"今详古略"为原则；国语课以养成学生阅读与发表能力为目的，课文教育与思想教育并重；教育学科以改造国民教育为目的，着重实际办学及教导方法的训练；自然科学课以开展生产建设为目的，着重实用知识的训练。教学方法方面，注重实际活动。生活指导方面，强化学生自治组织与加紧教师的积极领导。在校长、教师的任聘考成方面，确立政治态度、工作态度、工作能力、过去资历四条标准，等等。①

苏中四分区如皋中学提出教育改革的三个口号："确立革命观念"、"确立劳动观念"、"确立群众观念"，相应地采取三项措施：1. 成立整风计划委员会，开展整风学习；2. 在学校附近租地五亩半，师生共同种菜，每个班级养羊 2 只，每个教师养羊 2 只，共养羊 12 只；3. 配合即将开始的冬学运动，成立乡村俱乐部，建立社会教育机构，并拟在冬学运动中成立社会教育团，巡回全区，推动冬学的开展.②

苏中地区在 1940—1943 年间，在十分紧张与艰巨的斗争中恢复与发展教育事业。到 1943 年止，已有 54 所中学，422 名中学教师，中学生达 8 000 名；小学校 1 546 所，小学教师 3 320 人，小学生达 156 638 人；在冬学运动中，有150 000以上有组织群众受到民主教育。③

三

在 1944—1945 年 8 月间，苏中区对日军发动局部反攻，形势越来越好。1940 年 3 月苏中车桥战役揭开局部反攻的序幕，到 1944 年夏季，在苏中已将日

---

① 栾长明：《改造我们的中等教育》，《华中苏皖边区教育资料选编（一）》，第 41－43 页。
② 《解放日报》1943 年 11 月 17 日。
③ 粟裕：《坚持苏中敌后抗战》，《解放日报》1944 年 1 月 24 日。

伪政权挤到只剩原占土地 16% 的范围。加上附近几个战略区局部反攻的进展，为根据地教育事业的发展与改革创造了良好的环境。

1944 年 2 月，苏中行政公署文教处为使教育工作适应农村环境，决定将小学从秋季始业改为春季始业；每学年由 2 个学期，改为 3 个学期；取消暑假，改放忙假。①

延安《解放日报》关于教育改革的两篇重要社论《根据地普通教育的改革》和《论普通教育中的学制与课程》传到华中以后，苏中在华中地区率先作出反应。1944 年 6 月，苏中行政公署文教处颁发《彻底改革文教工作十大要领（草案）》，提出：

1. 整个文化教育改革和坚持根据地、准备反攻、建设新中国的实际斗争结合起来。

2. 整个文化教育工作的重心，着重于干部教育和群众教育。

3. 把所有中学加以改造，转变为培养师资和中级干部的机构，把所有高级小学加以调整改造，逐步转为培养乡以下干部的机构。

4. 配合群众工作，大力发展各项正规的或游击式的群众教育，开展群众性的文化活动。

5. 原有初级小学，酌量缩短肄业年限，提高入学年龄，着重素质的提高，暂时限制数量的发展。

6. 把各地原有私塾加以管理改造，逐步转变为官督民办的国民教育辅助机构。

7. 选择若干乡，在乡政府文化委员会主持下，联合群众教育机构及小学、私塾，试行"乡学制"（即在全乡范围内照顾各种对象三方面的国民教育）。

8. 调查研究各种实际需要，彻底改造课程，改编教材及读物。

9. 根据抗日民主立场、学用一致精神两大原则，开展整风运动。

10. 领导上首先创造各种新榜样，建立巡回导师制，开办短期研究会，以保证逐步完成全盘改造工作。②

这套措施基本上采纳了陕甘宁边区教育改革的原则，所不同的是：陕甘宁边区着重提倡非正规化的办学形式，苏中则采取正规教育与游击（或非正规）教育并举，前者强调小学数量的增加，后者则暂时限制初级小学数量的发展。

1944 年 7 月 12 日—8 月 31 日苏中在陕甘宁边区文化教育大会前，就召开苏

---

① 《苏中公私立小学一学年改为三学期》，《华中苏皖边区教育资料选编（一）》，第 233 页。

② 苏中行政公署文教处：《彻底改造文教工作十大要领（草案）》，《华中苏皖边区教育资料选编（一）》，第 94 页。

中教育会议。会议按照《彻底改造文教工作十大要领（草案）》，进一步讨论教育改革措施。在这次会议上就教育改革问题发生激烈的争论。多数人（约150—160人）赞成按《解放日报》社论和苏中发布不久的《彻底改革文教工作十大要领（草案）》精神进行改革；少数人（约20人左右）持有不同意见。认为这样改革将会妨碍人的自由发展，其论据有三条：1. 侧重现在，兼顾将来；2. 应重视学生的个性、天才与兴趣；3. 应尊重各党派的教育主张。

苏中行政公署文教处长刘季平代表会议主席团在会上发表关于自由发展问题论战的总结报告。其中首先论述为进步服务的教育观、抗日民主立场和学用一致的精神，以及这三者之间的关系。认为这三大根本思想，是教育界的"三大基本纲领"；并根据这个精神，分析了所谓教育"自由发展"主张的论据，基本上否定了教育"自由发展"的主张。① 这次会议通过了《关于向政府建议改行新学制的决议》、《关于目前如何实施新学制问题的决议》、《关于办理乡学开展新学制问题的决议》、《关于普通中学改造问题的决议》、《关于师范学校问题的决议》、《关于办理国民经济建设学校的决议》、《关于小学改造和私塾管理问题的决议》、《关于办理高级民校建立区学的决议》等十项决议。在这次会议上，还成立苏中教育学会，由刘季平任理事长，刘伯厚、孙蔚民任副理事长。随后，苏中各分区相继建立教育学会分会。

新学制一览表②

层次	管辖部门	招生对象	"正规"学校修业年限	培养目标
1. 乡学	乡政府	全乡成人与儿童	4 年	培养新社会的新公民，使能具备必要的社会斗争知识与生产斗争知识
2. 区学	区政府	乡学毕业程度者	2 年	提高乡学阶段的公民教育，培养能在一村范围内起模范作用、推进社会斗争与生产斗争的优秀人材

---

① 刘季平：《论抗日民主立场学用一致精神》，《老解放区教育资料（二）》上册，第52－79页。
② 《新学制修正草案》，《华中苏皖边区教育资料选编（一）》，第97－99页。

层次	管辖部门	招生对象	"正规"学校修业年限	培养目标
3. 县学	县政府	现任乡级干部与人材,有实际经验,能够培养成为乡级干部与人材者;区级在职干部或专门人材	略	培养能担负或倡导一乡范围内各种建设与斗争的专门人材
4. 各种专门学校	专员公署	有可能培养成为区级干部与专门人材者;县学毕业参加实际工作一年者	略	培养能担负或倡导一区范围内各种斗争与建设的专门人材,以及有较高修养的乡级专门人材
5. 大学	行政公署	专门学校毕业参加工作二年者;具上述程度工作二年者;县级在职干部工作一年、区级在职干部工作二年者	略	培养能担负或倡导一县范围内各种斗争与建设的专门人材
6. 研究所或研究院	略	略	略	略

在苏中教育会议通过的一系列决议中,对向新学制过渡时期的措施和各级各类学校的改革作了全面部署。值得注意的是苏中教育会议确定具体实施新学制的原则是:向新学制方向前进,决不可观望等待;第一步以普遍创造实施的基础条件、抓住中心、创造新榜样为重要任务;为过渡到新学制创造基础条件又以当年冬季、1945 年春季的群众教育为中心环节;各地文化条件有差别,教育发展不平衡,对原有学校的改造和新学制规定的各种教育的建设,依据当地情况,分别轻重缓急,有计划地逐步推行,而不强求齐一;新学制的实施保持弹性,因地制宜,随时势的发展而灵活运用,以充分发挥其效能。①

1945 年,面临大反攻的形势,苏中行署主任管文蔚提出:要更好地推行新

---

① 《苏中教育会议关于目前如何实施新学制问题的决议》,《华中苏皖边区教育资料选编(一)》,第 100 页。

的教育制度，每乡办好一所乡学，全体民兵都要经过乡学毕业；每区办好一所区学，分期使村级干部、民兵小队长、民兵英雄、劳动模范全部经过区学毕业；每县办好一所县学，分期使全县乡级党政干部和部分区学毕业的民兵英雄经过县学毕业。① 同年 3 月，《苏中教育》杂志在《今年苏中文教工作的任务》一文中谈到：苏中文教工作过去虽绕了一些弯路，但自苏中文教会议以后已有很大转变。新学制虽推行未久，已经取得不少成绩。在部分县里设立了乡学，个别县里开办了区学、县学。②

苏中区对于在职干部教育与干部学校教育一直比较重视，举办的干部训练班与干部学校甚多。

中国人民抗日军事政治大学第九分校 1942 年 5 月，以中国人民抗日军事政治大学苏中大队（原为抗大五分校的一个大队）为基础，在苏中区南通建立中国人民抗日军事政治大学第九分校。由粟裕兼任校长。在反"清乡"斗争中先后迁到溧水及洪泽湖以南坚持办学。

苏中公学 1944 年 2 月，决定在抗大九分校基础上创办苏中公学，由粟裕、管文蔚任正副校长。当年 2 月招生时，设军事、政治、文化三系，学额 600 人。同年 4 月开学。修业 1 年，实行三学期制。该校一直坚持到抗日战争胜利。

---

① 《今年苏中文教工作的任务》，《老解放区教育资料（二）》上册，第 128 页。
② 同上书，第 127 页。

淮南区

淮南敌后抗日根据地，是在抗日战争初期皖东游击区基础上发展起来的，是华中最老的抗日根据地。包括安徽境内淮河以南的若干县和江苏境内六合、仪征等6县。境内以津浦铁路为界，分为路东、路西两个相对独立的游击根据地。境内无大的山岳为屏障，属"四战之地"，对敌斗争相当艰巨。

1938年秋，在皖东建立中共皖东工作委员会。1939年5月，原在皖中区活动的新四军四支队一部挺进皖东，在津浦路东来安、嘉山、天长、六合等地敌后开展游击战争。同年7月，建立新四军第五支队，活动于津浦路西。分别开辟以定远县藕塘镇为中心的津浦路西游击根据地和以来安县东北半塔为中心的津浦路东游击根据地。

1939年11月，刘少奇抵达皖东根据地。1940年4月，由联防委员会选举产生联防办事处。同年8月，成立津浦路西各县联防委员会。1941年皖南事变后，活动于淮南地区的新四军第四支队和第五支队及江北游击纵队的一部分，改编为新四军第二师。1942年2月，在路东建立淮南苏皖边区行政公署（不含淮南路西地区，包括原属江苏省的部分地区）。1943年2月，建立淮南（包括路东、路西）统一抗日政权淮南行政公署，在路东、路西分别成立专员公署。

到1945年7月，淮南根据地基本区拥有面积21 000余平方公里，政令所及人口280余万。同年9月，建立17个县级民主政权，拥有人口330万。

淮南抗日教育虽然从1939年就逐步开展起来，但到1940年建立临时抗日民主政权以后，才逐步形成局面。故大致从1940年算起，分为皖东游击根据地时期（1939—1940年底）和淮南根据地时期（1941年1月—1945年8月）。在淮南根据地时期，1943年2月建立淮南路东、路西统一的行政公署前后，情况不同；1944年前后情况也有区别。

一

淮南地区原有文化教育基础本不雄厚，抗日战争初期原有基础又受到破坏，1938 年 10 月，各县学校几乎都停顿了，只剩下天长县还有 3 所小学，随后这 3 所小学也解散了。

在皖东游击根据地时期，适应游击战争的需要与条件，大力开展抗日民主宣传和教育。1940 年，中共中央中原局书记刘少奇提出"路东各地小学一律恢复"（其中提到的"路东"当指淮南津浦路东地区）。1940 年 4 月，津浦路东联防办事处成立后，提出的文化教育方针是：加强民族教育，提高人民的民族自尊心与自信心，使人民能自觉地参加抗战，坚定抗战意志；灌输新民主主义思想，培养人民的民主精神，以完成建国事业的思想建设；提高民众政治文化水平，大量培养抗战建国人材，以供各方面工作之需要。①

1941 年 1 月 13—18 日，津浦路东临时参议会召开时，路东联防办事处主任对 1940 年 4 月联防办事处成立以后，实际上是整个皖东游击根据地时期，淮南津浦路东文化教育工作作了全面总结。指出在此期间文化教育工作主要是：

1. 通过召集群众大会、座谈会、街头演讲、派宣传队下乡宣传及散传单、贴标语等方式，加紧进行抗日民主宣传。其中声势较大的，如 1940 年 8 月的反汪宣传活动、同年 10 月的抗日宣传运动等。

2. 举办学校，实施义务教育。路东联防办事处设立淮南路东联合中学，有学生 200 余人；各乡、保设立小学。到 1941 年 1 月止，已有乡立小学 170 余所，保立小学 600 余所；无法办学的保，将私塾加以改良。实施免费的义务教育，教育经费由政府负担，书本也由政府发给，联合中学学生膳费也由政府供给。抗日军人家属及政府公务人员子女的衣服，亦由公家发给，并按月发给零用钱。

3. 开办各种短期训练班，培养抗战建国人材。已开办的短期干部训练班有：行政干部训练班，开办 3 期，训练学员 200 余人；地方武装干部训练班也办了 3 期，训练学员 300 余人。此外，还有会计训练班、财政人员训练班、师资训练班，等等。

4. 编印新教材，从 1940 年 5 月、6 月起，联防办事处组织教材编写委员会，着手选编教材。重新编纂中小学教材 40 余本（种），高级中学及干部训练班，还采用抗战书报。

5. 创办《新路东报》，并有新四军出版的《抗敌报》、《抗敌电讯》。

――――――――――――

① 邓子恢：《津浦路东苏皖边区抗日民主政府一年来施政工作总报告》，《新四军和华中根据地史料选》第 3 辑，第 147 页。

6. 创办宣传教育团，开展艺术运动。①

从当时财政支出的结构，可以窥测教育工作在整个根据地的地位以及教育工作的重点。

在财政支出总数中，各项开支所占的百分比是：军费79%，行政费11%，教育费7%，其他3%。②

1940年5—12月，除军事费以外，由联防办事处掌握的经费分配情况如下：

经费（元）项目月份	办事处经费	干部训练班经费	教材编辑委员会经费	单衣或棉衣经费	淮南路东联合中学经费
五月	1 360 元				
六月	1 850 元				5 000 元
七月	1 850 元	1 120 元		1 565 元	5 000 元
八月	2 360 元	1 120 元	186 元		5 000 元
九月	2 675 元	1 120 元	186 元		5 000 元
十月	2 675 元	1 120 元	186 元		5 000 元
十一月	2 675 元	1 120 元	186 元		5 000 元
十二月	3 013 元	1 120 元	186 元	9 671 元	5 000 元

这里所谓"办事处经费"，系指行政费（包括警卫部队开支）。从这个统计可以看出：除7月份单衣、12月份棉衣支出外，主要开支是行政费与教育费；由办事处支出的教育费主要用于开办路东联合中学、干部训练班与编印教材；办一所中学所需的费用，远远超过全部行政费，各项教育费总数，超过行政费的1倍、2倍甚至3倍。当然，这里也存在一个在当时环境中实行免收学费、供应教材、中学全部包下来的政策是否合乎时宜以及中学怎样办的问题。不过，该报告中提到"联中的经费每月五千元，以后准备大批招生，尽量扩大，经费还要增加"。③

淮南津浦路东临时参议会通过《津浦路东各县联防办事处抗战时期施政纲领》（1941年2月公布）。其中列举文化教育部门的纲领是：展开新的启蒙运动，提高科学文化教育，树立三民主义之教育，创造中华民族之新文化；提高人民

---

① 邓子恢：《津浦路东苏皖边区抗日民主政府一年来施政工作总报告》，《新四军和华中抗日根据地史料选》第3辑，第147－151页。

② 同上书，第141页。

③ 同上书，第143页。

政治、经济、文化水平，发扬民族自信心与自尊心；普及教育，创办各级学校，改制课程，编审教材；实行普及免费之儿童教育，消灭文盲；提倡简体字，推进新文字运动；提高生产教育，培养科学技术人材；培养抗战人材，加强干部教育；扶植并奖励人民之抗战文化教育事业；发展出版事业，大量发行抗战书报；培养新闻干部，发展新闻事业；开展戏剧、绘画、音乐、体育等运动，提倡人民正当文化娱乐。①

1941 年 1 月，淮南路东联防办事处主任在参议会报告办事处工作努力方向时谈到：文化教育工作方针是提高人民的民族自尊心与自信心，提高民众的政治、文化水平，培养干部人材，以树立新民主主义的文化教育基础。工作中心是：继续扩大联合中学，普遍建立各乡、保小学，并办夜校、半日学、识字班及短期训练班，大批培养干部；加紧社会教育，各保建立俱乐部；各县、区设流动图书馆，开办书店，扩大印刷所，改良纸业，以增加文化食粮……此外，组织文化团体，改善小学教师待遇，优待文化人，大量提拔当地文化干部，吸收外来知识青年与文化人参加淮南津浦路东地区文化教育事业。

1941 年 4 月，淮南津浦路东召开苏皖边区文化界抗敌协会第一次代表大会。出席代表大会的有来自天长、六合、盱眙、嘉山、高邮、来安、淮宝、仪征八县和办事处直属单位代表 166 人。其中教育界代表占 57.5%。路东联防办事处负责人在大会上提出：尤其在今日，我们深处于敌后，在敌、顽的各种反时代的反文化的"扫荡"中，我们没有坚强的文化部队去回答它，没有服务于抗战的新文化运动，要求根据地的全面巩固将是不可能的。他认为，为了开展路东的文化工作，单依靠少数较有修养的新文化工作者是不够的，还应吸收广大的小学教员和唱大鼓书的、小戏班的一类民间艺人参加工作，为抗战服务。大会历时 7 天，通过《津浦路东苏皖边区文化界抗敌协会简章》和若干决议案。有关教育工作的决议案达 10 项之多。其中包括：

1. 如何开展路东社会教育案。决定广泛开展识字班，各区、乡及市镇应尽量设立民众阅览室，经常举行通俗讲座，定期举行各种竞赛，各区、乡应迅速筹办区、乡俱乐部，各小学定期赴附近村庄访问，各小学学生应实行小先生制，现有各小学须设民众俱乐部及民众学校一所，等等。

2. 建立路东教育基金案。呈请办事处每年拨助法币 1 500 元，作为路东教育奖金，奖金授予民众俱乐部（包括民众学校）、初级小学及完全小学之成绩在前五名者，各单位获奖后，2/3 留在本单位，1/3 分配给全体教职员。（按：这个

---

① 《津浦路东各县联防办事处抗战时期施政纲领》，中共中央书记处编：《六大以来》上册，人民出版社 1981 年版，第 1154 页。

数额占办事处 1940 年 12 月全月行政费 3 013 元的一半。）

3. 扩大联合中学，以救济路东失学青年案。

4. 应如何开展路东小学及大量培养小学教师案。其中包括请政府按照小学教师原薪增加 1/3。

5. 力求教育得能普及，应广泛建立保立小学案。

6. 如何补救农村儿童不能经常上课与失学案。建立对入学有困难的儿童实行半日制、分部制、放农忙假、小先生制等。

此外，还有如何介绍路东教育理论与教育经验案、成立总教抗（教育界抗敌协会）案、编印教育刊物提高教师水平案以及如何编印儿童课外读物案，等等。[①]

1941 年淮南津浦路东根据地教育工作情况大致是：

1. 教育行政系统已经建立，教育行政机构仍不健全。

淮南路东教育行政系统大致是：路东联防办事处设宣教科，县设宣教科，亦称第三科，区级是督导机关还是行政机关未定，乡、保级行政委员会中，设教育委员（仅 1/3 地区实行）。实际上，县级行政机关宣教科只有科长 1 人，或加上个把科员，县以下机构往往没有人专管教育。

2. 训练班实际上是完成中心任务的突击队，或是在训练班前先把学员分发出去做突击工作，然后在学习期间加以总结，或一边学习，一边实习。这样的训练班战斗性强。

3. 采取中小学教师暑期讲习会等形式吸收和培养知识分子，但也存在不信任地方知识分子的现象。

4. 小学教育：起初由于小学教师待遇菲薄、社会地位不高，一部分小学教师改行做财经工作，一部分小学教师改行经商。后来改给小学教师粮食供应标准以一个人养活一个半人为原则，并颁发教育奖金，在参议员中设小学教师代表，并通过教师讲习会、小学教师抗敌协会等形式加强对他们的教育，提高了教师的积极性。农村中失学儿童仍占极大多数，主要原因是其家庭需要他们从事家庭劳动，当时已注意到这个问题，提出这一方面要更改小学制度，如实行半日学或夜校；一方面还要靠学校以外的组织（如儿童团）以补不足。

5. 关于中学，起初由于实行免费制度，反而引起群众怀疑，害怕学了要当兵，实行一学期后，顾虑才逐渐打消；联合中学最初惟恐没有学生入学，重量不重质，有些为了逃避服兵役的中农、富农子弟被吸收入学。后来注重提高质

---

① 津浦路东苏皖边区文化界抗敌协会第一次代表大会：《关于开展津浦路东文教工作的决议》，《华中苏皖边区教育资料选编（一）》，第 220 – 222 页。

量，把文化程度不够的学生，转入小学学习，再后来既注重增加学生数量，又注重提高教育质量。在此基础上于1941年12月提出"创办正规中学"的问题。认为中学既不能完全搬用旧中学的一套，也不能完全仿效中国人民抗日军事政治大学或一般训练班的一套，而需创造新的一套。试行四年制（高级与初级各二年），政治课与普通文化课都不偏废，学生应具有一般常识，要求初中毕业生对一般政治问题的了解赶上乡级干部，高级中学毕业生赶得上区级干部。每年放假三次，即午收（夏收）前、秋收前及年假。①

6.1941年夏季，淮南路东联防办事处在盱眙创办淮南行政学院，亦称苏皖行政学院。由方毅兼任院长。有学员100余人。分设行政、财会、艺术三个系。

7. 开展民众教育：季节性的民众教育的基本形式是冬学；常年民众教育的主要形式是民众学校、民众识字班、民众识字组以及民众俱乐部、阅报室等。按照津浦路东联防办事处发布的《冬学运动实施计划》，冬学运动的方针，是经过识字教育，提高民众文化水平，加强民众的民族抗战意识与民主教育，以配合冬学的军事动员的民主运动。要求中学校至少须附设民众学校一所，各小学在三班以上者，须附设民众学校一所，或识字班两处，两班以下者附设识字班一处，或识字组三处。另有单独设立的民众学校，一律实行半日二部制。冬学以35岁以下的青壮年为主，以有组织的群众为主，文盲半文盲优先。设立各级冬学运动促进委员会（区不设，保只设冬学委员）。冬学期四个月。以识字课为主，政治、算术、歌咏为辅。冬学以民众学校、识字班、识字组的方式进行。淮南路东地区也像其他抗日根据地一样，在冬学结束后，力图把季节性民众教育，转为常年民众教育。路东联防办事处还专门拟定《民众学校规程》、《民众识字班办法》及《民众识字组组织办法》，使民众学校制度化。民众学校有高级民众学校与初级民众学校之别。民众学校中分设成人班，妇女班，以失学青壮年为主要对象，另附儿童班，以失学儿童为对象。民众学校课程参照小学课程制定，初级民众学校课程如下：

科目	周学时	每学时分钟数	备注
识字	6	50	兼授新文字、简体字
习字	2	25	

---

① 《淮南路东区党委关于根据地建立以来的总报告》，《新四军和华中抗日根据地史料选》第3辑，第106页。

科目	周学时	每学时分钟数	备注
缀法	2	25	从第三学期开始,第一、二学期加重习字时间。本科注重书信、便条及乡村应用文。
算术	6	50	注重珠算、简易笔算及记账
政治讲话	3	30	本科科目内容包括时事谈话一节
音乐	3	20	得兼授民间抗敌小调及歌谣
集会及讨论	1	20	政治讲话每周应讨论一次
合计	23	220	

农村民众学校以冬学4个月为限,街、镇长年举办,每年至少两期(每期4个月)。民众识字班、民众识字组适应不能入民众学校的失学青壮年、儿童的需要而设。①

8. 改造私塾:津浦路东联防办事处制订《改良私塾办法》,针对传统私塾的各种弊端,提出一系列改良办法,如:私塾儿童满20人时依照儿童文化水准分组教学;每天学习时间不得超过7小时;讲解与背诵并重;采用联防办事处编印的课本;尽量多用启发式;详细批改作业,定期测验;讲解抗战道路,等等,凡与此办法违背者,则给予警告、记过或勒令停办处理,② 使私塾向小学制度转化。

到1942年底,淮南路东地区有小学271所。"达到每乡,每保都有1所小学",单是直属一区,就有小学90所。全区有中学6所,各种干部训练班19所。③据1942年7月统计,淮南路东地区,下辖7县及4个直属区,共有34个区,335个乡;④ 故实际上未达到每乡1所小学,亦未达到每保1所小学。

---

① 《冬学运动实施计划》、《民众学校规程》、《津浦路东各县民众识字班办法》、《津浦路东各县识字组办法》,《华中苏皖边区教育资料选编(一)》,第225-233页。这几个文件均难以断定是否产生于1940年4月联防办事处成立后、1942年2月联防办事处撤销前。实行于1940年4月-1942年2月期间。

② 淮南津浦路东联防办事处:《改良私塾办法》,《华中苏皖边区教育资料选编(一)》,第224-225页。

③ 刘健飞:《淮南路东地区教育工作简介》,转引自童志强:《抗日战争、解放战争时期安徽省解放区的发展沿革和教育概况》,《安徽教育志资料》第5期,第49页。这是提到的小学数目,第一,一个区的小学就占全战略区的1/3,小学发展未免过于不平衡;第二,前面提到单淮南路东地区在1941年1月即有小学770所(乡立小学179所,保立小学600所),到1942年底减少的幅度是否有这么大,尚待研究。

④ 《淮南路东根据地概况》,《安徽省革命根据地财经史料选(一)》,安徽人民出版社1983年版,第206页。

1941 年冬学运动中，设民众学校、识字班 288 处，入学群众 4 602 人，大众俱乐部 63 处，图书阅览室 38 处；1942 年冬季，设民众学校 232 处，入学干部群众 22 152 人。①

1943 年 1 月延安《解放日报》对淮南路东根据地作了专题报道，提到：新四军改造根据地是以"活的教育"去组织民众，共同努力于抗日及建设根据地的工作。驻扎在根据地的正规军、地方军队及民兵，他们都过着教育生活。整个兵营好像一个学校，各级军官是最慈爱的教师。"新四军改造路东根据地，确是用了教育方法。不过，不是呆板的学校教育，而是'活的教育'"，"此间有极完全（善）的战地医院，有大学、中学，有三百余所小学，小学教师的生活费足够养活一家人"。②

按照淮南路东地区行政当局 1942 年估计，每个脱离生产者每年用费，照当时物价计算，约需 1 100 元（依正规军计算，津贴菜金、文教费、办公费、战争消耗等计约每月 50 元，每年 600 元，被服费每年约 50 元，外加粮食）。按根据地粮食状况，约 20 个人供养一个脱离生产者。当时全区脱离生产者达 33 000 人（正规军 20 000 人，地方武装 4 000 人，党政群众团体机关 9 000 人），占民主政府实际控制人口（约 670 000 人）总数的 4.92%，吃粮人数 37 000 人（包括民伕等），占 5.52%，超过中共中央规定的 3% 的标准。③ 故教育事业的发展，尤其是高级小学以上学校的发展不能不受到一定限制。

二

淮南津浦路西根据地在 1940 年 8 月成立路西各县联防会不久，国民政府乘日伪军进攻津浦路东根据地之机，于同年 9 月进攻路西根据地。淮南路西军民展开反磨擦斗争。1941 年 3 月，又粉碎日伪军进攻，恢复了路西根据地的基本区。同年 9 月 18 日，召开津浦路西第一届临时参议会，选举产生路西联防办事处。此后，津浦路西根据地教育工作情况如下：

津浦路西地区从 1941 年起，每年举办暑期教师研究会。1941 年夏季定滁县、定合县分别举办暑期教师研究会，各有学员 100 人左右。淮南津浦路西联防办事处宣教科黄震曾到定合县教师研究会发表几次报告。由于人多，在树林中听报告，各小组分散在不同地点讨论。定合县的教师研究会，先在一个地方进行，由于环境紧张又转移到另一个地方进行。白天打好背包，晚间转移，坚持

① 《安徽教育志资料》第 5 期，第 49 – 50 页。
② 纪晓：《路东根据地一瞥》，《新四军和华中抗日根据地史料选》第 3 辑，第 453 – 454 页。
③ 《淮南路东根据地概况》，《安徽革命根据地财政史料选（一）》，第 206 – 207 页。

40天，直到结束。在1942—1944年间，定合县、定凤怀县、凤定嘉县、定滁县每年暑期都有半数以上的教师自带行李、日用品，到路西联防办事处附近的一些镇，参加教师研究会。① 约在1941—1942年间，路西地区有小学140余所。②

1940年夏，淮南津浦路西联防办事处在定远县藕塘镇附近创淮南津浦路西联合中学（由八县联合成立），同津浦路东联合中学遥相呼应。由路西联防办事处宣教科长朱凡兼任校长。"江淮平原，津浦路西，我们年轻的一群，明天分散在各地，要为新中国建设而努力！"该校校歌的这几句歌词，体现了该校的办学宗旨。这所学校在当年秋季，由于环境紧张，曾转移到津浦路东办学。到1942年春，才从路东迁回路西。该校大部分学生是干部子女，小部分是一般工农子女。③

三

1943年2月，根据中共中央华中局决定，淮南抗日根据地实行一元化领导。建立中共淮南区委员会，相应地调整行政机构，建立淮南津浦路东、路西统一政权，即淮南苏皖边区行政公署。路东路西分设专员公署。淮南行政公署设教育处，由郭兆元、刘健飞任正副处长。

淮南路东专员公署在形势即将好转之际，未雨绸缪，于1943年暑期召开三期教育研究会，总结教育工作经验，每期8天。先后出席者达300人。据延安《解放日报》报道：三年来路东社会教育已经创造不少新的方式。如竹镇小学实验"小先生制"，在半年中培养六七个小先生，使300多失学儿童得到学习机会；衡西小学实验的"牧读团"，在牛角上挂上书本，一面放牛，一面学习；穆店小学的"送孩团"，简便灵活；古城小学的"新文字民众学校"成绩斐然。④

1944年秋季，淮南军民开展抗日局部反攻，先后攻入盱眙、定远县城，解放南京对岸六合县的瓜埠镇。

1945年3月，淮南路东专员公署召开教育会议，提出小学教育的整理和改革方案。

淮南地区虽出现不少教育改革的典型，但因文化基础薄弱，干部缺乏，在抗日战争时期未进行学制改革。在学制方面参照邻近的苏中经验进行。

值得一提的是新四军第二师从1941年5月起，在淮南天长县境创办中国人

① 定远县教育志编写组：《津浦路西的教师研究会》，《安徽省教育志资料》第4期。
② 《淮南抗日根据地概述》，《中共党史资料》第19辑，中共党史资料出版社1986年版，第189页。
③ 定远县教育志编写小组：《津浦路西联合中学概述》，《安徽教育志资料》，第4期。
④ 《解放日报》1943年9月8日。

民抗日军事政治大学第八分校。抗大第八分校在原新四军江北指挥部军事政治干部学校基础上建立，由张云逸、罗炳辉兼任正副校长。设一个大队，下分七个分队。第一分队以营团级干部为对象，第二分队为连指导员，第三分队为连长，第四分队为排长，第五分队为游击队长，第六分队为地方干部，第七分队为青年学生。第一分队约30—40人，其余各分队均有100人左右，该校共办5期，培养约3 000名干部。于1943年底结束。①

---

① 许用思：《关于抗大第八分校一些情况的回忆》，《安徽教育志资料》第1期。

淮北区

淮北敌后抗日根据地是位于淮河以北，运河以西，陇海铁路以南和商邱、蒙城以东。它同淮南区一样，以津浦铁路为界，分为津浦路东与津浦路西两个相对独立的区域。

淮北津浦路西地区在 1939 年 11 月—1941 年 5 月间，原属豫皖苏边区的一部分。1938 年 10 月建立的新四军游击支队，挺进豫皖苏边区，先后建立中共豫皖边区工作委员会、中共豫皖苏委员会。1939 年 11 月，游击队发展为新四军第六支队。形成以涡阳新兴集为中心，包括陇海铁路以南、涡河以北、津浦铁路以西的豫皖苏游击根据地。同时，成立豫皖苏边区联防委员会，为临时抗日民主政权。1941 年 1 月，新四军重建军部后，豫皖苏为四师活动区域。国民政府军队乘皖南事变之机，首先向四师发动进攻。在敌众我寡的形势下，新四军四师于 1941 年 5 月，撤退到淮北津浦铁路东地区。

淮北津浦铁路路东地区，在 1941 年 5 月以前，为皖东北游击区。由许多中国共产党地方组织领导的武装力量共同创造。1940 年以前，曾同国民政府安徽省第六区专员，达成建立统一战线的协议，公开以八路军新四军联合办事处名义，同国民政府下属安徽省第六专区专员发生联系。1941 年初，该专员出逃后，抗日军民接管政权，仍沿用旧政权"安徽省第六区行政督察专员公署"名义，行使职权。形成包括陇海铁路以南、淮河以北、津浦铁路以东、运河以西的皖东北游击根据地。1941 年 5 月，新四军第四师转移到皖东北以后，中共中央华中局又将江苏淮宝地区（淮阴、淮安、宝应）和邳（县）睢（宁）铜（山）地区，划归皖东北根据地范围。同年 8 月，成立淮北苏皖边区行政公署，辖泗宿、泗南、泗五灵凤、盱凤嘉、泗县、淮泗、淮宝 7 县，及邳睢铜灵四县联防办事处（下辖睢宁、邳县还有直属半城区与洪泽湖管理局）共有 42 区、233 乡、1 602 保。①

1944 年夏季，日军发动中原战役，新四军四师奉命西征。不到一个月时间，收复大量失地。到 1945 年 8 月抗日战争胜利时，淮北根据地拥有面积 30 000 余平方公里，人口 500 余万。

淮北根据地的发展大致分为两个阶段：第一阶段，从 1939 年底、1940 年初到 1941 年 5 月，当时，路西属豫皖苏游击根据地的一部分，路东为皖东北游击根据地；第二阶段从 1941 年 5 月—1945 年 8 月，为淮北苏皖边区敌后根据地时期。当时淮北路西根据地由丧失到（抗日战争后期）恢复，路东地区从皖东北游击根据地发展为淮北苏皖边区战略区。在这个阶段，1944 年前后敌势不同，教育发展的条件与状况也不同。

一

抗战前夕，淮北苏皖边区有完全小学、初级小学与短期小学 238 所，淮北沦陷后，只剩下 30 所。抗战初期淮北津浦路东、路西成为两个独立斗争的游击区。两地区教育情况遂有不同。

安徽淮北津浦路西地区同河南睢杞太地区及江苏北部部分地区形成为豫皖苏游击根据地。于 1939 年 11 月，成立豫皖苏边区联防委员会及联防办事处。1941 年 5 月东撤前，淮北有淮上行署（下辖怀远、蒙城、宿县、凤台 4 县）及萧县、永城、涡阳、亳县、宿西、夏邑等县级抗日民主政权。豫皖苏为新四军六支队（1939 年 11 月成立）活动区域。新四军四师建立后，一度为四师活动区域。

豫皖苏地区抗战前在夏邑等县区，没有达到小学程度的女子，跑遍二三百里的乡村市镇，找不到受过高等教育的青年。永城、夏邑各有一所初级中学。萧县教育比较发达，而亳县、涡阳等县又特别落后。除萧县、宿县外，永城、蒙城、涡阳、太和、亳县、夏邑、鹿邑、淮阳各县文盲几乎占 98% 以上。生长在这一带的民众常说："孔夫子没有到我们的土地上来，所以这里没有读书人。"② 七七事变一声炮响，"孔夫子"闯进了豫皖苏边区。到 1940 年 5 月，这

---

① 《淮北苏皖边区行政公署所辖各县局区乡统计表（1941 年 10 月 1 日翻印）》（其中缺邳睢铜灵四县联防办事处乡、保统计），《安徽革命根据地财经史料选（二）》，安徽人民出版社 1983 年版，第 3 页。
② 任重：《苏豫皖游击区的文化垦荒》，《新四军和华中抗日根据地史料选》第 2 辑，第 464 - 465 页。

里的情况是：

1. 在皖北（即淮北津浦路西）成立由宿县、萧县、永城、涡阳四县合办的联合中学，招收该四县的小学毕业生、初中生和私塾生，共400余人。施行灵活的、现实的抗战教育。该校还附设一所联合小学，招收抗日军人、干部家属及家境贫寒的儿童。

2. 新四军在夏邑成立一所随营学校，收容永城、鹿邑、亳县、商邱一带的"半知识分子"，经过三个月的训练，分配他们参加民众教育工作。由于充实了民众教育的骨干，使得青年救国会、妇女救国会、儿童团、老人指导团等抗日群众组织的活动丰富了教育内容。

3. 新编的抗战教材正在编印。每一联保设一所联保小学，夏邑、永城各有小学200多所，萧县300所，都在计划推进中。这些学校教育的内容，着重于提高民族意识，普及抗战基本知识，传达政府法令，解释抗战形势，以及敌后游击战、地方自卫等方面的知识。

4. 文化教育工作者纷纷深入农村，举办短期补习班、农民夜校、妇女夜校等。①

二

淮北津浦路东地区，原为皖东北游击区。在1938年11月—1940年2月间，国民政府安徽省第六专区专员尚能坚持抗战，同中国共产党建立抗日统一战线。在中国共产党协助下开办两淮中学和皖东抗日军事政治干部学校，实施抗战教育，并在群众中开展抗日宣传。该专员出走后，抗日军民接管了政权。

三

1941年5月淮北津浦路西游击根据地丧失后，路西抗日人民武装转移到路东。1941年8月，正式成立淮北苏皖边区行政公署，并发布《淮北苏皖边区行政公署施政纲领》。其中包括："实行新民主主义教育，普及小学教育，发展社会教育，推进抗日文化运动，提高人民的政治、文化水平，提高抗战胜利信心与不胜不休之决心，提倡民族气节，发扬民族自尊心，开办各种训练班，培养抗（战）建（国）人材，实行教育经费独立，救济各地失学青年，改善小学教师待遇。"②

淮北苏皖边区行政公署设教育处。由江陵、潘琪任正副教育处长。行政公署建立不久，即召开淮北苏皖边区第一次教育行政会议，随后又于1941年

---

① 任重：《苏豫皖游击区的文化垦荒》，《新四军和华中抗日根据地史料选》第2辑，第465－466页。
② 祁崇亭：《淮北抗日根据地教育工作简述》，《安徽教育志资料》第4期。

12 月,召开第二次教育行政会议,部署教育工作。新四军军长陈毅出席第二次教育行政会议,并在会上就文化教育问题发表了详细的意见,鼓励与会者把教育看成是终身事业。边区行政公署负责人在会上也作了报告。他谈到:淮北苏皖边区在当年 4 月还只有 14 所小学,到 1941 年 12 月已有小学 247 所。其中包括完全小学 39 所,乡办小学 93 所,保立小学 115 所。共 341 班,15 000 余名学生,中学 1 所。还办了许多训练班,如财政人员训练班、小学教师研究班、民运训练班、民间艺人训练班,等等。淮北苏皖边区教育工作上需要解决的问题是:

1. 普及小学教育:在中心区,用半年到一年时间,把儿童都送进学校,并把教育工作深入到敌占区去;提高小学教师质量,提高和改进教育内容,使其既适合战时,又适合农村;改良私塾,淮北有 2 000 多保,都办上小学,需 3 000 多教师,一下子解决不了,因此需要利用和改良私塾;搞好小学教育,除解决师资问题外,还须设法解决教材与经费问题。(按:当时在 2 000 多个保中,只有 115 所保立小学,即只有 5% 的保设有小学。)

2. 大力开展社会教育,以小学为农村文化中心,通过小学去办社会教育。

3. 教育工作和当前抗战任务联系。

4. 团结农村各方面人士从事农村教育工作。

5. 改进教育管理:健全文教科、小学教师联合会、教育促进会、公学产款委员会,建立正常工作制度以及督导制度、汇报制度,形成良好的学风。①

淮北苏皖边区从 1941 年 8 月前后到 1942 年底,教育工作建树大致是:

1. 建立教育行政系统:在边区教育处之下,各县设立教育科,各区设教育科员,初步形成教育行政管理系统。

2. 恢复小学教育,着重解决教材、经费、师资问题:淮北小学教师待遇原来每月只有 20 元,1941 年 7 月调整为每月 40 元,完全小学校长为 50 元,高于国民政府统治区教师待遇。② 1942 年 10 月,确定"完全小学教员每月薪金为一百斤食粮,实验小学校长为一百五十斤食粮,初小教员九十五斤食粮"。③ 当时敌伪统治区上海小学教师月薪为伪中央储备券 80 元,合淮北地区法币 160 元,只能买米二十六七斤;边区行政公署教育处与各县教育科,经常利用暑假举行小学教师集训,提高教师政治、文化水平。1941 年底,淮北苏皖边区行政公署还规定文教区员和乡长每周须在小学举行一次时事讲演会,由乡长、民众运动负责人和小学教师轮流担任主席,组织教师讨论区内外形势及教育工作中的实

---

① 刘瑞龙:《开展苏皖边区的国民教育》,《苏皖边区教育资料选编(一)》,第 24 – 26 页。
② 祁崇亭:《淮北抗日根据地教育工作简述》,《安徽教育志资料》第 4 期。
③ 刘瑞龙:《淮北苏皖边区三年来的政府工作》,转引自《安徽教育志资料》第 5 期,第 48 页。

际问题。① 淮北苏皖边区行政公署成立前，只有泗县公学款产4 000余元。行署教育处成立后，设立教育经费管理委员会，并在县、区、乡建立下属机构，清理公学田产。到1942年，整理出公学款产为每年收入235 566元，粮食1 554斤。②

关于淮北苏皖边区行政公署教育经费在地方财政支出中所占的比重，有的文章中提到占25%。③ 这个百分比数字值得推敲。

1941年8月，淮北苏皖边区政府各类财政支出所占百分比如下：④

项目	军事费	行政费	教育费	财务费	建设费	保安费	其他
百分比	75	12	4	3	1	2	3

另一统计为：⑤

项目	军事费	教育费	行政费	财务费
百分比	74.38	6.55	5.82	3.5

从上述统计不难看出，在1941年8月教育费在整个预算支出中占第三位，到1942年上升为第二位，甚至超过行政费，占军费以外的预算支出25.5%。

此外，淮北苏皖边区还积极编印教材。此外，对于原有私塾，实行"只求改良，不加取缔"的政策，稳定了私塾教师，逐步改造私塾。

淮北苏皖边区在1941年以前，小学校不到30所；经过恢复与整理，到1941年底，已有小学校368所，学生20 731人；1942年小学校更增至725所，学生34 969人。⑥

3. 开展民众教育：1941年淮北苏皖边区即积极举办识字班和夜校，共有90所；农村俱乐部20所；阅报室和救亡室41处；儿童团46个。参加社会教育组织的人数达16 150人。1942年冬季为开展冬学运动，训练冬学小先生9 000余人，⑦ 开办冬学1850所，学员72 000余人。⑧

4. 中等教育：淮北地区中等学校有：淮北苏皖边区淮北中学，1941年成立

---

① 祁崇亭：《淮北抗日根据地教育工作简述》，《安徽教育志资料》第4期。

② 童志强：《抗日战争、解放战争时期安徽省解放区发展沿革和教育概况》，《安徽教育志资料》第5期。

③ 同上。

④ 雷明：《苏皖边区财经工作总结》，《安徽革命根据地财经史料选》，第46页。

⑤ 刘瑞龙：《淮北苏皖边区三年来的政府工作》，《安徽革命根据地财经史料选》，第99页。

⑥ 祁崇亭：《淮北抗日根据地教育工作简述》，《安徽教育志资料》第4期。

⑦ 同上。

⑧ 刘瑞龙：《今后边区教育工作的任务》，《华中苏皖边区教育资料选编（一）》，第28页。

于泗县，校长任崇高。中学部分为甲、乙、预备三班，修业3年，师范部设高师（中师）与初师2个班，修业1年。泗五灵凤中学，创办于1942年春节后，先后由徐崇富、王亚箴兼任。设师范、行政、财经、妇女纺织4个班。邳睢铜灵联合中学，1942年开学，纵瀚民任校长。无固定校址，入学毋须考试。萧宿铜联合中学，成立于1942年，负责人为王可风。分中初班、中高班与职业班，共三个班级，主要为行政部门与军队输送干部。

5. 干部学校与大学

淮北行政学院 1942年初开办。院长孟东坡。招收学员260余人。着重培养乡级干部。设师范、财政、行政、民运四个组。

江淮大学 1942年9月由新四军军部和中共江苏省委在淮南地区淮宝县仁和集创办。由著名教育家韦悫任校长。设土木、农学、医学和教育四系，另设普通科。邀请复旦大学、大夏大学、之江大学、交通大学、清华大学等校十余位教授以及十余位助教执教，由中共江苏省委和上海地下党在上海和苏州等地动员大学生和部分中学生来根据地入学。该校共办两期，培养学生196名。1943年春日军"扫荡"时，该校动员学生暂时撤回上海，当年6、7月间恢复上课时，大部分学生如期回校。1944年8月，抗日战争形势好转，急需大批干部，学生纷纷要求参加工作，江淮大学遂告结束。[①]

四

淮北苏皖边区在1941年面对国民政府军队的磨擦、1942年日伪军"扫荡"，在严重斗争的环境中，开展教育建设。1942年冬，日伪军发动长达33天的"扫荡"被粉碎，1943年该地区同华北、苏北淮海和苏中等区相比，环境比较稳定。不但坚持了原有阵地，而且在泗灵睢、灵北、邳睢铜、泗宿、淮泗等地有发展。夺回13个区、72个乡、约11 000平方里国土。不过，战斗仍相当频繁。在1—11月间共作战1 571次，平均每天作战4次。淮北苏皖边区在相对稳定的环境下，教育工作得到比较顺利的发展。

淮北苏皖边区行政公署于1943年3月，召开第五次教育行政会议，结合当时形势和面临的基本任务，部署教育工作。边区行政公署负责人到会报告。他认为教育工作要继续前进，要能做到使得广大人民及其子女兄妹能够在任何严重、复杂的环境下都能和我们团结在一起，进行反"扫荡"，反"蚕食"，坚持根据地，为新民主主义的新中国的实现而奋斗，任何不利和挫折都不会动摇而始终团结一起，奋斗到底；要做到这一点，就非有深入的教育不可。我们要使

---

① 祁崇亭：《淮北抗日根据地教育工作简述》，《安徽教育志资料》第4期。

所有的人民，成人青年和儿童、广大农民都能受到抗日民主的教育，要使得每个人不仅懂得自己是中华民族的一分子，并能为抗战建国尽一分子责任。[①]

关于淮北苏皖边区教育工作的任务、工作内容与方式，报告中都作了分析：

1. 根据淮北苏皖边区行政公署发布的 1943 年上半年施政方针，确定教育工作的方向是："开展社会教育，提高学校质量，加强干部教育"，把社会教育置于整个教育工作的首位；教育工作的内容是以反"扫荡"与民主为中心，提高人民文化水平，以求高度发扬坚持斗争的信念，民族气节、尚武精神与进行反"扫荡"的积极性；"抗战、民主、生产并重"，教育不仅为抗战、民主事业服务，而且也要为农业生产事业服务。[②]

以陕甘宁为中心的各个抗日根据地，在抗战初期强调抗战第一，1938 年中共六届六中全会以后，强调抗战与民主并重。从那时以后，一般把抗日根据地更全面地称为抗日民主根据地，以示与压制民主的国民政府统治区的区别。陕甘宁边区开展大生产运动以后，敌后抗日根据地在 1943 年以后，陆续开展生产运动，并因处在敌后游击战争环境中，故"抗战、民主与生产并重"的提法，颇有道理。

2. 估计到 1943 年敌军"扫荡"不可避免，鉴于已往某些地区临到战争，教育机关陷于停顿，强调战争并不是荒废教育，而只是使教育更紧张。问题在于变更教育活动的方式方法，使其适应战争环境。淮北苏皖边区曾发布《反"扫荡"教育方案》，中学采取分散的据点的补习班方式办理。经边区负责人归纳，形成一套游击教育的口号，这就是："就地开办，就地上课。昼聚夜散，早来晚归。经常分散，定期集中。随时应变，伸缩自如。"在小学做到"敌人不到不停课，敌人一退就复课"。还有不少地方流动教学，不是"学生就先生"，而是"先生就学生"。

3. 按照既定的教育工作方向，1943 年教育工作的目标是：在 1942 年底、1943 年初的冬学运动基础上，将临时突击性的冬学转变为经常性的民众学校；小学教育一面大力普及，一面提高质量。整个中小学发扬尚武精神，尤其是中学生要学习军事；按照整风精神，加强干部学习。[③]

1943 年春，淮北苏皖边区行政公署发布《教育计划大纲》，提出"生产教育"的口号，组织各地小学因地制宜地开展生产，并结合生产进行教育工作。同年 7 月 8 日，中共淮北苏皖边区委员会发布《关于加强领导国民教育工作的指示》，强调要改变领导干部轻视知识分子对中国革命的作用，轻视争取和培养

---

① 刘瑞龙：《今后边区教育工作的任务》，《华中苏皖边区教育资料选编（一）》，第 26 页。

② 同上书，第 26 – 27 页。

③ 同上书，第 27 – 29 页。

知识分子的意义的倾向，还规定党员教师阅读党内文件、刊物的范围，即中学党员教师可阅读发至县级的文件，小学党员教师可阅读发至区级的文件；未得到区党委批准及未办理教育行政部门手续，不得随意调动教师。①

1943 年 4 月，淮北苏皖边区行政公署为使民众教育从突击性的冬学运动转向常年民众教育，发布《淮北苏皖边区民众学校暂行办法》。规定民众学校以学校、机关、团体兼办为原则；民众学校设校董会，并由校董会推选校长；着重以自卫队员及有组织群众为对象；课程以文化教学为主，政治教育为辅，主要科目为识字、应用文、农业常识、政治讲话（公民常识）、珠算等；以每日授课 2 小时为准；以 3 个月为一学期，两个学期结业；每学期以识 300 字、了解课程 60% 以上为及格。②

同时，为改进私塾并开展游击区边沿地带的义务教育，发布了《淮北苏皖边区私塾改良办法》。规定私塾须遵照政府教育宗旨及实施方针办理；私塾设置须呈请批准，且以边沿地区为准，原则上应离开小学所在地 5 里以外，并不得收容已入学校的儿童；以国语、常识、算术为必修课；采用政府指定的教科书，不得教四书五经及敌伪教科书；应依照儿童程度分成若干小组进行；采取启发式或问答法讲解；私塾儿童一律参加儿童团；废除体罚；私塾儿童修业 4 年，可免试升入小学，等等。③

1943 年 4 月，淮北苏皖边区行政公署还发布《淮北苏皖边区整理教育款产暂行办法》，使筹措教育经费有章可循。④

1943 年在小学、中学方面，也采取了许多措施：

1. 根据反"扫荡"的经验，中学采取分散上课、集中领导的办法，使中学教育适合战争环境。到年底，全边区除萧铜办事处 3 所中学补习班外，设有 7 所中学，共有中学生 1 402 人，中学教师 86 人。

2. 小学采取辅导区制度，小学教师集训 2 次，到 1943 年底，共有小学 737 所，学生 42 622 人，小学教师 1 436 人。平均每所小学有 2 名教师。当时全边区 14 个县，基本区共有 520 个乡，平均每乡 1 所小学有余；另有私塾学生 6 582 人。在小学生和私塾生总数 49 104 人中，小学生占 86.6%，私塾生只有 13.4%。

3. 在各中学和完全小学中开展生产教育。男生种地，女生纺纱，以淮北中学学生种菜成绩最好。

---

① 中共淮北区党委：《关于加强领导国民教育工作的指示》，《安徽教育志资料》第 5 期，第 47 页。
② 《淮北苏皖边区民众学校暂行办法》，《华中苏皖边区教育资料选编（一）》，第 213 – 214 页。
③ 《淮北苏皖边区私塾改良办法》，《华中苏皖边区教育资料选编（一）》，第 216 页。
④ 《淮北苏皖边区整理教育款产暂行办法》，《华中苏皖边区教育资料选编（一）》，第 216 页。

4. 根据地开展了几年冬学运动，1943 年冬学才开始在部分地区形成群众自己的运动。①

尽管当时形势已趋向好转，财政困难依然不小。淮北行政公署于 1943 年 11 月，发布《关于开展生产建设的决定》。规定中等学校生产方针为由学校全体人员动手劳动，政府拨给资本（资金），自主寻找公地进行生产，"逐渐走上自给自足的道路"，以种粮为主，种菜为辅。1944 年每人种一亩粮、一分菜。普通科 1944 年上半年菜金、办公费自给一半，下半年菜金、办公费完全自给，粮食自给一部分；职业科第一年下半年粮食自给一半，第二年下半年粮食完全自给。各小学 1944 年上半年办公费自给一半，下半年办公费完全自给。②

五

淮北苏皖边区行政公署负责人在回顾 1943 年教育工作时谈道："小学教育的最大成就是夏陶然同志实验的成功。"③ 夏陶然原是一名八路军战士，退伍后在淮北泗南县中潼小学当教员。由于当地群众经济生活相当困难，学生上学同家庭劳动矛盾较大，家长一般不愿送子女入学。以前这所学校的教师一味埋怨群众落后，但无法解决问题。夏陶然经过调查，发现了这个矛盾。他把学生编成生产小组，如放牛小组、割草小组、挖菜小组、编筐小组，让学生一面学习，一面开展劳动互助。结果学生集体劳动效果比在家里劳动好，收益除扣下成本外，分给学生，增加了家庭收入，很受群众欢迎。1943 年，在淮北二分区召开的小学教育研究会上，发现了这个典型。当事人曾为《拂晓报》发表夏陶然的文章写了一篇社论《走夏陶然的道路》。中共淮北区委员会看到这个标题太大，怕担风险，未敢发表。直到延安《解放日报》1944 年两篇有关教育改革的社论发表以后，才发现夏陶然所走的道路，同陕甘宁边区教育改革的精神不谋而合。中共淮北区委员会书记刘子久把他称为"我们淮北教育领导中的赵占魁"（赵占魁是陕甘宁边区的劳动模范）。④

1943 年 11 月，延安《解放日报》对淮北苏皖边区教育事业的成就作了综合报道：以洪泽湖为中心的广大淮北地区，过去国民教育极为落后，据战前统计，小学最高数额为 240 所；抗战后，在匪伪摧残之下，多陷停顿，只余小学 20 所。

---

① 刘瑞龙：《淮北政权一年》，《新四军和华中抗日根据地史料选》第 6 辑，上海人民出版社 1986 年版，第 536 – 537 页。

② 淮北行政公署：《关于开展生产建设的决定》，《安徽革命根据地财经史料选（二）》，第 166 页。

③ 刘瑞龙：《淮北政权一年》，《新四军和华中抗日根据地史料选》第 6 辑，第 536 页。

④ 夏陶然：《夏陶然的道路》，《小学教育典型经验介绍》，新华书店 1949 年 11 月版，第 75 – 83 页；刘子久：《从"走夏陶然的道路"说起》，新华书店 1949 年 11 月版，第 72 – 74 页。

待至抗日民主政权建立以来，经多方筹划，自 1939 年起，各地学校已逐渐增加，据 1943 年秋季统计，全淮北苏皖边区小学比战前之最高额超出（？）三倍多，为 740 余所，并增设中等学校 10 余所（按：当系把萧铜办事处所设 3 所中学补习班包括在内）；同时，各边区（边区各地）和游击区域的私塾亦大多攻读抗日民主政府所颁发的新课本；教育经费自独立以来，比以前超过 20 倍。①

六

1944 年—1945 年 8 月间，淮北苏皖边区教育事业又有新发展。

1943 年 12 月，淮北苏皖边区行政公署在县长联席会议上，制定了《淮北苏皖边区行政公署半年工作纲要》，提出 1944 年上半年任务，其中包括"必须开展群众教育，整顿国民教育，开展群众的反特务斗争"。② 关于其中提到在教育部门开展反特务斗争，是因为当时发现过去由于一部分同志对教育和政治的关系了解不够，把特务分子放在教育部门，使他们担任教材编辑工作；在学校中发现有特务活动，反动思想冒头，故需要开展必要的斗争。③

盯凤嘉县在 1944 年已有 50 多所小学。学生 3 500 余名（不含私塾生），教师 200 余人；到 1945 年，小学校增加到 70 多所，学生 5 000 余人，教师 260 余人。④ 该县还在 1944 年 7 月，创设盯凤嘉公学，招收高小毕业生、中国人民抗日军事政治大学第四分校以及敌占区的转学生，共 80 人，编成两个分队，划分为 8 个小组。按抗大的精神办学，主要解决青年就学和培养干部问题。于当年年底结束。⑤

淮北苏皖边区冬学委员会于 1944 年冬季，发布《关于大规模开展今年冬学运动的指示》。盯凤嘉县一个 160 户人家的村庄，就有 500 人参加冬学，占全村人口的一半。⑥

淮北津浦路西和宿县、蒙城一带，在 1941 年 5 月以前，属豫皖苏边区，1941 年 5 月以后沦陷，到抗日战争后期光复。1944 年冬季建立宿蒙县抗日民主政权。1945 年 4 月，成立县文教科。当年 7 月该县所在的专区，召开第一次教育会议，决定对小学、私塾实行"民办公助"的方针实施办法。宿蒙县从新解放区实际出发，着重致力于改良私塾。当时规定：凡使用民主课本的私塾，按月发给

---

① 《解放日报》，1943 年 11 月 14 日。
② 《淮北苏皖边区行政公署半年工作纲要》，《新四军和华中抗日根据地史料选》第 6 辑，第 496 页。
③ 刘瑞龙：《淮北政权一年》，《新四军和华中抗日根据地史料选》第 6 辑，第 537 页。
④ 何玉庆：《嘉山县抗日根据地的教育情况》，《安徽教育志资料》第 5 期。
⑤ 徐其绵：《抗日战争时期的盯凤嘉公学》，《安徽教育志资料》第 4 期。
⑥ 何玉庆：《嘉山县抗日根据地的教育情况》，《安徽教育志资料》第 5 期。

补助，每人每月粮食 60—100 斤，由公粮中统一核算。备案的私塾逐渐增加。①

前面提及，淮北苏皖边区在 1943 年底，有小学校 740 余所。到 1944 年 12 月，有小学 806 所，学生 58 104 人；中学 7 所，33 个班，学生 1 863 人；群众教育班 1 820 处，学生 66383 人（不完全统计）。② 到 1945 年，小学增至 1 227 所。比 1943 年增加 66.5%，③ 由于那时幅员扩大很多，相对说来学校增加的幅度远没有这么大。

1944 年把泗阳中学、泗南中学、泗宿中学并入淮北中学；接着于 1945 年初，把萧县中学、永城中学合并成为建设中学。该校设师范、建设与普通三科，有教师近 30 人。④

1944 年各级学校开展了生产教育与生产自给。大体上是按照淮北苏皖边区行政公署于 1943 年 11 月确定的办法进行的。行署规定中等学校生产方针是由学校全体人员动手劳动，政府贷给资本，自己寻找公地进行生产，逐渐走上生产自给的道路。以种粮为主、种菜为辅，从 1944 年起，争取每人种一亩粮、一分地菜。普通科在 1944 年上半年菜金、办公费自给一半，下半年菜金、办公费完全自给，粮食自给一部分。职业科第一年下半年粮食自给一半，第二年下半年完全自给；各小学亦进行生产，争取 1944 年上半年办公费自给一半，下半年办公费完全自给。⑤ 淮北盱凤嘉县徐天岑地方，为解决儿童入学问题，曾组织儿童合作社，即让儿童以拾粪、麦、草等入股，用合作社所得购买文具、书籍，不要家庭负担。这个办法推广到全乡。延安《解放日报》曾予报道。⑥

此外，值得一提的是：

中国人民抗日军事政治大学第四分校——雪枫军政大学 从 1940 年 3 月起，新四军就在淮北创办中国人民抗日军事政治大学第四分校。该校原设在淮北根据地麻家集，以后随军转移，流动性甚大。前后共办 7 期，训练学员近 6 000 人。彭雪枫牺牲后，中共中央华中局和新四军军部决定把该校更名为雪枫军政大学，刘清明任校长。抗日战争胜利后，同苏中公学合并，建立华中雪枫大学。

---

① 《宿蒙县抗日根据地的教育》，《安徽教育志资料》第 4 期。

② 邓子恢：《政治形势与努力方向》，《安徽革命根据地财经史料选》，第 264 页。

③ 祁崇亭：《淮北抗日根据地教育工作简述》，《安徽教育志资料》第 4 期。

④ 同上。

⑤ 《淮北行政公署关于开展生产建设的决定》，《新四军和华中抗日根据地史料选》第 6 辑，第 420 页 - 421 页。

⑥ 《解放日报》1944 年 7 月 6 日。

苏南区

以茅山为中心的苏南抗日根据地位于京、沪、杭三角地带，是在华中地区最早开辟的敌后抗日根据地之一。1937 年 12 月，日军进攻南京，国民政府军队"四十万人齐解甲，更无一个是男儿"，纷纷溃退。撤退时国民政府军政要员把沙发、铜床、磁盆、马桶运上长江轮船。13 日日军占领南京后进行灭绝人性的烧杀淫掠"大竞赛"。新四军成立后，于 1938 年 4 月派由粟裕率领的先遣队、5 月由陈毅率领的新四军第一支队、7 月由张鼎丞率领的第二支队，先后火速开赴苏南敌后，创立茅山根据地。随后，向苏南广大地区扩展，一直延伸到浙西、皖南部分地区。抗日战争后期，又同浙西根据地合称苏浙根据地。

苏南敌后根据地，包括三大块地区：1. 沪宁路以南的句容、镇江、丹阳、金坛、溧阳、溧水、宜兴等地，称为茅山根据地；2. 沪宁路以北（以访仙桥为中心），包括丹阳、镇江、武进、扬中和长江以北的扬州、泰州一带部分地区，与茅山根据地连成一片；3. 澄（阳澄湖，江阴县境）、锡（无锡）、虞（常熟）地区和苏（州）常（熟）太（仓）地。

苏南抗日根据地的发展经历了四个阶段：

第一阶段从 1938 年 6 月新四军抵达苏南到 1940 年 5 月新四军主力撤出苏南；

第二阶段从 1940 年 5 月新四军主力移至苏皖边区到 1941 年 4 月新四军建立六师以前；

第三阶段从 1941 年 4 月建立第六师到 1943 年 10 月打破日、顽军夹击；

第四阶段从 1943 年 11 月向南发展、1944 年局部反攻到 1945 年 8 月抗日战争胜利。

苏南抗日教育的发展，也随着整个敌后斗争形势的变化不断起伏。

苏南京、沪、杭三角地带，是国内有数的富庶地区。这里原有文化教育基础比各个抗日根据地雄厚。如句容县有 120 余所学校。不过，抗战爆发后，因没有教育行政机关领导，社会秩序紊乱，学校大都停办。① 新四军打进苏南后，从 1938 年 6 月到当年年底，建立了若干零星小块的游击基地，到 1939 年迅猛发展，不仅奠定茅山根据地的基础，而且东进，打到上海虹桥机场，北上渡江进入苏中扬州、泰州一带。

1939 年在茅山地区建立第一个过渡性的抗日民主政权镇（江）句（容）丹（阳）金（坛）四县抗敌自卫委员会（1940 年 4 月撤销），1940 年 2 月建立镇（江）丹（阳）武（进）扬（中）四县抗敌委员会，在金（坛）溧（阳）地区成立西南区抗敌委员会，在第三游击区成立江（宁）当（涂）句（容）溧（水）四县抗敌总会。均以群众组织名义，行使政权职能。1939 年 11 月，新四军第一支队与第二支队合并，成立新四军江南指挥部。同年 12 月，成立中共苏皖区委员会（下辖中共苏南特委、苏皖特委、苏北特委，共有 19 个县委，40 多个区委）。苏南及其延伸地区各项工作，由中共苏皖区委员会和新四军江南指挥部统一领导。镇丹武扬四县抗敌委员会等过渡性的联县政权设有教育科，为该地区教育行政机构。

苏南是江浙财团的心腹地带，又是国民党统治的中心。抗日武装同敌、伪、顽三股势力的斗争异常复杂，根据地难以从容地进行教育建设。在 1938 年 6 月—1941 年 4 月间，一面着重进行新四军自身的教育建设，并举办各种训练班，培养军内外的军事政治干部，一面致力于原有小学教育的恢复，并在人民群众中开展抗日民主宣传。

1938 年 2 月，新四军在丹阳创办抗日自卫团干部训练班，管文蔚任总团长；同年 6 月，新四军第一支队又在丹阳举办抗日军事政治干部训练班，先后举办 3 期，培养干部 200 余人。

1940 年 4 月，中共苏皖区委员会发布《为坚持江南敌后抗战之政治纲领》。其中提出："实行国难时期的普及教育，发展抗日文化事业，提高民族觉悟，启迪民权思想。"②

---

① 樊玉琳：《苏南敌后抗日民主政权的建设》，《新四军在茅山》，江苏人民出版社 1982 年版，第 264 页。

② 中共苏皖区党委：《为坚持江南敌后抗战之政治纲领》，《新四军和华中抗日根据地史料选》第 2 辑，第 59 页。

二

1940 年 7 月，新四军主力渡长江北上，将江南指挥部改为江北指挥部，新四军工作的重心转移到长江以北，开辟苏皖边区，留下新四军第二支队部分力量和地方武装，在江南就地坚持。当年 11 月至 1941 年 4 月，是江南抗日斗争中经历的第一个最困难的时期。江南军民在困难条件下从实际出发，开展教育工作。

1940 年 8—12 月间，中共苏皖区委员会曾举办 3 期共产党干部训练班（三个月的 1 期，两个月的 2 期），共训练干部 200 余人；在此期间，各中心县委也纷纷举办支部短期训练班，每期少则 3 天，多则 7—10 天。使基层干部地方化。①

根据地为了恢复小学教育，迫切需要培训、训练师资。早在 1938 年，就在丹徒宝堰一带举办小学师资训练班；1939 年 6 月，在扬中县又开办一年制简易师范；1940 年 6 月，镇丹武扬四县抗敌委员会还在丹北办过 5 期师资训练班。

苏南东路（澄锡虞与苏常太等地区）1940 年底、1941 年初曾实行"教师民运化"。按照《东路小学暂行规程》规定：每一个小学教师都有担当民众运动工作的职责。在每次乡镇大会及学区抗日大会上，尽量说服与督促教师做民众运动工作。在"教师民运化"实践中，民众运动与民众教育取得了一定成绩。表现在：普遍建立识字班及领导小学生开展卖报活动。如东路有个梅南区，第一期识字班已结束，在群众要求下高级识字班又开学了。小学生卖报活动由苏州县东唐市小学发起，常熟县董浜镇的一所小学在校长领导下，小学生出动卖报，每期《大众报》销售四五十份，甚至一百份；乡村单级小学，教师经常进行家庭访问；由教师领导儿童参加各种社会活动。如常熟县及苏州县各区参加反"反共"游行示威；推动乡村自卫会及各种群众团体的建立；动员群众参加各种战争突击工作。②

三

1941 年 1 月，皖南事变后，新四军重建军部。江南第二、第三游击区由于敌伪占领中心区，增设据点，工作陷于停顿状态，部队减员，少数干部自首变节，情况较为严重。同年 4 月，把江南新四军正规部队改编为新四军第六师，重振军威。到当年 9 月，即恢复了皖南事变前原有阵地。

日本防卫厅战史室在《支那事变陆军作战》一书第 3 卷中，对当时苏南形

---

① 邓仲铭：《关于苏南工作情况》，《新四军在茅山》，第 71 页。
② 戴仲清：《目前教育工作中的几个实际问题》，《新四军和华中抗日根据地史料选》第 3 辑，第 471 – 474 页。

势作了如下分析："指定为第一期清乡的江南地区，是联系着可称为新政府（指汪伪政府）心脏的上海和首都南京的铁路沿线的重要地区。这里是中国屈指可数的粮仓，又是新政府威令深入贯彻不下去的敌性地区。从1937年底以来，这里成为中共军及重庆游击队"忠义救国军"的游击根据地。中共军以江阴、常熟一带为根据地，图谋建立解放区。忠义救国军则在苏州、无锡、常州一带进行着暗杀和破坏活动。到1941年春，在这里盘踞有新四军第六师（师长谭震林），解放政权组织深入到乡镇各个角落，而南京国民政府（指汪伪政府）好不容易才设立了县政府一级，说是推行地方政治，实际状态只不过是收税机构而已。"①

在新形势下，于1941年10月，成立苏南行政专员公署，后又分为由两个地委领导。1942年敌、顽、我三角斗争更为尖锐，而在尖锐斗争中，苏南抗日根据地得到发展。当年年底，拥有11个县政府、1个县级行政办事处，57个区，341个乡，约有人口117万人。到1943年3月18日，召开苏南各县县长联席会议，选举产生苏南区行政公署。② 1944年在浙西根据地建立浙西行政公署。

成立新四军第六师与苏南行政专员公署以后，对民众教育较前重视。在各乡保都由行政机关派专人分别召开青年、妇女、学生、教职员座谈会。特别在茅山地区，大约每月举行1—2次。每乡每保都有宣传队，采用口头宣传、民众大会、座谈会等方式，广泛开展宣传运动，在工作比较有基础的地方，办了一些小学、识字班。全区教育每月支出约20—30万元。③ 到1943年3月，苏南区行政公署成立之前，各县学校（小学）统计如下：④

县别	丹阳	镇丹	茅东	溧阳	句容	镇句	江宁	溧水
小学数	72	14	62	100	25	12	6	5

上述8县共有小学296所，学生7 000余人。⑤ 一说恢复小学289所，有学生7 543人，一般的民办教育也做了一些。⑥

苏南农村原有私塾较多。到1942年底，有的被改造成改良私塾，有的转为民办小学。

---

① 余子道、刘其奎、曹振威编：《汪精卫国民政府"清乡"运动》，上海人民出版社1985年版，第158页。
② 一说1941年4月成立。见王健英编：《中国共产党组织史汇编》，红旗出版社1983年版，第421页。
③ 邓仲铭：《关于苏南工作情况》，《新四军在茅山》，第80页。
④ 樊玉琳：《苏南敌后抗日民主政权的建设》，《新四军在茅山》，第264页。
⑤ 同上书，第264页。
⑥ 同上书，第270页。

在苏南区行政公署成立之际，中共苏皖区委员会发布《中共苏皖区党委苏南施政纲领》，其中教育纲领为："推行国民教育，改善小学教员生活，实施社会教育，加强干部教育，实行在职人员两小时学习制度，尊重知识分子，提高科学知识与文艺运动，欢迎科学艺术人才，保护流亡学生与失业青年，允许在校学生之民主自治权利。"①

苏南区行政公署设文教处。欧阳惠林任文教处长。行署文教处掌理关于学校教育、社会教育、干部教育、文化事业之提倡、管理及学术奖励、抗战宣传及敌伪奴化教育之取缔、教科书及一般出版物编审、师资培养及地方教育的辅导……等事项。② 各县设文教科，各区设文教助理。

苏南区行政公署的成立，为更有组织、有计划地开展抗日民主教育创造了新的政治前提，不过，在行政公署成立不久，日寇在丹北、茅山、太滆地区大肆"清乡"，同时国民党调集 13 个团的兵力进攻六师十六旅旅部驻地，侵占溧阳、溧水中心区，宣布"清乡"。1943 年 4 月至 10 月，苏南处于敌后斗争第二个最艰苦的时期。

日本侵略者为了使沦陷区的军事占领由点、线扩展到面，并使汪伪政府的"政令"能进入下层（农村），以配合其"以战养战，速战速决"的战略，于是在 1941 年由汪伪政权的最高军事顾问（兼日本支那派遣军总司令副参谋长）、日酋陆军少将影佐侦昭提出"清乡计划"。同年 5 月筹备，7 月成立"国民政府清乡委员会"。在野蛮的"清乡"中，江南人民首先受其荼毒。"清乡政治工作团"在《清乡政工报告书》中透露："'匪共'在江南有相当长期的历史，其政治的文化的流毒，江南一般人民感染甚深"，③ 工作团进入（常熟）东塘市以后，"十室九空"，"四乡尚有土著游匪，继续捣乱。三人一组，五人一大组，以化整为零的策略，散布在农家帮同农夫耕耘，随时出动，以偷袭及埋伏之战术，袭击我方军队及工作人员，当时大有匪民不分之概"，④ "文化水准在少数的市镇上比较高，同时由于匪共长期赤化，一般思想复杂、褊狭，仇视我和运（指所谓"和平运动"）人员，更造成我工作进行的困难。"⑤ 汉奸的目击与感受，从反面证明苏南抗日民主教育的成效。

从 1943 年 11 月到 1944 年 4 月，经过一系列艰苦斗争，不仅恢复与巩固了老根据地，而且开辟了大片新区，根据地幅员扩大一倍。

---

① 《中共苏皖区党委苏南施政纲领》，《新四军在茅山》，第 281 页。
② 《苏南区行政公署暂行组织法》，《新四军在茅山》，第 284 - 285 页。
③ 余子道、刘其奎、曹振威编：《汪精卫国民政府"清乡"运动》，第 243 页。
④ 同上书，第 247 页。
⑤ 同上书，第 248 页。

这时全苏南划分为 4 个专员区，有 14 个县政府和 2 个县级行政办事处，改造了旧乡保，拥有人口 269 万，成为华中八大战略区之一，为根据地教育事业的恢复、发展与改革创造了有利条件。

四

1943 年 11 月—1945 年 8 月，随着苏南敌后抗日根据地整个形势的好转，根据地的教育工作也有新的变化。

1944 年 1 月 1 日，苏南区行政公署发布《溧高地区小学教育暂行实施方法》（适用于溧阳、溧水、高淳三县），对于小学的设置、学制、课程、教学时间及小学行政管理制度等问题作了若干原则规定：

1. 溧阳以整理、恢复并重；溧水以创办为主，同时不放松恢复；高淳着重于恢复。

2. 小学设立须经县政府核准立案，设立小学需具备若干起码条件，每所小学必须有 40 名学生方可开办；小学设立以地方性为原则，分公立与私立。

3. 教师分为"正教"与"助教"，每一教室学生超过 50 人者，除正教师一人外，增助教一人，此外还可招聘代用教师。

4. 每 3—5 个乡设一中心小学。

5. 教室费由政府发给，小学教师生活费由地方经费支出。小学教师经费来源于公产公款、捐助及学费收入。教师待遇以实物计算，正教每人每月白米 7—8 斗，助教 6—7 斗。

6. 课程设置及教学时间为：

分钟 年级 阶段 科目	低年级		中年级		高级
	一年级	二年级	三年级	四年级	
公民训练	60		100		60
国语	420		420		420
常识	180		210		300
算术	60	150	180	210	210
图画	60		90		90
体育	120		120	150	180
唱歌	120		120		90
总计	1 020	1 110	1 240	1 300	1 350

7. 建立县（区）文教行政委员会；凡一区有6所小学以上者设区文教股。①

由行政公署为不同地区制定与发布不同的小学规程，且对同一地区的不同县，提出不同要求。这种情况在各抗日根据地中比较罕见。

同日，苏南区行政公署还发布《苏南区小学教员登记细则》。

1944年2月，苏南区行政公署发布《私立中学整理及设立实施办法》。规定私立中学均应向行政公署文教处申请立案，经核准后方得设立；私立中学立案条件是：服从政府一切法令并接受政府监督，实行抗日民主教育，有校董会及有必要的学校固定资金；学费额原则上每个学期每个学生不得超过白米5斗，还得设置免费学额优待抗战出征家属及贫寒子弟，占学额5%—10%；各学校之考绩、奖惩由区文教处办理。②

1944年7月20日，苏南区行政公署在溧南举办苏南小学教师暑期讲习会，由各县抽调小学教师136人参加学习。讲习会由欧阳惠林等负责。学习时事政治、新民主主义论及抗日教育问题。于当年8月25日结束。讲习会结束前还举行问答晚会。③

1944年10月29日，长兴县政府召开全县文教会议。苏南区行政公署文教处长欧阳惠林亲临主持。会议讨论了抗战教育、民主教育、生产教育、社会教育、教师进修、教材、教法等问题。④

当年12月，苏南区行政公署发布《关于冬学运动的指示》。冬学以民兵自卫队员、农救会员、工救会员及妇女团体会员等有组织的群众为主要对象，以民校、识字班为主要形式，辅以流动施教团、流动识字班、大众黑板报、读报组、讲演会、救亡室等多种灵活机动的形式。⑤

苏南敌后抗日根据地经过几年奋斗，到1944年全区已有小学961所，比1943年3月行政公署成立时的不完全统计289所，增加很多。

1944年有中学39所，同华中敌后抗日根据地中心区域苏皖边区相比，仅次于苏中区（54所），远高于苏北、淮南、淮北等区。

1944年8月，在溧南创办的"三洲学校"开学。这是一所实业中学，初中一年级招收学生80名，高中一年级招收40名。学生大都来自江苏宜兴、浙江长

① 《苏南区行政公署三十三年（1944年）溧高地区小学教育暂行实施方法》，《新四军在茅山》，第329－333页。

② 《苏南行政区私立中学校整理及设立实施办法》，《新四军在茅山》，第334－335页。

③ 长兴新四军纪念馆：《苏南抗日斗争大事记》，《浙江革命根据地教育资料汇编》上册，浙江教育出版社1987年版，第72页。

④ 徐敬第：《长兴召开全县文教会议讨论实施新民主主义教育》，《苏南报》1944年11月10日。

⑤ 苏南行政公署：《关于冬学运动的指示》，《华中苏皖边区教育资料选编（二）》，第4－6页。

兴、安徽广德、江苏溧阳等县。新四军北撤后停办①

1944 年 6 月，苏南区行政公署还在长兴县煤山镇举办一期青年训练班，以部队文工队队员和农村知识青年为对象，引导青年区别真假三民主义，学唱进攻歌曲，历时一个月。学员毕业后在农村组织农民救国会。②

苏南区行政公署考虑在苏南敌后根据地一部分解放区尚缺乏对人民进行有系统的政治、文化教育，一部分老解放区由于过去对冬学工作尚重视不够，为了准备反攻力量，决定在 1944 年冬季，大力开展冬学运动。冬学对象以根据地内基本群众为主，并把重点放在有组织的基本群众身上；冬学形式不强求统一，但以办理正规化的民众学校、识字班为主，而以流动施教团、流动识字班、大众黑板报、读报组、讲演会、救亡室等为辅助形式。要求在中心区凡有群众组织的地方，务保证每保办一所正规化的民众学校，边缘地区多采取流动教学的形式；教育内容方面，政治教育与生产教育并重，除政治课、文化课外，还得开设游戏、歌咏、时事报告等课；每周开一次讨论会，复习一周学习内容，每两周举行一次文化娱乐会，亦可适当抽一些时间教珠算和应用文。③

1945 年 2 月苏浙军区成立后，为了适应抗日局部反攻新形势的需要，于当月 22 日在长兴县创办苏浙公学。由苏浙军区司令粟裕兼任校长。该校招生简章规定：以实行新民主主义教育、贯彻学用一致精神、谋取青年出路、培养抗战建国专门人材为宗旨；设军事、政治、文化三系，招收学员 1 000 人；修业一年。④ 该校校址墙壁上至今仍保留着标语字迹："这里没有黄埔军官，只有身经百战的老战士；这里没有学士博士，只有宝贵经验的革命者"。大门两旁一副对联。上联是："遵守纪律，自动自治，互相友爱的学风"；下联是："学用一致，实事求是，埋头苦干的精神"，横联是："革命熔炉"。苏浙公学分男生大队与女生队；男生大队共有 7 个中队。第 1—3 中队为老干部队，主要进行整风与审查干部。第 4—7 中队为学生队。该校共办二期，培养学员 1 200 余名，被称为"南方的'抗大'"。在新四军北撤时撤销。⑤

同年 5 月，在山北县开办镇澄师范，为小学校培养师资。

苏南区中学数目较多，同允许私立中学存在并对其监督改造有关。1945 年

① 《浙江文化教育概况》，《浙江革命根据地教育资料汇编》上册，第 148 页。

② 长兴县党史办公室：《煤山地区根据地建设和中共党员名单》，《浙江革命根据地教育资料汇编》中册，浙江教育出版社 1987 年版，第 3 - 4 页。

③ 苏南区行政公署：《关于冬学运动的指示》，《华中苏皖边区教育资料选编（二）》，第 4 - 6 页。

④ 《苏浙公学招生简章》，《浙江革命根据地教育资料汇编》中册，第 72 - 73 页。

⑤ 长兴县党史办公室：《话说长兴革命斗争史》，《浙江革命根据地教育资料汇编》中册，第 73 - 76 页。

4月,苏南区行政公署发布《私立中学暂行规程》,规定:一切教育设施均须适应抗战建国需要,减少繁杂及不必要的课程,推行抗战建国课程,以民族抗战、民主政治教育为中心,肃清伪化、奴化、专制、复古的教育;生活与教育、学校与社会打成一片,以期学与用、学校与社会相结合;青年学生训练须重培养民主自觉的集体意识,废除个人自由主义及专制的训导方法;实行教学做合一,以求理论与实践的一致;自然科学与社会科学须一面发扬我国固有文化,一面吸收外国文化的精华。在这些原则指导下,关于学校设置与管理、课程、教学、成绩与考核等等均有具体规定。①

---

① 《苏南区行政公署颁布私立中学暂行规程》,《苏南报》1945 年 4 月 19 日。

鄂豫边区

鄂豫边区位于华中鄂中、鄂东、豫南一带。原为红军长征后鄂豫皖游击队活动区域。1937年10月，新四军成立以后，以原鄂豫皖游击队为基础，建立新四军第四支队，于1938年开赴皖东抗战，当地仍有不少地方抗日游击武装就地坚持斗争。1938年10月，武汉失守后，日军大举侵入鄂中，沦陷区扩大，各地又纷纷建立许多新的抗日游击队。起初，各支游击队成分复杂，力量不大，指挥不统一。1939年10月（亦说12月），建立新四军挺进纵队（下辖9个正规团建制），成为坚持鄂豫边区抗日游击战争的基本力量。

新四军挺进纵队广泛发动群众，建立群众组织与基层抗日政权，抗击日伪军"扫荡"与国民政府军队的磨擦，逐步形成新局面。1940年9月，召开鄂豫边区第一次军事政治代表大会，选举产生鄂豫边区军政联合办事处，作为鄂豫边区临时政权机构；1941年1月，皖南事变后，江南新四军严重受挫，同年2月新四军重建军部后，把鄂豫边区挺进纵队改编为新四军第五师。整编后的新四军第五师，收复了大量失地，除日军据点的伪政权外，广大农村的伪政权、伪组织纷纷垮台。在新四军活动区城内，普遍建立县、区、乡抗日民主政权。1941年4月，召开鄂豫边区第二次军事政治代表大会，选举产生鄂豫边区行政公署，建立正式的鄂豫边区抗日民主政权。

1941—1943年间，鄂豫边区在日伪军残酷"扫荡"的游击战争中，孤悬于敌后，常常同新四军总部失去交通联系，成为华中抗日游击战争中的一块"飞地"。正是在长期艰巨斗争的环境中，根据地军民从事政权建设、教育建设和其他各项建设。1944年局部反攻以后，形势逐步好转。在其全盛时期，行政公署下属7个专员公署及20个县政权，游击活动区域遍及50余县。在抗日民主政权下，拥有90 000余平方公里，1 300余万人口。成为华中八大战略区之一。

鄂豫边区在 1939 年 10 月建立挺进纵队前后，客观环境与主观力量发展新形势不同，教育情况也有很大差别。

抗日初期，在统一战线的名义下，举办各种训练班，进行抗战教育，培养抗日游击战争和民主政权的骨干力量。例如在鄂中 1937 年 12 月，中共湖北省工作委员会以"湖北省建设厅"名义，由陶剑寒（陶铸）主持，在应城县举办合作事业指导员训练班。在 1937 年 12 月—1938 年 3 月间，先后举办 3 期，培养干部 230 余人；1938 年 5 月，改称汤池临时学校，招收 300 余名学员，到 1938 年 10 月武汉失守时停办。在此期间，还在竹沟（河南确山）、七里坪（湖北黄安）、鸡公山（湖北信南）、素山寺（湖北黄陂县北部）等地举办若干训练班。①

1938 年 10 月以后，在日军进攻下，国民政府军队纷纷溃退，各种大小学校，都关门大吉。同时，敌人则大办伪化学校，愚弄敌占区的青年。边区游击战争发动后，虽然没有有计划（环境不允许）地办学校，然而游击战争一开始就注意创办各种训练班，加强抗日教育，打破敌人的伪化教育。② 在人民武装兴起后，1939 年春日军进攻襄樊时，又"卷土重来"。1939 年 10 月我军组成挺进纵队后，即发动冬季攻势，敌人猖狂反扑。在 1940 年 3—4 月间，平均每天有一次战斗。

1940 年 9 月，边区第一次军事政治代表大会后由边区军政联合办事处颁布《普及抗战教育实施方案》。此后，在十余县的区、乡、保范围内，致力于恢复国民教育，同时恢复和开办中学，建立民众学校。到 1941 年 1 月，据不完全统计，9 个县各种教育设施如下：③

数字 教育设施 地区	边区公学	县立中学	抗日小学	民众学校	改良私塾	学生人数
鄂豫边区	1					340
应城		1	71	30	52	1 183

---

① 徐寄群：《鄂豫边区抗日根据地的教育工作经验》，《教育史研究通讯》第 2 期。
② 陈少敏：《艰苦奋斗的三周年》，《新四军和华中抗日根据地史料选》第 3 辑，第 399 页。
③ 同上书，第 400 页。

地区 \ 教育设施 数字	边区公学	县立中学	抗日小学	民众学校	改良私塾	学生人数
汉川		1	7		70	2 000
黄冈		1	20			2 000
孝感		1	13	59		2 000
信阳			23			1 264
应山		1	9	9		160
黄陂				14		557
京山					23	408
安陆			5		10	240
总计	1	5	148	112	155	10 152

这项统计表明，鄂豫边区教育事业已初具规模。

二

1941—1943 年间，是鄂豫边区以及各个敌后抗日根据地的困难时期，鄂豫边区的抗日民主教育在日、伪、顽军夹击的缝隙中蓬勃兴起。

1941 年 4 月，鄂豫边区军政联合办事处主任许子威在第二次军事政治代表大会上概述了边区教育事业的成就：学校教育方面，以洪山公学为最高学府，该校还设有分校，共有学生数百人。联合办事处还举办行政人员训练班（2 期），各县也举办短期干部训练班与抗日小学，改良了私塾，在信阳设立中学、小学教师训练班和农艺训练班各 1 所；在社会教育方面，以信阳为较好，各种民众学校、各种识字班及阅报组织，均能经常举办，其他各县春学、冬学及各种群众大会亦能抓紧机会积极进行，各县群众组织在其中起了很大的推动作用。[1]

第二次军事政治代表大会通过了由贺建华等代表提出的《整理与发展边区国民教育提高大众文化以加强抗战力量案》。提出：扩大组织边区抗日文化统一战线；加强教育行政；继续扩大建立乡保抗日小学，已经设立的小学须在三个月内彻底加以整顿健全，各区、乡、保限期完成设立新小学、中心小学、模范

---

① 许子威：《鄂豫边区军政联合办事处在第二次军政代表大会的报告》，《新四军和华中抗日根据地史料选》第 3 辑，第 223 页。

小学，改进小学师资，奖励私立小学；扩大改进中等教育；创办专门技术学校或短期训练班，以培养抗战建国所必需的干部；发展社会教育，在三个月内整理已有的社会教育，学校、机关、群众团体均应负责消灭一定数量的文盲；开展敌占区文化，包括建立敌占区文化供应机关，建立敌占区抗日小学，建立敌占区识字、时事讨论会和秘密社会教育组织，吸收敌占区文化人士、知识青年到边区工作或受训；统一编审图书、教材、读物；清理扩大教育经费，等等。①

第二次军事政治代表大会制定了《鄂豫边区施政纲领》。其中规定："发展边区抗战文化教育，提高边区人民文化政治水平，提高民族气节，粉碎敌伪奴化教育与亲日反共宣传，普及国民教育，推广识字运动，减少文盲，改良私塾，训练师资，改善教师待遇，推广书报发行，加强干部学习，提倡文化娱乐，爱护与培养知识青年，救济失学、失业青年，健全正规学校。"②

第二次军事政治代表大会产生鄂豫边区行政公署，建立边区行政系统。边区行政公署设教育处，教育处长由贺建华担任。1942年春，改由李实担任。各专员公署、各县设教育科，各区署区员无固定分工，后来有些地方设区教育区员或股长，乡（镇）政府设教育股，保务委员会也设教育股。③

第二次军事政治代表大会关于教育工作的部署是：

1. 改进教育行政制度，确定各级政府的教育经费，教育经费独立。

2. 培养师资，编印教材。举办小学教师讲习及各种研究会，吸收各种知识分子，培养大批师资；成立边区抗战教材编审委员会，编辑各种教材，大批印发。

3. 改良私塾，发展学校教育。边区私塾非常发达，应设法改良，使其成为抗战教育中的一个部门；同时更应办理各级学校，在乡、保普遍设立小学，各县设立中学及各种短期训练班，充实洪山公学及边区行政人员训练班，并提高其教育程度。

4. 扩大群众文化宣传工作，普及社会教育。尽量收集和改造民间歌谣、戏剧及各种游艺杂耍，扩大群众文化宣传工作，并办理各种报纸、杂志、通俗剧本、小册子，设立民众俱乐部、图书馆，组织各种宣传队、演剧队、文化工作队等，以普及社会教育。

---

① 贺建华、丁连三、沈少华：《整理与发展边区国民教育提高大众文化，以加强抗战力量案》，《新四军和华中抗日根据地史料选》第3辑，第38—40页。

② 徐寄群：《鄂豫边区抗日根据地的教育工作经验》，《教育史研究通讯》第2期。

③ 《鄂豫边区行政公署组织条例》、《鄂豫边区县以下各级组织条例》，《新四军和华中抗日根据地史料选》第3辑，第57、60—64页。

5. 组织各种文化教育团体，形成抗日文化统一战线。①

1943 年 5 月，鄂豫边区召开教育工作会议。会议指出：加强学校建设是建立乡、保基层政权的主要内容之一，还提出尊师重道、提高教师社会地位与改善教师生活待遇的重要性。会议决定 1943 年学校建设的方针，仍然以普及小学教育和改良私塾为主，每个甲等县与乙等县须办 1—2 所完全小学，每乡办所初级小学。

三

在 1941—1943 年间，边区在干部教育与中学教育、小学教育以及社会教育方面都有不少建树，取得一定成就。

（一）干部教育与中学教育

鄂豫边区干部学校教育的成就比较突出。李先念在 1941 年著文谈到：我们开展了抗战教育工作，我们开办了几个训练班，已有 387 个学生毕业，并组织200 余农村工作队开展民（众）运（动）工作，经常离敌人只二三十里的随营学校，前后培养出八百多抗日骨干到前线上去了。仅是这个数目当然是非常不够的。② 这里谈到的恐系到那时为止，新四军第五师教育状况。他所提到的新四军第五师随营学校，于 1942 年春季改编组成中国人民抗日军事政治大学第十分校。

1942 年 4 月，新四军五师政治部在《关于创办抗大十分校的工作》一文中提道："各部队应根据培植人才的远大眼光出发，有计划地挑选干部到抗大受训"，"对培养干部工作任何的消极怠工都是对革命犯罪"。③ 该校还附设陈毅青年学校。抗大第十分校在业务上属 1942 年初成立的抗大华中总分校指导。于1945 年 2 月结束。

此外，干部学校还有：

鄂豫边区党校　由中共鄂豫边区党委主办，设在黄陂县。

洪山公学　1941 年春由新四军第五师创办，边区党委书记陈少敏兼任校长。设行政、银行、财经等班。当年秋增设小学部，1942 年又增设中学部；1943 年春改由边区行政公署领导，由边区教育处长李实兼任校长。行署教育处决定将

---

① 许子威：《鄂豫边区军政联合办事处在第二次军政代表大会上的报告》，《新四军和华中抗日根据地史料选》第 3 辑，第 231 - 232 页。

② 李先念：《一年来鄂豫边区抗日游击战争》，《新四军重建军部以后》，江苏人民出版社 1983年版，第 206 页。

③ 徐寄群：《鄂豫边区抗日根据地的教育工作经验》，《教育史研究通讯》第 2 期。

该校中学部、小学部划出，另成立实验中学与实验小学。该校于 1945 年 9 月停办。

鄂豫边区行政干部学校　1942 年 2 月建立。由行署财务处长刘子厚兼任校长。招收学员 700 余人，分财政经济与行政两班，着重培养边区县、区、乡财经与行政干部。1943 年初并入洪山公学。

鄂东公学　成立于 1942 年 3 月，同年 7 月结束。

中学有：

实验中学　1943 年春在洪山公学中学部基础上创办，校长周性初。设初中部与高中部。均修业 2 年，学生大都为部队中的小战士、干部与烈士子女。

师范学校　创办于 1943 年秋季，李实兼任校长。除进行新民主主义思想教育外，还进行部分学科教学培训。

育才学校　创办于 1943 年。左企云任校长。有学生 100 余名，都是党政军干部子女。除进行政治常识、文化知识教学外，还要求掌握一、二种手工技艺与经营管理知识，1944 年停办。

黄陂中学　1942 年由黄陂县政府开办。该校依照当时行政区划，分为三部分，分别设在三处。其中黄陂中学一部，从 2 个班增至 6 个班，二部有教师 10 余人，学生 200 余人，"经费都由政府供给，教职员薪金的每人每月 7 斗至 1 石大米，对贫苦学生每人每月给予 1—3 斗米的救济。"该校一部一直办到抗日战争胜利，始终坚持正常教学活动。[①]

边区政府还鼓励开明人士和进步知识分子集资兴办私立中学，有恰如中学、木兰中学、济民中学、农林中学等。

鄂豫边区从 1940 年 1 月发出加强干部学习的号召以后，对在职干部教育逐步引起注意。1940 年 9 月以后，孝感、应城、云梦、信阳、天汉、京山等县在职干部一般都能坚持学习。据 1941 年调查，应城县机关建立俱乐部，有专人负责，下分军事、政治、文化教育等组，亦有专人负责，定期报告与讨论。政治组讨论《新民主主义论》，每隔十天，请有关负责同志作报告，1941 年元旦后，一连四个晚上举行新民主主义研究讨论会。信阳与应山两县级干部进行挑战、应战，开展学习竞赛，两县区级干部都举行政治测验；这些县保级以下干部在"发扬开讲、厉行识字"口号下，努力扫除干部中的文盲。[②]

1943 年，鄂豫边区党委建立学习总委员会。同年 12 月 19 日，举办干部政

---

① 徐寄群：《抗日战争时期鄂豫边区黄陂县教育概况》，《教育研究与实验》1983 年第 1 期。

② 夏忠武：《两年来的文化教育工作》，《新四军和华中抗日根据地史料选》第 3 辑，第 601 - 602 页。

治理论学习测验。中共鄂豫边区委员会书记陈少敏亲自监考。

（二）小学教育

鄂豫边区为了恢复、发展与改造小学教育，相当重视解决师资与教材问题。

当时公立中小学教职员待遇为每月大米 7 斗到 1 石，同政府工作人员大致相当。

边区从 1939 年 12 月开始编写抗日课本，起初以开明书店、商务印书馆、中华书局、世界书局出版的课本为蓝本，增加抗日民主的内容；1942 年建立教科书编审委员会，先后编辑、出版小学《国语课本》4 册，《算术课本》2 册。此外，还编印《抗日三字经》1 册。到 1942 年底，共编印中小学课本 34 000 余本。

据 1941 年不完全统计，在信阳建立抗日小学 20 所，学生 800 人，应城三、四两区 74 所，京安县立小学 5 所，汉（川？）一区 5 个乡 101 所，京山县的 3 个乡共 33 所，云梦县 8 所，应山县二区 6 所。①

鄂豫区鼓励私人集资开办小学，同时注重私塾的利用与改良。1942 年在黄陂县政府备案的中小学共 110 余所，在陂安南县（黄陂、黄安两县南部之新设县）备案的 200 余所，由于私立小学为数甚多，到 1943 年，黄陂县已有中小学 400 余所。② 私塾也很普及。1941 年京安县县立小学 5 所，私立小学 1 所，而私塾达到每保 1 所。③ 经过几年努力，根据地小学日渐增加，需要建立一定规章制度。鄂豫边区曾于 1943 年 9 月颁布《鄂豫边区小学教育实施方法》，详情不明。据介绍鄂豫边区各级学校修业期限较短。实验小学"把初小的学制（修业年限）改为两年，以两个月为一学期，即两个月完成了旧学制需要半年的教学任务"。④ 这段话的意思不知是否可以理解为：小学修业两学年，每学年分为两学期，每学期学习两个月。如是，实际上小学修业 8 个月。由于分散在两年中进行，既比正规小学灵活，又不像有些根据地民办小学那样全无制度、不定型，似较适应鄂豫边区变动不居的游击环境。这种小学制度为其他根据地所未见。边区实验中学实行二二制。干部学校修业不超过 6 个月。

实验小学（原洪山公学小学部）1942 年入学的在校学生共 82 人，男生 62 人，女生 20 人。其中，来自敌占区的 4 人，国民政府统治区 22 人，根据地 36 人；依籍贯分，湖北 58 人，河南 22 人，安徽、四川各 1 人；依干部与群众分，党政军干部子女 54 人，地方招收 22 人；依学历分，私塾生 34 人，小学生（1—

---

① 夏忠武：《两年来的文化教育工作》，《新四军和华中抗日根据地史料选》第 3 辑，第 604 页。
② 肖固刚、周锦泰：《黄陂县抗日根据地教育状况调查》，《湖北教育史志资料》1986 年第 2 期。
③ 夏忠武：《两年来的文化教育工作》，《新四军和华中抗日根据地史料选》第 3 辑，第 604 页。
④ 徐寄群：《鄂豫边区抗日根据地的教育工作经验》，《教育史研究通讯》第 2 期。

5 年级）28 人，未上过学的 20 人；依家庭成员分，贫农 27 人，中农 24 人，富农、地主各 10 人，商人 11 人；依年龄分，在 12—22 岁之间。（原统计如此）①这个"五湖四海"的小学，反映出环境复杂地带以干部子女为主的学校状态。

（三）社会教育

鄂豫边区从 1940 年冬季开始开展冬学运动，京山、应城、孝感、信阳等地办了不少冬学。在京山县康龙乡有一位老太婆，夜间摸几里黑路，甚至冒雨到冬学学习，② 反映出群众学习热情甚高。1941 年继续开展冬学运动，天门县养黄乡 4 所冬学总结表明，冬学确有一定成效。1942 年冬季，鄂豫边区行政公署教育处提出冬学任务是以识字运动为中心，通过识字进行政治教育与生产教育。③ 当年冬学较 1941 年普及。1943 年秋后，边区广泛开展"组织人民大多数运动"，把举办冬学、扫除文盲列为"组织人民大多数运动"三大任务之一，从1943 年开始还把冬学同大生产运动结合起来。④

边区群众组织程度甚高。1941 年参加各种抗日群众团体的有组织群众，即达 144 863 人，当时的群众团体有"抗日十人团"、农民救国会、工人救国会、商人救国会、妇女救国会、抗战文化协会等。其中"抗日十人团"是鄂豫边区特有的群众组织形式，也是群众基础最为广泛的组织。该组织以十人为一团，为男女老少混合组织，乡、镇设区团，县设分团。每个团均有俱乐部。既是群众的文化组织，也是群众性的社会组织。该组织在 1941 年即有成员 126 300 人。⑤

鄂豫边区作为孤悬于敌后的抗日游击根据地，经常受日、伪、顽三股势力的包围与夹击。整个边区被分割成 70 多个小块。在这种环境中，不但在比较巩固的地区进行条件许可的教育建设，而且不断开展对国民政府统治区人民的宣传和对敌伪宣传。

当时曾经利用一切机会，把宣传品传播到周围国民政府军队中，用以松懈反共情绪，曾使国民党将军陈大庆感到头痛。他在高级将领会议上特别提到要摧毁新四军的印刷厂。当别人问他印刷机有多大时，他说大概像一部华文打字机，一个人可以背起来跑。所以国民政府军队进攻根据地，特地派人寻找七七印刷厂。七七印刷厂的铅印机器放在某处时，当地群众曾误以为一门大炮。这

---

① 徐寄群：《鄂豫边区抗日根据地的教育工作经验》，《教育史研究通讯》第 2 期。
② 夏忠武：《两年来的文化教育工作》，《新四军和华中抗日根据地史料选》第 3 辑，第 604 页。
③ 刘镇豪：《抗日战争时期湖北省教育大事记》，《湖北教育史志资料》1986 年第 5 期。
④ 徐寄群：《抗日战争时期鄂豫边区黄陂县教育概况》，《教育研究与实验》1983 年第 1 期。
⑤ 方涛：《敌后的中原抗战》，《新四军和华中抗日根据地史料选》第 2 辑，第 483 – 485 页。

尊"大炮"确实击中了国民党的要害。曹武街的士绅曾说:"共产党真狠,今天这个打他们,明天那个打他们,他们不知道在哪一个山峡峡里出报。"①

边区对敌伪宣传也收到一定效果。例如日本人赤山顺看了《七七报》以后,弃暗投明。②

鄂豫边区同其他抗日根据地一样,在1944—1945年8月间,抗战形势越来越好。随着整个抗战形势的好转,国民党顽固派同共产党的斗争,日趋加剧。鄂豫边区地处华中要冲,势在必争。1944年5月在河南战争吃紧时,国民党的桂军189师一部及国民党挺进第四纵队全部以反攻为名偷袭新四军五师防地,接着对边区发动大举进攻。所以在此期间,根据地教育建设面临的困难仍然不少。

1944年春,鄂豫边区行政公署教育处召开直属学校会议。会议讨论了边区教育方针、政策等问题,确定边区教育"为中心政治服务,为无产阶级服务"的方针。③

鄂豫边区一直相当认真地执行抗日文化教育统一战线政策,如实验中学校长原是信阳很有办学经验的教育工作者,汉川中学校长原是颇有影响的秀才,应城中学校长原是国民党统治时期中心小学教导主任,边区政府重视发挥他们的作用;有些小学教师还担任基层抗日民主政权负责人;为了更好地争取、团结与教育广大教育工作者,于1944年建立鄂豫边区教师救国联合会。

为了适应形势发展的需要,边区行政公署于1945年1月创办建国公学。于同年3月开学,由鄂豫边区行署主任许子威兼任校长。招收学员300余人。设行政、教育、经济、银行、合作等班。政治课由边区教育处长李实执教,以上大课的方式讲课,业务课由各有关业务部门负责人上课。1945年8月,建国中学结束,600余名学员陆续被分配到新四军五师,担任文化教员,或到边区政府参加征粮工作。④

---

① 夏忠武:《两年来的文化教育工作》,《新四军和华中抗日根据地史料选》第3辑,第605、609页。

② 同上书,第605页。

③ 刘镇豪:《抗日战争时期湖北省教育大事记》,《湖北教育史志资料》1986年第5期。

④ 同上。

皖江区

皖江根据地是在皖中游击根据地基础上形成的。

皖中游击区，地处大别山以东、长江北岸、巢湖以南。1937 年 11 月就在无为县建立中共皖中工作委员会，在舒城、庐江、无为、桐城、巢县一带，恢复和建立中共组织，开展游击战争。不久，中共皖中工作委员会改为中共舒城中心县委员会，后又扩大为中共舒（城）无（为）地区委员会。1938 年 4 月，新四军第四支队开入皖中地区。1939 年 1 月建立江北游击纵队，活动于无为、庐江、和县、含山地区，会同四支队开展游击战争，奠定皖中根据地的基础。

1941 年皖南事变后，突围的武装力量与皖中原有武装力量于同年 5 月组成新四军第七师，并成立无为县抗日民主政府。1942 年 4 月，成立中共皖中边区委员会、又称中共皖中区委员会。皖中区亦称皖鄂豫赣区。同年 7 月成立皖中行政公署。

1944 年，皖中抗日武装又向皖南发展。1945 年 3 月，成立皖南专员公署。于是，在 1945 年初，改称皖江抗日根据地。

皖江行政公署下辖皖南与和含（皖中地区）两专员公署。其范围包括从南京斜对的江浦，沿长江西岸，一直延伸到彭泽县。

皖江敌后抗日根据地的发展大致可分为三个阶段：1938 年 4 月—1940 年底为第一阶段；1941—1943 年为第二阶段；1944 年—1945 年 8 月为第三阶段。皖江抗日教育的发展过程同整个皖江根据地的发展形势分不开。

一

活动于皖中游击根据地的新四军第七师，起初力量较小，游击根据地的中心区域在巢县、无为县一带，地区狭小，南有大江，北有巢湖，西有白湖，四周敌伪据点星罗棋布，回旋余地不大。同新四军其他主力部队之间有敌占区与国民政府统治区阻隔，比较孤立。故七师初期斗争采取隐蔽发展的方针。军事上以游击战为主，运动战为辅，扩大政治影响，开展地方工作。旨在巩固巢湖、无为中心区，挺进皖西，开辟和（县）含（山），坚守皖南。在这个战略思想指导下，稍带正规性的文化教育设施集中在巢湖、无为中心区；而在游击区、近敌区则实行游击式的教育。1942 年 5 月，中共皖中区委员会提出：游击区或距敌人据点较近的区域，小学教育和民众教育应采取伪装的办法："明教四书、五经，暗教抗日课本"。①

皖中游击根据地在 1941—1943 年斗争异常艰苦，而 1943 年是皖中地区反"扫荡"、反磨擦斗争空前紧张的一年。当年 3 月和 4 月，日伪军对根据地发动两次"扫荡"，均被粉碎。根据地在反"扫荡"斗争中不断发展，当年 7 月，日军主动从白湖南北两端的两个据点撤退，把巢县、无为中心区暴露在国民党桂军面前。由于日军把"扫荡"、"清乡"的重点放在苏北、苏南，相对说来，皖中根据地尚属安定。在中心区域数十里农村，风调雨顺，五谷丰登，人畜两旺，财源茂盛，成为华中敌后的"小康"社会。故在新四军中流传一首打油诗："七师小弟弟，吃穿无忧愁，钱多粮又足，兵民抗战乐悠悠。"② 根据地在反"扫荡"斗争胜利后，加紧政权建设，利用战斗间隙，开展抗日民主教育。

1943 年 7 月 25—28 日，召开皖中参议会第一届参议员代表大会。大会通过的《如何改进教育案》提出：每个行政区成立教育局，作为独立领导机关；举办塾师讲习会；乡村小学求质不求量，每乡固定一班，固定教师 2 人；非经检定或考询的教师不能任用；提高乡村小学教师待遇，以能养活二人为原则；切实调整教育基金，并设法扩充；边区学校化整为零，流动教授并广设识字班、补习（原缺四字，恐系"学校及半"）日班，冬季设夜读班；行署大量印制课本，由各私塾一律采用，禁止采用伪化（缺四字，恐系"新民课本"）；为普及地方教育，教育经费由文教系统收统卖，以解决经费（缺二字，恐系"困难"）；×××区增设隐蔽式学校，实施社教，防止伪化；各区学产设专人办理；增设和含地区学校，并组织教育委员会。③

当年 11 月，国民政府桂军突入根据地中心区域，制造磨擦。粉碎桂军磨擦后，根据地得到巩固和发展。

---

① 皖鄂赣（皖中）区党委：《抗日民主根据地的政委（权）讲授提纲》，《安徽教育志资料》第 5 期。

② 叶进明：《生财招利，强兵富民》，《安徽革命根据地财经史料选（二）》，安徽人民出版社 1983 年版，第 566－567 页。

③ 《皖中参议会第一届参议员代表大会决议案》，《新四军和华中抗日根据地史料选》第 6 辑，第 237－238 页。

到 1944 年止，全区开办中学 1 所，有学生 300 人，各个区、乡普遍设立小学，都采用新课本上课，各个乡及大自然村普遍建立了农民识字班和夜校，大力进行扫除文盲工作。① 皖中群众中流行一首歌谣："上冬学，上冬学，提着油灯邀大伯。从前认得扁担一，如今识字好几百，革命道理也会说。要不是恩人共产党，一辈子只会干粗活。"②

皖中敌后抗日根据地教育发展的全面情况，未见统计。据皖中行政公署主任吕惠生在 1944 年 5 月 30 日（农历）日记中，关于无为县学校的统计是：

校别 ＼ 区别 校数	恍城	南苏	新民	银屏	石涧	合计	教师数
私塾	72	14	60	47	70	263	393
中学	2	1	1	1	1	6	30
乡村小学	5	1	3	1	2	12	24

教师人数 447 人，另加上俱乐部工作人员 30 人，共 477 人。③

当时无为县是新四军七师司令部和皖中行政公署驻地，属根据地文化中心，其余地区不能同它相比。这项统计中的"中学"，可能把干部学校包括在内，其实当时设在无为县的皖中联立中学，也是一所干部学校。

这项统计表明，当时皖中区国民教育中，私塾相当普及，占有压倒优势。故利用与改良私塾问题，在皖中根据地关系甚大，惟其如此，皖中根据地在 1944 年教育改革中，把私塾改良问题放在相当重要的地位，甚至把它列入根据地教育改革的方针。

二

1944 年—1945 年 8 月，皖中游击根据地逐步发展为皖江根据地，成为华中敌后八大战略区之一。根据地不但致力于教育事业的恢复，而且响应中共中央的号召，尝试根据当地特点，对普通教育进行改革。

1944 年春，无为县政府为了检阅各小学开展"社会教育"的成就，于 4 月 4 日在皖中行署附近召开儿童节庆祝大会。全县 12 所小学都组织代表队参加，白天开展

---

① 曾希圣：《皖江的抗日斗争》，《新四军在安徽》，人民出版社 1982 年版，第 140 页。

② 《安徽教育志资料》第 5 期，第 49 页。

③ 吕惠生日记摘抄（1944 年农历 5 月 30 日），《吕惠生烈士史迹》，中共无为县党史办公室等 1985 年编印本，第 103 页。

演讲、象棋、乒乓球、小型球竞赛，晚上看文艺节目表演，历时三天，非常热闹。①

1944 年农历 5 月 27 日（公元 7 月 17 日），延安《解放日报》发表题为《论普通教育中的学制与课程》的社论传到皖中区以后，吕惠生写了详细摘录，记载在其 6 月 9 日（农历）日记中。稍前，他在无为县举行的六六教师节大会上关于文化教育的报告提纲中，结合皖中教育实际情况，提出皖中教育改革的指导原则。社论中的提法是：干部教育重于群众教育，现任干部的提高重于未来干部的培养，成人教育重于儿童教育，无论干部教育或群众教育，战争与生产所直接需要的知识技能重于一切其他文化教育。② 吕惠生的提法是："干部教育重于一般教育，成人教育重于儿童教育，私塾改良重于学校教育，政治训练重于识字教育。"③ 他提出两点作为修改与补充，是从皖中区实际出发的：

1. 陕甘宁边区是有多年历史的比较巩固的抗日后方基地，在那里从抗战初期开始，曾经明令取缔私塾。小学迅速得到发展，而皖中区是敌后抗日根据地，大量发展教育的主客观条件尚不充分具备，原有私塾又相当发达，与其另砌炉灶，何不就地取材。况且陕甘宁边区在后来的改革中也肯定了私塾存在的必要，甚至恢复私塾。

2. 在陕甘宁边区已具备开展大生产运动的条件，谋求根据地军民的"丰衣足食"。在那里，需要注重教育与生产实际的结合。皖中区也需要开展生产运动，但因战事频发，环境很不稳定，生产教育也不具有在陕甘宁边区那样重要的意义，而政治训练却刻不容缓。

惟其如此，吕惠生在教师节大会上向教师提出若干问题，建议教师开展讨论。这就是："1. 私塾改善，反对形式主义之改善；2. 对私塾民办官助，公家不加限制；3. 英雄问题（按：可能系指"我们的教育不是空虚的英雄教育"，即不是脱离实际的英才教育）；4. 私塾团结组织；5. 课程不要复杂——要求低；6. 行政人员不重视教育；7. 小学至今仍是旧方式。"由此可见，他把私塾改造问题视为国民教育改革的首务。

此后，他还在教育研究会上提出《文化教育工作之实施》；系统地提出皖中教育改革的设想。这就是：

1. 确定皖中区教育改革的三大方针（指导原则），即：成人教育重于儿童教育，私塾辅导重于学校教育，干部教育重于普通教育，对上述提法作了一些修正。

---

① 无为县教育志办公室：《无为县抗日根据地的教育概况》，《安徽教育志资料》第 5 期。

② 《解放日报》社论：《论普通教育中的学制与课程》，《陕甘宁边区教育资料（教育方针政策部分）》下册，第 409 – 415 页。

③ 吕惠生日记摘抄（1944 年农历 6 月 6 日），《吕惠生烈士史迹》，第 104 页。

2. 在学校教育方面实行中心小学制，即中心小学除了教好本校学生外，兼办社会教育、辅导私塾，对一般公立小学起示范作用，并与民办小学建立联系，口号是"社会即是学校"；在干部教育中，实行轮流调训制，即对在职干部（先以乡级干部为主）进行轮流调训，以两个月为一期。

3. 改革成人教育、私塾教育与儿童教育的内容，着重加强思想政治教育与应用技能训练。

此外，对各种教育均提出具体目标。①

皖中区公立小学不多，中学也较少，以皖中联合中学最著名。皖中联合中学创办于1942年。学校负责人侯示斋。设有普通班和教育、财政经济、行政三科，是兼施干部教育的普通中学。1943年一度停办，1944年4月复办。复办后金稚石、吕惠生先后出任该校校长。吕惠生在当年9月29日（农历）对皖中联合中学学制、课程改革也提出过一个方案，主要内容是：

1. 校长以外，设教务长统管学校内务，下设教务、生活指导、总务三部，另设军事教官、文化课教员各1人。

2. 分普通科与专修科，专修科设行政、财粮、师范三科，各科均设指导员。各科均修业1年。普通科招收堪以造就而且目前条件尚不足的青年；专修科则着重培养各有关部门的干部。

3. 以培养干部为目标，主要是乡级干部。

4. 普通科文化课占40%，政治课占40%，课外活动占20%；专修科文化课占35%，政治课占25%，业务课占30%，课外活动占10%。普通科设国文、数学、自然常识与卫生常识、史地、政治等学科。普通科每日授课不超过5小时。各科教学内容均得反映社会实际。②

此外，新四军七师文化教育活动一直比较活跃。除师、支队有文工团、队经常到各团、队演出外，连队也经常根据真人真事，自编自唱。广泛开展"兵演兵"，举行小型晚会。每年5月，只要没有战斗任务，各个部队都开展军政文娱、体育大竞赛。③

皖江区于1945年5月15日，在无为设立中国人民抗日军事政治大学第十分校。④ 招收学员近千人，编为六个中队。第1—2中队为军事干部队，第3—4中队为政治工作队，第5—6中队为文艺工作队。⑤ 不但培养军内干部，而且为地方工作输送人才。1946年9月随军北撤后结束。

---

① 吕惠生日记摘抄，《吕惠生烈士史迹》，第108－113页。

② 吕惠生：《关于联中学制、课程等问题》，《吕惠生烈士史迹》，第31－35页。

③ 曾希圣：《皖江的抗日斗争》，《新四军在安徽》，第140页。

④ 新四军第五师曾在鄂豫边区创办中国人民抗日军事政治大学第十分校，于1945年2月停办。

⑤ 《大江报》1945年6月15日。

浙东区

浙江敌后抗日游击根据地位于上海、杭州、宁波三城市之间，是抗日战争中期以后华中八大战略区之一。

1941年1月皖南事变以后，中共中央华中局根据中共中央指示，决定派新四军一部，由苏南浦东转战浙江，开辟浙东游击根据地。当时日军于1941年3月攻陷萧绍地区，4月由镇海登陆，国民政府军队不战而溃，镇海、宁波、慈溪、余姚等县城相继失守。至1942年5月，日军又发动浙赣战役，浙江几乎全部失陷，但日军不久即自动缩短战线。浙赣战役后，中共浙东区委员会于1942年7月成立，并陆续建立三北（余姚、慈溪、镇海三县北部）地委、四明地委（宁波、奉化、慈南、余西地区）、浦东地委（杭州湾北岸、上海浦东）、三东（镇东、鄞东、奉东及定海）地委。8月13日，成立浙东游击司令部（合法番号为"第三战区三北游击司令部"），后改为新四军浙东纵队。统一领导三北、四明、三东、会稽及浦东地区的抗日游击战争。当年10—12月间，既粉碎日伪军回师"扫荡"，又在国民政府军队进攻面前，被迫投入第一次自卫战争；1943年1—11月间，形势稍为缓解，从1943年11月至1944年8月，又进行了第二次自卫战争；1944年12月，粟裕率新四军主力南下，1945年2月，成立苏浙军区，浙东形势大为好转。

1945年1月，召开浙东临时各界人民代表会议，产生浙东参议会和浙东行政公署委员会。抗日游击战争的发展与抗日民主政权的建设，为浙东抗日教育开辟了道路。

一

浙东地区，尤其是那些闭塞的穷乡僻壤，文化落后。据一个乡的统计，在

48 个 30 岁以下的民兵干部中，读过 5 年小学的占 7%，受过 1—3 年小学教育的占 58%，文盲占 35%。① 在这样的农村，迫切需要普遍的启蒙，然而在浙东游击战争环境中，大规模开展群众性教育运动的时机远未成熟。

1942 年 7 月，浙东敌后第一次干部扩大会议，分析了当年 5 月浙赣战役以后浙东形势的特点，认为整个浙东广大地区已变成沦陷区，但由于日军兵力不足，还不能控制铁路两侧的广大农村；国民政府军队虽节节败退，但在浙江敌后保有相当大的军事力量、大部分地方政权及深厚的社会基础，进步势力暂时还处于劣势。浙东不但不同于像陕甘宁边区那样的抗日后方根据地，也有别于华北、华中那些有大片巩固区的敌后抗日根据地，它还是游击根据地。它不但是敌后抗日根据地，而且接近国民党的大后方，经常受敌、伪、顽三股势力夹击。当时的策略是采取"灰色的、合法的名义"，一切群众工作以国民政府在游击区各种政策容许的范围内进行，在军事上开展"敌来我走，敌退我进"的游击战争，以便长期埋伏，隐蔽精干，积蓄力量，以待时机。因此，浙东敌后第一次干部扩大会议认为，"我们今天所处环境不能进行彻底改革教育，只能按照情形注意一些重要的问题"，这就是：目前文化教育工作的中心是提高与发扬民族自尊心与自信心及抗日的技术教育，广泛地告诉人民打鬼子的具体办法，提高人民的抗日自信；一切学校均须遵循这个指导原则，并发扬学生抗日民主自由权利，给予学生言论、集会、结社、抗日自由，改善教职员生活；欢迎并爱护知识青年、文化工作者；开办农村小型报纸、刊物以及一切有利于抗日团结的文化事业，尽一切可能的办法，进行群众文教工作，如座谈会、演剧等；大量吸收当地抗日知识青年参加部队工作，并大胆使用与提拔他们担任各种工作。②

1943 年 2 月，中共浙东区委员会认为浙东区与华中、苏南有不同的特点。浙东接近国民党大后方，力量较单薄，人民尚有严重的"合法"观念，而且目前是争取全国形势好转的时候，故不宜采取推翻现有政权与运用根据地的办法。教育工作任务是：对于浙东游击队活动地区原有学校及一切文化教育机关与有关人士进行调查研究，定出方针，给予适当的帮助与领导。特别是三北，一般地方人士对于教育事业有兴趣，有人在筹备中学，值得注意；积极与敌伪奴化教育作斗争，敌伪正加紧筹备各种训练班，进行奴化教育，不应忽视；注意抓

---

① 童文建：《浙东抗日根据地文化教育事业简述》，《浙东抗日根据地教育资料汇编》上册，浙江教育出版社 1987 年版，第 149 页。

② 谭启龙：《目前国内外形势与我党发展浙江敌后游击战争、建立根据地的方针》，《浙江革命历史档案选编（抗日战争时期）》下册，浙江人民出版社 1985 年版，第 16－17 页。

住国民党在浙江的当权人物抗战初期的进步言论发扬光大；加强对《时事简讯》的领导；多方推动与吸收地方文化工作青年及文化人、地方各界领袖参加各种文化教育事业，扩大抗日的、民主的文化教育事业。① 与此同时，加强军内反奸细的政治教育，举办这方面的短期训练班，加强干部、党员的教育。一般干部教育可开办短期县、区级训练组，但主要在于组织在职干部学校。一般党员以提高党性教育及一般政策教育为主。②

浙东游击根据地在 1942 年 5 月—1943 年 12 月间的教育工作大体上是按照这些精神开展的。基本特点是：不把主要力量投入正规的、定型的文化教育设施上，而着重举办各种短期训练班，并采取座谈会、办报纸等形式，开展党内教育、军内教育、群众教育，适当举办学校教育；特别注重争取广大教师与文化人，利用合法名义与合法身份开展工作。

1. 党内教育以党性教育与政策教育为主。1943 年，中共浙东区委员会在梁弄举办几期党员训练班，开设"民运工作纲要"、"统一战线"、"党的建设"三门学科，并部署党员自学整风文献。③

2. 在军内建立"三课制"，即：政治课、文化课与党课，"三会制"（营的教育准备会、干部讨论会、学习组长会），"三报制"（墙报、读报、干部小报），称为宣传教育工作上的"三三制"。其中政治课，干部每周至少 1 次。战士 3 次；文化课每周至少 6 次，以《军人识字课本》为教材；党课每周至少 1 次，干部、战士一样，以《怎样做个共产党员》为基本教材。④

3. 群众教育以冬学为重要形式。在浙东最早组织冬学的，是姚南县。该县办事处于 1942 年冬季到来之际，举办群众骨干训练班，并派文教干部深入各区加以指导。先在稚贤乡试验，总结经验，向全县推广。共办 30 所冬学，有学员 1 259 人，培养文教骨干 36 人。⑤ 1943 年 9 月，上虞县政府邀请各界人士参加在某镇中心小学召开的第一次小学教师座谈会，着重讨论"政教合一"，即由学校协助革新社会。决定，每学期举行时事测验、阅读测验、爬山竞赛、歌咏竞赛，秋季集体远足，各一次；加授抗战课程；秋收后举办民众学校，每期 2 个月，每

---

① 《我党我军在浙东地区今后的一般任务》，《浙江革命历史档案选编（抗日战争时期）》下册，第 67 - 68 页。
② 同上书，第 69、70 页。
③ 童文建：《浙东抗日根据地文化教育事业》，《浙江革命根据地教育资料汇编》上册，第 155 页
④ 《宣教工作制度草案》，《浙江革命根据地教育资料汇编》上册，第 12 - 13 页。
⑤ 童文建：《浙东抗日根据地文化教育事业》，《浙江革命根据地教育资料汇编》上册，第 150 页。

日下午授课 2 小时，并继续推行小先生制，等等。① 当年 10 月，中共浙东区委员会把抓紧战斗准备、巩固群众团体、改造政权，加紧教育列为当年冬季三大任务。提出，抓住人民冬季空闲时间，广泛地开展群众的冬学运动，"提高群众的政治文化水平，以启发群众对敌伪及国民党反动派的民族阶级仇恨心及对我党我军进步的拥戴为主要目标"。②

4. 小学教育：1943 年 9 月，慈镇姚抗战建国工作推进会第一次常务委员会曾通过改革旧教育制度的决议案。提出："为改进过去教育与社会脱离之弊端，此后的学校教育应以加强抗战、发扬民主为最高原则，其他不合实际甚至蒙蔽儿童之教育应予取缔"。③

浙东在国民政府力量居于优势条件下，能够开展抗日民主教育，同坚定地执行抗日统一战线（其中包括教育界抗日统一战线）政策分不开。当时一面大力争取教师与文化人参与文化教育事业，一面动员社会力量支持教育事业，并在他们的掩护下，以合法名义与身份开展工作。例如 1942 年夏季，中共鄞县地下县委以"三青团鄞西区队"名义举办小学教师暑期训练班。班主任与四个分队长均由中共党员担任。共招收学员 50 余人，大部分是三青团鄞西区队经常联系的对象，但都属倾向进步的青年。开设哲学初步、政治常识、民运工作、游击战术等课。④ 又如 1942 年 8 月中共慈镇县工作委员会以为国民党镇海县政府江北办事处举办小学教员训练班名义，为三北游击根据地培训干部。历时 40 天，教学内容为抗日战争形势与任务、共产主义启蒙教育、大众哲学、农民运动等。⑤ 1943 年 9 月，姚虞办事处在梁弄召开各机关、团体联欢晚会，联络感情，并商讨协力建设新梁弄。决定在梁弄除原有一所中心小学外，增设一所初级小学，并兴办文化俱乐部、阅览室、壁报、夜校等社会教育设施。⑥

在浙东，为争取、团结与教育广大教师，还普遍建立教育会组织，亦称民众教育会。

以镇北县龙山区教育会为例。该区由三北办事处于 1942 年 9 月召开筹备会

---

① 《上虞某镇小教座谈会实行政教合一协助革新社会》，《浙江革命根据地教育资料汇编》上册，第 259 - 260 页。

② 《浙东区党委关于今年冬季工作的指示》，《浙江革命历史档案选编（抗日战争时期）》下册，第 121、122 页。

③ 童文建：《浙东抗日根据地文化教育事业》，《浙江革命根据地教育资料汇编》上册，第 158 页。

④ 周恩义：《记在我党控制下的"三青团鄞西区队"》，《浙江革命根据地教育资料汇编》上册，第 227 - 228 页。

⑤ 包雪浪：《关于第一期"小学训练班"的回忆》，《浙江革命根据地教育资料汇编》上册，第 229 - 232 页。

⑥ 《姚虞各界联欢晚会讨论建设新梁弄》，《浙江革命根据地教育资料汇编》上册，第 27 - 28 页。

议。选出干事会，后改为理事会。理事会设主任委员与 5 名理事，分管总务、教导、进修、联络与社会教育事务。下分 4 个小组。据当事人日记记载，该区教育会在 1942 年 9 月至 1944 年 2 月间，共召开 70 余次之多。①

二

1943 年大部分时间处于第一次自卫战争结束（1943 年 1 月）至第二次自卫战争爆发（同年 11 月）期间，日军由全面"扫荡"转为局部"扫荡"，国民政府军队的进攻也有所缓和，根据地教育建设的环境较为稳定。1943 年 11 月起，国民政府军队发动第二次大规模进攻（至 1944 年 8 月），奉化县政府四明办事处发电各县县长，甚至扬言："际此大举剿共时期，政府颁有烧杀全乡全村的法令。"人民武装被迫自卫，并在严重困难条件下，坚持抗日阵地，适应游击战争环境，开展教育工作。

1944 年 1 月 15 日，浙东敌后临时行政委员会宣告成立。稍前（1 月 8 日）成立新四军浙东纵队，公开亮出新四军旗号。《浙东敌后临时行政委员会施政纲领》中提出："实行抗战与民主的普及教育，改善中小学教师待遇、提高其文化政治水平，改进学校教材，推行社会教育，奖励抗日书报之出版发行，提高科学知识与文艺运动，欢迎各地科学人才来根据地工作，给予教师及公务人员以学习进修之机会，开办各种短期训练班，允许在学学生以民主自治权利，普遍提高人民政治认识及文化水平，加强抗战胜利信心。"②

临时行政委员会确立"巩固三北，坚持四明"的方针，开始建立区以上各级政权机构。在南山建立县级姚慈虞办事处，在三北建立专署级姚慈虞办事处，并调整各乡镇保甲机构。

浙东敌后临时行政委员会设秘书、民政、财经、文教四处，文教处长为黄源，专署级办事处设文教科，县级办事处设文教科，区署设文教股。③

1944 年 6 月 15 日—25 日，浙东敌后临时行政委员会召开扩大会议。明确肯定浙东地区的社会性质为"浙东人民抗日游击根据地"。即时在山北建立 5 个县 10 个区，在山南建立 4 个县 11 个区（后改为 7 个区）。国民政府拟来建立区署，遭到拒绝。当时认为建立彻底民主政权的基本条件是：要有武装抗日根据地，

---

① 《龙山区教育会大事记》，《浙江革命根据地教育资料汇编》上册，第 13－24 页。
② 《浙东敌后临时行政委员会施政纲领》，《浙江革命历史档案选编（抗日战争时期）》下册，第 139 页。
③ 《浙东敌后临时行政委员会组织系统图（草案）》，《浙江革命历史档案选编（抗日战争时期）》下册，第 141 页。

要有广大的民众组织，要有民主的教育。① 因此根据地教育建设对于在根据地建立民主政权关系甚大。临时行政委员会扩大会议提出：继续改善小学教职员的生活，开展社会教育，使之适合敌后抗战之需要。②

在临时行政委员会扩大会议前后，各地加紧部署教育工作，迎接浙东第三届文教会议的召开。

上虞县在当年5、6、7三个月工作计划中，确定行政部门健全通讯网，巡视学校，组织儿童，指导社会活动，统计投产与开支，准备征收学谷等；宣传教育部门以扩大政治影响、加强党内教育、培养干部为中心。

1944年7月，四明山地区第二届行政扩大会议决定在基本区进行教员登记审查；基本乡设中心小学一所，对全乡小学起辅导作用；每个基本乡，至少有2—3所保国民小学；基本地区学龄儿童入学率至少达到60%—70%，实行强迫入学，亦可采取半日制；每个基本乡镇创办1—3所民众夜校（包括成人识字、娱乐、时事讨论）以及壁报，等等。③

1944年7月21日，临时行政委员会文教处召开浙东敌后暑期教育研究会。有些地区的校长、教员偷越国民党封锁线，赶来参加。这次教育研究会除进行形势与前途教育外，着重解决教育方针与步骤问题。④

当年8月文教处组织社会教育队深入基层召开社会教育座谈会，黄源提出："我们做群众文化工作，第一便要使自己（知识分子）工农化。"提倡演浙东地方戏（的笃戏）。会议讨论编印小调集，社教队下乡后的中心工作乡，建立社教队与暑期工作队、教育之间的联系以及俱乐部工作等。⑤

1944年10月，浙东敌后临时委员会文教处召开第三届文化教育扩大会议。会议传达了中共中央文化教育政策和毛泽东《在延安文艺座谈会上的讲话》中指出的方向，在"教育与群众结合"、"教育与实际联系"、"学与用一致"的精神下，确定新的教育方针是"社会教育重于学校教育"、"成人教育重于儿童教育"、"干部教育重于群众教育"。黄源联系浙东实际解释了新的教育方针。他说：目前我调查了一个村子的人口，其中成人占95%，儿童却仅占5%，试问今

---

① 谭启龙：《当前浙东敌后形势与今后行政工作的方针任务》，《浙江革命历史档案选编（抗日战争时期）》下册，第203页。

② 《浙东敌后临时行政委员会扩大会圆满结束》，《浙江革命历史档案选编（抗日战争时期）》下册，第221页。

③ 《四明山地区第二届行政扩大会议决议案》，《浙江革命根据地教育资料选编》上册，第41页。

④ 《走上教育新方向，文教处举办暑期教育研究会》，《浙江革命根据地教育资料选编》上册，第52页。

⑤ 《文教处社教队下乡，开展农村文化娱乐》，《浙江革命根据地教育资料选编》上册，第54—55页。

天的教育对象是95%的成人重要，还是5%的儿童重要？抗战的贡献是成人多，还是儿童多？还有一个调查研究资料，就是南山和三北两地区共有小学教师1 000多人，小学生约32 000余人，平均每个教师31个学生。人民与抗日民主政府每年要替每个学生负担公粮72斤（谷子）。如果以这些干部与经费拿来教育成人，岂不对浙东人民贡献更大？

会议决定在社会教育方面，各地建立农村俱乐部；争取和团结民间艺人；提倡与改造民间艺术形式（的笃班、绍兴高调、小调、山歌、连环画等）；各学校社会部主任、音乐教师当前工作以农村俱乐部为中心，并组织"儿童社会教育学校队"，在学校附近设立巡回施教系统。

在改造学校教育方面，所有公立与私立学校，均向"民办公助"的方向发展；适应农村与市镇的需要，采用全日制、半日制、识字班、二部轮流制、旁听制、间日制、雨天书、小先生夜校、晨校等，平原地区基本上仍采用四二制，山区可灵活些，一年制、二年制均可，星期日假制也可以改为"市民放假制"；课程设置的原则是着重抗日战争知识和生活知识的增加；启发民主精神；培养劳动观念、集体观念等，在各门学科中增加反映实际斗争与生活需要的知识；儿童组织与训导采取集体检讨、竞赛、奖励、个别谈话、耐心说服等方式，提倡为民族、为大众的新英雄主义，教师需与儿童订立公约。这次大会搜集与发扬典型方面做得不够。这次大会被视为浙东敌后文教事业改革中有决定意义的一次会议。①

1944年10月，慈南区召开文教会议，会议认为自区署成立以后，在自卫战争环境中依然用教育的的态度处理教育界的政治问题。从1943年度学期开始发放学谷，数额比上学期增加1/3强。1944学年度比1943学年度增加4所小学，增加学生200多人。在暑期中还组织小学教师暑期服务团。会议上传达了中共中央教育政策，分组讨论了社会教育问题，决定创办民众俱乐部与改革学校教育。②

1944年先后成立了几所干部学校，也是浙东游击根据地的一件大事。

当年冬季，继续开展了冬学运动。

三

浙东敌后游击根据地经过一年的斗争，到1945年初，已建立三北、四明、浦东、会稽四个行政区，14个县、44个区、372乡、3 780保，拥有人口2 288 920人，面积达11 506平方公里。1944年12月，新四军一师三个团抵达浙东后，

---

① 《第三届浙东文教会决定新的文教方针》，《浙江革命根据地教育资料汇编》上册，第59-63页。
② 《慈南教育检讨——开始试行新学制》，《浙江革命根据地教育资料汇编》上册，第268页。

于 1945 年 1 月建立江浙军区,人民抗日武装力量壮大了。在全国局部反攻节节胜利的形势下,于 1945 年 1 月 21 日,召开浙东敌后临时各界代表大会,临时行政委员会主席在报告一年施政成就时谈道:文教方面确定"社会教育重于学校教育、成人教育重于儿童教育、干部教育重于群众教育"的新方针,开办鲁迅学院,解决干部问题,成立社会教育队,改造民间艺人,推进社会教育,均有显著成绩。① 大会选举产生浙东参议会和浙东行政公署,黄源任浙东行政公署文教处长。大会赞同由中共浙东区委员会提出并经中共中央华中局批准的《浙东地区施政纲领》。其中包括:"实行抗战与民主的普及教育,创办各种学校及各种短期培训班,吸收抗日青年、知识分子及失学失业与流亡青年,训练培养抗(战)建(国)人材,编制抗战民主教材,务使学习与抗(战)建(国)实践生活相联系;给予在学学生及教职员有参加各种抗战工作及课外正当活动的自由;同时改善各级学校教师的生活,提高其政治文化水准;推广抗日出版,奖励自由研究科学知识,尊重知识分子,提倡科学与文艺运动,欢迎各地科学艺术人材来根据地工作;推行卫生行政,建立医药设备,欢迎医务人材参加地方卫生事业,以达减少人民疾病痛苦之目的。"②

大会还讨论并通过若干教育提案。主要有:

1. 在教育"走群众路线"的总目标下,切实实施新民主主义的教育新方针。包括健全各级文化教育机构及教育会的领导;普遍组织社会教育队,改变学制为幼稚教育 1 年、初级小学 2 年、高级小学 1 年、初级中学 2 年、高级中学 2 年、大学 2 年及教员进修等。③

2. 确定教育经费并保障教员生活。④

3. 加强文化教育界统一战线工作:建立各级文教会,以文教会为核心,广泛吸收地方知识分子。⑤

1945 年 2 月,浙东行政公署关于文教工作的部署是:采取深入细致的工作方式,反对大吹大擂与误认为在当时形势下不能进行文化教育工作;调动红色的干部,主要达到坚持(完成任务),冬学干部在不影响坚持任务的情况下调动(到行政公署去);教育经费以庙产收入为主要来源,由区统一分配;加强教育领导,"区文教工作应通过文教会";各区小学教师在保持骨干外,动员自愿到

---

① 连柏生:《在浙东临代会上的一年施政报告》,《浙江革命历史档案选编(抗日战争时期)》下册,第 428 – 429 页。
② 《浙东地区施政纲领》,《浙江革命历史档案选编(抗日战争时期)》下册,第 437 页。
③ 《浙东各界临时代表会提案》,《浙江革命根据地教育资料汇编》上册,第 437 页。
④ 同上书,第 93 – 94 页。
⑤ 《浙江革命根据地教育资料汇编》上册,第 289 – 291、296 – 298 页。

鲁迅学院学习。①

1945 年一面恢复与发展教育，一面贯彻 1944 年第三次文教会议精神，深入进行教育改革：

1. 加强教育与生产的联系：例如 1945 年 3 月，三北地区镇海县龙山区教育会第五组教师订立生产、学习计划，其内容是某小学种番茄、洋芋芃、芹菜等，每校养兔 4 对，养羊 1 对，养鸡 2 对，每晚 7—8 时学习，业务方面学习教育理论、教学法等，政治方面学习《一九四五年的任务》、《新民主主义论》等；第四组教师决定成立合作社，分生产和销售两部分，并争取推广到全区；慈南县某镇中心小学全体教师于 4 月 7 日穿上草鞋、背了锄头同农民一道下田种地；四明分区南山县梁弄（原暨姚南县）中心小学师生利用春假种南瓜和播秧、锄地、施肥；南岚中心小学组织学生摘茶时，并把算术教学同生产劳动结合起来，指导学生计算收获量、工资、成本、利润。②

2. 改革学校制度：四明分区专员公署决定私立小学实行"民办公助"。公立小学、成人教育与干部教育经费由各县县政府决定具体办法后与乡镇公粮合并征收。意味着不要求把公立学校改为民办学校。③

1945 年 7 月，浙东行署文教处为了加紧改造传统教育，完成大量培养干部、大规模开展群众教育以贯彻新民主主义教育方针，把小学教师集训作为推动全盘文化教育工作的关键，决定利用暑假开办小学教师集训班。集训班一般以县为单位。暑期集训的总方针是通过政治上的启发、思想上的教育与工作上的实习，使小学教师获得新观点、新方法，激发为人民服务、和人民打成一片的精神，领导与执行新的文化教育方针。集训时间 20—40 天。课程以政治教育为中心（占 60%），业务课程主要是进行文教战线两条路线（人民路线与反人民路线）方面的教育及对于传统教育的检讨，教育情况的调查研究。④

当年 8 月日本宣布无条件投降以后，国民党妄图独占抗战胜利果实，人民抗日武装实行全面反攻，迅速壮大人民武装力量，扩大解放区，军事政治斗争的任务十分紧迫。在这种形势下，浙东行政公署文教处于 8 月 19 日发布《关于当前任务的紧急通知》，规定各校一律延迟一个月开学，将全体教师动员与组织起来，从中抽调一部分力量，组织战地服务团，协助前线战斗，并开展新解放

---

① 《四明行政分区专员公署第一次政务会议记录》，《浙江革命根据地教育资料汇编》上册，第 100 页。

② 《南山县第二次扩大会议记录》，《浙江革命根据地教育资料汇编》上册，第 101 页。

③ 施庄：《一个改造教育的新计划》，《浙江革命根据地教育资料汇编》上册，第 88－90 页。

④ 浙东行署文教处：《关于暑期小教集训工作的指示》，《浙江革命根据地教育资料汇编》上册，第 300－303 页。

区工作；另一部分力量则动员当地群众，特别是农民群众，参加后方警戒、担架、运输、参军、扩军、优抗、生产等紧急任务。同时，把 14 岁以上的学生组织起来，普遍开展农村宣传工作，把当地知识青年动员起来，参加战地服务。①各学校接到紧急通知后，先后动员、组织起来，成立各种工作队，开展各方面工作。旋因情况有些变化，行署文教处决定仍于 9 月 15 日开学，在 9 月 15 日至20 日举行"庆祝抗战胜利与中苏友好同盟条约的扩大宣传周"。21 日上课。已动员出去的教师，以开展群众教育为主，尚未离校的教师按期恢复上课，在原岗位上配合群众教育工作。②

四

浙东敌后抗日游击根据地，接近国民党后方根据地，往往同国民政府统治区犬牙交错，斗争的条件异常艰苦与复杂。在如此困难的条件下，经过几年努力，教育工作方面取得了相当可观的成就。

据三北地区 1944 年统计，有小学生 9 410 人，教员 321 人，学校 121 所，专门学校以上的学生 56 人。当时三北地区有 10 个区，141 个乡，接近每乡一所小学。③另据 1944 年 10 月统计，南山和三北两地区约有小学生 33 000 余人，小学教师 1 000 余人。④南山是四明地区的一个县（1945 年 2 月辖 4 个区），三北包括余江以北的 3 个县。这个统计，实际上是 4 个不完全的县的数字，表明平均每县有小学生 8 000 余人。

根据地对于社会教育比学校教育还要重视，由于浙东属于游击根据地，定型的教育设施不很多，故根据地教育事业的成就，不能单以数字显示。

浙东游击根据地自始至终重视干部教育，包括党内干部、军内干部与行政干部教育。以短期训练班为基本形式，到 1944 年，才兴办稍为正规的干部学校。

浙东抗日军政干部学校　该校于 1944 年 11 月开始招生，1945 年 2 月第一期学生入学。浙东游击纵队司令何克希兼任校长。该校以"培养有志青年，提高其抗战学术，使其真能为国家民族服务，增强抗战力量"为宗旨，第一期招生名额 20 名。修业 6 个月。修业期满由学校介绍工作，成绩优良者保送至高级学

---

① 浙东行署文教处：《关于当前任务的紧急指示》，《浙江革命根据地教育资料汇编》上册，第 101 – 103 页。

② 《浙东行署文教处通知》（［学字第一号］、［学字第二号］），《浙江革命根据地教育资料汇编》上册，第 303 – 306 页。

③ 《一年的党与群众工作》，《浙江革命历史档案选编（抗日战争时期）》下册，第 472、471 页。

④ 《第三届浙东文教会决定新的文教方针》，《浙江革命历史档案选编（抗日战争时期）》下册，第 310 页。

校深造。学生按新四军排级干部标准供给。1945 年 4 月，又招收第二期学员。①

　　鲁迅学院，亦称"鲁迅学院浙东分院"　属浙东敌后临时行政委员会文教处（1945 年 1 月以后浙东行署文教处）管辖，由文教处长黄源兼任院长。该院招收爱国知识青年（小学教师占很大比例）与区乡级在职干部。设初级班与高级班。高级班设民政、财政、文教和民运四系。修业 3 个月。共办 3 期，第一期人数无考，第二期有学员 100 余人，第三期 420 人。②

　　浙东游击根据地中学情况不明。值得一提的是设在三北抗日游击根据地东部边缘地带镇海县北部龙山区的凤湖中学。该校创办于 1942 年 8 月。实际上是一所抗日两面中学。名义上是"普通中学"，实际上是干部速成班。每个学生均有两套教材，一套普通中学教材，作为应付敌伪之用，另一套教材中，包括政治经济学、社会发展史讲义、《大众哲学》，此外，以《新浙东报》为语文教材。但该校不同于华北敌后根据地的抗日两面学校。教师成分比较复杂，既有中共地下共产党员（1943 年开始建立地下共产党组织），也有国民党势力。地下党有意识地把学校涂上"灰色"色彩，以当地"凤浦湖"命名。形式上是一所私立中学，实际上是一个"革命的熔炉"。该校从 1942 年 9 月起，维持一年零二个月时间，第一学期三个年级实有学生 74 人，第二学期实有学生 83 人。1943 年 10 月遭到敌伪破坏后，从学生中挑选二十余人组成流动训练班。③

　　此外，三北根据地于 1945 年 9 月筹办三北中学，定于 10 月 1 日开学。④

　　从 1941 年春新四军深入浙东开始，经过几年斗争，在浙东开创了抗日民主新局面，在这个过程中，创造了一种既不同于陕甘宁边区抗日后方基地，又不同于华北、华中其他敌后抗日根据地，甚至也不同于苏南游击根据地的抗日民主教育新类型。到 1945 年 11 月，根据国共达成的协议，新四军浙东纵队行政公署奉命忍痛北撤。浙东革命根据地的教育事业遂告中断。

---

　　① 《浙东抗日军政干部学校招生》，《浙江革命历史档案选编（抗日战争时期）》下册，第 347－348 页；参见童文建：《浙东抗日根据地文化教育事业简述》，《浙江革命根据地教育资料汇编》上册，第 153－154 页。

　　② 童文建：《浙东抗日根据地文化教育事业简述》，《浙江革命根据地教育资料汇编》上册，第 154－155 页。

　　③ 《浙江革命根据地教育资料汇编》上册，第 232－244、257－259 页。

　　④ 同上书，第 306－307 页。

华南抗日游击区教育掠影

抗日战争时期，华南抗日游击纵队在有别于西北、华北与华中的特殊斗争条件下，坚持抗日斗争，并从当地斗争需要与实际条件出发，开展抗日教育。

抗日战争期间南方的工作（包括国民政府统治区与游击根据地）原由中共中央长江局领导。1938 年 11 月撤销长江局，改设中共中央南方局（书记周恩来）。在南方局下，设有中共中央南方工作委员会（1939 年秋成立，书记方方），华南抗日游击队归南方工作委员会领导。

华南抗日游击纵队包括琼崖纵队、珠江纵队、粤中纵队、韩江纵队等。以东江纵队与琼崖纵队最为突出。

一

广东人民抗日游击队东江纵队经历三个阶段：

第一阶段是 1938 年 10 月—1940 年 8 月。1938 年 10 月，在广州失陷时，形成两支人民抗日游击武装，一是惠（阳）宝（安）人民抗日游击队，一是东莞壮丁模范队。其成员多为华侨子弟、海员、工人、知识分子、学生与农民。1940 年 3 月，国民政府军队向抗日游击队发动进攻，两支游击队突围，转移到海丰、陆丰、惠阳边境会合，蒙受重大损失。1940 年 8 月，根据中共中央书记处 5 月 8 日电报指示，回到东莞、宝安、惠阳前线斗争，并改编为广东人民抗日游击队。

第二阶段是 1940 年 8 月—1943 年 12 月，为广东人民抗日游击队时期。

第三阶段是 1943 年 12 月—1945 年 8 月。1943 年 12 月 2 日，宣告广东人民抗日游击纵队东江纵队成立，并明确宣告接受中国共产党领导。此后进入抗日民主政权建设时期。

东江抗日游击队在第一阶段处于初创时期，力量薄弱；在 1940 年 8 月—1943 年 12 月间，力量增强，然而处在日伪军与国民政府军队两面夹击之下，敌对力量优势甚大,敌后地区狭小,延成一条狭长的线,该地区交通发达,敌对力量调动方便,游击区为交通线,与敌对力量据点隔断;并且,处在广州与香港之间,山地不大、不多也不复杂,加上远离中共中央,远离人民抗日武装的主力,没有政权,没有根据地,没有后方,同八路军、新四军的活动条件区别很大。因此,当时斗争的策略是机动、灵活、隐蔽精干,积蓄力量,善于在有利条件下打击敌人,避免硬拼。

1943 年 12 月以后,旗帜鲜明地开展斗争,建立 4 个县级抗日民主政权,即东宝行政督导处、路北临时行政委员会、惠东行政督导处和博罗县政府,还建立许多区乡政权。抗日战争期间,广东人民抗日游击队先后建立东江、北江和赣江、粤赣湘边区游击根据地,总面积 60 000 余平方公里,人口 450 余万。

在这种特殊环境中,东江游击区在 1943 年 12 月以前,以游击队自身的教育建设和对群众的抗日宣传为主;在此以后,游击队自身的教育建设进一步加强,同时,在建立抗日民主政权以后,地方教育建设也逐步展开。

东江纵队在司令部下设政治部、参谋处等。参谋处分设作战、交通、情报与教育 4 科。由政治部和参谋处教育科主持军内教育与群众宣传。在 1942 年 4 月 1 日,广东人民抗日游击队总队部成立干部训练队“华南队”,教育长陈庆生。着重训练中、小队干部。于同年 7 月结束。① 后来又续办军事政治干部训练班。在 1942 年至 1944 年 7 月间,举办四期连排级军事政治干部训练班,共训练 280 人,排级以上军事政治干部及各部门干部、政权干部共 600 人,受过军事政治训练的干部,约占干部总数的 45%。其中有中国人民抗日军事政治大学毕业生 10 人,受过国民政府所属军事学校训练者 10 人。②

1943 年 5 月,广东人民抗日游击总队政治部在分析该地区斗争特点时意识到,在他们所处的特殊环境中,每个游击队员都应“能文能武”,真正成为宣传者与组织者,政治训练班不仅要领导游击队的政治工作,还要领导地方政治工作;由于游击环境特殊,特别需要加强干部教育。因此到了 1943 年 12 月东江纵队宣告成立后,教育工作显著加强。

1943 年 10 月 30 日,游击总队决定从 1943 年 11 月 15 日到 1944 年 1 月 15 日,开展为期两个月的学习运动与宣传运动。

1944 年 1 月 21 日,东江纵队负责人发表关于中国共产党在东江敌后前线地

---

① 《广东人民抗日游击队东江纵队大事年表》,《广东文史资料》第 40 辑,广东人民出版社 1983 年版,第 28 页。

② 《林平向党中央和中央军委报告东纵已举办了四期连排级干训班》,《东江纵队史料》,广东人民出版社 1984 年版,第 289 页。

区实施各项政策问题的谈话，提出文化教育政策是：积极推动并开办学校、识字班、夜校，使所有儿童、青年农民、妇女都有读书识字的机会，实施普及教育；实施成年补习教育，加强干部教育，推广通俗书报，奖励自由研究，提倡科学知识与文艺运动，欢迎科学艺术人员，保护流亡学生与失学青年，实施公务人员的两小时学习制；在遵守民主政府法令的原则下，允许任何外国人在本区进行宗教与文化活动。

1944年3月29日至4月11日，东江纵队政治部在惠阳、东莞、宝安广九铁路以东地区，召集各界代表350余人开"国事座谈会"。会议决定建立东江根据地临时行政委员会，并成立路东联合中学筹备委员会。

东江解放区（广九）路东临时行政委员会下辖6个区，共有人口58万，并以香港、九龙为特别区。行政委员会设文教科，文教科长为莫福技。

东江干部学校 1944年7月，东江纵队将原有军事政治干部训练班改为东江干部学校。王作尧兼任校长。同年11月，根据中共中央指示，曾打算把东江干部学校改为军事政治学校东江第七分校（即中国人民抗日军事政治大学第七分校），培养中下级干部。（在1941—1942年间，晋西北、淮南、苏中、鄂豫等根据地，已建立第七至第十分校，故未改名）。

1945年4月，路东行政区召开首届参议会，正式成立路东参议会和行政委员会。东江纵队政治部发布惠东宝东区施政纲领。其中第九条规定列入在中心区设立联合中学，举办短期的各种训练班，以培养干部；实行在职人员（每天）两小时学习制度，掀起学习热潮；改善教职员生活待遇等内容。

东江纵队政治部代表在参议会解释施政纲领时谈到：战时教育与普及农村文化教育问题十分重要。在这个地区要懂得打仗，要不致挨饿，同时也要有文化生活。今天我们在这个地区普及文化教育是有条件的。虽然过去教育有不合理的地方，但识字的人较多。在乡村办夜校的时候，应注意到文化娱乐生活。提倡音乐、戏剧、壁报等，还应尽量使用灯笼报、旗报，把旗报插在田边，使农民在工作休息时也得到学习机会；在部队和政权机关中实行（每日）两小时学习制度，提倡自我学习和集体研究，增加各方面的知识。

由此可见，尽管华南游击环境特殊，其教育在总的方向和许多办学形式上同各根据地是一致的，他们倡导的灯笼报、旗报是普及教育中的一种创造。

以上为广九路东地区教育工作概况。1944年7月在广九铁路以西、东江河以南、南（头）深（圳）线以上及珠江口一带，建立东（莞）宝（安）行政督导处，为县级临时抗日民主政权。下设3个区和1个办事处。1944年在宝安县创立东宝中学，为战时中学。原定修业2年，但1945年秋季，因遭到国民党军队进攻，学生提前毕业。在有关文献中还提到当地有小学教员组织"教联会"。

1945 年 7 月 7 日在博罗县还建立了另一个县级抗日民主政权（约占该县土地和人口的 3/5）。博罗县政府成立后即开办行政训练班、暑期小学教师研究工作团，并筹备恢复博罗中学。

英德县东乡地处英德、翁源、新丰、佛岗边区，约有十余个乡镇，形成北江解放区，未建立县级政权。在这一带办了青年干部训练班，参加训练的有来自各中学的青年 100 人左右。在这里，也提出发展社会教育，扶助各中小学复课。在建立区级抗日民主政权以后，即着手建立英塘中学。

由此可见，一旦人民掌握政权，不管遇到多么大的困难，总是力求恢复与兴办为人民服务的教育。

二

海南岛地区在土地革命战争时期就建立了红军游击队和红色政权，开展了农民民主教育。抗日战争爆发后，中共琼崖特委于 1937 年冬提出各党派、各阶层团结抗战的主张，一直到 1938 年 4 月，才同国民政府地方当局达成协议，把红军游击队改编为广东省第十四统率区民众抗日自卫团独立队。同年 12 月 5 日，在琼山县云龙圩宣告独立队成立（史称"云龙改编"）。1939 年 2 月，日本侵略军在海南岛登陆，国民政府军队纷纷溃逃，人民抗日游击队打响了海南抗战第一枪。由于国民政府军队溃逃，一些失掉联络的区乡行政人员和地方民众自卫团要求改编为游击队。1939 年 3 月民众抗日自卫团独立队扩编为总队（原独立队改编为第一大队），不久，冯白驹就任总队长。以琼（山）文（昌）地区为主要游击根据地，在该地区建立东路办事处；1940 年 2 月，中共琼崖特委机关和民众抗日自卫团独立总队转移到琼山、澄山、临高交界的美合山区，以美合山为中心建立西路游击根据地。至此全岛除崖县、陵水两县和白沙、保亭、乐东 3 个少数民族聚居地区外，其余 11 个县都有人民抗日游击队活动。1940 年 9 月，为加强统一领导，建立了两路办事处。

琼崖人民抗日游击队虽处于敌强我弱的环境中，又受到国民政府军队的侵扰，尚无从容进行教育建设的条件，但从一开始就相当重视游击队的教育，特别是干部教育。早在云龙改编后不久，即于 1938 年 2 月建立随营军政训练班，积极培养游击队中、下级干部。

1940 年初中共琼崖特委机关和独立总队转移到美合游击根据地后，于当年夏季，先后创办中共琼崖特委党校和琼崖抗日公学。

琼崖抗日公学 这是琼崖敌后抗日游击根据地的一所抗大式的学校。该校大门两旁用竹篾编织成的墙上，赫然写着"严肃、团结、紧张、活泼"八个大字。冯白驹兼任校长。首期即招收学员 400 人，培养军事、政治和群众工作干部。分为高级班、初级甲班、初级乙班、工农班、妇女班和儿童班。高级班与初级班修业 4 个月，工农、妇女、儿童班修业 8 个月。高级班与初级班政治课程占 70%，军事课程占 30%，其余各班政治、军事、文化课程各占 1/3。①

1940 年 12 月，国民政府军队对美合游击根据地发动突然袭击。由于寡不敌众，人民游击队军政机关突围，于 1941 年 2 月转移到琼文游击根据地。琼崖抗日公学亦暂时中断，但后来又恢复办学，一直坚持到解放战争时期（更名琼崖公学），先后培养 2 000 余名干部。

1942 年 9 月，中共中央派庄田和李明到琼崖根据地加强领导。临行前，中共中央负责人对琼崖地区工作提出七点意见，其中包括"开办各种学校，培养干部，提高干部的马列主义水平和军事指挥能力"。② 游击队主力转移到琼文根据地以后，中共琼崖特委于 1941 年 2 月召开第三次执委会议，传达了中共中央负责人关于琼崖地区工作的指示。会议决议中提出在"继续高举武装斗争的旗帜，坚持团结抗战"的总方针下，广泛建立各级抗日民主政权，积极筹备成立海南全区抗日民主政府，大力发展抗日武装力量，积极培养军事政治干部，健全部队的军事、政治制度，逐步实现部队的正规化建设。

1941 年秋，首先在文昌县和琼山县的一个区建立民主政府；接着又在琼山、琼东、万宁、昌江等县建立民主政权。到 1941 年 10 月，酝酿成立全岛范围的政权机关。原拟用"琼崖抗日民主政府"名称，因出于统一战线方面的考虑，遂定名为"琼崖东北区抗日民主政府"。于 11 月 10 日召开代表大会，按照"三三制"原则，选举产生琼崖东北区抗日民主政府。

军事政治学校 在琼崖抗日公学遣散以后，总队部和政治部于 1941 年秋在第三支队所在的六连岭游击根据地举办军事政治学校，由李振亚兼任校长。设军事班与政治班，每班有学员五六十人，修业 4 个月。1942 年夏季，迁往西路洛基、东成续办，改由史丹任校长。

1942 年秋季以后，日本侵略军对琼文游击根据地进行猖狂进攻，使根据地几乎成为废墟。此后游击队改变策略，即以小部队坚持内线作战，主力跳到外线出击。在外线出击取得胜利后，中央琼崖特委、琼崖东北区抗日民主政府于

---

① 罗文洪：《峥嵘的岁月（一）》，《广东党史资料》第 4 辑，广东人民出版社 1985 年版，第 180、189 页。

② 庄田：《我从延安返海南时中央领导同志和我谈话的要点》，《广东党史资料》第 5 辑，广东人民出版社 1985 年版，第 72 页。

1943年转移到西部澄迈、美厚地区的绿厚山区。经过不断的战斗，抗日游击战争的烽火在全岛燃烧。除五指山中心区以外，到处有游击队的活动。1944年春，取消独立总队番号，改称"广东省琼崖人民抗日游击队独立纵队"（简称"琼崖纵队"），并把"琼崖东北区抗日民主政府"改为"琼崖民主临时政府"，全岛除白沙、保亭、乐东3县外，均建立县级抗日民主政权。到1944年底，游击根据地已拥有150万人口。

=第五编= 各抗日根据地教育问题比较与专题研究

1. 文化教育纲领比较
2. 教育行政管理体制比较
3. 学校设置与管理比较
4. 中小学教育性质与培养目标比较
5. 学年编制比较
6. 修业年限比较
7. 小学课程比较
8. 中学课程比较
9. 教育与生产劳动结合的制度与方法比较
10. 小学行政管理比较
11. 中学行政管理比较
12. 普及教育举措比较
13. 教育经费比较
14. 教员待遇比较
15. 私立学校、私塾、教会学校的地位比较
16. 教育事业发展的规模与速度比较
附录：抗日根据地若干教育资料考证

文化教育纲领比较

各抗日根据地政府成立或换届时，一般都发布施政纲领。这种施政纲领通过由中共中央代表机构或当地共产党组织提出建议，经地方参议机构通过正式施行。施政纲领的文化教育条款，即为该地区文化教育工作的纲领。

各抗日根据地施政纲领（文化教育部分）如下：

一

陕甘宁边区在抗日战争期间成立过两届参议会。

第一届参议会召开前由中共陕甘宁特区委员会发布的《陕甘宁特区政府施政纲领》（1937 年 11 月 24 日）与经第一届参议会通过的《陕甘宁边区抗战时期施政纲领》（1939 年 1 月）如下：

《陕甘宁特区政府施政纲领》（第 13 条）	《陕甘宁边区抗战时期施政纲领》（第 15—17 条）
13. 实行国防教育，实施普及的义务的免费的教育，提高人民民族觉悟，实行学生的武装训练，普遍地设立日校、夜校及补习学校，进行消灭文盲运动，改善教职员的待遇	15. 实行普及免费的儿童教育，以民族精神与生活知识教育儿童，造就中华民族的优秀后代。 16. 发展民众教育，消灭文盲，提高边区成年人民之民族意识与政治文化水平。 17. 实行干部教育，培养抗战人材。

第二届参议会通过的《陕甘宁边区施政纲领》（1941年11月）与中共陕甘宁边区中央局（随后改组为中共中央西北局）拟订的《五一施政纲领》（1941年5月1日）条文相同。即：继续推行消灭文盲的政策，推广新文字教育，健全正规学制，普及国民教育，改善小学教员生活，实施成年（人）补习教育，加强干部教育，推广通俗书报，奖励自由研究，尊重知识分子，提倡科学与文艺运（活）动，欢迎科学艺术人才，保护流亡学生与失学青年，允许在学学生以民主自治权利，实施公务人员的两小时学习制。

二

华北各抗日根据地施政纲领（文化教育部分）如下：

文件名称	施政纲领（文化教育部分）	资料来源	备注
中共中央晋绥分局：《对于巩固与建设晋西北的施政纲领》（1942年10月19日）	推行国民教育，改善小学教员生活，加强干部教育，实行在职人员的两小时学习制度，尊重知识分子，保护与优待流亡学生与失学青年。	《解放日报》1942年10月31日	①1940年1月24日—2月2日，晋西北行政公署制定的《晋西北六大施政纲领》待查。②晋绥分局提出的施政纲领于1942年10月24日—11月1日，在晋西北临时参议会通过。
中共中央北方分局：《晋察冀边区目前施政纲领》（1940年8月13日）	18. 在提高国民文化水准与民族觉悟的目标下，实行普及的免费的义务的教育，建立并健全学校教育，至少每行政村设一小学，每行政区设一完全小学或高小，每专区设一中学，高小及中学应收容半工半读生；建立并改进大学及专门教育，加强自然科学教育；优待科学家及专门（学）者；开展民众识字运动和文化娱乐工作，定期逐步扫除文盲。 19. 保护知识青年，抚（济）沦陷区流亡学生，分配一切抗日知识分子以适当工作；提高小学教员的质量，改善小学教员的生活。	《晋察冀抗日根据地史料选编》上册，河北人民出版社1983年版，第363—364页	1943年1月15日召开的晋察冀边区第一届参议会正式通过1940年提出的施政纲领。

文件名称	施政纲领（文化教育部分）	资料来源	备注
《晋冀鲁豫边区政府施政纲领》（以中共中央北方局于1940年4月5日提出的《对晋冀豫边区目前建设的主张》为基础，于1941年9月经参议会通过后公布）	10. 加强文化教育建设，提高人民的文化政治水平：①实行普及免费义务教育，建立与健全正规学制，大规模的举办各种学校。②开展群众性的社会教育，扫除文盲，特别加强青年教育。③加强干部教育，实行公务人员两小时学习制度。④欢迎一切文化工作者、专家、科学家、学者来根据地共同建立抗战文化教育，并予以优待。⑤帮助建立与健全文化团体，奖励私人创举各种文化事业。⑥提高小学教员质量，并改善其生活待遇。⑦建立各种印刷机关，增进各种抗战书报杂志之出版、发行与流通，特别要大量出版通俗读物。	《晋冀鲁豫边区史料选编》第1辑，山西大学晋冀鲁豫边区史研究组编印本，第426—427页，参见第70页	第③、⑤两条在中共中央北方局的《主张》中没有提到。
（一）《山东省战时施政纲领》（中共中央山东分局提出，山东省临时参议会于1940年9月通过）	5. 普遍实施新民主主义教育，发展文化事业，培养专门人材，发扬民众抗战精神，粉碎敌人奴化教育，广设各种训练班及军政干部学校，改革学制，改编教材；普遍设立抗日小学及成立民众学校，使得儿童、青年、妇女及工农大众，都受一定时间免费强迫教育；改良私塾，加强私立学校之领导；一律采用抗日教材；改善小学教员待遇，大量培养师资，整理并筹划地方教育经费；普遍设立民众教育馆、教育巡视团、农村俱乐部；普遍举办地方报纸，推行社会教育，厉行扫除文盲，促进社会文化教育及提倡正当娱乐。	《大众日报》1940年9月7日	

文件名称	施政纲领（文化教育部分）	资料来源	备注
〈二〉《山东省战时施政纲领》（中共中央山东分局1943年8月1日提出，提交山东省第一届参议会第二次全体会议通过）	9. 发展新民主主义文化教育事业：（1）广泛开展群众性的文化教育运动，深入民主教育，启发民主思想，反对法西斯主义及一切反民主的思想。（2）改善原有学校，普及教育，减少文盲，奖励私人捐资兴学，免费帮助抗属、抗工属及贫苦儿童入学。（3）适应敌后环境、根据地需要与可能设立中等学校及各种专门学校，提倡文化学术团体，奖励创造与各种专门研究。（4）发展社会教育，广设民校、识字班、冬学、农村俱乐部，提高人民文化知识及抗日觉悟。（5）整理教育款产、增加教育经费。（6）改善小学教师的物质生活，提高其社会地位，并着重培养其政治认识及工作能力。（7）树立正确的干部政策，加强在职干部教育，学习业务，研究政策，培养民主思想、民主作风，反对官僚主义。（8）编订教材，出版教师学生及群众之各种读物，发展印刷、出版等社会文化事业。	《大众日报》1943年8月1日	

三

华中各敌后抗日根据地施政纲领（文化教育部分）如下：

文件名称	施政纲领（文化教育部分）	资料来源	备注
《（淮南）津浦路东各县联防办事处抗战时期施政纲领》（1941年2月）	展开新的启蒙运动，提高科学文化教育，树立三民主义之教育，创造中华民族之新文化；提高人民政治、经济文化水平，发扬民族自信心与自尊心；普及教育，创办各级学校，改订课程，编审教材；实行普及免费之儿童教育，消灭文盲；提倡简体字，推进新文字运动；提高生产教育，培养科学技术人材，加强干部教育；扶植并奖励人民之抗战文化教育事业；发展出版事业，大量发行抗战书报；培养新闻干部，发展新闻事业；开展戏剧、绘画、音乐、体育等运动，提倡人民正当文化娱乐。	《六大以来》上册，人民出版社1981年版，第1154页	
《淮北苏皖边区行政公署施政纲领》（1941年8月）	实行新民主主义教育，普及小学教育，发展社会教育，推进抗战文化运动，提高人民的政治、文化水平，提高抗战胜利信心与不胜不休之决心，提倡民族气节，发扬民族自尊心，开办各种训练班，培养抗（战）建（国）人材，实行教育经费独立，救济各地失学青年，改善小学教师待遇。	《安徽教育史志资料》第4期，第26页	

文件名称	施政纲领（文化教育部分）	资料来源	备注
《鄂豫边区施政纲领》（1941年4月第二次军事政治代表大会通过）	发展边区抗战文化教育，提高边区人民文化、政治水平，提高民族气节，粉碎敌伪奴化教育与亲日反共宣传；普及国民教育，推广识字运动，减少文盲，改良私塾，训练师资、改善教师待遇；推广书报发行，加强干部学习，提倡文化娱乐，爱护与培养知识青年，救济失学、失业青年，健全正规学校。	《教育史通讯》第2期	
中共苏皖边区委员会《苏南施政纲领》（1943年3月）	推行国民教育，改善小学教员生活，实施社会教育，加强干部教育，实行在职人员两小时学习制度，尊重知识分子，提高科学知识与文艺运动，欢迎科学艺术人材，保护流亡学生与失业青年，允许在校学生之民主自治权利。	《新四军在茅山》，江苏人民出版社1982年版，第281页	
《浙东临时行政委员会施政纲领》（1944年1月）	实行抗战与民主的普及教育，改善中小学教师待遇，提高其文化、政治水平，改进学校教材，推行社会教育，奖励抗战书报之出版、发行，提高科学知识与文化运动，欢迎各地科学人材来根据地工作，给予教师及公务人员以学习进修之机会，开办各种短期训练班，允许在学学生以民主自治权利，普遍提高人民政治认识及文化水平，加强抗战胜利信心。	《浙江革命历史档案选编（抗日战争时期）》下册，浙江人民出版社1985年版，第139页	

四

在华南敌后抗日游击根据地，仅有东江纵队政治部发布过惠阳、东莞、宝安、广九铁路以东地区行政委员会施政纲领。内容如下：

文件名称	施政纲领（文化教育部分）	资料来源	备注
《惠东宝路东区施政纲领》(1945年4月，由东江纵队政治部提出，经路东区参议会通过)	9. 普及农村文化，提高人民文化水平与政治水平，保护与优待流亡与失学青年；实行战时的、农村的、科学的、民主的与学用一致的教育方针，废除老一套的买办、封建与法西斯主义的奴化教育；恢复与健全农村小学，使儿童均有入学机会，举办夜校，逐渐肃清文盲；在中心区设立联合中学，举办短期的各种训练班，以培养干部人材；实行在职人员两小时学习制度，鼓起学习热潮；改善教职员生活待遇。	《东江纵队史料》，广东人民出版社1984年版，第552页	

五

以上列举11个地区13个施政纲领，缺苏北盐阜区、苏中区与皖中区施政纲领。现以每个地区一个施政纲领（陕甘宁边区取1941年的"五一纲领"，山东区取1943年的"八一纲领"）计算，各个教育课题提到的次数如下：

类别	项目	次数	类别	项目	次数
成年群众教育	1. 扫除或减少文盲	7	尊重知识分子发展科学文化	18. 尊重知识分子	4
	2. 发展成人社会教育	8		19. 优待外来知识分子	5
	3. 提倡新文字	2		20. 保护流亡学生与失学青年	7
儿童教育	4. 普及国民教育	11		21. 科学研究、艺术活动	6
	5. 义务教育	2		22. 学术、艺术团体	2
	6. 免费教育	3		23. 体育活动	1
干部教育	7. 中等教育	3	私人办学	24. 奖励私立办学或捐资助学	2
	8. 大学与专门学校教育	2		25. 改良私塾	1
	9. 干部教育	10	教育性质任务	26. 提高民族自信心、自尊心	5
	10. 在职干部每日二小时学习制	5		27. 反对封建买办、法西斯主义奴化教育	3
学校制度与办学条件	11. 建立与健全正规学制	3			
	12. 改订课程	1			
	13. 编审教材	3			
	14. 学生自治	3			
	15. 提高小学教员质量	5			
	16. 改善教员生活待遇	10			
	17. 教育经费	2			

上列诸项目，其中有些项目包含在别的项目之中，例如居然有 4 个地区未提扫除文盲，是因为把这项目标包含在发展成人社会教育之中。撇开这一点不谈，按得分多少排列次序如下：

1. 普及国民教育（11 次）

2. 干部教育与改善教员生活待遇（各 10 次）

3. 发展成人社会教育（8 次）

4. 扫除文盲与保护流亡、失学青年（各 7 次）

可见，这些问题是各根据地教育建设中带有普遍意义的问题。

教育行政管理体制比较

在抗日战争初期，各抗日根据地一般建立了教育行政管理系统。起初，各级教育行政机构不健全，尤其是基层教育行政管理不落实，而群众组织在教育工作中的推动作用颇为显著。后来发生了三次较大的变化：

第一次，约从1940年开始（陕甘宁边区与华北根据地早些），陆续充实教育行政机构，建立教育行政管理制度，教育行政管理趋向正规。

第二次，在1942—1943年间，精简教育行政管理机构，裁减教育行政人员，加强各级政府对教育工作领导，有些根据地中断了上下级教育行政机构的直接联系；进而实行中国共产党对根据地的"一元化"领导体制，不免削弱教育行政领导。

第三次，在1944年教育改革中，群众教育的管理权力基本上下放到基层，促进教育的社会管理与监督，进一步削弱教育行政管理。

根据地教育行政部门，一般主要管理小学、中学以及社会教育（成人教育）。主要实施干部教育的中学，有时也不归教育行政部门领导。至于干部学校教育与在职干部教育，一般由共产党组织机构、政府和军队等部门直接领导。在有些情况下，教育行政部门也参与这方面领导。因此，这里一般不涉及干部教育管理问题。

根据地的教育管理与文化管理往往结成一体，一般称为文教处、文教科，这里只讨论教育行政管理问题。

一

各根据地行政管理体制不一，教育行政系统不免也有差别。

根据地行政机构建制分为两类：

1. 政府机构：一般分为三级或四级：第一级边区（省）政府；第二级行政公署；第三级，县政府；第四级，基层政府。

基层政府建制各地也不一致，陕甘宁边区设乡政府；华北晋绥、晋察冀、晋冀鲁豫等边区实行小区制，即把旧制行政区划为若干小区，无乡建制，设村公所（村政权）；山东区有乡建制，但基层政权为村公所；华中各根据地一般保留乡（镇）保旧制，基层政权是乡（镇）公所还是保公所，待查。

2. 政府代表机构，包括边区政府代表机构过渡性的行政主任公署（政治主任公署）、专员公署（专员督察主任公署），县政府代表机构为区公所。在基层政府为乡政府的地区，村政权为乡政府的延伸机构。

陕甘宁边区幅员相当于一个行政公署辖区，未设行政公署；晋绥边区起初也相当于行政公署建制，后来实际上超越行政公署范围，但仍称行政公署（一度试图改称为行政委员会，未行）。华中区未建立统一的政权，而由中共中央华中局统一领导。下辖八大战略区的行政公署，分别为各该区最高政权机构。与华北几个大块根据地（晋绥边区除外）情况有别。

这种种情况导致各根据地教育行政系统的区别。在 1938—1942 年间（"精兵简政"与实行共产党一元化领导以前），各根据地的教育行政系统大致如下：

（一）陕甘宁边区 1938 年的教育行政系统

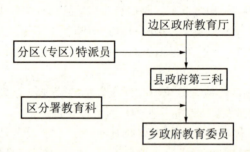

由于区教育科长不起作用，故从 1938 年开始，不设区教育科长，改由附近称职的小学校长负责，同时，各乡文书由小学教师兼任；1940 年 9 月，设区教育助理员，把乡教育委员改称乡文化主任；1941 年 10 月，曾提出在各专员公署设教育处，经边区第二届参议会通过，但此后即开始"精兵简政"，故在专员公署未设教育处，而设教育科。

这样，在 1942 年"精兵简政"前，教育行政系统为：

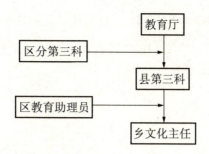

（二）晋绥边区教育行政系统

晋绥边区在 1940 年 9 月第二次行政会议后，教育行政机构逐步充实与健全。按照晋西北临时参议会决定并经行政公署发布的组织大纲（1942 年 11 月），教育行政系统为：

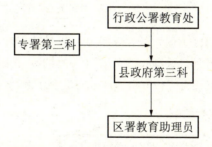

同陕甘宁边区的区别在于第一级设教育处，教育行政系统延伸到区。

（三）晋察冀边区教育行政系统

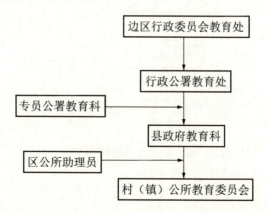

起初政治主任公署（后改为行政主任公署、行政公署）、专员公署未设专职教育机构与工作人员，只设若干不分工的秘书、工作人员，后来才设了教育科。

起初区公所也未设专职教育助理员。该区同陕甘宁边区教育行政系统的区别在于设行政公署级，无乡级，有村级。

（四）晋冀鲁豫边区教育行政系统

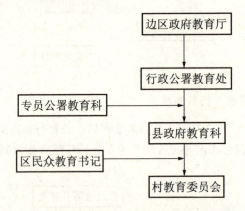

与晋察冀、晋绥边区不同之处在于最高一级教育行政机构为教育厅。值得注意的是该边区的心脏地带太行区在抗日战争时期一直未设立行政公署，而由边区政府直接管辖，其教育工作亦由边区政府教育厅直接领导。

（五）山东区教育行政系统

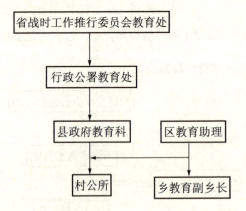

山东区行政建制同北方各抗日根据地的区别在于，它是北方唯一在一省范围内建立的敌后抗日根据地，并有乡建制。

（六）华中区教育行政系统

华中区所属各大战略区教育行政系统，同山东区的区别主要在于第一级设行政公署教育处，基层一般采乡、保旧制。

有些根据地为加强教育事业的社会管理，及社会对教育行政部门的支持、监督，还设有由各界著名人士组成的教育委员会。教育委员会属于设计、咨询和监督机构，不属教育行政机构。

陕甘宁边区在1939年曾设立最高教育委员会（边区一级），后来改为各级教育行政部门与群众团体联席会议，实际上成为联络机构；1942年3月建立陕甘宁边区文化工作委员会，为政府部门的协调机构；1942年10月建立边区政府教育委员会，实际上是一种地位高于教育厅的边区政府教育设计与决策机构。

山东区在1940年6月举行的战地国民教育座谈会上，曾决定由教育委员会确定教育原则与方针，教育行政机构为执行机构。1940年7月，建立省级抗日民主政权战时工作推行委员会时，在省级机关中只设教育组，同年12月，确定建立各级战时国民教育委员会，为设计、研究、推动、督促国民教育的机构，到1941年3月，才建立省教育处。意味着还是要增强教育行政机构的作用。

二

各根据地在1940年以后，大都建立了教育行政管理系统，并谋求教育行政管理的正规化。主要措施有：充实教育工作干部，健全各级教育行政机构；有计划地培养训练教育管理干部；颁布教育法规，使教育工作制度化；制定教育行政管理制度，包括会议制度、工作报告制度、巡视制度、小学辅导制度等，使教育行政管理制度化。这里着重探讨其中的两项教育管理制度，即：巡视制度（即视导制度，或督学制度，亦称学区制度）与辅导制度（或称中心学区制度）。前者是县及县以上教育行政机构检查、指导下属教育行政机关与学校教育的制度；后者是县以下（不包括县）辅导一般学校的制度。根据地的中心区制度往往兼有教育行政管理的职能。

（一）巡视制度

根据地教育建立的初期，尚未形成巡视制度（或督学制度，或视导制度），而根据地地域分散、环境动荡，为数众多的学校比外界更需要经常与及时的指导与检查。所以，在教育行政管理正规化过程中，有些根据地在县及县以上各级教育行政部门建立了教育巡视制度。

县以上教育行政机构的巡视，有三种情况：

1. 学区视导制度，这里又分两种情况：一是边区政府以督学为中心，划区巡回视导；二是专区以中学或师范学校为中心划区视导。陕甘宁边区在1940年6月，教育厅在充实机构时，设有研究辅导室，1941年10月，在研究辅导室之内，增设督学辅导团。到1942年把研究辅导室称为督学室。把全边区划为6个学区（直属县分为 2 个学区，其余 4 个专区各为一学区），每个学区设督学 1 人，每个督学带领 4 个辅导员，组成一个巡视团。在 1942 年 10—12 月间，共巡视 21 县市。巡视前督学与辅导员先研究教育理论，并编写《怎样做县督学》、《小学训导》、《小学行政》、《怎样做三科长》等书。在此期间视察的单位如下：

机构	中学师范	完全小学	中心小学	普通小学	民众教育馆	私立小学	夜校	半日班	冬学
数目	3	32	13	56	15	4	9	4	21

可见，视导的范围相当广泛，视导工作比较全面。

除此以外，陕甘宁边区在 1941 年 10 月还曾准备试行以中学或师范学校为中心的专区级学区制度。由各专区的中学或师范学校，执行辅导该区小学的职能。晋冀鲁豫边区所属太行区于 1943 年 9 月也决定以中学各队（班）为核心，建立学区，中学各队在业务上分别指导所在地区（当时中学各队分散在不同县）的小学、民众学校与民众教育馆。

2. 不建立学区制度，由县以上教育行政部门的督学、视导人员巡视所管地区的学校与社会教育机构。

督学的设置，也有三种情况：

1. 专职督学：如陕甘宁边区在边区、县两级教育行政机构中设有专职督学；山东区也是如此。苏中区从 1943 年开始实行督学制。

2. 增设兼有督学职能的教育科员：如晋察冀边区从 1942 年 1 月开始，增设县教育科科员。并要求他们"不是坐在屋子里办公，而是多下乡去工作。他们应该负起督学、视学的任务来"，但巡视并不是他们的唯一工作。

3. 聘任义务国民教育视察员：晋冀鲁豫边区在 1942 年 9 月决定设置国民教育视察员。国民教育视察员由教育行政部门聘任，其对象为符合规定条件的共产党、军队工作干部、民众运动干部、各级参议员、新闻界及文化界人士等。聘任人员有限额（边区级、行政公署不得超过 5 人，专署级不得超过 3 人，县级不得超过所属区数，即每区至多 1 人）。国民教育视察员为义务职，政府每月发给适当津贴。每三个月至少得视察一次，并须报告视察结果。

督学巡视制度的建立，旨在加强对下级教育行政机构及学校的指导与检查、督促。是否设立督学巡视制度，同对区及区以下教育机构（人员）及中心学区辅导制度的措施有关。

如晋察冀边区增设教育科员，是用以代替区教育助理员；盐阜区则强调文教区员（还发布《文教区员服务细则》）与乡文教委员会的作用，故未设督学；晋冀鲁豫边区在 1943 年以后，也增强区文教助理的作用，同时取消联合校长制

（中心学区辅导制）；而苏中区也在1943年取消中心学区辅导制，却用督学制填补县以下教育辅导与督促的空白。可见，督学巡视制度的存废同中心学区辅导制度的存废有关。

（二）中心学区辅导制度

陕甘宁边区在抗日战争初期，小学设有董事会，乡设文化主任，区设文教科长，实际上不仅文化主任，就连区文教科长也不能经常参与小学管理，故从1938年就提出区文教科长（1940年改称为区文教助理员）由小学校长兼任，1939年下半年起，落实一部分，实际上向中心小学区制过渡。此外，从1938年就有模范小学的设置。模范小学属于"办理完备"的小学，只对其余小学起示范作用，1940年开始酝酿把模范小学变为中心小学。1940年以后，正式实行中心小学辅导制度。由于中心小学校长兼任区文教助理员，故中心小学对普通小学兼有行政管理性质。在设立中心小学以后，在《小学教育实施纲要》中，仍规定小学设立校董会，但在1941年的各县第三次家长会议上，只提到高级小学设校董会。

山东的胶东北海区，在1938年9月曾推行公学团制，当年冬改行中心小学区制。为各根据地中最早实行中心小学区制的地区之一。山东区在1940年12月以后，普遍实行中心小学区制，区有文教助理员、乡有教育委员之设，但规定中心小学校长兼管乡教育行政工作，同陕甘宁边区的制度相近。

在1940—1942年间，华北晋绥边区（1940年9月提出）、晋察冀边区，一般都实行中心小学区制度。其中晋绥边区在1940年12月仍只设模范小学，到1942年夏季称中心小学，或模范小学。此后一般称为中心小学。冀中区（晋察冀边区辖区）在1939年10月第一次教育科长会议以前就有中心小学，1941年把中心小学与完全小学合并，称为中心完全小学，其业务辅导制度称为中心完全小学区制。晋察冀边区在1942年1月决定取消区教育助理员，实际上赋予中心小学校长以行政管理职能，同时增设县教育科员，加强视导工作。

晋冀鲁豫边区与众不同，实行联合校长制。即各所初级小学由于教员人数过少，故不设小学校长，每5所初级小学设一联合校长，负责辅导、管理所辖学校。校长必须依托于一所小学，并须兼课，但全县小学如不满15所，则不实行联合校长制。可见该边区的联合校长制同其他根据地的中心小学学区辅导制，实际上区别不很大。晋冀鲁豫边区所属太岳区从1942年起设立县督学。

华中的苏中、淮北、皖中以至浙东游击区也实行中心小学区制度。冀中区在1940年秋季以后就有中心小学的设置。共有中心小学376所，每所中心小学有一个高级班。该区还在各区设高级小学总校部，有校长、教务主任、生活指导主任、总务主任各一人，由县领导。苏北盐阜区似无中心小学之设。该区在1940—1942年秋，似尚未建立乡文教委员会，小学设校董会，1942年秋小学改由乡文教委员会领导。

三

如果说，在1938—1942年间，教育行政机构从不健全到健全，那么刚刚健全的教育行政机构从1942年开始，又从相对健全转向不健全。这首先同"精兵简政"有关。

"精兵简政"，由陕甘宁边区率先开始，各根据地无例外地都实行了。"精兵简政"也经历一个认识深化的过程。

陕甘宁边区"精兵简政"从1941年12月开始，先后实行三次"简政"，到1943年结束，其他根据地开始较晚，大抵也经过三次甚至四次"简政"，一次比一次彻底（即裁、并机构与人员一次比一次多），一次比一次全面。

"精兵简政"后，教育行政机构的变化是：

1. 民政机构与教育行政机构合一（简称"民教合一"）。

晋绥边区从1942年春开始，首先在游击区把教育科与民政科合为民教科，当年夏季，进一步决定从边区一级开始直到县级政府，均实行"民教合一"，边区行政公署民教处内设教育科，专区与县在民教科中设置适当分工管教育的干部，不设教育机构；晋冀鲁豫边区从1942年7月开始，在专区、县两级实行"民教合一"，1943年2月，边区教育厅也与民政厅合并，成立第一厅。

2. 合署办公。

陕甘宁边区政府教育厅建制仍然保存，专区、县教育科同民政科合并。但从边区政府开始，都实行合署办公。即政府各厅（科）事务工作统由秘书处（科）管理，并且边区政府教育厅对外不得单独行文（得由政府正副主席主署），对下行文也得呈送政府主席批准。从而加强了政府对各个职能部门的统一领导。

3. 保持教育行政系统，精简教育系统内的机构与人员。

晋察冀边区与山东区都保持教育行政系统，未实行"民教合一"，但同其他根据地一样，也精简了机构与干部。晋察冀边区在区公所不设专职教育助理员（《县区村组织条例》，1943年2月），山东区把区公所的教育等工作并入县政府。山东有些地区还取消乡公所。

陕甘宁边区到1944年7月决定把专署第一科（民教科）重新分为教育科与民政科；晋冀鲁豫边区到1945年3月在边区政府、县政府组织条例中，恢复教育厅、科建制。

在"精兵简政"的同时，各根据地又确定中国共产党对根据地党、政、军、民的"一元化"领导的体制。如果说，在"精兵简政"中精简了教育行政机构，削弱教育行政的系统功能，加强了政府对各个职能部门的统一领导，那么，在实行共产党"一元化"领导体制以后，又把政府工作纳入共产党的组织领导，上下级政府之间的联系仍然保持，但每一级政府的行文须经同级党的委员会批准才可下达。

四

综上所述，根据地教育管理权力的分配，在教育系统内经历权力上移与权力下放的过程；在横向上经历权力由教育行政系统集中与权力向教育行政系统外转移的过程。

根据地是在农村战争环境中进行教育建设的。正规化的教育行政管理同分散的客观环境与经常变动的情势并不适应。所以1942年以后的改革，是特殊历史条件的产物。改革的结果是加强共产党对教育工作的领导与强化人民群众对教育的社会管理，却不免成为教育工作管理中党政不分现象的历史渊源。

单就教育行政管理来说，处在当时那种特殊环境中，最为困难的问题是对区以下部门与单位的管理。1942—1943年"简政"固然是在不得已情况下的对策，不过，它本身还包含有改进工作作风、提高工作效能的要求。1943年以后，各根据地采取了不同的对策，大抵分为两种类型：

1. 建立县（及县以上）督学制，同时加强区（乡）中心学区辅导制，以弥补区、乡教育干部无力领导留下的空白。如陕甘宁边区。晋绥边区教育行政系统只延伸到县级，山东区取消区教育助理，晋察冀边区增设教育科员，取消区教育助理，加强中心小学，也属这一类型。

2. 建立督学制，增设区教育助理员，取消中心学区制。这是晋冀鲁豫边区1943年以后的尝试。属于这个类型的，还有苏中区（1943年建立督学制，取消中心小学）、盐阜区（加强区教育助理、乡文教委员会，未设中心小学）。

不过，在1944年教育改革中，初级小学改为由群众直接管理，"群众说了算数"，群众教育管理权力的下放，导致教育行政管理的削弱。

学校的设置与管理比较

根据地学校的设置与管理问题，包括学校管辖权限、学校类型、学校规模
以及学校网点配置等。实践证明，其中每一种措置对于学校的发展和教育质量
的提高，都有影响。这里着重讨论中学与小学的设置与管理，尤其是小学设置
与管理问题。

一

根据地学校的管辖权限，包括学校设立、变更、停办的审查批准权限和学
校管理权限。在这个方面，各级学校不同，同一级学校的设置与管理，也因各
地教育行政管理体制不同而有区别。在教育工作正规化时期确立的体制，到
1944 年教育改革以后又有重大变化。

在 1938—1944 年间，初级小学依照管理权限来分，大致有：1. 县立小学；
2. 区立小学、乡（镇）立小学；3. 村立小学。其演变的趋势是：把在恢复学校
时期的村立、乡（镇）立、区立小学改为县立小学，惟在这个前提下，个别地
区仍提倡村立小学，作为公立小学的补充。

陕甘宁边区在 1938—1942 年间，有区、乡（镇）立小学；在《小学规程》
中，未提到村立小学。1941 年 2 月，统一为县立小学。

华北根据地（除山东区外），一般不设乡建制，晋冀鲁豫边区在县立小学之
外，提倡村立小学，惟当时没有如后来那样把村立小学视为"小公办"学校，
故仅把它作为公立小学的补充。

华中根据地的苏中区，公立小学概为县立小学，盐阜区则有县立小学与乡
（镇）立小学之分。县立小学由县政府文教科管理，其设立、变更、停办的审查
批准权限，一般属于县政府文教科。惟盐阜区小学的审批权由行政公署文教处

掌握。

高级小学一般也由县政府文教科管理，而晋冀鲁豫边区曾规定高级小学由专员公署文教科管理。以致形成远距离操纵。

中学的设置与管理，陕甘宁边区原则上规定有边区立、县（市）立中学之分，实际上只有边区立中等学校；华北各抗日根据地的中学，有边区（省）立、专员公署立、县立中学之分。不过，经历在战争中不断转移和"精兵简政"，中学时合时分，在合并为联合中学时，管理权力上升。如晋察冀边区在1938—1940年间，中学从1所增至9所，1942年整顿中曾把5所中学合并为2所，同年9月，又合并为1所（北岳区），冀中区在1941年曾成立6所师范学校，一年后由于冀中区转为游击区，这6所师范学校均停办；盐阜区有行政公署直属中学与县立中学两种，县立中学也时合时分。

如果说根据地从初期到中期，教育管理体制演变的趋势是管理权力上移，那么在1944年教育改革后的趋势则是群众教育权力下放。

在1944年教育改革中，陕甘宁边区倾向于把多数初级小学改为民办小学（即村立小学，称为"小公办"学校），尚未改革的公立初级小学仍为县立小学，一般为中心小学，高级小学仍为县立小学，中学则由边区政府下放归各专员公署管辖；华北各根据地除参照陕甘宁边区教育改革的精神办理外，还积极试行"民办公助"高级小学，甚至还有个别"民办公助"中学（如太岳区沁县的耕读师范学校）；苏中区在1944年改革，设乡学（相当于初级小学）、区学（相当于高级小学）、县学（相当于初级中学）、专门学校（相当于高级中学），由乡、区、县、专署分级办学；盐阜区在1945年改革中，也实行分级设学、分级管理，惟该区以村学为起点，而盐阜区的村学实相当于苏中区的乡学，但苏中区的乡学"由乡政府文教委员会指导，本乡人民自行办理"，盐阜区的村学"由（本村）群众自行办理"。

1944年教育改革中，在管理体制方面有两点值得注意：

1. 陕甘宁边区行政系统中有乡建制，把建立在各乡的初级小学，改为行政村、甚至自然村设立并由当地群众管理的民办小学，意味着方便儿童就近入学；而华北各根据地（除山东区外）无乡建制，人口一般也比陕甘宁边区密集，原先就在各行政村建立小学，教育改革只意味着管理权力下放给群众。

2. 学校管理权力的下放，在当时现实的问题，是教育经费负担向下转嫁。陕甘宁边区小学教育经费原先由边区政府统筹统支，从1941年起改为地方（县）统筹统支，1944年改革后，基本上由群众自行解决，而政府给以适当补助；浙东区小学甚少，经费由区统筹；苏中区由乡统筹。由区、乡统筹，实际上也是由群众集资，只是由基层政权统筹经费较有保障。而冀鲁豫边区仍由地方（县）统筹，这样，"民办公助"在集资的意义上，各地就不一样。

经验表明，学校管理权力下放，特别是下放到基层，有助于从实际出发，并遵照群众意愿办学、依靠群众力量办学，对于经济落后、人口密度小的地区意义更大。不过由此易产生放任自流的现象，并且事实上这种现象在若干地区还较为普遍。管理权力上移，有助于教育的宏观调节，从而使教育的发展得到适当控制，并保持最低限度的教育水准。相比之下，在教育正规化时期，晋冀鲁豫边区、山东区未走上极端；而在教育改革时期，苏中等地区有适当控制，力图保持最低限度的教育水准。

实践经验还证明，多样化的体制比划一体制更明智。

二

根据地小学的类型也同外界一样，按程度分为初级小学与高级小学，以及包括初级阶段与高级阶段的完全小学。有些地区后来只设初级小学与完全小学；按办学水平分，除一般小学外，设示范性的模范小学，或研究性的实验小学。在实行中心学区制以后（一般在1940年以后，少数地区在1940年前）设中心小学（一般以模范小学为基础），有的地区后来把中心小学与完全小学合并，成为中心完全小学。

除此以外，还有各种非正规的办学形式：在教师不足的地区，设复式班或单班小学；在人口分散、学生数不足时，设巡回小学；在教室不够时，设二部制小学；在学生无暇学习时，设半日制小学以及晨学、午学、夜学或季节性学校。如太行区所属晋中区的辽西县，从1943年冬季开始建立冬春小学，亦称"百日小学"，全县共办这种小学180所，使学龄儿童入学率达到83%。

在根据地还有包括儿童、少年、青年与成人在内的"一揽子学校"。在1944年教育改革中，"一揽子学校"是小学的主要类型之一。

在教育工作正规化时期，一般实行正规小学教育制度，而在教育改革之后，非正规办学形式盛行一时。

值得注意的是，在教育正规化建设时期，许多根据地仍保留或提倡灵活的办学形式。如晋察冀边区在1941年初，建立"半日随学制度"，在不能设立小学的村庄建立巡回小学；晋冀鲁豫边区在1942年10月，实际上实行公立学校与私立学校、官办学校与民办（村立）学校并举，全日制班级与半日制班级、隔日班级并举，整日教学与二部制教学并举，固定教学与巡回教学并举，并把学校分为若干级别，允许代用学校存在，有正规教育制度，又容许中途休学、插班、转学、借读。其他根据地在小学教育制度的各个环节上也或多或少保留一定的弹性。

同样，在教育改革中也有一些地区或多或少保留一定正规制度和最低限度的文化标准（例如苏中区和苏北区）。

三

根据地开创时期，为了使尽可能多的儿童、少年与青年受到抗日民主教育，大力推进教育事业的普及，各根据地对于学校网点的布局，都确立了一定的目标。

中共中央于1940年3月确定的原则是：每村（行政村）有一所初级小学，每乡（或每村）有一所中心小学或模范小学，每个中心区有一所完全小学；同年6月，中共中央北方局提出：尽可能恢复和建立各地小学校，以求达到每个行政村有一所初级小学，每区至少有一所高级小学，以建立广泛的小学网。此外，华北敌后抗日根据地还提出每个专员公署辖区，至少有一所中学，山东还提出每个行政公署辖区，至少设一所公学。其中最有普遍意义的问题是初级小学网点的设置。

起初力求广泛设立初级小学。在发展进程中发现只追求小学数量、不讲求学校规格，相当多的学校成为有名无实的"空架子"，即有些学校学生数过少，花费大，受益少，浪费人力和经费；有相当多的学生文化水平太低，同一个班级学生水平参差不齐；占有相当比例的小学教员文化水平过低，不称职。为改变这种局面，在陕甘宁边区和华北根据地一方面建立正规学校教育制度。一方面根据一定标准检定学校、检定班级（即学生）、检定教员。但检定的结果又导致学校和教师的减少，不利于学校教育的普及。这就是根据地教育建设中棘手的学校数量与质量的矛盾。于是，检定学校引起非议。事实上由于各地人口密集、办学条件不同，设置学校网点的标准、检定学校的尺度不同，其结果并不相同。

小学的设立，大体上有三种尺度：

1. 按照居民人口配置：如山东区1940年12月规定每村建立小学一所，不满50户的村庄，则同附近村庄合设一所小学。晋冀鲁豫边区提出争取一村一校。逐步做到40—50户居民的村庄有一所小学。

2. 按地域配置：如陕甘宁边区在检定小学时规定不够条件的小学距离在5里以内的，尽可能与其他学校合并。

3. 确定每所小学最低学生数：陕甘宁边区在1939年8月、1941年2月两度确定初级小学至少须有学生20名（特殊情况降为15名）、完全小学至少须有50名学生方可设立，1941年10月确定检定初级小学的标准为至少25名学生。同年12月按边区各县不同情况分别规定为20、25、30名，晋察冀边区所属北岳区于 1942 年 4 月检定小学时确定学生数最低标准为 30 人。

问题在于当时确定的检定学校的标准是否太高。研究这个问题至少得考虑两个因素：

1. 原先平均每所初级小学的学生数。

陕甘宁边区从 1937 年春季到 1941 年春季平均每所小学的学生数是：

年份	1937 年春	1938 年春	1939 年春	1940 年春	1941 年春
平均每所初级小学校的学生数	17.5	19.5	22.9	30.9	33.6

从表面上看来，检定小学的最低标准，低于历年实际存在的每所小学平均学生数。但是，原先系高级小学与初级小学的混合统计，而初级小学中既包括有名无实的"空架子"学校，即实际平均每所小学并没有那么多学生，也不免包括远路就学的学生。

2. 该地区人口密度。

陕甘宁边区地广人稀，该地区平均每平方公里只有 14.9 人。关于学龄儿童总人口中的比率，前后有过两种估计：1941 年估计学龄儿童占人口 1/6，1944 年 12 月估计意味着平均每平方公里只有学龄儿童 1.7 人，即平均每 14.7 平方公里才有学龄儿童 25 人，何况城乡之间、不同分区之间人口密度不均。按此标准检定学校，只能导致学校数字锐减。1942 年初检定小学的结果，全边区初级小学减少 41%（另一统计为 39.5%），部分地区减少更多。如环县减少 57%，甘泉县减少 58%，鄜县（今富县）减少 59%，合水县更减少 71%。在检定中把不合格的初级小学并入附近小学，农村儿童就学不便，或放弃学习，或远道就学，势必导致住读生增加，既加重家庭负担，又增加政府教育开支，引起群众不满。

晋绥边区据 1944 年统计，面积 33.1 万平方公里，人口 322 万人，平均每平方公里只有 9.72 人，人口密度比陕甘宁边区更低。该边区在 1942 年冬季开始整顿小学。精简前（1941 年 5 月），据 21 县统计，有初级小学 1761 所，学生 74 069 人，平均每所小学有学生 42 人。初级小学学生平均数比陕甘宁边区高得多；由于原有每所小学平均学生数较高，精简后（1942 年冬季）据 24 县统计，有初级小学 1 500 所，比 1941 年 5 月减少初级小学 241 所，即减少 13.8%。加上 1941 年 5 月未列入统计数字的 3 个县，实际减少的幅度还大一些。但比陕甘宁边区减少的幅度小得多。该边区在 1941 年底，平均每个行政村有小学 1.8 所，整顿后仍是这个比数，同各根据地比较起来，是一个很高的比重。

华北其他抗日根据地，除山区以外，均有大片平原地区。至于华中地区主要是平原，人口密度较高，整顿小学前，平均每所初级小学的学生数，也比陕甘宁边区高。

华北几个抗日根据地的人口密度与平均每所小学学生数比较如下：

地区		人口密度（平均每平方公里人口数1944年10月统计）	平均每所初级小学学生数（1941年8月统计）	备注
晋察冀边区		31.2	46.8	
晋冀鲁豫边区	晋冀豫区	23.7	48.0	学生数为高级小学与初级小学混合统计（1941年8月）
	冀鲁豫区	57.1		
山东区		83.3	45.5	1941年7月援引1940年底统计高小初小混合统计

晋察冀边区，1942年4月发布《关于初步整理北岳区小学的决定》。其中关于初级小学的整理，包括：巩固区以一行政村一校为原则；学生统一测验，按成绩重新编级，不合格者退级，18岁以上的学生退学；重新编级后不得自由升降；学生数在60人以下者只成立小学班级；不足30人的学校，除特殊情况外，一律取消，等等。北岳区整顿前未见统计，整顿后有初级小学2 655所，学生78 837人，平均每所初级小学有学生29.7人，同检定学校的标准基本一致。上面提到晋察冀边区在小学整顿前平均每所小学已有学生46.8人，远远高于检定学校的标准，但该区所属北岳区（主要是山区）与冀中区（主要是平原），人口密度与学校发展不平衡，故在北岳区还存在整理小学问题。

冀中区历年平均每所小学学生数（初级与高级混合统计）如下：

年份	1937年	1938年8月	1939年10月	1940年8月	1941年8月
平均每所小学学生数	60	50	46.9	100	108

可见，在冀中平原地区，一般不存在每所初级小学学生数过少的现象，冀中整理小学，主要是建立正规学校教育制度，并普遍对学生进行编级测验。先后进行两次编级测验。1941年冬季第二次编级测验的结果，各年级退级学生占原有学生总数20%—30%，少数县占40%以上。亦引起家长不满。

晋冀鲁豫边区在《小学暂行规程》（1942年10月）中把初级小学依村庄大

小与经常入学儿童人数分为甲等小学（60 人以上）、乙等小学（40 人以上）、丙等小学（25 人以上），不足 25 人者为"代用小学"。在《规程》中承认"代用小学"暂时存在，避免像有些根据地那样由于检定小学导致学校锐减的现象。

至于华东地区，人口密度比华北地区更大，其中苏北盐阜区和苏中区教育也较发达。盐阜区在 1941、1942、1943 年间平均每所初级小学的学生数是 46、32.5、46.3，苏中、苏北小学原先也比华北地区正规一些，故一般不存在检定学校问题。

其实，陕甘宁边区大量裁减与合并小学，当事者虽存在正规化办学思想，但也不单纯是教育思想问题。1942 年部署检定小学时，正值边区实行第一次"精兵简政"（1941 年 12 月—1942 年 4 月），接着又进行第二次和第三次"精兵简政"（1942 年 6 月—8 月，1943 年 3 月），一次比一次全面、彻底，所以，1943 年虽批评以往教育工作"还未摸清我们的路"，在执行第三次"精兵简政"时只批评"无原则合并学校"，仍继续按照原定标准精简小学。1943 年精简的结果，到年底有初级小学 752 所，精简小学不多。惟其如此，后来总结经验时只把 1942 年的精简视为小学正规化的弊端，其实，从"精兵简政"的角度看，正由于第一、二次精简（在各个领域）不彻底、不全面，才有 1943 年的第三次"精兵简政"。

中小学教育性质与培养目标比较

　　根据地教育原则上属于新民主主义教育，尽管对这个问题的认识经历一个逐步明确的过程。这里拟讨论的不是根据地教育的"社会性质"，而是小学与中学"教育性质"与培养目标问题。

　　所谓学校"教育性质"，系指小学或中学属于普通教育，还是干部教育，而"干部教育"或多或少同职业教育有关，又不同于一般的"职业教育"。大体上说，初期以培养军事政治干部为主的学校，不属于职业学校范围，以培养所谓"业务干部"为主的学校，接近于职业学校。此外，有名副其实的普通中学职业班与独立的职业学校，其中有别于一般职业班、职业学校的师范班、师范学校更为发达。在整个抗日战争期间，学校性质的变动也导致各级学校培养目标的变化。

一

　　在各个根据地，小学尤其是初级小学，一直被视为基础教育。然而，根据地"基础教育"的观念，与外界稍有区别。一般把基础教育理解为普通教育，主要是文化基础教育，而在根据地，并不始终都是如此，特别在以生活、工作、斗争为目标的基础教育，还是以升学为目标的基础教育问题上，同外界的差别更为显著。

　　抗日战争初期，陕甘宁边区于1938年确立的教育宗旨为：为争取抗战胜利，建设独立、自由、幸福的新中国，培养有民族觉悟、有民主思想、有现代生活的知识技能，能担负抗战建国之任务的战士与建设者。据此，在1938年8月与1939年8月拟定的《小学法》，确定小学教育旨在发展儿童的身心，培养他们的民族意识、革命精神及抗战建国所必需的基本知识技能（其中"革命精神"系

1939 年所加）。据此，确定小学的培养目标为：在国防教育中，使儿童的身体、头脑和个性得到健全的发展；在国防教育中，激发儿童的民族觉悟，并养成革命精神；在国防教育的教学下，指导儿童求得日常生活和抗战建国所需要的知识技能；指导儿童在集体生活中养成集体意识和互助精神；指导儿童在自动学习中发挥独立性和创造性。

晋察冀边区在 1938 年 1 月边区军政民代表大会《文化教育问题决议案》中，确立边区文化教育的基本原则是：发挥高度的民族精神，加强抗战力量；培养健全的军事政治干部，领导抗战；造就专门技术人才，建立抗战时期的各种事业；培养热烈的新青年，扩大民族革命的基础势力；提高一般民众的文化水准，并增进他们的健康。这里虽无关于小学性质与培养目标的规定，但整个教育工作的精神便是如此。

晋绥边区教育实施方针为：健全、恢复并增设乡村各级小学，以发展儿童的身心，培养其民族意识、民族气节及抗战建国的基本知识及技能。

由此可见，当时虽也提出发展儿童的身心，然而儿童所学的知识技能的选择，依抗战建国的需要而定，培养民族意识，更为当务之急。

大约在 1940 年以后，各根据地觉察到根据地中小学教育中，过多地进行政治教育和军事训练，忽视学生基本文化教育；教育工作"成人化"，缺乏"儿童化"、"青年化"。个别地区甚至提出把"以社会为本位"的教育，转变为"以儿童为本位"的小学教育和"以青年为本位"的中学教育。例如晋察冀边区行政委员会教育处长刘奠基，在 1941 年 5 月提出"建设适合于青年知识与身体发展的以青年为本位的中学教育"。同年 10 月该边区所属冀中区，在各专署教育科长会议上，相应地提出以"儿童本位"为教导原则。在其他根据地虽未见这样的提法，但在当地后来对这种论调的批评中，可见在其他地区也有这类见解。

陕甘宁边区在 1941 年 2 月的《小学教育实施纲要》中，把小学校的培养目标改为：促进儿童的民族觉悟，养成儿童的民主作风，启发儿童的科学思想，发展儿童的审美观念，提高儿童的劳动兴趣，锻炼儿童的健壮体格，增进儿童生活所必需的知识，培养儿童为大众服务的精神。可见，拓宽了关于小学教育的视野，使小学教育更接近于普通教育。1941 年 5 月提出发展中等教育是目前边区教育的中心一环，中学学生的来源主要依靠完全小学供给，因此要更加充实完全小学。可见这时已把小学教育视为中等学校的预备教育。

晋冀鲁豫边区《小学暂行规程》（1942 年 10 月）确定小学的培养目标为：促进儿童民族觉悟，养成儿童民主作风，适应儿童身心之发展，培养儿童生活必需之知识与为大家服务之精神。

盐阜区《小学暂行规程》确立的小学培养目标为：提高儿童民族意识；发扬儿童民主精神；培养儿童健康身心；启发儿童科学思想；养成儿童劳动技能及习惯。

根据地创建时期，小学教育刚刚恢复，并得到初步发展，基本上不存在大量小学毕业生升学问题，而原有中学或停办，或转为干部学校，新设的中学也属于短期干部训练班性质。所以，小学教育一般不属于中学的预备教育。同时，全民族处在生死存亡的严重关头，需要动员全民族一切力量，投入抗战及争取人民民主的斗争，故小学教育基本上属于以抗日与民主为中心的基础教育。在1940—1942年间，中学教育日益正规化，小学教育也就趋向于成为中学的预备教育，从以抗日与民主为中心的基础教育，转变为在抗日与民主前提下的文化科学基础教育。

然而，到1943年，尤其是1944年以后，小学教育的性质与培养目标又发生新的转变。

二

根据地在1940年以前，除盐阜区、苏中区外，中学甚少。原有中学或停办，或转为干部学校，新建的中学大都属于短期干部训练班；从1940年开始，提出每个专区设一所中学，并使中学正规化。此后，中学渐多，中学的性质与培养目标也有变化。不过，在1941—1942年间，各根据地都处在严重困难时期，新建不久的中学，又在反"扫荡"斗争中撤销、合并、转移，其性质与培养目标又重新发生变化。

陕甘宁边区在1940年以前，只有2所中等学校，都属干部学校性质。在1940—1942年间，增至7所。当时有5个专区建制，达到每个专区1所。

晋察冀边区在1938年1月边区军政民代表大会通过的《文化教育决议案》中，未提到中学教育，即原先未打算建立中学。当年曾筹备开办晋察冀边区中学，属短期师资训练班，并且只办一期，由于面临日伪军围攻，即告结束。在1939—1940年间，共办9所中等学校，"在解决'干部荒'问题上起了很大作用"，但到1942年9月，"争取中学正规化"过程中，21%的学生因文化程度过低而转入高级小学或其他地方学习。北岳区把5所中学并为1所中学。

山东区在1937—1940年间，基本上停办中学，到1941年，已有中学8所。其中中学6所，另有2所干部学校转变职能而带有"中学性质"。

盐阜区与苏中区因在接管时，容许私立中学存在，民主政府又新办了公立中学，且既有行政公署、专员公署创办的中学，也有县立中学，故中学为数甚多。盐阜区原属专员公署建制，1941年9月建立行政公署，下辖9个小县，（旧制 6 县），其幅员不及华北一个专员公署辖区。该区在 1942 年即有中学 9 所，达到平均每县一所中学的目标。

苏中区有 4 个专员公署建制（实际上只有 3 个），据 1943 年统计，中学多达 54 所。

可见根据地中学发展很不平衡。

1941—1942 年间，各根据地趋向于把中学从干部教育转变为带有大学预备性质的教育，其培养目标也发生相应变化。

陕甘宁边区教育厅副厅长丁浩川于 1940 年春视察中学时明确提出：“正规化学校与干部教育不同”，赞成“学习第一，正课第一”的口号。该边区《中学规程（草案）》（1942 年 8 月）规定：中学继续小学教育，培养健全的新青年，以为从事边区各种建设事业及研究高深学术之预备场所。其培养目标是：提高民族觉悟，建立民主作风；充实文化知识，培植科学基础；增强生活知能，养成劳动习惯；注意体格锻炼，启发艺术兴趣。

晋察冀边区在 1941 年 5 月召开的边区中学校长会议上提出：今天我们的任务转变了，“一切存在于中学的部队化的形式、干部教育的方式方法等都应当即时的改变”，提出“以青年为本位的中学教育”的口号。

山东区在 1940 年 12 月通过的《山东省战时国民教育实施方案》中，把中学列入“继续教育”，主张中学为培养一般抗战建国的干部人材与准备专门研究打下基础；1941 年 6 月全省文教工作会议，进一步确定了“中等教育的界说”。提出：“中等教育是普通教育的最后阶段，是基础教育的提高，高等教育的预备，是青年期的教育。”因此，中等教育的内容应该是全面的，要有丰富的课程，以丰富学生的常识；有正确的思想指导，以坚定学生的意志；要锻炼出学生独立生活、学习的实际能力，以便学生在毕业后就业。中等教育应与高等教育、小学教育密切联系，并注意大部分学生的就业指导。值得注意的是山东区在中学正规化过程中，虽然延长了中学修业年限（实行三年制），但规定中学课程每学年为一个周期，便于学生中途就业，主张入学限制要宽，并放宽休学、续学限制，同华北其他某些地区严格入学、休学、转学限制，颇异其趣。

盐阜区在 1941 年秋季颁布的《中学教育实施大纲》中提出，中学教育的宗旨是：根据抗战建国的需要，以启发青年民族意识、民主精神，培养科学知识及生活上之必须技能，养成抗战建国人材；1942 年秋季发布的《中学暂行规程》改提为：中学为培养抗战建国人材及新民主主义下之健全国民之场所（在《中学暂行法》中还加上“并为研究高深学术及从事各种职业之基础”）。其培养目标为：启发民族意识，培养民主精神，培植科学知能，养成劳动习惯，锻炼健康体魄，陶冶艺术兴趣，培养科学的世界观。

1941—1942 年间，在许多根据地，有些称为大学、学院的干部学校（如延安大学、华北联合大学等），正在向正规大学方向转变，中学向预备教育方向转变，同大学的变化也不无关系。不过，当中学尚未真正转变性质与培养目标的时候，又发生了逆转。

三

各抗日根据地经历 1941—1942 年日军频繁"扫荡"的浩劫，从 1943 年开始，小学、中学、大学的性质与培养目标重新调整。如果说，前一次的转变大抵从小学开始，那么新的转变一般从中学开始。

陕甘宁边区于 1943 年 1 月 29 日至 4 月 30 日召开了中学整学会议。在回顾边区中等教育历史基础上，对于《暂行中学规程（草案）》（1942 年 8 月），尤其是《暂行师范学校规程（草案）》（1942 年 9 月），提出尖锐的批评。指出在1939 年 7 月以后，中等教育发生了"正规化"的偏向，特别是 1942 年的中学与师范学校规程，"肯定了国民党化的错误倾向，并精致的提出了国民党化的中等教育一全套"，重新肯定抗战初期以鲁迅师范学校所代表的中等教育方向——实际上是短期干部训练班的方向。此后，各根据地的中等教育先后转变方向，高级小学与中学的性质与培养目标也开始转变。

经过 1943—1944 年教育改革，中小学发生如下转变：

1. 中等学校转变为干部学校，并以培养在职干部为主。如陕甘宁边区提出：边区的中等教育分中学与师范两种，目的在培养小学师资、地方文化教育干部及边区在抗战与建设工作中的区乡干部人员。同时，培养一部分进步青年研究高深的科学与技术，故边区中等学校（无论中学或师范）都带有干部学校性质；担负着提高现任干部与培养未来干部的双重任务，因此各中等学校除接受小学毕业生外，并设地方干部训练班，接受现任区乡干部。尽管规定中等学校双重性质，在指导思想上却是以培养在职干部为主，实际不只是使中学"带有"干部学校性质，而是力图使中等学校转变为干部学校。

2. 小学高年级或高级小学，也带有干部教育性质，以培养在职基层干部为主。

3. 初级小学虽仍属基础教育，但它也同干部教育和成人教育一样，依照"战争与生产所直接需要的知识与技能的教育应该重于其他的所谓一般文化教育"原则改革。

其中值得注意的问题是：

1. 1943—1944 年学校性质的转变是有客观基础的。这不仅在抗战初期已经积累了"抗大式"办学经验，即办学制度灵活、多样化的经验，而且由于"正规化"为时短暂，严格讲，尚未真正过渡到正规化教育阶段。据陕甘宁边区1941年10月调查，初级小学学生一般读不到三、四年级就纷纷退学。如华池县初级小学一年级退学生占该年级学生总数4%—5%，二年级占该年级学生34.5%，三年级占该年级学生20%。晋冀鲁豫边区所属太行区的中学生等不到三年毕业，就几乎抽调完了。晋察冀边区各中学在1941年的毕业生中，短期、速成的干部队（行政、民众运动、自卫队、师范、合作社干部）学员占2/3，中学生占1/3，表明社会和多数学生迫切需要的，不是升学预备教育。加上战争、灾荒造成的困难，重新转变学校性质是很自然的事。

2. 学校性质的转变，并不意味着恢复到抗战初期那种格局。尽管抗战初期中学教育和1943年以后的中学教育同属干部教育，但抗战初期的干部教育以军事政治干部训练为主，1943年以后的干部教育则以培养业务干部为主，有些属于职业教育性质，有些带有职业训练性质，学制、课程也就发生相应的变化。

3. 其实，1944年学校性质的转变，也未完全实现。当时试图增加中学地方干部（在职干部）班比重，实际上地方干部班的比重时升时降，中学学生的主体，始终是普通班的学生。

陕甘宁边区中学普通班与地方干部班学生比较如下：

班级类别 \ 学年学期 数字	1942 年		1943 年		1944 年		1945 年	
	上学期	下学期	上学期	下学期	上学期	下学期	上学期	下学期
普通班	97.8%	97.5%	85%	86%	86%	85%	71%	77.7%
地方干部班	2.2%	2.5%	15%	14%	14%	15%	29%	22.3%

上述情况表明，地方干部班的比重1943年比1942年明显上升，在1943—1944年两年内其比重并未增加，1944年文教大会以后，重新增加，但到1945年下学期，比重又下降了。在1943—1945年间，普通班的学生至少占70%以上。固然，普通班的性质以及小学的性质确有显著变化，然而，到1945年已经发现改革新产生的问题，1946年又重新提出"逐步正规化"问题。

四

在1943年以后，随着教育改革的展开，人们的教育价值取向发生了变化。前面提到，晋察冀边区在1942年曾经提出所谓"以儿童为本位"的小学教育和"以青年为本位"的中学教育的口号，在其他根据地或者也有反映。因为这原是一个老问题。

1943年10月，盐阜区行政公署文教处长白桃在《盐阜区文教法规汇编》序言中批评了传统的"教育准备说"、"教育开展说",指出所谓"儿童本位教育"、"青年本位教育",都是"荒谬的"。后来浙东区行政公署文教处黄源也指出:一个值得严重注意的问题是"以儿童为本位"的教育,这是不适宜的。以全人口说,现在只有1/20的人受教育,所以,应该转变到"成人本位的教育",尤其是以农民主为的教育;苏中区在1944年8月召开的苏中教育会议上曾开展过关于自由发展问题的争论,其中有一派人(在与会者中约有20人左右)认为教育工作中的抗日、民主立场与学用一致的精神固不容否认,但实施起来决不能妨害文化教育的自由发展。其论据有三:一是不但要侧重现在,还要兼顾未来;二是应重视学生个性、天才、兴趣的发展;三是应尊重各党各派的教育主张。苏中区政公署文教处长刘季平在总结时,基本上否定了这些观点。

学年编制比较

各根据地在小学学年编制方面进行过多方面的摸索。这方面的问题有：

1. 修业年限制和非修业年限制的尝试：所谓非修业年限制，即不以修业年限而以修完规定的课程论定学生的学历。颇似上世纪初西方国家的"弹性升级制"。不过，后者着眼于成绩优良学生的"跳级"，而前者则着眼于给儿童入学和大年龄学生的补习教育提供方便。

2. 在实行修业年限制的条件下，有学年制与学年学期制之分。所谓学年制，系指在一学年中不分学期。

3. 在实行学年制或学年学期制时，学年始业时间有春季始业与秋季始业之分。既有把春季始业改为秋季始业的经验，也有把秋季始业改为春季始业的先例。此外，还有在麦假后始业（即实际上夏季始业）的措置。

4. 在实行学年学期制时，通常把一学年划为二学期，个别根据地（山东）则自始至终把一学年划为三学期。

5. 学年长度同假期的长度有关。学期结束的假期，有的放寒假、暑假，有的放年假、麦假，也有的在学期中增放农忙假。至于平日例假，除纪念节日假以外，通常实行星期制（星期日放假），也有个别地区实行"市（集市）日放假制"（如浙东）。还有人主张放"旬假"和实行"大星期制"（可能指两个星期放假一天）。

此外，有些地区有些时候对上述中的若干措施，对城镇学校与农村学校区别实施。

一

　　各根据地恢复学校的初期，一般无正规学制，普遍有缩短修业期的趋向（相对于国民政府统治时期的小学四二制、中学三三制而言），并不把当时的做法视为长久之计。陕甘宁边区在抗日战争前夕（1937 年 4 月）就立了一个学制的雏形。1938 年提出教育正规化问题，各敌后抗日根据地（游击区除外）大抵在 1940 年开始，把"正规化"问题提上日程。从那时起，一般都实行学年学期制。到 1944—1945 年教育改革中，出现了学年制（不分学期）和非学年制的试验。

　　陕甘宁边区在 1943 年以后，一般小学（不论公立或民办）学生入学和退学，都尊重群众的自愿，也打破了机械的学年和班级的限制。1944 年陕甘宁边区文教大会确定：学校的学制不求一律，一般的应该废止正规的班级制和学期制。凡学完规定的教育内容，即可作为毕业，但教员须于三年之内，保证完成每一学生的学习计划。重开非学年制的先例。

　　中共冀鲁豫分局于 1945 年提出小学的上学时间，采取平常半天学习，春季、冬季整天或二晌学习，秋假与麦假期间完全劳动，或视当地农村副业需要而定。初小与高小的毕业，暂以学完课程为标准，而不以年限为标准；山东区于 1944 年 11 月，决定实行教育改革，在群众教育方面提倡张健华的"庄户学"办学方向，对学制问题未作明确规定。张健华的"庄户学"，实际上也是非学年制的学校。实行一阵以后，发现这种经验的局限性。1945 年 7 月指出：实践证明"庄户学"可能推广，但其性质属于不正规的群众性村学，主张儿童教育不论正规小学，还是非正规的儿童识字班，学习时间都可以长一些，并须订立学制、课程，编印课本，在有条件的地方成立中心小学。

　　苏中区在 1944 年教育改革中，仍实行修业年限制，至于是学年制还是学年学期制，当时未提出这个问题。由于采取通过试验逐步向新学制过渡的步骤，实际上仍实行学年学期制，并且仍是四二制。直到人民解放战争初期，在回顾抗日战争时期以来教育工作经验教训中，曾就这个问题开展讨论，决定实行学年制（不分学期）。除平时例假外，放假不得超过 70 天。由各地方根据实际情况灵活处理。当时认为这样一来，城市农村都可以适用，各地农村先后不等，可避免削足适履。惟结束期一年，似乎太长，但可着重平时总结，予以补救；苏北盐阜区在建立正规学制时，实行学年学期制，同时规定"在敌后因情况常变，学期不以时间分，而以修完功课为准"。该区在 1945 年教育改革中所确定的新学制，在学年编制方面，同苏中区基本相同。

二

在实行学年制或学年学期制的情况下，每学年从什么时候开始，即所谓"学年始业时间"问题，各地不尽相同，有些根据地前后也有变化。大致是：

陕甘宁边区：从1939年8月起，实行秋季始业，1941年2月改为春季始业。一直延续到1944年。不过，从1942年起，中学原则上实行秋季始业，同时，允许已经春季始业者不予变更。

晋绥边区：1941年5月起，实行春季始业。

晋察冀边区：1938年1月起实行春季始业，约在1940年秋，改为秋季始业；① 1943年1月开始恢复春季始业。

晋冀鲁豫边区：从1942年10月起，以秋季始业为准，同时允许春季始业。

山东区：未见明确规定。

苏北盐阜区：1942年秋季起，实行秋季始业。

苏中区：约在1942年起，实行秋季始业，从1944年2月起改为夏季始业，后来发现春季始业较适合农村，而于城镇居民不便，故倾向于在农村实行春季始业，在城镇实行秋季始业。

由此可见，关于学年始业时间（学年起点）问题，大致有四种情况：

1. 秋季始业。

2. 春季始业

3. 以秋季始业为主，兼行春季始业。

4. 农村以春季始业为主，城镇以秋季始业为主。

华中苏皖边区1946年总结抗战时期教育工作经验时，关于始业时间问题有争论。有人主张秋季始业，有人主张春季始业。此外，还有人主张冬季始业，最后倾向于春季始业，但允许秋季招收插班生。

春季始业与秋季始业各有什么利弊？

一般讲，春季始业适合乡情，即适应农业生产周期与农民冬季休息的习惯。过去私塾一般都是春季始业。北方冬季较长，气候寒冷，寒假长，则开学准备时间较为充分；根据地通常利用冬季，调动各方面力量开展冬学运动，在冬学结束时趁热打铁，动员参加冬学的儿童，转入常年学习。秋季始业较适合于城市。尤其是南方地区，夏季较长，暑假长，便于开展教师暑期集训和做好开学

---

① 由于春季始业有趁冬学之便动员儿童常年学习的优点，该边区所属冀中区采取补救措施，即在从寒假到麦假期间（约三个月）设预备班。麦假后，升入初小一年级，高级小学也于麦假期间招生，其毕业生在麦假前毕业。实际上属夏季始业。

准备，国民政府统治时期基本上实行秋季始业，有一定传统影响。

根据地教育建设中发生的从春季始业到秋季始业和从秋季始业到春季始业两种逆向变化，说明什么问题呢？

抗日战争期间，各大根据地差不多都发生过教育制度从非正规化到正规化再到非正规化的转变，始业时间的变化或多或少是这两度变化的轨迹。一般讲，非正规化的教育较适合于农村环境，而正规化教育较适合于城镇环境。

陕甘宁边区抗日教育起步最早。起初教育工作带有所谓"农村作风"、"游击习气"，始业时间似未统一规定。1939 年正致力于实行从"游击习气"到"正规化"的转变，故实行秋季始业，但 1940 年"旧型正规化"正在势头上，改为春季始业。当时认为秋季始业与春季始业各有利弊。民间习惯都是春季上学，而一般学校多为秋季始业，而且秋后农民较富裕，决定顺从民间习惯，定为春季始业。表明即使在所谓"旧型正规化"时期，也并非全然不顾农村环境。

晋绥边区是陕甘宁边区同华北敌后根据地联系的惟一通道。其教育措置受陕甘宁边区影响最大。1941 年实行春季始业，很可能受陕甘宁边区影响。

晋察冀边区始业时间变动，同教育制度变动之间联系的轨迹最为明显。

晋冀鲁豫边区即使在推行正规化教育之际，也保持教育制度的灵活性。实行秋季始业与春季始业并举。

苏北与苏中地区抗日教育建设起步较晚，加上原有文化基础较北方根据地为好，故很快地越过非正规化教育阶段。当开始有计划的教育建设时，即实行秋季始业。

各抗日根据地经过 1944—1945 年教育改革，为适合农村情况和农民愿望，一般都实行春季始业。比较起来，以农村为春季始业为主、城镇以秋季始业为主的抉择见长。然而始业时间不统一，也存在不便管理的缺陷。

三

在实行学年学期制时，关于一学年划分为几个学期问题，有两种探索：

1. 二学期制：这是多数根据地在 1944 年教育改革以前的普遍情况

2. 三学期制：这是山东区的特有制度。山东区从 1940 年 4 月开始提出，到当年 12 月，山东省战时工作推行委员会通过的《山东省战时国民教育实施方案》中予以确认，一直坚持到 1944 年改革前。这在各根据地中较为罕见。山东区到人民解放战争初期，改行城镇学校二学期、农村学校三学期并行制度，同时提出"学期制或学年制不必限定"的模糊观念。

苏皖边区在解放战争初期，议论学年编制问题时，曾有三种意见，即：二学期制、三学期制、学年制，最后定为学年制。

四

学年学期制，同假期制度有直接关系。根据地的假期制度，大体上有如下几种：

1. 二学期，放寒假与暑假：这是最正规的、也是最适合城镇学校的做法。不过，这种做法为时短暂，一般都在寒假、暑假之外，加放农忙假。如陕甘宁边区在 1939 年 8 月颁布的小学规程中，似无农忙假的规定，在规程之外，也只提出对"个别学生"放生产假，时间不得超过 10 天。1941 年讨论假期问题时提出：各地气候不同，农忙时期不一致，决定由教育厅制定统一学校历，各学区可灵活变更。从 1942 年起，改放年假（寒假）、麦假和秋假；晋察冀边区在 1941 年 5 月规定中学放寒假、暑假和秋假；晋冀鲁豫边区 1942 年 10 月规定，实行寒假、暑假制度，同时又规定，农村劳动季节适当缩短寒假、暑假，辅以麦假、秋假制度；晋绥边区放秋假与年假；苏北盐阜区放寒假、暑假和农忙假，同时规定可放麦假、秋收假而减少暑假日期；苏中区规定放寒假、暑假、春假、年假，其中春假 3 日，年假 3 日，年假实属例假。苏北盐阜区原先规定放寒假（1 月 31 日—2 月 21 日）、麦假（6 月 1—10 日）、暑假（7 月 16 日—8 月 18 日），1944 年 2 月规定以后只放农忙假，不放暑假，或只放几天。

2. 三学期，放寒假、暑假和农忙假。这是山东区的做法。

同一学年中实际修业时间同放假时间有关：

晋冀鲁豫边区规定每学年假期不得超过 12 周，即 84 天，则教学周为 40 周，包括星期日在内为 281 日；苏中区规定放假时间共 66 日（城镇）—86 日（农村），教学周为 40—42 周，即近 280—300 日；山东区实行三学期制，1940 年规定每学期上课 12—15 周，包括星期日在内为 84—105 日，每学年为 252—315 日，由于实际上往往达不到最低限度，1941 年 7 月提出每学年最低限度上课 210 日，1943 年又规定最低限度上课 240 日，不过 1940 年规定每天上课 4 小时，1941 年规定每日上课 5 小时，1943 年虽延长教学年度，但改行全日制与半日制、季节学校，晨学、午学等并举，实际上教学时间反而减少。可见学年教学总时间，不仅同假期长短有关，而且同每日上课时间有关。

此外，实际教学时间同例假制度也有联系。

根据地一般在星期天放例假。惟陕甘宁边区在 1941 年规定有集市的小学，在集市日可放半天假，星期日补上半天课。在 1944 年改革中，一般由当地群众自行决定。浙东区在 1944 年改革中明确提出废除星期制（即星期日放假），改为"市日放假制"，即逢集市日放假，导致放假日增加，该区还规定平时学生请"生产假"不算缺课。解放战争初期苏皖边区曾就例假制度问题开展过讨论。有几种意见：一是继续实行星期制，一是旬制，一是大星期制（可能系指每二周放假一天）。最后决定仍行星期制，但容许两星期放一次，每次放假二天，以便有计划地开展社会活动。

例假中还包括节日假。根据地节日假较多。苏中区节假日有：八一三纪念日（不放假）、教师节（8月27日）、九一八纪念日（不放假）、国庆纪念日、总理（孙中山）诞辰、元旦节（放假三日）、一二八纪念日（不放假）、总理纪念日、黄花岗七十二烈士纪念日（不放假）、儿童节、国际劳动节、青年节、孙总理就任非常大总统纪念日（不放假）、国耻纪念日（不放假）、五卅惨案纪念日（不放假）、中共成立纪念日（不放假）、中国抗战纪念日（不放假）。不放假的节日，得开会纪念。

五

综上所述，各根据地在有关学年制编制问题上许多不同的探索。大致分为两种模式，即正规化时期的模式与教育改革时期的模式。比较如下：

教育正规化时期	教育改革时期
1. 修业年限制	弹性升级（与毕业）制
2. 学年学期制（秋季始业）	学年制，或不定学年
3. 秋季始业（二学期制）	春季始业，或始业时间不定
4. 二学期制（寒假、暑假）	不定
5. 寒假、暑假，或加农忙假	农忙假，或不定
6. 星期制	不定

在谋求教育工作正规化时期，各地也采取了若干适应农村情况和生产季节的灵活措施。如盐阜区兼行弹性制，陕甘宁边区改秋季始业为春季始业，山东区实行三学期制，各地加放农忙假，等等。

同时，在教育改革时期，特别是到1945—1946年，各地又对非制度化的教育作了许多调整，保持、恢复或重新建立一些必要的制度。此外，在许多地区，对城镇学校与农村学校分别处理。

修业年限比较

各抗日根据地修业制度的演变，情况比较复杂，大致过程是：抗战初期
（大致从 1937 年到 1940 年 6 月），基本精神是缩短国民政府统治时期小学四二
制、中学三三制修业年限；1940 年秋以后，一般主张建立"正规学制"，其中包
括延长修业年限，即恢复或接近小学四二制、中学三三制；1943 年以后，转而
缩短修业年限，但比初期为长；1944 年教育改革以后，或基本取消学年学期制，
不计修业年限，或大体规定一定修业年限，执行中要求不严格，保持弹性。

一

陕甘宁边区开辟最早，环境比较稳定。早在 1937 年 4 月，中华苏维埃共和
国西北办事处教育部由徐特立等人起草，曾颁布《小学教育制度暂行条例（草
案)》。其中规定小学实行三二制，即初级阶段 3 年、高级阶段 2 年。这是沿袭
中央苏区土地革命中期的学制。从那时起，三度拟订小学法规（1938 年 8 月、
1939 年 8 月和 1941 年 2 月的《小学教育实施纲要》）均未变更，一直沿袭到
1944 年教育改革之前。

1940 年 11 月 15 日，中共中央宣传部提出小学教育的修业年限暂时采取三
二制或四二制的建议。

华北各敌后抗日根据地在 1940 年 6 月之前，除个别地区以外，一般未确定
明确的学校制度，总的精神是缩短修业年限。如晋察冀边区《抗敌报》在 1939
年 3 月 13 日的社论中提出：对旧的学校，要缩短修业年限，开设战争所必要的
课程，使之适应战争的需要。山东鲁西地区 1940 年 9 月改行三一制，山东区于
1940 年 6 月提出实行二一制。

1940 年 6 月，中共中央北方局通过《新华日报》（华北版）发表《创立正

规的教育制度》的社论，提出小学修业年限为 6 年。此后，晋察冀边区、晋冀鲁豫边区和晋绥边区，相继恢复四二制，而山东区则实行二二二制；经历1941—1942 年严重困难时期以后，中共中央北方局主张从 1943 年开始，把小学修业制度从四二制改为三二制，从而同陕甘宁边区一致起来。由于根据地正规教育建设的时间不长，又经历不少周折，从初小升高小和从高小升初中尚未成为普遍性的问题，况且当时正规化的势头已经过去，正在重新向非正规化教育过渡，故各根据地大体上没有重新规定小学修业年限。如晋绥边区 1944 年仍称实行四二制。北方局的新规定似未完全落实。

华中敌后抗日根据地的苏北盐阜区和苏中区，由于原有文化基础较好，根据地形成较晚，在 1940 年根据地形成以后即着手进行正规教育制度的建树，原则上实行四二制。

1944 年教育改革中，各根据地大都取消修业年限的规定。苏中区在乡学（相当于初级小学）儿童班和区学（相当于高级小学）少年班，实行四二制；盐阜区在村学（相当于初级小学）儿童班和初级干部学校（相当于高级小学）少年班维持四二制。

二

中学修业制度的演变趋向与小学相近。由于中等学校在大部分时间里，主要承担培养干部的职能，其具体情况同小学有别。

抗战之初，急需大量干部，中学一般都属短期训练班性质的干部学校。

陕甘宁边区在 1940 年夏季以前，只有 1 所中等学校，即延安师范（1937 年春创办鲁迅师范，同年秋创办边区中学，1939 年 7 月，合为延安师范）。鲁迅师范修业期，各期不一样，或 1 个月，或 2 个月，或 6 个月。边区中学因各队（班级）学生文化程度悬殊，修业期或 1 年、或 2 年或 2 年半。

华北各敌后抗日根据地，最初无普通中学之设。原有中学改成干部学校，即使不改名称，实际上也是干部学校，修业期不到 1 年。在晋察冀边区、晋冀鲁豫边区和晋绥边区境内，同国民党实行统一战线地区，另有"民族革命中学"之设，修业 6 个月，也属短期干部训练班。晋察冀边区在 1938 年与 1939 年，相继开办晋察冀边区第一中学与第二中学，该边区所属各专区，也陆续开办一些中学，基本上仍属短期干部训练班。1940 年 3 月，边区行政委员会发布《晋察冀边区中学暂行办法》，确定中学仍属干部准备教育性质，实行二年制（初级中学阶段），以 6 个月为一学段。

从 1940 年秋季开始，普遍延长中学修业年限：

陕甘宁边区从 1940 年 8 月起实行二二制，1942 年 8 月颁布的《中学暂行规程（草案）》，确定实行三二制。

在华北，中共中央北方局于 1940 年 6 月提出中学实行四年制，意味着无初级中学与高级中学之分。此后，各地倾向于延长修业年限。晋绥区在 1940 年 6 月提出实行二二制，同北方局的意见一致，1940 年 10 月改行三三制（1941 年 5 月中等教育会议，仍确定三三制）；晋冀鲁豫边区实行四年制；晋察冀边区于 1941 年 1 月实行四二制，但同年 5 月决定实行三年制；山东区于 1940 年 7 月提出实行三年制，1940 年 12 月《山东省战时国民教育实施方案》正式确定三年制。

1943 年 1 月，晋冀鲁豫边区改行三年制。同年 3 月，中共中央北方局提出，敌后环境较动荡，年限不宜提得太高，中学阶段以三年制为宜；同年 9 月，晋绥边区也改行三年制；晋察冀边区二年制高级中学似未办成，故仍行三年制。

由此可见，华北各抗日根据地在 1940 年 6 月至 1944 年教育改革之前，基本上实行两种制度：一是四年制，实即二二制，一是三年制（由于当时未达到建立高中阶段的程度，故实际上是三三制），最后统一实行三年制。在此期间，华中苏中区与苏北区实行三三制。

苏北盐阜区盐城县在 1941 年 6 月召开的第一届第二次参议会上曾有把中学从三三制改为二二制的提案，似未被采纳。同年秋季，由盐阜区行政公署发布的《中学教育实施大纲》确定：对现行学制暂不改变，仍行三三制，惟为适合抗战建国需要应具有弹性。1942 年秋发布的《中学暂行规程》，同此精神一致；苏中区颁布的《中等学校实施大纲》亦规定中学仍实行三三制，惟根据抗战建国需要保持一定弹性，高级中学阶段除普通科外，可根据需要兼办农科、师范科，修业期为 1—2 年。

三

根据地在 1940 年 7 月—1942 年底、1943 年初，谋求教育工作正规化的结果，除陕甘宁边区实行中小学三二、三二制，游击根据地实行更为灵活的短修业期外，一般敌后抗日根据地的中小学修业制度基本回复到国民政府统治时期的四二、三三制。1943 年以后小学修业期转向缩短，但仍比抗战初期为长，而中等学校在 1942 年干部教育改革以后，多少恢复干部教育性质，但已不是抗战初期那种以训练军事政治干部为主的干部教育，而是以训练业务干部为主的干部教育，即带有职业训练性质的干部教育。随着干部教育地位的上升，中学得到加强，故在 1943 年基本上未缩短中学教育的修业期，1944—1945 年间，有些地区适当缩短修业期，如冀鲁豫边区 1944 年 10 月改行二年制，太岳区于 1945 年改行二年制，苏北区也于 1945 年改行二年制。

不过，由于根据地办学历史不长，其中又经历不少曲折，普遍不存在大量学生升入高一级学校的问题。例如冀中区到 1941 年 5 月止，初小一年级学生，占初小学生总数 450 473 人的 63%，初小四年级共有学生 3372 人，只占学生总数的 7.4%。高级小学一年级新生占学生总数 26 757 人的 82%。初小毕业生升学尚不成问题，高小毕业生升学在一年后将成为尖锐问题，但根据地高小学生毕业后参加工作的人数比重甚大。况且一年后，冀中根据地变质为游击区。故这个问题并未发生。同样，在陕甘宁边区中学生一般只学习半年到一年即中途退学或参加工作，能坚持学习三年者只占一年级入学人数的 1%—2%。故学校原定修业年限只能表示提高学生文化水平的愿望，实际上在当时那种环境中，实行四二、三二制并不相宜。

小学课程比较

在实行一定学制的背景下，课程是对各级各类学校教育（也适用于非学校形式的教育组织）内涵基本的规定。同级同类学校因课程设置的差异，教育的质与量都会有区别。惟其如此，根据地从恢复与初创学校开始，就致力于课程改革，并随着教育建设进程的推移，先后进行过几次大的课程调整。即：抗日战争初期，着重使半殖民地半封建教育转变为以抗日与民主为中心并适应战争环境的教育；抗日战争中期，先把以政治教育为重点的教育，转变为以文化教育为重点的教育，继而又使教育适应抗日游击战争的环境；抗日战争后期，兼顾政治教育、业务教育、文化教育与生产教育，实际上文化教育有所削弱。

相对说来，干部教育、中等教育、成人社会教育的课程前后变动较大，情况更为复杂，而各根据地的小学教育有较多的可比成分。这里着重讨论小学课程设置问题。

课程设置中，最主要的问题有两类：一是学科设置，一是教学实践的安排。前者主要属于在一定教学时间里，关于教学的质的规定（以教学内容体现）；后者属于各门学科教学量的规定。此外，还涉及社会活动、生产劳动在课程中的地位问题。

一

各根据地课程设置有别，同一根据地前后也有变化。就是教学计划的表达形式，往往也不相同。为了便于比较，拟先将原有教学计划改成可比的形式，列成陕甘宁边区 1938 年—1942 年教学计划（用以进行纵向比较）、华北敌后抗日根据地 1942 年教学计划及华中盐阜区、苏中区（1942 年左右）教学计划，用以进行横向比较。先从初级小学课程设置谈起。

陕甘宁边区在 1938 年 4 月—1942 年间，初级小学的课程设置是：

设置时间	学年级	国语	常识	算术	体育	音乐	美术	劳作	政治常识	周会	周学时
1938 年 4 月	一年级	9	3	4	3	2	1	1	4	1	28
	二年级	9	3	4	3	2	1	1	4	1	28
	三年级	9	3	4	3	2	1	1	4	1	28
	学科学时小计	27	9	12	9	6	3	3	12	3	
1939 年 8 月	一年级	12	6	3	3	3	2	2			31
	二年级	12	6	4	3	3	2	2			32
	三年级	12	6	5	3	3	2	2			33
	学科学时小计	36	18	12	9	9	6	6			
1941 年 2 月	一年级	12	8	4	5	3	3				35
	二年级	12	8	4	5	3	3				35
	三年级	12	8	4	5	3	3				35
	学科学时小计	36	24	12	15	9	9				
备注	1938—1939 年的课程中，教学时间以学时（节）为单位计算，当时规定小学（包括高级小学）每节课以 30 分钟为原则，必要时可延长到 40 分钟或 50 分钟（1939 年）；1941 年则以分钟为单位，这里按每节课30 分钟折算。										

由此可见，1938 年处于抗日战争初期，课程设置的指导思想是"国防教育的课程，应以政治（抗日民族统一战线）、军事（游击战术）和战时知识（防空、防毒、救护等）为中心，一切课程内容都应与抗战联系，不适应抗战需要的课程，应取消或减少钟点"。学科门类以国语、政治常识、自然常识、算术、体育为主；1939 年的课程设置反映了向"正规化"过渡的意向。虽确定"小学课程以政治军事为中心"，但取消了政治常识与周会，国语从每周 9 节增加到 12 节，常识从每周 3 节增加到 6 节，此外，1939 年大生产运动方兴未艾，劳作从每周 1 节增加到 2 节，总学时从每周 28 节增加到 32 节左右；1941 年的课程设置为陕甘宁边区课程正规化的标本。课程设置的指导思想，不再"以政治、军事为中心"，而是相应于六种教育，开设六类课程。即：政治教育（政治课程）、语文教育（国语课程）、科学教育（算术、常识课程）、艺术教育（美术、音乐课程）、健康教育（体育课程）。其中政治课程改从高级小学一年级始设。这一

课程设置，旨在谋求使儿童身心得到较全面的发展，同 1939 年的课程设置相比，国语、算术学时未变，常识从每周 6 节进一步增为 8 节，体育从 3 节增为 5 节，美术进一步增为每周 3 节，取消劳作，总学时增加到每周 35 节，即 1 050 分钟，按照现在通常每节课 45 分钟计算，相当于每周 23.3 节，不为过多，但比 1938 年的周学时增加 25%。由于尚不清楚当时的教学周数，无法就教学总学时进行比较。

1941 年的课程设置大致实行到 1942 年止，1943 年开始局部变化，到 1944 年发生重大变化。

华北敌后抗日根据地及华中盐阜区、苏中区的课程设置，均以分钟为单位计算教学时间（除晋察冀边区北岳区课程设置外）。兹把陕甘宁边区 1941 年初级小学课程设置（以分钟计算）同华北若干根据地的课程设置比较如下：

地区	学年级	国语	常识	算术	游唱		劳作		周学时总计
					体育	音乐	美术	劳作	
陕甘宁边区 （1941 年 2 月）	一	390	240	120	150	90	90		1 080
	二	390	240	150	150	90	90		1 110
	三	390	240	180	150	90	90		1 140
晋察冀边区 （北岳区） （1942 年 4 月）	一	10	6	6	未计	2		2	26
	二	10	6	6	未计	2		2	26
	三	10	6	6	未计	2		2	26
	四	10	6	6	未计	2		2	26
晋冀鲁豫边区 （1942 年 10 月）	一	300	200	100	150		150		900
	二	300	200	150	150		150		950
	三	350	250	200	150		50	100	1 100
	四	350	250	250	150		50	100	1 150
山东区 （1942 年 8 月）	一	720		180	180				1080
	二	720		180	180				1080
	三	540	270	225	180				1 215
	四	540	270	225	180				1 215

华北区三种课程设置，以晋冀鲁豫边区的课程最为正规，同陕甘宁边区

1941 年的课程最为接近；晋察冀边区次之；山东区的课程最不正规。后二者甚至不及陕甘宁边区 1938、1939 年的课程完备与充实。这是因为陕甘宁边区毕竟是抗日的后方基地，环境相对稳定。1942 年华北敌后抗日根据地正处在日军频繁"扫荡"的艰苦斗争时期，而山东区根据地比华北其他根据地的开辟落后二年左右。相比之下，山东区的课程设置形成于"正规化"高潮之前，故尚从战时实际出发，而晋冀鲁豫边区的课程未必适当。

华中敌后抗日根据地盐阜区、苏中区初级小学课程设置如下：

地区	年级	公民训练	国语	常识	算术	唱游		劳作		周教学时间总计	抗战建国活动
						体育	音乐	美术	劳作		
盐阜区	一	60	360	210	90	180		150		1 050	180
	二	60	360	210	120	180		150		1 080	180
	三	60	360	240	180	90		90		1 020	210
	四	60	360	240	180	120		60		1 020	210
苏中区	一	60	300	180	60	180		150		930	240
	二	60	300	180	120	180		150		990	240
	三	60	300	210	150	120	90	60	90	1 080	300
	四	60	300	210	150	120	90	60	90	1 080	300

盐阜区与苏中区初级小学课程设置，同陕甘宁边区及华北各敌后抗日根据地相比，有公民训练的设置，且列为首要学科，把抗战建国活动列入教学计划，但未计入周学时，课业负担量大致与其他地区相当。华中敌后抗日根据地的开辟比山东区还晚一些，1941—1943 年间虽然同北方根据地一样处在困难时期，但总的形势比华北区好一些，原有文化基础较好，课程设置的正规化程度不高，对于该地区来说，还属可行。

苏中区确立课程设置三原则，即：1. 一切以适应建国及当地实际的需要为基础；2. 减少繁杂、重复的功课与教材，各科注重少而精，务使儿童负担不致过重，酌量减少室内活动，多予儿童自动学习、休息娱乐及抗战建国活动的时间。实际上这是各抗日根据地普遍适用的课程设置原则。

二

高级小学课程设置的原则与初级小学相同。各根据地高级小学课程设置如下（其中陕甘宁边区 1938 年、1939 年课程及晋察冀边区以节为单位，其余以分钟为单位计算，各地高级小学一、二年级课程设置相同，以下所列，为其中一个年级的课程）：

地区	学时\时间	国语	政治	历史	地理	自然	算术	美术	工艺	体育	音乐	卫生（公民）	周学时总计
陕甘宁边区	1938 年	9	4	2	2	3	4	1	1	5	2	（周会）1	34
	1939 年	12	4	2	2	2	5	2	2	6	2		39
	1941 年	390	120	90	90	120	180	90		180	90	60	1 410
晋察冀边区		7	不清	2	2	2	不清	2		2	2		
晋冀鲁豫边区		300		300		150	250	50	100	100	50	100	1 400
山东区		300	150	200		150	250	100		90	90		1 330
盐阜区		360		210		150	210	90	60	90	90	90	1 350
苏中区		300		180		120	180	60	90	150	90	60	1 230

注：社会含历史、地理；劳作含美术、工艺；唱歌含体育、音乐。

这里可以看出。

1. 陕甘宁边区一直开设政治常识课，而其余地区，有的以公民训练代替（盐阜区、苏中区），晋冀鲁豫边区称为"卫生（公民）"，还有一些地区未设政治课或公民训练。

2. 陕甘宁边区学时最多，学科分化最细，晋冀鲁豫边区课程设置同陕甘宁边区（1941 年）最为接近，即正规化程度最高，苏中区文化基础最好，其课程设置中，教学时数最少，表明他们在课程设计中多少顾及游击战争环境。

三

陕甘宁边区 1944 年群众教育改革后，小学课程尤其是初级小学的课程，同原有课程相比，简直是面目全非。这是由于高级小学向带有干部教育性质的方向转化、公立初级小学向"民办公助"的体制转化。在陕甘宁边区，初级小学课程标准，只有如下三点起码的规定，即：1. 学会 1500 字以上，能读《群众报》，学会四则运算；2. 具有初步卫生常识与政治常识；3. 养成劳动习惯。如此而已。

在冀鲁豫边区，从 1945 年开始的课程设置是：

初级小学：国文（占35%）、算术（占15%，只学到乘法表，连除法都未作要求）、家事、劳动（合占50%）。

高级小学：国文（以应用文为主，占25%）、社会常识（占20%）、算术（15%）、劳动或社会活动（30%）。

中学、师范学校：边区建设（20%）、政治常识（20%）、国文（应用文，10%）、算术（合作社会计，10%）、历史、地理（合占5%）、自然（5%）、生产常识（5%）、医药常识（5%）、劳动及社会活动（20%）。其中，中学课程中国文只占10%，而师范中未设教育学科。

值得注意的是，山东胶东区于抗日全面反攻开始（1945年9月）的课程设置，同当时普遍风行的中学课程颇异其趣。胶东区初级中学课程设置如下：

学科 学时 年级	公民	国语	数学	历史	地理	生物	化学	物理	英文	音乐	体育	美术	劳作	军事	周学时总计
一年级	6	5	4	2	2	2			3	2	1	1	1	1	30
二年级	6	5	4	2	2	2	2		3	2	1	1	1	1	32
三年级	6	5	4	2	2			3	3	1	1	1	1	1	30

这一课程设置比前面提到的胶东区1942年的课程设置还要正规，对于在中共中央倡导下陕甘宁边区1943年以后中等学校课程改革的信息，全无反响。据山东省教育当局后来提供的信息，胶东区1944—1945年间，在初等教育改革方面也持谨慎态度，因而避免过头改革造成的损失。这种情况在当时较为罕见。

四

撇开学科内容不谈，只就学科门类和教学时数而论，上述各种课程设置，哪一种更适当，固然应以当时社会需要而定，如就其可行性而言，至少得考虑教员数量、教员文化素养、课本供应情况，以及学生在实际上能有多少时间用于学习。

1. 教员数量：

按照山东区在1941年7月提出的配置教员的原则，初级小学（1—4年级）平均每班有教员1人，高级小学每班配置教员1.5人，中学每班4人。初级小学以平均每班有学生30人计，高级小学平均每班学生45人，中学也是平均每班45人，对于当时的课程设置来说，这是配置教员的最低标准。

初级小学基本情况是：

数字 项目 地区	学校数	学生数	平均每所学校学生数	班级估计	教师数	平均每校教员数	统计时间
冀中区（晋察冀边区）	3 597	417 993	116	3	6 730	1.87	1941 年 8 月
太岳区（晋冀鲁豫边区）	2 397	73 327	30	1	2 628	1.1	1942 年

　　冀中区可作为华北平原地区代表，太岳区则为山区代表。山区平均每所学校只有 30 名学生，1.1 名教员，意味着大都为单班学校，只能实行单班教学（即由一个教师对不同年级学生同时分别进行教学），冀中区也是平均每班不到教员 1 人，并不都进行复式教学。

　　高级小学的情况是：

数字 项目 地区	学校数	学生数	平均每所学校学生数	班级估计	教师数	平均每校教员数	统计时间
冀中区	290	36 060	124	2—3	976	3.3	1941 年 8 月
太岳区	45	3 023	67	1—2	173	3.8	1942 年

　　山区生源不足，故文化较为落后的太岳区教员比例反比文化较为发达的冀中区高。这两个地区高级小学教员比例均高于山东区配置高级小学教员的标准。

　　初级小学与高级小学混合统计的情况是：

数字 项目 地区	学校数	学生数	平均每所学校学生数	班级估计	教师数	平均每校教员数	统计时间
陕甘宁边区	902	26 911	29.8	1	1 114	1.2	1940 年
冀中区	3 887	454 053	116.8	2—3	7 706	2	1941 年 8 月
太岳区	2 442	76 350	31.3	1	28 01	1.1	1942 年
山东区	9 410	428 678	45.6	1—2	12 781	1.4	1941 年 7 月
盐阜区	950	44 077	46.4	1—2	1 466	1.5	1943 年

　　上述统计表明，平原地区（如冀中区、盐阜区）初级小学大致平均每校有 1.5

个教员，有1—3个班，尚不足每个班级1名教员，山区与高原地带，大都属于单班学校，平均每校（班）有1名多教员，实行单班或复式教学。在1944年以前，即使是课程最为精简的山东区，开设4门学科，得由1名教员对1—2个班级进行4门学科的复式教学，每周教学时间为1 080分钟，以平均每节课30分钟计算，折合为30节课，即每天上满5节课，还得兼做校务管理与社会教育工作。

中学的情况是：

项目 数字 地区	学校数	学生数	平均每所学校学生数	每校班级估计	教职员数	平均每校教职员数	统计时间
陕甘宁边区	10	1 828	183	4	209	21	1942年
盐阜区	9	1 200	133	2	95	10.5	1942年

从表面上看来，教职员比例较大。实际上职员比例甚大，教员人数依然有限。如陕甘宁边区师范学校，在1940年9月—1941年1月这一学期中，有4个班级，共有教职员57人，其中教员只有14人。平均每个班级只有教员3.5人，如按照陕甘宁边区1942年的统一课程设置，共有14门学科，平均每个教员同时对4个班级各教一门学科，而1942年师范学校课程共列19门学科，这样，教员更加不足。

2. 教员文化素养：

即使有足够数量的教员，教员是否称职同课程的实施也有一定关系。能力强的教员或多或少还能弥补教员数量不足的缺陷，因教员不称职而使某些学科无法开设，是根据地常有的现象。因此，许多根据地在1942年前后做过检定教员的工作。通过检定教员，在一定程度上改善了教员队伍的学历构成。

陕甘宁边区初级小学教员的学历构成，在1938年7月对515名教员统计的结果是：

学历 数字 项目	师范毕业	师范肄业	中学毕业	中学肄业	高小毕业	高小肄业	初小毕业	初小肄业	鲁迅师范毕业	私塾学生	秀才	总计
人数	12	11	27	30	245	53	26	32	18	48	13	515
百分比	2.33	2.14	5.24	5.83	47.57	10.29	5.05	6.21	3.5	9.32	2.52	100

当时鲁迅师范修业时间不到 1 年，学生文化水平参差不齐，水平较高者大抵相当于初中肄业；私塾生文化水平也不一致，语文、珠算水平高者，可相当于中学生，其科学知识水平较低，一般把私塾生归入初小程度统计项目，把师范肄业、中学肄业列入初中项目。为便于比较，且把上述统计加以简化并与 1940 年 8 月、1941 年 7 月的统计比较：

数字统计人数\学科时间	学生人数	初级小学、私塾		高级小学		初级中学、简易师范		高级中学及以上学校		其他	
		人数	百分比	人数	百分比	人数	百分比	人数	百分比	人数	百分比
1938 年 7 月	515	106	20.6%	298	57.9%	59	11.5%	39	7.6%	13	2.5%
1940 年 8 月	845			438	51.8%	213	25.2%			194	23%
1941 年 7 月	1 284	181	14.1%	740	57.6%	221	17.2%	135	10.5%	7	0.5%

（1940 年 8 月统计中，列入"其他"栏中为"老先生和其他不曾正式上过学校"的教员，当指塾师、秀才、自学成才者）。从以上统计可以看出，从 1938 年到 1941 年，初级小学、私塾程度的教员从 20.6% 下降为 14.1%，高级小学程度的百分比基本未变，初中以上文化程度的百分比有所提高，小学教员中有一半以上属于高级小学程度，或者说，71.7% 的小学教员只有小学毕业的程度。

华北各敌后抗日根据地小学教员的学历构成，同陕甘宁边区（1941 年 7 月）比较如下：

百分比统计人数\学历地区	人数	初级小学、私塾	高级小学	初级中学、简易师范	高级中学及以上学校	其他	统计时间
陕甘宁边区	1 284	14.1%	57.6%	17.2%	10.5%	0.5%	1941 年 7 月
冀中区（晋察冀边区）			50.0%	35.0%	10.0%	5%	1942 年
北岳区（晋察冀边区）			50.6%	25.1%		24%	1942 年
太岳区（晋冀鲁豫边区）	1 013	14.8%	65.3%	12.13%	7.3%		1942 年

百分比 统计人数 地区	学历	初级小学、私塾	高级小学	初级中学、简易师范	高级中学及以上学校	其他	统计时间
太北区（晋冀鲁豫边区）	526	11.98% （63 人）	67.49% （355 人）	17.11% （90 人）	3.42% （18 人）		1940 年
滨海区 （山东区）	409 （7 县）	34.72% （142 人）	37.41% （153 人）	26.16% （107 人）	1.71% （7 人）		1942 年

晋绥边区小学教员学历构成尚未见到全面统计。其中偏关等 6 县在 1942 年检定小学教员前，有中学以上文化程度的教员 72 人，检定后增加到 121 人；原有高级小学以下文化程度的教员 335 人，精简后减少到 203 人。北岳区统计中列入"其他"栏目中的教员比例占 24%，大抵指私塾、初小程度的教员，冀中区也是如此。总的看来，冀中平原地区中学程度教员在教员学历构成中所占的比例最大（45%），其他根据地小学程度的教员约占教员总数 80%。

陕甘宁边区完全小学教员（包括校长）学历构成 1942 年如下：

学历	边区中等学校肄业或毕业	旧师范毕业或肄业	旧中学毕业或肄业	大学以上文化程度	高级小学以下文化程度	不明	秀才	合计
教员数	147	94	139	8	46	3	2	439
百分比	33.49%	21.41%	31.66%	1.82%	10.48%	0.68%	0.46%	100%

以上统计表明，完全小学教员，具有小学毕业以上文化程度者占 88.38%。

就陕甘宁边区 1941 年—1942 年小学教育状况来说，实际上是由一个基本上只具备小学文化程度的教员承担 1—2 个年级各 7 门学科的教学，显然是难以胜任的，其他根据地情况大体与此相似；完全小学教员数量略多一些，教员基本上具有中学文化程度，由 1—2 名教员同时教 1—2 个班级各 10 门学科，负担也嫌过重。

关于中学教员的学历构成，尚缺乏系统的统计资料。

3. 课本的供应：

即使有足够数量的称职教员，没有足够的、配套的课本供应，课程设置也难以落实。当时人们往往把师资、经费和课本视为普及教育的"三要件"。许多根据地都建立教材编审委员会，大力编辑课本，由于在陕甘宁边区、晋绥边区等地小学课本免费供应，所需费用甚多，故课本常常供应不上。据陕甘宁边区1941 年反映：小学课本缺乏，是根据地面临的一个"最大困难"。乱念，越册，四五个人共读一本书，先生写、学生抄的现象严重存在。《三字经》、《复兴课本》与新编课本并存，在庆阳县竟有三分之一小学生读旧书。陕甘宁边区在1942 年出版了全套初级小学国语常识合编课本（第 1—6 册）及算术课本（1—6 册），分别印 67 000 册、52 000 册。这个数字同 1941 年初小学生 43 325 人相比，课本供应矛盾依然很大。按照当时三年制初级小学课本需求量计算，例如小学算术，每人一套，43 325 名学生共需算术课本近 26 万册，即使重复利用旧课本，缺口依然很大。

太岳区在 1942 年共有初小学生 73 327 人，当年供应的课本只有 4 000 册（不同年级的各种课本），即使加上以前编印的、可重复利用的课本，还远远不敷使用。沁源县完全用课本的小学占 64 所，占该县小学总数 80%，安泽县 1942年共发课本 2 436 本，平均每个学生有 2 本，棉上县完全用新课本的小学占小学总数 80%，沁县只占 51%。这些都还属于较好的情况。

4. 学生学习时间：

各根据地还存在一个甚至比以上各个问题更难解决的问题，是儿童学习时间问题。这是因为农业劳动生产率过低，而北方农村劳动力缺乏，需要儿童承担相当大的一部分家庭生产劳动与家务劳动，学科门类过多、学时过多，使儿童难以兼顾家庭劳动，这样的课程设置就难以被群众接受。

由于以上种种情况，正规课程在实践上难以完全兑现。太岳区于 1942 年对5 个工作基础较好地区调查的结果，按课程表上课的学校数目是：

县别	沁源	安泽	沁县	棉上	赵城
按课程表上课的学校数	45	18	59	89	95
以上学校占该县学校总数的百分比	58.2%	33.5%	30.3%	68.7%	95.9%

达不到上述比例的县份，可以说比比皆是。

加上日军"扫荡"和灾荒等引起的社会动荡，使正规课程设置在昙花一现之后，终究为非正规课程所代替。但不能证明在环境较为稳定、师资设备条件较好、儿童有可能入全日制学校学习的地区的学校不宜设置正规课程。

中学课程比较

抗日战争初期，各根据地中学大都改为干部学校或主要承担干部培养，并且主要是军事政治干部的职能（个别地区例外）。大致到 1941 年以后，才开始转变中学教育的职能。各根据地的中学，大都尚处在初级中学阶段，部分地区有高级中学或中学高年级，所以，这里着重研究初级中学课程问题。

一

陕甘宁边区在 1942 年 9 月以前，各中等学校课程不统一，故以中学实际实施的课程为代表。1942 年 9 月，正式规定统一的中学课程。1942 年《中学规程》中确定的课程设置，可算是根据地中学课程正规化的样本。

陕甘宁边区在 1938－1942 年间中学课程变化如下：

学校学年级学时学科	陕甘宁边区中学（1938－1939）		陇东中学（1940—1941）		陕甘宁边区中学课程设置（1942 年 8 月起）		
	一年级	二年级	一年级	二年级	一年级	二年级	三年级
公民	3	3	2	1/10	2	2	2
国文	7	6	6	6/5	6	6	6
外国语					4	4	4
数学	5	4	5	5	4	5	5
历史	3	3	2	2	2	2	2
地理	2	2	2	2	2	2	2
自然 动物植物物理化学	3	3	3	3	4	3	3

学校 学年级 学时 学科	陕甘宁边区中学 (1938-1939)		陇东中学 (1940—1941)		陕甘宁边区中学课程设置 (1942 年 8 月起)		
	一年级	二年级	一年级	二年级	一年级	二年级	三年级
生理卫生			1	1	1	1	1
美术	2	2	1	1	1	1	1
音乐	2	2	1	1	2	2	2
军事训练	3	3			2	2	2
每周教学时数	32	30	28	28/26	26	30	30
备注	加新文字 2 节	加新文字 2 节	加社会 3 节、新文字 1 节、体育 1 节	加社会 3 节、新文字 2 节、体育 1 节	体育劳作列为必要活动，另有周会一节，各年级每周自习 17 节，亦列入计划。		

1942 年统一的中学课程，较之以往课程的变化，主要是：增设外国语，把自然学科分化为动物、植物、物理、化学，把体育、劳作列为课外必要活动，确定每周自习时数，规定每天学习 8 小时，包括上课与自学，不包括课外活动。整个课程设置体现"学习第一"精神。

华北各敌后抗日根据地，中学恢复与重建的时间比陕甘宁边区晚一些。中学正规化以后，因处在动荡的环境中，多数根据地尚未发布统一的课程设置，正规课程的实施为时短暂。

华北山东区（胶东区）与华中盐阜区、苏中区初中课程设置如下：

地域 学年级 学时 学科		山东（胶东区）			华中盐阜区			华中苏中区		
		一年级	二年级	三年级	一年级	二年级	三年级	一年级	二年级	三年级
公民	政治	5	5	5						
	公民				2	2	2	2	2	2
国语		4	3	3	5	5	5	5	5	5
数学		5	5	5	5	5	5	5	5	5

学科		山东（胶东区）一年级	二年级	三年级	华中盐阜区 一年级	二年级	三年级	华中苏中区 一年级	二年级	三年级
自然	植物		2	2	3/0			3		
	动物				0/3					
	物理		2			0/3	3			3
	化学			2			3			3
史地	本国历史	2	2/0		3	3		4	4	4
	外国历史						2			
	本国地理		0/2	2	3	3				
	外国地理						2			
生理		2			1					
音乐		2	1	1	1	1	1	2	2	2
美术		1	1		1	1	1	2	2	2
体育					3	3	3	2	2	2
劳作					1	1	1	2	2	2
周学时总数		24	24	24	31	30/33	30	30	30	30
备注		另有一年级新文字1节；外国语二年级2节，三年级3节；军事一年级2节，二、三年级1节			另设选修科目，一、二年级各3节，三年级5节			另有英文每年级3节		

这三种课程设置，山东区较为精简，盐阜区中学课程正规化程度最高，不但把自然学科分化为植物、动物、物理、化学4科，而且把历史、地理学科划分为本国历史、本国地理、外国历史、外国地理4科，并设选修课，学科分化程度超过陕甘宁边区1942年的课程设置。就学科分化程度来说，几乎只有人民共和国时期1956—1957学年度的课程设置堪与之相比。

二

在根据地，公立中学高年级或高级中学为数不多。陕甘宁边区与华北根据地的中学教育大都还来不及办到高中阶段，或者学生中途退学参加工作，或者学校转向。

高级中学课程比较如下：

学时\学科\年级\地区	政治		国语	外国语	历史		地理		数学	生物学	物理	化学	哲学	音乐	美术	军事训练	劳作	周学时总计
	社会科学	公民			本国历史	外国历史	本国地理	外国地理										
陕甘宁边区 一年级	3		6	4	2		2		4	4	4			1	1	1		32
二年级			6	4	3		2		4			4	3	1	1	1		29
盐阜区 一年级	2		5	5	3				4	4				1	1	2	1	29
二年级	2		5	5/4	3/0	0/2	0/3		4			6		1	1	2	1	31/32
三年级			4	4			2	3/0	4		6			1/0	1	1	1/0	28/23
苏中区 一年级		2	5	4			4		5	4				1	1		2	30
二年级		2	5	4			4		5			5		1	1		2	31
三年级		2	5	4	4				5		5			1	1		2	31
备注	陕甘宁边区有周会1节，体育、劳作为课外必要活动；盐阜区另有体育，各学年均为1节；苏中区另有体育，各学年均为2节																	

高级中学学科分化也以盐阜区为最。

由此可见，根据地初级中学与高级中学课程设置各为一个循环。这是因为根据地学生往往读不到升高中时就中途退学。山东区甚至主张每一学年自成循环，以便于学生读满一学年就可参加工作。山东区的课程中虽然学科分化程度不高，但并未体现出每一学年课程形成一个独立循环的精神。不过，真的那样做，对留校继续学习的学生，就不免产生学习内容重复过多的现象。

三

北方各根据地在1941—1942年间设置的中小学课程，真正付诸实行的，实际上多则二年，少则不到一年。不仅由于客观情势的变化，而且在整风运动推到基层以后，人们的课程观念也发生变化。新一轮的改革大抵受干部教育改革的直接推动，从中学开始，在1944年教育改革高潮中，推及小学。

陕甘宁边区从1943年初开始，召开长达近四个月的中等教育整学会议（1月29日—5月21日）。在整学会议中《中学暂行规程》成了众矢之的。其实，《中学暂行规程》从1942年8月出台到1943年1月整学会议召开，只通行相当于整学会议的时间，尚不到一个学期。经过整学会议，局部改革逐步涌现。到1944

年 7 月，新的课程改革方案正式出台。

1944 年 7 月，中共中央西北局与陕甘宁边区政府教育厅，按照"实际、精简、集中、连贯"的原则，重新确定了三年制中学（基本上为初级中学）的课程设置。

新设置的课程是：①

学科 \ 学年 \ 教学时数		边区建设	政治常识	国文	数学	史地	自然	生产知识	医药知识	周教学时数
第一学年	第一学期	4		5	4	3	3			19
	第二学期	4		5	4	3	3			19
第二学年	第一学期	4		5	4	3	3			19
	第二学期	3		5	4	3	3			18
第三学年	第一学期	3	4	3				3	3	16
	第二学期	3	4	3				3	3	16

这一课程设置，同陕甘宁边区 1942 年 8 月的课程相比，把学科门类从 14 门降为 8 门，而同一年级的学科不超过 5 门，周学时从 30 学时降为 16—19 学时。更不用说学科内容本身的变化，以及不再规定最低限度的自习时间。学科内容中特别强调新开设的"边区建设"学科，其次是注意生产知识与医药知识。"边区建设"带有政治课的属性，又不全是政治课，它是有关陕甘宁边区建设实际问题的课程。不过，实际上讲授边区方针、政策的内容居多。

这是一种适应当时根据地环境的新的课程类型，既有别于正规课程设置，又比抗日战争初期鲁迅师范学校的课程正规一些，但普通文化基础知识方面的学科和学时总数，还不及 1938—1939 年间陕甘宁边区中学的课程设置。

这一中学课程改革方案，几乎成为当时所有各个主要根据地中学课程改革的样板。不过，实行不久，其狭隘性就显示出来。尽管如此，它对抗日战争后期、人民解放战争初期各根据地课程改革的影响甚大。

---

① 《中共中央西北局宣传部、边区教育厅拟定中等学校课程》、《陕甘宁边区教育资料（中等教育部分）》上册，第 101 页。

教育与生产劳动结合的制度与方法比较

我国革命根据地早在土地革命战争时期就形成教育与生产劳动结合的传统。抗日根据地的教育同苏区教育有共同背景，即都处在经济文化基础薄弱的农村环境中，需要改变落后的生产面貌，支持长期战争，而又不能不改善人民生活、减轻人民负担，还需以生产劳动为媒介，建立知识分子与群众的联系。如果说苏区或多或少存在机械搬用苏联经验的倾向，那么抗日根据地教育和生产劳动关系的处理，更加自觉地从根据地的需要与实际条件出发。

根据地教育同生产劳动结合的课题，范围相当广泛，不仅涉及培养目标、教育内容与方法，而且牵涉到办学道路、学校制度问题。

陕甘宁边区 1938—1946 年间，内部环境比苏区稳定得多。然而这个地区山地占 80%，村庄分散，人口密度甚低，文盲比例极大，耕作粗放，经济文化基础比过去南方苏区落后得多。加之 1939 年以后，日军与国民政府军队加紧对边区封锁，边区财政供给相当困难。至于敌后抗日根据地，其中许多地区（主要是华北、华中平原地区）原有经济、文化条件比陕甘宁边区优越得多。然而那里环境远不如陕甘宁边区稳定，由日军"扫荡"与国民政府军队摩擦所造成的经济困难及其他各方面的困难，远比陕甘宁边区大得多。

惟其如此，根据地实行教育和生产劳动结合的过程，同大生产运动的进程关系最为密切。大生产运动发端于陕甘宁边区，从 1943 年起，在各敌后抗日根据地遍地开花。所以在 1937—1942 年间学校开展生产运动，当以陕甘宁边区为代表。然而，陕甘宁边区在 1939—1942 年间大生产运动越来越向纵深发展之际，正是该边区学校正规化步步升级之时，不可避免地导致教育与生产劳动矛盾的发生。就干部学校与中等学校来说，存在学习时间与劳动时间的矛盾；由于根据地地广人稀，劳动力严重缺乏，学龄儿童被视为半劳动力，这个矛盾在小学教育中更为尖锐。结果导致对所谓"旧型正规化"教育的否定，孕育出1943—1944年的教育改革。由此可见，根据地教育与生产劳动结合的实践。既同严重的财政困难及克服财政困难的大生产运动的实际进程有关，也同教育改革价值取向有关。前者是在迫不得已情况下的选择，后者则是从不自觉到自觉的过程。

一

抗战初期，迫切需要大批干部参加抗日根据地的开辟，在陕甘宁边区一时呈现干部学校、中等学校林立的景象。劳动建校揭开了根据地教育与生产劳动结合的序幕，从1939年开始展开的大生产运动，促进根据地把建校劳动转变为经常性的劳动。

边区各个干部学校，几乎都是劳动起家，由学生自己动手挖窑洞，修建校舍。例如中国人民抗日军政大学第三期学生就挖170个窑洞，还种菜、喂猪、养鸡、开办合作社等。①

鲁迅师范师生在马家堡打了12孔窑，只雇一名窑工指导，都是自己动手创建校舍。到1939年开始生产，从3月开始，开荒600亩，种2 000亩麻籽，还参加校外劳动，帮助群众收庄稼。② 1939年7月，鲁迅师范与边区中学合并，成立边区师范。边区师范在最初一年中，也发动学生自己打窑洞，锄草2 000亩，开荒1 200亩。③

边区大生产运动从1938年开始，首先在边区留守部队中实行。起初以改善生活为目标。1939年2月，中共中央召开生产动员大会，号召"自己动手，生产自给"，把留守部队的经验，向全军以及所有机关、学校推广，把以改善生活目标的生产运动发展为以生产自给为目标的生产运动。1940年冬，财政更加拮据，中共中央于1941年进一步提出"由半自给过渡到全自给"的方针。

1940年冬以后，大生产运动从半自给转向完全自给。当时边区生产自给委员会按照自给程度，把各单位分为甲、乙、丙、丁四类。边区一般中等学校归入丙类，即按人数每人付给资金5元，1941年下半年平均每人生产盈利15元，相当于个人的菜金；绥德师范与米脂中学刚接收不久，尚待改造，故归入丁类。即不分配生产任务，不发生产资金，自行计划生产，所得收入用作改善本校师

---

① 抗大动员社：《抗大的生产劳动》，《陕甘宁边区教育资料（高等教育和干部学校部分）》上册，第173页。

② 林迪生：《鲁迅师范关中时期简史》、《陕甘宁边区教育资料（中等教育部分）》下册，第62页。

③ 柳湜：《边区中等教育发展情况》，《陕甘宁边区教育资料（中等教育部分）》上册，第42页。

生生活。并规定各校在"不亏公、不妨碍学习、不把生产任务转嫁给群众"的原则下尽可能超额完成生产任务。①

边区政府教育厅从一开始就注意到使小学生一面学习、一面适当参加生产劳动。1938 年采取的措施是：

1. 初级小学与高级小学每周各设一节劳动课。其内容为"让学生多动手做。如日常用具制造和军用具（如枪炮、飞机）模型之仿制等"。

2. 每周有 2 小时劳动，如种瓜种菜。

3. 每周星期六下午不上课，全体学生去为抗日军人家属服务。②

1939 年 2 月生产动员大会以后，按照当时规定，15 岁以下的儿童不承担生产自给的任务，但小学生仍需参加生产劳动。当时每个小学都种地，并依据具体条件，从事手工业、畜牧业生产，参加打毛线、养鸡、养牛等。土地来源主要是开荒，或与附近群众协商办理。当年下半年布置教员每人开荒三垧；同时发动学生到群众中宣传生产运动。③ 此外，对于家庭劳动力少的学生，在农忙时间，允许他们回家劳动，但不得超过 10 天。

1942 年边区政府教育厅颁布的《陕甘宁边区暂行中学规程（草案）》中，有如下规定：

1. 中学学生除学业进修外，应积极参加生产劳动，凡校内整理清洁、卫生、消防及种菜、修路、造林、水利、畜牧、工业、社会辅导等项，皆须分配担任；学校事务人员须减至最低限度。

2. 中学的生产劳动，一般应于课外进行，不得已而占课内时间，一年中最多不得超过 40 日。

3. 中学的生产劳动，以实施劳动教育、养成学生劳动习惯为主，以利用生产所得，充实学校生产设备、积蓄学校基金、改善生产为辅。④

由于当时谋求教育工作正规化，故在实施中不免发生教育与生产劳动的矛盾。

按照当时中学的课程设置，初级中学每周授课 30 小时，高级中学第一学年32 小时，第二学年 29 小时。如果生产劳动"一般应于课外进行"，那么，丙类

---

① 边区政府教育厅、生产自给委员会：《关于生产自给给各中等学校和剧团的信》，《陕甘宁边区教育资料（中等教育部分）》上册，第 8—9 页。

② 周杨等：《边区国防教育的方针与实施办法》，《陕甘宁边区教育资料（教育方针政策部分）》上册，第 5 页。

③ 《1939 年上半年小学教育总结》，《陕甘宁边区教育资料（小学教育部分）》上册，第 46 页。

④ 陕甘宁边区教育厅：《陕甘宁边区暂行中学规程（草案）》，《陕甘宁边区教育资料（中等教育部分）》上册，第 30 页。

单位（中学）实行菜金自给并参加修路、造林、水利、畜牧等劳动，事实上有困难。

1943 年以后，批评过去中等教育中的"正规化"倾向，特别批评过去存在理论脱离实际的毛病。主要问题是过去中等教育或多或少带有普通教育性质，培养对象以高小毕业生为主，对在职干部的教育重视不够；课程与教材偏重基本文化科学知识，忽视边区急需的实际知识与技能。如动物学中讲袋鼠、鲸鱼，大西北的学生未见过，又无挂图、标本，弄不懂；师范班讲代数，在小学教学中用不着等。至于合并小学导致学校数、学生数锐减，就学与家庭生产的矛盾，在 1944 年也受到相当尖锐的批评。

当然，根据地领导也注意到教育时间与劳动时间的矛盾。

1942 年 12 月，毛泽东在陕甘宁边区高级干部会议上提出生产与教育不可偏废，建议各单位精密地计算二者的工作及其相互间的配合，恰当地分配二者的时间。① 此后，一面致力于中等学校与小学学校制度与课程的改革，使学校制度与课程适合战时农村生产环境；一面采取补救措施，解决学习时间与劳动时间的矛盾。

以延安大学为例。该校在 1944 年 5 月改组后，重新拟定了教育方针与教育方案。在教育方针中，列入实行教育与生产结合，以有组织的劳动培养学员的建设精神、劳动习惯与劳动观点；在学校制度中，规定教职员与学员均得参加经常性的生产劳动，学习时间占 80%，生产时间占 20%（教职员酌情减少）；在课程设置中，公共必修课占 30%，院系专业课占 70%；在专业课中，理论政策课占 30%，业务知识、技术课占 70%；教学方法学用一致，即在学的过程中做，在做的过程中学。② 可见在承担生产任务条件下，仍坚持以学习为主，在学习中兼顾文化、政策与专业学习。

延安大学在 1944 年 5 月改组后，全校有学员 1 302 人，教员 43 人，职员 532 人，合计 1 877 人，另有家属（包括儿童）247 人。③ 其中承担生产任务的有 1 663 人。在农业方面，耕种土地 3 458.83 亩，计划产粮 500 石（每石 10 斗，每斗 30 斤），种菜 870 000 斤；工业以纺线为主；副业包括金、银、磨坊、豆腐坊、屠宰坊、商业等。生产组织采取合作制度。成立农业合作社（参加者 136 人）与手工业合作社（参加者 1 527 人）。合作社社员分基本社员与业务社员。

---

① 毛泽东：《经济问题和财政问题》，《毛泽东选集》第 5 卷，华中新华书店 1946 年版，第 133–134 页。

② 《延安大学教育方针暂行方案》，《陕甘宁边区教育资料（高等教育和干部学校部分）》下册，第 145–150 页。

③ 《延安大学概况》，《陕甘宁边区教育资料（高等教育和干部学校部分）》下册，第 158 页。

基本社员系指学员中自愿脱离学习参加定期集中生产的部分社员。实行三七分红制度，即以毛利扣除消耗后的15%为扩大生产基金，余数公家分得70%，个人分得30%。在1943年12月—1944年5月间，由财政厅发给的经费为33 487 780元，占学校开支的34.35%，生产自给所得为63 996 200元，占65.64%。①

1944年5月—12月生产任务及时间分配如下：②

生产任务承担者	生产任务	1944年5月—12月劳动时间	每日劳动时间
工业合作社业务社员	0.4 石	200 时	1 小时
	0.6333 石	300 时	1 小时半
	1.05 石	400 时	2 小时
	1.3167 石	500 时	2 小时半
	1.95 石	600 时	3 小时
工业合作社基本社员	6.45 石		6 小时
农业合作社基本社员	10.00 石		8 小时

可见，除基本社员外，其余社员都以学习或工作为主。此外，该校教员仅43人，职员多达532人，为教员人数10倍以上。职员中有一般职员216人，生产人员103人，杂务人员213人。职员承担了相当多的生产任务。③

机关在职干部与干部学校师生一面学习、一面参加生产劳动，不仅在经济上渡过了难关，使学习与工作得以维持，并改善了生活，而且使大家经受了劳动的洗礼。

延安大学在工作总结中谈到，学校开展生产运动更重要的收获是使知识分子与青年学生在生产劳动的体验中领会了"劳动创造一切"的真理，开始转变了"不劳而获"的意识，并养成实事求是的工作作风。

改革后的中等学校，由于列入干部教育范围，地位提高了，但它又不同于一般干部学校，教育经费（包括经常费与临时费）均由财政厅统一发给。经常费中包括办公费、杂支费、伙食费、服装费等，教员、学生的伙食、服装等基本上由公家供给。④学校师生仍然参加生产。通过生产帮助解决学校经费上的部

---

① 《陕甘宁边区教育资料（高等教育和干部学校部分）》下册，第174－175页。
② 《延安大学概况》，《陕甘宁边区教育资料（高等教育和干部学校部分）》下册，第175页。
③ 《陕甘宁边区教育资料（高等教育和干部学校部分）》下册，第158页。
④ 《陕甘宁边区的中等教育概况》，《陕甘宁边区教育资料（中等教育部分）》上册，第104－105页。

分开支，减少政府财政支出，减轻人民负担；更主要的是使学生养成劳动观念，获得生产劳动的知识与技能以及锻炼身体。1943 年延安师范种地 18 亩，收获 190 000 多斤，种谷子、荞麦、麻籽等 96 亩，收获 61 石，合细粮 46 石，打窑洞、烧木炭、临时流动生产等收入 180 000—190 000 元。① 改革后由于生产自给任务大大减轻，学生每人参加生产劳动的时间，约在 20 天至一个月之间。②

改革后，高级小学属于干部学校范畴，初级小学以民办村学为主。民办村学在学制、课程、教材与教学组织方面，一般根据群众的需要与自愿而定。即由群众自己主持，采取适合农村需要的课程与教材，在不妨碍生产、有利于生产的前提下，办适合农民要求的学校。

不过，在 1944 年改革中，针对 1943 年以前忽视学生生产劳动的缺点而采取的措施，亦有过头之处。针对这一情况，1945 年春又作了一些调整。1945 年 3 月 5 日（4 月 15 日）绥德专员公署指出：生产教育是新教育下的重要组成部分，仍要继续进行。但 1944 年上半年在学校开展生产运动有过火之处需加纠正。进行生产主要为了训练劳动习惯、劳动观点，经济收获是附带目的，也是劳动教育必然产生的结果。提出学生的生产劳动教育按以下原则进行：1. 不妨碍学习；2. 与家庭生产结合，不能因学校进行生产而妨碍家庭生产，二者须相照顾；3. 不能妨碍儿童的身心发育；4. 一方为公，一方为私，对能分红东西要三七分红（公三私七）。生产任务分为：1. 蔬菜自给；2. 能用学生劳力完成的简单修补；3. 解决课本费或部分文具费；4. 灯油及冬季烤火费。至于各需完成多少，自己审查生产条件，自行规定。对于女生要教会全套针线，准许把家庭针线活带到学校去做。完全小学及公立小学教员生产任务定为三斗，十分之三交公，十分之七归私。有娃娃的女教员、病者、老者、工作太忙者，生产任务酌情减免。③

至于社会教育，原来就不脱离生产的，整风后基本上按照小学教育的原则办理。

二

华北敌后抗日根据地同陕甘宁边区环境有别。陕甘宁边区在 1939 年就开展大生产运动，华北敌后抗日根据地到 1943 年才开展大生产运动。1944 年把大生

---

① 《陕甘宁边区的中等教育概况》，《陕甘宁边区教育资料（中等教育部分）》上册，第 114 页
② 同上书，第 104 – 105 页。
③ 绥德分区专员公署：《关于开展 1945 年教育工作的指示》，《陕甘宁边区教育资料（教育方针政策部分）》下册，第 517 页。

产运动作为根据地的中心工作之一。敌后艰苦、复杂的环境使得根据地不得不重视学生的生产劳动，同时使得根据地教育工作正规化程度不得不受到一定限制。惟其如此，华北敌后抗日根据地在实行教育与生产劳动结合方面，有些经验甚至为 1944 年教育改革的先导。

华北敌后抗日根据地实行教育与生产劳动结合的过程大致分为三个阶段：

第一阶段（1938 年—1940 年上半年）。根据地小学教育处于恢复阶段，干部教育勃兴，中小学教育工作尚未步入正轨。日军"扫荡"造成的破坏严重，又加上 1939 年底"晋西事变"造成严重损失，若干地区又发生罕见的水灾、蝗灾，根据地不得不通过劳动建校、劳动复校以及社会服务克服困难。

晋察冀边区所属冀中区 1939 年发生大水灾。为了保护麦收，在 1940 年发动了全民性的"护麦工作周"。为此，各县在麦假开始时，按照学生的年龄，把学生组成代收队、运输队、服务队、拾麦队及岗哨队（代替成年男女自卫队站岗放哨），仅深泽等 13 个县，参加护麦周的中学与小学学生即达 161 607 人，教员 523 人，师生合计 162 130 人。共拔麦、割麦91 886.06 亩，运麦 107 649 斤，打场 4 402 次，送水送饭 4 351 次，相当 3 400 个成年劳动力 10 天的工作量。参加岗哨队的学生共 12 553 人（亦说 11 553），拾麦队共拾麦 349 石。所拾小麦除留一部分作为购学生日用品之用外，其余用来救济贫苦学生及贫苦抗日军人、干部家属。① 北岳区儿童因营养不良，身体发育不及冀中平原儿童，但他们有更早参加生产劳动的习惯。北岳区儿童在 1942 年曾建立儿童林 579 处，植树 357 956 株，建立儿童菜园 179 个，拾粪 488 000 斤。由此，晋察冀边区教育处长曾发出"儿童究竟有多大的生产力"的感叹。②

晋绥边区在 1939 年"晋西事变"时，被阎锡山军队把地方财富掳掠一空。他们骑兵的马甚至把这一带的草吃光了。1940 年人民政权建立时农业劳动力比战前少 1/3，土地产量减少 1/3 以上。在此情况下，不得不组织学生参加生产。有些学生甚至远至数十里以外背炭、运粮。③

晋冀鲁豫边区所属太岳区，在此期间学生一般只参加自我服务性劳动，少数学校组织学生栽花植树。只有青年抗日救国会组织的拾粪等劳动具有生产劳动的意义，而一般学生基于抗日热情参加这类生产活动，并未自觉建立生产劳动观念。该区在 1940 年日军大烧杀以后，学校房屋、教具几乎被破坏殆尽。广

---

① 刘皑风：《加强边区儿童的生产教育》，《老解放区教育工作经验片断》，第 133 页；参见《冀中五年教育的总结》，《晋察冀边区教育资料简编》第 1 册，第 56 – 57 页。后者属原始资料，二者数字出入似应以后者为准。不过不能排除后者重印时发生差错的可能。

② 同上书，第 133 – 134 页。

③ 夏如茵：《晋西北教育建设概况》，《老解放区教育资料（二）》上册，第 166 页。

大教员一反以往对学生劳动的旁观态度，积极组织学生劳动复校。

第二阶段（1940年夏季至1942年）：教育工作走上正轨。把劳动课列入课程，同时适应社会需要开展课外生产劳动活动。

华北各根据地小学劳作课设置比较：

地区	晋察冀边区（北岳区）			晋冀鲁豫边区			山东区		
阶段	低年级	中年级	高年级	低年级	中年级	高年级	低年级	中年级	高年级
周学时节/分钟	2节	2节	不明	150分	100分	100分			100分

可资比较的是陕甘宁边区在1938年的小学课程设置中，各年级都有劳作课1节，1939年因大生产运动初兴，增加为2节，1941年课程设置中取消了各年级劳作课或工艺课。华北各根据地1942年课程设置大都以陕甘宁边区1941年课程为蓝本，但或多或少保持劳作课或工艺课。尽管如此，在此阶段由于谋求教育工作正规化，对学生的生产劳动重视不够。然而，华北各根据地除正规学制以外，还保持适合农村环境、照顾农民家庭劳动的灵活办学形式。如晋察冀边区的"半日随学制度"与巡回小学，晋冀鲁豫边区的私立小学、村立小学及半日制、隔日制小学等，与陕甘宁边区的单一正规学制不同。

第三阶段（1943—1945年8月），由于大生产运动的开展，教育同生产劳动的结合进入新阶段。

早在1942年8月，晋冀鲁豫边区太岳区在高级小学校长会议及小学教员暑期集训期间，曾展开"新型正规学制"问题的讨论，为"新型正规化"口号的先声。通过讨论，会议一致认定，组织学生参加生产劳动，是新型正规学校的特点之一。新型正规学校要向"教学做合一"的道路前进，不仅要做劳动生产工作，而且要建立劳动观念，把劳动技术作为学科研究，此外，还需向农民学习，吸收农民丰富的生产经验，学习农业生产的新理论、新方法，研究新技术、新理论，总结新经验，并把所得经验贡献给群众，把改造技术作为学校与农民群众联系的关键[1]。在此期间，晋冀鲁豫边区政府直属太行区，在太行中学提出"中心课程"教学的经验。[2] 表明晋冀鲁豫边区后来在解放战争初期提出的一套与邻近的晋察冀边区、晋绥边区有别的教育改革的设想，如"中心工作就是中心课程"、中等学校"职业化"、小学教育属"生产教育性质"、"做学教"等，

---

① 《太岳区民国卅一年学校教育工作总结》，《山西教育史志资料》1985年第3期，第16页。
② 《山西教育史志资料》1985年第3期，第17页。

在抗日战争期间就奠定了一定思想基础。

1943 年晋察冀边区开始学习陕甘宁边区的经验，边区行政委员会于 4 月 10 日发布《关于整理小学、开展大生产劳动教育的指示》，提出：通过各科教学或精神讲话，启发儿童重视生产劳动，领导儿童参加生产活动，养成劳动的习惯与兴趣；高级小学或全日制小学，把星期六下午定为劳动日，不上课，领导学生参加生产，平时对贫苦学生应准其在课外时间请假帮助家长工作；半日二部制、半日巡回制、隔日巡回制小学，学生在不上课的半日或一日，一律参加生产劳动，教师应负责交代（村）教育委员、半脱产生产教师或义务教师代为领导；为便于管理，按学生年龄、体力、性别把学生编成若干生产小组，负责督促、检查、报告本组学生的生产活动及生产成绩；教师对领导学生参加生产与领导学生学习并重，把学生的生产成绩视为其学习成绩的一部分，作为评判学生成绩的标准之一。[①] 该边区高级小学、全日制小学学生生产劳动的安排同陕甘宁边区 1938 年的规定相近。不用说，对灵活学制的提倡早于陕甘宁边区。晋绥边区也于 1943 年 9 月，召开第二次中等教育会议，提出学校与战争、生产、社会、家庭结合。[②] 在陕甘宁边区 1944 年由绥德分区率先提倡"学校和劳动、社会、政府、家庭结合"[③] 成为 1944 年教育改革中的一条带有普遍意义的原则，而晋绥边区在绥德分区之前，就注意到学校不仅同战争结合，而且同生产结合，既同社会劳动结合，又同家庭劳动结合，也不失为 1944 年教育改革的先声。

山东省行政委员会于 1944 年 2 月号召各中小学校开展生产运动，加强劳动教育。规定：由各校校长、教员、学生代表组成生产指导委员会，领导生产工作；运用当地活教材进行劳动教学，教员亲自在劳动中进行教学，学校生产的内容须以群众生活需要为限。1944 年各学校生产最低要求是：中学生平均生产 10—15 元，小学生平均生产 3—5 元；生产收益用于学校设备者占 30%，学生劳动奖金、游艺活动等费用占 50%，改善教员生活费用占 20%；农忙及假期中应继续照顾学校生产，并帮助订出家庭生产计划，使二者兼顾。[④]

1944 年上半年整个根据地到处掀起学生参加生产劳动的热潮，并积极酝酿教育制度的改革。从 1944 年下半年起各根据地殊途同归，先后揭开进一步改革教育制度的序幕。

---

① 《老解放区教育资料（二）》下册，第 393 页。
② 穆欣：《晋绥解放区鸟瞰》，第 114 页。
③ 《解放日报》1944 年 3 月 11 日。
④ 《大众日报》1944 年 2 月 17 日。

三

华中敌后抗日根据地（以盐阜区、苏中区为例）在中小学各年级均开设劳作课或工艺课。课时如下：

学校	小学						初级中学			高级中学		
学科	劳作				工艺		劳作			劳作		
年级	一	二	三	四	五	六	一	二	三	一	二	三
盐阜区	150分	150分	90分	60分	60分	60分	1	1	1	1	1	1
苏中区	150分	150分	90分	90分	90分	90分	2	2	2	2	2	2

盐阜区具体规定：小学低年级劳作（工作）包括戏剧表演、舞蹈，剪贴、布置、简单模型、玩具制造与欣赏，及莳花、种植园艺、饲养家禽、简易日常工作等，旨在培养儿童艺术兴趣与劳动精神；小学中高年级劳作学科为实施生产教育的学科，包括农艺，环境改造，教学玩具、简易工艺品及模型制造，旨在培养劳动习惯、增进儿童生活技能，并实际参加生产，获得产品；中学除劳作以外，另有实际操作。小学除劳作课、工艺课外，另有课外活动与校外活动。课外活动中包括园艺、种田、饲养家畜家禽、纺织、编织等生产活动及修路、辟操场等校内公益劳动，校外活动中包括劳动服务，为修路、帮助抗属挑水、收获等社会公益劳动。

苏中区在劳作、工艺之外，把抗战建国活动列入课程，每周分别为240分钟（低年级）、300分钟（中年级）、360分钟（高年级）；初级中学劳作课与课外劳动结合，使学生学习农事及农村副业；高级中学劳作课与劳动结合，使学生实际参加种地、种植、饲养及手工业。

四

陕甘宁边区实行教育和生产劳动结合的结果，促进了根据地教育制度的改革。

传统教育（主要是传统的普通教育）是从国外引进的，国外普通教育主要是城市生活的产物，大工业生产条件的产物，和平环境的产物。所以，在一般情况下，普通教育也有其局限性，同农村抗日民主根据地更显得格格不入。传统的普通教育偏重传授基本文化科学知识，在一般情况下固有必要，问题在于根据地条件下，传授的普通文化科学知识应当掌握什么分寸，特别是怎样传授这种知识？当时指出：根据地许多教育工作者曾长期的把教育限制为课堂教学、书本教学，把很多重要的技能传授、推广，放在教育工作的界限以外，不去研究指导，"是单纯强调一般文化教育的结果"①。根据地在突破传统的"普通教育"观念以后，把高级小学以上的学校，归入干部学校范围。干部学校着重培养学生分析与解决边区实际问题，初级小学不得不改为民办，因而需要按照反映农村需要与实际的方向改革。这就使整个教育同传统教育大相径庭。

传统教育因过分偏重书本知识的灌输，忽视学生的生产劳动，在把学生培养成"书呆子"过程中，实际上传播了轻视生产劳动、忽视劳动人民的意识，受到根据地理所当然的否定。陕甘宁边区中等以上的学校，学生生产劳动一度偏多，但在1943—1944年改革中，学生仍以学习为主，即使劳动偏多，也属环境使然，毛泽东谈道：我们不是处在"学也禄在其中矣"的时代，我们不能饿着肚子去"正谊明道"，我们必须弄饭吃，我们必须注意经济工作。离开经济工作而谈教育和学习，不过是多条的空话。② 根据地的干部学校，一手抓教育，一手抓生产，一面培养人，一面搞创收。学校风貌一新。至于把初级小学改为民办，实属不得已而为之。因为如毛泽东所说：食之者众，生之者寡，用之者疾，为之者舒，是要垮台的。③

毛泽东在全国解放后把《经济问题与财政问题》报告的部分章节收入《毛泽东选集》（改题为《抗日时期的经济问题和财政问题》）时，特意加了这样一个论断："军队和机关学校所发展的这种自给经济是目前这种特殊条件下的特殊产物，它在其他历史条件下是不合理的和不可理解的，但在目前却是完全合理并且完全必要的。"④ 表明他并未把当时那种条件下的实践经验当作在任何条件下都可行的模式。不过，1958年以后，又勾起对根据地传统的记忆。

---

① 《解放日报》社论：《论普通教育中的学制和课程》，《老解放区教育资料（教育方针政策部分）》下册，第412页。

② 毛泽东：《经济问题与财政问题》，《毛泽东选集》第5卷，华中新华书店1946年版，第131页。

③ 同上书，第132页。

④ 毛泽东：《抗日时期的经济问题和财政问题》，《毛泽东选集》第3卷，人民出版社1991年第2版，第892页。

小学行政管理比较

　　各抗日根据地尽可能使更多的儿童和成人有受教育的机会，同时，同国民政府管辖区及敌占区反民主教育针锋相对，逐步使学校生活民主化，首先是建立民主的学校行政管理制度。

　　小学行政管理较之干部学校、中等学校简单得多。小学因规模不同，行政管理设施也有差别。大体上可分为简易型与正规型。一般讲，北方根据地（尤其是山区与高原地带），多为单级小学或两级小学，其行政管理较为简单；南方根据地的小学和北方根据地的完全小学，多为多级小学，行政管理较为复杂。此外，在环境稳定的巩固区，一般谋求建立正规的学校管理机构与工作制度，而在游击区则建立机动型的管理机制。

　　小学行政管理问题，包括学校行政机构、监督与协理机构、学级编制、教员编制、学校会议与工作制度，以及校内群众组织，各地的措置既有共同趋向，也有各自特点。

一

　　陕甘宁边因多数初级小学属于单级或二级小学，初级小学行政管理较为简单。1939 年 8 月规定，初级小学设校长一人，学生人数不多者，由教员兼任；学生人数较多者，适当增加教员或教导主任；完全小学除校长外，设教务主任与生活指导主任（1938 年称训育主任），可称为教导分工制，1941 年 2 月以后，实行"教导合一"制，只设兼顾教务与生活指导的教导主任。此外，在 1941 年2 月以前，设校董会，监督、协理校务，约从 1941 年开始，建立中心小学学区辅导制度，不再设立校董会，也无家长会的统一规定。

　　晋冀鲁豫边区（1942 年），也设校长一人，完全小学增设教导主任，无校董会设置。初级小学公物及其他设备由村教育委员会负责保管。高级小学由校长负责保管，同陕甘宁边区1941年的管理制度大体相近。

盐阜区与苏中区多级初级小学为数较多，学校行政机构与管理制度更为完备。盐阜区初级小学，设校长一人，三学级以上的学级，增设生活指导部与总务部。其生活指导部即教导部（北方地区在实行"教导合一"制以前，生活指导主任同教务主任职能分开），两部主任由教员兼任。设校务会议、生活指导会议、总务会议及经济稽核委员会。上述会议与委员会除主管人员外，得吸收教员参加。除经济稽核委员会外，其余会议还得吸收学生代表参加。每个学级各设级任教师一人。另设校董会，监督、协理校务。1942年秋季以后，似无校董会之设，改由乡文教委员会监督与协理校务。

苏中区学校管理与盐阜区属同一类型。惟规定二学级以上的学校，即分设教导、总务二部，四学级以上的学校，增设社会教育部。各部之下，还分设若干专门班、组：

社会教育部	教导部	总务部
1. 战时服务团	1. 文化娱乐组	1. 调查统计组
2. 宣传队	2. 体育卫生组	2. 文书印刷组
3. 民众识字班	3. 成绩考核组	3. 图书出版组
4. 大众俱乐部	4. 教材编审组	4. 会计庶务组
5. 生活规律组	5. 教学研究组	
6. 生活劳动组		

根据地都有校长之设，并不明确称为校长负责制。单学级、二学级小学，或建立校董会，或由基层教育委员会监督。多学级学校的行政系统，把校务会议设置于校长之上，教导会议、总务会议置于教导主任、总务主任之上，实行教员、学生参与管理制度与社会参与管理制度。

二

陕甘宁边区平均每所初级小学学生不足30人，故多为单班学校，教员编制简单；晋冀鲁豫边区规定，二学级以上的学校，每增加一个学级，增设教员1人。完全小学一个高级班，设教员1人，伙夫1人；两个高级班，设校长1人，教员2人，文书（事务）1人，伙夫2人。每增一级，增加教员1人，伙夫1人。高级小学校长任课，不得少于教员任课的1/3。

盐阜区实行教员聘任制，凡具有规定学历与任期的教员，可受无试验检定，否则得受试验检定。教员编制以初级小学每学级 1 人，高级小学每学级 1.5 人为原则，校长教员均得住校。苏中区教员编制标准是：小学初级部一学级 1 人，二学级 3 人，三学级 4 人……高级部一学级 2 人，二学级 4 人……编制比盐阜区宽，全部可视需要增设若干职员（干事）。雇用工人的标准是：单级小学，半人兼任，二至四学级，1 人，五学级以上 2 人。教员由校长选荐。

三

根据地在抗日战争初期，小学一般实行军事化，强调"团体纪律"。按照军队班排的编制来组织学生，在行动上同儿童团（或少年先锋队）取得一致，建立联系，养成儿童集体生活习惯，并使其遵守一定的军事纪律，使班排组织成为训练儿童纪律性的组织。

陕甘宁边区从 1939 年 8 月开始，由于环境较为稳定，学生改为班级编制，仍实行"半军事化"，学生生活指导"以政治军事训练为中心"。1942 年 2 月以后，改为"以培植民主精神、锻炼集体生活为中心"。各根据地对儿童都实行民主管理的原则，废除体罚，并吸收儿童参与学校管理及社会服务。

小学也设学生会及其他学生群众组织，以训练儿童的集体意识与组织能力。

小学建立师生会议制度。学生代表在学校工作会议上有代表学生对学校工作批评、建议之权，学校重要措施，须在有学生代表参加讨论的情况下才能执行。反对教员包办。[1]

在学生会领导下，建立生活检讨会。废除打骂学生的制度后，自觉纪律的形成，既靠教员的解释、说服与鼓励，主要还是靠学生自我批评。生活检讨会是学生批评与自我批评的形式，也是学生集体制裁的手段。

据目击者说：实行民主管理以后，师生关系更加亲密了。因实行民主管理，废除了打骂制度，师生之间再不像以前那样生疏、仇视了。目击者访问过许多学校，目击师生团聚在院子里说笑话，在操场上踢毽子。[2]

儿童除参加学生会以外，还参加儿童团。儿童团属西北青年救国会儿童部领导，也是儿童自我教育的组织。实行小学民主管理，在一些地方，或在一些人身上也存在问题。例如，教员不能打骂学生，却通过民主决议去处罚学生。此外，亦有放任自流现象存在。[3]

---

① 肖云：《陕甘宁边区小学教育的民主管理》，《陕甘宁边区教育资料（小学教育部分）》下册，第 269 页。

② 同上书，第 271 – 272 页。

③ 同上。

1944年陕甘宁边区文化教育会议《关于边区教育方针的决议（草案）》坚持民主管理原则。其中规定：在中学和完全小学中，应该成立学生会或儿童团等学生自治的组织，其主要任务就是协助进行边区的卫生教育工作（如清洁运动、灭蝇灭蛆、卫生宣传，组织儿童识字组、家庭识字组、秧歌队等）。各校应把学生自治与社会服务的活动，看作整个教育方针中的重要部分，给以认真的指导与帮助。① 由此可见，在教育工作"正规化"时期，学校管理的重心放在校内；1943—1944年普通教育改革后，由于初级入学下放给基层组织管理，比较重视学校工作同社会的联系。

四

根据地巩固区，在正常情况下，一般都力图建立正规学校行政管理体制。在近敌区或在巩固区转为游击区以后，则实行游击教学。如冀中区在1942年"五一大扫荡"以后，一度提出"学校家庭化"，即把学生编组分散到家庭里，采用导生制，实行分组教学；太岳区在1942年也提出学习冀中区"学校家庭化"的经验，实行分组教学，教员人自为战。在冀中区多数县份还建立"教学通讯网"，由小学生负责传递书报文件，信息传递很快，且很少有迟缓或消失的现象。

根据地实行民主管理，调动了教员的积极性，使他们在极其严峻的局势下，甘冒风险，有效地开展教育活动；同时，民主管理使小学生锻炼了工作能力，丰富了学习内容，一般儿童能说能行。在斗争环境最为艰苦的冀中区，有人说："冀中的小学生不会哭"，目击者称：我们很少看到他们在啼哭。当他们一起工作、学习或游戏的时候，是那样天真活泼，聪颖愉快；当他们站在敌伪军面前时，又是那样沉着、机警、勇敢、坚定。

---

① 《边区文教大会关于边区教育方针的决议（草案）》，《陕甘宁边区教育资料（教育方针政策部分）》下册，第442页。

中学行政管理比较

　　根据地的中等学校起初多为干部学校，或带有干部教育性质，校内行政管理大致参照干部学校，后来一般建立正规学校管理体制。惟在战时又恢复半军事化的管理。不管怎样，一贯坚持民主管理原则，其基本特点是：校长负责与师生参与结合；实行"教导合一"，教师指导与学生自治结合；校内管理与社会监督、社会服务结合。正是由于充分发扬民主，才调动了教员与学生的主动性，从而经受那样残酷的战争考验。

一

　　陕甘宁边区最初成立的中等学校为鲁迅师范。从鲁迅师范开始，设校长一人，总理校务。在校长领导之下，设教务处、生活指导、总务处和各种委员会（包括国防教育委员会、实习指导委员会、经济稽核委员会与学术指导委员会）。此外，还有俱乐部与附属小学。①

　　1942 年中学规程（草案）确定的学校行政系统为：设校长一人，总理校务，并对教育行政部门负责；校长之下设教导处、事务处和各种委员会（包括经济稽核委员会、干部学习委员会、生产委员会、临时教材编审委员会）。各种委员会除行政负责人参加外，均有教员或教职员代表参加。有的委员会还吸收学生代表参加；校务、教导、事务会议以及全校教职员及学生代表会议，均有教职员与学生代表参加。②

　　晋察冀边区从 1941 年 5 月开始，建立正规的学校管理制度。即使在教育工

---

　　① 刘瑞芬：《鲁迅师范的学生生活》，《陕甘宁边区教育资料（中等教育部分）》中册，第 17 页。
　　② 《陕甘宁边区暂行中学规程（草案）》，《陕甘宁边区教育资料（中等教育部分）》上册，第 19－22 页。

作正规化时期，仍保持某种战时管理体制的特点。学校行政组以"一切为了教导"为原则。学校行政机构是：设校长一人，由专员公署专员兼任，副校长负责日常的校务工作；在校长之下，原先分设教务处、生活指导处与总务处，从1941年5月起，实行"教导合一"，设教务处与总务处。惟在教导处中，设教学指导、生活指导、军事指导各一人。另设若干干事，协助教学指导与生活指导；师生仍沿袭连队编制，未改行学级编制。每队设队主任教员一人，领导全队学习生活。另设队长，由学生选任。校务会议、教学会议，均吸收师生代表参加。

山东区在1940年12月开始向正规方向转变时，也保持战时体制的某些措施。中学为适应战时环境，按照战斗化、军事化、组织化原则把学生编成大队、中队、小队，以求指挥行动之灵活、迅速。

相比之下，盐阜区与苏中区中学行政管理机构较为正规。盐阜区中学机构设置，标榜"二九制"。即在学校中建立独立的学校行政系统与独立的学生组织（学生救国会）系统，同时建立九种会议与委员会。1942年秋季以后，实为"二八制"。即建立经费稽核委员会、免费奖学金审查委员会，及六种会议制度，包括：校务会议、生活指导会议、主任级任联席会议、生活指导部部务会议、总务会议、各科教学会议；学校行政系统中，在校长之下，设生活指导部与总务部，学生实行学级编制。

根据地的学校行政组织，同边区以外地区似无明显区别，实际上由于整个根据地是一个民主的环境，学校内部民主气氛甚浓，批评与自我批评成为社会时尚与学校风气，所以能够把校长负责与师生参与有效结合起来。

根据地中等学校学生会与学校行政方面的关系和外界的学校有些不同。其特点是双方都站在同一立场，为着完成学校教育的任务而努力。学生会代表可以出席学校行政会议，提供改进工作的意见。同时，学生会帮助行政上组织同学的学习、生产、课外活动及社会活动；学校行政方面一般能够倾听学生会的意见，尊重学生会一定的独立性，并给学生会以物质与精神鼓励。学校不仅给予学生以自治权利，还积极地利用各种方法启发学生的自主自律意识，锻炼学生运用民主的能力。例如陕甘宁边区定边师范，除对学生如何运用民主加以指导以外，还给予学生会处理各种事务的权利，耐心地帮助学生会工作。例如就有关学生请假、学习生活纪律、对犯错误学生的处理问题，帮助学生会用民主方法，求得合理的解决；如学生在运用民主过程中发生偏向，学校首先启发多数学生觉悟，再去帮助他们纠正偏向。[1]

根据地一面强调师生参与管理，一面规定学校行政负责人参与教学活动。

---

① 《陕甘宁边区的中等教育概况》，《陕甘宁边区教育资料（中等教育部分）》上册，第112页。

如校长教学时数一般不得少于专任教员教学时数最低限度的1/3；教导、事务等处主任教学时数得相当于专任教员教学时数的1/2，并且行政人员兼课，概不另支薪给。① 便于领导体察下情，求得领导与群众的一致。

二

中等学校生活管理的指导原则是：配合各科学习，使学生在学校内养成自由思想，言行联系，形成忠诚、坦白、勇敢、活泼、吃苦耐劳、实事求是、遵守纪律等优良品德和自动自治、团结互助与民主作风。

传统教育对于学生采取高压政策，压得学生不言不动；陕甘宁边区与此相反，不采用高压手段，而采取说服的办法、自治的方法、团体制裁的方法。例如绥德解放较迟，当时社会思想较乱，绥德师范接办时，许多学生是经过动员才入学的。入学后仍不安心学习，有的学生试图逃学，个别学生为了让学校开除自己，故意恶作剧，夜晚在校长门前拉屎。学校从实际出发，耐心地向他们讲形势，讲名人传记，讲不同社会制度的区别，终于使学生安心学习。②

根据地学校普遍建立学生会。学生会的职能在于开展校内外学生活动，进行自我教育，并代表全体学生参与学校管理。其宗旨在于培养学生的民主作风。

《陕甘宁边区暂行中学规程（草案）》确定：中学学生生活检查，以民主的鉴定行之。③ 由一小组、一班、进而全校。凡学生思想意识、待人接物、学习情形、生活习惯，均为鉴定的主要项目。例如鲁迅师范每周均举行一次小组生活检讨会，由小组长主持。班务主任或训导主任参加指导；每月召集一次班务会议，由学习班长主持。这种生活检讨会，批评者讲究教育性、建设性与积极性，被批评者讲求坦白与诚恳。④ 由于学生生活活泼而严肃，尽管生活很艰苦，学生很少愁眉苦脸，学校生活中随时可以听到愉快的歌声。

根据地教师也少有"教书匠"习气，不但帮助学生下乡做社会工作，本身也重视自我教育，组织读书会，参加国防教育研究会。因此，师生之间很少隔阂。教员指导学生学习与行动，学生也可以随时批评教员的讲授与行动。⑤

此外，当时规定校长、职员及专任教员，均以住校为原则，领导与群众、

<hr>

① 《陕甘宁边区暂行中学规程（草案）》，《陕甘宁边区教育资料（中等教育部分）》上册，第20、21页。

② 师道：《中等教育的实施》，《陕甘宁边区教育资料（中等教育部分）》上册，第37页。

③ 《陕甘宁边区暂行中学规程（草案）》，《陕甘宁边区教育资料（中等教育部分）》上册，第29页。

④ 刘瑞芬：《鲁迅师范的学生生活》，《陕甘宁边区教育资料（中等教育部分）》中册，第11页。

⑤ 筱云：《鲁迅师范的过去、现在和将来》，《陕甘宁边区教育资料（中等教育部分）》中册，第7-8页。

教师与学生基本上能打成一片。

三

根据地中等学校不仅注意校内生活管理与教育，而且重视学生参加社会工作。把校内管理与社会服务、社会监督结合起来，使学校教育社会化。

根据地各中等学校的社会活动甚多。一种是每逢纪念日参加校外宣传，一种是帮助当地政府办冬学、慰劳军队、优待抗日军人家属等。1943年各校社会活动的范围更加扩大，学生参加社会反奸、拥军、减租、移民、劳动英雄代表会等。寒假中组织工作团，帮助群众写春联、订农户计划、组织秧歌队进行政策法令宣传等。①

根据地中等学校学生有时不免存在参加社会活动过多的情况。这不能以一般中学的观点衡量。它与一般普通中学不一样。在抗战初期就明确提出把青年训练成为"组织民众，训练群众的领袖（干部）"，1943年赋以干部学校性质以后，学生更需加强实际锻炼。这种情况颇受社会与群众的欢迎。所以，陕甘宁边区长期存在的动员学生入学困难、中学生流动现象，在加强学校与社会、教育与政治联系以后逐渐减少，报考各中学学校的人数超过招生名额。②

---

① 《陕甘宁边区的中等教育概况》，《陕甘宁边区教育资料（中等教育部分）》上册，第112–113页。

② 同上。

普及教育举措比较

从根据地初创时期开始，一直在普及初等教育、适当发展中等教育方面作出不懈的努力。问题在于学龄儿童教育的普及在整个教育结构中占有什么位置，尤其是在普及教育中必然提出的义务教育与免费教育问题，更是根据地教育工作中经常引起争议的问题。

中央苏区在这个问题上就有过反复。抗日根据地在这些问题上也有过徘徊。如果说中央苏区经过反复，最后的结论是对义务教育的肯定，那么抗日根据地经过徘徊，最终导致对义务教育的否定；至于免费教育的实施，反映了对劳动人民子女教育的关注，然而免费教育的实施需从实际出发。无论苏区还是后来的抗日根据地，实施免费教育的实际过程，都反映主观愿望同客观实际接近。

一般讲，各抗日根据地教育建设的初期，大都提出普及教育并实施免费的义务教育的目标，在根据地发展的中期，有些根据地尝试落实义务教育，另一些根据地并未落实。多数根据地实行免费教育，但义务教育期（初级小学）免费和供给的标准不一致。个别地区从一开始就未实行免费教育；高级小学与中学是否收费，各地情况有别。同一地方，先后有变化。抗日战争后期，原则上否定义务教育，对免费教育则区别对待。这个问题对尔后人民共和国的教育决策颇有影响。

一

各抗日根据地在建立临时或正式的抗日民主政府之际，大都发表施政纲领。在这些施政纲领中，几乎都包括普及国民教育的条款。不过多数施政纲领中，未列入义务教育、免费教育条款。

陕甘宁边区在抗日战争爆发前夕（1937年7月6日），由中共陕甘宁边区委员会发布了施政纲领，其中明确提出"推行免费义务教育"，同年11月由中共陕甘宁特区委员会发布的施政纲领中，仍包括"实施普及的义务的免费教育"条款；但在1939年1月边区第一届参议会正式通过的施政纲领中，只提"实行免费的儿童教育"，未提"义务教育"；1941年5月1日，由中共陕甘宁边区中央局提出并于同年11月由边区第二届参议会通过的施政纲领中，则笼统地提出"普及国民教育"，既未提"义务教育"，也未提"免费教育"，当时虽未实施义务教育，而在实际工作中，又确实存在以带有强制性的方式动员入学的现象，同时，从一开始就实行免费教育。

敌后抗日根据地施政纲领中普及教育政策比较

列入"义务教育"、"免费教育"条款的根据地	晋察冀边区（1940年8月） 晋冀鲁豫边区（1941年9月） 山东区（1943年8月）
未立"义务教育"、"免费教育"条款的根据地	晋绥边区（1942年12月） 鄂豫边区（1941年4月） 淮北苏皖边区（1941年5月） 苏南区（1943年3月） 淮南区（津浦路东地区）（1943年2月） 浙东区（1944年1月） 东江区（1945年4月）

有些施政纲领中，列入的免费的义务教育条款，并未明确规定义务教育年限。如晋冀鲁豫区提出："实行普及免费的义务教育，使根据地老百姓不分贫富贵贱都能识字，都有机会读书。"山东区的提法是："普遍设立抗日小学及成立民众学校，使得儿童、青年、妇女及工农大众都受一定时间免费强迫教育。"实际上并未强迫所有的人都受教育；陕甘宁边区在1937年11月提出"实施普及的免费的儿童教育"，并未实行强迫教育，反而一再反对强迫动员入学的现象，而1939年1月虽未提"免费的义务教育"，恰恰在1939年拟定了《陕甘宁边区强迫教育暂行条例（草案）》，并于1940年12月正式发布，从1941年起试行。而在1941年的施政纲领中，恰恰又未提出免费的义务教育。或多或少表明当时法制观念淡薄。

有些地区未在施政纲领中确定实施免费的义务教育，而在教育实施方针和学校工作条例中列入这个条款。同样表明关于义务教育需要立法、未经立法不宜实行的观念不那么明确。

一般讲，各根据地都相当努力地推行普及教育，少数地区还拟定了近期普及教育的规划、实施义务教育的条例和免费教育的具体办法。

二

在根据地教育大体上恢复到抗日战争爆发前水平之际，中共中央于 1940 年 3 月提出建立小学教育网的目标。即：每村（行政村）有一所初级小学校，每乡（或行政村）有一所中心小学或模范小学，每个中心区有一所二级（完全）小学。同年 6 月，中共中央北方局机关报《新华日报》（华北版）发表社论，提出在各村建立初级小学，各区设立完全小学（华北根据地除山东以外，均未设乡，其区的划分，比原有区划小，称为"小区制"）。各专区设立中学或师范。陕甘宁边区和山东区还制定了普及小学教育的具体规划。

陕甘宁边区于 1939 年 12 月拟定《普及教育三年（1940—1943 年春）计划（草案）》。据 1937 年统计，边区有学龄儿童 101 859 人，1939 年上半年入学儿童 206 08 人，学龄儿童入学率为 20%，失学儿童 81 251 人，占学龄儿童总数 80%。计划对 7—13 岁失学学龄儿童，普遍实施教育。1940 年普及 30%，1942 年普及 50%，到 1943 年春，基本实现三年制义务教育。当时有小学教员约 1 000 人，要达到普及教育的目标，三年内须增加 1 900 名小学教员，以平均每个教员每月 12 元（服装、伙食、贴费另加公费）计算，除原有教育经费外，还需增加 273 600 元。

山东区在 1941 年 6 月省文化教育大会上也拟定了普及小学教育、发展中等教育的规划。当时估计该地区政府政令所及地区，约有人口 1 200—1 300 万。以学龄儿童占人口 10% 估算，有学龄儿童 120—130 万人。当时学龄儿童入学率已达 30%—40%，按照二二二学制，首先普及二年制小学教育。同时，发展小学中级与高级阶段教育以及中等教育。计划在一年内（1942 年 7 月 7 日以前）使学龄儿童入学率达到 50%。即小学初级与中级阶段学生达到 60 万人，高级小学学生 5 万人，中学生 5 000 人。要达到这个目标，一年内须开办小学初级班与中级班 2 万个（平均每班 30 人），高级班 2 000 个（每班 45 人），中学 125 个班（每班 45 人）。为此，以平均每个初级班、中级班 1 名教员，两个高级班 3 名教员，1 个中学班 4 名教职员计算，需增加小学教员 3 301 人，中学教员 500 人。

为了推行普及教育计划，陕甘宁边区着手试行义务教育，陕甘宁边区与山东区在实施免费教育方面，也相当认真。不过，由于各根据地从 1941 年开始就进入困难时期，这些规划均未兑现。其实根据地即使不遇到新困难，这样高的普及教育速度，也难以实现。

三

所谓"义务教育",根据陕甘宁边区的解释是:"义务教育就是每个国民必须受最基本的教育,一方面每个人都有受这种教育的义务;另一方面国家有使每个人能受这种教育的义务。"① 把受一定范围的教育,列为每个人的应尽义务,意味着义务教育的实施,有一定的法律强制性。所以,又把它称为"强迫教育"。

据已知材料,在各根据地中,正式颁布过实施义务教育条例的,似只有陕甘宁边区(1940年12月)、晋冀鲁豫边区(1941年1月),还有晋察冀边区第五专区(1941年4月)以及山东胶东北海区(1940年4月)。另有一些根据地,间或有"义务教育"一说,并未颁发正式的条例,更未提出强迫入学的具体办法。

抗日战争时期义务教育的演变,以陕甘宁边区最为典型。

本来,抗日根据地的劳动群众,一般都有文化翻身、送子女入学的愿望。然而劳动人民送子女入学,又有实际困难与思想障碍,如:有时形势紧张;平时大多数儿童都能参加家务和农事活动,春耕秋收时更不能分身学习;有些群众怕子女入学后成为"公家人",不再听自己约束;甚至有些人情愿供给别人子女入学。② 有此数端,动员入学一直是一个难题。即使入学了,流生现象也相当严重。中共陕甘宁特区委员会于1937年11月提出"实施普及的义务的免费教育"的主张以后,未规定强迫入学的办法。抗日战争爆发前后,一般采取大规模群众运动形式动员入学。这是从土地革命战争时期沿袭下来的方式。上下出动,四面开花,造成浩大的声势,可使群众觉醒,实际上却是变相强迫。

1938年以后,边区教育厅逐步把教育纳入"正规化"轨道,普及教育一般不采取突击运动方式,而是自上而下有计划地发展小学教育。宣称推行普及教育运动,"不是强迫,不是拉夫,而是宣传说服"③ 动员的办法是:

1. 干部以身作则,起模范作用,先动员干部子弟入学。

2. 县、区、乡教育委员会配合教育行政与各种组织自上而下地动员。

3. 教员深入农村动员。

4. 发动在校学生动员新生入学。

---

① 《陕甘宁边区实施义务教育暂行办法》附:对实施义务教育条例的说明,《陕甘宁边区教育资料(小学教育部分)》上册,第83页。

② 《一年来边区的国际教育》,《陕甘宁边区教育资料(小学教育部分)》上册,第32-33页。

③ 《边区的文化教育状况》,《陕甘宁边区教育资料(教育方针政策部分)》上册,第25页。

5. 利用原有社会教育阵地，如在冬学结束时，在冬学基础上成立学校，或动员冬学学生到学校复学。①

动员毕竟不易。在 1938—1939 年间，排名单，按名单强迫拉夫。更有甚者，派几个学生到学龄儿童家里去坐、去吃，这种现象间或有所发生。② 教育厅对此类现象曾加以制止。③

陕甘宁边区政府成立后，普及教育虽取得一定效果，但到 1939 年，尚有 80% 儿童失学。为了加速普及教育的进程，边区教育厅在 1939 年拟定《普及教育三年计划（草案)》的同时，拟定了《陕甘宁边区实施强迫教育暂行条例（草案)》，决定从 1940 年起实施义务教育。

实施义务教育的设想，得到了中共中央书记处与中央宣传部的肯定。1940 年 3 月，中共中央书记处在《关于开展抗日民主地区的国民教育的指示》中提出："用说服解释方法及政府法令的强制力量，大量地动员学龄儿童入学，同时设法克服学龄儿童不能入学的实际困难。一切革命者家属的儿童，应首先入学，起模范作用。"④ 同年 8 月，中共中央宣传部更明确地提出："年满 8 岁的儿童，一律受义务教育，但 15 岁以下尚未入学的儿童，仍受义务教育"，"边区教育应当颁布强迫推行义务教育的法令。此法令须包含奖惩办法及对确实无力入学的儿童的补助办法；以法令和政治动员相配合，消灭现在多数学龄儿童荒学的现象"。⑤

1940 年 3 月，陕甘宁边区政府正式颁布《陕甘宁边区实施普及教育暂行条例》。当年 12 月，又颁布《陕甘宁边区实施义务教育暂行办法》，开始实施义务教育。

《义务教育暂行办法》的重点是：

1. 义务教育年龄：儿童 8—14 岁为受义务教育年龄。不分性别，均应受义务教育。

2. 义务教育年限：暂定初级小学 3 年。

3. 义务教育计划分区分期逐步实行，6 年完成。

---

① 《一九三九年上半年小学教育总结》，《陕甘宁边区教育资料（小学教育部分)》上册，第 54 页。

② 同上。

③ 《各县第三科半年工作总结与今后工作方针》，《陕甘宁边区教育资料（小学教育部分)》上册，第 9 页。

④ 中共中央书记处：《关于开展抗日民主地区的国民教育的指示》，《陕甘宁边区教育资料（教育方针政策部分)》上册，第 78 页。

⑤ 中共中央宣传部：《关于提高陕甘宁边区国民教育给边区党委及边区政府的信》，《陕甘宁边区教育资料（教育方针政策部分)》上册，第 102 页。

4. 对无力送子女入学的贫苦家庭予以补助。

5. 符合规定的特殊情况者可辍学或免学。

6. 对经动员说服仍拒绝送子女入学的家庭实行处罚。其办法是：富户处以 80 元以上、50 元以下的罚金；中户处以 10 元以上、20 元以下的罚金；贫户处以 5 元以上、10 元以下罚金，或 5 日以上、10 日以下之劳役。经处罚后仍须限期入学，其再有违抗者得拘留其家长，至儿童入学后释放。①

1939 年另有《强迫教育暂行条例》。规定的强迫办法为："由当地主管教育机关依据具体情形，定出每期儿童入学计划，经群众大会讨论决议通过执行；应入学而不入学者应先向该家长施以说服教育；说服教育无效者应开群众大会斗争之；斗争仍无效者得由群众大会提出适当办法由政府决定执行之；对强迫办法有运用不当或执行不力者，群众有建议及监督之权。"② 此《条例》着重诉诸群众压力，正式规定主要采取经济制裁手段，辅以行政手段。

义务教育从 1940 年起在延安县试行，并未普遍推开，到 1943 年即停止执行。

在华北，1941 年 1 月，晋冀鲁豫边区政府颁布《晋冀鲁豫边区强迫儿童入学暂行办法》。规定：小学前 4 年为义务教育实施期，8—14 岁儿童，除特许情况外，一概强迫入学；四年制义务教育分 6 年完成；14 岁以上的失学儿童，亦应继续强迫入学；动员入学的程序及强迫入学的办法是：村长劝告，村长劝告无效时由区长或联合校长劝告，劝告无效时课以 3—5 元罚金，执行以上处罚仍无效时加重处罚。小学可实行二部制，并附设半日或全日制（班级），或午校、夜校，便于儿童入学。③ 1942 年 1 月 12 日，在原《暂行办法》基础上，稍加修改，重新发布。修改之处是：原规定 14 岁以上失学儿童亦应强迫入学，改为 13—15 岁儿童亦应强迫入学，把区长或联合校长劝告改为区长或督学劝告。④ 同陕甘宁边区 1940 年 12 月颁布的《陕甘宁边区实施义务教育暂行办法》相比，义务教育年龄期限与实行期限相同，义务教育年限增加 1 年（陕甘宁边区为 3 年），罚金不像陕甘宁边区那样按家庭富裕程度规定，数额比陕甘宁边区少得多，并有半日制班级、午校、夜校、二部制之设，办学形式比陕甘宁边区灵活。

各根据地的义务教育实施比较如下：

---

① 陕甘宁边区政府：《陕甘宁边区实施义务教育暂行办法》，《陕甘宁边区教育资料（小学教育部分）》上册，第 81－83 页。

② 《陕甘宁边区实施强迫教育暂行条例》，《陕甘宁边区教育资料（小学教育部分）》上册，第 77 页。

③ 《晋冀鲁豫边区强迫儿童入学暂行办法》，《老解放区教育资料（二）》下册，第 431－432 页。

④ 《晋冀鲁豫边区强迫儿童入学暂行办法》，《晋冀鲁豫边区史料选编》第 1 辑，第 477－478 页。

地区	义务教育对象	义务教育年限	有无强制措施	开始实施义务教育时间
陕甘宁边区	7—13 岁	3 年	有	1939 年
	8—14 岁			1940 年
晋绥边区	7—15 岁	4 年		1941 年 5 月
晋察冀边区	7—10 岁	4 年		1941 年 1 月
	8—10 岁			1943 年
晋冀鲁豫边区	8—14 岁	4 年	有	1941 年 1 月
	6—12 岁			1942 年 1 月
山东区	8—16 岁	2 年		
苏北盐阜区		4 年		
苏中区	8—14 岁	4 年		

由此可见，当时各地区确定的义务教育年限少则 2 年，多为 4 年，不算长；一般都提高了入学年龄，实际上根据地儿童年龄越大，家庭劳动负担越重。山东滨海区发现农民让 8 岁前的儿童顶替 8 岁以上的儿童入学。该区在 1943 年统计，在 35 866 名入学儿童中，有不足 8 岁的儿童 2 290 人，[1] 占 6.38%。

义务教育在陕甘宁边区实属昙花一现。普及教育在最初仍有进展。据 1941 年统计，学龄儿童入学率为 24.5%。[2] 接着在整个边区"精兵简政"政策背景下，于 1942 年秋，对边区小学教育实施整顿。整顿的理由主要是过去学校数量虽逐步增加，但教育质量不高，"空架子"甚多。整顿办法是裁减不合格的学校，把不合格的小学加以合并。并校的结果，学校数量锐减，学生人数也有所减少。

1943 年，陕甘宁边区教育厅更弦易辙，把强迫动员学生入学改为劝学。意味着放弃"义务教育"的口号。但容许在某些地区"劝导中仍可略带强制"[3]。此后，对"义务教育"的批评逐步升级。在 1944 年陕甘宁边区文化教育大会上，回顾边区教育历史时，这种批评相当尖锐。据《解放日报》报道：代表们认为 1940 年实行义务教育"这是教育上的主观主义、命令主义、官僚主义、形式主义的顶点"。领导者机械地搬来了外国的强迫教育的"理论依据"。义务教

① 《滨海区 1940—1945 年群众教育工作总结》，《山东老解放区教育资料汇编》第 3 辑，第 130 页。
② 《陕甘宁边区的教育工作》，《陕甘宁边区教育资料（教育方针政策部分）》上册，第 225 页。
③ 陕甘宁边区教育厅：《一九四三年教育工作中的几个问题》，《陕甘宁边区教育资料（教育方针政策部分）》下册，第 358－359 页。

育条例中最主要的一条，不论贫富，凡学龄儿童一律入学，否则予以处罚。这个"善政"的结果，简直变成"虐政"。然而无论怎样，学生还是来得很少，到1940年（应为1942年）又向右转，合并学校，但学校在分散的农村，愈集中愈行不通。所以这些小学并没有提高质量，反而增加了动员的困难。《解放日报》给这段报道加了一个异常显眼的标题：《义务教育的空想害人不浅》①，文化教育大会《关于边区教育方针的决议（草案）》，明确指出：群众的教育运动必须建筑在自觉的基础上，才能不流于形式，而获得实际的效果。因此在开展群众教育的过程中，首先必须根据群众的需要、自愿，废止强迫动员的方式。②

四

各根据地在抗日战争初期与中期，初级小学因属于义务教育，一概免收学费与杂费，高级小学有免费与酌收学费之别，中等学校也有免费与收费之分。除学费与杂费之外，有的根据地还供给中等以上学校学生膳食、服装、书籍、文具与津贴。除此以外，在高级小学以上学校收费地区，对于家境贫寒与抗日军属、烈士子女，也设置一定数量的公费生名额。总的说来，陕甘宁边区实行免费教育最为彻底，各敌后抗日根据地免费和供给学生的水平，不如陕甘宁边区。

1944年教育改革中，初级小学大都实行"民办公助"。在多数地区，属于一种特殊的收费教育。

陕甘宁边区从一开始就实行相当高要求的免费教育，即：小学一律免收学费，中等以上学校免收学、膳、书籍等费，识字组、夜校、冬学一律供给书籍，不取分文费用，以减轻群众负担，使广大儿童、青年以至成年都享受教育权利。结果在1938年贫农子女即占学生总数的68%。时至1940年，由于国民政府的经济封锁，边区经济基础薄弱，中共中央书记处提出"尽可能实行免费教育，对贫苦学生还应给以必要的书籍和学习用品"。1940年冬，边区财政更加拮据，整个边区机关、学校开展了以自给为主的大生产运动，而小学免费教育的目标未变；高级小学设若干公费生名额；中学仍不收学费与杂费，只是服装、膳食、文具、书籍改为自备（1942年）。

华北各敌后抗日根据地实施免费教育的情况大致是：

晋察冀边区：小学完全免费（1938年1月），高级小学设若干公费生名额

① 《解放日报》1944年11月5日。
② 《边区文教大会关于边区教育方针的决议草案》，《陕甘宁边区教育资料（教育方针政策部分）》下册，第442页。

（1941年1月）；中学最初完全公费，从1940年开始，号召学生自愿自费、半自费或1/4自费，1941年1月提出要大量吸收自费生，同年6月21日规定，从当年7月起，各中学一律自费，但贫苦的抗日烈士、军人、干部家属及家庭贫苦的学生，家在边区以外和敌占区学生，其伙食费的一部或全部，仍由政府供给。

晋冀鲁豫边区：小学不收学费，贫寒抗属儿童、一般贫苦儿童及敌占区儿童得受物质上的优待（1942年1月），从1943年2月开始在小学停止粮食优待办法（意味着在此以前受到粮食优待）；中学以自费为原则。

晋绥边区：按照1941年5月发布的《免费公费生条例》规定，各级公立学校一律免收学费、杂费；贫寒的烈士子女，现役军人、区以上干部（包括教员）子女，以及成绩优良、家境贫寒的学生、孤儿难童等，可享受公费生、半公费生待遇；高级小学有一定公费生、半公费生名额；中等以上学校，供给学生粮食、菜金、课本及服装（半公费生只供给伙食）。

山东区：学生一律免收学费，贫苦学生得供给书籍（1940年12月），后来拟定优待抗属子弟及贫苦学生的办法，扩大为供给文具、伙食，但在关于小学经费分配的规定中，只列入文具、书籍，名额占学生总数20%；师范生和职业班、校学生享受公费生待遇，供给给养（粮食）、菜金、服装与津贴，中学贫苦学生享受公费生待遇，名额占学生总数20%（1941年6月）。

华北苏北盐阜区：规定初级小学免收学费与杂费，高级小学酌收学费。实际上曾经颁布过初级小学征收实物学费的办法，到1943年11月，规定从1944年起，初级小学不得再收学费。同时，规定初级中学与高级中学均得征收学费；苏中区在1943年以前，就规定小学征收学费，但收费标准不高：低级部每学期收大米8—10市斤，中级部12—14市斤，高级部18—20市斤。

值得注意的是：1943年以后许多敌后抗日根据地的中学趋向收费，而陕甘宁边区在1943年以后，进一步提高中学生待遇，除师范生仍享受公费生待遇外，中学生享受半公费生待遇（供给住宿与伙食）。

1944年教育改革中，初级小学趋向民办，民办学校或由群众集资兴办，属于收费教育性质；或由基层政府（区政府或村政府）征集资金开办，仍接近于免费教育。陕甘宁边区在1944年教育改革中，在把初级小学改归民办的同时，把高级小学以上学校，归入干部教育，并把教育投资转入干部教育方面。

由此可见，当时中小学有收费、免费（学费、杂费）以及免费加适当供给（课本、文具）三种情况。中学有收费、免费（学费、杂费）、半公（免收学费、杂费、伙食费）三种情况。贫寒学生与师范生、职业班学生除外。按照不同的标准，各根据地免费教育实施状况大致如下：

学校级别	收费情况	地区
初级小学	收费	苏中区
	免费	晋察冀边区、晋冀鲁豫边区、苏北区
	免费加适当供给	陕甘宁边区、晋绥边区、山东区
高级小学	收费（设若干公费名额）	苏中区、苏北区、陕甘宁边区、晋察冀边区
	免费	山东区
	免费加适当供给	晋绥边区
中学	收费	苏中区、苏北区
	从免费到收费	晋察冀边区、晋冀鲁豫边区、山东区
	半公费	陕甘宁边区、晋绥边区

以上情况表明，陕甘宁边区免费教育最为彻底，晋绥边区、山东区次之，惟有苏中区未实行免费教育。然而，实际上苏中区教育最为发达。这固然同当地经济、文化基础差别有关，其实，也存在在当时条件下实施免费教育是否适宜和在多大程度上实施免费教育的问题。

一般讲，根据地原有经济水平都比较低，又受到战争破坏，而为数有限的经费中，约占财政预算的70%为军事费用。故1940年以后，根据地财政拮据的状况越来越突出。尽管当时一般都实行勤俭办学，对学校和教师供给的标准相当低，但办学经费依然是个不小的数字。

据浙东临时行政委员会统计，1944学年度，平均每所小学由政府负担学谷5 460斤，按学生数统计，平均每个学生每年学谷72斤。[1]

皖中区于1944年复办皖中联合中学。该校在1944年上学期（三个月）的经费为：现金113 017元，公粮18 227斤；下学期的预算是：经费每月75 400元（以160人吃饭计算），公粮月14 120斤（包括粮食津贴），购置设备44 480元，基本建设费用137 400元（30间），运动器材、书籍50 000元，讲义费15 000元。单以下半年经费与公粮计（撇开其他项目），如以一学期5个月计算，则下学期的经费为377 000元，公粮70 600斤（教师假期供给未计）。[2] 表明该校实

---

① 《浙江革命根据地教育资料汇编》上册，第110页。

② 吕慧生日记，《吕慧生烈士史迹》，第115页。

行学生半供给制。

按照淮南津浦路东地区行政当局于1942年估算，每个脱离生产者，每年依当时物价计算约需1 100元（正规军标准是津贴菜金、文教费、办公费、战争消耗等每人每月50元，全年600元，被服费每年每人50元，外加粮食），按当地当时粮食生产状况，约20人供养一个脱离生产者。① 政府工作人员待遇或比指战员为低，而一个公费生的待遇相当于一个政府工作人员。照中共中央规定的标准，根据地脱离生产人员不得超过根据地人口的3%。超过这个百分比，人民承受不了。所以，学生人数不宜过多，公费生与半公费生更不宜过多。据晋察冀边区文教处长1941年5月估算，一个公费生的费用相当于5个自费生的费用。② 他们正是从这一估算出发，决定中学以自费为原则。

华中地区经济比西北地区发达，为什么苏中区收费教育反比陕甘宁边区免费教育效果好呢？在经济较发达地区，人民群众对文化的需求也高些，为数不多的教育费用，人民群众也支付得起。陕甘宁边区一般群众对私塾式的教育，尚有一些兴趣，不愿意送子女进学校，怕子女受教育后成为"洋学生"和"公家人"。根据地特别需要干部，所以陕甘宁边区特别注意免费教育，也有道理。

五

抗日根据地同以往的苏区一样，都是从比较彻底的免费教育走向免费教育与收费教育并举。不过，苏区实行工农民主革命，在免费教育的实施中，对劳动人民子女区别对待，抗日根据地实行抗日统一战线政策，对不同家庭出身的学生，在免费教育问题上，原则上平等看待，但对贫苦学生予以补助。中央苏区在第五次反"围剿"斗争时期，迫不得已动员家长交费，免费教育原则未变。抗日战争后期，从根据地实际出发，自觉实行免费教育与收费教育并举。义务教育与免费教育几乎是世界各国普及教育的必由之路，这个问题的产生，一方面由于普及教育是社会近代化（更不用说现代化、革命化）的客观需要与基本目标；另一方面广大群众送子女入学，有客观困难与思想障碍。根据地实行免费的义务教育，既同外国影响有关，也多少反映根据地的需要与实际。

毛泽东在1938年4月就提出"抗战教育不是强迫的，而是自发的"③。由于动员入学困难与流生现象严重，才改入义务教育之途。说义务教育"害人不浅"，把"善政"变为"虐政"，多少有些夸大其词。事实上边区义务教育尚处

---

① 《淮南路东根据地概况》，《安徽革命根据地财政史料选（一）》，第206页。
② 刘奠基：《目前边区中学的建设》，《晋察冀边区教育资料简编》第2册，第333页。
③ 《新中华报》1938年4月15日。

在试验阶段,试验范围局限于一市一县。试验时间只有两年左右。实行义务教育之前与未实行义务教育地区,用群众性突击运动方式推行着普及教育,其强制性不下于正规义务教育。边区曾发生过绑送入学和家长被迫要带儿童跳崖的悲剧,① 但这不见得发生在实施义务教育地区,义务教育条例原无绑送入学的规定。

为什么在抗战前夕与开始时,动员入学问题不如1938年以后尖锐;抗战后期群众又比较自觉自愿地办学与入学呢? 问题的症结在于所办的是什么学校,是反映边区实际受群众欢迎的学校,还是不受他们欢迎的学校。可见,义务教育不是一个孤立的问题。根据地的经验证明,办受群众欢迎的学校,义务教育与免费教育困难大体上可迎刃而解。

然而,农民群众的朴素的教育观,或多或少受分散、落后的小生产的局限;受现代教育熏陶的城市知识分子,不易理解与接受这种朴素的教育观,也属自然;然而在农村根据地普及正规小学教育的时机尚未成熟时,也需要把有限的教育资源(人力、物力、财力)集中投入更为急迫的干部教育,也只能正视这个现实。所以,当时把义务教育视为"空想"又有一定道理。

① 《边区教育现状与今后工作方针》,《陕甘宁边区教育资料(教育方针政策部分)》上册,第110页。

教育经费比较

教育经费匮乏，是根据地教育事业中的一大难题。当时教育经费的困难，
主要由于军事费用庞大，而根据地经济落后。人们主观上倒是千方百计筹措教
育经费，尽最大的可能，保障教育事业的供给。

教育经费，包括教育经费在政府财政支出的比重、教育经费来源及分配原
则、教育经费开支标准，以及教育经费管理制度等问题。各根据地大体上从当
地当时实际出发解决这个问题。其中，中等以上学校的情况前后变动不很大，
小学经费问题变动较大。

一

教育经费问题的解决，同根据地的经济背景直接联系。

陕甘宁边区经济发展，大体上可分为三个时期：

第一时期（1937 年 7 月—1940 年），国内建立抗日民族统一战线，同国民
党的矛盾缓和，同日军只在黄河边沿地带有接触，更由于中国共产党和抗日军
队在国内影响大增，获得巨大的外援。在这种情况下，根据地有可能休养民力，
并有余资发展教育事业。在此期间，陕甘宁边区政府财政收入状况如下：①

---

① （日）井上久士：《抗战前期（1937—1940 年）陕甘宁边区之经济建设——以工业为中心》，
《中国抗日根据地史国际学术讨论会论文集》，档案出版社 1985 年版，第 344 页。本书编者依据原文
提供数字重新制表。

年份 项目 数字	边区财政收入（元）	比上年增长比重（%）	外援（元）	外援比上年增长的比重（%）	外援在财政收入中所占比重（%）
1937	526 302.45		456 390.01		86.72
1938	907 943.31	72.51	468 500.00	102.65	51.60
1939	6 602 909.88	627.24	5 664 667.34	1 109.11	85.79
1940	9 750 995.31	47.68	7 550 855.04	33.30	70.44

由此可见，边区政府在 1937—1940 年间财政收入逐年大幅度增加。其中 1939 年增加的幅度最大，比 1938 年增加 629.23%，1940 财政收入是 1937 年的 18.5 倍；外援在财政收入中所占比重最少为 51.6%，最多时高达 85% 以上。外援包括由当时的国民政府发放的八路军粮饷和难民救济金，及海外华侨捐款。在此期间，人民负担也逐年增加，但在财政收入中所占比重不大。1938—1940 年间公粮数额如下：①

年份 项目 数字	征收公粮数（石）	比上年增加的比重（%）	备注
1938	15 972	13	每石 150 公斤
1939	52 250	227.13	
1940	97 354	86.32	

公粮增加的幅度很大，因原先公粮基数不高。如 1938 年征收的 15 972 石公粮，只占当年边区粮食总产量的 1.32%。平均每人年负担 1 升 2 合（1.8 公斤），而 1940 年耕地面积比 1937 年增加近 40%。②

第二时期（1941—1942 年），由于国民政府从 1940 年秋季起断绝支付八路军粮饷，从 1941 年开始又对边区实行封锁，其他外援也难以输入边区，根据地财政十分拮据。1941 年征收公粮 200 000 石，比 1940 年增加 105.43%，增加了人民负担。从 1942 年起，实行"精兵简政"，同时进一步开展大生产运动。1943 年以后，根据地经济状况又趋于好转。1942 年征收公粮 160 000 石，1943

---

① 星光：《陕甘宁边区政府的精兵简政》，《中国抗日根据地史国际学术讨论会论文集》，第 277 页。

② （日）井上久士：《抗战前期（1937—1940 年）陕甘宁边区之经济建设——以工业为中心》，《中国抗日根据地史国际学术讨论会论文集》，第 344 页。

年征 180 000 石。1943 年粮食总产量达到 1 840 000 石,公粮只占当年粮食总产量的 9.78%。全年消费粮食 1 620 000 石,已有 220 000 石余粮。①

华北晋冀鲁豫边区在 1940 年太行、太岳、冀南联合行政办事处成立前,同陕甘宁边区一样,八路军的军饷亦由国民政府发放,吃粮靠就地供应。各地筹款采取"合理负担"的办法,即主要由地主、富农负担。后来改行征收"统一累进税",负担面达到人口的 80%,人民负担率一般在占其收入的 15% 左右,最高不得超过 30%。② 晋察冀边区的财政政策大抵也是如此。

华中地区原有经济基础比北方许多根据地发达,故各根据地财政收入总量比北方根据地大得多。前面提到,陕甘宁边区在 1942—1943 年公粮为 16—18 万石,而淮南皖东根据地 1941 年就征收公粮 30 万石,苏南区仅苏(州)常(熟)太(仓)地区就征收公粮 20 余万石,鄂豫边区 1944 年征收公粮 60 万石,而公粮的比例一般只占粮食产量的 3%。淮北区 1944 年财政收入如下:③

财政收入项目	金额	各项收入在总收入中所占比例%
税款收入	11 063 122	84.81
行政收入	235 193	1.80
公学产收入	21 756	0.17
粮赋收入	1 573 005	12.06
其他收入	152 009	1.16
合计收入	13 045 085	100

由此可见,工商税款占财政收入的绝大部分(84.81%),而粮赋收入只占财政收入的 12.05%。

至于财政支出的基本情况,以皖中区 1942 年的财政收支总额为例:④

---

① (日)井上久士:《抗战前期(1937—1940 年)陕甘宁边区之经济建设——以工业为中心》,《中国抗日根据地史国际学术讨论会论文集》,第 282 页。

② 戎子和:《抗日战争时期晋冀鲁豫根据地的财政经济建设》,《中国抗日根据地史国际讨论会论文集》,第 307 - 308 页。

③ 马洪武:《华中抗日根据地财政经济工作的几个问题》,《中国抗日根据地史国际讨论会论文集》,第 491 页。

④ 同上。

项目		金额（元）
财政收入		24 787 729
财政支出	军事支出	11 055 811
	地方支出	4 352 615
	上送新四军军部	7 491 173
	小计	22 899 599
财政决算		1 888 130

上述统计表明地方军事支出和上送新四军军部（主要也用于军事）的数额占财政收入总额的74.8%。皖中属于游击根据地，在1942年那样的困难时期，尚有财政结余，这种情况同北方根据地显然不同。

第三时期（1943—1945年），陕甘宁边区和各敌后抗日根据地经济来源主要通过大生产运动，自力更生，克服经济困难，各级学校"以生产养校"。

二

陕甘宁边区全部财政支出中，教育经费仅次于军事费与经济建设费，居第三位。一般有大片巩固区的敌后抗日根据地，大体上也是如此。在环境动荡的根据地，尚难以从容开展经济建设，教育经费在财政支出中次于军事费与行政费，也占第三位。例如1941年8月，淮北苏皖边区行政公署各类财政支出所占的比重是：[1]

项目	军事费	行政费	教育费	财务费	建设费	保安费	其他
百分比	75%	12%	4%	3%	1%	2%	3%

1942年财政支出中，军事费比例变动不大（占74.38%），行政费从12%降为5.82%，而教育费从4%上升为6.55%，超了行政费（在1942年预算中财务费占3.5%，建设费、保安费等均未列入，似并入行政费或财务费中）。[2]

淮南区津浦路东联防办事处1940年财政支出中，各项经费占的比例是：军事费占79%，行政费占11%，教育费占7%，其他费用占3%。[3]

根据地教育经费一般由边区（省）、县分担，并由群众集资。具体情况，前

---

① 雷明：《苏皖边区财经工作总结》，《安徽革命根据地财经史料选（二）》，第46页。

② 刘瑞龙：《淮北苏皖边区三年来的政府工作》，《安徽革命根据地财经史料选（二）》，第99页。

③ 邓子恢：《津浦路东苏皖边区抗日民主政府一年来施政工作总报告》，《新四军和华中抗日根据地史料选》第3辑，第141页。

后有变化。

干部教育经费一般由边区（省）政府统筹统支。不清楚的是县级干部学校经费由县政府自筹还是向上级政府报销。公立中等学校开支一直由边区政府负担，其他根据地大体上也是如此。

小学教育经费，陕甘宁边区起初也由边区政府统筹统支，从1942年开始，主要由地方（县）负担。在实行由边区或由县统筹统支时，也包括向群众集资。晋察冀边区（到1942年止）的情况是，初级小学一般由村公所开支，高级小学起初或可能由县负担，在实行统一累进税制、取消地方税以后，高级小学（更不用说高级小学以上学校）由边区政府负担。① 晋绥边区小学经费由县政府统筹统支，以县政府财政支出为主，以地方教育基金收益为辅。②

教育行政干部报酬，不列入教育经费（至少陕甘宁边区、山东区如此）。

前面提到淮南津浦路东区教育经费占联防办事处财政支出的7%。联防办事处在1940年11—12月经费开支分配如下：③

经费（元）\ 开支项目 \ 月份	办事处经费	干部训练班经费	教材编辑委员会经费	单衣或棉衣经费	淮南路东联合中学经费
11 月	2 675	1 120	186		5 000
12 月	3 013	1 120	186	9 671	5 000

这里不清楚的是，这是否是除军事费以外，由办事处掌管的全部经费，如是，则把教育费包括在内。而教育费系指教材费、淮南路东联合中学等开支，意味着实行小学教育与社会教育经费由县统筹总支。但三项与教育有关的经费总和超过"办事处经费"，同教育费占7%、行政费占1.1%的比例不合。因此，更可能指的是除军事费、教育费以外的经费即单指行政费用，其中"办事处经费"只是指办事处的办公费。如是，又可以看出，在行政费用中，绝大多数也用于教育开支（干部训练、教材、联合中学）。即除办公费外，全部用于教育上面。

在整个抗日战争时期，各个有大片巩固区的抗日根据地的形势，都以1940

① 《晋察冀边区行政委员会工作报告》，《晋察冀边区教育资料简编》第2册，第304页。
② 《山西教育史志资料》1985年第2期，第23页。
③ 邓子恢：《津浦路东苏皖边区抗日民主政府一年来施政工作总报告》，《新四军和华中抗日根据地史料选》第3辑，第143页。

年为最好。1941年以后越来越困难。然而，有些根据地在1940年以后，教育经费还逐年增加，如盐阜区。据1944年的介绍，该区在1940年的教育经费为每月37 000元，以后逐步增加到50 000元、80 000元，直到160 000元。①

陕甘宁边区所属绥德分区，1942年各县总开支为61 739 143元，教育费为6 952 382元，占该分区财政支出的11.26%。其中靖边县教育经费占总财政支出的15.4%。上述教育支出中由政府供公务人员、教职员与学员粮食开支未计入。②

三

根据地教育经费的来源主要是公粮、税收、公营经济的收入和教育产款，以及没收汉奸资产等。

晋察冀边区从1941年起，实行统一累进税。原则上争取每个行政村纳税人口占全村人口80%，贫农纳税不超过总收入7%，中农为15%，富农为25%，地主70%。只有边区行政委员会与村公所有权征税。专员公署、县政府、区公所均无权征税。③ 所以，该边区高级小学以上教育费，由边区政府统筹统支，初级小学与社会教育经费，由村公所统筹统支。

陕甘宁边区起初主要由边区政府统筹统支，教育经费并不稳定。1939年拟定《各县教育经费筹措暂行办法》，经费来源包括买卖婚姻、赌博、缠足之没收款、罚款，学校生产收益，教育产款，及募捐等，强调"保障教育基金的独立"。1939年拟定《普及教育三年计划（草案）》中提到经费的主要来源是依靠群众，大多数的县已经做到。1940年决定，国民教育经费从1941年起"改行新法"，即由各县自筹。

据1942年介绍地方教育经费的来源：一是整理各县公产、教产所得；一是在地方税收中拨付或附加。如绥德分区将斗佣全部拨作教育经费。延安、定边等县则在斗佣、盐佣上附加五厘，牲畜买卖手续费上附加一分的办法解决。同1939年的办法相比，增加了税收。

1942年《陕甘宁边区各县教育费暂行条例》规定："各县教育经费，以统筹统支为原则"。教育经费来源是：各县旧有教育资产的收益；各县政府第二科所经营的一切土地、房屋、森林、牲畜、矿产等公产，自1942年起，全部拨作

---

① 《盐阜区教育资料选编（政策法令部分）》，盐城市教育学会翻印本，第256页。

② 《陕甘宁边区小学教育概况》，《陕甘宁边区教育资料（小学教育部分）》上册，第162页。

③ 中共中央北方局：《关于1941年度统一累进税工作的总结》，《晋察冀抗日根据地史料选编》下册，第180页。

教育资产，其收益作为教育经费；各县寺庙、祠会的土地、房产、牲畜、树木、现金等，除已拨作当地学校校产者外，经调查属实提请县参议会讨论，拨一部或全部作教育经费；各县每年所用公盐，除完成边区财政厅规定数额外，其超过数额所得之盈利，全部拨作教育经费。此外，以上各项收入如不敷全县经费开支时，还可另外设法补助。① 可见，在 1942 年事实上仍以税收专款为教育基金主要来源。列出那么多税目作为教育经费，足见普及教育所费之巨。

另以陇东分区为例。该分区 1943 年实行教育经费统筹统支的原则，由专署统筹调剂。全分区预计全年教育经费折合细粮，共需 1 300 石左右。来源是：各县原有教产、教育款项收入约 220 石；边区政府财政厅拨 725 石；不足时由各县生产解决或由专署补助。② 由此可见，在 1943 年，边区政府仍担负该分区教育经费的 55.7%。这"1 300 石"是个什么概念呢？全边区机关学校在 1939—1942 年间，开展大生产运动，共生产粗粮 11 325 余石（折合细粮 5 830 石），单是一个陇东分区，在一年中，就需教育经费 1 300 石，约占这个数目的 11.47%。足见教育费是边区政府乐于承担的一笔多么沉重的负担。

按照陕甘宁边区教育厅规定，各县建立教育经费管理委员会。由县长、第二科科长、第三科科长，县参议会常驻参议员、群众代表、小学教师联合会代表各 1 人及地方教育界有声望的人士 3—5 人组成。教育经费概由管理委员会掌管。此外，在教育厅直属各学校，均设有经济稽核委员会，其成员由教职员选举产生。校长、教务主任、事务员不得参加。

山东区教职员和公费、半公费学生给养，一律由救国公粮拨支，中学及专署以上政府所办的教育事业的经费，在政府行政费内开支，地方教育以县为单位统一计划、支配，统一预算决算，以专员公署为单位调剂。经费来源是：行政费拨支按地方收入斟酌拨其一部分为教育经费；教育款产，包括学田教育基金及学校经费所得。此外，地方上所有公地、庙地及没收汉奸的田地充公者一律作为教育款产；田赋附加，即在行政费总款及教育款产收入不敷支出时，以县为计划单位，在附加征收乡村行政费时，加入由县政府第一科负责征收的费用；奖励捐资兴学。③

---

① 《陕甘宁边区各县教育经费暂行条例》，《陕甘宁边区教育资料（教育方针政策部分）》上册，第 164 页。

② 《陇东分区一九四三年教育工作计划》，《陕甘宁边区教育资料（教育方针政策部分）》下册，第 393 页。

③ 《山东老解放区教育资料汇编》第 2 辑，第 25 页。

四

教育经费开支的标准，各根据地各个时期不尽一致。

陕甘宁边区小学校开支标准，边区政府的规定（1942 年开始）如下：

开支标准 / 学校 开支项目	完全小学	中心小学	初级小学
办公费	每班每月 15—20 元	30 人以下每月 15 元 30 人以上每 10 人增加 5 元	每校每月 5—10 元
书报费	每班每月 4 元	每校每月 10 元	每校每月 6 元
津贴费	校长每月 5 元，教员每月 4 元	校长每月 4 元，教员每月 3 元	每人每月 3 元
伙食费	每人每天 0.5—0.6 元	每人每天 0.3—0.5 元	每人每天 0.3—0.5 元
制服费	每年发棉、单、衬衣各 1 套	同	同
修理设备费	依据需要开支	县政府补助 40%	当地群众解决
生产卫生保育费	按一般规定开支	/	/
粮食费	依据家庭情况酌发 1—2 人粮食	同	同

此外，会议费、路费、奖励费、临时棉被等补助费、各种训练班经费等，依当地实际需要开支。[1]

陕甘宁边区中等以上学校免收学费外，还免收膳食、书簿等费。所以费用开支甚大。中等学校经常费与临时费均由边区财政厅统一发给。经常费包括办公费、杂支费、伙食费、服装费等项；临时费由学校根据实际需要编造预算，向财政厅临时支用。

---

[1] 《陕甘宁边区各县教育经费开支暂行标准》，《陕甘宁边区教育资料（教育方针政策部分）》上册，第 287 – 289 页。

1943 年各中等学校经费开支如下：①

学校 \ 开支项目 经费	经常费（元）	临时费（元）	合计（元）
延安师范	16 893 000	1 520 197	18 413 197
绥德师范	17 828 500	87 700	17 916 200
米脂中学	14 040 555		14 040 555
陇东中学	7 506 000	70 000	7 576 000
关中师范	4 524 000	22 700	4 546 700
三边师范	3 150 000	252 831	3 402 831

总计 65 895 483 元。这里所用币制不清楚，此材料发表于国民政府管辖区，可能按该地区币制换算。照陕甘宁边区 1942 年币制，这笔巨额开支难以理解。

山东区教育经费支出的标准，除教职员工、公费半公费学生供给费外，小学办公费每班每月 6 元（初级、中级）至 10 元（高级）；中学办公费每班每月 30 元，每增加一班，增加 20 元；中学教育费以每个学生每月 1 元计，医药费以每人每月 0.30 元计。②

苏中区规定小学初级阶段，每个学级每月支大米 8—10 市斤，高级阶段每月大米 10—12 市斤。③

五

根据地在小学教育与社会教育经费由县统筹统支的财政制度下，教育经费实际上大部分仍由边区（省）政府财政支出。这是由于中等以上公立学校在许多地区为公费。即使是中学自费的学校，教职员工的报酬和学校办公费用，仍由财政支出。在实行公费的学校，一个公费生的待遇大体上相当于一个脱离生产的干部待遇，所以开销甚大。

皖中区只有一所公立中学。根据该区统计，皖中联合中学 1944 年上学期共用款 113 017 元，公粮 18 227 斤，加上同年下学期的预算（包括该校基建费在

---

① 《陕甘宁边区中等教育概况》，《陕甘宁边区教育资料（中等教育部分）》上册，教育科学出版社 1981 年版，第 107 页。
② 《山东老解放区教育资料汇编》第 2 辑，第 24 页。
③ 《老解放区教育资料（二）》下册，第 508 页。

内），全年共需经费约 300 万元之巨。撇开基建费（137 400 元）以及设备、图书、办公等费用不计，全年公粮就达 169 440 斤。①

如果说，一个教职员、公费生的供给标准，相当于一个脱离生产的干部，那么据同皖中区邻近的淮南区计算（1942 年），按照当时的物价，每个脱离生产者每年约需 1100 元（依正规军计算，每人被服费 50 元，外加粮食、菜金、文教费用、办公费用、战争物资消耗统算，平均每人每年 600 元）。按当地粮食生产状况（农业劳动生产率）估计，约 20 个农民，才能供应一个脱离生产者。② 在华北和陕甘宁边区的大部分地区，可能还不止此数。惟其如此，中共中央在"精兵简政"时，规定根据地脱离生产人员最高不得超过根据地人口总数的 3%。

晋冀鲁豫边区，在 1941 年 7 月，境内有人口 15 000 万。其中游击区人口2 500 万，基本区人口约 500 万。按照中共中央规定的标准，根据地脱离生产的人员（包括军队、党政群众团体干部及教职员工、公费学生等），最多不得超过150 万人。该边区 1941 年财政收入概算为 26 612 600 元，除 1940 年人口税1 800 000 元，及公费事业收入外，直接取之于民的，约 23 813 500 元，占财政收入总数 89.4%。平均每人负担 3.1 元，加上地方款、村款，平均每人负担 2.54元，公粮负担每人每年合 6 元，合计平均每人负担 11.72 元，（合战前物价的1.3 元）。③

另据该边区在太行区赞皇等 12 县 13 个村调查，1944 年平均每人收入 6 石2 斗 8 合谷子（副业及其他收入占 18%），平均每人每年生活消耗 4 石 5 斗 1 合，再生产费用为 5 斗 7 合，当年平均每人负担 4 斗 2 升 4 合，负担占收入的 6.5%，每人尚余 6 斗 2 升 3 合。④ 这已是"精兵简政"以后的情况。负担虽不算重，人民剩余收入仍然不多。可见，考虑根据地教育事业的规模以及确定筹措教育经费的办法，既要考虑客观需要，也得兼顾财政支付能力与社会承受能力。

根据地起初实际上是兼顾干部教育（包括中等学校教育在内）与群众教育（包括儿童教育与成人教育），后来转而确定群众教育经费由地方自筹，即以县为单位统筹统包；再后来发现在根据地环境条件下，公立小学规模过大，财政上有困难，终于在 1944 年教育改革中决定，高级小学以上学校，向干部教育方向发展，主要由政府负担，而群众教育（儿童与成年群众教育）则实行"民办公助"。

---

① 吕惠生日记，《吕惠生烈士史迹》，第 115 页。
② 《淮南路东根据地概况》，《安徽革命根据地财政史料选（一）》，第 206 – 207 页。
③ 《解放日报》1941 年 8 月 9 日。
④ 《华北抗日根据地纪事》，天津人民出版社 1986 年版，第 509 页。

在实行"民办公助"以后，产生民办学校教育经费不稳定的问题。

陕甘宁边区所属绥德分区各县采取捐助户地、坟地、会地、庙产、变工等办法解决。为求得一劳永逸，绥德分区专员公署在 1945 年春发动筹集教育经费运动。在第三科长联席会议上各县提出归还公产，其收益充作民办学校经费。专员公署认为归还公产不妥，而采取地方政府补助的形式；公产酌情还一部分，所有权仍属县政府；如暂时无力购买课本，可借用教育粮，但需归还。①

---

① 《绥德专员公署关于开展 1945 年教育工作的指示》，《陕甘宁边区教育资料（教育方针政策部分）》下册，第 519 页。

教员待遇比较

各抗日根据地处在战时状态，在经济、文化落后的农村环境，却一直致力
于提高教师的地位，尤其是努力改善教师的物质生活待遇。

各抗日根据地的民选抗日人民政府成立时，一般都发布施政纲领。这些施
政纲领的文化教育条款，多则十余项，少则几项，除个别例外（如《淮南区津
浦路东各县联防办事处抗战时期施政纲领》以及陕甘宁边区 1939 年的施政纲
领），一般都列入"改善小学教员生活"，或"改善小学教师的物质生活，提高
其社会地位"条款。其中在晋绥边区、苏南抗日游击根据地和浙东抗日游击根
据地，把这一条款列为众多条目中的第二位。

一

各根据地教员劳动报酬制度不完全一致，同一个根据地前后也有变化。

1. 各根据地教员劳动报酬制度，有三种类型：（1）供给制（又称津贴制）；
（2）薪给制；（3）供给制、薪给制并行。其中以供给制最为普遍。起初多为供
给制，后来改为薪给制，间或也有从薪给制再改为供给制的情况。薪给制的标
准一般参照供给制项目计算，是带有供给制性质的薪给制。供给制的项目，包
括生活费（菜金、服装、鞋袜、津贴）和给养（口粮）。至于供给制优厚还是薪
给制优厚，视供给标准而定。如陕甘宁边区对小学教员实行供给制，从 1942 年
下学期开始，对中学教员实行薪给制，① 可见薪给制更优厚些；而冀鲁豫边区在
1943 年 2 月，对小学教员继续实行薪给制，把中学教职员的待遇改为供给制，②
似乎供给制度更为优厚。

---

① 《陕甘宁边区教育资料（教育方针政策部分）》下册，第 338 页。
② 《山东老解放区教育资料汇编》第 5 辑，第 56 页。

2. 教员报酬或以货币计算，或以实物计算。前者为货币津贴制，后者为实物（粮食）津贴制。于是，又有供给制（以货币计算）、实物供给制（以粮食计算）、薪金制和实物薪给制（以粮计算）四种区别。

一般讲，起初大抵实行货币津贴制（供给制），后来为避免物价波动影响，一般实行实物津贴制（多数为实物薪给制）。

3. 教员劳动报酬的分配，有两种办法：一是同一类型同一等级的学校（或初级小学，或高级小学，或中学），近乎平均分配，并且常以每个教员负担几人生活估算；一是职务报酬制。

起初一般倾向于平均分配。在教育工作正规化以后，倾向于职务报酬制。如山东区（1940年12月）分为四级：第一级，高级小学正教员兼校长；第二级高级小学正教员，或初级小学正教员兼校长；第三级，高级小学副教员，或初级小学正教员；第四级初级小学副教员。① 晋绥边区1942年1月公布的《小学教员任用及待遇条例》规定，按学历与工作分等待遇，高小教员分二等，初小教员分五等；苏北盐阜区（1943年7月）把小学教员分为六级：第一级，特准之优良校长、教员；第二级，实验小学校长；第三级，完全小学校长及实验小学主任；第四级，高级小学教员、初级小学校长；第五级，初级小学教员；第六级，校工。②

二

各根据地小学教员供给标准大致是：

1. 陕甘宁边区：

1938年实行货币工资的供给制，平均分配。每人每月粮食2.5元，菜金1.2元，津贴费1.5元。③

1941年12月，仍实行货币工资的供给制。完全小学、中心小学与初级小学供给标准有别，学校内部基本上没有差别。初级小学标准是：粮食为1—2人口粮，伙食粮（菜金，以日计）0.3—0.5元（按月计算为9—15元），津贴费3元，另外每年供给棉、单、衬衣各一套。④ 菜金从1.2元提高到9—15元，津贴费从1.5元提高到3元。这里提到的口粮标准，另据称为每月小米1斗半。⑤

从1943年下半年开始，实物供给制与薪金制（又称为薪米制）并行。如关

---

① 《山东老解放区教育资料汇编》第1辑，第83页。
② 《盐阜报》1943年7月17日。
③ 《陕甘宁边区教育资料（教育方针政策部分）》上册，第26页。
④ 同上书，第287—288页。
⑤ 《陕甘宁边区教育资料（教育方针政策部分）》下册，第338页。

中分区初级小学教员每月麦 5 斗，曲子县初小教员每月 50 元。① 完全小学、中心小学、初级小学之间有差别，同一级学校内部未行职务工资制。

2. 晋绥边区：

1941 年 11 月以前，小学教员每月发米 40 斤，1941 年 11 月颁布《提高小学教师待遇的办法》，规定每月发 60—80 斤。1942 年 1 月实行津贴制（供给制），此后，知识分子出来当教员的人数增加。1944 年总结提到，小学教员每月津贴小米 60—85 斤。② 当时政府工作人员的待遇，一般为每月小米 45 斤。可见教员待遇相当优厚。

3. 晋察冀边区：

1940 年 2 月实行供给制，货币津贴，近乎平均分配。小学教员每日口粮，从原有水平提高到 1 斤 4 两，生活费提高到每人每月 4—8 元。③ 1942 年 10 月规定，薪给制或供给制两可。实行分等制度。初级小学教员分为甲、乙、丙三等及代用教员，从高级小学校长到初级小学代用教员，报酬逐级递减 1 元。原则上以一人维持两人生活为标准。

1942 年 12 月，中共中央北方局在《关于华北敌后抗日根据地 1943 年工作方针的指示》中提到，"适当改善教员待遇，小学教员（每人）每年除吃饭外，以 5 石小米为最高标准"。④ 1943 年 4 月 1 日，晋察冀边区行政委员会提出"适当地改善小学教员待遇，减轻灾区人民对教育经费的负担"。当月 25 日，确定小学教员每人每日口粮仍为 1 斤 4 两，零用费（津贴费与伙食费）正教员每月 14—16 元，学习教员为 12—14 元，巡回教员或游击区教员为 18—20 元。⑤ 同 1940 年的标准相比，仍有显著提高。

4. 晋冀鲁豫边区：

该边区所属冀鲁豫边区 1942 年 10 月规定，供给制与薪给制并行。以一个小学教员维持 2 人生活为原则。⑥ 1943 年 2 月，晋冀鲁豫边区政府出于"精兵简政"、克服困难的考虑，提出"小学停止粮食优待办法"。同年 2 月 26 日，冀鲁豫边区规定，小学教员每人每月薪给粮（包括粮食、菜金、被服、医药、鞋袜

---

① 《陕甘宁边区教育资料（小学教育部分）》上册，第 163 页。

② 《老解放区教育资料（二）》下册，第 428 页。

③ 《华北抗日根据地纪事》，第 157 页。

④ 中共中央北方局：《关于华北敌后抗日根据地 1943 年工作方针的指示》，《晋冀鲁豫边区史料选编》第 2 辑，第 43 – 44 页。

⑤ 《晋察冀边区教育资料简编》第 2 册，第 503 页。

⑥ 《山东老解放区教育资料汇编》第 5 辑，第 21 页。

在内）小米 80 斤，烧柴在外。① 当年 3 月，晋冀鲁豫边区政府又决定自 1943 年 1 月起，小学教员薪金增加 20%，同时，每年发给每人一份《新华日报》。② 可见，同晋察冀边区一样，供给的标准不但没有降低，反而有所增加。

5. 山东区：

山东区在 1940 年 12 月取消薪给制，实行最低生活费制，即供给制，近乎平均分配。小学教员按月发给粮食、菜金，标准与一般政府工作人员相同；便衣费相当于每年单衣 2 套、衬衣 1 套、棉衣 1 套、大衣 1 件；每月津贴费 3—5 元。③

1941 年 6 月，改为生活费（菜金、服装、津贴）。初级小学教员每月 10 元，高级小学教员为 40 元，每人每日粮食 2 斤 4 两。④

1943 年 3 月，改行实物薪给制、职务津贴制。把小学教师分为四个级别。其第三级（高级小学副教员、初级小学正教员）每年高粱 300—350 斤。（当时粮食换算比值为 1 斤高粱按十两制计算，相当于 0.75 斤小米或 0.83 斤小麦）。⑤

6. 苏北盐阜区：

1943 年 7 月，废除以前公粮公草津贴制（即供给制），改行实物薪给制，实行等级工资。把小学教职员工分为六级。其第五级（初级小学教员）为每人每月大米 70 斤（或小麦、稗头 120 斤）。⑥

1944 年 1 月，改为七级工资制。初级小学教师的第六级，供给标准从 70 斤提高到 115 斤（或小麦、稗头 150 斤）。⑦

7. 苏中区：

苏中区约在 1942 年，把小学教职员工分为五个级别。第一级为完全小学校长、分学区主任、初级小学（四学级以上）校长；第二级初级小学（三学级以内）校长、高级小学级任教员及各部主任；第三级初级小学级任教员及各部主任、高级小学科任教员；第四级初级小学科任教员；第五级为勤务员。不过，具体确定薪给标准时，未按照级别付酬。规定：小学教职员一律领食公粮，并按月发给教职员家庭（属）一个人食粮，教工家庭（属）5 斤食粮；每人每日

---

① 《山东老解放区教育资料汇编》第 5 辑，第 56 页。
② 《华北抗日根据地纪事》，第 381 页。
③ 《山东老解放区教育资料汇编》第 1 辑，第 60 页。
④ 《山东老解放区教育资料汇编》第 2 辑，第 23 页。
⑤ 《山东老解放区教育资料汇编》第 1 辑，第 83 页。
⑥ 《盐阜区教育资料选编（教育方针政策部分）》，第 134 页。
⑦ 同上书，第 129 页。

菜金一律 0.6 元（每月 18 元）；此外按月发给津贴费。①

8. 淮南区与淮北区：

淮南区 1941 年小学教员待遇，以每人养活一个半人为原则。

淮北区于 1941 年 7 月，把小学教员待遇由原来每月 20 元提到 40 元，1942 年 10 月又把初级小学教员待遇改为每月 95 斤粮食。

9. 苏南区：

1944 年 1 月规定，正教员每人每月白米（大米）7—8 斗，助教为 6—7 斗。

10. 皖中区与浙东区：

皖中虽为游击根据地，在 1943 年秋收后，五谷丰登，属华中敌后抗日根据地的"小康"社会。该区在 1943 年 7 月，小学教员待遇，以每个小学教员养活 2 人为原则。

浙东区也是游击根据地，1945 年 1 月，实行实物薪给制，以每人养活 2 人为原则。该区姚南县于同年 2 月规定为每月 200—300 斤谷子。

根据地小学教员除了依照规定应得的劳动报酬有保障以外，还有各种附加补贴：

晋察冀边区（1943 年 4 月）：小学教员因病请假在一个月以内者，生活费照发，病假超过一个月以离职论；女教员及其幼儿，按照《优待政（府）民（民众团体）妇女干部及其幼儿之决定》办理，产假期间，生活费照发；因公伤亡者，按《政（府）民（民众团体）抗战伤亡褒恤条例》抚恤。②

陕甘宁边区（1941 年 3 月）：住宿学校，由政府雇佣伙夫；教员生病时，发给医药费用，并由基层政府派员看护，还得发动群众慰劳；津贴制（供给制）教员家住边区而无劳动力者，应予代耕；此外，发给书报费，任职已久者保送学习。③

除此以外，各地对于成绩优良的教员，大都实行奖励。

由此可见，从抗日的后方根据地（陕甘宁边区）到敌后抗日根据地，直到敌后抗日游击根据地，无不致力于提高教员待遇，改善教员生活。即使在根据地处在严重困难时期，仍谋求教员生活的保障。例如晋察冀边区与晋冀鲁豫边区，经过 1941—1942 年日伪军频繁的"扫荡"，根据地大为缩小，全民生活都很困难，仍提高了教员的待遇。

从土地革命战争时期的苏维埃区域开始，就形成优待小学教员的传统。一

---

① 《老解放区教育资料（二）》下册，第 507－508 页。

② 《晋察冀边区教育资料简编》第 2 册，第 504－505 页。

③ 《陕甘宁边区教育资料（小学教育部分）》上册，第 110 页。

般规定小学教员待遇相当于政府工作人员，并比政府工作人员优厚些。

前面提到，山东区1941年6月确定小学教员生活费（菜金、服装费、津贴），初级小学教员每人每月10元，高级小学教员每人每月40元，中学教员则达到20—40元。此外，每人每日给养粮2斤4两。该地区于当年10月确定的各级政府工作人员津贴费的标准是：专员每人每月5元，县长3.5元，区长3元。① 由此可见，教员的待遇远远高于专员和县长。

山东小学教员待遇优厚，是由于山东省临时参议会在1940年12月就确定"各级学校师资以抗战技术人员待遇之"。② 该省于1941年3月发布《关于优待参加抗战工作之士绅名宿及特殊技术人才的通知》规定，有关人员每人每日菜金0.2元（即每月6元），每人每月津贴5—15元，粮食尽可能筹给细粮。③ 1941年6月小学教员待遇标准，实际上是参照技术人员待遇标准制定的，并比1941年3月的技术人员待遇标准还高一些。

尽管根据地一贯积极努力提高教员生活待遇，但由于根据地经历日军长期"扫荡"的浩劫，财政日益窘迫，人民群众也不胜负担。于是，陕甘宁边区率先开展大生产运动，1943年以后，各敌后抗日根据地也纷纷跟上，到1944年春季，形成生产运动新高潮，随之提出学校和教员通过生产，部分自给，而在1944—1945年教育改革中，先后推行小学（主要是初级小学）"民办公助"，此后，初级小学主要由群众办理，教员亦由群众集资供给。这样，在若干地区，小学教员生活不免受到波动。

三

各根据地不仅积极提高小学教员生活待遇，而且不断提高小学教员的社会地位与政治地位。

各根据地都建立了教员组织和有教员参加的社会组织。通过这些组织，既促进教员自我教育和相互团结，促进教师改进工作，又便于教师参与教育行政、学校行政管理及参与政权的民主管理。

各地教员组织名目繁多。主要的组织大抵分为五种类型，即：

1. 小学教员联合会、中学教员联合会：这是教员自身的群众组织。

2. 教员救国会：这是属于全国各界救国会系统的教员抗日救亡的政治组织。

3. 教育研究会、教育学会：这是教育研究组织。

---

① 《华北抗日根据地纪事》，第264－265页。
② 《山东老解放区教育资料汇编》第1辑，第60页。
③ 《华北抗日根据地纪事》，第221页。

4. 教育界与社会其他各界联合的教育工作组织：这是教育界同社会其他各界协调开展教育工作的组织。

5. 文化界抗敌救亡协会：属于全国文化界抗日统一战线系统的文化组织，教师组织以团体会员身份参加，在基层组织中，教师以会员身份参加。

尤其是在实行"灰色隐蔽"策略的敌后抗日游击根据地，教师群众组织的作用更为突出。浙东游击根据地的教育会，就是一例。

各根据地对提高教师政治地位大都有明确措施：

陕甘宁边区1941年3月规定：小学教员免服兵役；得兼任当地乡政府文化主任，或其他有关文化教育的职务；参加当地政府召集的有关文化教育的各种会议及其他可得参加的会议；得被推为当地群众团体的顾问。

山东区1943年3月有如下规定：小学教员一般应为所在村的当然村政委员；区小学教师救国会主任为该区当然行政委员；县小学教员救国会主任有参加政府扩大行政会议的权利。

根据地把每年6月6日定为教师节（同国民政府统治区一样）。① 教师节庆祝活动往往相当隆重。如晋察冀边区1943年教师节纪念活动，包括：召开纪念会、教师座谈会、慰劳小学教师、选拔与奖励模范教师、慰问游击区教师并开展争取伪化教师工作、举行小学教师征文，以及批评教育、惩罚不负责或犯错误的教师。

---

① 浙东区一度把教师节定为11月12日，后来改为6月6日。《浙江革命根据地教育资料汇编》上册，第56、96页。

私立学校、私塾、教会学校的地位比较

根据地学校始终以公立学校为主体，但在根据地存在私立学校、私塾、教
会学校之类特殊问题。在北方根据地形成之初，私立学校、私塾、教会学校大
都在战乱中被迫停办，遗留下来的私立学校、私塾、教会学校或被临时抗日政
权、群众组织明令取缔，或因这些教育组织不适应抗日战争新形势而自然淘汰。
不过由于事关抗日教育统一战线，根据地当局不能不慎重对待。事实上，只要
把这类教育组织置于民主政府的监督、管理之下，只要它们不违背抗日、民主
教育的宗旨，允许其存在，并加以适当限制与改造，便可以把它们作为根据地
公立学校的补充成分。惟其如此，后来根据地对待私立学校、私塾、教会学校
的政策多少有一定变化。由于各个根据地对这类教育组织的政策并不一致，其
结果也大相径庭。

这三种非公立教育组织的性质不同：私塾是古代社会的产物，带有封建时
代传统文化的色彩，其封建性同民主教育的宗旨不相容；私立学校是近代社会
的产物，同公立学校存在学校财产所有权和办学权限及办学宗旨的差别，它同
公立正规学校一样，缺乏私塾办学形式的灵活性；至于教会学校，在农村为数
不多，只在局部地区有一定影响，但它同宗教活动有联系，有的同国外教会势
力有直接或间接的联系。故根据地对这三种非公立教育组织的政策又有区别。

以学校代替私塾、以公立学校代替私立学校、以世俗学校代替教会学校，
是近代学校演变的一般趋势。问题在于是否允许私塾与非公立学校存在，或在
多大程度上允许其存在，须依客观环境、条件为转移。实际情况表明，根据地
以公立学校为主体的价值取向虽符合历史潮流，而学校的设置并非"越公越
好"。

一

各抗日根据地形成的时间先后不一。陕甘宁边区因脱胎于土地革命战争时

期的苏维埃区域，起初人们对抗日教育统一战线的认识尚不很清楚，抗日教育统一战线的政策还不完善，对私立学校问题，不甚注意。这也可能同在战争中私立学校自然消失有关。抗日战争初期形成的华北敌后抗日根据地，亦有类似情况。1940 年 9 月 10 日，中共中央书记处《关于开展文化运动的指示》提出："各根据地的文化教育工作，不论是消灭文盲工作、学校教育工作……除党校与党报外，均应与一切不反共的资产阶级知识分子及小资产阶级知识分子联合去做，而不应由共产党员包办。"接着，中共中央宣传部于 11 月 15 日，进一步明确提出，应当发动群众自筹经费、自立学校，尤其要发动和奖励私人和私人集团设立地方性的私立小学。1941 年 2 月，中共中央书记处着眼于扩大与巩固抗日民族统一战线，并从各抗日根据地一般文化基础薄弱的实际出发，明确提出：在各根据地，不仅共产党有权利积极领导发展文化教育事业，而且一切抗日党派、各界名流学者都有办文化教育事业的权利。允许他们在那里办报、办刊物、办书店、办学校、办文化教育事业。在不危害抗战和不破坏团结的条件下，政府应当保证他们办文化教育事业的权利，并具体规定：对旧有的学校，应设法保护，并使之继续开学，由当地政府给以监督，逐渐改善其教育计划。[①] 此后，有些根据地明确宣布"奖励私人办学"政策，其中有些根据地还采取具体措施；在另一些根据地，未见表态。抗日战争后期，对私立小学的政策又有一些调整。

（一）陕甘宁边区

陕甘宁边区在 1938 年颁布的《小学法》和 1941 年 2 月修订的《小学教育实施纲要》中，都未提到私立小学的设置。意味着对私立小学不予认可。1942 年 1 月，提出"奖励并提倡私人兴学、讲学"，并且，"在不违反抗日，救国的最高原则下，对他们的宗旨、学制、课程、组织机构和教学实施，政府不加法令上的干预"。[②] 这是对私立小学政策转变的一个明显的标志。在此以前，陇东分区专员公署曾规定办理私学要在不妨碍公立学校的原则下尽量发展，但须呈报县政府第三科备案。《解放日报》曾于 1941 年 11 月 23 日报道。1942 年 8 月 15 日边区教育厅对子长县关于瓦市公民请求创立私塾（或指私立小学）的呈文批示：对于群众要求兴办私学，一方面尊重群众的意见，启发其积极性，使之自动办起；另一方面要善于领导，使之正确向前进，不后退。因此，在允许群众办学的原则下，要求：私学要受县（第）三科领导；要采用教育厅审定的新课本；县立小学的学生（除初级小学年龄小、住址离私学很近的学生外）不准

---

① 《共产党人》第 15 期。
② 《提高边区国民教育》，《解放日报》，1942 年 1 月 14 日。

转入私学。① 可见，所谓"政府不加法令上的干预"，并不意味放任自流。当年10—12月间，教育厅曾派督学分赴各地视察，有4所私立小学被列为视察对象。② 表明私立小学已自发产生。不过，在1942年8月颁发的《暂行中学规程（草案）》中，仍未提私立中学的设置问题。1943年1月重申"奖励办学"。

此后，在部分地区（主要是陇东分区），私立小学渐多。陇东专员公署专员于1944年3月19日在陕甘宁边区国民教育座谈会上发言时提到：私学是老百姓自动办的，政府应加以帮助和领导。只要群众办学的积极性发动起来，力量比政府大得多，办法也比政府多得多，这是教育工作中的群众路线。③ 到同年10月，陕甘宁边区文教大会召开时，陇东分区已有私立小学150所，其他分区也有相当数量的私立小学。④《解放日报》在报道中提到，私学一般缺点是多数含封建迷信的古书，并采用"溜口歌"和打骂的方法。⑤ 表明这种所谓"私学"，实际上是私塾，却受到群众欢迎，并由群众自发兴办。罗迈在陕甘宁边区文教大会上总结时谈到：我们的民办是群众公办，是小公办，与旧社会的私办不同；我们的公办，是民选政府办，是大公办，与旧社会的官办更是根本不同。小公与大公是统一的。⑥ 话虽如此，这样提法也导致私学与民办公助小学之间的界限模糊，无助于对私学的改造。另据统计，1944年边区文教大会前，陇东分区有小学136所。⑦ 由于私学与民办学校界限不清，很难断定这些学校是否包括私学。即使不包括私学，该分区存在150所私学，也表明私学在该分区已占有优势。

（二）华北敌后抗日根据地

华北各敌后抗日根据地，在1941年以前，一般不提私立学校问题。从1941年开始，各地对私立学校提倡与鼓励的程度也不一致。

在晋绥边区，晋西北行政公署于1941年5月，在《晋西北教育宗旨及实施方针》中提出："奖励人民私立学校，其成绩优良者，政府则酌量予以帮助。"⑧ 1944年10月，兴县有初级小学96所，私立小学所占比重甚微。⑨ 山东区在中共

---

① 《陕甘宁边区教育大事记》（1987年2月征求意见稿），第87页。
② 《陕甘宁边区教育资料（教育方针政策部分）》下册，第375页。
③ 《解放日报》1944年3月24日。
④ 《解放日报》1944年11月5日。
⑤ 《解放日报》1944年11月5日。
⑥ 《解放日报》1944年11月20日。
⑦ 《陕甘宁边区教育资料（小学教育部分）》上册，第241页。
⑧ 《山西教育史志资料》1985年第2期，第13页。
⑨ 《山西教育史志资料》1985年第2期，第30页。

中央山东分局于 1943 年 8 月发布的《山东省战时施政纲领》中，规定"奖励私人出资兴学"。山东滨海区于 1944 年 6 月召开的教育改革座谈会上，也重新提出"提倡个人兴学"。实际上反应不大。至于晋察冀边区，未见表态。

在华北，提倡私立学校，似以晋冀鲁豫边区最为积极。1941 年 4 月 5 日，中共中央北方局曾发布《对晋冀豫区目前建设的主张》。其中未提到私立学校问题。同年 9 月，在晋冀鲁豫边区参议会与边区政府成立之际，边区参议会通过《晋冀鲁豫边区政府施政纲领》。同北方局的意见相比，只有两处补充，其中之一，是"奖励私人团体兴办学校"。① 该边区在 1942 年 10 月颁布的《小学暂行规程》中规定：小学"应由政府设立之；同时，奖励私人创办，但须受政府之监督指导"。② 当年该边区还专门发布《村立与私立小学暂行办法》。规定村立与私立小学均得组织校董会，管理筹措经费、招聘人员之类事宜；校董会须在县政府备案，并接受县政府监督与指导，村立与私立小学得按《小学暂行规程》中规定的课程与教学时数上课，采用经政府审定的教材，政府对这两类小学的教师有调训之权。当年在该边区所属太行区，还开展过"村立与私立学校运动"。由于积极提倡村立与私立小学，当年太行区第三专区就拥有村立与私立小学 145 所，连同壶关、林北、和东、偏城 4 县的统计，共有 171 所，约占整个太行区公立小学的 14%。该区武乡县有公立小学 102 所，村立与私立小学 75 所。公立小学占小学总数 58%，村立与私立小学为 42%。③ 太岳区棉上县 1942 年 6 月，恢复被战争破坏的小学 27 所，新建立私立小学 6 所。对其余许多县调查中未提到私立小学问题。④ 未见晋冀鲁豫边区对私塾问题的表态，但该边区确有私塾存在。如太岳区所属岳南地区，1942 年有小学 682 所，私塾 37 处。岳北地区有小学 1272 所，私塾 40 处。⑤ 表明该地区私塾的比重极微。看来该地区或把私塾改成村立小学，更可能越过私塾，提倡村立与私立小学。

（三）华中敌后抗日根据地

华中敌后抗日根据地对私立学校的政策同陕甘宁边区及华北各敌后抗日根据地相比，有 4 点区别：

1. 在 1941 年以前即允许私立学校存在。

华中各抗日根据地形成以后，一直未取缔私立学校，甚至未取缔私塾，而

① 《晋冀鲁豫边区史料选编》第 1 辑，第 427 页。
② 《山东老解放区教育资料汇编》第 5 辑，第 8—9 页。
③ 《老解放区教育资料（抗日战争时期）》上册，第 178 页。
④ 《山西教育史志资料》1985 年第 3 期，第 11 页。
⑤ 《山西教育史志资料》1985 年第 3 期，第 8 页。

沿着私塾→改良私塾→私立小学→公立小学的路线，改革私塾，故对私塾尚有一定限制，对私立小学的维持与创立，则倾向于保护与鼓励；1941 年以后，逐步完善私立学校的立法。

苏北盐阜区行政公署（1942 年 3 月成立）在《盐阜区文教政策》中宣布"奖励私人办学，扶植私立学校"。在《小学暂行法》中，肯定"私人或团体亦可设立小学"；苏中区的《小学暂行规程》，对由私人、宗族、人民团体设立的小学（统称"私立小学"）也予以肯定；鄂豫边区于 1941 年 4 月，在第二次军事政治代表大会通过的《整理与发展边区的国民教育，提高大众文化，加强抗战力量案》中，也提出"奖励私立小学"的主张。苏南区也利用与鼓励私立学校。

2. 不仅奖励开办私立小学，而且奖励与扶持私立中学。

苏北盐阜区在《中学暂行法》中，确定"私人或私人团体亦可设立中学"。

中共苏中区委员会于 1943 年 7 月，重申"公私学校均应扶植"，既包括小学，也包括中学。

华北晋绥、晋察冀边区、晋冀鲁豫边区在根据地教育工作基础奠定以后，一般都确立"每个专区设一所中学"的目标，事实上并未普遍达到这个目标，而苏中区（下辖 4 个专区），在 1942 年，即有中学 54 所。甚至在斗争环境相当艰苦的苏南区，1944 年，也有中学达 39 所之多。这同该地区原有私立中学较多而根据地对私立学校又加以扶持不无关系。在华中敌后抗日根据地的"飞地"鄂豫边区，也开办了许多私立中学，如：怡和中学、木兰中学、济民中学、农林中学等。

3. 形成较完备的私立学校章程。

在华中各抗日根据地，由于私立学校为数较多，有必要实行私立学校立法。例如苏北盐阜区颁布《私立学校暂行规程》，苏中区颁布《私立学校暂行规程》，苏南区发布《私立中学校整理及设立实施办法》。

苏北盐阜区和苏中区私立学校暂行规程基本相同。主要规定（以苏北盐阜区为例）：凡私人、或私人团体、或某一宗族自备经费所开办之学校而以之经常进行正常国民教育者，皆称为私立学校；私立学校之学制、课程、教材、编制、训导等，应遵照政府所颁布之教育宗旨及实施方针办理，与普通公立学校相同；私立学校应接受当地教育行政主管机关之指导、管理；私立学校的设立须由发起人先成立校董会，由校董会呈报备案经许可方得招生开学；私立学校须有一定试办期（盐阜区定为一年，苏中区定为一学期），试办期满后呈报立案；私立学校的设置须具备一定的设备与经费；私立学校可收学费与杂费，但不得过高；私立学校立案后如符合政府规定的标准，可申请补助金（盐阜区规定，每个初级小学学生每学期补助2元,高级小学学生3元,中学生3-4元,苏中区补助标准未定);办理妥善、成绩优良者另予奖励,违章者将受处理,直至取缔。

苏南区还有若干具体规定。如:校董资格;学生每学期的学费不得超过白米5斗;教职员工每月由政府发给公粮、菜金,其数额与行政人员相同;教职员钟点费按各校经济收入情形具体规定,但每钟不超过白米8升,主任每月另加白米2斗,级任另加1斗;给予抗战出征者家属及贫寒子弟设置5%-10%的免费学额,等等。①

由此可见,依照上述规定所设立的私立学校,其性质与内容同公立学校并无实质上的不同。它既有助于争取知识分子,又为为数众多的儿童与青少年增加受教育的机会。

4. 奖励私立学校。

北方各抗日根据地起初对私立学校问题注意不够,其中许多根据地在1944年教育改革中,又模糊了私立小学与公立小学的界限;华中各抗日根据地不仅从一开始就维持与扶植私立学校,而且在1944年教育改革中,保持公立学校、民办学校同私立学校的区别。如苏中区1944年的《新学制修正草案》确立的学校系统中,每一级学校,都保持公立学校与私立学校的区别。规定:公立乡学,得协助私人兴办小学;区学中,私立高级小学归区政府领导;县学中,私人团体得办理与县学(公立)同等程度的初级职业学校,但不得办理旧制初级中学与简易师范;专门学校中,私人团体得办理与公立专门学校同等程度的私立高级职业学校与私立医药专修学校,但不得办理师范学校、军事政治干部学校及旧制高级中学。至于大学,则全由行政公署办理与领导。②

就小学而论,保持公立学校与私立学校的区别,不但有利于私立学校的改造,而且从实际情况看来,既提倡"民办公助"的小学与"公办民助"的小学(后者是苏中区倡导的),又保留私立小学,有助于小学教育的发展。因为群众兴办小学,常出现一哄而散现象,私立学校却较为稳定。而模糊公立学校与私立学校的区别,如华中浙东游击根据地在1944年教育改革主张所有公立与私立学校都向"民办公助"的方向发展,③ 也未必不切合实际。

二

抗日根据地基本上处在农村环境中,中国农村中近代小学甚少,而私塾

① 《华中苏皖边区教育资料选编(一)》第236-237页。
② 同上书,第97-99页。
③ 《浙江革命根据地教育资料汇编》上册,第61页。

（包括请馆、散馆、补习班、义学、联合学塾诸形式）为数颇多。

私塾原是一种传统的教育组织形式。以古代遗留下来的《三字经》、《百家姓》、《千字文》以及"四书"为基本教材，实行个别教学，施行体罚，塾师大都属于未受近代文化洗礼的旧式文人。然而私塾是一种较为灵活的办学形式，在人口分散的农村较易流行。它既有封建性，又有一定的群众性。私塾本身也有不同层次，随着时代的变化，塾师也有变化。根据华中区分析，根据地中的私塾大抵可分四种类型，即：

1. 上等塾师（名塾师）的请馆、包馆、补习班：所谓名塾师，其中的佼佼者号称"五有俱全"，即：在旧社会有地位、有名望、有盘功、有坐功、有学问。这类塾师较热衷于儒家文化。但这类私塾并不普遍。

2. 一般私塾：家境清寒的塾师，一般采取散馆、坐馆方式，借教书谋生。大都采用旧教材。

3. 冒牌私塾：别有用心的人，以塾师名义，潜伏在根据地，暗中进行破坏活动。这是特殊情况下产生的现象，为数极少。

4. 改良私塾：这是根据地争取、团结、改造塾师过程中产生的新私塾。一般采用新课本，废除对学生的体罚。

私塾毕竟是一种比私立学校落后的教育组织，故对私塾的政策，同对私立小学的政策有别。

各根据地对私塾的政策演变情况大致如下：

（一）陕甘宁边区

陕甘宁边区在抗日战争初期曾经淘汰小学校中的塾师，据称在1938年公立小学中的塾师出身者"差不多完全淘汰了"。事实上公立小学中的塾师未完全被淘汰掉，社会上或许还有私塾存在，边区政府未提出"改良私塾"的政策，意味着不承认私塾的合法地位。在1941年中共中央书记处发布文化教育政策讨论提纲以后，延安《解放日报》在1942年1月14日的社论中曾表示"赞助同族邻里兴办义塾"，实际上并未引起多大反响。直到1944年毛泽东在边区文教大会上提出"不但要有新内容的民办学校，而且要利用和改造旧的村塾"，引起人们重新审视私塾问题。不过，在陕甘宁边区旧式私塾基本上已被取消，方兴未艾的民办公助小学，已经吸取了私塾办学形式的优点，也就没有重新恢复私塾的必要。

（二）华北敌后抗日根据地

晋察冀边区的冀中区，从1938年7月起，曾明令取缔私塾，一举取缔私塾达 800—900 处之多。此后不仅在冀中区，而且在整个晋察冀边区，私塾"差不多绝迹"了。不过，在游击区仍有私塾存在。1944 年 2 月，边区行政委员会提出争取把游击区的私塾，同抗日小学合并。在不能成立抗日小学时，则应争取塾师，规定时间，进行抗日教育。

在晋绥边区，晋西北行政公署于 1941 年 5 月发布《晋西北教育宗旨及实施方针》。其中规定"私塾应逐渐改进其教育内容与方法"，并未明确提出把私塾并入小学，在教育统计中亦未列入私塾项目。

山东区在 1940 年 9 月通过《山东省战时施政纲领》。其中列入"改良私塾，加强（对）私立学校之领导"条目，不过，后来偏重把私塾并入学校，似未提出改良私塾的具体办法。该省鲁西行政主任公署①于 1940 年 8 月颁布《私塾与教会学校处理办法》。规定：在设有学校的村庄，将私塾合并于学校；在没有设立学校的村庄，由政府发布命令、并经村教育委员会动员，将原有私塾改为学校，受县政府文教科领导。教员由政府委派，或由经过训练的塾师充任。② 1941 年 6 月，山东省战时工作推行委员会教育处长杨希文在全省文教大会上指出：私塾对于设学是一个很大的障碍。对私塾要有正确的态度。尽可能争取把私塾改为小学，或把塾师训练为小学教员，把私塾并入学校。如不可能并入学校，就对它进行改造，争取塾师采用新的战时教材与新的教学方法、管理方法。③ 由于既未对私塾一概取缔，也没有明确提出具体的改良措施。事实上私塾仍然存在。1944 年清河区还有私塾 112 处，塾生 1 937 人。④

晋冀鲁豫边区提倡私立学校，却未明确肯定私塾。根据该边区所属太岳区 1942 年统计，在岳北区有私塾 40 处，小学 1 772 所，岳南区有私塾 37 处，小学 682 所。私塾在儿童教育中的比重微不足道。⑤

（三）华中敌后抗日根据地

华中各敌后抗日根据地与华北各根据地不同，从开辟时期起，就实行"改良私塾"政策。

在抗日战争爆发前，私塾在华中各地农村中分布较广，同小学相比，占有很大优势。如苏中四分区的海安县，有公立与私立小学 156 所，而私塾多达

---

① 当时鲁西区尚属山东省战时工作推行委员会管辖，该区于 1941 年 10 月划入晋冀鲁豫边区。
② 鲁西行政主任公署：《私塾与教会学校处理办法》，《山东老解放区教育资料汇编》第 5 辑，第 49 页。
③ 杨希文：《展开中的山东新教育运动》，《山东老解放区教育资料汇编》第 2 辑，第 28 页。
④ 《山西教育史志资料》1985 年第 3 期，第 8 页。
⑤ 同上。

817 处；苏中三分区，小学与私塾的比数更高达 1:200。① 可见，这是一个不容易忽视的问题。

1941 年 6 月，《江淮日报》曾载文对私塾问题进行具体分析。指出：私塾在中国社会存在几千年之久，它的范围深入到中国每一个城市、每一个乡村。每一个角落都能发现塾师的高吟朗诵。真是势力浩大、根深蒂固。塾师所用的教材，基本上还是千年来的遗产，还是学庸论孟（指四书：《大学》、《中庸》、《论语》、《孟子》），还是《百家姓》、《千字文》、《幼学》、《杂学》等。对女学生还增加《女儿经》、《烈女传》、《治家格言》。朝朝暮暮使学生所见所闻，无非忠孝节义、圣法贤经，不怕你不耐烦、不愿意，久而久之，使你奉若神明。然后，私塾的存在除了有其深厚的社会基础以外，同它自身的某些优点有关。即：它既注意读书，又注重做人，教学生规规矩矩，适合社会与家长心理；实行个别教学，随到随教，教材自便，包括一些生活上实用的内容，假期甚少；借助于孔子的传统影响，以儒教真传自命；可就近入学。由于私塾为数甚多，分布又广，又迎合社会心理，故不宜简单取缔，但不改造又不行。所以应在教学与管理上加以指导，使其逐步转为私立小学。②

基于类似的主张，华中各抗日根据地大都把改良私塾列入议事日程：苏北盐阜区在《盐阜区文教政策》（约 1942 年秋）中规定"对私塾与补习班作有计划之改造，并逐渐使其变为正式学校，私塾短期内应改造成私立初级小学"；苏中区《小学暂行规程》（约 1942 年）规定，小学"应协助改进私塾教育"；淮北苏皖边区 1941 年 12 月在边区第二次教育行政会议上提出"改良乡村私塾"，不赞成"打破老先生饭碗"。华中各根据地先后颁布改良私塾的具体规章。如苏北区盐阜行政公署颁布的《私塾暂行规程》与《私塾整理办法》（约 1942 年秋），淮南区津浦路东联防办事处颁布的《改良私塾办法》（1941 年），淮北区淮北苏皖边区行政公署颁布的《私塾改良办法》（1943 年 4 月），苏中区苏中行政公署颁布的《私塾管理暂行规程》（1945 年 6 月）。

在工作环境最艰苦的鄂豫边区与皖中区，对改良私塾问题更为重视。鄂豫边区政府把"改良私塾"列入施政纲领，并确立（1943 年 5 月）学校建设的方针为"以普及小学和改良私塾为主"；皖中区在 1944 年教育改革中，更提出"私塾改良重于学校"的原则，并把这个原则同中共中央和陕甘宁边区倡导的

---

① 由于私塾的学生容量远不如学校（当时估计平均每处私塾生 20 人），以学校数与私塾数比较，还不足以表述私塾的比重，当时根据地一般平均每所小学只有 1 名多教师，以教师数或学生数比较，更能反映私塾的地位。

② 《为争取千万塾师而斗争》，《江淮日报》1941 年 6 月 4 日。

"干部教育重于群众教育"（皖中改为"干部教育重于一般教育"），"成人教育重于儿童教育"并列。这是由于皖中区长期属于游击根据地，到1944年教育改革前夕，据4个县统计，乡村小学只有24所，而私塾多达393处。包括塾师在内的教师总数为447人，如以每处私塾只有1名塾师计算，小学教师只占教师总数12%，而塾师占88%。

华中区改良私塾的办法大致为（以盐阜区为例）：办理塾师登记；规定私塾应离开小学所在地一里之外设置，并不得收纳本村在学儿童；要求私塾遵照政府教育宗旨及实施方针办理，并接受当地教育主管部门指导；私塾课程以初级小学课程为标准，以国语、常识、唱游为必修课，采用政府指定的教科书；废除体罚；私塾生一律参加儿童团；私塾教师及学生成绩均由当地教育主管部门审核；私塾生结业后经考核可升入高级小学或补习学校；具备一定条件的私塾可改为私立小学，违背国家民族利益的私塾则予以取缔。

淮北区与淮南区对私塾的限制，比盐阜区更严格，分别规定私塾的设置原则上应距离小学五里以外，淮南区对私塾教学的规定更为具体。华中区在改良私塾过程中，不但出现过强制封闭、限制发展、强迫考试、强令合并、吞并塾生、没收焚烧四书五经之类倾向，也存在过放任自流、放手提倡之类倾向。

通过比较，不难发现，从陕甘宁边区、华北晋察冀边区等经过山东区（鲁西）到华中各大战略区，对私塾的态度从北向南越来越开明。

华中区改良私塾的结果，私塾在儿童教育中的比重显著下降。

鄂豫边区1941年1月根据9县统计，有抗日小学143所，改良私塾155处。由于小学校的学生容量远远大于私塾，实际上小学生总数超过了私塾生。

淮北区1943年春有小学737所，学生42 622人，私塾生6 582人。在小学生和私塾生总数49 104人中，小学生占86.6%，私塾生只占13.4%。私塾从优势转为劣势。

苏北盐阜区到1944年7月止，有小学1 186所，学生67 453人，教师2 064人，据当年11月报载，有私塾1 900处。按照平均每所私塾有20名塾生计，共有塾生38 000人，私塾生和私塾教师同小学师生相比，都不占优势。

由于私塾经过一定程度的改造，或多或少起到儿童教育辅助机构的作用。

更由于改良私塾的结果，在文化落后的农村，争取、团结、改造了一大批可资利用的社会文化力量，扩大了抗日文化统一战线。在实行改良私塾政策的地区，纷纷建立"改良私塾互进会"、"塾师抗日协会"、"塾师会"等组织，既使塾师得到一定程度的改造，又壮大了抗日的阵容。其中有些塾师积极抗日，如苏中四分区有位塾师（祁光洲）被敌人抓去，伪乡长勒令他编出一个保的户口册，声明五日内如不编好，就要烧杀。他回家后烧掉父兄牌位，拆掉房子，以示反抗到底的决心。少数塾师甚至成为共产党员。如苏中四分区如东县1945年参加塾师抗敌协会的塾师共1 604人，其中有4名共产党员。

如果说华中敌后根据地走的是改良私塾的路，即从私塾到私立小学，那么，陕甘宁边区以及华北敌后根据地从取缔私塾开始，最终却把大量公立小学，改为近似新式私塾的民办小学。

根据地从南到北，原有文化基础越来越薄弱。华北地区原有私塾不在少数，冀中区1938年7月一举取缔800—900处之多。当年8月，据该区26县统计，有高级小学76所，初级小学3 445所。以年均每所初级小学有1名小学教师计，塾师约占包括塾师在内的教师总数的1/4。这是一支可资利用而基本上被排斥的文化力量。陕甘宁边区甚至把相当一部分已吸收入公立小学的塾师，挤出学校。根据地教育经费、设备与师资力量不足，陕甘宁边区在受到经济封锁、华北敌后根据地在日军轮番"扫荡"后，这方面的矛盾更为尖锐。如果说私塾易为日本侵略者利用，那么根据华中地区的经验，在接受敌人据点的地方，私塾也可以作为抗日小学的掩护。何况私塾较受群众欢迎，至少受中间与落后群众欢迎。这部分群众往往以私塾为尺度衡量学校。例如抗战初期，陕甘宁边区许多小学，仍然和过去私塾一般，叫学生齐声朗读。因为附近群众到学校旁边，听不见学生读书，便说学校里整天不读书，闹玩儿。在山东区日照县还发现，有的小学教师把自己的孩子送到私塾读书。

1944年教育改革中，毛泽东从根据地的实际与群众需要出发，在陕甘宁边区文化教育大会上提出："不但要有新内容的民办学校，而且要利用和改造旧的村塾。"由于私塾已被取消，重新恢复，似也不必。当时决定把初级小学（公立）逐步改为民办小学，而民办小学应尊重群众意见，按照群众自己的需要，学制的长短、上课时间（是整天或半天、一年上几个月的课）均不求一律，课程科目可同意群众的要求，废除暂时不急需的科目。如群众只要识字、写字、珠算，不教其他的东西，也可允许（原则上希望还能教些农村日常生活上学生可以接触到的政治、生活知识）；如群众不愿采用政府编订的课本，教《百家姓》、《杂字》等书，可以同他们商量，并代为写旧形式、新内容的课本。这样的民办小学，事实上也就是改良私塾。如把这种格局同华中区关于改良私塾的规程比较，这种民办小学改革的程度，在许多方面还不及华中区的改良私塾。

如果说在抗日战争初期与中期，华中根据地同北方根据地关于私塾的政策有别，那么在抗日战争后期，华中根据地教育改革的原则与措施，同北方根据地也有差别。

苏中区在1944年教育改革以前，除大力发展公立小学外，致力于改良私塾，并逐步把私塾改为私立小学；在1944年教育改革中，吸取陕甘宁边区"民办公助"的精神，继续改良私塾，并把私塾逐步较变为"官督民办"的国民教育辅助机构，同时把原有公立初级小学逐步改为民办公助的"乡学"，即保持民办小学与改良私塾的区别。

盐阜区 1945 年教育改革中，把公立小学改为民办小学，同时决定把原有私塾分别改为初级小学、新型村学或民办公助的村学。对于村学的课程、授课制度保持基本要求的规定，只是其规定较为灵活，防止使小学"私塾化"。

晋冀鲁豫边区所属太岳区，直到 1946 年 6 月，仍把儿童教育的类型，分为公立、民办、村立、私立、私学（即私塾）五种。承认区别，也有助于防止学校"私塾化"。该区提出这些不同的学校"均必须执行新教育方针，也须向民办公助的方向发展。"①

华中区在 1944 – 1945 年教育改革中，虽然对私塾采取比以往更为激进的步骤，不过，随后不久就发现教育改革中有过激倾向，并加以调整。所以抗日战争结束时，私塾为数仍很多。

华中区在抗日战争期间，有小学 8 688 所，10 192 学级，学生 454 359 人，小学教师 13 800 人。② 抗日大反攻中，根据地大为发展，仅苏皖边区（原苏北、苏中、淮南、淮北）仍有私塾 17 300 处。③ 以平均每处私塾有 20 名学生计算，共约有私塾生 34 600 人。可见改造私塾仍是该地区解放战争时期的课题。

三

宗教，包括天主教、基督教、伊斯兰教与佛教，在中国农村有不同程度的影响。其中尤其是伊斯兰教、佛教对农民影响更大，但伊斯兰教、佛教一般不在群众中设立学校，而天主教、基督教则在部分地区设立教会学校。根据地形成后，既以反帝反封建为宗旨，又要坚定地执行抗日民族统一战线政策，不能不处理对待教会学校这样一个难题。

土地革命战争后期，中华苏维埃共和国西北办事处于 1937 年 4 月颁布的《小学教育制度暂行条例（草案）》规定：信教个人自由，但学校不得列入宗教科目。④ 抗日根据地原则上尊重宗教信仰自由。在各根据地抗日政府成立之际，

---

① 《山西教育史志资料》1985 年第 3 期，第 56 页。
② 冯定：《抗战期间的文化宣教工作》，《华中苏皖边区教育资料选编（一）》，第 115 页。
③ 私塾在苏皖边区各分区的分布情况：一分区 5 000 处，二分区 7 500 处（以上为原苏中区）；三分区 2 000 处，四分区 200 处（以上为原淮南区）；五分区 2 000 处，六分区 250 处（以上为原苏北区）；七分区 350 处（原淮北津浦路东区）。（《私塾组总结》，《解放战争初期苏皖边区教育》，人民教育出版社 1982 年版，第 94 页。）
④ 《新中华报》1937 年 4 月 29 日。

大都在施政纲领中有所宣告。不过，在 1941 年以前和以后，对教会学校的政策颇有区别。

陕甘宁边区延安一带农村中，原有天主教堂办的教会小学 7 所。不过，这些小学在土地革命战争时期均已停顿。[①] 所以在抗日战争时期也就不成为问题。

晋察冀边区在冀中献县、交河、安国一带，在抗日战争爆发前，天主教比较盛行。许多教民与当地群众，或企图得到救济，或妄想托庇教会，避免战争灾祸，往往把子女送到教会小学学习，教会学校曾活跃一时。1938 年 4 月，冀中政治主任公署成立后，对教会学校本着宗教信仰自由的原则，允许其存在，以照顾当时教民的愿望；同时，通令所有教会学校，接受政府指导与监督，采用抗日教材，但政府不干涉宗教信仰与仪式。此外，在设有教会学校的村庄，派得力教师，建立抗日小学，并发动小学生，争取教会小学学生转入抗日小学。后来由于日军大举"扫荡"，焚毁教室、侮辱教堂妇女，群众托庇教堂的幻想破灭，加上抗日政府的宣传教育，教会学校逐步瓦解。

山东区鲁西行政主任公署，于 1940 年 8 月，确定处理教会学校的办法是：各地教会所办的学校，得向政府呈报备案，受县政府文教科领导；教会学校采用鲁西抗日政府统一编订的教材，一切教育组织与设施均得遵照政府的法令办理；教会学校的教员，由政府委派、调动与训练；不得强制学生做礼拜与信教。[②] 这种政策，当然不会引起教会办学的兴趣。

由于各根据地初创时期文化教育政策不统一，1941 年 2 月，中共中央书记处发布《各抗日根据地文化教育政策讨论提纲（草案）》。其中提到允许教会学校继续存在，但须受当地政府监督。[③] 此后延安《解放日报》着重针对陕甘宁边区国民教育中存在的问题，于 1942 年 1 月 14 日发表社论，也提出允许教会、社团设立学校；晋西北行政公署于 1941 年 5 月宣布：对教会学校允许其信仰自由，但它应以新民主主义为教育内容；1941 年 6 月，山东省在全省文化教育大会上提到：教会学校影响抗日小学的设立，不过，不能提出一律取消教会学校，可把教会学校当作私立学校看待，同它争取群众[④]；在陕甘宁边区，延安《解放日报》于 1942 年 1 月 14 日发表社论，表示允许教会、社团设立学校。[⑤] 不过，由于在 1941 年以前，在有些根据地教会学校已不存在，1941 年以后虽允许教会办学，实际上教会学校并未恢复。

---

① 《边区文化教育状况》，《陕甘宁边区教育资料（教育方针政策部分）》上册，第 18－19 页。
② 鲁西行政主任公署：《私塾与教会学校处理办法》，《山东老解放区教育资料汇编》第 5 辑，第 50 页。
③ 《共产党人》第 15 期。
④ 杨希文：《展开中的山东新教育运动》，《山东老解放区教育资料汇编》第 2 辑，第 28 页。
⑤ 《提高边区国民教育》，《解放日报》1942 年 1 月 14 日。

教育事业发展的规模与速度比较

抗日战争时期，各主要抗日根据地以怎样的速度发展教育事业，教育事业达到多大的规模，弄清这个问题有助于了解根据地教育全貌。问题在于当时的教育统计不完全、不系统，数据处理不够科学，其中有许多统计资料在辗转引用中又出现不少差错。不过这并不妨碍我们参照各种有关资料，加以整理与辨析，尽可能理出一点头绪来。由于干部学校时分时合，民众学校时存时废，情况更加复杂，这里只讨论小学与中学的发展规模与速度问题。

一

陕甘宁边区在1937—1942年间，小学教育发展的规模与速度，情况如下：

年份		学校数统计			学生数统计		资料来源	备注
		学校数	与上年同期比较数	与上年比较的百分比	学生数	与上年同期比较数	与上年比较的百分比		
1937年	春季	320			5 600			《陕甘宁边区政府工作报告》(1941年7月)	
	秋季	545			10 396				
1938年	春季	705	+385	+120.3%	13 799	+8 199	+146.4%	同上	
	秋季	733			15 348			同上	
1939年	春季	890	+185	+26.2%	20 401	+6 602	+47.8%	同上	
	秋季	883			22 089			同上	
1940年	春季	1 341 (902)	+451 (+12)	+50.7% (1.3%)	41 458 (26 911)	+21 057 (+6 510)	+103.2% (+31.9%)	同上	1940年2月陇东、绥德若干新区县复归边区管辖。括号中系中系原有各县统计数字
	秋季	1 341			43 625				
1941年	春季	1 198	-143	-10.7%	40 366	-1 092	-2.6%	《陕甘宁边区第二届参议会教育工作报告》《陕甘宁边区五年来教育概况》	
	秋季								
1942年	春季	847	-351	-29.3%	-40 845	+479	+1.2%	同上	

上述统计，《陕甘宁边区政府工作报告》与《陕甘宁边区五年来教育工作概况》中关于1937年春、1938年春学校统计以及1938年春的学生统计，记载不一致，另有一些资料同上述两个文件的记载也有出入。此外，上述统计系初级小学与高级小学的混合统计（1937年尚没有高级小学），在运用这些资料时常有误以为是初级小学数字的情况。由于陕甘宁边区在初级小学问题上争议较大，为弄清事实真相，须把小学高年级学生数及高级小学数同初级小学及其学生数分别统计。

完全小学及其学生（单指高年级学生数）统计如下：

数字\项目 年份		学校			学生			资料来源	备注
		学校数	同上年比	增减比例（%）	学生数	同上年比	增减比例（%）		
1938年		12			300			《陕甘宁边区第二届参议会教育厅工作概况报告》（1941年11月）	
1939年	春季	22	+10	+83.3%	702	+402	+134%		
	秋季	28			802				
1940年	春季	47	+25	+113.6%	1 586	+884	+125%		
	秋季	53（30）			2 000（159）				
1941年	春季	53	+6	+12.8%	2 218	+632	+39.8%	《陕甘宁边区完小的一般状况》（孙萍）	
	秋季	67							
1942年	春季	63	+10	+18.9%				《去年工作总结，今年工作计划大纲》（1943年3月）	

另据1944年12月两项统计，一项是完全小学54所（由单项统计合算），高级班学生1243人（估计数）；[1] 另一项统计为高级班55处（估计数），高级班学生2 227人。[2] 取两项统计中的实数，当有完全小学54所，高级班学生2 227人。

---

[1] 《陕甘宁边区教育资料（小学教育部分）》上册，第160页。
[2] 《陕甘宁边区教育资料（教育方针政策部分）》上册，第268、270页。

以高小与初小混合统计数字减去高级小学数字，即为 1938—1941 年初级小学数字，加上 1942 年以后初级小学的统计，初级小学的发展情况如下：

数字\年份 项目		学 校 学 生				备注
		学校数	与上年同期比较（%）	学生数	与上年同期比较（%）	
1937	春季	320		5 600		
	秋季	445		10 396		
1938	春季	705	+120.3%	13 799	+146.4%	
	秋季	721		15 048		
1939	春季	868	+23.1%	19 699	+42.8%	
	秋季	855		21 269		
1940	春季	1 294	+49.1%	39 872	+102.4%	
	秋季	1 288		41 625		
1941	春季	1 145	−11.5%	38 148	−4.3%	《去年工作总结》、《今年工作计划大纲》(1943 年 3 月)
	秋季	1 128		38 276		
1942	春季	707	−38.3%	30 845	−19.1%	
	秋季					
1943				(26 816) 30 546		普通小学 26 816 + 完全小学初级班 3 730
1944				29 519		柳湜、贺连城提案
1945［春］				34 004 (17 207)		括号内为公立小学数字

二

华北敌后抗日根据地教育事业的发展规模，《新华日报》（华北版）曾于 1941 年 8 月 27 日发表过综合统计。很可能只有这么一次综合统计，而这一统计不够全面，即缺晋西北（晋绥边区）、晋鲁豫边区的统计，所列的各根据地的统计数字，同各根据地的实际数字相差也很大。这里拟分别研究各根据地教育事业的发展规模与速度，然后列表加以比较。

（一）晋察冀边区

《新华日报》（华北版）报道，晋察冀边区在 1941 年 8 月，有小学校 7 633 所，学生 357 785 人。当时该边区基本区主要是边区行政委员会直辖的北岳区和经建立行政主任公署的晋中区，此外还有晋东大块游击根据地。

冀中区小学历年统计如下：

数字项目 年份	学校				学生				统计范围(县数)	资料来源
	高级小学	初级小学	合计	与上年同期比较(百分比)	高级班学生	初级班学生	合计	与上年同期比较(百分比)		
1937年	164	4 482	4 646				282 040		26	《晋察冀教育资料简编》第1册,第49页
1938年8月	76	3 445	3 521	−24.2%			170 360	−39.6%	26	
1939年10月	35	2 156	2 191	−37.8%			123 029	−27.8%	21	
1940年 2月	96	3 019	3 115	(42.2%)			196 808		21	
1940年 8月	178	3 142	3 320	+51.5%			316 342	+157.1%	23	
1941年8月	290	3 597	3 887	+17.1%	36 060	417 993	454 053	+43.5%	29	同上,第100页
1942年春							450 000			《晋察冀边区教育大事记》,第49页

备注:1942年"五一大扫荡"以后,晋中平原转为游击区,1944年春重建冀中行署,到当年6月,形势比1942年"五一大扫荡"以前还要好。1945年高级小学327所,学生26 424人,初级小学2 202所,学生631 750人。小学总数2 529所,学生总数658 174人。

北岳区统计资料不全，已知的情况是：

数字 项目 年份	学校				学生				统计范围(县数)	资料来源
	高级小学	初级小学	合计	与上年同期比较	高级班学生	初级班学生	合计	与上年同期比较		
1940 年							214 710			《晋察冀边区教育资料简编》第 2 册，第 298 页
1943 年	46（+高级组20）	2 655	2 701		2 749	78 837	81 586		32	《晋察冀边区教育大事记》，第 71 页

从以上统计可以看出，冀中平原区在抗战前教育基础比较好，在根据地建立以前原有学校大都遭到破坏，从 1938 年起逐步恢复，但一面又受到日军"扫荡"破坏，故 1939 年学校比 1938 年减少 37.6%；1940 年开始大踏步前进，1940 年 8 月比 1939 年 10 月，学校数猛增 51.2%，学生数更增加 157.1%，1941 年继续恢复，到 1942 年"五一大扫荡"前，高级小学已超过战前，小学生总数比 1937 年的 282 040 人增加 59.6%。可惜这个势头被日军野蛮进攻所破坏。到 1945 年，高级小学校数超过 1941 年，初级小学校数比 1941 年尚少 38.7%，并且只及战前总数一半，但小学生总数比 1941 年增加 44.3%。（上述资料统计范围各年不尽相同，比较的结果只能作一般参考）。

北岳区 1943 年的小学生总数比 1940 年减少 62.0%。

整个晋察冀边区小学教育的统计，《晋察冀日报》1943 年 1 月报道如下：[1]

数字 项目 年份	小学校数	小学生数	学生数比上年增长的百分率
1938 年	4 898	220 460	
1939 年	7 063	367 727	+66.8%
1940 年	7 697	469 416	+27.7%
1941 年	8 000 +		

---

[1] 《边区小学教育概况》，《晋察冀日报》1943 年 1 月 23 日。

据上述冀中区与北岳区 1940 年小学生数合计为 531 052 人，较之综合统计数 469 416 人多得多。这两项统计均大大超出《新华日报》（华北版）发表的数字（357 785 人）。

（二）晋冀鲁豫边区

晋冀鲁豫边区包括晋冀豫区与晋鲁豫区。晋冀豫区，又包括太行区、太岳区与冀南区；晋鲁豫区于 1941 年 7 月同晋冀豫区合并建立统一的晋冀鲁豫边区，原属晋冀豫区的冀南区于 1944 年 6 月一度并入晋鲁豫区。

《新华日报》（华北版）的报道，未列入冀鲁豫区的统计，晋冀豫区的数字是：小学校 7 207 所，小学生 347 266 人。

晋冀鲁豫区所属各区的单项统计是：

地区 数字 项目		小学校数	小学生数	资料来源
晋冀豫区	太北区（属太行区）、太岳区	3 754	148 445	《解放日报》1942 年 3 月 23 日
	冀南区	8 190	399 800	同上
冀鲁豫区		1 882		《解放日报》1942 年 3 月 23 日
合计		13 826		

单晋冀豫区合计有小学校 11 944 所，小学生 548 245 人，远远超过《新华日报》（华北版）的统计数字，加上冀鲁豫区的数字，合计有小学校 13 826 所。

1942 年以后冀南与冀鲁豫平原地区有相当大的部分转为游击区，太行、太岳山区地带仍保持较大的巩固区，太行、太岳区在 1942 年以后小学发展状况如下：

年份	大行区						大岳区					
	学校数			学生数			学校数			学生数		
	高小	初小	合计	高小	初小	合计	高小	初小	合计	高小	初小	合计
1942年	65	2 722	2 787				45	2 397	2 442	3 023	73 327	76 350①
1945年春		(2 250)			(254 874)	②	48	2 351	2 399	4 472	92 098	96 570③
1945年夏									3 000			④

（大行区1945年春（4月）统计中括号中的数字系28个县的统计数字）

从上述统计中可知，1945年春太行、太岳两区共有高级小学113所，初级小学5 073所，合计5 186所，比1942年3月发表的数字（3 754所）增加38.1%。

（三）晋绥地区

《新华日报》（华北版）统计中，未列入晋绥地区。现尚能接触到的晋绥边区教育统计，颇多讹误，经辨析后，该边区在1940—1941年间小学教育状况如下：

---

① 《山西教育史志资料》1985年第3期，第8-9页。
② 《山西教育史志资料》1985年第4期，第82页。
③ 《山西教育史志资料》1986年第4期，第8页。
④ 《山西教育史志资料》1985年第3期，第23页。

数字\项目\年份	学校数			学生数			统计范围	备注
	高小	初小	合计	高小	初小	合计		
1940 年 9 月	26	1 397	1 423	735	61 203	61 938	19 县	《山西教育史志资料》1985年第2期，第18页
1941 年 5 月	28	1 761	1 789	890	74 069	74 959	21 县	同上
1941 年	34	2 100	2 134	1 174	86 806	87 980	28 县	《抗战日报》1943年1月21日
1944 年 8 月	28	648	676					《晋绥解放区鸟瞰》，第115页
1945 年 7 月	28	1 185	1 213					《解放日报》1945年7月20日

可见，到抗日战争胜利前夕，初级小学校还未恢复到 1941 年的规模，比 1941 年的 2 100 所减少 43.5% 。

（四）山东区

据中共中央山东分局书记在 1940 年 11 月给中共中央的报告中提到，该区有高级小学 81 所，初级小学 5 449 所[①]；据该省教育处长于 1941 年 6 月报告中援引的 1940 年底的统计是：共有小学校 9140 所，小学生 428 676 人。[②] 而《新华日报》（华北版）的数字是小学校 1 107 所，小学生 361 000 人。同该省统计相去过远。

根据以上考察，可知华北敌后抗日根据地在抗日战争时期最兴旺的 1940—1941 年间，教育事业的规模大致如下：

---

① 《华北抗日根据地纪事》，第 200 页。
② 杨希文：《展开中的山东新教育运动》，《山东老解放区教育资料汇编》第 2 辑，第 8 页。

项目\数字\地区	学校数			学生数			备注
	高小	初小	合计	高小	初小	合计	
晋察冀边区			7 697			469 416 (531 052)	1940 年
晋冀鲁豫边区			13 826			548 245	1940—1941 年（学生数缺冀鲁豫区统计）
晋绥边区	34	2 100	2 134	1174	86 806	87 980	1941 年
山东区			9 410			428 676	1940 年
合计			33 067			1 534 317	

三

关于华中区在抗日战争期间学校教育事业的综合统计，据陈毅在 1941 年 8 月著文提到，共有中小学校 4 200 所，中小学学生 20 000 人。[①]

四

综上所述，可以对 1941 年整个抗日根据地小学教育事业的规模作出如下综合：

项目\数字\地区	小学数	小学生数	备注
陕甘宁边区	1 198	40 366	
华北区	33 067	1 534 317	缺冀鲁豫边区统计
华中区	4 200	200 000	包括中学统计
合计	33 465	1 774 683	

由于各根据地幅员与人口密度有别，比学校数、学生数更有意义的比较，是学龄儿童入学率的比较。兹将各主要根据地学龄儿童入学率比较如下：

---

① 《新四军与华中抗日根据地史料选》第 3 辑，第 433 页。

数字 项目 地区	学龄儿童总数	入学儿童数	学龄儿童入学率	备注
陕甘宁边区	177 730	43 325	24.37%	1941 年 11 月统计
晋绥边区 （山地）			38%	1941 年 5 月统计
晋绥边区 （平川）			62%	
晋察冀边区 北岳区	375 428	214 710	57.19%	1940 年统计
晋察冀边区 冀中区		(316 342)	75%	1940 年统计
晋冀鲁豫边区 太行区	56 612	42 451	74.9%	1940 年 7 月 9 县统计
晋冀鲁豫边区 太岳区	120 355	76 350	63.4%	1942 年统计
山东区	1 300 000	428 676	32.9%	1940 年统计

各地学龄儿童总数一般为估计数字，且估算方法不一致，故关于学龄儿童入学率的统计，并不都很精确。

五

根据地中学时合时分，且中学性质时有变动，在把中等学校改为干部学校时，有的地区不改名，有的地区改名为干部学校，造成计算不统一。

陕甘宁边区统计资料最完备，在抗日战争时期中等学校发展状况如下：[1]

数字 项目 年份	学校数	班级数	学生数	学生增长百分率
1937 年	1	4	250	
1938 年	2	9	552	120.8%
1939 年	2	12	588	6.5%
1940 年	6	24	994	69.0%
1941 年	7	32	1 466	47.5%
1942 年	7	40	1 517	3.5%
1943 年	6	38	1 587	4.6%
1944 年	6	46	2 098	32.2%
1945 年上学期	7	55	2 443	16.4%

由此可见，陕甘宁边区中等学校的发展一直呈直线上升的趋势，但发展速度不平衡。除1937年基数太低、1938年增长幅度大以外，1940年因增加新区，

---

① 《陕甘宁边区教育资料（中等教育部分）》上册，第 273 页。

故在 1940—1941 年两年间增长幅度很大；1942 年—1943 年间一方面由于财政困难，一方面由于整风运动，学生数增长甚少；1944 年因使中学承担培养干部的职能，同时小学实行"民办公助"可把资金集中投入干部教育，故增长甚速。

华北敌后抗日根据地中等教育发展的趋势是在 1938 年—1941 年间逐步上升，1942 年以后急剧下降。比较典型的是晋察冀边区。

年份	1938	1939	1940	1941	1942
中学数	1	7	9	9	1

上述统计中未列入师范学校、职业学校与干部学校。由以上统计可以看出 1940—1941 年为中学发展的盛时，1942 年冀中区已沦为游击区，北岳区把 5 所中学先合并为 2 所，后并为 1 所。

在 1940—1941 年间华北各根据地中学的状况是：

地区 \ 项目 数字		学校数	学生数	备注
晋绥地区		4		1941 年
晋察冀边区		9		1940 年
晋冀鲁豫边区	晋冀鲁区	6	601	1941 年 8 月
	冀鲁豫区	0		1940 年
山东区		8	1000	1940 年

华北各根据地的中学在 1942 年开始合并，故中学数目急剧下降，华中盐阜区与苏中区情况不同。盐阜区中学历年发展状况如下：

年份 \ 项目 数字	学校数	学生数	教师数
1940 年	14	1 200	100
1941 年	3	300	
1942 年	9（另补习团 2 所）	1 200	95
1943 年	8（另补习团 3 所）	1 453	115
1944 年	13（另补习团 1 所）	1 978	207

盐阜区及苏中区在 1942 年以后，中学发展的趋势同华北敌后抗日根据地情况有别，固然由于华中巩固区在 1941 年以后的困难没有华北地区那么大，也因为从一开始就鼓励私立中学、县立中学的发展，并且中学基本上属于收费教育，负担不如陕甘宁边区等地那么重。

附　录

抗日根据地若干教育资料考证

1. 关于毛泽东的《新民主主义的政治与新民主主义的文化》

2. 关于陕甘宁边区 1944 年 3 月的一次鲜为人知的教育会议及毛泽东关于文化教育的见解

3. 关于《陕甘宁边区教育宗旨和实施原则》拟定的时间

4. 关于陕甘宁边区《消灭文盲三年计划（草案）》成文时间

5. 关于陕甘宁边区《五一施政纲领》起草单位

6. 关于陕甘宁边区《教育提案（十条）》出台时间

7. 关于陕甘宁边区 1937 年春与 1938 年春小学统计数字

8. 关于陕甘宁边区 1945 年上学期小学统计数字

9. 关于晋西北（晋绥边区）1941 年冬初级小学学生数

10. 关于太行区 1945 年春教育统计

11. 关于冀中区 1940 年学生参加"护麦工作周"人数及工作量统计

12. 关于《山东省战时小学课程标准总纲（草案）》成文时间

13. 关于山东胶东区《修正战时小学暂行规程》颁布时间

14. 关于山东抗日根据地 1941 年秋季小学教育统计数字

一、关于毛泽东的《新民主主义的政治与新民主主义的文化》

毛泽东的《新民主主义的政治与新民主主义的文化》，是他于 1940 年 1 月 9 日在陕甘宁边区文化界救亡协会第一次代表大会上的报告。这个报告是其代表作《新民主主义论》的基础。

报告的全文起初未正式发表。《新中华报》（1940 年 1 月 20 日）对这个报告作了详细报道。据报道，这个报告只谈到"三个阶段（后来在《新民主主义论》中改为"四个时期"）为止。同后来发表的文本相比，起初并无最后两节（"文化性质问题的偏向"、"民族的科学的大众的文化"），1940 年 2 月 15 日，仍以这个标题在《中国文化》创刊号发表。正式发表的文本已有最后两节。后来出单行本时，更名《新民主主义论》，并给各节加了小标题。

晋察冀边区《抗敌报》在 1940 年 3 月 15—17 日连载《新民主主义论》的第 4—10 节，也缺最后两节，或许发表的是《中国文化》发表前的文本。

二、关于陕甘宁边区 1944 年 3 月的一次鲜为人知的教育会议及毛泽东关于文化教育的见解

毛泽东在陕甘宁边区教育改革的酝酿时期，曾就文化教育问题发表过一次讲话。这次讲话鲜为人知。据董纯才回忆，"1944 年 4 月或 5 月"毛泽东曾召集中共宣传部、陕甘宁边区政府和中共中央西北局宣传部负责人及陕甘宁边区各分区地委书记开会。董纯才有幸出席了这次会议，并把他的记录稿发表于《陕甘宁边区教育史料》增刊 2（1985 年 4 月出版）。

董纯才的记录稿，同《报纸是指导工作、教育群众的武器》一文（收入《毛泽东新闻工作文选》，标题为该书编者所拟）基本相同。《毛泽东新闻工作文选》注明这次报告的时间为 1944 年 3 月 22 日（农历）。毛泽东在报告中提到"昨天报上还有一条消息，说锁家岩小学……"。查延安《解放日报》1944 年 3 月 21 日，确有《延县柳林区锁家崖（岩）自办村小学》一文，可知时间无误。

除此以外，据《解放日报》报道，1944 年 3 月 19 日由徐特立与柳湜联名召集纪念生活教育运动第十七周年座谈会。着重交流各地教育改革的情况与经验，这个座谈会出席对象与毛泽东召集的会议的出席对象基本相同。看来前一个座谈会是整个会议的序幕，毛泽东的报告则是这次历时四天（19—22 日）的教育会议的总结。

三、关于《陕甘宁边区教育宗旨和实施原则》拟定的时间

《陕甘宁边区教育资料（教育方针政策部分）》上册，断定此文件"可能是 1940 年的材料"（第 47 页）。实际上在 1938 年 12 月编印的《一年来边区的国防教育》一文中就引用了边区教育宗旨和七条实施原则（《陕甘宁边区教育资料（小学教育部分）》上册，第 26—27 页）。

查 1938 年 4 月由周扬、郭青亭、吕良署名发表的《边区国防教育的方针与实施办法》中的提法，与这个文件的提法有别，同年 8 月公布的《陕甘宁边区小学法》提到"依照国防教育的方针及实施办法"，当指同年 4 月提出的国防教育方针与实施办法，据此，可以断定，这个文件拟定于 1938 年 12 月以前，不早于 1938 年 8 月 15 日。

另据 1942 年 8 月成文的绥德分区《小学训导纲要》提到："边区政府还未明令公布教育宗旨，暂以下面几句话作为教育宗旨（写时不必指出'宗旨'字样）。"（《陕甘宁边区教育资料（小学教育部分）》上册，第 281 页。）可见，此文件到 1942 年 8 月尚未正式发布，1942 年 8 月以后的抗战形势同抗战初期更不一样，故绥德分区提出的不以"宗旨"标示的宗旨，其提法同这个文件也不一

致。所以，很可能这个文件一直未正式颁布。

四、关于陕甘宁边区《消灭文盲三年计划（草案）》成文时间

这个文件存陕西省档案馆，未注明成文时间。收入《陕甘宁边区教育资料（社会教育部分）》下册，第140—146页。编者推定为"1939年初"由边区政府教育厅拟定。鉴于该计划（草案）中提到：各县在1940年上半年，应把"现有"的和"上年冬季（即1939年冬季）"开办的冬学加以统计，而三年计划拟从1940年秋季开始，故可以断定这是1940年春季或上半年拟定的文件。

五、关于陕甘宁边区《五一施政纲领》起草单位

《陕甘宁边区教育大事记》提到中共中央西北局拟订《五一施政纲领》。通常也都是这样讲的。实际上中共中央西北局成立于1941年5月13日。在西北局成立以前，由中共陕甘宁边区中央局于5月1日发布《五一施政纲领》。

六、关于陕甘宁边区《教育提案（十条）》出台时间

《陕甘宁边区教育资料（教育方针政策部分）》上册收入《教育提案（十条）》，注明为1941年12月25日。这是把边区第二届参议会第二次全体会议（1944年12月）的提案，误作为1941年11月边区第二届参议会第一次全体会议的提案。从提案的内容（例如由当时边区政府教育厅正副厅长柳湜、贺连城提出的《为开展边区群众教育拟订全边区普及儿童教育和扫除成人文盲计划按期实施案》）即可判断。该计划从1945年开始实施。

至于陕甘宁边区第二届参议会第一次全体会议的教育提案，由当时陕甘宁边区政府教育厅正副厅长周文、丁浩川为提案人（收入同书第255—261页）。

七、关于陕甘宁边区1937年春与1938年春小学统计数字

《陕甘宁边区五年来教育工作概述》一文记载为：1937年春有小学300所，学生5 600人；1938年春小学703所，学生19 799人。（《陕甘宁边区教育资料（教育方针政策部分）》下册，第340页。）

对照林伯渠于1941年对陕甘宁边区第二届参议会作的《陕甘宁边区政府工作报告》，可知，300所为320所之误，703所为705所之误，19 799人为13 799人之误。（《陕甘宁边区教育资料（教育方针政策部分）》上册，第181页。）因该报告接着提到1938年秋有733所，学生15 348人，"学生增加率大过了学校增加率的三倍"（按：学校增加3.97%，学生增加11.2%），如系19 799人，则学生人数反而锐减了。

此外，该书收入《陕甘宁边区的教育工作》一文，也把13 799人误写为

19 799 人（该书上册第 213 页）。

八、关于陕甘宁边区 1945 年上学期小学统计数字

江隆基《边区教育的回顾与前瞻》一文中称：1945 年小学为 1 397 所（内民办小学 1 057 所），学生增加到 34 004 名（内民办学校学生 19 797 名）。（《陕甘宁边区教育资料（教育方针政策部分）》下册，第 566 页。）

该文原发表于《边区教育通讯》（中等教育专号）第 3 卷第 2 期。同原杂志对照，可知民办小学学生"19 797"为"16 797"之笔误；江隆基在《关于民办公助政策的初步总结》一文中的记载也是"16 797"。（《陕甘宁边区教育资料（小学教育部分）》上册，第 239 页。）

1945 年小学 1 397 所，同《边区教育通讯》对照无误，但《初步总结》一文中为"1 377"。后者还载有五个分区数字，合计正好是"1 377"。可知"1 397"系《边区教育通讯》的刊误。

上述两个数字应以《初步总结》中的记载为准。

九、关于晋西北（晋绥边区）1941 年冬初级小学学生数

《晋西北的文化教育建设》一文，原载延安《解放日报》1943 年 1 月 24 日，收入《老解放区教育资料（二）》，（抗日战争时期）上册。其中提到 1941 年冬季据 28 县统计，共有初级小学 2 102 所，学生 861 806 人；还提到经过整顿，据 24 县统计，有初级小学 1 520 所，学生 62 362 人，学生数出入太大。

查续范亭《晋西北行政公署成立三周年》一文（载《抗战日报》1943 年 1 月 21 日）提到，1941 年有初级小学 2 100 所，学生 86 806 人。可知 861 806 人系 86 806 人之误。这是《解放日报》的差错，《老解放区教育资料（二）》未经查对，以讹传讹。

十、关于太行区 1945 年春教育统计

《太行区教育建设的新发展》一文称该区有学龄儿童 179 235 人，入学儿童"254 847 人"。学龄儿童入学率达 70% 强，（《山西教育史志资料》1985 年第 2 期，第 82 页）。这里入学儿童数大大超过学龄儿童数，显系误记。

另据《飞跃发展的教育事业》（同期第 81 页）一文载，该区有学龄儿童 179 235 人（与以上所记相同），入学儿童 125 879 人，占 70% 强（70.23%）。当以后一记载为准。

此外，巩廓如《太行根据地的文教工作》一文（同期第 66 页）中记载的数字，失之笼统，不够确切。

十一、关于冀中区1940年学生参加"护麦工作周"人数及工作量统计

刘皑风:《加强边区儿童的生产教育》一文（收入《老解放区教育资料（二）》下册）中关于冀中区1940年学生参加"护麦工作周"的人数与工作量的记载，同一篇更为原始的材料《冀中五年教育的总结》（收入《晋察冀边区教育资料简编》第一册）相比，有些出入。

1. 刘文记载参加的学生共162 130人，据《总结》载，这162 130人中有教员523人，学生数应为161 607人。

2. 刘文提到：学生共拔麦割麦91 886.08亩，锄麦167 649个，《总结》记为拔麦割麦91 886.6亩，"运麦"似更符合事实。两文中的"个"字或为"斤"字之误。一则逐个去数似不可能，二则运麦数字同拔麦、割麦亩数相去过远。

3. 岗哨队12 553人，原记为11 553人。

十二、关于《山东省战时小学课程标准总纲（草案）》成文时间

《山东老解放区教育资料汇编》第4辑收入《山东省战时小学课程标准总纲（草案）》（第131—139页），注明"1942年8月16日"（录自临沂地区档案局）。另据山东省战时工作推行委员会教育处长杨希文于1941年6月在《展开中的山东新教育运动》报告提纲中提到，战工会（战时工作推行委员会）首先颁布了《小学课程标准总纲（草案）》（第二辑第10页）。可见，这个文件成文时间当在1940年7月（战时工作推行委员会成立）—1941年6月间。刘去病在《山东解放区的小学教育》一文中提到"在教育处指导下，于1940年8月颁布了《小学课程标准总纲》"（《山东老解放区教育资料汇编》第6辑，第256页），或有所据。

这样看来，或者临沂地区档案局所存文本系修正文本，但未注明是修正草案。故这个可能性不大；如无此可能，该文本上注明的时间当系当地翻印的时间。

十三、关于山东胶东区《修正战时小学暂行规程》颁布时间

《修正胶东战时小学暂行规程》，由华东师范大学教育系抄自个人保存的山东省教育厅未归档资料（存华东师范大学教育科学资料中心），《山东老解放区教育资料汇编》未收入这一文件。原件未注明拟稿及颁布时间。

1. 其中提到"战时小学为抗战时实施教育之场所"，可知是抗日战争时期的文件。

2. 其中提到"本规程根据《山东省战时国民教育实施方案》……"可知是1940年12月以后的文件。

3. 杨希文在 1941 年 6 月报告中提到，在此以前，山东各地小学学制不统一，"胶东、清河还有的实行着四二制……"（《山东老解放区教育资料》第 2 辑，第 12 页），《规程》已定为二二二制（符合山东统一规定）。可知，大致是 1941 年 6 月以后的文件。

4. 胶东行政联合办事处成立于 1941 年 2 月，至当年 9 月 16 日，才建立胶东文教委员会，10 月 10 日召开胶东区文教会议，1942 年 7 月 7 日成立胶东区行政主任公署教育处。《规程》第 79 条规定"本规程为有未尽事宜，由主署（行政主任公署）行政委员会提请胶东临参会（临时参议会）"。由此，又可把时间范围缩小。胶东在 1941 年 7 月召开中等教育会议，讨论《战时中等学校暂行规程（草案）》，据此，很可能在当年 10 月，着重讨论国民教育的文教会议期间提出小学规程初稿，而在行政公署教育处成立（1942 年 7 月）以后，颁布这份修正草案，由于 1943 年以后客观形势与教育指导思想有变化，可以肯定，这份文件大致是 1942 年下半年的文件。

十四、关于山东抗日根据地 1941 年秋小学教育统计数字

中共中央北方局宣传部负责人赵守攻，于 1941 年在《华北抗日根据地的文化建设》一文（《新华日报（华北版）》1941 年 8 月 27 日）中，对华北敌后抗日根据地的文化教育事业作了综合介绍。限于当时的条件，其中所列各抗日根据地的教育统计，大都低于各地的实际数字。以山东区最为突出。

这篇文章提到山东区有小学 1 107 所，小学生 361 000 人。据山东省战时工作推行委员会教育处长杨希文介绍，山东抗日根据地在 1940 年底，即有小学 9 410 所，小学生 428 676 人（《山东老解放区教育资料汇编》第 2 辑，第 8 页），可见，其中出入甚大。

总　目

第一卷　苏区教育

（收于《中国革命根据地教育史》上卷）

第二卷　抗日根据地教育

（收于《中国革命根据地教育史》中卷）

第三卷 解放区教育
（收于《中国革命根据地教育史》下卷）

引言

第四卷　探索革命根据地教育道路的先驱者

（收于《中国革命根据地教育史》下卷）

图书在版编目（CIP）数据

中国革命根据地教育史．中／陈桂生著．—上海：
华东师范大学出版社，2016
ISBN 978-7-5675-5707-9

Ⅰ．①中... Ⅱ．①陈... Ⅲ．①革命根据地—教育史—
中国 Ⅳ．①G529.6

中国版本图书馆 CIP 数据核字（2016）第 223754 号

本书由上海文化发展基金会图书出版专项基金资助出版

大夏书系·陈桂生教育学文丛

中国革命根据地教育史（中）

著　　者	陈桂生
项目编辑	顾晓清
审读编辑	何晓曦
封面设计	王晓蕾
责任印制	殷艳红

出版发行	华东师范大学出版社
社　　址	上海市中山北路 3663 号　邮编 200062
网　　址	www.ecnupress.com.cn
电　　话	021-60821666　行政传真　021-62572105
客服电话	021-62865537
邮购电话	021-62869887　地址　上海市中山北路 3663 号华东师范大学校内先锋路口
网　　店	http://hdsdcbs.tmall.com/

印　刷　者	北京东君印刷有限公司
开　　本	700×1000　16 开
印　　张	34
插　　页	2
字　　数	629 千字
版　　次	2016 年 11 月第一版
印　　次	2016 年 11 月第一次
书　　号	978-7-5675-5707-9／G·9833
定　　价	88.00 元

出版人	王　焰

（如发现本版图书有印订质量问题，请寄回本社市场部调换或电话 021-62865537 联系）